현실개조를 향한 사회철학의 모색

이 삼 열 지음

현실개조를 향한 사회철학의 모색

이 삼 열 지음

철학과현실사

Quest of Social Philosophy for Reconstruction of Reality

Lee Samuel

머리말

1.

철학은 현실을 바르게 파악하고 잘못된 현실을 개조하기 위해 존재한다고 예로부터 많은 철학자들이 주장했다. 이를 절실하게 설명한 예화가 플라톤의 동굴의 비유이다. 동굴 속 쇠사슬에 묶여 사물의 그림자만 보던 사람이 쇠사슬을 끊고 동굴 밖으로 나와 광명 천지를 본 뒤, 다시 동굴로 들어가 쇠사슬에 묶인 자들을 풀어 주고 바른 현실을 보게 하는 것이 철학의 사명이라고 하였다.

철학과에 들어온 많은 학생들처럼 나 자신도 암담한 조국의 현실을 개탄하면서 현실개조의 방향을 찾아 내가 할 수 있는 일이 무엇인지 알고 싶어 빵을 주는 학과도 아닌(kein Brotstudium) 철학의 문을 두드렸다. 자유와 평등, 인권과 민주주의가 억압된 조국 땅에서 자본주의와 공산주의라는 사상 대립으로 분단과 전쟁, 무력대결이 수십 년 지속되고 있는 한반도의 현실을 어떻게 고치며 개선할 수 있을까의 문제는 우리 시대 철학도들이 피하지 못할 고민스러운 난제(aporia)였다.

더구나 1960년대의 대학생으로 4·19 혁명, 5·16 쿠데타와 군사 정권 시대를 겪으면서, 이런 현실을 고치기 위해 철학은 무엇을 할 수 있는지 고민해야 했고 철학사를 뒤지며 암중모색했다. 처음엔 칸트의 종교철학과 야스퍼스의 실존철학에 관심을 두었으나 차츰 헤겔의 사회철학으로 옮겨 갔다. 사회의 개조 없이는 인간개조가 불가능하다고 생각되었기 때문이다.

1966년에 박종홍(朴鍾鴻) 교수의 지도로 쓴 나의 석사 학위 논문은 「헤겔 철학에서의 이성과 현실(Vernunft und Wirklichkeit)」이었는데, 여기서 『정신현상학』에 나타난 실천하는 이성과 현실 창조의 관계와 구조를 밝혀 보려고 했다. 그러나 마르쿠제가 『이성과 혁명』에서 지적한 대로 헤겔 철학의 현실 파악은 형이상학적 관념론에 머물렀고 실천은 역사적 현실에서가 아닌 추상적 이론에서였다는 헤겔 좌파의 비판은 정당했다.

복잡한 정치사회적 현실을 파악하고 개조하는 과업은 사회과학적 분석과 해석이 밑받침되지 않은 전통적 순수철학이 홀로 감당할 수 있는 문제가 아니었다. 나는 헤겔의 한계를 극복한 헤겔 이후의 사회철학을 찾아보기 위해 1968년에 독일 유학을 떠나게 되었다.

세계교회협의회(WCC)의 장학금을 받아 괴팅겐(Göttingen) 대학 철학부에 등록했으나 괴팅겐에는 실증과학이론이 우세했고 사회철학을 지도할 만한 교수가 없었다. 하버마스는 이미 프랑크푸르트 대학을 떠났고, 『헤겔에서의 이론과 실천』을 쓴 리델(Manfred Riedel) 교수가 있는 하이델베르크로 옮기려던 중, 다시 자르브뤼켄으로 떠나게 된 리델 교수를 따라갈 수가 없었다.

괴팅겐에 머물며 정치학과 자이델(Seidel) 교수의 정치사상사 강의를 듣던 중, 사회과학부에서 정치철학 논문을 써보라는 제안을 받아 정치학과로 옮겨 사회과학 박사 과정을 밟게 되었다. 자이델 교수는 에버트 재단의 학위 장학금까지 마련해 주며 나의 박사 아버지(Doktor Vater)가 되어 도와주었는데, 불행하게도 도중에 별세하시어 나는 고아처럼 되었다가, 후임으로 온 정치철학자 오이크너(Walter Euchner) 교수의 지도로 「루드비히 뷔크너의 시민적 사회주의」라는 논문을 쓰고 1976년에 박사 과정을 마치게 되었다. 사회과학부에서 정치학, 사회학 공부를 몇 년간 더 하게 된 것은 큰 보람이었고 이후의 사회철학 연구에도 크게 도움이 되었다.

학위를 마쳤으나 1970년대 유신독재 시절 유학생, 교포들과 함께 반독재 민주화 운동에 주도적으로 참여했던 나는 귀국이 불가능했다. 독일 교회 사회선교부가 보쿰(Bochum)에 설치해 준 한국 노동자 상담 소장을 맡아 광부, 간호사들의 인권 및 노동 문제를 수년간 돌보며 민주화 운동을 계속해야 했다. 지식인의 현실참여나 개혁운동이 얼마나 어렵고 힘든지 체험해 본 기간이었다.

드디어 유신체제가 막을 내려 귀국할 수 있었고 5공화국 초기에 퇴직당한 조요한 교수의 배려로 1982년에 숭실대 철학과 교수직을 맡게 되었다.

2.

독일 유학 중 나에게 가장 큰 감명과 영향을 준 철학은 프랑크푸르트 사회연구소의 아도르노, 호르크하이머, 하버마스의 사회철학이론이었다. 1970년대 당시 이들의 비판이론(Kritische Theorie)은 독일에서뿐 아니라 전 세계적으로 선풍을 일으켰지만, 독일 대학의 전통철학자들은 낯설어했고 비판과 거부도 거셌다. 오히려 사회과학이나 교육학, 심리학, 역사학 등 인접 학문에서 비판이론의 영향이 대단했다.

사회철학이 전통철학에서 소외된 데는 이유와 역사가 있었던 것 같다. 사회철학(Sozial Philosophie)이란 명칭은 프랑스 혁명 이후 1830년대에 프랑스와 독일의 초기 사회주의 사상가인 생시몽, 샤를 푸리에, 모세스 헤스 등에 의해 처음으로 쓰이기 시작하지만, 전통철학에서는 처음부터 별 관심을 보이지 않았다.

그런데 사회철학의 핵심 과업인 사회현실의 파악은 콩트 이래로 실증적 사회과학이 맡아 독립했고, 사회구조의 개혁은 마르크스 이래로 사회주의 운동이 주도하여 두 요소가 분리되어 발전했다. 형이상학적 관념론이 주류였던 철학은 이제 지양되어야 한다면서 마르크스는 이를 사회주의 역사이론으로 대체하려 했고, 콩트는 사회학이 대신한다고 했다. 양측에 분리된 사회철학은 한동안 명칭조차 보이지 않았다.

이러한 분리를 극복하고 사회철학을 재생시킨 철학자들이 1930년대 프랑크푸르트학파의 아도르노, 호르크하이머, 마르쿠제 등이었다. 이들은 철학을 배제한 실증주의 사회과학과, 철학을 독단적 이데올로기로 만든 정통 마르크스-레닌주의를 함께 비판하면서, 사회철학을 철학의 전통 속에서 부활시키려 했다.

파시즘으로 변질한 자본주의와 스탈린주의로 타락한 소비에트 공산주의가 대결하는 유럽의 위기와 파멸을 구하기 위해선 잘못된 이데올로기를 비판할 수 있는 철학이 제구실을 해야 하며, 그 일을 전통철학이 아닌 사회철학이 할 수 있다고 본 것이다.

이 과업을 계승해 비판이론적 사회철학의 토대이론을 구축한 철학자가 하버마스였다. 그의 『인식과 관심』, 『이론과 실천』, 『의사소통적 합리성』은 현실개조에 관심을 둔 사회철학의 길을 모색하려던 나에게 커다란 감동과 용기를 주었으며, 나는 안내자를 만난 것 같았다.

3.

헤겔 이후의 사회철학을 찾아보겠다고 독일에 간 지 13년 만에 귀국하여 철학과 교수로 대학 강단에 서게 된 나의 가슴은 벅찼다. 한국의 현실뿐 아니라 남북한, 한반도의 현실개조에 기여하는 사회철학을 연구하며 가르치는 학자가 되고 싶은 욕망에 부풀었다.

그러나 당시 우리나라에서 사회철학은 아직 생소한 이름이었으며, 대학 강단에서나 학회에서도 소외되어 있었다. 1980년대 5공 독재 시절 일부의 진보적 학자들과 운동권 학생들이 추종한 사상이나 독단적 이데올로기와 혼동되어 사회철학은 오해를 받고 이단시되는 경향도 있었다.

이념적 독단과 편견을 비판하면서도 사회현실의 개조와 실천의 과제를 모색하는 사회철학, 정치철학, 역사철학 등 실천철학을 철학계 안에서 자리 잡게 하기 위해 공론화하는 작업이 필요했다. 나는 1990년대 초부터 숭실대 사회봉사관에서 '사회와 철학 세미나'를 비공개로 개최해 주로 독일에서 유학한 동료 교수들과 함께 토론하는 모임을 가졌다. 문민정부가 선 뒤 공식 학회를 출범시키자는 합의가 이루어져, 1993년 3월에 '사회와 철학 연구회'를 창립했고 '한국철학회'의 분과학회를 만들었다. 지금까지 이 학회는 많은 신진 철학자들을 참여시켜 『사회와 철학』 학술지를 발행하며 활발한 활동을 보이고 있다.

또한 나는 2000년 12월에 유네스코가 세계화, 다문화 시대의 갈등을 막고 평화의 문화를 진작시키기 위해 한국 정부와 공동으로 창립한 아태 국제이해교육원의 초대 원장으로 임명되어, 평화, 인권, 지속 가능 발전 등 가치관 교육을 국제적으로 실시하는 일을 맡게 되었다. 그 뒤에도 유네스코 한국위원회 사무총장과 아태 무형유산센터의 사무총장직을 계속 맡게 되어 10여 년 동안이나 유네스코의 교육, 문화, 사회발전 사업들을 추진하였다. 대학 강단을 떠났지만 현실개조의 이론과 실천의 현장에서 사회철학의 효용과 가치를 체험한 귀중한 기회였다.

대학에서 사회철학, 역사철학을 20여 년 동안 강의하면서, 또한 유네스코의 이념과 가치관 교육을 10여 년 동안 실시하면서, 이론과 실천의 체계가 잡힌 사회철학의 교재를 출판하고 싶은 욕심은 늘 있었지만, 능력과 노력의 부족함을 느끼며 미루어 왔다. 그러나 미루어도 만족할 만한 완성은 기대하기 어려워, 더 늦기 전에 그동안 발표한 글들과 강의록 중에서 사회철학의 이론적 탐구와 실천적 과제에 도전해 본 글들을 엮어 '사회철학의 한 안내서'를 펴내게 되었다.

사회철학의 토대와 방법론을 찾기 위한 모색의 글들을 이 책의 1장과 2장에, 분단과 갈등, 차별과 폭력의 현실을 개조하기 위한 철학적 모색의 글들을 3장, 4장, 5장에 실었다. "모든 철학은 자기 시대를 사상 속에 파악한 것"이라고 한 헤겔의 통찰은 참으로 철학의 정곡을 찌른 명언이며, 특히 시대적 과제를 놓치지 않으려는 사회철학도에게는 용기와 확신을 심어 주는 교훈이다. 분단시대, 세계화 시대, 다문화 갈등의 시대를 겪은 우리의 삶에서 한반도의 통일, 정의로운 세계경제, 전쟁 없는 평화는 피할 수 없는 사회철학적 물음이었고 도전해야 할 과제였다.

대단히 부족하고 늦게 된 출판이지만 신자유주의 무한경쟁시대에 대학 강단에서마저 퇴조하고 있는 철학을 보면서, 사회철학의 뿌리 내림을 통한 철학계의 부흥에 한 기여가 되길 바란다. 이 책의 출판에 깊은 관심을 보여주신 철학과현실사의 전춘호 사장님과 꼼꼼히 교정을 보아 주신 김호정 님께 깊은 감사의 뜻을 표한다.

2017년 6월, 구기동 서재에서
이 삼 열

차 례

I

현대철학의 위기와 사회철학의 형성

아직도 철학은 필요한가?
철학의 종말 이후의 철학은?
하버마스가 본 철학의 정체성은?
철인정치는 가능한가?
왜 '사회와 철학 연구회'인가?

아직도 철학은 필요한가?

─ 철학의 부정과 새로운 철학 ─

1. 서론

사회철학에 대한 관심이 최근의 철학계의 동향 가운데서 부쩍 높아 지면서 사회철학이란 어떤 학문이며 어떤 방법으로 무엇을 하는 철학 인가라는 물음이 자주 제기되고 있다. 그럼에도 아직 사회철학이 어떤 학문이며 무엇을 대상으로 어떻게 다루는 철학인지에 관해 명쾌하게 서술해 놓은 개론적인 저술이 없으며 더구나 이렇다 할 사전적인 정의 도 찾아보기 어려운 형편에 있다.1) 단지 앞으로의 철학이 중심으로 삼 아야 할 문제가 사회철학에 있다고 생각하는 개별적인 철학자들이 자

---

 * 이 글은 『숭실대 논문집』, 15집, 1985에 수록된 「현대철학의 위기와 사회철 학」을 수정 보완한 것이다.
 1) 많은 철학사전에서 별 의미 없이 다루어지거나, 전혀 항목이 없기도 하다. 비교적 충실히 다룬 사전으로는 *Handwörterbuch der Sozialwissenschaften*, Stuttgart: Gustav Fischer, Tübingen: J. C. B. Mohr, Göttingen: Vanden- hoeck & Ruprecht, 1956, Bd. 9, S.527-532.

기가 생각하는 사회철학의 본질과 형태가 이러이러한 것이라고 서술해 놓은 단편적인 글들이 좀 있지만 그나마 손꼽을 정도의 소수에 지나지 않는다.2)

이는 아마도 사회철학(Sozialphilosophie, social philosophy, philosophie sociale)이란 말이 생겨난 지가 오래지 않고 독립된 학문으로서 체계화되지 못했던 과거의 위치에 기인하는 것이라 생각된다.3) 서구의 산업사회와 시민사회의 형성을 역사적 배경으로 하고 나타난 사회철학은 곧이어 사회과학이 철학에서 분화됨으로 말미암아 한곳에 정착할 수 없었고 사회사상이나 이념이 사회운동과 같은 실천과 밀착되어 버림으로써 또한 학문적인 영역 속에서 체계화되지 못한 운명을 갖게 되었다.

사회철학은 실천철학과 사회학 그리고 사회운동의 이데올로기 사이에서 나뉘어 있었으며, 집중적이고 체계적인 발전을 하지 못했다고 볼 수 있다.4) 특히 사회철학은 철학이 모든 학문의 근간을 이루던 학문의 풍토가 사라지는 무렵에 태동하였기 때문에 오히려 사회학이나 사회과학의 일부로서 더 발전하였고, 노동운동이나 사회개혁운동 같은 실천 분야에서 더욱 큰 역할을 하게 되었다. 학문으로서의 철학이 사회

---

2) Jürgen Habermas, *Theorie und Praxis: Sozialphilosophische Studien*, Neuwied: Luchterhand, 1963, Suhrkamp, 1971; Ernst Topitsch, *Sozialphilosophie zwischen Ideologie und Wissenschaft*, Neuwied: Luchterhand, 1961, 1966; Hans Fink, *Social Philosophy*, London, 1981; Leo Strauss, *What is Political Philosophy?*, New York: The Free Press, 1959; Robert Nisbet, *The Social Philosophers*, Frogmore: Paladin, 1976; Albert William Levi, *Philosophy as Social Expression*, Chicago University Press, 1974; Josef Rheman, *Einführung in die Sozialphilosophie*, Darmstadt, 1979.

3) *Handwörterbuch der Sozialwissenschaft*에 의하면 사회철학이란 표현이 처음 나타난 것은 19세기 초에 와서라고 한다.

4) *Handwörterbuch der Sozialwissenschaft* 참조.

철학을 주요 관심사로 다루게 된 것은 아마 1920년대에 와서야 이루어진 것이 아닌가 추정해 본다.5) 비록 제2차 세계대전 이후, 특히 1960년대에 와서부터 사회철학에 대한 관심과 연구가 고조되었으나 아직 체계화된 학문이론으로 발전하기에는 역사와 연구기간이 너무 짧다고 할 수밖에 없다. 역사와 기간이 짧다는 이유 외에도 사회철학이 뚜렷이 이론적 근거와 학문적 체계를 갖지 못하는 이유는, 바로 철학이 현대에 와서 갖게 되는 학문성의 문제, 보편타당성의 문제와 깊은 관련이 있다고 할 수 있다.

어떻게 보면 사회철학은 전통적인 철학이 그 존재 근거와 보편적 타당성을 상실하기 시작하면서 나타난 학문이라고 볼 수 있다.6) 그러기에 사회철학은 예술철학, 종교철학처럼 철학의 한 분야로서만 의미를 갖는 것이 아니라, 전통적인 의미의 철학(예를 들어, 존재론, 인식론, 윤리학)을 넘어서려는 철학 이후의 철학(postphilosophische Philosophie)이라는 의미를 갖기도 한다.7) 필자는 이러한 점에서 아직 체계화되지 못한 사회철학의 학문적인 성격을 찾아보는 데 관심을 가지며, 특히 이 글에서는 어떻게 사회철학이 현대철학이 가진 학문적인 위기를 극복하려는 시도와 함께 나타나며 전통적인 철학에 대하여 어떠한 극복책과 해결책을 보이려고 하는지를 살펴보려고 한다.

---

5) 1920년대의 루카치, 코르쉬, 호르크하이머, 마르쿠제 등에서 사회철학을 다시금 철학의 체계 위에 세우려는 시도들이 보인다.
6) 특히 사회철학이 왕성했던 1830, 1840년대와 1920, 1930년대가 그랬다고 볼 수 있다.
7) 이 말은 필자가 붙여 본 표현이지만, 현대의 철학자들이 이야기하는 Philosophie nach dem Ende der Philosophie라는 의미로 썼다. Martin Heidegger, "Das Ende der philosophie und die Aufgabe des Denkens", in *Zur Sache des Denkens*, Tübingen, 1969; Leo Kofler, "Das Ende der Philosophie?" in *Zur Dialetik der Kultur*, Frankfurt, 1972.

"오늘에 있어서도 철학이 과연 필요하며 가능한가?"라는 물음을 우리는 흔히 듣고 있다. 즉, 오늘과 같은 과학의 시대에도 철학이 과학을 넘어서서 또는 과학과 나란히 서 있을 수 있는가 하는 물음은 철학에 있어서 생명과 같은 문제이며 생존의 문제이다.8) 오늘과 같은 사회과학의 시대에 사회철학이 학문으로서 필요하고 가능하다면, 아마 이것이 철학의 존재이유를 가늠해 주는 한 열쇠가 될 수도 있을 것이다. 이것은 다른 면에서 자연철학이나 심리철학이 오늘의 과학의 시대에서 자연과학이나 심리과학을 넘어서 혹은 병행해서 가능할 때에 철학의 정당성(legitimation)을 부여해 주는 것과 같다고 하겠다.

물론 사회철학을 넓은 의미에서 인간의 사회적 삶에 대한 철학적 통찰이라고 본다면, 그것이 플라톤의 것이든 칸트의 것이든 로크나 루소의 것이든, 어떤 원리에 의거한 철학적 통찰이든 모두 사회철학의 범주에 넣을 수 있을 것이다. 그러나 여기서 논하고자 하는 사회철학은 사회과학이 분화되고 난 이후에, 관념론적 주장과 통찰이 불가능하게 된 이후에 나타나며 요구되는 사회철학을 말한다. 이 점에서 우리가 필요하며 가능하다고 생각하는 사회철학은 현대철학의 여러 가지 시련과 위기를 극복하면서 존재할 수 있는 것이어야 하기 때문에, 이러한 시도를 보이는 현대 사회철학자들의 철학에 관한 견해를 찾아보면서 사회철학의 학문적 성격을 규명해 보는 데 이 글의 목적이 있다.

---

8) 「오늘에도 철학이 필요한가?(Wozu noch Philosophie?)」라는 제목의 철학 논문들이 1960, 1970년대에 와서 계속 쏟아져 나오고, 거의 철학의 한 분야가 되어 버린 것 같은 느낌을 주는 데서도 알 수 있다. 이에 관한 문헌 목록은 다음의 책에서 찾을 수 있다. Hermann Lübbe(hrsg.), *Wozu Philosophie?*, Berlin, New York: Walter de Gruyter, 1978, S.356-388.

2. 철학의 자기상(自己像)의 위기

현대철학의 특징을 무엇으로 볼 것인가를 묻는다면 여러 가지 대답이 나올 수 있겠지만 분명히 부정하기 어려운 대답은 오늘의 철학이 자기상(自己像)의 위기를 겪고 있다는 것일 것이다. (이를 흔히 Identitätskrise 혹은 identity crisis라고 한다.) 철학이 자기의 정체와 기능에 대해서 의견이 극단으로 엇갈리고 자기 존재의 이유에 대해서 오늘날처럼 고민하고 회의하는 모습을 보이는 것은 거의 자기분열증에 가까운 것이라고도 한다.9) 철학의 자기상이 흔들린 것은 비단 오늘에 와서만은 아니지만, 오늘날처럼 심각하고 근원적으로 느껴 본 적은 없다는 것이다. 이것은 요즈음에 "오늘에 있어서도 철학이 필요한가?"라는 물음이 철학자들의 주요 논문으로 다루어지고 있다는 것을 보아도 알 수 있다. 아도르노(T. W. Adorno)는 이미 1962년에 방송 강연을 통해서 "아직도 철학이 필요한가?(Wozu noch Philosophie?)"라고 물음으로써 철학의 자기상의 위기를 논한 일이 있고,10) 1971년에 하버마스(J. Habermas)는 역시 같은 제목으로 논문을 썼으며,11) 그 뒤 많은 저명한 철학자들이 "왜 철학이 필요한가?"라는 제목으로 논문을 발표하고 책을 써내는 데 이르렀고, 이 문제를 가지고 열리는 심포지엄과 세미나들이 빈번해지고 있다.12)

---

9) Robert Spaemann, "Der Streit der philosophen", in H. Lübbe, *Wozu Philosophie?*, S.97. 철학의 이러한 위기의식을 Krisensymptom으로 표현한다.

10) Theodor W. Adorno, "Wozu noch Philosophie?", in *Eingriffe*, edition Suhrkamp 10, Frankfurt a. M., 1963, S.11-28.

11) Jürgen Habermas, "Wozu noch Philosophie?", in *Philosophisch-politische Profile*, Frankfurt: Suhrkamp, 1971, S.11-36.

12) 대표적인 것으로는 Fritz Thyssen Stiftung이 1974년부터 1977년까지 4년 동안 계속해 온 심포지엄을 들 수 있으며 이 결과를 모은 논문집이 헤르만 뤼

철학뿐 아니라 모든 학문이 항상 자기동일성의 근거를 물어야 하며 자기상에 회의를 품어 보는 것은 당연한 일이지만, 철학이 이토록 자기의 필요성을 주장하여 "아직도 뭔가 할 일이 있다"고 외치는 데는 좀 병리적인 현상마저 있다고 볼 수 있으며, 심하게 평가한다면 자기 분열적인 증세라고까지 말할 수 있다. 철학이 특히 자기 분열적인 위기감에 사로잡힐 정도로 된 상황은 철학이 과연 오늘에 있어서 타당한 학문인가라고 묻는 타당성(Relevanz)의 문제와 관련되어 있다.13)

흔히들 위대한 철학의 시대는 지나갔다고 말한다.14) 철학이 위대했던 시대는 이미 150년 전 헤겔(G. W. F. Hegel)의 사망과 함께 종료를 고했다고 해도 과언이 아니다. 헤겔에게 있어서는 아직 철학이라는 학문 속에 인간에 관한 것뿐 아니라 사회와 역사와 자연에 관한 모든 것이 논리와 정신현상과 법, 종교, 예술에 대한 것과 함께 하나의 체계를 이루며 포괄되어 있었다. 그 뒤에 하나의 체계 속에 이 방대한 분야를 함께 종합하려 했던 철학자는 아무도 없었다고 보인다.

위대한 철학의 체계가 없어진 것도 문제지만, 현대가 이러한 철학체계를 필요로 하며 기대하고 있는가도 문제이다. 하버마스는, 하이데거(M. Heidegger)의 80회 생일도 사적인 일로 지나가 버리고 말았고 야

베(Hermann Lübbe)에 의해 편집된 *Wozu Philosophie?*, Berlin, 1978이다. 그 밖에도 참고가 되는 논문집으로는 다음과 같은 것들이 있다. Helmut Fahrenbach, *Zur Problemlage der Philosophie*, Frankfurt: Vittorio Klostermann, 1975; Bernhard Heidtmann, *Dialektik I. Beiträge zu Philosophie und Wissenschafte. Orientierungen der Philosophie*, Köln: Pahl-Rügenstein, 1980; Walter Gölz u.a.(hrsg.), *Wozu heute Philosophie*, Bad Heilbrunn/Obb, 1976; Gerhard Huber, *Gegenwärtigkeit der Philosophie*, Basel, 1975.

13) Carl Friedrich Gethmann, "Ist Philosophie als Institution nötig?", in H. Lübbe, *Wozu Philosophie?*, S.287-312.

14) Manfred Riedel, "Philosophieren nach dem 'Ende der Philosophie?'" in H. Lübbe, *Wozu Philosophie?*, S.259-286.

스퍼스(K. Jaspers)의 죽음도 별 흔적이 없이 지나가 버렸으며, 블로흐 (Ernst Bloch), 아도르노, 겔렌(Gehlen) 같은 철학의 대가도 사회 전반 적인 영향력과 관심을 과거처럼 크게 받지 못한다고 유감스럽게 논평 하면서, "이러한 사회적 반응에 대해 철학이 반성하면서 자기의 과제 에 대해 다시 생각해 보아야 한다"고 말한 적이 있다.15)

렝크(Hans Lenk)는 「실용적 철학의 역할(Philosophie als Fokus und Forum. Zur Rolle einer pragmatischen Philosophie)」에서 철학에 대한 일반 사회, 문화의 기대나 평가가 극소하다는 예를 들면서, 1975년 『슈 피겔(*Spiegel*)』지의 표제 기사(cover story)에서 안락사(Euthanasie)의 문제를 특집으로 다루었는데 당연히 여기에 대해 철학자들이 공헌하 는 바가 있어야 함에도 불구하고 전문가들의 의견 가운데는 철학자의 발언이나 주장이 인용되거나 언급되지 못했다고 지적했다. 단지 철학 자의 이름이 나타난 것은 칸트(I. Kant)가 목적과 수단의 관계에서 한 번 언급되었고, 콜라코프스키(Kolakowski)가 주제와는 관계없이 복지 사회와 아동의 문제와 관련해서 한 번 인용되었을 뿐이라고 했다.16)

철학이 꼭 매스컴이나 대중의 관심을 끌어야 위대한 학문이 될 수 있는 것은 아니지만, 이러한 대중적 관심에 대해서 철학이 신경을 쓰 게 되는 것은 이미 철학이 자기상에 대해 가지는 비관적 평가가 위기 적 증상에까지 이르렀음을 말해 주고 있다. 튀빙겐의 철학자 슐츠 (Walter Schulz) 교수는 『프랑크푸르트 알게마이네 차이퉁(FAZ)』과의 회견(1975년 2월 8일자)에서 "오늘의 철학은 전반적으로 볼 때 주변 으로 밀려났다. 이것은 부인할 수 없는 사실이다"라고 고백했다. 뢰비 트(Karl Löwith)는 1969년 『슈피겔』지에 "아직 대학의 한 학부 전체

---

15) Jürgen Habermas, "Wozu noch Philosophie", S.11.
16) Hans Lenk, "Philosophie als Fokus und Forum. Zur Rolle einer pragmatis- chen Philosophie", in H. Lübbe, *Wozu Philosophie?*, S.36.

를 철학부(philosophische Fakultät)라고 부르지만 철학은 이미 없다"
고 비관적인 말을 했다. 『타임(*Time*)』지도 1966년 1월 7일자의 '철학'
특집에서 "새로운 전도사는 실험실에서 나오고 있고(The new priests
come from the lab)" 철학은 한가한 사람들의 쓸데없는 놀음이라고 혹
평하는 글을 싣기도 했다.[17]

칸트는 『순수이성비판』의 유명한 서문에서 "형이상학이 한때는 모
든 학문의 여왕으로 군림했는데 이제는 폐위된 왕비 헤쿠바(Hecuba)
처럼 아무도 거들떠보지 않는 처절한 신세가 되었다"고 한 적이 있는
데, 우리는 이제 철학에 대해서도 이와 비슷한 말을 할 수 있는 상황
이 된 것 같다. 철학이 자기상에 대하여 헤쿠바와 같은 운명을 탄식하
거나 자조하게 된 것은 이제 거의 보편화되었다. 플레스너(Helmut
Plessner)는 이미 '철학의 자기불안(Selbstunsicherheit)'에 대해 예고했
는데 철학자들이 결코 18세기나 19세기에 지녔던 세계적인 직책을 다
시 질 수 없으며 직업의 불안마저 느낀다고 서술했다.[18] 철학의 자기
상에 대한 위기적이고 비관적인 상황의 진단은 여러 가지로 나타나고
있다. "학문적으로 고립되어 있다(akademische Isolation)"라든지 "비
생산적이다(Unproduktivität)"라든지 "타 학문에 대해 별 유용성이 없
다(Unmut für andere Disziplinen)"라는 등등이다.

렝크는 슈페만(Robert Spaemann)이나 마르크바르트(Odo Marquard)
의 글을 인용하면서 오늘의 철학이 주장하는 학문적 기능에 대해 부정
적인 평가를 내리고 있다.[19] 오늘의 철학은 과거처럼 내용을 가진 철

---

17) 같은 글,

18) Helmuth Plessner, *Die verspätete Nation: Über die politische Verführbarkeit
    bürgerlichen Geistes*(1935), Frankfurt: Suhrkamp, 1974, S.150, 153, 158,
    163.

19) Hans Lenk, "Philosophie als Fokus und Forum", S.39.

학이 못 되고 언어비판이나 과학의 방법론이 되려고 한다. 이것은 물론 형이상학적인 주장이나 요구가 타당성을 잃은 상황에서 나오게 되는 현상이지만, 렝크에 의하면 이러한 철학의 몸부림도 결국 나르시시즘(Narzissmus)적인 자기 정당화의 노력에 불과하다고 한다. 언어비판이라고 하지만 이것은 결국 언어 사용의 습관이나 계산을 분석하는 데 지나지 않으며, 언어의 객관성 유지를 위한 특수한 과학이론을 논하는 데 불과하다고 한다. 그러면서도 철학(제도로서의)의 70퍼센트 이상이 자기 자신의 역사를 탐구하는 데 바쳐지고 있다고 비꼬았다.[20]

마르크바르트도 오늘의 철학의 기능에 대하여 철학이 밖에서부터 기대받고 있는 문제 해결의 사명을 감당하지 못하고 있다고 고백했다. 철학은 항상 기대되는 역할을 독자적으로 수행하지 못했으며 늘 어느 누군가의 시녀(Magd)가 되고 말았다고 한다. 즉, 철학은 한때 영혼의 위로나 정신적 문제 해결의 기대를 감당하지 못하고 신학의 시녀 (ancilla theologiae)가 되었다. 다음으로 철학은 기술적 지식의 요구에 응하지 못하고 과학의 시녀(ancilla scientiae)가 되었으며, 사회적 정의와 행복을 보장하라는 정치적 요구와 기대를 만족시키지 못하고 해방의 시녀(ancilla emancipationae)가 되었다는 것이다.[21] "오늘의 철학은 삶의 지혜(Lebensweisheit)에 대한 독점(Monopol)이 불가능해진 시대에 놓여 있다. 우리는 철학이 종말을 고한 시대의 철학을 하고 있다 (Wir betreiben Philosophie nach dem Ende der Philosophie). 철학은 이전에는 모든 것을 할 능력이 있었고(kompetent), 한때는 몇 가지만 할 능력이 있었지만, 오늘엔 한 가지 능력만을 가지고 있는데, 그것은

---

20) 같은 글.

21) Odo Marquard, "Inkompetenz kompensationskompetenz? Über Kompetenz und Inkompetenz der Philosopie", in *Philosophie, Gesellschaft, Planung*, München, 1967, S.114-125.

철학 자신의 무능성(Inkompetentz)을 고백할 수 있는 능력이다"라고 그는 오늘의 철학의 위기와 무력(無力)을 지적했다.22)

3. 과학의 분화와 철학의 타당성 문제

철학이 과거에 찬란했던 영예를 잃고 오늘날 자기상에 대한 확신마 저 잃은 채 자기의 기능과 역할을 고민하여 모색하게 된 데는 몇 가지 이유가 있다. 그 가장 중요한 이유가 19세기 후반부터 급격히 풍미하 게 된 실증주의 사상과 이에 따른 여러 과학들의 분화 발전이 전통적 철학이 설 자리를 하나씩 둘씩 빼앗아 갔다는 데 있었다.23)

우선 자연과학이 근세 이후에 독립하여 관찰과 실험에 의한 탐구로 발전해 가자 아리스토텔레스 이래로 로고스와 이성적 법칙을 자연계 속에서도 발견하려던 자연철학이 자취를 감추게 되었다. 수학, 물리학, 천문학, 지리학 등은 이미 고대와 중세에도 상당한 정도로 있었고 근 세에 와서는 17세기경 완전히 독립된 것 같은 모습을 보여주었지만, 18세기 말에 이르기까지도 철학의 일부분으로 간주된 적이 많았으며 영역이 다르나 적어도 철학적 원리에 지배를 받고 있다고 생각되었 다.24) 칸트나 헤겔에 있어서도 자연철학(Naturphilosophie)이 주요 부

---

22) 같은 글, S.117.

23) "개별 과학의 발달은 철학에서 개별 과학의 독립을 가져왔고, 모든 것을 포 괄했던(allumfassenden) 철학의 구성 부분이었던 데서부터 벗어나, 경험과학 적 기초 위에 서게 되었다." Wolfgang Stegmüller, *Hauptströmungen der Gegenwartphilosophie*.

24) 코페르니쿠스나 케플러, 뉴턴 같은 과학자들도 아직 Naturphilosophie(philosophia naturalis)라는 말을 썼고 이들은 수학적이며 연역적인 자연에 관한 이론을 자연철학이라고 불렀다. Heinrich Schmidt(hrsg.), *Philosophisches Wörterbuch*, Stuttgart: Alfred Kröner, 1969, S.422.

분을 이루고 있음을 보아도 알 수 있다.

한편 법학도 법실증주의가 팽배함에 따라 철학적 영향력을 벗어나서 과학적이며 실증적인 법학으로 독립하게 되었고, 사회학이나 경제학, 정치학, 사회과학들이 독립하게 되었으며, 차츰 역사학도 역사철학에서 역사과학으로 독립해 나갔다. 역사학이 역사과학(Geschichts-wissenschaft)으로 정립된 것은 19세기 후반에 이르러서라고 볼 수 있다. 볼테르(Voltaire), 비코(Vico), 헤르더(Herder) 등 17, 18세기의 역사학은 아직 역사철학이었다. 이들은 겨우 아우구스티누스(Augustinus)나 보쉬에(Bossuet)와 같은 역사신학을 세속화하여 역사철학으로 만드는 작업을 하였을 뿐이다.25) 랑케(Ranke), 드로이센(Droysen), 마이네케(Meinecke) 등과 같은 사가(史家)들에 있어서도 아직 역사철학적인 방법을 완전히 탈피하지 못하고 있는 것으로 보인다.

철학은 자연이나 역사, 사회와 같은 존재에 관한 학문이기를 그치고, 단지 인간의 문제, 가치와 당위의 문제, 윤리적인 문제만 관계한다는 것으로 제한을 해보기도 했다. 인간의 윤리적 문제만은 과학이 아무리 해도 해결할 수 없는 철학 고유의 영역인 것으로 해석되었기 때문이다.

그러나 가치와 당위에 관한 문제도 인간에 관한 연구가 차츰 과학적으로 진행되고 분화됨에 따라서 철학만의 고유한 영역으로 남게 되지 않았다. 칸트의 실천이성법칙 같은 윤리적 당위의 법칙이 항상 보편타당한 것으로 인정되지를 않고 경험론 쪽에서는 윤리적 이성이나 가치의식도 선천적이며 본유적인 것이 아니라 경험적으로 획득된다는 경험주의적, 실증주의적 윤리이론들이 생기게 되면서 선험철학적인 윤리학은 점차 후퇴할 수밖에 없게 되었다. 게다가 인간의 가치 지향

---

25) Kurt Rossmann(hrsg.), *Deutsche Geschichtsphilosophie von Lessing bis Jaspers*, Bremen, 1959, Einleitung.

이나 이성의 문제는 추상적 법칙의 문제가 아니라 인간을 둘러싼 구체적 역사와 사회에 대한 상관관계 속에서 문제되어야 한다는 사상이 지배적으로 되어 가자 점차 사회과학적인 연구의 대상이 되었다.

사회적 행동이나 가치는 다시금 사회과학의 문제라 하더라도, 인간 자신에 관한 문제, 인간존재에 관한 문제만은 철학 고유의 영역을 가지고 있어야 한다고 해서 인간학(Anthropologie)은 철학의 것이라고 주장하기도 했다. 인간을 생물학적, 생리학적으로 보는 인간학이나 사회학적으로 보는 인류학과 구별하기 위해 철학적 인간학(philosophische Anthropologie)이라고 불러 보았다.26) 그러나 오늘날처럼 심리학(Psychologie)이 발달하여 인간의 지각과 사고의 행위뿐 아니라 의식과 무의식의 세계마저 실험적인 방법과 실증적인 연구를 통해 해나가게 되자, 철학적 인간학이 인간의 문제에 관해서 발언할 수 있는 분야는 극히 제한되며 줄어들게 되었다. 심리학도 점차 사변적인 것에서 실험적이며 과학적인 학문으로 발전하게 되고 말았다.

끝까지 철학이 고유한 영역으로 지키고 있던 분야가 인식론과 논리학이라고 할 수 있다. 이것이야말로 모든 과학과 학문의 기초가 되는 것이며, 논리적 사고방식은 모든 학문적 이론에 필수적 요건이기 때문에 철학이 모든 과학의 전제와 근거를 제시해 주는 것이라고 자부할 만한 이유가 되었다.27) 경험과학들이 하나씩 둘씩 철학에서 분가(分家)해 간 뒤에도 철학은 인식론과 논리학만은 양보할 수 없는 고유영역으로서 확보하려고 오랫동안 노력하였다. 이것이 아마 19세기 말,

---

26) Michael Landmann, *Philosophische Anthropologie*, Berlin, New York: Walter de Gruyter, 1976, S.6.

27) 인식론(Erkenntnistheorie)이란 말이 처음 쓰인 것은 1832년 라인홀드(E. Reinhold)의 책 *Theorie der Erkenntnis*에서였다. 인식론은 곧 철학을 대변하는 것으로 여겨졌으며 신칸트학파의 릴(Riehl)은 1833년 프라이부르크 대학 교수 취임 강연에서 "철학은 곧 인식론이다"라는 유명한 말을 남겼다.

20세기 초의 철학의 주류가 바로 이 고유영역으로서의 인식론을 어떻게 확립하느냐의 문제를 주요 문제로 삼게 된 동기가 아니었을까 생각해 보게 된다.

이러한 노력과 고민의 흔적은 금세기 초에 나타난 다음과 같은 철학의 조류에서 찾아볼 수 있을 것 같다.

(1) 신칸트학파에서 인식의 선험적 주관을 논리나 가치의 영역에서 확보하려고 시도했다.

(2) 브렌타노(F. Brentano)에서 후설(E. Husserl)에 이르는 객관적 인식, 보편적 인식의 근거를 인식주관의 선험적 환원(transzendentale Reduktion) 작용에 두려고 했던 현상학(Phänomenologie)의 노력.

(3) 생철학(生哲學)과 실존철학의 영향 아래에서 정신과학적 인식의 고유한 방식을 이해(Verstehen)에다 두고 정신문화적 인식의 근거를 그 역사적 상황과 조건에 대한 이해와 해석에서 찾으려 했던 해석학(Hermeneutik)의 시도들이 모두 선험철학적 인식론의 영역을 확보하려고 했던 노력의 산물이었다.28)

그러나 이러한 철학적 인식론의 노고에도 불구하고 개별 과학들이 이러한 인식론을 자기 학문의 기초로서 모두 받아들이며 만족하고 있는가는 다른 문제였다. 선험철학이나 현상학, 해석학의 인식론은 원칙적이며 형식적인 기준은 될 수 있을지 모르나 개별 과학들의 인식의 방법과 요건을 충족시키기에는 너무나 추상적이며 원리론적인 것에 머물고 있었다. 개별 과학들은 자기편에서 점차 인식의 방법과 기초를 모색하면서 과학 속에서 이를 확보하려고 노력하게 되었다. 따라서 보편적으로 타당한 인식, 확실하고 불변하는 인식의 원리와 가능성을 탐구했던 철학적 인식론이 점차 과학적 인식론으로 변모해 가는 경향을

---

28) Wolfgang Stegmüller, *Hauptströmungen der Gegenwartphilosophie*.

보이게 되었다.

인식이론(Erkenntnistheorie)은 과학이론(Wissenschafttheorie)으로 대체되어 간다는 말이 이를 나타낸 것이라 할 수 있다.29) 따라서 플라톤 이래로 철학이 보편적으로 객관적으로 타당한 인식의 방법과 원리를 줄 수 있다고 믿어 온 전통적인 인식론이 과학이론 내지는 과학방법론으로 전환되게 되었고, 이것도 철학자의 독점적인 영역으로만 남지 않았다. 과학이론은 과학자들 자신에 의해서 탐구되고 발전되어 갔다.

특히 영미의 과학철학(philosophy of science)은 경험과학적 인식을 넘어서는 별개의 철학적 인식은 없으며 있어도 의미가 없다고 판정하고, 철학은 오로지 경험과학의 명제에 대한 논리적 분석과 언어에 대한 분석에만 종사하여야 한다고 주장하며, 철학을 논리학과 언어분석에만 한정시키려고 하였다.30)

그러나 과연 과학철학 혹은 분석철학이 철학의 과제로서 고수하고자 하는 논리학이나 언어분석이 철학의 고유 영역으로, 즉 철학의 전문분야로 남게 될 것인지는 의문이다. 이미 논리학은 상당한 부분을 수학자들이 연구하고 있고, 언어분석은 언어학자들이 함께 연구하고 있다. 각 분야에서 쓰는 언어 개념에 대한 분석은 개별 과학들의 경험적 조사의 힘을 빌려야 하고 언어사회학(linguistic sociology)의 도움을 받아야 했다. 논리학이나 언어분석마저 철학자의 전유물이 될 수는 없게 되었다.31)

---

29) 하버마스는 이미 17세기경부터 철학의 체계를 형성하고 또한 파괴해 온 이 문제들이 인식론적인 문제들이었다고 하면서, 그러나 19세기 중엽부터는 사실상 과학이론이 인식론의 자리를 차지하기 시작했다고 주장한다. Jürgen Habermas, "Wozu noch Philosophie?", S.31.

30) 특히 빈학파(Wiener Kreis)의 학자들이 그렇게 주장했고 그중에서도 카르납의 태도가 그렇다.

31) "개별 과학이나 개별 이론들이 자신의 근거나 타당성에 대해 스스로 대답하

과연 이제 철학은 무엇을 자기의 기본적 과제로 삼아야 하며 이렇게 개별 과학들에 의해서 분화된 학문의 분업화의 과정에서 과연 무엇을 그 전담 기능으로 삼아야 할 것인가? 더 이상 철학은 현실적 문제나 세계, 역사, 인간에 관해서 말하기를 그치고, 단지 찬란했던 옛 시절이나 회상하면서 위대했던 철학의 과거 유산을 안고 박물관 속으로나 들어가야 할 것인가?32)

4. 철학의 부정과 새로운 철학

그러나 철학사를 곰곰이 들여다보면 철학의 자기동일성이 깨어지고 자기상이 위기에 빠졌던 것은 비단 오늘에 와서 새삼스러운 일은 아니었다. 부브너(Rüdiger Bubner)는 「철학이 과연 무엇을 할 수 있으며, 무엇을 해야 하는가?」라는 논문에서 "철학의 자기정당성의 위기는 비단 오늘의 현상만이 아니며 철학이 항상 동반해 왔던 문제였다"고 했다.33) 철학이 존재하기 시작했을 때부터 "왜 철학이 필요한가라는 문제(Wozu Frage)"가 항상 그림자처럼 따라다녔다고 한다. 사실 이런 현상이 오늘에 와서 새로운 것이라고 생각하는 것은 큰 오류이다.

오늘에 제기되고 있는 철학의 정당성(Legitimität)에 대한 부정적 태

려고 하는 한, 철학이 다른 과학들 곁에 과학이론으로서 존재해야 할 이유가 없게 된다." Friedrich Kambartel, "Bemerkungen zur Frage 'Was ist und soll Philosophie?'", in H. Lübbe, *Wozu Philosophie?*, S.28.

32) 철학의 역할이나 존재의 당위성에 관해 논할 때 훌륭했던 과거가 있는 것이 곧 현재에도 어떤 의미를 가지며 위대한 일을 기대할 수 있다고 주장되기도 한다. Rainer Specht, "Zur gegenwärtigen Lage der Philosophie", in *Mitteilungen der Gesellschaft der Freude der Universität*, Mannheim, 9. 1970, S.20.

33) Rüdiger Bubner, "Was kann, soll und darf Philosophie?" in H. Lübbe, *Wozu Philosophie?*, Berlin, 1978, S.2.

도는 이미 19세기 중엽부터 존재해 왔다고 볼 수 있다. 자연과 역사와 인간에 관한 위대한 이성적 법칙의 체계였던 철학은 헤겔의 죽음과 함께 자기동일성(Identität)과 정당성(Legitimität)에 대한 위기에 빠졌으며 심각한 자기반성에 들어가게 되었다. 헤겔 철학에 대한 비판과 비난은 이러한 반성과 함께 극도에 달해, 한때 헤겔은 죽은 개에 비유되기까지 하였다.

헤겔 이후의 철학은 그야말로 헤겔 철학에 대한 비판이었을 뿐 아니라 철학 자체에 대한 회의요 위기의식이었다고 할 수 있다.[34] 이것은 헤겔 이후의 철학사상들이 강하게 철학이라는 것, 전통적인 철학의 모습에 대해 회의를 품었다는 사실에서도 충분히 드러난다고 보겠다.

가령 콩트(Auguste Comte)는 새로운 실증주의를 주장하면서 이제까지의 형이상학적 철학은 소멸될 것이라고 전제하고 철학이 다루어 왔던 문제는 사회학(sociology)이 실증과학으로서 다루어야 한다고 주장했다.[35] 물론 콩트가 주장한 사회학은 오늘날 엄밀한 학문 개념으로서 따져 본다면 수순한 사회학이 아니고 사회철학이라고 보인다. 마르쿠제(Herbert Marcuse)는 『이성과 혁명』에서 콩트의 사회학을 "사회에 관한 실증철학(positive Philosophie der Gesellschaft)"이라고 불렀다.[36]

한편 마르크스(K. Marx)는 전혀 다른 쪽에서 헤겔의 철학은 머리를 땅에 박고 거꾸로 선 철학이기 때문에 사물과 존재, 역사의 본질을 잘못된 관념론으로 파악하고 있다고 비판하고, 정신(Geist)을 존재나 역

34) Jürgen Habermas, "Wozu noch Philosophie?", S.22. 뢰비트와 마르쿠제도 헤겔 이후에 전통적 철학이 단절되었다고 진단했음을 하버마스는 확인했다.

35) Auguste Comte, *Cours de philosophie positive* 6 Bde 1830-42, Bd.6.

36) Herbert Marcuse, *Reason and Revolution*, Boston: Beacon Press, 1968, pp.340-360.

사발전의 주체로 볼 것이 아니라, 구체적인 물질적 관계의 법칙이 역사를 움직이는 것이기 때문에 이를 파악하는 일을 해야 한다고 보았다. 즉, 구체적인 인간의 노동과 생산수단의 관계의 양상이 어떻게 변화하는가를 파악하려고 하였다. 그는 이미 청년기에 이러한 사상을 확고히 가지고 "철학은 실현되기 위해 지양되어야(aufheben) 하며, 철학 대신에 구체적 역사(Geschichte)가 등장해야 한다"고 말했다.37) 물론 마르크스가 파악한 역사학은 오늘의 좁은 의미에서 본 역사학은 아니며 역사적 현실을 다루는 학문이라고 볼 수 있겠다.38) 그래서 그는 이를 다루기 위해 경제학을 해야 했고, 정치학이나 사회학 등 역사적 현실을 다루는 데 필요한 학문을 골고루 포함시켰다. 따라서 그의 역사적 현실과 변화의 논리를 추구한 이론이나 사상체계는 결국 철학이었고, 특히 역사철학이나 사회철학이었다. 이런 의미에서 마르크스의 철학의 지양은 새로운 철학으로의 지양이었다고도 볼 수 있다.

다른 한편 키에르케고르(S. Kierkegaard) 역시 헤겔 철학의 추상적이고 형이상학적인 관념주의에 반발했으며 이러한 철학 속에서는 철학의 애초의 관심이며 궁극목표인 자기 실존(Existenz)의 문제가 상실되어 있다고 비판했다. 그래서 그는 신 앞에 선 단독자, 불안과 고독에 휩싸인 실존을 철학이 발견해야 한다고 했다.39) 헤겔에서는 구체적 인

---

37) Karl Marx, "Zur Kritik der Hegelschen Rechtsphilosophie. Einleitung", MEW 1.

38) 헤겔이 죽은 이후 10년 동안 철학이 종말에 이르렀다(Ende der Philosophie)는 사상이 유행했다. 추상적이고 선험적인 사변적 원리에 입각한 철학의 이론은 종말을 고했으며, 새로운 진리는 인간의 구체적이며 물질적인 존재에서 찾아져야 한다는 생각이 나오기 시작했다. 마르크스가 철학을 역사학으로 대체해야 한다고 주장했던 것도 결국은 역사에 나타난 인간의 현실적 모습, 즉 역사적 현실(historical reality) 속에서 참된 실재와 이성이 추구되어야 한다는 의미에서였을 것이라고 마르쿠제도 주장하고 있다. Herbert Marcuse, *Reason and Revolution*, p.262.

간실존이 국가나 이성, 절대정신 등에 소외되었다고 보고, 키에르케고르는 이를 신학(Theologie)을 통해 극복하려 하였고, 포이어바흐(Ludwig Feuerbach)는 역시 개인적인 인간을 중요히 여기며 이를 인간학(Anthropologie)을 통해 극복하려고 노력했다고 보인다.40)

여기서 우리는 헤겔 이후의 철학의 자기동일성에 대한 회의와 함께 철학을 지양해 보려고 했던 노력들이 설사 그 명칭과 방법을 바꾸었다고 하더라도 다시금 철학의 모습을 띠고 나타나며 철학적인 물음과 과제를 짊어지고 있다는 사실에 주목할 필요가 있다.

철학은 그리스에서 발생했을 때부터 그랬지만, 자연과 인간세계를 지배하고 있는 로고스를 발견하는 데 목적이 있었고, 어떤 시대, 어떤 상황에서도 이에 대한 포기를 한 적이 없다. Philosophie는 바로 Sophia(지혜)에 대한 Philia(사랑)이요, 이러한 애지(愛智)의 활동은 결코 인간에게 있어서 중지되거나 끝날 때가 없는 것이다. 오늘에 와서 철학이 하던 많은 것을 과학이 이어받아 하고 있는 것이 사실이지만, 로고스(Logos)의 탐구로서, 소피아(Sophia)에 대한 사랑으로서의 철학의 임무와 과제가 결코 끝난 것이 아니며, 또한 과학이 이를 완성한 것도 아니다. 흔히 "오늘의 철학이 과학에 대해 자리를 빼앗겼다", 혹은 "철학이 과학의 시녀로 전락했다"라고 자학적인 표현들을 쓰지만, 그리고 실제로 오늘날 학문으로서의 철학, 특히 강단철학이 위축되고 위기적인 자기상을 가지고 고민과 콤플렉스에 빠져 있을지 모르지만, 철학이 만일 분화된 과학세계와 사회화된 생활세계에서의 로고스(Logos)와 에토스(Ethos)의 탐구를 홀로 할 수 있다는 자만심을 버리고 여러 과학들과 함께 성실히 수행해 간다면 철학의 정당성은 의심될

---

39) Søren Kierkegaard, *Der Begriff der Angst 1844, und Abschließende unwissenschaftliche Nachschrift*, 1957/59.

40) Herbert Marcuse, *Reason and Revolution*, p.264f.

것이 아니라 주장되고 기대될 수 있을 것이며, 철학의 영역은 축소된 것이 아니라 너무나 넓게 깊이 확대된 것이라 볼 수 있겠다.

철학은 애초부터 신화를 과학으로 대체해 놓은 작업을 감당했다. 이런 의미에서 철학은 종교와 과학 사이에 놓여 있다는 러셀(B. Russell)의 말은 의미 깊은 말이다.[41] 철학은 항상 인간의 호기심과 관심을 좇아 미지의 것, 불확실한 것, 불완전한 것을 캐물으면서 낡은 생각을 비판하고, 새로운 것과 그 해답을 모색하는 과정 속에서 존재했다고 볼 수 있다. 이미 그 해답을 발견하여 과학적 이론으로 정착시켜 놓고 나면 철학은 다시금 한 걸음 더 나아간 물음을 던져야 하게 된다. 철학은 아마 이러한 물음과 대답을 모색하는 과정과 행위 자체 속에 존재하게 되는 것 같다.[42]

개별 과학이 독립하게 되기까지 그 분야의 로고스와 인식방법을 탐구했던 것은 바로 철학의 공로였다. 철학은 자주 분화되어 나간 개별 과학에 대해 부러운 눈초리로 바라볼 필요가 없다고 본다. 철학적 유산을 발전적으로 나누어 분가시킨 것이라 생각하고 오히려 대견스러운 태도를 가져야 하리라 본다.

그러나 한편 과학은 그 자체로서 완성되는 것이 아니며 과학이 철학적인 문제를 갖지 않는 것도 아니다. 오늘날 고도로 분화되고 전문화된 과학의 영역 속에서 오히려 과학적 인식의 기초, 과학적 법칙의 기초, 그리고 과학적 확실성의 기초에 대한 철학적 이론이 요구되고 있으며, 분석과 분화로 치닫던 과학이 종합을 요구하며 과학이 인간의 삶에 대해서 가지는 의미를 물어 오게 되었다.[43] 사회와 역사에 대한

---

41) Bertrand Russell, *A History of Western Philosophy*, 1946.
42) 철학은 항상 물음이며 대답을 찾는 도정에 있는 것이라고 야스퍼스도 주장한다. Karl Jaspers, *Einführung in die Philosophie*, München: Piper, 1971, S.9.

과학적 인식에 있어서도 과학적 분석만으로 그 해답이 주어지지 않는 종합적이고 실천적인 문제가 철학적인 과제의 영역으로 차츰 확대되어 가고 있다. 결국 철학은 그것이 과학 속에 있든, 종교나 예술과 같은 형식 속에 있든, 물음과 모색으로서 계속 존재하고 있으며, 또 계속 그 물음의 내용과 형태를 바꾸면서 있게 되리라고 생각된다.

---

43) 철학과 과학과의 관계, 과학이론의 형성과 근거지음에 있어서 철학적 통찰과 비판, 예견이 하는 역할 인정에 대해서는 매우 많은 문헌들이 있다. Helmut Fahrenbach, *Zur Problemlage der Philosophie*, S.26-30; Rainer Specht, "Zur Metaphysik-Funktion der Philosophie", in H Lübbe, *Wozu Philosophie?*, S.163-180; Karen Gloy, *Das Verhältnis von Philosophie and Wissenschaften*, Vortragstexte, 1983.

철학의 종말 이후의 철학은?

─ 비판이론과 실천이론의 사회철학 ─

1. 비판이론으로서의 사회철학

현대철학자들이 거의 이구동성으로 말하고 있는 "철학이 종말을 고한 이후의 철학(Philosophieren nach dem Ende der Philosophie)"이라는 것은 어떤 행태와 내용을 갖는 것일까? 그것도 철학이라고 불러야할 것인가? 특히 오늘과 같이 자연과 인간, 사회와 역사의 모든 방면을 과학이 분할하여 연구하고 있는 때에 철학은 과연 무엇을 그 고유한 대상으로 하며 또 방법으로 삼을 것인가?

사실 헤겔이 죽은(1831) 이후 약 1세기 동안의 철학은 형이상학적인 관념론이 무너진 시기로 철학을 실증과학으로 대체하거나 실천적세계관으로 대체하거나, 혹은 종교적, 실존적인 인간이해로 대체하려는 시도들이 혼재했던 시기이며, 철학이라는 이름과 제도를 지키려 했

---

* 이 글은 『숭실대 논문집』, 15집, 1985에 수록된 「현대철학의 위기와 사회철학」을 수정 보완한 것이다.

던 철학자들도 철학은 인식론이어야 한다느니, 철학은 논리학이나 언어학의 근본을 탐구해야 한다느니 하며 극단적으로 대립된 주장들 속에서 자기상에 대한 혼란과 위기를 겪었던 시대(nachidealistische Identitätskrise)라고 할 수 있다.[1)

현대철학은, 그것이 대체로 제1차 세계대전 이후인 1920년대부터 유래한다고 볼 때, 철학이 무엇을 자기의 기본적 과업으로 삼을 것인가에 대한 물음과의 씨름이었다고 해도 과언이 아니다. 그것은 어떻게 보면 헤겔 이후에 철학의 종언을 선언한 콩트나 마르크스나 키에르케고르의 유업(遺業)을 다시금 새로운 철학의 과제로서 추구한 노력들이 오늘의 철학의 기본적 물음과 성격을 이루고 있지 않나 생각된다. 이런 점에서 1920년대는 현대철학의 이정표를 세운 것으로 중요한 의미를 갖는 것 같다. 비트겐슈타인(Ludwig Wittgenstein)의 『논리철학입문(Tractatus)』(1921)이나 루카치(Georg Lukács)의 『역사와 계급의식』(1923), 하이데거의 『존재와 시간』(1927)이 출현하게 된 것도 이 무렵이기 때문이다. 이들을 현대철학의 대표적 뿌리로 단정하기는 어렵지만, 현대철학의 대표적 흐름이라고 할 수 있는 언어분석철학, 변증법적 사회철학, 그리고 현상학적, 해석학적 철학의 형성에 획기적인 공헌을 한 초석이었다고 볼 수 있다.[2)

이 세 가지 대표적인 현대철학의 흐름은 모두 관념론적인 전통철학이 부정되고 난 이후에 철학의 기능과 의미에 대해 회의적이며 부정적이던 자기상의 위기를 극복하고 철학에 새로운 역할과 의미를 부여하려는 노력에서 이루어진 것이라고 하겠다. 따라서 이들은 전통철학에

---

1) Herbert Schnädelbach, *Philosophie in Deutschland 1831-1933*, Frankfurt a. M.: Suhrkamp, 1983, S.11.

2) Rüdiger Bubner, *Modern German Philosophy*, Cambridge University Press, 1981.

로의 복귀가 아니라 철학의 새로운 기능과 과제 그리고 존재이유가 무엇인가를 탐구하며, 이를 각기 논리구조와 언어의미 분석으로, 사회현실의 비판과 역사적 변화의 이론으로, 혹은 인간실존의 이해와 존재의 탐구로 모색해 갔다.

그러나 문제는 오늘날에 이르러서도 철학의 기능과 의미 혹은 자기상에 대하여 객관적이며 통일된 해답이 있지 못하다는 데 있다. 더구나 각각의 철학사상들은 자기 이외의 다른 사조에 대해서, 그것은 철학이 아니라거나 그런 철학은 의미가 없다고 주장하는데, 여기에 더욱 현대철학의 위기와 난감함이 있게 된다고 볼 수 있다. 한편에서는 경험과학적으로 증명할 수 있는 것만 참이며 철학은 단지 언어의 개념과 논리성의 명료함만을 문제 삼아야 한다고 주장하고, 다른 편에서는 철학은 경험과학을 넘어서서 타당한 형이상학적 진리를 탐구하는 것이며, 과학적 분석이 포착하지 못하는 이해의 세계를 통찰해야 한다고 주장하고 있다. 여기서 우리는 쉽게 어떤 철학이 바른 철학의 개념이라고 단정할 수는 없으나, 현대철학의 각 흐름에서 보는 다른 철학에 대한 비판과 자기상(Identität)에 관해 알아볼 수는 있으며, 이를 통해 오늘의 상황에서 철학이 왜 있어야 하고 무엇을 해야 하는가에 대한 주장들을 이해해 볼 수 있을 것이다.

필자는 특히 사회철학에 관심을 가지며, 현대철학이 사회철학이 되어야 한다고 주장하는 철학자들이 생각하는 철학의 기능과 역할에 대하여 알아볼 필요를 느낀다. 이것은 특히 오늘의 사회철학자들이 전통적인 체계의 철학을 부정하여 철학의 새로운 기능을 강조하고 있기 때문이다. 특히 이 절에서는 사회철학 가운데서도 비판이론(kritische Theorie)이 보는 철학의 역할과 기능에 대하여 살펴보려고 한다.

비판이론의 사회철학을 정초(定礎)했다고 할 수 있는 호르크하이머(Max Horkheimer)에게 있어서 "철학은 이성을 세계에 가져오려고 하는 방법적이고 지속적인 노력이다"라고 이해되고 있다.3) 그는 철학에 관해서는 물리학이나 화학, 역사학 등과 같이 일반적이고 보편적인 정의를 내릴 수 없다고 전제하고 철학의 성격이나 내용, 방법이 다양함을 인정하면서, "철학이 가진 사회적 기능이 기존의 것에 대한 비판(Kritik des Bestehenden)에 있다"고 했다.4)

철학이 엄밀한 과학이 되어야 하느냐 혹은 과학적 진리들에 대한 종합이어야 하느냐의 문제에서도 호르크하이머는 철학의 자기상을 과학에 의존해서 설정해서는 안 된다고 주장한다. 적지 않은 철학자들이 다른 학문분야에 종사하는 동료들을 부러운 눈으로 바라보는데, 그들은 정확히 구획된 연구분야가 있기 때문이며 또한 사회를 위한 기여나 보람이 부인할 수 없이 있기 때문이다. 이런 사람들은 철학을 특수한 종류의 과학(Wissenschaft)으로 팔고 있으며, 혹은 특수한 개별 과학들에게 매우 철학이 유용한 것이라는 것을 보여주려고 한다. 이런 모양으로 나타나는 철학은 일반적으로 과학이나 사회의 비판자(Kritikerin)가 아니라 시녀(Dienerin)일 뿐이다.5) 그는 철학이 플라톤 이래로 인간과 국가에 이성을 가까이 가져오게 하는 것이 가능하다는 이상주의를 포기한 적이 없으며, 이를 위해 철학은 비판적이고 변증법적인 사유를 전개하는 데 그 역할이 있었다고 보고 있다.6)

호르크하이머에게 있어서 중요한 철학의 사명은 주어진 과학적, 사회적 제약과 여건을 넘어서는 데 있다. 그는 이미 1937년에 쓴 「전통이론과 비판이론」에서도 전통이론은 주어진 사회 안에서 경험을 조직

---

3) Max Horkheimer, "Die gesellschaftliche Funktion der Philosophie", in *Kritische Theorie*, Frankfurt: Fisher Verlag, 1977, S.691.
4) 같은 글, S.688.
5) 같은 글, S.685.
6) 같은 글, S.691.

하고 삶의 재생산(Reproduktion)을 목표로 하지만, 비판이론은 과학이나 사회의 목적과 의미를 역사적 삶의 생산자인 인간에 따라서 규정하는 것이라고 했다.7) 그는 바로 이러한 비판이론을 철학의 기능과 사명으로 보았다.

비판이론의 다른 선구자인 마르쿠제에게 있어서도 철학의 사명은 인간이 실현해야 할 이성적 사회에 대한 사유와 비판에 있다고 주장된다.8) "이성은 철학적 사유의 기본 개념이며 인간의 운명이 매달려 있는 유일한 것이다. … 이성은 인간과 존재하는 것(das Seienden)의 최고의 가능성을 나타내는 것이다."9) 특히 헤겔의 철학에서 변증법적 이성의 작용을 부정성(Negativität)에서 보고 있는 마르쿠제는, 오늘날의 철학이 비판이론이 되어야 하는 이유는 인간 전체의 해방을 목표로 하는 이성적 사회가 실현되기 위해서는 "지금까지의 사회와 인간의 물질적, 정신적 관계가 지양(aufheben)되지 않으면 안 되기 때문"이라고 주장한다.10) 따라서 철학은 "이제까지 이루어진 것(현실)은 사라져야 하고 변화되어야 할 것으로 보는 태도"라고 한다. 철학에 기대하는 바는 바로 "기존의 것에 대립하는 것(Gegenstellung zu dem Bestehenden)을 생각"하는 데 있다고 주장된다. 마르쿠제는 이러한 철학은 있는 것, 기존의 현실을 객관적으로 파악하는 과학과는 다르며, 따라서 경제학이나 사회학과도 다르다고 본다. 철학이 비판이론 속에서 하는

---

7) Max Horkheimer, "Traditionelle und Kritische Theorie", in *Kritische Theorie*, S.577, Nachtrag.

8) Die philosophische Konstruktion der Vernunft wird durch die Schaffung des vernünftigen Gesellschaft erledigt. Herbert Marcuse, "Philosophie und kritische Theorie", in *Kultur und Gesellschaft* I, edition Suhrkamp 101, Frankfurt a. M., S.110.

9) 같은 글, S.103.

10) 같은 글, S.113, 114.

역할은 바로 경제학이나 사회학을 넘어서 그 이상의 어떤 것(mehr als Nationalökonomie)을 추구하는 것인데, 그것이 바로 인간의 요구 (Bedürfnisse)라든지 인간의 자유와 행복 같은 것을 말한다고 한다.[11] 이 점에서 마르쿠제는, 철학은 이성적인 이념(Idee)이나 사유(Denken), 혹은 이상(Utopia)을 과학적 인식에다 결합시키는 역할을 하며 이렇게 될 때 기존의 현실이나 그 현실을 그대로 파악한 과학에 대한 비판이 론이 될 수밖에 없다고 보는 것 같다.[12]

아도르노는 1962년에 한 방송 강연에서 최초로 "아직도 철학이 필 요한가?(Wozu noch Philosophie?)"라는 물음을 던져서 철학계에 커다 란 자극을 주었다. 그는 오늘의 철학은 혼자서 어떤 절대적인 것 (Absoluten)에 대하여 생각할 능력이 있다고 주장해서도 안 되며, 삶 의 문제를 해결하는 기술(Techniken der Bemeisterung des Lebens)을 제공해 준다고 보아서도 안 되며, 전문화(Verfachlichung)의 시대에 어 떤 특수한 내용을 가진 전문분야라고 자처해서도 안 된다고 했다.[13] 이렇게 전통적인 철학이 가졌던 역할을 잃어버렸음에도 불구하고 아 도르노는 철학이 "진리를 파악하는 열정적인 일(emphatischen Begriff der Wahrheit)"에서는 조금도 격하시켜서는 안 된다고 모순되는 주장 을 했다. 이 모순됨(Widerspruch)이 바로 철학의 본질적 요소라는 것 이다. 칸트의 유명한 명제 "비판의 길은 아직 열려 있다(der kritische

---

11) 같은 글, S.112.

12) 1937년에 쓴 마르쿠제의 "Philosophie und kritische Theorie"는 호르크하이 머가 같은 해에 쓴 *Traditionelle und kritische Theorie*의 강한 영향하에 있 는 것 같다. 그러나 철학과 비판이론의 기능과 관계에 대해서는 생각의 차이 점도 많이 보인다. 특히 철학은 비판만이냐, 아니면 새로운 이론을 형성해야 하느냐의 문제에 대해 두 사람 모두 명확한 답변을 아직 하지 않은 것 같다.

13) Theodor W. Adorno, "Wozu noch Philosophie?", in *Eingriffe*, edition Suhr- kamp 10, Frankfurt a. M., 1963, S.11-13.

Weg sei allein noch offen)"는 말처럼 어느 시대 어떤 상황에서도 철학에는 진리에 대한 열정과 비판의 길이 열려 있다고 한다. 그는 철학사에 나타난 철학들이 모두 전승된 철학에 대한 비판이었다고 주장했다. 아리스토텔레스는 플라톤의 이데아 개념을 비판했고, 데카르트는 스콜라 철학의 독단주의를 비판했고, 라이프니츠(G. W. Leibniz)는 경험주의의 비판자요, 칸트는 라이프니츠와 흄(David Hume)의 비판자이며, 헤겔은 칸트의 비판자, 마르크스는 헤겔의 비판자였다. "이들 사상가들은 곧 비판을 통해서 그들의 진리를 획득했다(Jene Denker hatten in Kritik die eigene Wahrheit)."14) 아도르노는 오늘의 철학이 아무리 비판된다 할지라도 이것은 철학의 소멸(Verschwinden der Philosophie)을 의미하거나 철학을 어떤 과학으로 (혹은 사회과학으로) 대체할 것을 요구하는 것이 아니라, 오늘에 지배적인 철학(herrschenden Philosophie)에서는 존재하지 않는 정신적 자유를 찾아내도록 하는 사명을 갖는다고 믿고 있다.15) 따라서 이러한 철학의 사명과 역할은 어떤 학문과 규칙이나 논리로 규제해서는 안 되며 "가장 진보적인 의식(fortgeschrittenstes Bewußtsein)"으로서 유지되어야 한다고 보고 있다.

비판이론의 2세대의 거장인 하버마스 역시 아도르노가 던진 물음을 계속 던지며 "오늘에 와서도 왜 철학이 필요한가?"에 대한 비판이론 쪽에서의 해답을 주려고 노력했다.16) 그는 오늘에 있어서 철학이 당하고 있는 여러 가지 위기적인 상황을 분석하면서도, 철학의 존재이유를 과학과의 관계에서 규정하는 과학주의적인(szientistische) 철학 이해를 비판하였다. 과학주의에 빠지지 않는 철학은 과학과 인식 자체를 동일

---

14) 같은 글, S.15.
15) 같은 글, S.22.
16) Jürgen Habermas, "Wozu noch Philosophie?" in *Philosophisch-politische Profile*, Frankfurt: Suhrkamp, 1971.

시하지 않으며 과학도 가능한 하나의 인식(als eine Form möglicher Erkenntnis)으로서 받아들이는 철학을 말한다.

하버마스는 우선 오늘의 철학이 과거의 것과 달라진 구조적 변환을 다음의 네 가지로 설명하고 있다.[17]

(1) 오늘의 철학은 지금까지의 철학처럼 과학과 하나의 체계 속에 통일되어 있는 것이 불가능하게 되었다. 철학이 과학으로서, 과학적 학문으로서 자기의 영역을 보존하려고 했던 시도는 실패하고 말았다는 것이다.

(2) 오늘의 철학은 실천적인 행동이론과 하나의 체계 안에 통일되는 것이 문젯거리가 되었다. 철학은 이제까지 이론적인 인식에서 실천적인 지혜와 행동의 이론을 끄집어내었는데, 철학이 윤리적 명제나 실천의 강령을 철학적 원리 속에서 제시해 주려는 시도는 실패하고 말았다. 실천에 관한 이론은 본래적인 체계적 철학의 영역을 떠나, 즉 그 존재론적인 규정을 받는 데서 떠나, 역사철학의 문제나 사회철학적 가치관의 문제, 혹은 이데올로기의 문제가 되었다. 여기에 학술적 의미의 철학에서 멀어진 혁명적 실천론이나 반동적인 실천철학이 나타날 수 있는 장이 마련되었다고 볼 수 있다.

(3) 오늘의 철학은 종교와 밀착되어 있던 관계도 근본적으로 변화시켰다. 과거의 철학이 신학의 시녀로서 봉사하던 형이상학의 시대는 제거되고 철학은 오히려 기독교의 유일신의 사상을 비판하며 그 독단성을 공격하는 데 이바지하고 있다. 철학은 유물론이나 실증주의를 통해 종교의 뿌리를 뒤흔들었으며 독단적 주장들을 역사적으로 비판적으로 해체시켜 버리는 데 공헌했다. 철학적 밑받침이 없어진 오늘의 종교나 세계관들은 더 이상 철학적 형이상학이나 맹신이 존립하기 어려워진

---

17) 같은 글, S.23-28.

상황에서 그 영향력을 잃어 가고 있으며, 오히려 세계의 구원을 약속하는 실천과학이나 역사철학이 그 대용 종교의 역할을 해가고 있는 모습이 보인다.

(4) 또한 철학적 인식과 이론이 소위 지식인과 교양이 높은 엘리트 층과의 유대 속에서 자라온 양식이 변천되고 있다고 보인다. 플라톤 이래로 철학은 귀족층이나 여유 있는 유한층의 전유물이었고 따라서 철학은 권력과 지배체제의 정당화에 봉사하는 사회적, 역사적인 제약을 갖고 있었다. 이러한 현상은 대학교육이 시민계층의 특권적 소유물로 되고 소수의 교양 엘리트에게 철학이 독점되었던 19세기 후반에 이르기까지 마찬가지로 나타났다.

그러나 이러한 현상은 민주화와 산업화에 따른 노동운동의 성과로 크게 달라졌다. 오늘의 철학은 대중의 철학이요, 대중들, 민중들의 의식을 반영하는 철학으로 점차 변질되어 가고 있음을 볼 수 있다.

이러한 철학의 구조적인 변환을 논하면서 하버마스는 "오늘의 철학이 재래의 철학 속에 존재하는 것이 아니라 다른 수단 속에 옮겨져 있다(Das philosophische Denken ist nach Hegel in ein anderes Medium übergetreten)"고 주장했다.[18]

위와 같은 네 가지 구조 변환을 겪은 철학은 더 이상 지금까지의 철학이 아니고 비판(Kritik)이라고 한다. 하버마스에게 있어서 새로운 철학은 비판이다.

비판으로서의 철학은 우선 자기 자신을 비판한다. 우선 철학은 이제까지의 철학이 주장해 온 근원으로서의 철학(Ursprungsphilosophie)을 비판하여 존재의 최후 근거를 제시할 수 있다고 생각하는 환상(Illusion)을 버려야 한다. 또한 비판으로서의 철학은 이론과 실천의 관

---

18) 같은 글, S.29.

계를 존재론적 체계 속에서 연역해 낼 수 있다는 생각을 포기해야 하며, 단지 사회적 실천과 행동에 대한 반성적인 요소로서 자신을 제한해야 한다고 한다. 그뿐만 아니라, 철학은 형이상학적 인식이나 종교적 세계관의 절대적 진리성에 대해 비판해야 하며 종교적 전통이 이어온 유토피아적 요소에 대해서는 이를 비판적으로 새롭게 수용할 수 있는 문을 열어야 하는데, 인식이 가질 해방적 관심이 다룰 수 있는 것으로 보고 있는 것 같다.19) 그리고 비판으로서의 철학은 철학적 전통이 가졌던 엘리트적인 자기상을 비판하고 보편적인 계몽의 역할을 수행해야 한다고 보고 있다.

하버마스는 이러한 비판으로서의 철학의 작업을 수행하고 있는 예를 아도르노의 부정변증법이나 호르크하이머-아도르노의 계몽의 변증법에서 보고 있으며, 이러한 작업을 그는 비판적 사회이론(kritische Gesellschaftstheorie)이라고 명명했다. 그는 호르크하이머, 아도르노, 마르쿠제의 태도와 방법을 이어받아 철학이 비판으로서 존재하여야 한다고 주장하며, 비판적 사회이론이 오늘의 철학이 존재하는 한 양상이라고 생각하고 있다.20) 비판으로서의 철학은, 재래의 철학과 하나의 체계를 이루고 있었지만 지금은 분리되어 나간 과학, 실천, 종교, 전통의 문제들에 대한 것들을 새롭게 해명하며 인식하는 비판적인 과제를 갖게 된다는 것이다.

이러한 과제를 갖는 비판으로서의 철학은 오늘에 있어서 우선적인 작업으로서 과학이 가진 객관주의적인 자기상을 비판해야 하며, 사회과학적 방법론이 의사소통적인 행위체계를 억압하지 않는 개념들을 만들어 내도록 하고, 기술적 발전이나 탐구의 논리가 의사소통을 통해

---

19) Jürgen Habermas, "Erkenntnis und Interesse", in *Technik und Wissenschaft als Ideologie*, Frankfurt: Suhrkamp, 1969, S.287.

20) Jürgen Habermas, "Wozu noch Philosophie?", S.30.

보편의지가 형성되는 논리와 관련하여 생길 수 있는 차원을 밝히는 작업을 해야 한다고 하버마스는 주장한다.21) 물론 이때에 비판으로서의 철학은 경험과학들과 자신의 유토피아적인 풍부한 전통들에서 내용을 확보하도록 해야 하며 이러한 점에서 "과학이론과 실천철학을 하나로 결합한 것이다(Theorie der Wissenschaften und praktische Philosophie in einem)"라고 한다. 이런 경향을 가진 현대철학으로 하버마스는, (1) 논리적 실증주의의 경험주의적, 언어구성주의적 한계를 자기비판을 통해 극복하려는 포퍼(Karl Popper)의 비판적 합리주의, (2) 과학 합리적 의사 형성의 실천적, 규범적 기초를 설정하려는 로렌젠(P. Lorenzen) 과 에어랑겐(Erlangen) 학파의 실천철학, 그리고 (3) 인식이론을 사회이론으로서 추구하는 프랑크푸르트학파의 비판이론 등 세 가지 조류가 있다고 지적했다.

오늘의 철학이 이처럼 과학의 이론과 실천적인 작용성(praktische Wirksamkeit)을 함께 결합하는 과제를 안게 된다면 이것은 불가피하게 사회철학의 성격을 갖게 된다고 하버마스는 생각하는 것 같다. 그는 "철학적 사유의 장래는 이러한 점에서 정치적 실천의 문제이다 (Insofern ist die Zukunft des philosophischen Denkens eine Sache der politischen Praxis)"라고 했다.22)

비판으로서의 철학은 과학주의에 예속되지도 않고, 과학에서 완전히 독립된 것도 아니며, "여러 과학들과 의사소통(kommunizieren)을 통해서 형성된다"고 그는 생각한다.23) 이러한 철학이 앞으로 이제까지의 철학보다 더 넓은 영향력(breitere Wirksamkeit)을 발휘할 수 있게 된다고 그는 내다보았다.

---

21) 같은 글, S.33.
22) 같은 글, S.35.
23) 같은 글, S.36.

2. 실천철학으로서의 사회철학

철학(Philosophia)은 예로부터 소피아(Sophia)에 대한 사랑(愛智)으로서 알려져 왔다. 이때의 소피아는 단순히 지식만을 의미하지 않고 지혜를 함께 의미했다. 철학은 객관적이고 참된 진리를 인식하는 것이었으며, 동시에 인간과 삶이 가져야 할 실천적인 지혜를 탐구하는 것이었다. 철학의 오랜 역사에 있어서 그 강조점들은 변해 왔지만, 객관적 진리의 인식과 주체적 실천의 지혜의 두 가지가 철학의 사명과 과제에서 포기된 적은 없다. 오늘날 객관적 진리를 인식하는 일의 대부분은 자연과학, 사회과학 등 과학이 담당하고 있는 상황에서도 철학은 과학적 인식의 근거와 기초를 탐구한다든가, 과학적 인식의 한계를 지적하고 잘못된 과학을 비판한다든가, 혹은 분할된 과학적 인식을 종합한다든가 하는 일을 수행하고 있다. 또한 삶의 실천적 지혜나 가치관의 문제를 종교나 이데올로기, 정치사상들이 대부분 담당하고 있는 오늘에 있어서도 철학은 종교나 이데올로기가 가진 인식적이고 가치적인 문제들을 비판하면서, 혹은 새로운 사상과 이념을 모색하면서 그 사명을 감당하고 있다고 볼 수 있다.

그러나 오늘에 와서 "아직도 철학이 필요한가?"의 물음이 계속되고 있는 것은 철학이 진리의 인식과 실천적 지혜를 홀로 감당할 수가 없으며 또 과거의 체계의 철학이 내놓은 존재론이나 형이상학이 타당성과 신뢰를 잃어버렸기 때문이다. "철학이 독자적인 이론이나 방법 혹은 교리나 체계로서는 이미 존재당위성(Daseinsberechtigung)을 상실하였다"고 많은 철학자들이 주장하고 있다.24)

철학은 과학들에 의해 지양되고, 철학이 하던 사변(Spekulations-

---

24) Willy Hochkeppel, *Mythos Philosophie*, Hamburg, 1976, S.162.

spiel)이나 반성은 각 개별 과학 속에 포함되어(integriert) 있으면 되고, 철학은 단지 논리학적 예비훈련(logische Propädeutik)과 철학사만을 가지고 반성의 훈련을 시키는 것으로 족해야 한다는 생각도 있다.25)

　이러한 철학의 독립적 존재에 대한 부정적이고 회의적인 생각에 대해 현대철학자들은 같은 대답을 하고 있는 것은 아니나, 대체로 철학이 독립적인 기구(als selbstätige Institution)로서 있어야 한다고 주장하고 있다.26) 철학의 존재이유를 강하게 주장하는 철학자들은 철학이 과학이나 종교가 못하는 진리인식과 실천적 지혜를 스스로 해결해 줄 수 있기 때문에 그런 것이 아니라, 여기에 대한 철학적 물음을 항상 제기하고 해답을 모색하기 때문이라고 한다. 리델(Manfred Riedel)은 철학이 과학과 연결되는 점은 과학의 방법(Methodenzwang)으로서도 아니고 과학의 기초(Fundament)로서도 아니며, 방법적인 회의(methodische Skepsis) 때문이라고 한다. 즉, 과학을 일시적인 지식(vorläufiges Wissen)으로 여기며 참된 지식을 향해 모색하여 탐구(Forschung)하는 것으로서 철학이 존재한다고 한다.27)

　철학을 해야 하고 철학이 있어야 하는 이유는 곧 철학의 과제가 있기 때문이다. 가다머(H.-G. Gadamer)는 "철학에 대한 정당성으로 언제나 철학이 존재하고 있다(immer Philosophie sein wird)는 사실보다 더 좋은 정당성은 없다"고 했다.28) 포퍼도 비트겐슈타인이나 빈(Wien)

---

25) 같은 책, S.161-167.

26) Carl Friedrich Gethmann, "Ist Philosophie als Institution nötig?", in Hermann Lübbe(hrsg.), *Wozu Philosophie?*, Berlin, New York: Walter de Gruyter, 1978, S.308-312.

27) Manfred Riedel, "Philosophieren nach dem 'Ende der Philosophie?' ", in H. Lübbe, *Wozu Philosophie?*, S.272-274. 철학을 해답이 아니라 물음(Frage)이라고 한 것은 야스퍼스의 경우에도 마찬가지다. Karl Jaspers, *Einführung in die Philosophie*, München, 1971, S.9.

학파와의 철학에 대한 견해 차이를 밝히면서 이렇게 말했다. "그들은 철학의 심각한 존재이유를 부정했지만, 나는 항상 우리가 철학적 문제를 가지고 있기 때문에, 또 철학적 문제들은 해결이 불가능한 것이 아니기 때문에 철학의 존재정당성(Existenzrechtfertigung)을 주장했다."29) 철학의 존재이유는 오늘날 철학적 문제와 과제와 함께 연결되어 있다. 문제는 어떠한 문제와 과제를 가지고 있느냐에 있다. 우리에게 철학적 모색과 탐구를 유발시키는 것은 우리의 이론적 인식이나 실천적 태도에 있어서 문젯거리가 되어 있는 것이다.

오늘날 철학이 자기상의 위기에 빠지고 무엇을 해야 하며 무엇을 할 수 있는가의 고민에 빠져 있는데, 이러한 콤플렉스와 위기의식에서 벗어나는 길은, 오늘날 우리에게 어떠한 철학적 문제와 물음이 있으며 이를 위해 어떻게 철학이 해답을 구할 수 있는가를 모색하는 데 있다고 생각된다. 필자는 이 점에서 오늘날 다른 많은 현대철학자들과 함께 실천철학(praktische Philosophie)에서 많은 철학적 문제와 과제를 찾을 수 있다고 보며, 사회철학은 현대적 상황에서 실천철학의 문제를 탐구하는 주요한 분야이며 방법이라고 생각한다.

오늘의 철학의 주요한 과제가 실천철학으로서의 사회철학에 있다고 생각하는 사람들은 비판이론(소위 프랑크푸르트학파)에 종사하는 철학자들 외에도 많이 있다. 렝크는 "오늘날 일반적으로 확실시되는 것은, 철학에 대한 요구(Bedarf)가 고조(Aufschwung)되고 있는데, 이것은 주로 사회철학(Sozialphilosophie)이나 일반적으로 실천철학(praktische Philosophie)에 대한 것이다"라고 주장했다.30) 그는 그 이유로 특

28) Erwin Menne, *Einladung zur Philosophie*, Düsseldorf: Patmos, 1976, S.14.
29) Karl R. Popper, "Wie ich die Philosophie sehe", in Kurt Salamun(hrsg.), *Was ist Philosophie?* UTB. 1000, Tübingen: Mohr, 1980, S.176.
30) Hans Lenk, *Pragmatische Philosophie*, Hamburg, 1975, S.21.

수 과학들이 그 자신의 근거와 기초에 관하여 과학이론적으로 설명해야 할 필요를 느끼는데다가, 현대인들이 가진 정체성(Identität)과 방향성(Orientierung)에 대한 요구, 그리고 종합과학적인(interdisziplinär) 문제 접근의 요구 등을 들고 있다. 이미 이러한 현상을 리델은 "실천철학의 재기(Rehabilitierung der praktischen Philosophie)"라고 표현한 바가 있다.31)

이미 현대철학의 주요한 특징이 이론과 실천(Theorie und Praxis)의 문제인 것은, 여기에 관한 많은 저술을 통해 감지할 수 있다. 리델은 "철학이 현재나 과거나 모든 시대에 있어서 다양한 형태와 체계를 이루어 왔지만 항상 적어도 다음의 두 가지 과제를 가졌다. 첫째는 기본적인 이론적, 실천적 개념을 밝히는 것(Klärung fundamentaler theoretischer oder praktischer Begriffe), 둘째는 기본적인 이론적, 실천적인 확신을 형성하는 것(Formulierung der theoretischer oder praktischer Überzeugung)이다"라고 했다.32) 아무리 객관적인 이론이라 하더라도 인간의 삶과 실천에 관계되지 않는 것은 없을 것이다. 철학은 어쨌든 인간이 주체가 되어서 실천적인 의도를 가지고 현실을 파악하고, 또한 현실을 개조해 나가기 위한 사고와 반성 속에서 이루어지는 것이다. 그래서 미텔슈트라스(Jürgen Mittelstraß)는 철학을 정의하여 "실천을 지도하는 계몽(die praxisleitende Aufklärung)"이라고 했다. "철학은 오늘의 과학이론을 포함하는 논리학(Logik)으로서든, 오늘의 규범적 사회과학을 포함하는 윤리학(Ethik)으로서든, 실천을 지도하는 계몽을 그 과제로 삼고 있다. 여기에서만 철학은 올바로 이해된 독자성(Selb

---

31) Manfred Riedel(hrsg.), *Rehabilitierung der praktischen Philosophie*, Bd. 1, Freiburg, 1972, Bd. 2, 1974.
32) Manfred Riedel, "Arbeit und Interaktion — zum Handlungsbegriff", in *Universitas* 30, 1975, S.525.

ständigkeit)을 다시금 찾게 될 것이다."33) 토피취(Ernst Topitsch) 역시 철학의 고유한 사명이 인간의 세계 현실의 파악(menschliche Welt-auffassung)에 있는데 오늘의 철학의 과제는 신화적이고 형이상학적인 세계 현실의 파악을 수정하여 계몽적으로 개선하는 데 있다고 보고 있다.34) 그 역시 비판적 합리론(kritischer Rationalismus)에 속하는 사회 철학자로서 사회철학을 계몽으로서(Sozialphilosophie als Aufklärung) 생각하는 이해를 갖고 있다.35)

뤼베(Hermann Lübbe)는 이론과 실천을 위한 현실의 상징적 파악을 변화된 실천적 요구나 이론적 결합에 대해서 반성하게 될 때에 철학이 필요하게 된다고 했다. 그래서 그는 철학의 기능을 방향성의 위기 (Orientierungskrise)를 반성하고 해결(bewältigen)하는 데 있다고 보았다. 그런데 이 위기는 지금까지 우리가 지녔던 실천적인 방향성의 전제(Prämissen)들이 불충분한 것으로 드러날 때 생기게 되는 것이라 했다.36) 그래서 뤼베는 "아직도 철학이 필요한가?"의 물음에 대해 "철학은 방향성의 위기를 조정하는 것(Orientierungskrisenmanagement)이기 때문에 방향성에 대한 문제가 있을 때는 언제나 있어야 한다"고 주장했다. 이 점에서 철학은 어떤 특정한 대상을 갖는 것이 아니며, 방향을 정립하는 실천(Orientierungspraxis)에서의 주요 원리들에 대한 반성작용이라고 했다. 이러한 기능을 가진 철학은 강단에서만 일어나는 것이

---

33) Jürgen Mittelstraß, *Die Möglichkeit von Wissenschaft*, Frankfurt, 1974, S.27f.

34) Ernst Topitsch, "Philosophie zwischen Mythos und Wissenschaft", in Heinz R. Schlet(hrsg.), *Die Zukunft der Philosophie*, Olten, 1968, S.203-221.

35) Kurt Salamun, *Sozialphilosophie als Aufklärung: Festschrift für Ernst Topitsch*, Tübinben: Mohr, 1979.

36) Hermann Lübbe, "Wozu Philosophie? Aspekte einer ärgerlichen Frage", in H. Lübbe, *Wozu Philosophie?*, S.143.

아니며, 과학에서 정치에 이르기까지 방향성이 문제되는 곳에서는 어디에서나 일어나게 된다고 주장한다.

이상과 같이 현대철학자들의 철학의 기능과 당위성에 대한 주장들을 보면, 철학은 이론적인 인식이나 실천적인 태도에 있어서 문젯거리가 되고 결함이 생기며 위기가 의식될 때, 이를 비판하고 반성하며 계몽하거나 조정하는 일을 하는 것이라고 주장되고 있다. 철학은 결코 완전하며 절대적인 답을 내놓을 수 있다고 자신하는 것이 아니라, 문제성과 오류와 위기점을 알게 하고 지적하는 데 이미 큰 역할을 하게 되는 것이다. 그러면 철학은 이제 단지 비판과 반성의 역할만 하며 문제를 해결하고 새로운 방향과 가치관을 찾는 데는 아무런 역할을 할 수 없는 것인가? 이것은 다시금 과학이나 정치, 종교 등에 맡겨야 하며 철학은 단지 이들의 문제성만 반성해 주며 꼬집어 주면 되는 것인가? 체계의 철학이 신뢰를 잃어버린 이후에 철학은 섣불리 인간의 문제나 사회의 문제에 대한 해결책으로서의 이론은 만들 수 있다고 자부하거나 욕심을 부리는 일을 몹시 주저하며 자제해 왔다. 그래서 도덕적 기준이나 사회적 이념을 제시하는 일에서 후퇴하였으며, 과학적 인식의 근거나 방법을 탐구하거나 사회적 규범이나 실천에 대한 비판, 반성으로 만족하려고 하였다.

그러나 오늘의 철학이, 특히 실천철학으로서의 사회철학이 비판적이며 반성적인, 그리고 계몽적이며 위기 조정적인 역할을 한다고 할 때 실천적인 규범이나 이론, 혹은 원리를 만들지 않고도 가능할까? 뤼베는 철학이 진단하는 방향성의 위기(Orientierungskrise)는 지금까지 있어 온 종교나 도덕, 예술이 의미를 잃고, 과학들마저 사회적인 문제들을 해결할 수 없게 되었음을 의미한다고 보았다.37) 그는 이때에 우

---

37) Hans Michael Baumgartner, "Wozu noch Philosophie?", in H. Lübbe, *Wozu Philosophie?*, S.251.

리의 삶의 실천(Lebenspraxis)이 당한 방향성의 위기를 극복하기 위해 철학이 항상 그래 왔듯이 "반성하는 지적인 기술(intellektuelle Kunst der Reflexion)"로서 작용해야 한다고 보고 있다.[38] 여기서 그는 인간의 삶과 세계에 대한 철학적 이해(philosophische Deutung)가 항상 우리의 방향성의 모델(Orientierungsmuster)을 형성하는 데 개입해 왔듯이, 전문적인 학술적 철학(esoterische professionelle Philosophie)은 생활 실천적인 지도원리나 가치관의 구실을 하는 외적이며 대중적인 철학들(exoterische Philosophien)을 반성해 주며 교정해 주는 역할을 한다고 생각하고 있다.[39] 뤼베는 철학은 인간의 삶과 실천이 가져야 할 방향성(Orientierung)을 정립하는 데 기여하지만, 전문적인 학술적 철학은 실천적이며 현실적인 방향성의 철학을 반성하며 제약하는 역할을 한다고 보고 있다.

그것이 전문적이고 학술적인 철학이든 대중적이며 실천적인 철학이든 뤼베에게 있어서 철학은 현실 파악의 방향성(Wirklichkeits orientierung)을 변화된 상황과 요구에 따라 과학적으로나 실천적으로 적응시키고(anpassen) 조정하는 기능을 갖는다.[40] 그러나 과연 철학이 방향성의 위기를 맞을 때마다 이 위기를 조정하는(management) 능력을 가지고 있으며, 철학은 어떻게 그런 일을 수행할 수 있는가에 대해

---

38) H. Lübbe, "Unsere stille Kulturrevolution", in *Texte und Thesen* 68, Zürich, 1976, S.76.

39) 뤼베는 우리가 철학이라고 할 때에 한편으로는 학술적인 이론으로서의 내적인 철학(esoterische akademische Disziplin)과 실천적인 방향성과 가치관의 체계(Orientierungssystem)로서의 외적인 철학(exoterische)의 두 가지를 의미한다고 구별하고 있다. H. Lübbe, *Wozu Philosophie?*, S.131-135.

40) Philosophie erfüllt die Funktion, die elementaren Schemata unserer Wiklichkeitsorientierung, durch die wir in wissenschaftlicher und sonstiger Praxis geleitet sind, an veränderten Lagen auzupassen. H. Lübbe, "Unsere stille Kulturrevolution", S.76.

뤼베는 자세하고(präzise) 충분한 설명을 하지 못하고 있다. 단지 변화된 상황과 요구에 적응만 시킨다면 결국 또 다른 방향성의 위기로 몰아가며, 그 자체를 지양하며 극복할 수는 없지 않은가(Orientierungs-defizit auf einer anderen Ebene lediglich spiegeln, aber nicht behe-ben) 하는 것이 바움가르트너(Hans Michael Baumgartner)의 논평이다.41) 철학이 참으로 방향성의 위기 극복과 방향성을 잡아 주는 일을 할 수 있기 위해서는 보다 적극적인 기능이 있어야 하지 않을까? 또한 철학 스스로 어떤 지적 능력이든지 선천적 지식(gültiges apriorisches Wissen)을 갖고 있어야 하지 않겠는가라는 비판이 있기도 하다.

철학의 기능과 역할을 비판이나 반성 혹은 계몽이나 위기 조정에 제한하려는, 혹은 겸손하게 주장하려는 비판이론이나 비판적 합리론, 기타의 현대 사회철학자들의 생각에 대하여 더 젊은 새로운 철학자들은, 철학이 실천철학으로서의 기능을 다하기 위해서는 보다 적극적이고, 이론이나 방향 제시적인 능력을 가져야 하며, 또 갖고 있는 것이 아니냐는 생각을 하고 있는 것 같다. 물론 비판이나 반성 자체를 우리는 대단히 적극적이고 생산적인 기능으로 볼 수도 있겠지만, 그러면 비판과 반성 이후에 새로이 추구되어야 할 목표나 방향에 대해서는 누가 과연 관여해야 하며, 이것은 과학이나 정치, 종교 등 사회체제에 다시 맡겨지고 철학은 관망만 해도 좋을 것인가 하는 데는 의문이 생기지 않을 수 없다. 그렇다고 철학이 다시금 독선적인 가치체계나 이념을 제멋대로 내어놓을 수는 없을 것이다.

여기에 대해 아직 실천철학이나 사회철학을 모색하는 현대철학자들에게서 뚜렷한 해답은 보이지 않으나 나름대로의 시도들은 있는 것 같다. 우선 철학의 역할과 기능을 단지 비판이나 반성에만 한정하지 않

---

41) Hans Michael Baumgartner, "Wozu noch Philosophie?", S.252.

으려는 주장이나 생각들이 새로운 싹(Ansatz)을 보이는 것 같다. 사회철학의 융성(Aufschwung)이나 실천철학의 재기(Rehabilitierung)의 주장들이 이미 새로운 모색을 암시한다고 볼 수 있다.42)

부브너(Rüdiger Bubner)는 이와 관련해 철학이 비판으로서만 존재할 수는 없다고 생각하며, 즉 남의 것이든 자기 것이든 비판만 할 수는 없다며 언젠가는 이론을 갖지 않을 수 없다고 했다.43) 철학이 그 시대현상에 대해서 비판의 역할을 담당해 온 것은 아주 오랜 전통에 속하는 것이며 오늘에 와서 새삼스러운 것은 아니라는 것이다. 이미 헤라클레이토스나 플라톤도 그 시대의 비판가였다는 것이다. 물론 헤겔 이후의 철학이 특히 마르크스가 정치적 현실이나 사회조직 형태에 대해, 그리고 지배적인 세계관이나 가치관에 대해 비판한 것이 철학의 주 내용이었음은 주지된 사실이지만, 철학이 반드시 비판으로서의 역할에만 한정되어야 하느냐에 대해서 부브너는 다르게 생각하고 있다. 그는 비판이 참 비판의 구실을 하려면 어떤 대상이나 사상에 대해 내용과 배경(Hintergrund)을 알아야만 한다고 본다. 그러자면 거기에 대한 이론이 없이 어떻게 비판만 가능하겠느냐는 것이다. 가령 마르크스가 자본주의의 경제정치적 구조를 물신주의(Fetischismus)와 기만적인 체계로서 비판하며, 이 체제는 파멸할 수밖에 없다고 전망했을 때, 그는 이미 어떤 역사철학적인 이론을 전제로 해서만 비판할 수 있지 않았느냐는 것이다.44)

따라서 그는 오늘의 철학이 어떤 이론체계이기를 포기하고 비판으

---

42) Hans Lenk, "Plädoyer für praxisnähere Philosophie", in H. Lenk, *Wozu Philosophie?*, München: Piper, 1974, S.97-106.

43) Rüdiger Bubner, "Was kann, soll und darf Philosophie?" in H. Lübbe, *Wozu Philosophie?*, Berlin, 1978, S.14.

44) 같은 글, S.15.

로서만 존재해야 한다는 생각에 반대하며, 반드시 이론을 통해서만 이
것도 가능하다고 보고 있다. 즉, 철학은 자기의 비판적 영역을 넘어서
서 다른 분야들과 함께 이성적 근거(Vernunftgründe)를 마련할 수 있
을 때 실천적 작용을 할 수 있다고 주장했다.

또한 렝크(Hans Lenk) 역시 철학의 과제가 하버마스가 이야기하는
대로 비판으로서만 머무는 것이 충분치 않다고 한다.[45]

철학은 존재자(Seiende)에 대한 최종적 근거(Letztbegründung)를 알
려주던 전통철학의 과제는 포기해야 하지만 철학적 요구와 관심은 단
지 비판에만 머물 수는 없다고 한다. 비판을 위해서도 미리 건설적인
것(Konstruktivität), 구성적인 것이 생각되어야만 한다는 것이다. 철학
은 내용적으로 어떤 것을 기도(企圖, Entwurf)할 수 있는 용기(Mut)를
가져야 한다고 생각한다. 즉, 독단적이 아니면서 실천에 가까운
(praxisnahe) 철학적인 시도가 불가피하게 된다. 렝크는 철학의 보다
적극적인 역할과 기능을 강조하고 있다. 그는 철학이 당면하는 여러
가지 비판적이고도 퇴폐주의적인 평가에도 불구하고 철학은 없어지지
않으며 종말을 고하지 않을 것이라고 단언한다. 철학의 절대주의적 시
대는 지났지만 철학 자체와 철학의 인식적, 문화적, 지성적 기능은 없
어지지 않을 것이라는 것이다. 그는 철학이 이러한 사명을 예나 지금
이나 변함없이 소크라테스적 기능을 통해서 수행하고 있다고 주장한
다. 즉, 개별적인 생각과 진리를 그리고 전문가(Expert)들을 서로 대화
하게 하며 보편적인 것(das Allgemeine)에 대한 관심(Interesse)과 전망
(Perspektive)을 가져와 서로 다른 관점이나 방법들이 경합(Integration)
할 수 있게 하는 역할을 담당하며 또 해왔다고 보고 있다. 이러한 기
능을 하는 철학은 대화의 광장(Forum)이며 대화의 초점(Focus)을 찾

45) Hans Lenk, "Philosophie als Focus und Forum. Zur Rolle einer pragmatis-
    chen Philosophie", in H. Lübbe, *Wozu Philosophie?*, S.35-69.

아가는 행위라고 설명한다.46)

철학은 다른 과학들과 함께 그리고 다른 교육기관이나 정치교육기관들과 함께 정치적인 토론을 하면서 실천적인 프로그램(praktisches Programm)과 지도이념(Leitidee)을 형성하는 데, 그리고 이를 위한 토대(Ansatz)를 마련하는 데 기여해야 한다고 렝크는 생각하고 있다. 철학은 이러한 지도이념을 만드는 데 기여할 수 있고, 이 이념을 이상(Ideal)으로서 제도화하는 데 이바지할 수 있고, 그리고 비판적 이성을 가지고 이 이념을 통제하는 기능(regulative Funktion)을 가지게 된다고 보고 있다.

렝크에 의하면 철학이 너무나 오랫동안 정신적인 뒷방(geistige Beletage)에 머물러 있었으며, 자기 자신의 과거의 역사에만 몰두한다든지, 일상언어의 사용에 관한 분석이나 형식적 게임, 계산 등에만 치중했다. 렝크는, 그래서 철학이 이런 사소한 일들에만 매달려 있음으로써(Selbsttrivialisierung der Philosophie), 오히려 창조적인 철학이 금지되어 왔다고 했다. 이제 철학은 실천철학의 면에서, 특히 사회철학에서 그 본래적 기능인 소크라테스적 기능을 회복해 가고 있지만, 이러한 철학은 한 걸음 더 나아가서 오늘의 실제적인 문제들을 다루는 실용적인 철학(pragmatische Philosophie)이 되어야 한다고 그는 보고 있다.47) 실용적인 철학은 오늘의 삶의 실천적인 문제들(heutige leben-spraktische Fragen), 복잡한 현대사회의 과학, 기술, 산업의 문제들과 얽힌 가치와 규범의 문제들을 함께 논의하고 비판하는 데로 나아가는 철학이다. 그래서 예를 든다면 산업사회의 생태학적 위기 문제와, 기아와 빈곤의 문제, 정보산업화로 인한 인간의 자유 침해 문제, 생물학적 실험과 유전공학의 생명과 윤리에 관한 문제, 방사능이나 핵무기의

---

46) 같은 글, S.43.

47) Hans Lenk, *Pragmatische Philosophie*, Hamburg, 1975, S.308.

인류 파멸적인 문제, 이데올로기의 비판, 미래의 계획과 추구에 있어서 책임적이고 실천적인 원칙(Leitlinie)의 강구 등이 실용적인 철학들이 당면하는 과제라고 예거되고 있다. 철학은 여기서 논리적 규칙이나 언어분석에 국한될 것이 아니라, 내용적인 기도(inhaltliche Entwürfe)와 창조적 역할(Kreativität)을 하도록 용기를 가져야 한다. 이를 위해 다른 과학이나 지성계(intellektuelle Disziplinen)와 대면하면서(Konfrontation), 협력하면서(Kooperation), 제반 요소들을 종합하면서(vereinen), 종합과학적인 공동작업(interdisziplinare Zusammenwirken)을 모색해야 한다고 보고 있다.

이때에 특히 철학이 기여할 수 있는 장점은 철학이 보편성에 대한 관심(Allgemeininteressen)을 가지고 있다는 점이요, 또한 철학은 규범적인 문제를 논의하고 다루는 전문가(Fachmann für argumentative Behandlung der Normativen)로서, 합리적 토론과 사고의 훈련을 받았다는 점이기 때문에 지적인 방향감각을 갖고 새로운 조명과 문제성을 던지는 일을 해낼 수 있다고 낙관적으로 보고 있다.48) 이러한 일을 해낸 철학의 예로서 렝크는 마르쿠제의 사회철학을 들고 있으며, 그가 일차원적 사회에 대한 대안적 유토피아(Alternative Utopia)를 제시했다는 점에서 볼 때, 철학이 건설적인 제안(konstruktive Vorschläge)을 만들어 내는 데 주저할 필요가 없다고 생각한다. 렝크는 최근에 와서 이러한 현대사회의 실제적이고 실용적인 문제들에 대해서 타 학문 분야들과 토론하면서 스스로 철학을 하고 있는 사회철학자, 실천철학자라고 할 수 있다. 그의 과학기술에 관한 철학, 스포츠에 관한 철학, 계획이나 예견에 관한 철학 등에 관한 연구 업적들이 이러한 시도라고 볼 수 있다.49)

---

48) 같은 책, S.18, 19.
49) 한스 렝크의 다음과 같은 저작을 참조. Hans Lenk, *Erklärung, Prognose,*

현대생활의 위기나 자기상의 흔들림이 이러한 실천철학이나 사회철학의 시도나 노력으로 얼마만큼 극복될 수 있으며, 철학의 재부흥을 일으킬 수 있는지는 의문이다. 그러나 철학이 진리의 인식과 실천적 지혜의 탐구라는 사명을 오늘의 분화된 복합적 상황에서 흩뜨려 버리지 않고 감당하려는 용기와 자세는 주목할 만하다고 생각되며, 이러한 철학자들에게 자극을 받는 것이 한국의 상황에서 철학하는 데도 참고와 도움이 되리라고 생각한다.

　Planung, Freiburg: Rombach, 1972; *Leistungssport, Ideologie oder Mythos, zur Leistungskritik und Sportphilosophie*, Stuttgart, 1974; *Philosophie im technologischen Zeitalter*, Stuttgart, 1971; *Pragmatische Vernunft, Philosophie zwischen Wissenschaft und Praxis*, Stuttgart: Reclam, 1979; *Technokratie als Ideologie. Sozialphilosophische Beiträge zu einem politischen Dilemma*, Stuttgart, 1973; *Zur Sozialphilosophie der Technik*, Frankfurt: Suhrkamp, 1982.

하버마스가 본 철학의 정체성은?

─ 비판이론에서 합리성의 수호자로 ─

1. 서론

  "철학이란 무엇인가?"라는 물음은 철학이 가지고 있는 운명적인 물음이다. '지혜의 사랑'이라는 자기상(自己像)을 가지고 출발한 철학은 그 오랜 역사를 거쳐 오는 동안 한 번도 완성된 자기상을 가져 본 적이 없다. 그리고 많은 철학자에게 있어서, 위대한 철학자일수록 철학이 무엇인가 하는 물음은 다시 물어졌고 이 근본적인 물음에 대하여 새로운 이해를 시도하곤 했다. 그것이 존재에 관한 것이든 인식이나 윤리에 관한 것이든, 새로운 철학은 항상 철학에 대한 새로운 이해와 정의를 수반하곤 했다. 이것은 플라톤, 아리스토텔레스, 칸트, 헤겔, 마르크스, 하이데거, 비트겐슈타인과 같은 고전적인 철학자들뿐만 아니

---

 * 이 글은 『숭실대 논문집』, 24집, 1994, pp.123-144와 장춘익 외, 『하버마스의 사상』, 나남출판, 1996, pp.147-173에 수록된 「하버마스에서 본 철학의 자기상(自記像)」을 수정 보완한 것이다.

라 현존하는 철학자들도 마찬가지인 것 같다. 오늘날의 철학자들에게 있어서도 계속 철학이란 무엇인가라는 물음이 아주 중요한 철학적 물음으로 제기되고 있고, 학파적인 소속이 비슷한 학자들 사이에서도 서로 다른 정의와 해답의 시도가 있는 것을 흔히 볼 수 있다.

그런데 현대철학에 있어서 이 물음은 한층 더 심각한 물음으로 던져지고 있는 것 같다. 단순히 철학이란 무엇인가라는 정의의 문제가 아니라 "도대체 철학이 필요한가?(Wozu Philosophie?)"라는 존재 근거의 물음으로 변환되고 있기 때문이다.1) 철학이란 무엇인가라는 물음은 아직 철학이 있는 것을 전제하면서 그 성격과 방향을 규정하려는 물음이지만, "도대체 철학이 필요한가?" 혹은 "아직도 철학이 필요한가?(Wozu noch Philosophie?)"라는 물음은 한가한 물음이 아니라 철학의 정당성(Legitimität)에 관한 물음이며 자기 존재의 타당성(Relevanz)을 묻는 매우 심각한 물음이다. 오늘날 철학은 자기 존재의 타당성을 묻고 변호해야 할 만큼 자기상(Selbstverständnis)이나 정체성(Identität) 위기가 왔다고 많은 철학자들이 주장하고 있다.2) 이미 철학의 종말(Ende der Philosophie)이라는 말이 유행어처럼 나돌고 있다. 그런가 하면 철학의 종말 이후의 철학(Philosophie nach dem Ende der Philosophie)이라는 말도 함께 등장하고 있다. 철학이 없어진다고 하면서 새로운 철학이 이야기되고 있는 것이다. 이것은 마치 칸트가 『순수이성비판』에서 형이상학의 종말을 선언하면서 새로운 과학적 형이상학을 주장하는 것과 흡사한 현상이다.

이러한 논의가 꽤 보편화된 오늘의 철학의 상황에서 현대철학자들은 누구나 철학의 자기상의 문제에 대하여 논하지 않을 수 없게 되었

---

1) Hermann Lübbe(hrsg.), *Wozu Philosophie?*, Berlin: Walter de Gruyter, 1978.
2) 같은 책, Vorwort V.

다. 어떠한 철학적 주장이나 내용을 담은 사상을 전개하기 전에, 자신은 어떠한 철학을 하고 있으며 그것은 오늘의 과학적 인식과 사회적 실천에서 어떤 의미와 구조를 갖는 것인지를 밝혀야 하게 되었다. 과거에 실존주의 철학을 하든가, 마르크스주의 철학을 하든가, 혹은 실증주의, 현상학, 해석학적 철학을 한다면 나름대로 철학의 자기상에 대한 이해가 있었고 여기에 자기의 특성을 약간 가미하면 되었지만, 오늘에 와서 자기 나름대로의 철학을 하려는 사람들에게는, 자기가 생각하는 철학의 자기상이 무엇인지를 밝히지 않을 수 없게 되었다. 철학을 단순히 과학의 이론이라 하든지, 존재의 해명이라 하든지, 계몽적 실천이라 하든지, 아니면 언어의 비판이라 보든지, 좌우간 철학에 대한 정체성을 규정하고 철학을 하지 않으면 안 된다. 그만큼 오늘에 있어서의 철학은 그 자기정체성이 자명하지(selbstverständlich) 않다는 말이다.

이러한 철학의 자기상의 문제는 현대철학의 거장이라고 할 수 있는 하버마스에서 있어서도 중요한 철학적 문제였다. 그의 철학적 저작들이 등장해서 각광을 받는 1960년대 후반에 이미 하버마스는 『이론과 실천』, 『인식과 관심』, 『사회과학의 논리를 향하여』 등의 저작을 통해 전통철학을 비판하며 새로운 철학의 가능성을 모색한다. 이러한 논구 위에서 철학의 자기상에 대하여 본격적으로 논한 논문이 1971년 1월 4일 헤센방송 강연으로 발표한 「아직도 철학이 필요한가?(Wozu noch Philosophie?)」이다. 그 뒤로 프랑크푸르트 대학을 떠나 막스 플랑크 연구소(Max Planck Institute)의 '과학기술세계의 생명조건에 관한 연구소'의 사회과학부장으로 가서 의사소통 행위이론(Theorie des kommunikativen Handelns)에 몰두하는 동안(1971-1981)에는 철학의 자기상에 관계된 별다른 논문은 발견되지 않는다. 이때는 다만 그가 이미 선포한 비판적 사회과학의 이론으로서의 철학의 자기상을 내용적으로 구체화해 나간 단계였다고 볼 수 있을 것 같다.

그가 다시 프랑크푸르트 대학 교수로 돌아오는 1983년부터 철학의 자기상에 관한 글들이 새롭게 나타나게 된다. 그러나 1980년대에 와서 하버마스가 보는 철학의 자기상은 1960년대에 보았던 그것과 여러 가지 점에서 차이를 나타내고 있다. 1983년에 『도덕의식과 의사소통 행위(*Moralbewußtsein und kommunikativen Handeln*)』에 실은 논문 「자리를 지키는 자와 해석하는 자로서의 철학(Die Philosophie als Platzhalter und Interpret)」에서는 철학의 역할과 기능이 1960년대의 글에서보다 훨씬 긍정적으로 묘사되고 있는 모습이 드러난다. 1960년대에 철학을 비판으로서 정립시키려던 자세에서 뭔가 철학이 가져온 이성적 사유의 기능을 적극적인 것으로 인식하려는 변화가 엿보인다고 할 수 있다. 다른 위대한 사상가들의 경우처럼, 하버마스에게서도 전기 사상과 후기 사상을 나누어 볼 수 있다면, 철학의 자기상에 관한 견해에서도 1960년대 전기의 사상과 1980년대 후기의 사상에서 현격한 차이와 변화를 살필 수 있을 것 같다. 특히 1988년에 출간된 『탈형이상학적 사유(*Nachmetaphysisches Denken*)』에서는 형이상학적 진리나 진리의 최후 근거(Letztbegründung)가 회의되고 부정되면서도 일상적 삶과 실천 속에서 의사소통적 행위를 통해 나타나는 이성과 합리성을 강하게 부각시키며, 이를 포착하고 추구하는 것이 철학의 과제라고 적극적으로 철학의 기능을 변호하고 있다.

이 글은 이런 맥락에서 하버마스의 전기와 후기의 세 가지 논문을 살펴보면서 그에게서의 철학의 자기상과 정체가 무엇인지를 고찰해 보고자 한다. 하버마스에게서도, 현대철학에서도 이 문제는 운명적으로 중요한 문제이기 때문이다.

2. 비판으로서의 철학

하버마스는 1965년 프랑크푸르트 대학의 철학과 사회학 담당 정교수로 취임하는 강연(Antrittvorlesung)인 「인식과 관심(Erkenntnis und Interesse)」에서 "철학은 그의 위대한 전통을 거부함으로써 그 전통에 충실하게 된다(Die Philosophie bleibt ihrer Tradition treu, indem sie ihr entsagt)"고 했다.3) 이 모순되는 듯한 명제는 하버마스의 철학에 대한 이해를 잘 묘사해 주고 있다고 할 수 있다. 철학은 자기 자신의 위대한 전통을 거부해야만 철학다운 철학이 될 수 있다는 것이다. 이 것은 철학이 항상 과거의 전통적 철학을 비판하고 반성함으로써 위대한 철학의 구실을 할 수 있다는 운명적 사실과 관계된 표현이다.

철학이 자신의 위대한 전통을 거부하는 전통은 어제오늘의 일이 아니며 철학사 속에서 자주 볼 수 있는 특징이다. 그러한 한 예를 하버마스는 마르크스의 철학관에서 보고 있다. 마르크스는 이미 청년 시대의 작품인 「헤겔 법철학 비판 서문」에서 "철학은 실현되기 위해서 지양되어야 한다(aufgehoben werden)"고 주장했다.4) 그가 말하는 철학은 헤겔로서 대표되는 독일의 관념론적 철학이었고, 바른 철학이 실현되기 위해서는 전통적 철학이 지양되고 종말을 고해야 한다고 보았다. 사실상 마르크스의 이런 예언은 어느 정도 적중했으며, 헤겔이 죽은 이후에는 헤겔의 철학체계가 타당성을 잃었을 뿐만 아니라 헤겔과 같은 절대성을 가진 위대한 체계의 철학은 자취를 감추고 말았다.

하버마스는 오늘의 상황에서 체계의 철학이 지양되었을 뿐만 아니

---

3) Jürgen Habermas, "Erkenntnis und Interesse", in *Technik und Wissenschaft als Ideologie*, Frankfurt: Suhrkamp, 1969, S.167.

4) Karl Marx, "Zur Kritik der Hegelschen Rechtsphilosophie. Einleitung", MEW 1, Berlin, 1969.

라 위대한 철학자들의 영향력마저 상실되어 가고 있는 사실을 밝히고 있다.5) 그는 헤겔의 죽음과 함께 나나난 정통철학의 위기와 구조 변환을 다음의 네 가지로 특징지으며 이러한 점에서 오늘의 철학의 자기상이 어떻게 달라지고 있는가를 설명하였다.

첫째는 철학과 과학이 하나였던 것이 달라지고 있다. 이론적 지식의 총체로서 출발한 철학은 상당한 기간 동안 과학적 진리로서 인정되었고, 근세에 와서 수학, 물리학 등이 분화되었을 때도 자연철학(philosophia naturalis)으로 불릴 만큼 철학의 일부분으로 생각되었다. 과학의 여러 분과들이 분화된 뒤에도 철학은 모든 이론적 지식의 최후 근거로서 기초학문(Grundwissenschaft)의 대접을 받았다. 그러나 자연과학의 발전과 우주에 대한 과학적 설명이 철학적 우주론을 대체해 버리자, 물리학자에 대해 철학이 기초학문이라는 주장을 할 수 없게 되었다. 철학은 계속 인식론의 형태로 과학의 학적 최후 근거(Letztbegründung)를 제시해 주는 학문임을 자부하였으나, 이마저 실증주의의 등장으로 과학적 방법의 재구성이라는 과학이론(Wissenschaftstheorie)으로 후퇴하고(resignieren) 말았다.6)

둘째로는 철학이 실천적 가치관과 하나였던 것이 분리되고 있다는 것이다. 전통적으로 철학은 존재 전체에 관한 이론적 파악임을 자부하면서 자연히 사회 전체에 대한 기본 가정들(soziokosmischer Grundannahmen)을 도출해 내었다. 17세기엔 자연법사상으로 정치적 지배에 대한 기독교적 정당화를 대신하는 역할도 하였다. 어떤 식으로든 전통적 지배형태를 정당화하는 데 철학적 세계관이 기여를 하곤 했다. 그러나 형이상학이 무너지고 철학이 과학이론으로 후퇴하면서 실천철학

5) Jürgen Habermas, "Wozu noch Philosophie?", in *Philosophisch-politische Profile*, Frankfurt: Suhrkamp, 1971, S.11-22.
6) 같은 글, S.26.

이 이론철학에 근거되어야 할 필요가 없게 되었으며, 차츰 실천철학은 독립하게 되었다. 마르크스주의, 실존주의, 역사주의 등으로 독립된 실천철학은 존재론적 밑받침이 없이도 혁명적인 혹은 반동적인 실천철학의 구실을 하게 되었다.

셋째로는 철학이 종교와 가졌던 복잡하고 상호 교환적인 관계도 변했다. 철학이 일자(一者)나 절대자, 존재의 최후 근거에 대한 설명을 포기함과 함께, 종교의 이념이나 신(神)에 대한 변호에 도움을 줄 수 없게 되었다. 탈형이상학적 철학들은 신학적 주장들을 옹호하지 못할 뿐만 아니라 무의미하다고 규정한다. 다른 한편 독립한 실천철학이 자기반성을 통해 구원종교의 유산을 물려받아 정치적 유토피아로 군림하며 해방과 화해를 부르짖는 양상이 나타나고 있다.

넷째는 철학이 교양이 높은 엘리트 계층과 연결되었던 구조가 변했다. 플라톤 이래로 철학은 노동을 하지 않는 유한층의 전유물이었으나, 교육이 대중화함으로써 노동자 계층에까지 확산되게 되었고 노동운동에까지 영향을 미치게 되었다. 철학이 엘리트 계층의 독점물임을 벗어나게 되자 대중의 철학이 생기며 서로 모순관계에 빠지게 되었다. 마르크스가 주장한바, 철학이 실현되기 위해서는 지양되어야 한다는 주장은 이런 맥락에서 이해되어야 한다고 하버마스는 지적했다.7)

그러면 이와 같은 구조적 변환을 겪게 된 오늘의 철학은 어떤 모습을 하고 있는가? 하버마스는 1971년의 논문 「아직도 철학이 필요한가?」에서는 철학의 자기상을 프랑크푸르트학파의 비판이론의 전통에서 규정하고 있는 것 같다. 하버마스는 "헤겔 이후의 철학적 사유는 다른 수단 속으로 옮겨 갔다(in ein anderes Medium übergetreten)"고까지 말하고 있다. "위의 네 가지 구조적 변화를 의식에 담은 철학은

---

7) 같은 글, S.29.

스스로를 더 이상 철학으로서 파악하는 것이 아니라, 비판으로서(als Kritik) 이해한다."[8] 이런 주장에서 보면 철학은 비판과 동일시되고 있다. 철학은 전통적 철학이기를 그치고 비판이라는 새로운 자기상을 획득해야 한다는 것이다.

이때의 하버마스는 철학을 과학적 이론이 아니라 비판적 이론(kritische Theorie)으로서 정립하려는 데 심취해 있는 것 같고, 철학을 비판이론으로 정립하기 위한 인식론적 토대를 만들기 위해, 『인식과 관심』이라는 관계의 연구를 진행시켰던 것 같다. 하버마스는 삶의 실천문제와 관련된 이론의 탐구의 모델을 그리스 철학의 theoria와 함께 호르크하이머의 비판이론에서 찾고 있다.[9] 즉, 철학은 예로부터 순수하고 객관적인 이론을 추구하는 반면, 그것은 항상 인간의 삶의 세계와 관련되어 있었다는 것이다. 플라톤에게서의 theoria와 kosmos의 관련성, 후설에게서의 순수이론(reine Theorie)과 생활세계(Lebenswelt)의 관련성이 철학적 사유와 이론의 모색에 전제되어 있었다. 단지 철학이 객관적 실체의 파악이라는 과학에 압도되면서, 즉 실증주의적 자기상(positivistisches Selbstverständnis)에 매몰되면서 객관주의적 가상(objektivistischer Schein)에 빠지게 되었다는 것이다. 후설은 바로 순수이론을 혁신하기 위해 여러 과학들의 객관주의를 비판하고 객관세계에 대한 인식이 과학적 파악 이전에 선험적 주체에 의해 파악된 삶의 세계에 근거하고 있음을 밝힌다. 그러나 후설은 현상학적 환원과 선험적 반성을 통해 삶의 관련성과 인식의 근본적인 관심(Interesse)에서 해방된 본질을 직관하려 하면서 새로운 객관주의에 빠졌다고 하버

---

8) 같은 글, S.29.

9) 하버마스의 취임 강연 "Erkenntnis und Interesse"(1965)에서 이를 밝히고 있다. 호르크하이머의 *Traditionelle und kritische Theorie*(1937)가 가장 의미 깊은 탐구를 해주었다고 언급했다.

마스는 보았다.10)

후설의 현상학마저 전통이론적 철학의 범주에서 벗어나지 못한다고 본 하버마스의 생각은, 후설이 이론을 "과학적 명제들의 체계(als in sich geschlossenes Sätzesystem einer Wissenschaft überhaupt)"로서 동일시한 점을11) 들어, 전통이론의 하나로 간주해 버린12) 호르크하이머의 판단에 근거하고 있는 것으로 보인다. 호르크하이머는 전통이론과 비판이론의 인식 양식을 구별하면서, 전통이론은 데카르트의 『방법론(Discourse de la méthode)』에 근거하며 비판이론은 마르크스의 『정치경제학 비판(Kritik der politischen Ökonomie)』에 근거한다고 주장했다.13) 즉, 전통적 의미에서의 이론은 전문과학들의 운영 실태에서 나타나는 바와 같이, 현대의 주어진 사회 안에서 삶의 재생산과 함께 생기는 문제 제기에 근거하는 경험들을 조직하는 이론이다. 여기에 대해, 사회의 비판적 이론(Die kritische Theorie der Gesellschaft)은 역사적 삶의 형태 전체를 생산해 내는 자로서의 인간을 대상으로 삼으며, 현실의 전체를 단지 주어진 것을 파악하며 법칙화하는 것이 아니라, 인간의 활동이 만들어 낸 영역으로 간주하면서, 여기에 드러난 모순과 환상, 추상성을 비판하는 것을 말한다.14) 호르크하이머는 구체적으로 전자를 당시의 경제학이나 자유주의적 경제학으로, 후자를 경제학 비판으로 분류하고 있다. 그는 경제학 비판이 경제적 개념들이 가진 문제점들을 비판적으로 파악하는 한, 즉 교환관계를 사회적 불의의

---

10) Jürgen Habermas, "Erkenntnis und Interesse", S.153.
11) Edmund Husserl, *Formale und tranzendentale Logik*, Halle, 1929, S.89.
12) Max Horkheimer, *Traditionelle und kritische Theorie*(1937), Frankfurt: Fischer Verlag, 1968, S.13.
13) 같은 책, Nachtrag, S.57.
14) 같은 책, S.59.

심화로, 자유경제를 독점의 지배로, 생산노동을 빈곤의 생산으로 파악하는 한, 철학적인 데 머물러 있다(philosophisch bleiben)고 보았다. 그러나 그는 다른 한편, 철학이 어떤 일면적 진리에 매달려 편안함을 누리고 있다면(Ruhe finden) 그런 철학은 비판이론과 상관이 없다고도 하였다.15)

1960년대의 하버마스가 철학은 비판이어야 한다고, 비판으로서의 철학을 주장한 데는 호르크하이머를 비롯한 프랑크푸르트학파의 선배들이 만들어 놓은 비판이론의 의미와 개념이 큰 영향을 주었음을 간과할 수 있다. 그는 「인식과 관심」에서 인식과 학문의 종류를 세 가지로 구별하는데, 첫째는 경험적, 분석적 과학(empirisch-analytische Wissenschaften), 둘째는 역사적, 해석학적 과학(historisch-hermeneutische Wissenschaften), 셋째는 비판적인 사회과학(kritische Sozialwissenschaft)으로 나누었다.16) 자연과학의 전체와 경험과학적인 사회과학이 모두 첫 번째 경험적, 분석적 과학 속에 포함된다. 언어나 역사, 문화나 종교 등 인간이 만들어 낸 정신적 세계에 대한 이해와 파악을 목표로 한 인문과학, 역사과학 등은 두 번째 학문 범주에 속한다. 여기서는 전승된 의미를 이해하고 해석하는 일이 중요하다. 그러나 하버마스가 주목하려는 인식과 학문의 종류는 세 번째 비판적 사회과학이며, 여기에서 비판이론, 즉 비판으로서의 철학의 기능과 역할을 보려고 하는 것 같다.

비판적 사회과학은, 전혀 새로운 학문 분야가 아니라, 경제학이나 사회학, 정치학 등의 행동과학들(Handlungswissenschaften)이 단순한 경험적, 분석적인 자연과학처럼 법칙정립적인 지식(nomologisches Wissen)을 산출해 내는 데 그치는 것이 아니라, 사회적 행동의 법칙성

---

15) 같은 책, S.64.

16) Jürgen Habermas, "Erkenntnis und Interesse", S.158.

들이 가진 이데올로기성을 지적하고 변화 가능성을 말할 때 도달할 수 있는 차원의 학문이라는 것이다. 그러한 예를 하버마스는 마르크스의 이데올로기 비판과 프로이트의 정신분석에서 본다. 양자는 모두 해방적인 인식 관심(emanzipatorisches Erkenntnisinteresse)을 가지고 인간이라는 주체를 실체화된 객관적 힘(hypostasierten Gewalt der Objekte)에서 풀어내어 자기반성(Selbstreflexion)에 이르게 한다. 이러한 점에서 하버마스는 비판적인 학문들이 철학과 같은 일을 한다고 말한다.17) 즉, 비판적인 사회과학이나 심리학 등은 철학의 비판적 기능과 같은 역할을 수행하고 있는 것이다. 이 점은 호르크하이머의 생각과 유사하다고 할 수 있다. 그러나 이때 비판적 과학이 곧 철학이 되는 것인지, 오늘의 철학, 특히 비판으로서의 철학이 과연 이러한 비판적 사회과학이나 심리학이 되는 것인지는 분명치 않다.

철학이 비판이 되어야 한다고 했을 때, 하버마스는 비판적 사회과학이나 학문들과 비판의 작업을 나눈다(teilen) 혹은 공유한다고 하면서, 아직 철학이 가지고 있는 특유한 비판적 역할들을 생각하고 있었다. 즉, 철학은 무엇보다 근원적 철학으로서의(Ursprungsphilosophie) 자기자신에 대한 비판을 수행해야 한다.18) 즉, 존재 전체에 대한(Seiende im ganzen) 긍정적 해석이나 최후의 근거를 제시하겠다는 생각을 포기해야 하며, 이론과 실천의 전통적 분리를 극복하고 사회적 행위를 반성하는 요소로서 작용하고, 형이상학적 인식이나 종교적 세계관이 가진 전체적 진리성의 요구를 비판해야 하며, 철학의 엘리트적 속성을 비판하며 보편적인 계몽에로 나아가야 한다고 주장했다. 이러한 철학의 전통적 자기상을 비판한 철학의 예로서 호르크하이머와 아도르노

---

17) "Die kritisch orientierten Wissenschaften teilen es mit der Philosophie." 같은 책, S.159.

18) Jürgen Habermas, "Wozu noch Philosophie?", S.29.

의 『계몽의 변증법』, 『부정의 변증법』 등을 들고 있다.[19])

그러면서도 하버마스는 여기서 철학이 자기비판의 도상에서 마침내 모든 내용적 요소를 빼앗겨 버리고(sich ihrer Gehalte beraubt), 단지 자기반성이라는 공허한 수련(das leere Exerzitium der Selbstreflexion)이나 하는 것이 아닌가 염려한다. "이렇게 되면 철학은 아무런 체계적 사상(systematische Gedanken)을 만들어 낼 능력이 없이 자기 전통이라는 대상에만 매달려 반성하고만 있으라는 말인가?"라고 하버마스는 질문한다. 도대체 그렇다면 철학은 왜 필요한가?

이러한 철학의 자기상에 관한 본질적 물음에 대해 하버마스는 나름대로 해답을 시도하였다. 다른 비판적 사회과학들이 자기 분야의 현실들을 인간의 삶의 실천의 관점에서 비판적으로, 해방적인 관심에서 논구하겠지만, 철학은 바로 자기가 해오던 인식론적 과제와 관련해서 비판적 기능을 수행할 수 있으며 해야 한다고 하버마스는 주장했다. 그것이 바로 과학의 비판(Wissenschaftskritik)이다. 17세기 이래로 철학의 체계를 구축하고 파괴시키는 요소들이 인식론적인 문제에서 나왔다. 그러나 근원적 철학이 인식론적 형태에서마저 붕괴되어 버린 뒤에는 사실상 19세기 중반부터는 과학이론이 인식이론을 대체했다고 할 수 있다. 이러한 과학이론은 사실상 과학주의적인 과학의 자기상 속에서 적용되는 방법론(eine im szientistischen Selbstverständnis der Wissenschaften betriebene Methodologie)을 말한다고 한다. 여기서 하버마스는 과학이론(Wissenschaftstheorie)의 비판의 핵심을 과학주의(Szientismus)에 두고 있음을 밝힌다. 과학주의를 그는 과학의 자기 자신에 대한 신앙(Glauben an sich selbst)이라고 규정한다. 즉, 과학을 가능한 인식의 하나의 형태로서 파악하는 것이 아니라, 인식 자체로

---

19) 같은 글, S.30.

동일시하는 믿음을 말한다.

그런데 과학의 비판이 특히 중요한 철학의 비판의 과제가 되는 것은, 오늘의 현실적 맥락에서 그렇다. 몇 십 년 전까지만 해도 과학주의는 학문적 세계에서의 문제였으며, 또 많은 긍정적, 진보적 역할을 수행했다고 할 수 있다. 그러나 오늘날 과학의 발전이 기술적 지식을 만들어 내고 사회적 기능을 수행하는 현실에서 과학의 영향은 학문적 세계를 넘어 인간의 삶 전체와 사회에 엄청나게 큰 것이 되었다. 특히 산업이 발전한 나라들에서는 경제성장이나 사회발전의 동력이 곧 과학기술의 진보에서 나오고 있다. 즉, 오늘날 과학은 가장 중요한 생산력(Produktivkraft)이 된 것이다. 여기서 과학적 방법이나 과학적 정보들은 단순한 물질적 생산에서 뿐 아니라 인간의 삶의 실천(Lebenspraxis)에 커다란 영향을 준다.

여기서 과학이론이나 과학주의에 대한 비판이 제기되는 것은 두 가지 관점에서라고 하버마스는 보고 있다. 첫째는 과학주의가 역사과학이나 사회과학의 연구방법으로 적용되는 것이 옳지 못하다는 점이다. 이 분야의 대상은 곧 의사소통적인 행위체계의 영역 속에 있다(Gegenstandsbereich kommunikativer Handlungssysteme). 여기서는 아직 자연과학에서처럼 물체의 운동이나 관찰이 가능한 사건들에 적용되는 것과 같은 기본 개념들이 형성되지 못했다. 여기에 만일 사이비 규범적인 과학이론(Pseudonormative Wissenschafstheorie)이 적용된다면, 기술적 유용성이 지식이 아니라 행위정향적 지식(handlungsorientierendes Wissen)을 산출해야 할 사회과학에는 부정적 영향(retardierenden Einfluß)이 미칠 수밖에 없게 된다. 여기에 생산력으로서의 과학을 그것이 미칠 사회적 영향들을 고려하면서 합리적으로 실천적으로 조정하는(eine praktisch rationale Steuerung) 일이 필수적으로 요구된다.

다른 하나는 과학주의가 과학의 보편적 개념을 고정화해서, 결국 과학기술정치적 조정의 메커니즘(technokratische Steuerungsmechanismen)을 정당화하며, 실천적 문제를 합리적으로 밝히는 합리적 과정(rationale Verfahren)을 배제한다는 점이다. 실천적 문제들에 대해 어떤 타당성 있는 진리가 발견되기 어렵고, 단지 기술적 유용성이나 목적합리적인(zweckrational) 행위를 이끌어 내는 정보들만이 판을 치게 될 때, 과학주의는 자의적인 결정(willkürliche Entscheidung)에 맡겨 버리는 경우가 많다. 왜냐하면 과학기술의 방법에는 사회적 실천문제를 다룰 수 있는 합리성(Rationalisierung)이 결여되어 있기 때문이다. 전체 사회의 발전에 관계된 문제들은 기술적 유용성의 관심만 가진 과학적 방법으로 다룰 수 없고, 검증적 논의(diskursive Klärung)나 합리적 의사형성(rationale Willensbildung)의 과정을 통해서 다루어져야 하는 것이다.

여기서 비판으로서의 철학이 해야 할 긍정적인, 내용적인 역할이 있게 된다고 하버마스는 생각하는 것 같다. "과학주의적 과학의 개념과 객관주의적 과학의 자기상을 비판하고 나서, 철학의 유업을 받은(das Erbe der Philosophie angetreten hat) 비판은 사회과학적 방법론의 근본문제를 다룸에 있어서, 의사소통적 행위체계(kommunikative Handlungssysteme)에 적합한 기본 개념이 만들어지도록 촉진시켜야 하며, 또한 과학적 탐구와 기술적 발전의 논리가 의지형성적 의사소통(willensbildende Kommunikation)의 논리와 관련되는 차원을 밝혀야(klären) 한다."[20] 하버마스는 철학의 할 일이 과학을 비판하는 것과 실천적 문제의 해결을 위해 의사소통의 행위체계와 논리를 밝히는 작업에 있다고 요약적으로 설명한 것이다. 그는 이미 1971년에 그 후 10

---

20) 같은 글, S.33.

여 년간 해야 할 작업인 『의사소통 행위이론』을 자기 철학의 과업으로 내다보았다.

여기서 의문으로 생각되는 것은, 과연 이런 작업을 비판으로서의 철학이 할 수 있으며 이런 작업이 곧 비판이라고 할 수 있느냐의 문제이다. 이런 것을 하기 위해 철학은 비판이라는 수단으로 옮겨져야 하는 것인가 하는 의문이다. 철학의 자기상을 비판으로만 국한시킬 경우, 철학의 기능이나 역할이 너무 좁아지는 것이 아닌가 하는 염려가 생기기도 한다. 그리고 의사소통 행위의 체계나 논리를 세우는 일이 과연 어떤 작업인지를 정확히 그릴 수 없기 때문에 이것이 비판으로서의 철학이 해야 하는 것인지, 아니면 의사소통 행위를 다루는 제반 과학들이, 예를 들면 사회학, 심리학, 언론학 등이 해야 하는 일인지 분명치 않은 점이 있다. 이 점에 관해서 당시의 하버마스는 단지 이렇게 설명하고 있다. "그러한 비판은 따라서 스스로에게 내용(Inhalte)을 어떤 방식으로든 확보해야 하는데, 경험적으로 내용 있는 과학들과 이상적인(utopisch) 내용이 있는 전통들로부터 얻도록 해야 할 것이다." 다시 말하면 비판으로서의 철학은 그 과업을 위해 경험과학과 전승된 이상적 가치들로부터 내용을 확보해야 한다는 것이다.

이러한 비판은 곧 과학이론과 실천철학을 통합하여(in einem) 가지고 있다고 한다. 여기서 하버마스는 비판(Kritik), 혹은 비판이론(kritische Theorie)이라는 것이 철학임을, 즉 그가 지향하는 철학과 거의 동의어를 쓰이고 있음을 명시적으로 밝히고 있다. "이제 더 이상 아직도 철학이 필요한가라는 정체성의 물음을 물을 필요가 없는 그런 철학이 있다면, 그것은 '과학주의적이 아닌 과학철학'이어야 한다. 이런 철학은 과학이나 과학자들과 의견 교환(kommunizieren)을 하면서, 이제까지의 철학보다 더 넓은 영향력을 갖게 된다. 정치적으로까지 영향력을 갖게 된다"[21]고 하버마스는 주장했다. 그는 철학이 비판이 될 때, 지금까지의 철학이 전문적으로 해오던 분야들보다 훨씬 더 광범한 역할과 과업이 주어지게 된다고 생각하였다. 하버마스가 생각하는 미래의 철학은 과학들과 대화하면서 폭넓게 영향을 미치는 철학적 사유(ein in die Breite wirkende philosophisches, mit den Wissenschaften kommunizierendes Denken)을 말하며, 실천적 의도를 가진 과학의 이론 (Theorie der Wissenschaften in praktischer Absicht)을 말한다.

하버마스가 생각하는 새로운 철학의 자기상이 과학과 실천의 사이에서 서로를 매개하며 교통하게 하는 어떤 것임을 짐작하기는 어렵지 않다. 그래서 비판은 철학과 과학의 사이에 있는 것이라고 생각하기도 했다.22) 비판으로서의 철학은 아마도, 과학도 비판하며 자기 자신의 전통철학도 비판해야 하기 때문에 철학과 과학 사이에 있다고 보는 것 같다. 과학도 비판하면서 실천적인 어떤 형태를 비판하는 것일 때는 과학과 실천의 사이에 있는 것이라고 해야 할 것이다. 하버마스가 철학의 위상을 바로 이러한 사이에(zwischen) 두는 것은 특별한 의미가 있는 것 같다. 그것은 철학이 비판이어야 할 때에 어느 것과도 동일시할 수 없는 운명을 갖게 되는 것을 말한다. 과학과도 철학과도 종교와도 정치적 실천과도 예술과도 이데올로기와도 철학은 유사한 것 같으면서도 같지 않다. 그것을 비판하며 넘어서는 곳에 철학이 있다는 것을 하버마스는 강하게 암시하는 것 같다. 그것이 철학이 어떤 완성된 철학으로서가 아니라 항상 비판으로 있어야 하는 이유인지도 모르겠다. "철학이 존재론에 묶여 있는 한, 스스로 객관주의에 빠지고 만다. 철학은 비판이 될 때에라야 비로소 과학과 자신의 객관주의를 벗어날 수 있다"23)고 주장하는 이유가 여기에 있을 것 같다.

---

21) 같은 글, S.34.

22) Jürgen Habermas, "Marxismus als Kritik: Zwischen Philosophie und Wissenschaft", in *Theorie und Praxis*, Luchterhand, 1963.

3. 합리성의 수호자로서의 철학

철학을 비판으로서 본 것이 하버마스의 전기에 나타난 철학의 자기
상이라면, 1980년대 이후 후기에 나타난 철학의 자기상은 대체로 합리
성의 수호자로서의 철학이 아닐까 생각된다. 물론 그가 오랫동안 탐구
한 의사소통 행위이론에서 진리의 타당성의 요구(Geltungsanspruch)나
담론(Diskurs)을 철학의 근본문제로 제기했다는 점에서 이를 철학의
자기상의 내용으로 볼 수도 있겠으나, 그 후의 철학적인 논의에서 합
리성(Rationalität)의 문제를 적극적으로 제시하는 것으로 볼 때, 그리
고 타당성이나 담론의 내용이 곧 합리성의 목표에 이르려고 하는 것으
로 볼 때, 합리성의 수호자(Hüter der Rationalität)가 더 적절한 자기상
의 표현으로 생각된다. 이러한 자기상의 이해는 주로 1981년의 국제헤
겔학회에서 발표한 논문 「자리를 지키는 자와 해석하는 자로서의 철
학(Die Philosophie als Platzhalter und Interpret)」24)과 「탈형이상학적
사유의 동기(Motive nachmetaphysischen Denkens)」25)에 서술되어 있
다.

전기의 비판으로서의 철학이 아직도 프랑크푸르트학파의 비판이론
의 대가들인 선배 아도르노나 호르크하이머, 마르쿠제 등의 영향력 아
래서 만들어진 자기상이라면, 후기의 '합리성의 수호자'는 하버마스의
독자적인 탐구와 의사소통 행위이론에 관한 긴 연구 끝에 나온 결론이
라는 점에서 배경적인 차이가 있다. 그리고 철학을 비판이라는 소극적

---

23) Jürgen Habermas, "Erkenntnis und Interesse", S.159.

24) Jürgen Habermas, *Moralbewußtsein und kommunikatives Handeln*, Frank-
furt: Suhrkamp, 1983, S.9-28.

25) Jürgen Habermas, *Nachmetaphysisches Denken*, Frankfurt: Suhrkamp, 1992,
S.35-60.

역할에서 관찰하던 것을 수호자라는 적극적 역할에서 보게 되었다는 것도 중요한 변화라고 할 수 있으며, 철학과 다른 학문들과의 관계에 대해서도 보다 분명한 입장과 설명을 보여주는 것으로서 의미를 가진 다고 하겠다. 그러나 이런 변화나 차이가 하버마스의 사상체계 전반에 서 얼마나 본질적이고 획기적인 것을 의미하는가 하는 문제는 이 글에 서 다루기는 어려우며, 하버마스의 논문과 사상 전체를 살펴본 뒤에나 가능할 것 같으며, 또 아직도 저술이 진행되고 기대되고 있기 때문에 지금 속단하기는 어렵다고 본다.26)

합리성의 수호자로서의 철학이란 자기상은 겉으로는 별반 내용이 새롭지 않은 것으로 들린다. 이제까지 전통철학 속에서도 철학은 항상 이성을 외쳐 왔으며 합리성을 수호하려고 했기 때문이다. 칸트도 헤겔 도 후설도 야스퍼스도 루카치나 호르크하이머도 이성을 바르게 찾으 며 이성적인 것, 곧 합리적인 것을 지키려고 노력한 철학자들이다. 합 리성을 수호한다는 것이 무슨 새로운 철학의 사명이요 역할이 될 리는 없다. 그러나 하버마스는 왜 오늘과 같은 상황에서 철학의 존재이유와 의미를 합리성의 수호에서 찾으려고 하는가? 여기에는 현대철학의 여 러 학파들에 대한 상황 이해와 하버마스의 의사소통행위와 담론의 이 론이 가진 문제의식이 전제되어야 한다. 그 맥락에서만 합리성을 수호 한다는 것이 무엇을 의미하는지, 또 어떤 반론들에 대한 주장인지를 이해할 수 있게 된다. 이를 좀 더 자세히 파악하기 위해서는 하버마스 가 내세우는 합리성이 칸트나 헤겔이 말하던 합리성과는 근본적으로 성격을 달리하는 탈형이상학적인(nachmetaphysisch) 성격의 합리성이 라는 것과 그럼에도 불구하고 로티(Richard Rorty)의 경우에서처럼 상

---

26) 필자는 1993년 안식년의 두 학기를 프랑크푸르트 대학에서 하버마스 교수와 함께 지내면서 「합리성(Rationalität)의 이론」이라는 강의와 토론에 참석했으 며 이 작업이 1994년 은퇴 후에도 계속된다는 것을 알게 되었다.

황에 의존하는 상대주의적인 합리성이 아니라는 것을 함께 이해할 필요가 있다.27) 이를 하버마스가 전개하는 논리에 따라 간단히 살펴보자.

우선 오늘날의 철학의 자기상이 매우 위협을 받고 흔들리고 있는 상황을 하버마스는 칸트 철학의 근본주의(Fundamentalismus)가 오늘날 회의를 받고 있다는 데서 인지하려고 한다. 칸트와 같은 대사상가도 오늘날의 철학자들은 배척을 하게 되었다. 헤겔이 악평을 들은 것은 옛날이고, 마르크스를 거짓 예언자라고 하더니, 마침내 칸트마저 "거짓된 사상체계의 마법사(Magier eines falschen Paradigmas)"로 낙인을 찍고, 그의 지적 위력에서 벗어나야 한다는 주장이 나오고 있다.28) 물론 아직 칸트의 추종자들은 많이 있지만 그의 명성은 점점 희미해져 간다는 것이다. 칸트의 업적은 경험의 가능성의 선천적인 (apriori) 조건을 탐구하여 인식주관이 가진 비경험적인 요소를 재구성해 냄으로써 인식의 선험적인 근거를 밝힌 데(in der transzendentalen Begründung) 있다. 이를 통해 칸트는 인식의 새로운 원리를 발견했을 뿐 아니라 철학이라는 것을 보다 확고한 토대 위에 세웠다고 할 수 있다. 철학의 지위와 역할을 새롭고 당당한(anspruchsvolle) 방식으로 규정해 놓았다는 것이다.

그러나 오늘날 이러한 철학의 위치와 역할이 흔들리고, 의심을 받고 있는 것은 두 가지 점에서라고 할 수 있는데, 그 하나가 인식의 근본주의에 대한 회의이다. 철학이 과학에 대해서 존재의 타당성과 우위를 주장해 온 것은 인식 이전의 인식(Erkenntnis vor Erkenntnis)을 할 능력을 가졌다고 생각했기 때문이었다. 즉, 과학적 인식이나 경험적 인

---

27) Walter Reese-Schäfer, *Jürgen Habermas*(Einführungen), Frankfurt: Campus Verlag, 1991. 6. Nachmetaphysisches Denken.

28) Jürgen Habermas, *Moralbewußtsein und kommunikatives Handeln*, S.9.

식의 토대(Fundamente)가 무엇인지를 밝히고, 가능한 경험적 인식의 한계를 규정해 주는 능력이 철학에 있다면, 철학은 곧 과학에 우선할 수 있을 뿐만 아니라, 과학에다 자리를 정해 주는 위치 지정자 (Platzanweiser)의 역할을 한다는 것이다. 그러나 오늘의 철학과 과학의 관계의 상황을 볼 때, 철학이 이런 역할을 하기엔 매우 어려운 상황이 되었다. 철학이 과학의 자리를 매김하는 역할을 한다는 것은 하버마스에게도 지나친 기대이며 요구라고 생각된다고 한다.29)

또 한 가지는 칸트의 토대 구축에 따라 철학에 부과된 엄중한 역할에 대한 것이다. 칸트의 선험철학은 철학에 인식론적인 우위를 부여했을 뿐 아니라, 이 토대 위에서 인식능력을 잘못 사용하는(Mißbrauch) 일들을 비판하는 과제를 부여했다. 칸트는 형이상학적 전통이 간직했던 실체적인 이성 개념(substantiellen Vernunftbegriff) 대신에 각 기능에 따라 분화되는 이성 개념을 정립하였다. 즉, 이론적 인식에서 실천적이며 미적인 인식을 구별하면서 각기의 인식을 서로 다른 이성의 토대 위에다 세우는 작업을 했다. 이로써 철학은 최고의 심판관(oberster Richter)의 역할을 부여받게 된 것이다. 즉, 철학은 이제 과학과 도덕과 예술 등 문화의 영역 전반에 대해서 그 지위와 한계를 정해 주고 역할을 정당화해 주는(legitimieren) 직책(Beruf)을 갖게 되었다고 한다.

칸트의 선험철학이 제시한 철학의 자기상은 여러 과학들에 대한 자리매김(Platzanweiser)의 역할과 과학, 도덕, 예술에 대한 심판자 (Richter)의 역할이라고 할 수 있겠는데, 이것은 사실상 선험철학이 인식의 토대(Fundamente der Erkenntnis)를 확보했다는 사실을 인정하는 데서만 가능한 일이었다.

---

29) 같은 책, S.10.

그러나 현대철학에 오면서 철학의 이런 역할은 회의를 받고, 또 심각하게 도전을 받는 상황이 전개되고 있다. 특히 로티는 『자연의 거울과 철학의 비판』에서 "철학이 다른 학문이 인식에 관해서 인식할 수 없는 어떤 것을 인식할 수 있다는 생각을 포기해야 한다면, 우리는 철학적인 방법이 고유하게 있다는 생각도 믿을 수 없다는 것을 의미한다"30)고 했다. 과연 철학자들이 그 직책상(ex officio) 정신분석학의 타당성이나 의심스러운 법률들의 정당성, 도덕적 갈등의 해결, 역사 기술의 학파들이나 문학비평의 근거(Fundiertheit)에 대해 판단할 수 있는 전문성을 갖고 있는가라고 묻고 있다. 로티는 철학이 대사상가 칸트로부터 부여받은 위치 지정자나 심판관으로서의 역할을 포기해야 한다는 결론을 내리고 있다.

여기에 대해 하버마스는 부분적으로 동의하면서도 그가 내리는 결론에 동의하지 않음을 분명히 했다. 즉, 철학이 비록 다른 과학이나 문화에 대해 위치 지정자나 심판관의 역할은 포기해야 한다 할지라도, 로티의 주장처럼 이성의 요구(Vernunftsanspruch)마저 포기함으로써 '합리성의 수호자' 역할까지 면제되는 경우에 이르러서는 안 된다는 것이다.31) 만일 철학이 합리성의 수호 역할마저 포기해야 한다면 정말 철학은 존재할 이유가 없게 된다. 그것은 철학이 탄생할 때 가지고 나왔던 최후의 동기였기 때문이다. 이런 철학마저 죽어 버리게 된다면 (Absterben der Philosophie) 우리가 인간사회의 필수적 조건으로 부단히 추구하는 선의 이념이나 절대적인 것에 연관된 초월적인 힘 (transzendierende Kraft)마저도 소멸해 버리고 말 것이기 때문이다.

---

30) Richard Rorty, *Der Spiegel der Natur: Eine Kritik der Philosophie*, Frankfurt, 1981, S.424f. Jürgen Habermas, *Moralbewußtsein und kommunikatives Handeln*에서 재인용.

31) Jürgen Habermas, *Moralbewußtsein und kommunikatives Handeln*, S.11.

하버마스는 전통철학의 인식론적 토대주의(근본주의, Fundamental-ismus)를 비판하는 점에서는 현대철학의 많은 학파들과 생각을 같이 하면서도 '합리성의 수호자'라는 철학의 자기상을 확보하기 위하여 이들과의 구별점을 자세히 논술하고 있다. 특히 칸트의 선험철학적 이성에 대한 비판과 헤겔의 변증법적 이성에 대한 비판에 궤를 같이하는 현대철학들을 살펴보면서 특히 실용주의(Pragmatismus)와 해석학적 철학(hermeneutische Philosophie)의 주장들을 심각하게 검토한다. 이들 속에 간직된 철학의 토대주의적 자기상에 대한 비판들을 정리하면서도 다른 맥락에서 철학이 담당하고 있는 합리성의 수호 역할들을 찾아내려고 한다. 그러면서 현대철학에서 철학의 부정에 대해 극단적 입장을 취하는 로티의 교화적인 담론을 비판하면서 합리성의 수호를 위해 철학이 자리를 지키는 자의 역할(als Platzhalter)과 해석자의 역할(als Interpret)을 수행하고 있다는 주장을 편다. 이 논의의 과정을 조금 더 자세히 살펴보는 것이 하버마스의 철학의 자기상에 대한 생각을 파악하는 데 도움이 될 것 같다.

현대철학은 그것이 분석철학 계통(analytische)이든 구성주의 계통(konstruktivistische)이든, 혹은 비판주의적 계통(kritizistische)이든, 대체로 칸트의 선험철학이나 헤겔의 변증법 철학에서 이성의 절대적 타당성의 요구(Vernunftanspruch auf die absolute Gültigkeit)를 거절한다.[32] 이것은 사실상 이제까지의 철학의 면직을 주장하는 것(Plädoyer für die Verabschiedung der Philosophie)이나 마찬가지다. 특히 철학적 사유가 주장하는 최후의 근거 제시의 요구(Begründungsanspruch)를 회의하는 철학이 실용주의(pragmatistisch)와 해석학(hermeneutisch)의 철학이다. 이들은 아예 의식철학(Bewußtseinsphilosophie)이 대상의 지

---

32) 같은 책, S.16.

각이나 표상을 통해 제시하는 인식의 모델이 중심이 되는 지평 (Horizont)을 떠나 버린다. 대상을 파악하고 스스로를 대상화하는 이 성적 주체 대신에, 언어로 매개되고 행위에 관련된 인식이 나타나며, 일상적 실천과 일상적 의사소통의 관계(Nexus)가 나타난다. 여기에서 는 간주체적(間主體的, intersubjektive) 인식들과 협력적인 인식능력 (kooperative Erkenntnisleistungen)들이 작용하게 된다. 여기서 중요하 게 되는 삶의 형태나 생활세계(Lebenswelt), 언어로 매개된 상호작용, 언어유희(Sprachspiel), 문화적 배경, 영향사(Wirkungsgeschichte) 등의 개념들은 의식철학이 만들어 내는 개념들과는 전혀 다른 의미와 역할 을 갖는다. 퍼스(Charles S. Peirce)나 딜타이(Wilhelm Dilthey)는 객관 적 인식이나 중립적인 이해의 가능성을 회의한다. 문제나 대상들은 항 상 상황 속에서 나타난다는 것이다(nur in bestimmten Situationen). 어 떤 상징적인 표현은 그 맥락(kontext)에 대한 선이해(Vorverständnis) 없이는 이해가 불가능하다.

실용주의나 해석학적 통찰이 가져다주는 결과는 분명하다. 의식의 활동에 따르는 인식은 행위와 언어의 객관화(Objektivation)에 따르는 인식을 위해 포기되어야 한다는 것이다. 이것은 곧 철학적 사유가 간 직했던 이성적 요구를 포기하는 것과 관련된다. 이성은 이제까지 의식 의 철학이 만들어 낸 산물이었기 때문이다. 현대철학에 와서 의식의 철학이 언어의 철학으로 전환되면서 철학으로부터의 분리(Abschied von der Philosophie)가 이야기되는 것은 이 때문이다.

어쨌든 칸트적 인식론이 가진 근본주의가 흔들리면서, 철학이 더 이 상 과학에 대해 자리를 지정해 주는 역할을 하지 못하게 된 것은 사실 이다. 오늘날 후기 구조주의나 후기 실용주의, 신역사주의의 철학들은 과학의 객관적 이상에 매여 있는 인식의 건너편에(gegenüber), 해명하 며(erhellende), 깨우치며(erweckende), 비객관적인(nicht-objektierende)

사유의 장(Platz)을 마련하려고 애쓴다. 이런 사유는 보편적이며 비판적인 타당성의 요구로부터 면제되고, 논쟁의 여지가 없는 결과의 의미에서 추구되는 합의 형성(Konsensbildung)을 목표로 하지 않지만, 그렇다고 보다 탁월한 통찰의 권위(Autorität überlegener Einsichten)를 포기하지는 않는, 그런 사유를 말한다. 이것은 야스퍼스나 사르트르(J.-P. Sartre), 콜라코프스키(Kolakowski)가 주장했던 실존론적 역할분담과 같다. 즉, 과학의 곁에 철학적 신앙, 삶(Leben), 실존적 자유, 신화, 교양(Bildung)이 있어야 한다는 것이다.

이런 문제의식과 관련해서 리처드 로티의 정상적 담론(normalen Diskurs)과 비정상적 담론(nicht-normalen Diskurs)의 대비도 참고해 볼 만하다고 하버마스는 주장한다. 보통의 담론은 기존의 과학들이 이론적 진보를 이룰 때 거치는 담론이다. 이런 담론을 로티는 가역적(혹은 공준적(共準的), kommensurabel) 담론이라고 부른다. 따지고 문제를 해결할 때 적용되는 검증적 논의들을 말한다. 그러나 비정상의 담론, 불가역적(非共準的, inkommensurabel) 담론도 있다고 로티는 주장한다. 즉, 서로 기본적인 이해나 방향(Orientierung)이 다를 때, 이루어지는 대화는 보편적 일치의 목표(Ziel der universalen Übereinstimmung)에 도달하려고 할 필요가 없으며, 불일치 속에서라도 생기는 성과나 흥미에 만족해야 한다. 비정상의 담론이 스스로 만족할 만한 데 이를 때, 도달하는 결과가 곧 교화적(edifying)인 것이다. 이 교화적 담론은 이제까지의 철학의 짜인 틀을 과감히 벗어나면서 치료적인 역할도 하며, 해석학적인 각성도 일으키며, 어떤 초월의 계기도 만들며, 덕성(Tugend)의 함양을 가져온다는 것이다. 이런 교화에 이르는 대화에 철학이 가담할 수(einmünden) 있다는 것이다. 이런 로티의 사상은 철학에서 결별하고자 하는 여러 현대철학사상들, 분석철학적, 실용주의적, 해석학적 사상들을 결합해서 나온 것이라고 하버마스는 보

고 있다.33)

이러한 로티의 새로운 철학관에 대하여 하버마스는 중대한 이의를 제기했다. 즉, 교화나 교양(Bildung), 덕성을 목표로 한 담론은 다 좋지만, 이 역시 진리에 대한 관심을 포기하는 것이어서는 안 된다는 것이다. 로티는 『자연의 거울과 철학의 비판』에서 "교화적인 철학자들은 철학을 종료시킬 수는 없겠지만 철학이 확실한 과학의 좁은 길에서만 맴도는 것을 막을 수 있다"고 했다.34) 하버마스는 로티의 이런 역할 분담론이 철학을 과학과 문화에서 최고의 심판관으로 군림하려는 것을 막는다는 점에서는 공감(Sympathie)을 얻을 수 있다고 본다. 그러나 이런 교화적 담론에서마저도, 실용주의적으로 해석학적으로 훈련된 철학은 결국 근거를 따지는 논쟁(begründenden Argumentation)으로 빠져들지 않을 수 없을 것이라는 것이다. 그래서 담론의 이론에서 보면 철학과 과학의 엄밀한 구별은 하버마스로서는 수긍하기 어렵다고 한다. 만일 어떤 주장이나 의견의 타당성이 논변에 의해 도달된 합의(ein argumentativ erzieltes Einverstandnis)에서밖에 측정될 수 없다면, 그 토대는 불안한 것일 수밖에 없지 않느냐는 것이다. 로티도 결국 담론과 논변을 통한 합의를 교화적 진리에 도달하는 길로 받아들이고 있는 한, 그 담론과 논변의 합리성의 기준을 생각하지 않을 수 없으리라는 것이다.

결국 하버마스는 과학에서와 마찬가지로 문화나 도덕, 예술에 있어서도 합의에 이르는 길은 담론(Diskurs)이나 논변(Argumentation)밖에 없으며, 그 합의의 합리성의 토대가 물리학에서나 도덕, 예술에서 서로 다른 것은 탈경험주의적(postempiristische) 과학이론이 주장하는 대로 정도의 차이일 뿐이라는 것이다. 담론이 정상적인 것이냐 비정상

---

33) 같은 책, S.21.

34) Richard Rorty, *Der Spiegel der Natur: Eine Kritik der Philosophie*, S.424f.

적인 것이냐에 따라 과학과 철학적 교화가 엄밀하게 나누어질 만큼 뚜렷한 기준(trennscharfes Kriterium)은 없다는 것이다.

그러나 하버마스가 무엇보다 강조하는 점은 과학적 사유나 담론에서 항상 철학적 요소가 가미되어 있다는 점이다. 가령 마르크시즘이나 정신분석학에서는 과학과 철학적 요소가 구별하기 어려울 정도로 복합되어 있다. 이런 경우들은 로티에 따르면 정상적 담론과 비정상적 담론이 복잡하게 혼합되어 있기 때문에 사이비 과학(Pseudowissenschaft)일 수밖에 없다. 그러나 이런 경우는 학문의 발전사에서 예외적인 것이 아니며, 모든 선구적인 사상가들 속에서 흔히 보이고 있다고 한다. 뒤르켐(E. Durkheim), 미드(G. H. Mead), 베버(Max Weber), 피아제(Piaget), 촘스키(Chomsky) 같은 이들에게서 항상 돌출적인 의미를 갖는 개념들은 모두 순수한 철학적 사유였다. 억압의 병리적 기능, 역할이 정체성을 형성하는 데 미치는 기능적 영향, 사회적 합리화로서의 근대화, 행위의 반성적 추상화의 결과로서의 분산(Dezentrierung), 가정을 만드는 활동으로서의 언어 습득(Spracherwerb als hypothesenbildende Aktivität)과 같은 용어들은 철학적으로 전개되는 사유에 해당하기도 하고, 경험적으로 논하고 보편화시켜야 할 문제에 해당하기도 한다는 것이다.35)

과학의 역사에서 주기적으로 나타나는 이런 현상들을 보면 여러 학문적 원리들이 하나의 통일된 과학에로 수렴하는 것이 아니라 인간과학들이 철학화함(Philosophischwerden der Humanwissenschaften)을 나타낸다고 하겠다. 이것은 아직은 암시적인 추측(suggestive Vermutungen)에 불과하지만 이런 가능성이 전제된다면, 하버마스는 철학이 몇 가지 과학들에 대해서 위치를 지정하는 역할(Platzanweiser)이 아니

---

35) Jürgen Habermas, *Moralbewußtsein und kommunikatives Handeln*, S.22.

라, 강한 보편성의 요구를 가진 경험적 이론들에 대해 자리를 확보해 주는 자리 보호자(Platzhalter)로서의 역할을 하는 것으로 볼 수 있지 않을까 조심스럽게 검토하려고 한다. 이런 경우들은 특히 말하고 행위하며 판단하는 주체가 가진 이론 이전의 지식과 전승된 문화적 지식체계에 연결되는 과학들, 즉 재구성적인 과정을 거치는 과학들(die rekonstruktiv verfahrenden Wissenschaften)에 해당된다. 경험적 관련성들을 종합하는 데 유용한 재구성의 가정들(Rekonstruktionshypothese)을 말한다. 이때 좀 격하된(ermäßigte) 선험철학적이나 변증법적인 근거 제시의 방법들이 도움이 될 수 있을 것이라고 본다. 철학이 과학들의 협력에 참여하는 경우들은 합리성의 이론을 근본주의적으로 주장하지는 않으면서 적용시키는 철학자들에게서 흔히 볼 수 있다고 한다. 이들은 오류 가능주의적 의식(Fallibilistisches Bewußtsein)을 가지고 작업을 진행시킨다. 그래서 한때는 철학에서만 신뢰되었던 이론이 여러 분야의 이론들을 응집시켜서 지지를 하는 이론으로 나타나는 경우도 기대될 수 있을 것이라고 한다.

하버마스는 이렇게 철학이 과학의 자리를 지켜 주는 역할을 주장하면서, 과학과 철학의 협력을 자기 자신의 연구 경험 속에서 체험했음을 밝히고 있다. 즉, 과학이론과 과학사 간의 협력, 언어 행위(Sprechakte) 이론과 경험적 언어 화용론(Sprachpragmatik)의 주장들과의 협력관계, 인지주의적 윤리학과 도덕의식의 발달심리학과의 협력관계, 철학적 행위 이론과 행위 능력의 발생학(Ontogenese)과의 협력들이 그것이다. 철학이 여러 과학들과 함께 작업을 할 때, 인식과 행위와 언어에 대한 합리적 토대(rationale Grundlage)를 밝히지 않을 수 없을 것이며, 전체에 대한 관심을 배제할 수가 없다. 이때에 철학은 과학들의 합리성을 지켜 주며 유지시켜 주는, 자리 유지자(Platzhalter), 합리성의 수호자(Hüter der Rationalität)의 역할을 하게 된다는 것이다.

그리고 철학이 문화 전반에 대한 심판자로서의 역할을 포기한다 하더라도, 문화의 영역에서, 과학의 영역에서와 마찬가지로 합리성의 문제를 포기할 수 없다면, 이와 관련된 전체에의 관심(일방적 합리성이 아니라 전체적 관점에서의 합리성이라는 면에서)을 상실해서는 안 된다고 한다. 현대로 들어오면서 과학과 법률이나 도덕과 예술 분야가 서로 독립하면서 이성이나 합리성도 서로 진리의 면에서의 합리성, 정의나 취미(Geschmack)에서의 합리성 등으로 분할되었다는 것이다. 그러나 이제 오늘의 문화가 단편화하고 일방화한 마당에서 통일성(Einheit)을 찾자면 어떻게 해야 할까? 각기 밀교적인(esoterische) 형태로 전문화된 문화의 부분들이 의사소통적인 일상적 삶의 실천(der kommunikative Alltagspraxis)과 관련을 유지하기 위해서는 어떻게 해야 할 것인가?

하버마스는 여기서 합리성에 대한 관심을 버리지 못하고 절대적인 것의 조건(Bedingungen des Unbedingten)을 분석하는 과업을 면제시키지 않은 철학적 사유가 해야 할 일은 매개의 역할(Vermittlung)이라고 주장한다. 우선은 과학과 도덕, 예술의 영역 사이에서의 매개의 문제가 있다. 인문과학 내에서 객관주의적 연구에만 몰두하지 않는 과학들은, 진리문제의 우선성을 해치지 않으면서 도덕적이며 심미적인 비판의 입장들을 적용시키려고 한다. 그래서 예를 들면 책임윤리(Verant-wortungsethik)냐 양심윤리(Gesinnungsethik)냐 하는 문제에서, 그리고 공리주의 윤리에 있어서 결과에 대한 계산이나 욕구에 대한 해석의 관점이 함께 고려되어야 한다. 탈전위주의적(postavangardistische) 예술에서는 전위예술이 해방시킨 형식과 틀의 수준 위에 다시금 인식적이며 정치적, 실천적인 요소들을 가미시켜 참여예술, 사실주의적 예술을 만들고 있다. 이런 모든 현상들은 극도로 분리되었던 이성의 여러 계기들이 하나로 통일되는 경향을 보이고 있다.

더구나 오늘날의 과학적 인식이 의사소통적 일상의 실천과 매개되어야 하는 것이라면, 일상적 삶과 실천에는 인식적 의미 이해와 도덕적인 표현이나 평가가 함께 섞여 있어서 삶의 세계의 전 영역을 이해하는 과정(Verständigungsprozesse)이 필수적으로 요구된다. 바로 이 점에서 철학이 삶의 세계(Lebenswelt)의 전체성(Totalität)과 관련해서 해석해 주는 자의 역할(Interpretenrolle)을 감당하며 강화해야 한다는 것이다. 적어도 인식적이며 도구적인 것들과 도덕적, 실천적인 것, 그리고 예술적, 표현적인 것 사이의 동적인 관련성을 잠재우지 말고 살려 내는 일을 해야 한다. 철학의 이런 역할이 있어야만, 전문분야로 나누어져 버린 과학과 도덕과 예술의 영역들이 열리게 되고, 각기 고유한 합리성이 상처 입지 않으면서 생활세계의 전통과도 연결되는 일이 가능하게 된다.

그러면 이제 마지막으로 질문되는 것은 과연 철학이 무슨 자격으로 과학체계의 내부에서 몇 군데서나마 새로운 타당성이 높은 이론을 세우기 위한 자리를 남겨 주고, 혹은 지켜 주고(den Platz für anspruchsvolle Theoriestrategien freizuhalten), 또 문화적 영역들과 일상세계와의 매개를 위한 해석자의 임무(Übersetzerdienste)를 수행할 수 있겠는가의 문제이다. 하버마스는 이 점에서 바로 실용주의자나 해석학자들과 마찬가지로 서로 함께 대화하며 협력하는 의사소통의 공동체에 인식적 권위를 부여할 수밖에 없다고 한다. 결국 이 공동체 속에서 일상적 삶과 실천이 일어나며, 또 타당성의 요구의 지시를 받는 이해(eine an Geltungsansprüchen orientierte Verständigung)가 작용하기 때문이다. 다시 말하면 철학이 의사소통적 공동체 속에서 일어나는 대화와 합의와 이해에 대해 타당성의 요구를 가지고 따지고 비판하며 보다 완벽한 진리와 전체를 지향하는 한, 올바른 의미에서의 합리성의 수호자로서의 역할을 수행할 수 있고, 또 해야 한다고 보는 것 같다.

물론 이런 하버마스의 주장을 듣는 우리들에게 의문으로 남는 문제는 있다. 생활세계를 매개하고 해석하는 역할, 과학에 새로운 이론의 영역을 확보하는 역할, 그리고 이 모두를 합리성의 수호자라는 사명을 다하기 위해서 하는 역할이라면, 과연 이것이 철학에게만 주어지는 고유한 역할인가, 아니면 다른 분야의 전문가들에게도 허용되는 과업인가? 만약 후자의 경우라면, "왜 아직도 철학이 필요한가?"라는 물음은 계속 남게 된다. 하버마스는 철학이 이를 수행하는 데 무슨 특권 같은 것은 없다(zu nichts mehr privilegiert)고 했다.36) 그러나 하버마스도 이를 어떤 특정한 계열의 철학에 기대하기보다는, 이런 철학적 과업을 당위적으로 설정해 놓는 데 의의를 두려는 것같이 생각된다. 그것을 철학자가 더 잘해 낼지, 전문 과학자가 더 잘해 낼지, 문학가나 종교가가 더 잘해 낼지는 그 합리성의 내용이 무엇이냐는 것과 함께 전적으로 열린 문제가 아닐까 생각해 본다.

36) 같은 책, S.27.

철인정치는 가능한가?

— 정치발전과 철학자의 역할 —

사회발전의 문제가 사회의 중요한 문제들을 좌우하는 국가권력이나 정치가들에 의해서 결정적으로 영향을 받는 것은 예나 지금이나 다름이 없지만, 철학자나 철인이 정치발전이나 사회발전에 기여한다는 것은 철학자가 권력을 잡는다거나 정치가가 됨으로써 사회를 발전시키는 것을 의미하는 것은 아니다. 플라톤은 이상적인 국가나 정치가 이루어지려면 철학자가 왕이 되거나 왕이 철학을 해야 한다고 보았다.[1] 그러나 이것은 철학과 정치가 이성적으로나 도덕적으로 완성이 되는 이상적인 상태에서 일치되는 경우를 말하는 것이요, 현실적으로는 철학적 통찰과 원리는 정치적 수단이나 정책과는 괴리될 수밖에 없다는 것을 플라톤 스스로도 체험하였다. 단지 그는 좋은 국가, 정의로운 사회를 만들기 위해서는 무엇이 좋으며 정의로운 것인가를 아는 철인이

---

* 이 글은 『철학과 현실』, 14호, 1992 가을, pp.80-87에 수록된 「민주화와 사회발전의 방향」을 수정 보완한 것이다.

1) Plato, *The Republic*, Books II-V.

국가를 다스리는 데 참여하거나, 정치가가 이런 철학적 원리들을 알아야 한다고 생각했던 것이다.

설사 철학자가 한 사회나 국가가 선하고 정의롭게 되려면 어떤 사회를 만들어야 하는가를 안다 하더라도, 이것이 곧 국가를 다스릴 수 있는 능력의 전부는 아니기 때문에 왕이나 정치가의 자격을 갖춘 것이라고 할 수는 없다. 칸트는 오히려 왕이 철학을 하거나 철학자가 왕이 되는 것은 불가능할 뿐 아니라 바람직하지도 않다고 보았다.[2] 왜냐하면 권력을 가진 왕이나 정치가들은 현실적인 권력관계나 법과 제도를 통해 실천하기 때문에 철학적이고 윤리적인 판단만으로 할 수는 없으며, 철학자들이 권력을 갖게 되면 권력관계가 이성적 판단을 흐리게 하기 때문에 철학자의 구실도 제대로 못하게 된다고 보았기 때문이다. 칸트는 정치가들이 철학자의 조언을 받아들여 이를 가능한 정치적, 법적 틀 안에서 실천할 때에 바람직한 이상적 정치가 이루어질 수 있다고 보았다. 즉, 이성적이고 도덕적인 정치는 철학자와 정치가의 합작품이라는 것이다.

사회발전이나 국가발전에 기여하는 철학자의 몫은 권력을 휘두르거나 행정 능력을 발휘함으로써가 아니라, 정치가나 정치를 결정하는 사람들에게 이성적 사고와 도덕적 방향을 제공해 주는 데 있다고 본 것이 칸트의 역할 분담론이었다. 그러나 사회발전이나 도덕적 정치의 방향을 제시한다면서 철학자들이 정치적 권력관계나 법적, 제도적 문제들을 모르거나 무관심해도 좋다면, 방향 제시라는 것도 매우 추상적이고, 도덕적인 교훈 정도의 것일 수밖에 없을 것이다. 공자님 말씀 같은 좋은 이야기지만, 현실적인 권력관계나 실정을 모르는 도덕적 교훈들이 구체적으로 실천될 수 없는 것일 때, 이것이 얼마만큼 현실정치나

---

2) I. Kant, *Zum ewigen Frieden*, 1795, Band 47, Hamburg: Felix Meiner, 1983, S.149.

사회발전에 도움이 되며 방향 제시가 될 수 있을까?

이성적인 것은 현실적이고 구체적인 것이어야 한다고 본 헤겔은 철학을 정치나 사회의 문제에서 구별하지 않았으며, 현실정치나 국가의 문제들에 대해 정치가들 못지않게 발언을 했고 비판을 했다. 그래서 그는 프로이센 국왕의 권위주의적 통치를 자유와 질서를 수호한다는 명분으로 지지했고, 영국 의회의 자유주의적 개혁 입법을 국가의 이성을 파괴한다는 명분으로 비판했다.3) 막연한 도덕적 원칙이나 추상적 이론이 아니라, 현실정치에 대해 분명한 여당적 입장 혹은 야당적 입장을 취한 헤겔은, 사회발전이나 정치발전에 기여하는 철학자의 몫이 구체적인 정치문제들에 대해서까지 이성적 사고와 반성에 입각한 철학자의 입장과 태도를 밝히는 데 있다고 생각했던 것 같다.

현실정치에 대한 철학적 입장이나 태도의 표명에만 만족할 수 없었던 마르크스는 한 걸음 더 나아가 철학적 반성에 의해 얻은 결론을 가지고 현실정치와 권력관계를 개조하고 혁명을 하는 실천에까지 가야 한다고 생각했다. 철학은 사회현실을 해석하기만 해서는 부족하며 개조하는 데까지 실천을 통해 작용해야 한다고 보았다.

우리는 여기서 철학이 플라톤 이래로 사회발전과 정치적 현실문제에 참여하여 이념과 방향을 제시해야 한다는 주장의 커다란 흐름을 보면서도, 칸트와 헤겔, 그리고 마르크스에 있어서 철학자의 역할이 서로 다른 성격을 가지고 있음을 주목하게 된다. 칸트의 경우처럼 철학자가 윤리적 원칙이나 이성적으로 반성된 사회의 방향에 대해서 정치가들에게 조언을 해주고 정치는 정치인들에게 맡기는 경우엔, 철학자의 본분인 이성적 사고의 한계를 지키는 장점이 있으나, 사회발전과 정치현실에 책임을 지지 않는 단점이 있게 된다.

---

3) G. W. F. Hegel, "Über die englische Reformbill"(1831), in G. W. F. Hegel, *Politische Schriften*, Frankfurt: Suhrkamp, 1966, S.277-321.

반면 헤겔의 경우처럼 철학자가 현실의 구체적인 문제와 정치적 권력관계에 대해서까지 분명한 입장을 취하고 발언을 하게 되면, 사회적, 정치적 발전에 책임감을 가지고 참여하는 장점이 있게 되나, 당파성을 가지며 이데올로기를 대변할 위험성과 단점을 갖게 된다. 헤겔이 국가가 인륜적 보편의지의 실현체라는 이성적 원칙만 주장하고, 프로이센 국가의 현실정치에 대해 찬반을 표시하지 않았더라면, 프로이센의 어용 철학자라든가 전체주의적 이데올로그라는 비난은 받지 않았을 것이다. 그 대신 현실정치나 사회문제에 대한 영향력이나 참여도는 그만큼 줄었을 것이다. 아예 정치와 혁명을 철학의 실천으로 본 마르크스의 경우에는 긍정적 의미에서든 부정적 의미에서든 이데올로기화하지 않을 수 없는 운명을 안게 되었다. 이 경우에 철학이 이데올로기나 당파성을 무릅쓰게 되는 것은 당연하다고 하겠다.

　여기에서 철학은 딜레마를 안게 된다. 이데올로기를 감수하면서 사회정치적 입장을 구체적으로 취할 것인가, 아니면 사회발전에 현실적이며 구체적인 기여를 못하더라도 이데아의 세계 같은 이상적인 원칙이나 도덕적 규범만을 강조하는 것으로 만족하고 있어야 하는가이다. 보편적이며 추상적인 정책이나 이데올로기의 사이에서 철학자의 역할은 어떻게 규정되어야 하는가?

　여기에 대해 현대 사회철학자들은 철학이 이데올로기로 전락되지 않으면서 사회발전에 대한 책임을 지는 실천의 방식을 여러 가지로 모색했던 것 같다.

　호르크하이머는 철학이란 이성을 세계 속에 가져오는 방법적이고 지속적인 노력이라고 규정하면서, 철학이 이를 위해 사회적으로 하는 기능은 바로 기존의 것에 대한 비판에 있다고 했다.4) 철학의 비판은

---

4) Max Horkheimer, "Die gesellschaftliche Funktion der Philosophie", in *Kritische Theorie*, Frankfurt: Fisher Verlag, 1977, S.688.

현재의 사회가 제시하는 가치관이나 행동양식이 인간상실을 가져오지 않도록 하는 것을 주목표로 한다는 것이다. 플라톤의 대화편(예를 들면 『고르기아스(Gorgias)』)에서도 철학자의 역할이 여러 가지 직업이나 사회적 직무를 수행하는 사람들을 비판해 줌으로써 공동의 이익을 지키고 이성적 사회가 되도록 하는 데 있다는 것을 강조했다고 호르크하이머는 보고 있다. 철학은 어떤 하나의 이념이나 인식, 전문가적인 입장에 만족하지 않고 이를 부정하고 비판해서 전체적인 진리와 이성에 비슷하게 도달하도록 하는 데 그 역할과 목표가 있었다는 것이다. 마르쿠제도 철학의 사명은 인간이 실현해야 할 이성적 사회에 대한 사유와 비판에 있다고 하면서, 오늘의 철학이 비판이론이 되어야 하는 이유가, 인간 전체의 해방을 목표로 하는 이성적 사회가 실현되기 위해서는 지금까지의 사회와 인간의 물질적, 정신적 관계가 지양되지 않으면 안 되기 때문이라는 것이다.5) 아도르노나 하버마스의 비판이론을 보아도 철학의 역할은 이성적이며 반성적인 사유를 가지고 정치나 과학기술, 종교나 전통이 가진 이데올로기를 비판하고 부정함으로써 보편적인 계몽의 역할을 수행하는 것이라고 주장되고 있다.6)

철학이 기존의 사회구조나 이데올로기에 대해 비판을 함으로써 개선하고 혁신하는 데 기여한다는 이론을 세운 것은 비판이론의 사회철학자들이 세운 뚜렷한 공로였지만, 철학은 이로 인해 사회현실의 문제와 정치적 이데올로기들을 비판하기 위해서도 정치가들이나 사회과학자들 못지않게 구체적인 현실의 내용이나 사회구조의 문제들을 파악

---

5) Herbert Marcuse, "Philosophie und kritische Theorie", in *Kultur und Gesellschaft* I, edition Suhrkamp 101, Frankfurt a. M., S.110.

6) Theodor W. Adorno, *Negative Dialektik*; Jürgen Habermas, "Wozu noch Philosophie?", in *Philosophisch-politische Profile*, Frankfurt: Suhrkamp, 1971.

하고 분석할 줄 알아야 한다는 부담을 안게 되었다. 그래서 프랑크푸르트 사회연구소를 세운 이들은 정치학자, 사회학자, 경제학자, 심리학자들과 함께 공동연구와 학제적인 연구(interdisciplinary)를 통해 구체적으로 파시즘의 이데올로기, 소비에트 마르크시즘의 이데올로기, 후기 자본주의와 일차원적 사회의 이데올로기들을 비판함으로써 당대의 사회를 발전시키는 데 중요한 역할을 담당하게 되었다.

그러나 철학이 사회나 정치의 발전을 위해 해야 하는 역할이 과연 비판에만 있을까? 새로운 대안이나 개선의 정책과 방향을 제시해 주지 못하고 비판에만 머문다는 것은 어딘가 부족하며 철학의 사명을 다 한다고 볼 수 없지 않을까? 철학을 비판으로만 한정하려는 비판이론가들을 비판하는 한 이유가 여기에 있다. 부브너(Rüdiger Bubner)는, 철학이 항상 그 시대와 사회의 비판자였다는 것은 주지의 사실이지만 비판의 구실을 하기 위해서도 대상에 대한 내용과 배경을 알아야 하며 그러자면 반드시 이론(theorie)을 갖고 있어야 한다고 주장한다.7) 마르크스가 자본주의 체제를 물신주의와 기만적 체계로서 비판하며 체제의 붕괴를 전망했을 때, 이미 그는 사회주의의 실현이라는 역사철학적인 이론을 가지고 있었기 때문에 비판도 할 수 있었던 것이 아니냐는 것이다.

철학을 미텔슈트라스(Jürgen Mittelstraß)처럼 "실천을 지도하는 계몽(die praxisleitende Aufklärung)"으로 보든지,8) 뤼베(Hermann Lübbe)처럼 "실천적인 방향성에서 위기가 생겼을 때 그 위기를 조정하는 역할(Orientierungskrisen-management)"로 보든지,9) 철학이 비판을 넘어

---

7) Rüdiger Bubner, "Was kann, soll und darf Philosophie?" in H. Lübbe, *Wozu Philosophie?*, Berlin, 1978, S.14.

8) Jürgen Mittelstraß, *Die Möglichkeit von Wissenschaft*, Frankfurt, 1974, S.27.

서서 실천을 계몽적으로 지도하며 방향성의 위기를 조정하기 위해서는 보다 적극적이고 구체적인 목표나 방향의 제시가 있어야 하는 것이 아니냐는 주장이 많이 일고 있다.10)

그러나 우리의 딜레마는 철학이 사회문제나 발전을 위해 어떤 방향과 이론을 제시하다가, 이것이 단순한 사회과학적 가정이나 이론에 불과하다든가, 혹은 일면성과 당파성을 가진 하나의 이데올로기에 그치고 말 때 어떻게 하겠느냐는 것이다. 그것을 우리는 아직도 철학이라고 말할 수 있겠는가가 문제이다. 철학을 곧 진리라든가 올바른 인식이라는 것과 동일시하는 데 익숙해진 우리들은 소피스트나 이데올로그로 전락되는 것이 염려스러워, 구체적인 입장이나 정책을 제시하거나 사회발전의 방향을 제안하는 데 주저하며 두려워하는 경우가 많다.

그렇지만 우리는 오늘날의 사회문제나 사회적 방향성의 내용이 매우 구체적이며 사회과학적인 문제들 속에 담겨 있음을 알고 있다. 보다 정의롭고 선한 사회를 만들기 위해서는 생산수단을 사유화해야 하는가, 공유화하는 것이 좋은가? 생산공장의 소유를 사회화한다고 할 때, 이를 수천, 수만의 주식으로 나누는 것이 옳은가, 아니면 국가가 소유하는 것이 좋은가? 자연환경의 보호를 위해 경제성장률을 5%로 낮추는 것이 옳은가, 아니면 환경파괴를 감수하면서도 15%의 성장률을 지켜야 하는가? 이런 사회발전에 직결되는 문제들은 철학적 원칙의 문제만이 아니라 사회과학적 분석과 인식의 문제, 정책적 입장의 문제가 맞물려 있는 문제들인 것이다.

이러한 경우에 철학자는 불가피하게 사회과학적인 분석이나 계산을

---

9) Hermann Lübbe, "Wozu Philosophie? Aspekte einer ärgerlichen Frage", in H. Lübbe, *Wozu Philosophie?*, S.143.

10) Hans Michael Baumgartner, "Wozu noch Philosophie?", in H. Lübbe, *Wozu Philosophie?*, S.251.

할 수밖에 없으며 경우에 따라서는 어떤 정치적 입장, 이데올로기로 보일 수밖에 없는 태도라도 과감하게 선택할 수밖에 없다고 보는 것이 아롱(Raymond Aron)의 생각이다.11) 그것은 플라톤이나 아리스토텔레스의 역할에서도 그랬다는 것이다. 그처럼 플라톤이 이데아의 세계, 이상적 국가론을 추구했지만, 최선의 국가라고 내놓은 공화국(Republic)도 결국 낡은 귀족가문의 꿈이었던 반동적 노스탤지어의 형체화(transfiguration)에 불과하지 않았느냐는 것이다. 아리스토텔레스의 정치학(Politics)은 도시국가들의 정치형태와 구조의 장단점에 대한 비교적 연구와 분석이 들어 있지만, 그가 권장한 바람직한 국가형태는 결국 마케도니아 군주국(monarchy)의 주장들을 교묘하게 변호한 것이 아니었느냐는 것이다. 철학자들이 사회문제에 구체적으로 참여해서 기여하려고 할 때, 철학자가 입장을 취하는 내용과 소피스트(Sophist)가 하는 것과는 엄격히 분리하기가 힘들다고 아롱은 보고 있다. 좋은 사회의 이념이나 이상을 그릴 때는 모르지만, 자기가 속해 있는 구체적 사회에 대하여 비판을 하든가 변호를 해야 하는 실질적 참여에 이르면, 철학자들이 취하는 정책이나 방향 제시란 것도 소피스트나 이데올로그의 경우와 마찬가지로 일방적이며 단편적인 것이 얼마든지 있어, 철학자의 주장과 소피스트의 주장이 쉽게 구별되지 않는다는 것이다.

결국은 철학자와 소피스트는 플라톤이 강조해서 보여주듯이 대화의 관계 속에 있을 수밖에 없다. 단지 철학자는 스스로가 소피스트적 생각이나 주장을 가졌을지 모르나 이를 부단히 대화와 반성을 통해서 변증법적으로 고쳐 나가는 자이고, 진리와 참된 인식에 도달하려고 노력하는 자이다. 그래서 결국은 철학자와 소피스트의 주장들이 구별된다고 아롱은 보고 있다. 철학자의 비판과 주장에는 이데아에 대한 관심

---

11) Raymond Aron, "The Social Responsibility of the Philosopher", in R. Aron, *Dimensions de la conscience historique*, Paris: Plon, 1960.

과 추구가 있는 데 비해, 소피스트의 비판이나 주장에는 그것이 없든
지 미약한 데 그치고 만다는 것이다.

그러면 오늘날과 같은 시대에서의 철학자의 사회적 참여와 이데올
로그의 참여는 어떻게 구별되는가? 아롱에 의하면 오늘의 철학자는
이데아에 대한 관심 대신에 역사 전체와 미래에 대한 관심을 가지며
역사적 상대주의(historical relativism)의 주장들을 반성하여 극복하고
넘어서려는 자라고 한다. 이데올로그들은 특정한 사회나 이데올로기
에 얽매여서(prisoner) 일방적, 당파적 주장만 하거나, 가치관의 허무주
의(anarchy)에 빠져 역사적 변화의 법칙이나 미래의 진리를 거부하는
자들이다. 그러나 이것이 개념적 구별처럼 현실 속에서도 그렇게 뚜렷
이 구별되는 것은 아니기에 철학자와 이데올로그들은 부단히 대화(플
라톤적인 의미에서)를 지속해 가야 한다는 것이다.

철학의 사명이 비판과 반성을 넘어서 실천적인 프로그램(Praktisches
Programm)과 건설적인 지도이념(Leitidee)을 형성하는 데 있다고 보는
사회철학자 렝크(Hans Lenk)에 있어서도 철학은 정치, 경제, 과학, 교
육 등 사회의 여러 분야들과 함께 소크라테스적인 대화를 하면서 보편
적인 관심과 관점(Interesse und Perspektive)을 만들어 내는 역할을 담
당해야 한다.12)

이러한 반성과 대화의 자세만 있다면 오늘의 철학은 사회와 문명의
복잡한 구조와 전문화에도 불구하고 비이성적이며 비윤리적인 제도나
행태를 비판할 뿐만 아니라, 사회발전과 사회개혁을 위해서 건설적이
고 구체적인 프로그램과 정책을 만들고 방향을 제시하는 일까지 과감
하게 시도해도 좋을 것이며, 또 그렇게 해야만 철학이 사회적 사명과
기능을 다하는 것이 아닌가 생각한다.

---

12) Hans Lenk, "Philosophie als Fokus und Forum. Zur Rolle einer pragmatis-
chen Philosophie", in H. Lübbe, *Wozu Philosophie?*, S.35-69.

왜 '사회와 철학 연구회'인가?

― 사회현실과 철학의 과제 ―

1.

사회와 철학은 나무와 열매의 관계처럼 서로 하나로 연결되어 있는 것이며 동떨어진 것이 아니다. 나무가 없이 열매가 열리지 않듯이 사회라는 몸체가 없이 철학이라는 과실이 맺히지 않으며, 열매의 맛을 모르고 그 나무의 본질과 진가를 알 수 없듯이, 철학은 그 사회의 맛을 알게 하는 열매나 다름없다고 하겠다. 그래서 철학 하면 곧 그 사회가 가진 철학을 말하고, 그것은 또 사회에 관한 철학과 의식을 토대로 해서 성립하는 것임을 알 수 있다. 헤겔이 철학을 자기 사회와 시대를 사상 속에 파악한 것이라고 한 것은 사회와 철학의 관계를 밝힌 명언이었다고 하겠다.

---

* 이 글은 '사회와 철학 연구회' 창립기념 심포지엄(1993년 3월 27일, 성균관대)에서 발표된 주제 강연으로, 사회와 철학 연구회 편, 『사회와 철학 I』, 이학사, 2001, pp.286-297에 수록된 글을 옮긴 것이다.

그럼에도 불구하고 철학은 정관(theoria)을 방법으로 삼음으로써 직접적 사회현실에 대해 거리를 취하기 시작했고, 현실을 올바로 파악하기 위한 인식과 사고의 훈련을 위해 도입한 논리학이나 인식의 방법론들이 마치 철학의 전부인 양 철학의 상당한 역사를 주름 잡아 온 것도 사실이다. 차츰 순수철학은 사회현실에서 동떨어지게 되었고, 이론과 실천은 엄밀히 격리되는 상황에까지 이르게 되었다. 이러는 사이 사회현실에 관한 탐구는 제반 사회과학들이 나누어서 추진하게 되었고, 사회적 실천이나 가치관의 문제는 이데올로기를 추구하는 사회운동 세력과 정치적 집단에 의해 독점되는 현실이 벌어지게 되었다. 그러나 철학과 사회현실, 이론과 실천의 분리를 극복하여 현실의 철학, 실천적 철학을 회복하고 재구성하려는 노력은 철학사의 중요한 시기마다, 플라톤, 아리스토텔레스, 칸트, 헤겔, 마르크스, 듀이(John Dewey), 호르크하이머 등을 통해 나타났으며, 오늘날에도 비판이론이나 비판적 합리론, 실천철학의 재기(Rehabilitierung der praktischen Philosophie)[1] 등을 통해 부단히 추구되고 있다. 우리가 '사회와 철학'을 함께 강조하며 연구하려는 이유도 바로 철학이 사회현실을 멀리하거나 소외시키는 그릇된 전통을 고치며, 사회현실을 바르게 파악하고 고쳐 나가는 사명이 또한 철학에 있음을 인식하며 실천하기 위해서이다.

2.

'사회와 철학'의 연구는 철학의 여러 분야 가운데서도, 특히 사회와 관련된 철학들을 집중적으로 연구하며, 사회현실을 포괄적으로 이해하고, 인간의 삶과 관련하여 올바른 사회적 가치관과 방향을 모색하는

---

1) 리델(Manfred Riedel)이 사용한 표현이다.

것을 보다 구체적인 목적으로 삼아야 한다. 물론 철학은 자연과 인간과 존재 전체에 관한 탐구와 인식을 궁극적 목표로 하고 있지만, 인간에 관한 철학이라고 할 때에, 인간의 사회에 의해 규정되고 조건지어지는 삶의 문제를 떠나서 철학을 하기는 어렵다. 그래서 고대로부터 인간에 관한 철학은 곧 사회에 관한 철학이었으며, 넓은 의미에서 사회철학이었다.

인간의 삶을 사회적 관계 속에서 규정해 보며 사회적 존재로서의 인간의 행위를 당위적으로 규범화하려는 철학적 노력은 철학의 초기부터 나타났다. 여기에는 당시의 사회가 가진 사회적 관계의 본질을 이해하며, 그 사회구조가 가진 문제점을 파악하고, 보다 나은 사회체제로 개선하려는 의식과 의지가 배태되어 있었다. 그래서 거의 모든 철학에 있어서 넓은 의미에서의 사회철학, 사회와 관련된 철학이 들어 있었지만, 이것이 사회철학이나 정치철학의 이름으로 나타나지는 않았다. 그것은 당시의 현실 속에서 사회적 관계나 구조는 존재했지만, 그것이 사회라는 독립된 개념과 영역으로 아직 부각되지 못했기 때문이었다.

그래서 사회철학, 즉 사회에 관한 철학은 플라톤의 『국가(Politeia)』나 『법률(Nomoi)』, 아리스토텔레스의 『정치학(Politika)』이나 『윤리학(Ethika)』에 깃들어 있었고, 아우구스티누스의 『신국론(civitate Dei)』과 같은 역사철학에서도 나타났으며, 홉스(Thomas Hobbes)의 『리바이어던(Leviathan)』, 루소(J.-J. Rousseau)의 『사회계약설(Contract sociale)』, 칸트의 도덕철학에도 그 모습을 드러내었다. 헤겔은 시민사회와 국가에 관한 탁월한 사회철학, 정치철학을 확립했으며 그것을 『법철학(Rechtsphilosophie)』이라는 이름으로 통합시켜서 내놓았다. 그의 역사철학 역시 사회정치철학을 역사의 지평 위에 확장시켜 놓은 것이었다고 할 수 있다.

사회철학(Sozialphilosophie, philosophie sociale, social philosophy)
이라는 표현은 프랑스 혁명 이후의 19세기 초 유럽에서 처음으로 등
장한다. 프랑스에서 생시몽(Saint-Simon)이나 푸리에(Chales Fourier)
와 같은 사회개혁 사상가나 이론가들을 사회철학자라고 지칭한 표현
이 사회철학의 효시를 이루었다.2) 독일에서는 프랑스의 사회주의를
소개한 헤스(Moses Heß)가 『행동의 철학(*Philosophie der Tat*)』에서
사회철학을 처음 언급하며, 영국에서는 밀(J. S. Mill)이 『정치경제학
의 원리(*Principles of Political Economy*)』에서 그 부제(with some of
their applications to social philosophy)로 사회철학이라는 표현을 씀으
로써 처음 언급하게 된다. 사회철학은 이처럼 그 출발부터 사회 전체
에 관한 정태적 이해나 형이상학적 존재론으로서가 아니라, 사회개혁
적이고, 이상주의적인(utophisch) 사회발전론으로서의 성격을 가지고
있었다.

그러나 이렇게 시작된 사회철학은 철학의 틀 안에서 체계적으로 발
전하지 못하는 불행한 운명을 안게 되었다. 그것은 사회적 현실이나
구조를 깊이 있게 파악하고 사회를 발전시키고 개혁하는 가치관을 담
아야 할 사회철학이 당시의 진부한 철학에 의해서 책임 있게 수행되지
못한 데서 원인을 찾을 수 있다.

생시몽의 제자로 사회에 관한 실증적 철학을 주장했던 콩트는 이것
을 사회철학이 아닌 사회학(sociology)으로서 독립시켜 버렸고, 헤겔과
포이어바흐의 구체적 철학 속에서 초기 사회주의 개혁 사상들을 통합
시키려 했던 마르크스는 관념적 철학의 부정적인 면 때문에 아예 철학
을 지양(aufheben)시키고, 역사(Geschichte)의 탐구 속으로 몰입했으
며, 역사의 핵심인 정치경제학 비판(Zur Kritik der politischen Ökono-

---

2) A. Charma, *Leçons de philosophie sociale*, 1838.

mie)으로 사회철학을 대체시켜 버렸던 것이다. 비록 역사와 사회의 유물론적이며 변증법적인 파악을 마르크스의 역사철학, 사회철학으로 부를 수 있겠지만, 마르크스 자신은 철학의 영역 안에서 혁명과 실천을 체계화하는 것을 꺼렸던 것 같다.

이렇게 사회적 현실의 파악은 객관적이며 실증적인 사회학으로, 사회개혁적인 사상이나 가치관은 사회운동이나 정치 이데올로기로 분할되는 19세기의 상황 속에서 사회철학은 독립적인 학문 분야로 존속되지 못하고, 철학과 사회학, 그리고 정치 이데올로기 속에서 분산되고 흡수된 채 있었던 것이 불가피한 운명이었다.

그러나 20세기에 들어와 제1차 세계대전과 러시아 혁명을 겪은 변화된 상황 속에서 철학이 사회현실과 관련하여 크게 반성하기 시작하면서 사회철학을 재건하려는 시도가 보이게 되었다. 1920년대에 와서 존재론과 관념론, 형이상학이라는 전통철학의 틀을 박차고 사회학, 정치경제학, 심리학 등의 개별 과학들과 함께 학제적인 연구(interdisziplinär)를 통해 사회 비판과 개혁의 철학을 시도했던 프랑크푸르트 사회연구소의 막스 호르크하이머는 1931년에 최초의 사회철학 정교수(Ordinarius für Sozialphilosphie)가 되었고, 그의 사회철학적 연구와 비판이론은 현대 사회철학의 중요한 초석을 놓았다고 할 수 있다.[3] 방향은 다르지만 1920년대에 철학의 재건을 외친 듀이에게서도 사회철학의 재건에 대한 관심을 읽을 수 있다.[4]

그러나 이렇게 다시금 부활된 사회철학도 그 후에는 체계적, 지속적으로 발전하지 못했다. 파시즘과 볼셰비즘의 등장과 제2차 세계대전, 그리고 동서 냉전과 대결의 상황은 사회철학의 지속적이며 평탄한 발

---

3) Max Horkheimer, *Die gegenwärtige Lage der Sozialphilosphie und die Aufgabe eines Instituts für Sozialforschung*, 1931.

4) John Dewey, *Reconstruction in Philosophy*, 1920.

전을 다시금 방해했다. 물론 그 시기마다 사회철학은 비합리적 철학과 독재 권력, 왜곡된 이데올로기에 대해 비판적 이론으로서의 역할은 감당했지만, 그것은 극히 일부의 망명 철학자들이었을 뿐, 대부분의 강단철학이나 제도권의 철학에서는 사회철학이 무시되었으며 뿌리를 내리기가 어려웠다. 1960년대 이후에 아도르노, 하버마스를 중심으로 한 비판이론의 사회철학과 포퍼, 알버트(H. Albert)를 중심으로 한 비판적 합리론의 사회철학이 실증주의 논쟁을 계기로 사회과학과 철학 전반에 상당한 영향력을 미친 것이 사실이지만, 아직도 우리는 사회철학이 학문의 분야로서나 사상체계로서 확립되지 못한 상황에 있음을 솔직히 인정할 수밖에 없다. 그것은 철학의 교과과정이나 철학 사전에서 사회철학의 항목을 찾아보기 힘들다는 사정에서도 여실히 나타나고 있다.

아마도, 철학이 현실의 위기와 문제가 생겼을 때 발전하듯이 사회철학도 현실의 변화와 위기의 상황에 따라 새롭게 나타나는 것이어서 사회과학처럼 지속적으로, 체계적으로 자라지 못하는 것이 그 운명인지도 모르겠다. 이것이 과학과 철학의 차이일 수도 있다. 그러나 우리는 오늘날 사회철학이 왜 다른 철학들보다도 상대적으로 왜소하며 주변적인 철학이 되었는가를 심각하게 반성해 볼 필요가 있다고 생각한다. 그것은 사회철학이 항상 지배 권력과 이데올로기에 저항하며 도전하는 것이어서 억압을 당하기 때문에 제대로 성장하지 못하는 것일 수도 있다. 또한 객관적인 사회과학이 사회현실의 분석과 이해, 평가를 거의 독점하기 때문에, 경험적 인식과 방법이 부족한 철학이 이를 따르지 못해 사회철학은 뒤지고 정체되어 있는지도 모른다. 또한 색깔이 강한 이데올로기나 정치사상들이 난무하는 상황 속에서, 회의와 반성, 비판을 주 무기로 삼는 사회철학이 별로 설 자리를 찾지 못한 데서 왜소함의 원인을 찾을 수도 있다.

그러나 이런 모든 외적인 상황보다 사회철학의 학문적 성립과 발전을 어렵게 하는 문제는 철학의 내재적 조건과 상황에 있다고 보아야 한다. 철학은 항상 전체의 궁극적 진리를 탐색하여 왔는데, 오늘의 과학이나 철학은 이러한 존재론이나 형이상학적 진리를 허용하지 못하며, 개별화되고 분화된 지식과 반성 체계에 머물 수밖에 없게 되었다. 오늘의 철학이 심리철학, 언어철학, 사회철학, 종교철학, 수리철학과 같이 개별 학문에 연계되어서 존재하는 연장선의 철학(Bindestirich-philosophie)이 될 수밖에 없는 상황에서 모든 것을 종합적으로, 궁극적으로, 본질적으로 파악하고 설명하려고 하는 철학적 인식의 욕구는 자제되고 목소리를 낮출 수밖에 없기 때문이다. 사회철학은 사회 전체를 한눈으로 조망하며 사회현실의 문제를 종합적으로 진단하고, 사회 변혁의 방향과 가치관을 제시하려던 초기의 의지와 선언과는 달리, 분화되어 가는 사회 각 부문의 문제들을 경험과학적으로 분석하며 이해하는 일에 쫓기고, 이들을 전체적으로 꿰뚫는(호르크하이머의 표현대로 Durchdringen) 방법론의 모색에 지쳐서, 쉽게 체계화에로 나아가지 못하는 약점을 지닌 채 있는 것 같다.

차라리 자유주의면 자유주의, 사회주의나 마르크스주의면 그런 대로 그 이념과 방향에 맞는 사회철학을 체계화할 수는 있겠지만, 이데올로기나 특수한 역사적 상황에 매이지 않는 보편적이면서도 인간의 사회 전체를 꿰뚫어 해답을 주는 사회철학이 오늘의 상황에서 가능할지는 대단히 의문스럽다. 이것이 아마도 현대의 사회철학이 오히려 부정적 방법, 소극적 방법을 선호하는 이유일지 모른다. 호르크하이머나 아도르노가 부정의 변증법을 통해 무엇이 진리가 아닌지를 밝히며, 하버마스가 타당성의 요구(Geltungsanspruch)를 검증적 논의(Discourse)를 통해 판별하며 무엇이 합리성이 아닌지를 밝히면서, 합리적 사회를 지향하려는 방법을 택한 이유도 이런 데 있는 것 같다. 포퍼의 비판적 합리론이 오류를 확인하는(falsification) 부정의 방법을 택하는 것과 맥을 같이한다고도 볼 수 있다.

비록 오늘의 철학이 과거처럼 목소리를 높이지 못하고, 절대적 진리를 구가하려는 만용을 자제할 수밖에 없지만 아도르노가 방송 강연에서 주장한 것처럼("Wozu noch Philosophie?", 1962), 절대적 진리에 대한 관심과 정열만은 결코 포기할 수 없는 것이 철학을 선택한 자들의 운명이며 고뇌이다. 이것은 사회 전체를 조망하며 방향성의 위기(Orientierungskrise)를 진단하려는 사회철학자들에게서도 마찬가지일 것이다. 그러기에 사회 전체를 꿰뚫고 그 구조와 변화의 기능성마저 밝히는 넓은 의미에서의 사회철학은 당위적 요구로서만 존재하며, 현실적으로 학문적 체계로서, 교과서로서는 아직 존재하지 않는 것인지도 모른다.

그래서 우리는 이렇게 넓은 의미의 사회철학을 다루기보다는 좁은 의미의 (사회적 관계나 행태와 조직들에 관한) 사회철학, (국가와 권력관계의 본질을 중심으로 보는) 정치철학, 법철학, 경제철학 등에 매달려 개별적인 사회과학들과 함께 부분적인 문제들의 본질적 파악에 우선 몰두해야 한다. 부분이 없이 전체가 없듯이, 사회 전체도 바로 국가와 (시민들의 자발적인) 사회, 정치와 경제, 법률, 문화, 종교 등 여러 가지 부분 사회로 이루어져 있기 때문에 사회 전체에 관한 철학도 이런 부분 사회의 철학적 문제들의 해결을 통해서 형성되며 축적될 것이기 때문이다.

이것이 우리가 사회와 관련된 철학들(사회철학, 정치철학, 법철학, 문화철학, 역사철학)을 나누지 않고 함께 다루어야 하는 까닭이기도 하다. 이들은 넓은 의미의 사회철학의 부분들이면서, 전체적인 문제와 관점들이 함께 공유되며 삼투되어 있기 때문이다.

3.

그러면 이제 사회와 관련된 부분적 철학들에 공유되어 있으면서도 특히 정치철학적으로 논구되어야 할 오늘의 문제들은 무엇인가? 좁은 의미에서 사회철학(Sozialphilosophie)과 정치철학(Politische Philosophie)을 구분하자면, 정치적 권력관계의 조직 이전이나 영향에서 비교적 자유로운 사회집단(가족, 단체, 지역 공동체 등)에서의 질서나 구조를 중심으로 보는 것을 사회철학으로, 정치적 권력관계나 정치집단들의 행태를 중심으로 보는 것을 정치철학으로 나눌 수 있다.5)

오늘의 우리 정치의 현실 속에서 철학적으로 논구되고 해결되어야 할 문제들은 과연 무엇인가? 수없이 많이 있겠지만 시급히 해결이 요구되는 몇 가지 문제만을 제기하면서 이 글을 마치겠다.

(1) 부의 축적과 분배에 대한 철학적 분석과 처방이 요구되고 있다. 우선 우리는 요즘 새 정부에서 시행한 고위 공직자 재산 공개를 통해 빚어진 사회적 충격과 정치적 난맥상을 매우 흥미롭게 관찰하고 있다. 수십 억, 수백 억의 재산을 부정과 비리로 축적한 공직자들의 파렴치성이나 반도덕성에 경악을 금치 못하며 사회 전체가 도덕과 윤리의 회복을 절규하고 있다.

그러나 엄청난 재산을 축적한 대부분의 공직자나 재산가들은 일부의 편법이나 부정은 인정하면서도 불법은 아니라고 항변하고 있다. 돈이 있어서 부동산을 사고 부동산 값이 올라서 부자가 된 것이 왜 잘못이며 불법이냐는 것이다. 이것은 자본주의 사회의 윤리나 법률 체계에서는 조금도 잘못된 것이 아니며, 돈이 돈을 벌고 재산이 재산을 증식하는 것은 자유주의 시장경제체제를 채택함으로써 이 모두를 합법화

---

5) Klaus Hartmann, "Politische Philosophie", in Peter Koslomski(hrsg.), *Orientierung druch Philosophie*, Tübingen, 1991, S.96.

하지 않았느냐는 것이다. 도덕성과 법적 정당성의 문제가 구별되어야 하지 않느냐는 것이다.

우리는 여기서 단순히 도덕성의 문제로 문제의 본질을 희석시키지 말고 우리나라와 사회가 가져온 정치철학적 핵심 문제를 추적해 낼 필요가 있다. 결국 우리 사회와 정치 체제는 자유민주주의와 시장경제라는 이데올로기 하에서 소유와 재산에 대한 공정한 이해와 관리를 하지 못했으며, 구조적으로 할 수가 없었다는 맹점을 자인하도록 해야 한다.

이것은 우리나라의 경험만은 아니며, 서구의 시민사회나 초기 자본주의의 사회에서 이미 자유방임적 시장경제체제가 겪어야만 했던 모순이었고 비리였던 것이다. 이러한 체제와 이데올로기의 모순을 지적한 이들이 프랑스나 독일의 초기 사회주의자들이었고, 청년 헤겔학파의 좌파 지식인들(스티르너(Max Stirner) 등)이 "재산은 곧 장물이다(Eigentum ist Diebstahl)"라는 명제를 내걸고 초기 자본주의 사회의 정치철학들을 공박하고 나선 이유였다.

남북의 분단 후 지난 반세기를 자본주의냐 사회주의냐, 자유냐 평등이냐를 이분법적으로 갈라놓고 한쪽을 선택하며 다른 쪽을 타도하는 체제 속에서, 우리의 정치철학이 너무나 한쪽으로 편향되었고 왜곡되었음을 우리는 이 시기에 철저히 반성해야 한다. 이제 우리가 추구해야 할 사회개혁도, 부동산 투기를 근절시키고 토지 공개념을 실현하는 과제도, 부의 편재와 횡포를 막고 다수의 국민 대중들이 인간답게 살 수 있는 사회를 만드는 것도, 오늘의 우리나라와 사회와 언론과 지배층이 가진 그릇된 정치철학을 시정하는 데서 출발하지 않으면 근본적으로 불가능하다. 여기에 오늘의 철학도가 정치철학적으로 도전해야 할 과제가 있다고 본다.

(2) 이 문제와 관련되면서 오늘의 한국사회의 민주화와 사회개혁의 마당에서 거론되어야 할 문제는 국가권력에 맞서서 구조의 개혁을 추

진해야 할 시민사회(civil society)의 문제이다. 원래 프랑스 혁명 이후 산업화와 민주화의 중추를 이룬 서구의 시민사회는 그 초기의 진보적이며 창조적인 역할에도 불구하고, 곧 시민계층(Bourgeosie)의 특권 이익을 옹호하며 국가 전체의 질서를 와해시키는 요소로 부정적으로 인식되고 말았다. 헤겔의 『법철학강요』에서 시민사회(Bürgerliche Gesellschaft)가 특수 이해에 좌우되며 욕망의 체계(System der Bedürfnis)에 지배되는 지양되어야 할 사회로 부정적으로 평가된 것은 이러한 역사적 맥락을 배경으로 하고 있었기 때문이었다.

그러나 오늘날 1989년 동유럽의 민주화와 공산정권의 몰락 이후, 시민사회에 관한 이론과 문제의식이 새롭게 등장하며 부흥하고 있다.6) 동유럽의 혁명 과정과 남미의 군사독재사회에서의 민주화 과정, 그리고 유럽의 평화운동이나 녹색운동 등에 나타난 현대적인 시민사회와 시민들의 개혁운동은 결코 보수적 이데올로기에 종속된 반동적인 것이 아니며, 민주화와 사회개혁을 추진하는 진보성이 갖추어져 있다는 것이다. 우리는 지난 1980년대의 군부독재정권에서부터 민주화를 실천해 오면서 우리나라의 시민사회가 매우 성장하고 진보적으로 발전했음을 경험하였으며, 또 1990년대의 사회발전에서도 시민사회가 중요한 축이 되리라고 기대하고 있다. 그러나 우리는 시민사회가 가진 역사적 한계와 문제성을 간과하지 말아야 하며, 어떻게 이 약점과 한계를 극복하여 건전한 시민사회를 육성하고, 국가나 정치사회의 발전에 역동적 힘으로 작용하게 할지를 탐구하며 모색해야 할 것이다.

(3) 다음으로 우리가 오늘의 세계정세와 한반도의 상황 속에서 정치철학적으로 심각하게 논의해야 할 문제는 민족과 민족주의의 문제이다. 동서의 이데올로기의 대결과 냉전체제가 무너지면서 세계는 다시

---

6) Jean L. Cohen, Andrew Arato, *Civil Society and Political Theory*, MIT Press, 1992.

금 다극화된 열강들의 경쟁과 약소국들의 민족주의의 부흥으로 몸살을 앓게 되었다. 미국이나, 독일, 일본 같은 강대국들에게는 민족주의가 제국주의로 나타나며, 국수적, 침략적 이데올로기로 되고 말았지만, 동유럽과 아시아, 아프리카, 남미의 여러 곳에서 민족주의는 오늘날 민족의 생존과 자주권에 관련된 필수적 요소로서 신앙처럼 받들어지고 존중되어 가고 있다.

민족주의와 세계평화가 마치 대립 개념으로 이해되어 왔던 이제까지의 정치철학에도 새로운 문제의식과 도전이 생기게 되었다. 사회주의나 공산주의가 민족과 국가보다 노동자 계급이 우선한다고 수십 년간 외쳐 온 이데올로기는 이제 동유럽과 소련의 변화로 현실에 맞지 않는 허구였음이 드러났다. 국가나 민족은 소멸하고 계급이나 당의 독재가 영구히 존재한다는 이론은 완전히 뒤집혀져서, 당의 독재는 소멸하고 민족주의가 융성하는 역현상을 가져오게 되었다. 그래서 21세기는 민족주의가 가장 강력한 정치세력이 될 것이라고 하는 예견도 생기고 있다.7)

이제 이러한 상황에서 우리 민족이 오늘의 핵 문제 등을 자주적으로 해결하고 평화체제를 정착시키면서 남북의 통일을 이루고, 자주적이며 민주적인 민족국가로서 21세기에 피어나기 위해서는 불가피하게 민족의 삶(life of nation)과 민족의 정체성, 자주성, 공동의 복지 문제가 정치철학적으로 규명되고 정립되지 않으면 안 된다고 생각한다.

---

7) John Lukacs, *The End of the Twentieth Century and of the Modern Age*, Ticknor & Fields, 1993.

II

사회개혁과 역사발전의 철학적 모색

칼 마르크스, 인간해방의 역사철학
마르틴 부버, 나와 너 대화의 철학
위르겐 하버마스, 해방적 인식 관심과 실천의 철학
칼 오토 아펠, 선험화용론과 담론의 철학
포스트모더니즘, 탈현대와 현대성의 철학

칼 마르크스, 인간해방의 역사철학

1. 서론

현대사회와 사상에서 마르크스와 마르크스주의가 차지하는 비중은 막중하지만, 마르크스의 사상을 철학적으로 어떻게 이해해야 할 것인가의 문제는 오랫동안 논란을 거듭하면서도 해결을 보지 못하고 있다. 이것은 마르크스주의(Marxismus)가 정치적 이데올로기화함으로써 현실적인 이해관계를 떠난 객관적이며 학술적인 논의가 방해를 받고 있다는 사정 때문이기도 하지만, 다른 한편 마르크스의 사상체계가 가진 방대한 면모와 이론적 포괄성이 어떤 하나의 철학이론 속에서 정리되기 어려울 뿐 아니라, 그것을 철학이라는 '학문의 틀' 안에서 다 파악하거나 체계화하는 것이 불가능하다는 사정에도 기인한다. 오늘날 마르크스주의는 경제학에서 사회주의 경제이론으로, 사회학에서 노동사

---

* 이 글은 『철학연구』, 제21집, 1986, pp.113-133에 수록된 「맑스와 역사철학의 문제」를 수정 보완한 것이다.

회학이나 계급이론으로, 정치학에서 국가와 혁명에 관한 이론으로, 그리고 이데올로기론으로 기타의 여러 학문 분야들이 나누어서 연구하고 있지만, 이것은 하바마스가 이미 지적하였듯이, "마르크스주의의 분할적 연구는 상호 관련[1]과 전체성 속에서만 파악되는 마르크스주의의 의미를 바로 인식하지 못하게 하며, 이론과 실천의 변증법적 이해를 배제하는 결과를 낳게 되고 만다"는 것을 보여줄 뿐이다. 철학이 전체를 파악할 능력이 없고, 과학이 분할적인 연구에만 매달릴 때, 마르크스주의의 종합적이며 '철학적인' 인식은 해결될 수 없는 문제로 남게 된다.

마르크스주의의 철학적 이해를 더욱 어렵게 만드는 것은 마르크스 자신의 철학에 대한 부정적 견해에도 있다고 하겠다. 그는 이제까지의 철학은 세계를 여러 가지로 해석만 했는데 문제는 세계를 변화시키는 데 있다고 했으며,[2] 따라서 철학이 실현되기 위해서는 지양(aufheben) 되어야 한다고 했다.[3] 물론 여기서 지양되어야 할 철학은 독일적인 관념적 철학이요, 이 현실 체제에 매여 있는 철학으로서의 철학이지만, 마르크스는 철학을 실현하는 실천이나 혁명적인 변화를 가져오는 무기를 철학이라고 부르지 않았고, 과학적 사회주의(wissenschaftlicher Sozialismus)[4]라고 하는 실천적 이론 속에서 찾았다. 물론 "철학은 머리요 프롤레타리아는 가슴"이라든가, "철학은 프롤레타리아에서 물질적인(materielle) 무기를 찾고 프롤레타리아는 철학에서 정신적인(geistige) 무기를 찾는다"[5]고 함으로써 철학의 역할을 전혀 부정한 것

1) Jürgen Habermas, "Zwischen Philosophie und Wissenschaft: Marxismus als Kritik", in *Theorie und Praxis*, Neuwied, 1963, S.172.
2) K. Marx, "Thesen über Feuerbach", MEW, Bd. 3, Berlin, 1969, S.5-7.
3) K. Marx, "Zur Kritik der Hegelschen Rechtsphilosophie. Einleitung", MEW, Bd. 1, Berlin, 1969, S.384.
4) F. Engels, *Anti-Dühring*, 1876/78, MEW, Bd. 20, S.25f, 264f.

은 아니지만 철학의 실현과, 철학과 사회적 실천의 결합을 주장한 마르크스에게서 기존의 철학의 개념이 이러한 사상을 담기에 부족한 것으로 나타났던 것은 분명한 사실이었던 것 같다.

그럼에도 불구하고 우리는 마르크스가 제기한 새로운 이론과 사상체계를 철학이 아니라고 보거나, 철학적 이론이 없는 순수한 과학적 이론이라고 할 수는 없다.6) 마르크시즘과 철학의 관계는 마르크스와 엥겔스의 생시부터 논의되었을 뿐 아니라, 마르크시즘의 이해에 혼란과 위기가 왔을 때마다 다시금 새롭게 문제가 되곤 했다.7) 마르크시즘의 철학적 이해가 변증법적 유물론(dialektischer Materialismus)을 중심으로 이루어졌든 인도주의적인 인간학(humanistische Anthropologie)으로 간주되든, 혹은 비판적 사회이론(kritische Sozialtheorie)으로 파악되든 간에, 마르크스의 인간과 사회에 관한 여러 방면의 이론들을 종합적으로 체계적으로 이해하려고 할 때에는 다시금 이를 어떤 철학적 사고와 이론의 틀 안에서 파악하지 않을 수 없게 된다. 문제는 어떠한 철학으로 이해하는가이며, 이때 철학은 어떤 개념과 의미를 갖는 것인가에 있다.

마르크스의 이론과 사상을 철학적인 문제로 이해할 때 무엇보다 역사에 관한 철학으로 파악하는 것은 당연한 이유를 갖는다고 하겠다. 그것은 이제까지 마르크시즘에 관한 철학적 논의가 가장 많이 변증법

---

5) MEW, Bd. 1, S.391.

6) 마르크시즘과 철학의 문제에 관해서는 István Mészáros, "Marx Philosopher", in Eric Hobsbaum, *The History of Marxism*, Bloomington: Indiana University Press, 1982, pp.103-136; Jürgen Habermas, "Die Rolle der Philosophie im Marxismus", in *Zur Rekonstruktion des Historischen Materialismus*, Frankfurt: Suhrkamp, 1976, S.49.

7) 예를 들면 Karl Korsch, *Marxismus und Philosophie*, 1923; J.-P. Sartre, *Existenzialismus und Marxismus*.

적 유물론이나 역사적 유물론을 중심으로 이루어졌다는 사실에도 근거하지만, 마르크스 자신이 역사에 관한 본질적 이해에 남다른 관심을 보였으며 역사의 연구에 중대한 의미를 부여하였다는 데서도 타당한 근거를 찾는다. 역사 문제는 마르크스에게 있어서 처음부터 핵심적인 문제였다고 할 수 있다.8) 마르크스는 이미 1844년에 쓴 「헤겔 법철학 비판 서론」에서 "독일에서는 사실상 종교비판은 끝났다"고 하면서, "저 세상의 진리가 사라진 뒤에 이 세상의 진리를 만드는 것은 바로 역사의 과제이다. 인간의 자기소외가 가진 거룩한 모습을 벗기고 난 다음에 그 세속적인 모습을 벗기는 것은 우선 역사에 봉사하는 철학의 과업이다(die Aufgabe der Philosophie, die im Dienste der Geschichte steht)"라고 했다.9) 여기서 "역사에 봉사하는 철학"이라는 마르크스의 표현은 분명히 역사철학을 의미하며, 헤겔적인 역사철학의 한계를 넘어서는 새로운 역사철학을 의미한다고 볼 수 있다.

물론 마르크스 자신은 철학에 대한 부정적인 이해 때문에 역사철학이라는 말을 쓰지 않았지만, 인간의 현실적인 소외현상을 파악하며 비판하는 과제를 역사학 내지는 역사철학에 기대했다는 것은 분명하다. 그는 『독일 이데올로기』에서 역사학의 위치를 이렇게 규정하고 있다.10) "우리는 단지 하나의 학문만을 알고 있는데 그것은 역사에 관한 학문이다(Wissenschaft der Geschichte). 역사는 두 가지 면에서 관찰되는데, 하나는 자연의 역사이며 다른 하나는 인간의 역사이다. 이 두 가지 면은 서로 분리되어서는 안 된다. 인간이 존재하는 한 자연의 역사와 인간의 역사는 서로 제약하고 있기 때문이다. 자연의 역사는 곧

---

8) Helmut Fleischer, *Marxismus und Geschichte*, Frankfurt: Suhrkamp, 1969, S.11.

9) K. Marx und F. Engels, *Deutsche Ideologie*, MEW, Bd. 3, S.18.

10) MEW, Bd. 1, S.379.

자연과학이겠는데 이것이 우리에게 문제되는 것은 아니며, 우리는 인간의 역사를 문제 삼아야 한다. 왜냐하면 거의 대부분의 이데올로기는 바로 이 역사의 잘못된 파악이거나, 역사의 추상화에 기인하기 때문이다. 이데올로기는 곧 인간의 역사의 한 면일 뿐이다." 여기서 우리는 "독일의 철학을 이데올로기"라고 규정한11) 마르크스가 "역사의 왜곡된(verdrehte) 파악이나 추상적 파악이 곧 이데올로기"라고 하면서 역사의 구체적이며 바른 파악이 곧 인간을 위한 바른 학문이라고 주장하는 데서 그의 역사철학적인 관심을 볼 수 있다.

마르크스에 있어서 역사 파악은 자연을 제외한 인간의 모든 것에 대한 파악이다. 따라서 그의 역사철학은 인간에 관한 모든 철학의 결합이며 결정(結晶)이라고 할 수 있겠다. 인간의 존재와 실존에 관한 문제도, 인식과 논리의 문제도, 사회와 윤리에 관한 문제도 마르크스는 역사(Geschichte)라는 개념 속에서 파악하고자 한다. 그럼으로써 인간의 역사를 전체적으로, 체계적으로, 논리적으로, 그리고 구체적으로 파악하려는 마르크스의 역사철학은, 인간의 삶과 행위를 분야별로 파악하는 경제학이나 정치학, 사회학, 법학 등이 분할되지 않고 통합되는 인식이라고 할 수 있으며, 이 점에서 곧 철학적 인식의 전부라고 해도 과언이 아닐 것이다. 하버마스가 마르크스주의 이론을 전체적으로 "실천적 의도를 가진 경험적 역사철학(empirische Geschichtsphilosophie in praktischer Absicht)"이라고 특징짓고 있는 것도,12) 그것이 자본론이든 혁명론이든 계급론이든, 모두 넓은 의미에서의 역사철학에 포괄시킬 수 있다고 생각하기 때문인 것 같다.

그러면 마르크스의 역사철학을 우리는 어떻게 이해하며, 오늘의 역

---

11) K. Marx und F. Engels, *Deutsche Ideologie*, MEW, Bd. 3, S.18, "Die Ideologie überhaupt, speziell die deutsche Philosophie".

12) Jürgen Habermas, *Theorie und Praxis*, S.179.

사철학적 논의에서 어떻게 그 성격을 규정해 볼 수 있을까? 역사철학이 무엇이냐고 물으면 긴 고찰과 논의가 필요하겠지만, 대체로 역사에 관한 철학적인 물음들을 대답해 보려는 것이었다고 할 수 있다. 원래 역사철학이란 말은 계몽기의 볼테르(Voltaire)가 처음 쓴 말이며 "역사를 철학적으로 이해하며 기술한다"는 의미로 썼다.13) 이때 볼테르는 '철학적으로'라는 의미를 신의 섭리와 의지를 중심으로 인간의 역사를 서술한 중세적인 역사신학에서 벗어난 인류의 보편사를 쓰겠다는 뜻으로 생각했고, 인간의 이성이 중심이 되는 역사이해를 역사철학이라고 했다.14) 그 뒤로 역사철학은 칸트, 헤르더(J. G. Herder), 헤겔을 거치면서 역사의 본질과 진행과정, 발전의 목표와 개념을 인간의 이성의 토대 위에 정착시키는 작업을 했다고 볼 수 있다. 이러한 역사철학들은 대체로 인간의 역사가 이성을 중심으로 하여 발전하고 진보하고 있다고 보았으며, 역사의 미래나 목표도 이성이 차츰 지배하며 실현되는 세계로 나아갈 것이라고 전망했다. 이것은 세계시민적인 이성이 역사 발전의 개념이 된다고 본 칸트15)나, 인간성이 촉진되는 역사를 내다본 헤르더16)나, 이성의 최고형태인 세계정신이 이끌어 가며 궁극에 완전

---

13) 볼테르는 1764년에 흄(David Hume)이 쓴 『영국사(*Complete History of England*)』에 관한 서평을 하면서 "오늘의 시대는 역사를 철학적으로(en Philosophe) 써야 할 필요가 있는 시대"라고 했다. 그는 1756년에 쓴 『보편사와 민족의 풍습과 정신에 관한 에세이(*Essai sur l'historie générale et sur les moers et l'esprit des nation*)』에서 이미 철학적인 역사 서술을 비쳤고, 1769년에 *Essai*와 함께 출판된 책에 *La philosophie de l'histoire*(역사철학)이란 제목을 붙였다.

14) 특히 중세적인 역사철학을 대변한 보쉬에(Bossuet)의 『보편사에 관한 논의 (*Discours sur l'histoire universelle*)』(1681)을 직접 공격했다.

15) Immanuel Kant, *Idee zu einer allgemeinen Geschichte in weltbürgerlicher Absicht*, 1784.

16) J. G. Herder, *Ideen zur Philosophie der Gegenwart der Menschheit*,

모습을 나타내는 역사를 그린 헤겔17)에서 마찬가지였다. 말하자면 근세에 와서 우선 자연현상에 대하여 신학적, 종교적인 해석을 배제하고 이성이 발견하는 자연법칙과 과학적 이론으로 설명한 인간의 합리적 사고는 18세기 후반부터 역사현상에 대해서도 그 신비적, 종교적 모습을 벗기고 이성적인 설명과 해석을 시도하게 되었다고 하겠다.

그러나 헤겔에 와서 인간의 역사와 존재뿐만 아니라 자연과 시간 전체를 하나의 이성적 논리체계 속에 통일적으로 파악하려는 철학적 욕구는 다시금 신비적이며 사변적인 논의로 빠졌으며, 형이상학적이며 관념적인 논리들을 만들어 놓게 되었다. 인간의 부족한 언어로 부득이 추상적으로 개념적으로(비경험적으로) 서술될 수밖에 없는 존재 전체의 모습은, 가장 구체적으로 실증적으로 설명될 수 있는 객관정신의 표현인 법철학이나 국가, 역사의 철학에 있어서도 역시 그 실체가 매우 관념적이며 추상적으로 서술되었다. 그뿐만 아니라 인간의 이성과 자유가 역사에서 진보하는 것으로 파악하면서도 다시금 이를 보다 보편적인 이성이나 절대적인 정신에 종속시키며, 역사의 주체를 구체적인 인간의 이성을 마치 초월한 듯한 보편적이며 절대적인(신적인) 정신에 두는 관념적인 파악(idealistische Auffassung)에 빠지게 된다.

헤겔 이후의 역사철학은 대체로 이러한 관념적이며 절대적인 역사의 본질과 주체의 이해에서 벗어나 보다 실재적(real)이며 경험적이고, 실증적이며 상대적인 역사의 파악과 역사의 의미에 대한 이해를 향해 발전했다고 볼 수 있다.18) 마르크스의 역사에 대한 이해와 역사철학적

1784-1791.

17) G. W. F. Hegel, *Die Vernunft in der Geschichte*, 1822-1830.

18) Herbert Schnädelbach, *Geschichtsphilosophie nach Hegel*, Freiburg, 1974를 참조. 랑케(Ranke), 부르크하르트(Burckhardt), 드로이젠(Droysen)으로 이어지는 역사주의적, 상대주의적, 실증주의적 역사 이해는 헤겔 역사철학에 대한 반성과 비판적 발전을 통해 나타난 것이라 할 수 있다.

인 논의도 이러한 흐름과 방향에서 나온 것이라고 보아야 할 것 같다. 헤겔 이후의 역사철학들은 (1) 역사의 본질과 방향, 주체가 무엇인가 하는 역사의 존재론적 이해에도 관심을 갖지만, (2) 역사를 어떻게 인식하여 무엇을 중심으로 파악하는가 하는 인식론적 방법에 더 많은 관심을 가지게 되며, 나아가서는 (3) 역사의 주체가 인간으로 파악된 이상, 앞으로의 역사를 위해서는 어떠한 실천이 요구되고, 어떠한 방향으로 역사를 추진해 가야 하는가 하는 실천론적인 역사관에 또한 관심을 가진다. 마르크스의 역사철학을 이러한 세 가지 관심에 따라 간단히 살펴보기로 한다.

2. 역사의 본질과 인간해방의 목표

역사철학의 근본문제는 변화무쌍한 인간의 사건(Geschechen)들을 있게 하고 이끌어 가는 본질적인 요소가 무엇이며 이러한 사건들의 연속이 마침내 나아가는 방향과 목표가 어디에 있느냐는 것이다. 원래 역사(Geschichte)라는 말은 '생긴다', '일어난다(Geschehen)'라는 말에서 왔고 일어난 사건 자체(res gestae)를 의미했다. 일어난 사건들을 전체적 연관관계에서 보며 그 의미와 핵심을 파악하는 것이 역사철학의 과제라 할 수 있다. 많은 인간사의 뒤에서 이를 이끌어 가는 신의 의지와 은총을 중심으로 역사를 파악한 것이 아우구스티누스의 신국론(神國論)에 나타난 역사철학이었고, 고대에서 현대까지의 모든 인류의 역사를 결국 절대정신의 자기실현일 뿐이라고 본 것이 헤겔의 역사철학이었다.

마르크스가 이러한 역사철학적인 근본물음에 대하여 주는 단적인 답변은 신(神)도 정신도 아닌 구체적인 인간이라는 것이다. 특히 마르크스의 청년기의 초기 작품들에서 많이 논의되고 있는 역사관은 처음부터 역사의 본질과 주체가 정신이나 관념이나 어떤 추상적 혹은 신비적 존재에 있는 것이 아니라 바로 인간 자신이라는 것을 분명히 하고 있다. 그는 『신성가족』에서 이렇게 말하고 있다.

"역사가 무엇을 하는 것이 아니다(tut nichts)[역주: 만들어 내는 것]. 역사가 무슨 굉장한 보물(ungeheuren Reichtum)을 가진 것도 아니다. 또 역사가 무슨 투쟁을 하는 것도 아니다. 이 모든 것을 해내고 소유하고, 또 투쟁하는 것은 바로 인간이며, 현실적으로 생동하는 인간(der wirkliche, lebendige Mensch)이다. 역사가 마치 무슨 독립된 인격(aparte Person)인 것처럼, 자기의 목적을 수행하기 위해 인간을 수단으로 쓰는 것이 아니다. 그것은 곧 자기 자신의 목적을 추구하는 인간의 활동성(Tätigkeit)일 뿐이다."[19]

역사가 마치 인간의 행위와 삶을 떠나서 존재하는 어떤 실체인 것처럼 생각하는 모든 종류의 역사철학을 마르크스는 거부하고 있다.

마르크스는 역사의 구체적인 내용과 의미를 파악하기에 앞서서, 역사의 기본전제(die erste Voraussetzung aller Geschichte)가 무엇인지를 먼저 확인해야 한다고 주장한다.

"인간은 역사를 만들 수(Geschichte machen) 있기 위해서는 우선 살 수(leben) 있어야 한다. 산다는 데는 무엇보다 먹는 것, 마시는 것, 주택, 의복 등이 속한다. 최초의 역사적 행위는 이러한 욕구(Bedürfnisse)들의 만족을 위한 수단을 강구(Erzeugung)하는 데 있다. 즉, 물질적 삶의 생산(Produktion des materiellen Lebens) 자체에 있는데 이와 같은 역사적 행위(Tat)가 곧 모든 역사의 기본조건(Grundbedingung)이다."[20]

---

19) F. Engels und K. Marx, *Die heilige Familie*, 1845, MEW, Bd. 2, Berlin: Dietz Verlag, 1969, S.98.

역사의 기본 문제를 인간의 구체적인 삶에서 보자는 마르크스의 주
장은 오늘날에는 거의 보편화된 인식이지만, 당시의 철학이나 역사 서
술은 이러한 평범한 세속적인 토대(irdische Basis für Geschichte)를
파악하지 못했다고 마르크스는 비판했다. 이러한 역사의 토대를 무시
함으로써 결국 역사의 밖에 있는 표준(Maßstab)에 따라 역사를 쓰게
되고, 인간의 일상적인 삶과 동떨어진 초세계적인 존재(das vom ge-
meinen Leben Getrennte, Extra-Überweltliche)가 나타나게 된다고 주
장했다.[21]

인간의 현실적 삶을 토대로 보는 마르크스의 역사관은 (1) 우선 인
간의 기본적 욕구를 만족시키는 물질적 삶의 생산과정에 주목하며, (2)
이런 욕구의 만족이 또한 새로운 욕구(Bedürfnisse)를 낳게 되며, (3)
인간은 자기의 삶을 날마다 새롭게 만들어 갈 뿐 아니라, 다른 인간의
삶을 생산하는 데, 즉 자식을 낳고 가족을 이루며 사회를 만들어 간다.
가족은 최초의 사회적 관계이며, 사회를 통해 또한 새로운 욕구가 발
생하고, 새롭게 증가된 욕구들은 또한 새로운 사회적 관계를 만들어
놓는다고 했다. (4) 사회 속의 여러 개인들이 그들의 욕구를 만족시키
기 위해 함께 노력하는 모든 작용(Zusammenwirken der Individuen)을
그는 생산력(Produktivkräfte)이라고 보았다. 사회적 삶을 만들어 내는
힘이라는 의미에서였다. 물질적인 것을 만들어 내는 기술과 산업
(Industrie)뿐만 아니라, 여러 개인들이 함께 작용하고 노력하는 방식
(diese Weise des Zusammenwirkens)들도 생산력이라고 표현한 점[22]
에 주목할 필요가 있다. 그래서 마르크스는 인간의 삶의 역사는 반드
시 사회적 삶을 만들어 온 생산력의 역사와 함께 연구되고 고찰되어야

---

20) K. Marx und F. Engels, *Deutsche Ideologie*, MEW, Bd. 3, S.28.
21) 같은 책, S.39.
22) 같은 책, S.30.

한다고 주장한다. 즉, 역사 파악에서는 인간의 물질적인 관련성(ein materialistischer Zusammenhang der Menschen untereinander)이 중요한데, 이것은 욕구들과 이 욕구를 만족시키는 생산양식(die Weise der Produktion)에 의해 제약(bedingt)을 받고 있다는 것이다. 결코 마르크스는 역사에서 인간의 물질적인 관련성만을 보아야 한다고 주장하지 않으며, 또 이를 제약하는 생산력이나 생산양식도 물리적이며 기술적인 능력만이 아니라, 광범한 의미에서 인간의 사회적 관계(정신적인 역량까지도 포함되는)를 포괄하는 개념으로 보고 있다.

그러면 인간의 이러한 역사적 행위에 있어서 의식 아닌 정신이 차지하는 부분은 없는가? (5) 마르크스는 인간이 의식을 가진 존재일 뿐 아니라, 특히 동물과는 달리 물질에 대한 직접적인 의식만이 아니라 환경과 타인 간에 대한 관계를 의식하는 존재임을 강조한다. 그러나 이 의식은 처음부터 순수한 의식(reines Bewußtsein)이 아니며, 의식이나 정신은 본래부터 물질과 연결된(mit der Materie behaftet zu sein) 운명(Fluch)을 가지고 있다는 것이다. 그는 이를 증명하는 것이 언어(Sprache)의 형태로 나타나는 의식이라고 한다. "언어는 의식만큼 기원이 오래된 것이다. 그런데 언어는 타인을 위해서 존재하며 또 나 자신을 위해서 존재하는 실재적이며 현실적인 의식(praktische, wirkliche Bewußtsein)이다. 그리고 언어는 의식과 마찬가지로 어떤 욕구에서 (aus dem Bedürfnis) 생겨나며 타인과 교섭해야 할 급한 필요에서 (Notdurft des Verkehrs mit anderen Menschen) 생긴다." 언어와 의식의 기원과 발생을 이렇게 보는 것은 이론적 논쟁거리가 되겠지만, 의식이 타자와의 관계에서 생긴다든가 어떤 필요에서 나온다는 주장을, 의식이 물질에서 생긴다든가 의식은 자율성을 갖지 않는다는 속류적 (俗流的) 유물론(vulgär Materialismus)과 동일시해서는 안 될 것 같다.

그러나 마르크스는 인간의 의식이 처음부터 고차적인 것은 아니었으며, 자연에 대한 관계가 거의 동물적인 의식이었다가 인간의 욕구와 생산적 활동이 증대하면서 차츰 분화되고 발전한 것으로 보고 있다.23) 의식의 생물학적이나 존재론적인 원천을 밝히려는 것이 아니라 자연 사적인 발전과정을 확인하려는 것이 마르크스의 의도였던 것 같다. 어쨌든 마르크스는 인간의 욕구를 만족시키려는 의식적 행위와, 이를 제약하는 여러 조건들, 생산력, 사회관계 등과의 상호관계 속에서 인간의 역사가 발전했다고 보고 있다. 그래서 욕구의 증대, 생산력의 증대, 인구의 증가를 거쳐서 노동의 분업이 생기며, 이것이 여러 가지 생산관계를 만들어 내게 되었다고 파악했다.

우리는 여기서 물질적인 삶의 관계, 생산관계, 사회관계가 인간의 역사를 발전시켜 온 근거(Grundlage)이며 토대(Basis)였다는 마르크스의 역사관을, 인간이 역사의 주인이 아니며 단지 피동적으로 반응하는 존재에 불과하다는 식으로까지 확대 해석해서는 안 될 것 같다. 물론 마르크스의 여러 가지 시대에 여러 가지 상황에서 쓴 단편적인 글들은 꼭 논리적, 체계적 일관성을 갖지는 않으며, 간혹 오해를 할 수 있는 구절들이 없는 것은 아니나, 우리는 이를 가급적 원문에 충실한 해석과 전체적 관련에서 이해하는 것이 중요하다고 생각한다.

특히 헤겔, 포이어바흐의 영향이 강하게 남아 있는『경제철학수고』에서 그는, 역사가 인간이 의식을 가지고 인간의 본질을 회복하는 과정이라는 생각을 강하게 표현하고 있다.

"역사란 그 자체가 자연사(Naturgeschichte)의 현실적인 한 부분이다. 즉, 자연이 인간화되는 과정인 것이다(ein wirklicher Teil der Naturge-schichte, des Werdens der Natur zum Menschen)."24)

---

23) 같은 책, S.31.
24) K. Marx, *Ökonomisch-philosophische Manuskripte*(1844), MEW, Bd. 1,

"세계사의 전체는 곧 인간의 노동(Arbeit)을 통한 인간의 산물이며, 인간을 위한 자연의 생성과정(das Werden der Natur für den Menschen) 이외의 것이 아니다."[25]

여기서 마르크스는 '인간의 본질(Wesen des Menschen)'이라는 매우 추상적이며 관념적인 용어를 사용하고 있으며, 인간의 자연상태는 인간의 본질에 적합하지 않을 뿐만 아니라(adäquat), 인간의 역사과정도 인간을 대상화시키며(vergegenständlichen), 외화(entäußern)시킨다는 헤겔의 『정신현상학』의 개념들을 사용하면서 인간의 본질에서부터 소외된 것으로 파악한다. 단지 마르크스는 헤겔의 인간소외에 대한 파악의 방식이 사유형태 속에만 머물러 있다고 비판한다.

"헤겔 철학의 탄생지인 *Phänomenologie*에서는 재산(Reichtum)이나 국가권력(Staatsmacht) 등을 인간의 본질에서부터 소외된 본질(als dem menschlichen Wesen entfremdete Wesen)로 파악하지만 이것은 단지 사유형태(Gedankenform) 속에서만 일어나게 된다. 그래서 이것은 순수하고, 추상적이며, 철학적인 사유의 소외가 되고 만다. … 그래서 이 소외의 전(全) 역사도, 이 소외의 전(全) 회복과정(die ganze Zurücknahme der Entäußerung)도 추상적이며 절대적인 사유의 생산역사(Produktions-geschichte des abstrakten, absoluten Denkens) 이상의 것이 되지 못한다."[26]

마르크스는 '소외된 노동의 장(章)'에서 인간의 유적(類的) 본질(Gattungswesen)로부터의 인간소외를 논한다.

Berlin: Dietz Verlag, 1968, S.544.
25) 같은 책, S.546.
26) 같은 책, S.572.

"소외된 노동은 인간의 유적(類的) 본질, 즉 그의 정신적 유(類)의 능력(Gattungsvermögen)과 그의 본성(Natur)을 자기에게 왜소한(fremd) 본질로, 즉 자기 개인의 실존(Existenz)을 위한 수단으로 만든다. 그것은 인간에게서 인간적인 본질(menschliches Wesen)을 소외한다."27)

인간의 역사가 소외의 과정을 통해 인간의 본질에서부터 멀어졌다는 마르크스의 주장에서 인간의 본질이 구체적으로 무엇을 의미하는지는 확실치 않다. 그러나 이것은 1859년의 「정치경제학 비판 서문」에서 밝힌 "적대적인 사회를 변혁시켜 새로운 사회를 형성함으로써 전(前)역사(Vorgeschichte)가 종료되고 인간적인 사회(menschliche Gesellschaft)가 시작된다"28)는 주장과 맥을 같이하고 있다고 볼 수 있다. 아마도 플라이셔(Helmut Fleischer)의 해석처럼, 자본주의 사회의 계급적 인간관계나 적대관계가 새로운 사회에서 해소되게 되면, 모든 인간들을 결합시키는 유적 본질에 가까운 인간적인 사회가 온다는 의미에서 '인간의 본질 회복'이나 '인간적인'이란 말을 썼을 것으로 보인다.29)

인간화(Menschwerden)와 인간적인 사회 형성을 인간이 만드는 역사의 목표로 보는 마르크스의 역사관은 청년기부터 가졌던 그의 인간해방사상과 밀접히 관련되는 것이라고 볼 수 있다. "독일에서의 진정한 해방은 독일인을 인간으로 해방하는 것(Emanzipation der Deutschen zu Menschen)"이며, "인간의 완전한 회복(die völlige Wiedergewinning des Menschen)"30)에 있다고 본 생각이나, "모든 해

---

27) 같은 책, S.517.

28) K. Marx, "Zur Kritik der politischen Ökonomie. Vorwort", MEW, Bd. 13, S.9.

29) Helmut Fleischer, *Marxismus und Geschichte*, S.20.

30) K. Marx, "Zur Kritik der Hegelschen Rechtsphilosophie. Einleitung", MEW,

방은 인간의 세계를 인간 자신에게 되돌리는 것(Zurückführung)"이며
"정치적 해방이 최후의 해방이 아니라, 현실적인 개별적 인간이 유적
본질이 되고 나야 인간적인 해방이 이루어진다"[31]고 본 청년 마르크
스의 사상이 그의 인간주의적인 역사철학의 기초가 되고 있다고 보아
야 할 것이다.

여기에서 우리는 마르크스의 역사의 본질과 목표에 대한 견해가 과
연 유물론(Materialismus)인가 하는 데 의문을 가지게 된다. 마르크스
자신은 자기의 역사관이나 역사철학을 유물론이라고 표현해 본 적이
없다. 오히려 그는 헤겔적인 관념론과 포이어바흐적인 유물론을 모두
극복하려고 했던 것으로 보인다. 적어도 초기 작품에 나오는, 마르크
스 자신이 동일시하려고 했던 표현은 자연주의(Naturalismus)와 인간
주의(Humanismus)였다. 그는 「경제철학수고」에서 이렇게 말한다.

"우리가 본 대로 자연주의와 인간주의의 실현은, 관념론에서도 유물론
에서도 구별되는 것이며 오히려 양자를 결합하는 진리이다(beide ver-
einigende Wahrheit). 우리는 동시에 이러한 자연주의만이 [역주: 인간주
의도 포함되는 의미에서] 세계사의 움직임(den Akt der Weltgeschichte)
을 파악할 능력이 있음을 알게 된다."[32]

마르크스는 관념론적 역사관에 대한 포이어바흐의 유물론적 비판의
공로를 인정하면서도 그의 유물론엔 역사가 빠져 있음을 중요한 과오
로 보았다. "포이어바흐가 유물론자인 한 역사가 배제되고, 역사를 고
려하는 한 유물론자가 못 된다."[33] 이러한 유물론이 인간과 역사를 추

Bd. 1, S.390f.

31) K. Marx, "Zur Judenfrage", MEW, Bd. 1, S.370.
32) MEW, Bd. 1, S.577.
33) K. Marx und F. Engels, *Deutsche Ideologie*, MEW, Bd. 3, S.45.

상적으로 파악할 수밖에 없는 것은 인간의 현실적인 활동과 구체적인 실천을 보지 못하기 때문이다.34) 이러한 점은 포이어바흐에 대한 첫 번째 테제에서도 잘 나타나고 있다.

그러면 마르크스의 역사철학은 흔히 일컬어지듯이 역사와 유물론을 합해서 역사적 유물론(historischer Materialismus)이라고 부르는 것이 타당한 것일까? 필자는 여기에 대해서는 의문과 주저를 갖고 있다. 마르크스 자신은 스스로를 그렇게 부른 적이 없기 때문이다. 인간의 실천적인 활동을 역사라고 본 점에서는 역사적 유물론이 적합한 명칭인 듯도 하지만, 역사 자체를 유물론적 흐름이요 진행이라고 보았다는 의미에서의 사적 유물론이라면 마르크스의 생각과는 너무나 거리가 있는 것이라 생각되기 때문이다.

3. 역사의 인식과 유물론적 방법

역사의 본질과 진행의 방향이 무엇이냐 하는 물음은 역사를 인식하고 파악하는 방법에 따라 다르게 대답할 수 있는 것이다. 역사적인 사건과 흐름은 여러 가지가 아니고 하나이지만, 인간은 과거의 사실과 사건들을 모두 파악할 수는 없으며, 기록되고 전해진 것들을 통해서 파악하게 되는데, 그것도 전부가 아니라 중요하고 의미가 있다고 생각하는 것을 선택하여 그들 사이의 관련성을 짓고 이야기를 만든다. 우리가 파악하는 역사는 일어난 사건 그대로의 역사(res gestae)가 아니라 기억되고 이야기된 사건으로서의 역사(rerum gestarum memoria)일 뿐이다. 따라서 무엇을 중심으로 어떤 일들을 선택해서 인식하며, 어떤 기준과 원칙에 따라 사건들의 관련성을 파악하느냐에 따라 여러 가

---

34) 같은 책, S.44.

지 다른 역사(이야기로서의 Geschichte)가 만들어진다. 역사의 내용이 역사적 인식의 방법에 따라 달라질 수 있다는 생각, 그래서 보다 객관적이며 실증적이고 경험적인 역사 인식이 필요하다는 생각은 대체로 헤겔 이후에 발전되었다.35) 19세기 후반에 와서 인식론이 중심이 되는 철학사조와 함께, 역사철학도 역사의 본질이나 목적보다는 인식의 방법을 주로 논하게 되었다. 역사주의나 실증주의, 상대주의 등의 등장은 바로 헤겔 이후에 역사철학에 대한 인식론적 반성에 의해서 나타난 것들이라 하겠다.

마르크스의 역사철학도 분명히 헤겔 이후에 역사적 인식의 방법을 반성하며 나타난 하나의 역사적 인식론이라고 보아도 무방할 것 같다. 물론 인식의 방법에 따라 역사의 파악 내용이 달라지기 때문에 마르크스의 새로운 역사 인식 방법은 결국 전혀 다른 역사관과 역사 이해를 만들어 놓게 된다. 마르크스는 헤겔이나 포이어바흐, 바우어(Bruno Bauer) 등의 사관과 역사 이해를 비판하며 거부했을 뿐 아니라 그들의 역사 인식의 방법을 비판하였다. 마르크스는 특히 헤겔이나 헤겔학파의 역사 파악이 현실에서 떨어진 관념적인 것이며 역사의 참된 토대(wirkliche Basis der Geschichte)를 놓치고 있다고 했다.

"프랑스인들이나 영국인들은 적어도 정치적 환상에 머물고 있는데, 독일인들은 아직 '순수한 정신'의 영역에서 맴돌고 있다. 더구나 종교적 환상(Illusion)을 역사의 추진력(treibende Kraft)으로 보고 있는 것이다. 헤겔의 역사철학은 현실적이고 정치적인 관심을 문제 삼지 않고 순수한 관념(reine Gedanken)만을 문제 삼는 독일인의 역사 기술의 마지막 결과이다."36)

---

35) Herbert Schnädelbach, *Geschichtsphilosophie nach Hegel*.
36) K. Marx und F. Engels, *Deutsche Ideologie*, MEW, Bd. 3, S.39.

이러한 잘못된 역사 파악의 방식을 마르크스는 관념론적인 역사관(idealistische Geschichtsanschauuing)이라고 했다.37)

그러면 마르크스가 주장하는 올바른 역사 파악의 방식은 어떤 것인가?

"그것은 관념론적 역사관처럼 어떤 범주(Kategorien)를 찾는 것이 아니라 실질적인 역사의 토대 위에(auf dem wirklichen Geschichtsboden) 서 있는 것을 말한다. 그것은 이념에서 실천(Praxis)을 설명하는 것이 아니라 이념의 형성(Ideenformation)을 물질적인 실천(aus materiellen Praxis)으로 설명한다."38)

마르크스가 주장하는 역사 파악의 올바른 방식은 역사의 토대(Basis, Boden), 기초(Grundlage)를 파악하는 것이어야 한다는 것이다. 그런데 이 토대는 바로 인간의 구체적이며 물질적인 삶의 생산이며,39) 이것을 파악하기 위해서는 다시금 생산양식과 사람들의 사회관계(Verkehrs-form)를 함께 파악해야 한다는 것이다.

우리가 잘 아는 대로 마르크스는 역사를 인간의 삶과 사회적 삶의 양태를 결정하는 데 핵심적 요소와 기초적 토대가 되는, 물질적 삶의 생산양식, 즉 생산력과 생산관계의 상호 관련에 의해 이루어지는 생산양식이라는 사회의 경제적 구조와의 밀접한 관련 속에서 파악해야 바르게 인식할 수 있다고 주장했다.40) 그러나 오늘날 우리는 이러한 마르크스의 역사 인식 방법이 역사적 유물론(Historischer Materialismus)

---

37) 같은 책, S.38.
38) 같은 책, S.38.
39) 같은 책, S.37. 여기서 수차례 나타나는 materiellen Leben 혹은 Praxis란 말은, 물질적이면서도 구체적이며 실질적인 삶이나 실천을 말한다.
40) K. Marx, "Zur Kritik der politischen Ökonomie. Vorwort", S.335f.

이나 변증법적 유물론(dialektiecher Materialismus)이라는 이름의 거창한 체계로 이론화되었을 뿐 아니라 하나의 세계관(Weltanschauung)이 된 것을 알고 있다. 물론 여기엔 마르크스의 이론뿐 아니라 엥겔스의 사상과, 엥겔스에 의해 설명된 마르크스의 사상이 더 중요한 이론적 전거가 되고 있지만,41) 이들보다는 후대의 마르크스주의자들42)에 의해 확대 해석되고 첨가된 부분이 더 핵심적인 역할을 하고 있음을 주목할 필요가 있다. 특히 사적 유물론은 물질적 토대와 정신적 상부구조라는 이분법적 도식으로 역사와 사회를 관찰하며, 정치, 법, 문화, 가치관, 이데올로기 등의 상부구조는 경제라는 하부구조에 의해 결정된다고 보고,43) 생산력과 생산관계라는 경제구조가 결정하는 인간의 역사는 과학적 법칙에 따라 마치 자연계가 변화하듯이 변증법적으로 변화 발전한다고 주장한다.44) 마르크스의 역사 파악의 방법이 이러한 체계적인 역사적 유물론과 동일시될 수 없다는 것은 그의 작품들을 읽음으로써 쉽게 이해할 수 있다. 여기서 우리는 마르크스의 역사 인식과 사적 유물론을 분리해 볼 필요가 있으며, 마르크스와 마르크스주의를 구별하지 않으면 안 된다고 생각한다.

원래 마르크스 자신은 역사 인식에 있어서 삶의 물질적 생산관계

---

41) 엥겔스의 *Anti-Dühring, Dialektik der Natur.*

42) 카우츠키(Kautsky), 플레하노프(Plechanow), 레닌(Lenin), 부카린(Bucharin), 스탈린(Stalin) 등.

43) 생산력의 발전의 정도는 인간의 사회관계를 표현하는 사회의 형태를 결정하며, 이러한 사회형식에 적합한 정신과 도덕, 종교, 철학, 예술을 만들어 낸다. G. W. Plechanow, *Beiträge zur Geschichte des Materialismus*(1896), Berlin, 1946, S.152.

44) 의식을 존재의 반영(Widerspieget)으로 보며, 사적 유물론이 인간의 사회적 삶에 대해 자연과학적 정확성을 탐구하게 했다. W. I. Lenin, *Materialismus und Empiriokritizismus*(1908), Moskau, 1947, S.347-350; I. Fetscher, *Der Marxismus*, München, 1967.

(materielle Produktion des Lebens)와 밀접히 관련된 사회구조를 파악하는 것이 핵심적으로 중요하다고 여러 곳에서 강조하며,45) '물질적인 관계(materielle Verhältnisse)',46) '물질적인 행위(Tat)', '물질적인 실천(Praxis)', 그리고 '인간의 요구(Bedürfnisse)와 생산양식에 의해 제약되는(bedingt) 인간 사이의 유물론적인 관련성(materialistischer Zusammenhang der Menschen untereinander)'47) 등의 표현을 썼지만, 자신의 방법을 통틀어 유물론적 역사 파악(materialistische Geschichts-auffassung)이라고 부르지는 않았다. 이 표현은 처음에 엥겔스가 마르크스의『정치경제학 비판』을 소개한 글에서 씀으로써 하나의 학술적인 용어가 되어 버렸다.48) 이를 다시금 사적 유물론(historische Materialismus)이라고 하게 된 경위는 엥겔스의 책『유토피아에서 과학으로의 사회주의의 발전』이 영어로 번역되었을 때, 엥겔스가 영어판(1892)의 서문을 쓰면서 'materialistic interpretation of history' 대신에 'historical materialism'이란 표현을 쓴 데서 유래하게 되었다.49) 그러나 엥겔스 자신은 유물론적 '역사 파악'이란 표현을 주로 즐겨 썼는데, '사적 유물론'이란 개념은 그 후 라파르그(P. Lafargue), 라브리올라(A. Labriola), 플레하노프(G. W. Plechanow), 레닌(V. I. Lenin)에 의해 정착되었으며, 특히 스탈린(Stalin) 치하의 소련에서 확고한 교조적 이론

---

45) 특히 *Deutsche Ideologie*와 *Zur Kritik der politischen Ökonomie*에서.
46) MEW, Bd. 3, S.46.
47) MEW, Bd. 3, S.30.
48) "이 과학적인 독일의 정치경제학은 근본적으로 역사의 유물론적 파악에(auf der materialistischen Auffassung der Geschichte) 근거하는데…" F. Engels und K. Marx, *Zur Kritik der politischen Ökonomie*, in *Das Volk*, Nr. 14, 6. August 1859(MEW, Bd. 13).
49) J. Ritter und K. Gründer, *Philosophisches Wörterbuch der Philosophie*, Bd. 5, Basel, 1980, S.860.

으로 자리 잡게 되었다.[50]

마르크스의 역사 파악의 방법으로서의 '유물론적인 태도'[51]와 체계
적인 세계관으로서의 사적 유물론과의 근본적 차이는 마르크스주의
역사에서 주요한 논쟁점이 되었지만, 주로 의식과 존재의 반영관계,
경제적 하부구조의 결정론(ökonomischer Determinismus), 그리고 역
사와 자연의 법칙적인 진행론 등에 있다고 볼 수 있다.[52] 마르크스가
「정치경제학 비판 서문」에서 밝힌 구절들을, 즉 마르크스의 의도나 원
문에 따라 해석하는 것이 아니라, 기계적으로(mechanisch), 결정론적
으로(deterministisch), 그리고 자연법칙적으로(naturgesetzlich) 확대 해
석하며, 이를 실체화(hypostasieren)하는 데서 유물변증법(materialisti-
sche Dialektik)이나 사적 유물론이 마르크스의 진의와는 다르게 세계
관으로 체계화되었다고 할 수 있다.

마르크스는 특히 역사에서 경제적 관계를 중요하게 보게 된 계기가
헤겔 법철학 연구와 그 비판(1844)에서 비롯되었다고 고백했다.

"나의 연구의 결과는, 법이나 국가 형태라는 것이 그 자체로서 파악되
거나, 혹은 인간의 정신의 보편적인 발전에서 파악되는 것이 아니라, 물
질적인 삶의 관계에서 더 잘 파악될 수 있었다는 것이다. 헤겔은 이를
시민사회(bürgerliche Gesellschaft)라는 이름하에 전체적으로 포괄하였지
만(zusammenfassen), 시민사회의 내부(Anatomie)는 정치경제학에서 찾

---

50) I. V. Stalin, *Über dialektischen und historischen Materialismus*, 1938.
51) 필자는 마르크스의 입장을 역사를 파악하는 방법으로서 보는 한 '유물론적
(materialistisch)'이라고 할 수 있다고 생각한다. 그것도 '관념론적(idealisti-
sch)'인 태도에 대한 비판적인 관계에서, 그리고 상대적인 의미에서 그렇게
부를 수 있다고 본다.
52) 특히 카우츠키(Kautsky)와 아들러(Adler), 그람시(Gramsci), 루카치(Lukács),
코르쉬(Korsch) 등의 논쟁 참조.

아야 한다."53)

마르크스가 자기 연구의 길잡이(Leitfaden)로 삼았다는 의식의 기본
적 태도는 다음과 같이 요약된다.

 "인간은 자기의 삶을 사회적으로 만들어 가는 데 있어서(in der gesell-
schaftlichen Produktion des Lebens), 자기 의지와는 불가피하게 다른
(unabhängig), 어떤 특정한 관계, 즉 그의 물질적 생산력의 발전 정도에
상응하는(entsprechen) 생산관계 속으로 들어가게 된다(eingehen). 이 생
산관계의 전체는 사회의 경제적 구조를 만들게 되는데, 이것이 법적, 정
치적 상부구조(Überbau)가 그 위에 세워지는 실재적 토대(Basis)이며, 여
기에는 어떤 특정한 사회적 의식형태(Bewußtseinsformen)가 대응하게
된다(entsprechen). 물질적 삶의 생산양식이 사회적, 정치적, 정신적 삶의
과정(Lebensprozeß) 전반(überhaupt)을 제약하는 것이다(bedingt). 인간
의 의식이 그의 존재를 규정하는 것이 아니라 반대로 그의 사회적 존재
(gesellschaftliche Sein)가 의식을 규정한다(bestimmt)."54)

마르크스의 이와 같은 조심스러운 문장은, 사적 유물론자들이나 또
그 비판자들에 의해서 "물질이 정신을 규정한다"든가, "생산력이나 생
산관계가 정치, 법, 문화, 철학, 모든 것을 결정한다"는 뜻으로 곡해되
어 단순화되고 있다. 이것은 물질적 삶의 양식이 정신적 삶의 과정을
결정(bestimmen, entscheiden)하는 것이 아니라 제약(bedingen)한다고
본 마르크스의 표현과는 큰 차이를 갖는다. 결코 단선적으로 획일적으
로 결정하는 것이 아니라 단지 제약의 요소가 됨을 강조한 것일 뿐이
다. 경제구조와 의식구조의 관계도 필연적인 규정이나 결정관계(즉,

---

53) K. Marx, "Zur Kritik der politischen Ökonomie. Vorwort", MEW, Bd. 13.
54) 같은 글.

인과관계)가 아니라, 서로 대응하는, 상응하는(entsprechen) 관계라고 표현했다. 단지 사회적 존재와 의식의 관계만을 규정관계(bestimmen)로 강하게 표현하고 있는데, 이는 매우 일반적이고 추상적인, 전체에 관한 표현으로 보아야 할 것이다. 경제적 토대와 상부구조의 관계를 결정론적으로 기계적 관계처럼 보려고 한 왜곡은 이미 마르크스나 엥겔스의 시대에도 있었던 것 같다. 마르크스나 자신의 사상과 방법을 변증법적 유물론이라는 과학적 이론체계로 만들려고 했던[55] 엥겔스도 이런 기계론적 해석을 못 마땅히 여겼으며 유물론적 역사 파악의 방법을 매우 유연성이 있는 것으로 설명했다.

그는 블로흐(Joseph Bloch)에게 보낸 편지에서 이렇게 말한다.

"유물론적 역사 파악은 역사에 있어서 최종적 단계에서의(in letzter Instanz) 결정적인 요소는 현실적인 삶의 생산과 재생산이란 것이다. 그 이상은 마르크스도 나도 주장하지 않았다. 어떤 사람이 이것을 경제적 요소가 유일의 결정요소(das einzig bestimmende Moment)라고 곡해(verdreht)한다면, 그는 이 말을 의미 없는 추상적이며 맹랑한 말로 변형시키고 만다. 경제적 관계는 토대이지만, 여러 가지 형태의 상부구조가, 계급투쟁의 정치형태나 그 결과들과, (즉, 승리한 계급이 가져온 헌법 같은) 법률형태, 그리고 이들 모든 투쟁에 대한 머릿속에서의 반성(Reflexe)과 정치적, 법적, 철학적 이론들, 종교적 가치관이나 그 이론체계들 이 모두가 역사적 투쟁의 진행에 작용하며, 많은 경우에 현저하게 그 형태를 결정한다. 이들은 모두 상호 규정적인 것들이다(Wechselwirkung)."[56]

---

55) F. Engels, *Die Entwicklung des Sozialismus von der Utopie zur Wissenschaft*, 1892; *Ludwig Feuerbach und der Ausgang der klassischen deutschen Philosophie*, 1888.
56) F. Engels, "Brief an Joseph Bloch in Königsberg, vom 21, Sept. 1890", in MEW, Bd. 37, S.463-465.

변증법적 유물론이나 사적 유물론이 세계관의 체계로 고착화되어
가는 과정을 보면서, 이것은 유물론적 방법을 독단화하여 형이상학화
하는 것이라고 경고한 철학자들도 적지 않게 있었다. 라브리올라는 마
르크스의 '길잡이'란 말에 주목하며 그의 이론은 철저히 탐구의 방법
이나 인식의 방법이 되어야지 셸링(Schelling)식의 자연철학적 구성이
되어서는 안 된다고 주장했다.[57] 사적 유물론이 또 하나의 체계적이고
도식적인 역사철학이나 독단적인 이데올로기가 되어서는 안 된다는
것이다.[58] 루카치는 마르크스의 여러 가지 이론이나 예언들이 오늘날
맞지 않는 것들이 있다고 해도 마르크스주의자가 될 수 있는 것은 이
론과 실천, 역사적 현실에 대한 전체적이며 동적인 파악을 시도한 마
르크스의 변증법적인 방법(dialektische Methode)을 따를 때에 가능하
다고 했다.[59] 카우츠키(K. Kautsky)의 유물사관론을 자연주의적 객관
화라고 비판한 코르쉬(K. Korsch)는, 의식과 현실을 둘로 나누어 반영
관계나 규정관계를 기계적으로 파악하려는 유물사관은 또 하나의 이
원론적인 형이상학이며 추상적인 자연주의라고 비판했다. 마르크스의
유물론은 변증법적이며 과학적인 방법으로서 타당성을 가져야 한다는
것이다.[60] '실천의 철학(Philosophie der Praxis)'을 주장한 그람시(A.
Gramsci) 역시 마르크스에게서 역사적인 방법론(Methodologie)을 배
워야 한다고 강조했다.[61] "모든 정치나 이데올로기가 경제적 토대나

---

57) Antonio Labriola, *Essais sur la conception materialiste de l'histoire*(1896).
   Paris, 1928, S.194.
58) 같은 책, S.138.
59) Georg Lukács, "Was ist orthodoxer Marxismus?", in *Geschichte und
   Klassenbewußtsein*, Berlin, 1923.
60) Karl Korsch, *Marxismus und Philosophie*, 1923, S.112f.
61) 특히 마르크스의 글. 18. "Brumaire des Louis Bonaparte. Bürgerkrieg in
   Frankreich, Revolution und Konterrevolution in Deutschland".

기초에서 오는 것으로 설명하려는 기계적인 사적 유물론은 형이상학적인 통속적 유물론일 뿐"[62]이라고 그람시는 부카린(Bucharin)의 사적 유물론을 비판했다. 마르크스의 이론을 하나의 비판적 사회이론으로 재구성하려는 하바마스는 사적 유물론이 가진 역사객체주의(Geschichtsobjektivismus)를 해체시키고, 마르크스의 역사철학적인 유산을 사회적 근대화 이론(Soziale Evolution)과 의사소통행위(kommunikatives Handeln)의 비판적인 인식이론으로 계승 발전시키려는 시도를 보이고 있다. 이런 뜻에서 그는 사적 유물론의 복귀나 재생이 아니라 재건(Rekonstruktion)을 주장한다.[63]

이처럼 마르크스의 이론을, 역사와 현실을 바로 파악하고, 구체적이며 전체적으로 이해하는 인식의 방법으로 보려는 자들은 마르크스의 역사발전의 법칙들이나 경제적, 사회적 이론들을 교조화하거나 절대화하지 않으며, 역사적 현실과 상황이 달라질 때 수정될 수 있는 것으로 본다. 마르크스의 유물론적인 역사 파악의 방법은, 관념론적이고 정신주의적인 역사 파악의 방법이 지배하던 시대에 이를 비판하며 대체하기 위한 목적에서 의도적으로 물질적 관계를 강조하며 만들어진 역사철학적인 인식방법이었다고 할 수 있을 것 같다. 마르크스 자신이 이 점을 강조하고 있다. 『독일 이데올로기』에서 그는 "이데올로기적인 환상과 독단적인 망상과의 관련에서 벗어나는 역사방법(Geschichtsmethode)이, 특히 이런 풍조가 지배적인 독일에서 발전되어야 한다"고 주장했다.[64] 이 점에서 마르크스의 유물론적인 역사 인식의 방

---

62) Antonio Gramsci, *Ausgewählte Werke*, 1959, S.104, 113.

63) Jürgen Habermas, "Historischer Materialismus und Entwicklung normativer Strukturen", in *Zur Rekonstruktion des Historischen Materialismus*, Frankfurt, 1976.

64) MEW, Bd. 3, S.49.

법은 오늘날에도 단적인 망상이나 이데올로기적인 환상에서 벗어나게 하는 역사방법이 될 때에 역사를 바르게 파악하며 발전시키는 방법이 될 것이며, 유용한 이론이 될 수 있으리라 생각한다.

4. 역사의 진행과 주체적 실천

역사의 본질이나 인식에 관한 물음과 함께 질문되어 온 역사철학의 중심적 문제는 역사의 주체가 누구이며, 역사의 흐름을 진행시켜 나가는 추진력이 어디에 있느냐는 것이었다. 설사 오랫동안의 역사신학이 역사의 주체를 신(神)에게서 보며 역사의 진행은 인간을 구원하는 구속사적(救贖史的, Heilsgeschichte)인 신의 의지에 달려 있는 것으로 보았다 하더라도, 여기서 인간은 어떤 행위와 실천을 해야만 구원을 받게 되는가를 묻는 최소한의 역사철학적 물음이 있었다.65) 18세기 초부터 비롯되는 계몽적인 역사철학들은 역사의 주체를 신에서 인간으로 옮기는 데 깊은 관심을 가지고 있었다. 비코(Vico)는 "자연은 신이 만들었지만 역사는 인간이 만든 것"이라고 선언하며, "역사적 세계는 확실히 인간에 의해 만들어졌고 따라서 역사의 본질은 우리 자신의 정신의 양태 속에서 발견될 수 있다. 왜냐하면 물건을 만든 사람이 그것에 관해 이야기하는 것보다 더 확실한 것은 없기 때문이다"라고 했다.66) 그러나 비코 역시 민족이나 국가의 역사가 인간의 이성의 발전에 따라 진보하기도(corso) 하고, 퇴보하기도(ricorso) 한다는 이성적인 발전사관을 가졌지만, 신의 섭리와 간섭을 완전히 제거하지는 못했다.67) 레싱(Lessing)과 칸트, 헤르더, 헤겔을 거치면서 독일의 역사철

---

65) Karl Löwith, *Weltgeschichte und Heilsgeschehen. Die theologischen Voraussetzungen der Geschichtsphilosophie*, 1953.

66) Giambattista Vico, *Die Neue Wissenschaft*.

학은 오히려 비코나 볼테르가 확립한 인간 이성을 주체로 하는 역사관을 더 흐리고 모호하게 만들었다고 하겠다.

마르크스는 헤겔의 역사철학이 역사를 신정론(神正論, Theodizee)으로 만들었다고 보았으며, 신비적인 질서(mystische Ordnung)를 세움으로써 경험적이며 유물론적인 요소를 제거해 버렸다고 했다.68) 역사의 신비화(Mystifikation)와 사변화(Spekulation)를 벗기고69) 역사를 인간의 구체적인 삶의 과정에서 인간의 요구와 그 충족 행위를 중심으로 파악하려는 마르크스에게서 역사를 만드는 것은 인간이며, 그 이외의 어떤 것일 수가 없다. 그러나 그는 인간의 의지와는 독립된 생산관계와 경제적 토대가 있어, 이것이 역사를 발전시키고 규정하는 데 중요한 요인이 되고 있다고 봄으로써, 완전히 인간의 주체적 의지만이 역사의 진행을 결정한다고는 보지 않았다. 생산력과 생산관계의 상호작용에 의해 형성되는 경제적 구조는, 일종의 자연사적인 발전법칙에 따라 변화되어 간다고 보기도 하였다.70) 여기서 우리는 역사의 진행을 인간의 주체적인 의지와 실천이 결정하는가, 아니면 이와는 독립된 사회관계와 경제적 생산양식의 발전법칙이 결정하고 개개의 인간은 수동적으로 여기에 따르기만 하는 것인가라는 딜레마에 놓이게 된다. 이것이 마르크스주의자들에게 역사를 주체적 행위 중심으로, 혹은 객체적 법칙 중심으로 해석하도록 양분시킨 원인이 되었다.

이에 관한 최근까지의 논의를 간단히 살펴보면, 대체로 마르크스의 청년기의 인간주의적인 작품들을 중심으로 해석하는 사람들은 주체적 실천과 행동을 강조하게 되고, 후기의 『정치경제학 비판』과 『자본론』

---

67) Jürgen Habermas, *Theorie und Praxis*, S.208.

68) K. Marx und F. Engels, *Deutsche Ideologie*, MEW, Bd. 3, S.49.

69) 같은 책, S.25.

70) K. Marx, *Das Kapital*, MEW, Bd. 23, S.15-16.

을 중심으로 보는 사람들은 객관적 법칙을 강조하는 역사관을 갖게 되는 경향을 볼 수 있다.[71] 그러나 마르크스에게 있어서 역사적 진행의 주체가 사회적 관계에 있느냐, 아니면 인간의 실천에 있느냐 하는 문제는, 적어도 마르크스의 글과 표현에 의해서만은 분명한 판가름을 낼 수가 없다고 생각된다. 그러기에는 '사회적 관계'라든가 '생산력', '생산관계', '실천' 등의 개념이 보다 명확히 정의될 수 있어야 할 것이기 때문이다. 플라이셔, 샤프(Adam Schaff)와 알튀세(Louis Althusser)는 이 점에서 마르크스의 「포이어바흐에 관한 테제」 6에 나오는 "인간의 본질이 사회적 관계의 결합(Ensamble der gesellschaftlichen Verhältnisse)"이라는 명제를 어떻게 해석하느냐에 따라 해석의 열쇠가 주어진다고 보고 있다.[72] 즉, 사회적 관계 자체가 주체가 될 때는 역사란 생산력과 생산관계의 상호작용에 의한 객관적인 진행이 주가 될 것이고, 사회적 관계의 영향을 받으면서도 각 개인의 실천과 활동이 주체가 될 때는 역사란 아직 인간이 행동하면서 객관적으로 만들어 가는 것이 될 것이다.[73]

그러나 마르크스가 둘 중의 어느 것 하나만을 결정적인 주체로 보지 않고 양자의 상호 관련 속에서 있는 것으로 보려는 신중한 태도는 초기의 작품들에서부터 분명하게 보이고 있다. "역사란 곧 여러 세대들의 연속적인 계속을 의미하며, 각각의 세대는 이전 세대가 물려준 자원과 자본과 생산력을 이용하며(exploitieren) 계승해 간다(fortsetzen). 이때에 그들은 이제까지 내려온 행동양식을 계속하기도 하고, 때로는 고치며 수정해 가기도 한다(modifiziert)."[74] 그는 역사 서술이 이

71) Helmut Fleischer, *Marxismus und Geschichte*, S.23.
72) Louis Althusser, *Pour Marx*, 1966, S.233; Adam Schaff, *Marxismus und das menschliche Individuum*, 1965, S.84.
73) Helmut Fleischer, *Marxismus und Geschichte*, S.28.

자연적인 토대(natürlichen Grundlagen)와 인간의 행위를 통한 역사과정의 수정(modifikation im Lauf der Geschichte durch die Aktion der Menschen)[75]을 함께 파악해야 한다고 주장한다. 마르크스는 인간의 실천행위와 사회관계라는 토대를 엄격히 분리시킬 수 없는 것으로 보았는지도 모른다. 그는 「포이어바흐에 관한 테제」 1과 2에서 인간의 활동성(Tätigkeit)은 대상적 활동성(gegenständliche)이라고 주장하며 이러한 진리는 이론적으로가 아니라 실천적 행위(Praxis) 속에서만 파악될 수 있다고 역설했다. 현실이냐 사상이냐 하는 문제는 실천에서 고립되어서 보면 하나의 스콜라적인 문제밖에 안 된다고 했다. 여기서 실천이라는 것이 개인적 인간의 실천이 아니라 역사적, 사회적 실천의 성격을 갖는다는 것은, 그래서 다시금 사회적 관계를 내포하게 된다는 것은 나머지 테제들을 자세히 분석해 보면 이해할 수 있게 된다. 이런 점에서, 인간의 실천은 개인의 행위와 사회관계의 변증법적 상호 관련에서 규정된다고 할 수밖에 없으며, 마르크스의 역사철학은 변증법적 방법(dialektische Methode)을 채용하고 있다고 인정해야 할 것 같다. 마르크스 자신이 자신의 방법을 헤겔과는 반대의 의미에서 변증법적 방법이라고 추인(追認)했다.[76]

'머리를 땅에 박고 거꾸로 선' 헤겔의 변증법을 바로 세워 놓은 것 (umstülpen)이 자신의 공헌이었다고 주장한 마르크스는 역사와 유물론과 변증법을 결합시키는 위대한 역사철학적 작업을 수행한 것이 사실이지만, 아도르노가 지적한 것처럼 "역사에 관한 부분에서는 다른 어느 부분보다 관념론적 요소를 남기고 있음"[77]을 부정할 수가 없다. 아

---

74) MEW, Bd. 3, S.45.
75) 같은 책, S.21.
76) K. Marx, "Nachwort zur zweiten Auflage des 'Kapitals' ", London, 1873, MEW, Bd. 23, S.25-28.

마도 역사를 전체로서 파악하려는 강한 역사철학적 의지를 가졌을 때 이것은 불가피한 운명인지도 모른다.

---

77) Theodor W. Adorno, *Negative Dialektik*, Suhrkamp, S.313. "무신론적 헤겔 주의자였던 마르크스, 엥겔스가 역사를 신성화했다."

마르틴 부버, 나와 너 대화의 철학

1. 서론: 마르틴 부버의 사상과 대화의 철학

20세기의 위대한 사상가이며 폭넓은 철학자인 마르틴 부버(Martin Buber, 1878-1965)는 누구보다도 대화(Dialog)에 관한 사상과 이론을 많이 정립하였으며, 대화를 여러 가지 분야의 학문과 사상을 꿰뚫는 중심적 내용과 문제로 삼고 있다는 점에서 대화의 철학자라고 부를 수 있다고 생각한다.[1)]

그는 독일계 유대인으로 태어나 유대교의 신비주의적 경건 사상인 하시디즘(Hasidism)에 깊은 영향을 받았으며, 시오니즘(Sionism) 운동에 가담한 철저한 유대교적 종교사상가라고 할 수 있으나, 인간과 사회에 관한 깊은 철학적 탐구와 폭넓은 이해는 그를 실존철학자로 혹은

---

* 이 글은 크리스찬 아카데미, 『대화의 철학』, 서광사, 1992, pp.227-258에 수록된 「마틴 부버에서 본 대화의 철학」을 수정 보완한 것이다.

1) M. Friedman, M. Buber, *The Life of Dialogue*, New York, 1960.

철학적 인간학자, 종교철학자, 사회철학자, 윤리학자로도 불리게 했으며, 심지어는 정신분석학자, 사회교육학자, 예술가로 인정되기도 하였다. 그를 종교학자나 신학자로 볼 것이냐, 아니면 철학자나 사회사상가로 볼 것이냐 하는 것은 보는 관점에 따라 다를 수 있는 문제이겠으나, 그의 핵심 사상이 '나(Ich)'와 '너(Du)' 사이에 생기는 대화적 관계라는 점에서, 그를 대화의 신학자, 대화의 철학자, 혹은 대화의 사회사상가로 부르는 데에는 이의가 없을 것이다.

대화에 관한 부버의 사상이 싹트기 시작한 데에는 철학적 영향도 있었지만, 유대교의 종교사상, 신학사상에서 영향 받은 바가 크다고 할 수 있다.[2] 부모의 이혼으로 3세 때부터 할아버지 집에서 자라게 된 부버는, 유대교의 경전 연구가이며 하스칼라(Haskalah)라는 계몽적 유대교 운동의 지도자였던 조부 살로몬 부버(Salomon Buber)에게서 많은 영향을 받았다. 할아버지는 가끔 어린 부버를 데리고 사다고라에 있는 신비적 경건주의 유대교 종파인 하시디즘 교회에 나가곤 했다. 부버는 빈과 베를린, 취리히 등에서 대학을 다니는 동안(1896-1900)에는 철학과 예술사를 공부하면서 서구의 합리주의와 논리적인 철학사상에 매료되었다. 플라톤, 칸트, 니체 등을 철저히 공부했을 뿐만 아니라 당시에 유명했던 짐멜(G. Simmel), 딜타이(W. Dilthey), 베르그송(H. Bergson) 등에게서 가르침과 영향을 받았다. 독일의 신비주의 철학과 르네상스 철학에도 관심이 깊어 1904년에 빈 대학에서 독일 신비주의 철학에 관한 논문으로 박사 학위를 받았다.[3]

---

2) M. M. Kaplan, "M. Bubers Einschätzung des philosophischen Denkens und der religiösen Überlieferung", in M. Buber, *The Library of Living Philosophers*, hrsg. P. A. Schilpp und M. Friedman, Kohlhammer, 1963, p.220 이하.

3) M. Buber, "Beiträge zur Geschichte der Individuationsproblems von Cusanus bis Böhme", 1904.

그러나 부버는 1900년경부터 이미 유대인들의 시오니즘 운동에 적극 참가했으며, 유태교 잡지 『세계(Die Welt)』를 편집했고 월간지 『유대인(Der Jude)』을 창간해 편집하는 일도 했다(1916-1924). 그 사이 수년간 유대교의 경전과 전승 문학들을 깊이 연구하였으며 하시디즘에 관한 교리나 사상에도 심취하면서 연구에 몰두했다. 20세기 초에 특히 강렬하게 대두된 시오니즘 운동에는 정치적 독립운동을 중심으로 한 시오니즘과 문화적, 종교적 부흥운동으로서의 시오니즘이 있었는데, 부버는 후자에 속했으며, 유대교와 히브리 전통문화 속에 있는 사상들을 캐내어 시오니즘의 정신적 토대를 마련함과 동시에, 이를 세계 속에서 보편화시키는 일에 깊은 관심과 정열을 바쳤던 것이다.

이미 1923년에 그의 주요 저서라고 할 수 있는 『나와 너(Ich und Du)』가 출판되었으며 그해에 부버는 프랑크푸르트 대학의 비교종교학 교수가 된 것으로 보아, 대화의 철학의 토대와 모체가 되는 『나와 너』의 사상은 다분히 유대교의 종교사상과 전승 문학에서 영향을 받은 것으로 볼 수 있다. 인간과 인간 사이의 진정한 관계를 나와 너의 관계로서 보는 부버는, 인간과 하느님(Gott)의 참된 관계가 나와 영원한 당신(Ewige Du)과의 관계에 있다는 종교철학적 사상에서 힌트와 영향을 받고 있음을 알 수 있다.4) 부버는 특히 히브리 민족의 하느님은 성서에 나타난 대로 아브라함과 이삭 및 야곱의 하느님, 모세와 선지자들의 하느님으로 인간과 대화를 하시는 하느님이란 것을 강조하고 있다. 따라서 부버에게서 대화의 철학은 곧 대화의 신학의 다른 면이며, 철학적 인간학은 종교철학에서 투영된 이론임을 알 수 있다. 부버는 다음과 같이 말한 바 있다. "인간에 대한 관계는 신(神)에 대한 관계의 초상(Gleichnis)이며 유비(類比)일 뿐이다."5)

---

4) M. Friedman, "Die Grundlagen von M. Bubers Ethik", in M. Buber, *The Library of Living Philosophers*, p.154.

신과의 관계가 원사태(原事態, Urfaktum)이며, 인간과의 관계는 신과의 원관계(原關係, Urbeziehung)의 인간적 표현에 불과한 것이다.6)

그럼에도 불구하고 부버의 사상을 대화의 신학이라 하지 않고 대화의 철학으로서 파악하려는 데는 나름대로 이유가 있다. 무엇보다도 부버는 철학자들에게서 많은 영향을 받았고, 또 철학자들에게 많은 영향을 주었다. 『나와 너』라는 핵심 사상을 이룩하는 데도 유대 종교사상 이외에 인간에 관한 많은 철학자들의 통찰과 이론들에 도움을 받고 있다. 특히 르네상스기의 독일 신비주의 철학과 실존주의 철학에 깊은 영향을 받고 있으며, 인간에 관한 이해를 얻기 위해서 칸트, 키에르케고르, 니체, 후설, 하이데거의 철학을 깊이 연구했다.

특히 부버는 학생 시절부터 읽었던 포이어바흐의 인간학(Anthropologie)에서 큰 힌트를 얻었다고 고백한 적이 있다.7) 포이어바흐는 그의 『미래 철학의 원리』를 구상한 1843년의 계획서에서 다음과 같은 표현을 보여주었다는 것이다.

"개별적 인간은 도덕적으로나 사유에 있어서나 인간의 본질을 스스로 가질 수가 없다. 인간의 본질은 단지 인간과 인간의 결합(Einheit)인 공동체 안에서만 존재하는데, 그 결합은 오직 나와 너의 차이의 현실을 밑바탕으로 하는 것이어야 한다."

바로 이 점에서 마르셀(G. Marcel)은, 부버가 오늘의 위협적인 기술문명 속에서, '그것(Es)'으로서만 규정되는 '그것의 세계(Eswelt)'에 몰두해 있는 철학의 시대에, '너'의 의미와 현실을 의식하게 하고 보여준

---

5) M. Buber, *Ich und Du*, Neuausgabe, 1958, S.91.
6) N. Rotenstreich, "Gründe und Grenzen von M. Bubers Dialogischen Denken", in M. Buber, *The Library of Living Philosophers*, p.95.
7) M. Buber, *Das Problem des Menschen*, 1943, S.62.

148

철학자이며, 이 점에서 그의 사상은 하임(K. Heim)이 지적한 대로 유럽 철학의 혁명이라고 할 수 있다고 했다.8)

부버의 사상은 인간과 인간 사이의 관계를 경험적, 실존적으로 관찰한 바탕 위에서 형성되었으며, 철저히 인간에 관한 철학이라는 점에서 그의 사상을 철학적 인간학이라고 불러야 한다고 프리드먼(M. Friedman)은 주장했다.9) 부버의 대화의 철학은 따라서 실존주의적인 철학적 인간학이며, 여기에는 부버의 인식론과 존재론이 결합되었다고 프리드먼은 보고 있다. 형이상학이나 신학이 아니라, 인간의 문제를 다룬 인간학이라는 것을 강조하고 있다.10)

부버의 신학사상이나 신에 관한 논의는 따로 논구되어야 할 문제이겠으나, 전통적인 신학과는 다른 매우 철학적인 신을 모색하고 있다는 것도 유의해야 할 것 같다. 그는 신에 대한 실존적인 체험과 만남을 강조하고 있다. 교리나 개념으로 파악된 신의 관념은 많은 부분에서 잘못되어 있다는 것이다. 부버는 "신은 어떤 체계로써 파악될 수 있는 것이 아니다"11)라고 주장한다. 신은 곧 현존(Dasein)이며 인간과 만나고 대화하는 자이다. 이 점에서 그는 "신학이 의문스러운 철학의 한 종류일 뿐"이라고 했다.12) 유대교의 경전과 하시디즘의 종교사상에 그토록 심취하였으며 시오니즘 운동에 열렬히 가담했으면서도, 그는 유대교 회당에서 드리는 예배에 거의 참석하지 않았다. 혹 회당에서 강연을 할 때에도 예배가 끝난 다음에 들어가서 했다고 한다. 이런 면

---

8) G. Marcel, "Ich und Du bei M. Buber", in M. Buber, *The Library of Living Philosophers*, p.35.

9) M. Buber, *The Knowledge of Man*, New York: Harper & Row, 1965, Introductory Essay by M. Friedman, p.11.

10) 같은 책, p.13.

11) M. Buber, *Gottesfinsternis*, 1952, S.58.

12) 같은 책, S.55.

모를 보면 부버의 사상은 정통적 신학사상에서는 벗어난, 매우 종교철학적인, 철학적 신앙을 가졌음을 짐작할 수 있다.

이런 점에서 부버의 사상을 '나와 너'의 관계를 중심으로 한 대화의 철학으로 이해하는 것은 방법적으로 타당하다고 생각한다. 단지 부버는 철학을 가졌으면서도 어떤 철학적 체계를 만든 사람은 아니다. 그는 이념이나 사상의 체계가 생생한 진리와 현실을 포괄할 수 있다고 보지 않았다.13) 그의 책은 논리적, 체계적으로 씌어 있지 않고 에세이 형식을 취한 단상들이 많다. 그때그때의 생동하는 현실과 문제에 대한 통찰은 시나 에세이 같은 형태로 더 적절하게 표현할 수 있다고 생각했던 것 같다. 그러나 이런 단문이나 수필들은 저널리즘이나 일회용에 그치는 글들이 아니며, 깊은 사상과 본질적 통찰을 보여주는 것들이다. 그리고 수많은 강연과 단문들을 연결시켜서 본다면 사상적인 동일성을 갖고 있다고 할 수 있다. 따라서 부버의 글들은 체계적 철학을 염두에 두고 쓴 것은 아니지만, 매우 체계적인 사상을 담은 것이라 하겠다. 문제는 이 글들을 체계화하는 방법이 철학자들과 사상에 따라 다를 수 있다는 데 있다.

필자는 부버의 대화의 철학을 다음과 같은 다섯 가지 범주에서 파악해 보려고 한다.

(1) 대화적 관계로서의 나와 너: 철학적 인간학과 존재론

(2) 대화적 삶과 책임윤리: 윤리학과 종교철학

(3) 대화적 공동체와 이상적 사회주의: 사회철학과 정치철학

(4) 대화적 치료와 정보 분석: 부버와 프로이트의 심리철학

(5) 대화적 예술과 미적 창조: 예술철학

---

13) M. M. Kaplan, "Bubers Einschätzung des philosophischen Denkers und der religiösen Überlieferung", in M. Buber, *The Library of Living Philosophers*, p.220.

2. 대화적 관계로서의 나와 너: 철학적 인간학과 존재론

부버의 철학에서 기본이 되는 사실은 인간의 삶과 태도에서의 두 가지 양태이다.

"인간의 태도는, 인간이 말하는 두 가지 기본어에 따라서 두 가지로 나타난다. 하나의 기본어는 나와 너(Ich und Du)이고, 다른 하나의 기본어는 나와 그것(Ich und Es)이다. 여기서 인간의 '나'는 이중적이 되는데, 이 두 가지 기본어의 '나'는 서로 다른 것이다."14)

쉽게 풀이하자면 나와 너의 관계는 동등한 인격적인 관계이고, 나와 그것의 관계는 사물에 대한 관계처럼 목적적이며 대상적인 관계이다. 그러나 부버는 인간 사이에서도 사물적인 관계(Ich-Es)가 존재하고 자연이나 사물에 대해서도 인격적인 관계(Ich-Du)가 있을 수 있다고 본다.

『나와 너』에서 이렇게 선언한 부버는 약 30년 뒤에 쓴 「간격과 관계(Urdistanz und Beziehung)」(1951)라는 논문에서 이렇게 설명했다.

"내가 제기하고 싶었던 문제는 인간의 삶에 관한 원리의 문제였다. 우리가 발견한 인간의 삶의 기본적 원리는 두 가지 운동 속에서 구축되는데, 그 하나는 '거리를 두고 있음'이고, 다른 하나는 '관계 속으로 들어감'이다. 그 하나는 다른 하나의 전제가 되며 양자는 서로 반대의 위치에 있다."15)

---

14) M. Buber, *Ich und Du*, Berlin, 1923.

15) M. Buber, "Distance and Relation", in M. Buber, *The Knowledge of Man*, p.60.

'나와 그것'의 양태와 '나와 너'의 양태를 간격과 관계라는 특징으로 설명하고 있음을 볼 수 있다.

사람은 대체로 사물에 대해서 '나-그것'의 관계를 가지고 있다. 사람에 대해서도 내가 그를 대상적으로 관찰하거나 인과관계의 연속 속에서 객관적으로 파악하려 할 때에는 '나-그것'의 관계를 갖는다고 할 수 있다. 그런데 부버에 의하면 '나-그것'의 관계는 진정한 관계(genuine relation)가 아니다. 왜냐하면 그 관계라는 것이 나와 그것 사이에(zwischen, between) 존재하는 것이 아니기 때문이다. 내가 어떤 사람을 주목하거나 관찰하거나 다른 사람과 비교하거나 구별하는 일을 할 때, 나는 그 사람을 '그것'으로서 대하고 있을 뿐이다. 이것이 나와 그 사람과의 진정한 관계가 되지 못하는 것은 이 모든 행위가 나에게서만 일어나고 있으며 그 사람은 오직 대상으로만 있을 뿐 아무런 작용도 하지 않는 상태이기 때문이다. 부버는 진정한 관계란 상호작용에서만 성립한다고 보고 있다.

따라서 진정한 관계란 '나와 너'의 관계이다. 이 관계는 나와 너의 사이에 존재하는 것이기 때문이다. 이때에 너(Du, Thou)는 세계의 사물들 중의 하나가 아니다. 사물들이 오히려 너에 의해서 밝혀지고 이해되는 그러한 너이다. 부버는 너란 것은 경험될 수 없는 것이라고 한다.16) 내가 너를 경험할 때에는 이미 '너'가 아니라 '그것'이 되기 때문이다. 그래서 부버는 경험이란 것이 '너와의 멀어짐(Du-Ferne)'이라고 한다. '나와 너'의 관계는 대상이나 목적으로 삼을 수 없는 관계란 뜻이다.

부버는 또한 '나와 너'의 관계는 나의 전(全) 존재가 참여해야 하는 관계라고 주장한다. 나의 어떤 부분은 참여하고 다른 부분은 단지 구

---

16) M. Buber, *Ich und Du.*

경만 하는 경우에는 '나와 너'의 관계가 '나와 그것'의 관계로 전락된다고 한다. '나와 너'의 관계는 전적으로 신뢰하는 관계이며, 여차하면 철수하겠다는 조심함이나 방어적 메커니즘을 갖지 않는 관계이다. 그러므로 이 관계는 모험이 따르는 관계이다. 이 모험을 피하려고 '너'를 관찰하며 원인을 따져 보고 대상화할 때 '너'는 '그것'으로 될 수밖에 없다. '나'에 대한 '너'는 나와는 다른 타자로서 전적으로 자유롭게 나타내야 한다. 그래서 '너'는 나에게 자유롭고 예측 불가능한 '너'이다. '너'가 어떻게 나올지 계산해 보며 대응을 생각해 보는 순간에 '너'는 '그것'으로 전락하게 된다.

그러면 이러한 '나'와 '너'의 관계는 어떻게 이루어지는 것일까? '나'가 '너'를 경험하는 것도 관찰하는 것도 분석하는 것도 아니라면, '나'와 '너'의 관계는 어떻게 이루어지는가? 부버는 이 관계를 만남(Begegnung)이라고 표현하고 있다. '너'라는 표현을 할 때, '당신(you)' 하고 부르면 반드시 만남이 있고 대화가 있다는 것이다. '나'가 '너'를 나의 전 존재로 만날 때 '너'라고 부를 수 있다는 것이다. 이 만남의 관계는 선택을 하는 행위이며 선택을 받는 행위라고 한다. 그러므로 능동이면서 수동이다. 그래서 부버는 "모든 참된 삶은 만남"[17]이라고 한다. 그래서 사람들 사이의 진정한 관계는 '나와 너'의 관계이며, 이 관계는 전 존재로 만남으로써만 이루어진다.

이 만남은 물론 대화의 관계이다. '너'라고 하는 것은 말로써 표현될 때 이루어지는 것이다. 따라서 말과 대화가 없이는 나와 너의 관계가 생기지 않는다. 물론 부버는 꼭 말을 하지 않아도 눈빛과 감정만으로도 '나와 너'의 관계는 성립할 수 있다고 한다. 사랑하는 사람들, 신뢰하는 사람들의 관계는 말이 없어도 전 존재로 주고받는 관계가 있

---

17) M. Buber, *I and Thou*, trans. W. Kaufmann, Charleo Seribners Sons, 1970, p.62.

다. 그러나 부버는 이 경우에도 언표된 말은 없어도 감정이나 몸동작으로 대화가 이루어지고 있다고 보고 있다. 따라서 '나와 너'의 진정한 관계, 만남의 관계는 곧 대화의 관계라고 할 수 있다.

'대화의 관계' 혹은 '대화적인 삶'은 부버의 사상에 있어서 하나의 부분 사상이 아니라 전체를 꿰뚫는 핵심적 사상이라고 할 수 있다.[18] 그는 이 개념을 통해서 인간관계와 삶의 현상들을 파악하며 진단하고 있다. 『나와 너』 이후에 쓴 여러 글을 통해서 부버는 '대화적 삶'의 원리와 대화적 관계에 대하여 깊이 탐구하며 이 사상을 발전시켰다.[19] 그는 특히 인간 사이의 진정한 관계를 여러 가지 표현으로 묘사했는데, '전 존재적 관계(relation with whole being)', '본질적 관계(wesenhafte Beziehung)', 혹은 '인간 사이의 관계(zwischenmensehliche Beziehung)', '대화적인 관계(die dialogische Beziehung)'라고 했다. 표현은 다르지만 내용은 모두 마찬가지다. 참다운 관계는 대화적인 관계일 때 가능하며, 그래서 대화적 원리를 인간 삶의 기본 원리로서 추구한 것이다.

그러면 부버에게 대화란 어떤 것이며, 대화적 삶이란 어떤 것인가? 부버는 단순한 '대화'라는 말보다는 '대화적'이라는 형용사를 더 즐겨 쓰고 있다. 그래서 '대화적 삶', '대화적 사유', '대화적 관계'라는 말을 많이 쓴다. 대화적인 삶이나 독백적인 삶은 대화나 독백보다는 더 넓은 것을 의미한다고 한다. 여기에는 말이나 소리 또는 동작이 없는 대화나 독백들이 포함되기 때문이라 한다.[20] 겉으로 보기에는 대화가 아

---

18) N. Rotenstreich, "Gründe und Grenzen von M. Bubers Dialogischen Denken", in M. Buber, *The Library of Living Philosophers*, p.87.

19) M. Buber, *Die schriften über das dialogische Prinzip*, 1954.

20) M. Buber, *Zwiesprache, Traktat vom dialogischen Leben*, Neuausgabe, Heidelberg, 1978, S.43.

니지만 대화적인 삶에 속하는 것들이 있다는 것이다. 반면에 겉으로는 대화인데 대화적 삶이 아닌 것도 있다. 즉, 말은 대화처럼 하는데 대화의 본질이 없는 대화이기 때문이다.

그래서 부버는 세 가지 종류의 대화가 있다고 주장한다.[21]

(1) 진정한 대화(der echte Dialog) : 말로 하든지 침묵으로 하든지, 대화의 참여자가 그 상대자를 있는 그대로의 현존(Dasein)과 본질(Sosein)에서 인정하며 그들의 의도에 귀를 기울이며 양자의 사이에 생동하는 상호성이 생기는 대화를 말한다.

(2) 기술적 대화(der technische Dialog) : 사실적인 내용을 이해하고 따지기 위한 필요성에서 하는 대화를 말한다.

(3) 대화로 위장된 독백(der dialogisch verkleidete Monolog) : 두 사람 이상 여러 사람들이 한 방에서 서로 돌아가며 모두가 모두에게 이야기하고 떠들면서 서로를 향해 무슨 말을 하고 있다고 생각하는 경우의 대화를 말한다.

진정한 대화와 대화가 아닌 대화를 구별하기 위해서 이러한 구별을 하였다. 특히 세 번째 경우에 흔히 대화가 아닌 독백을 볼 수 있다고 한다. 어떤 생각이나 내용을 원래 느꼈던 대로 말하지 않고, 자극을 주기 위해 과장하거나 뾰족하게 만들어 말하는 경우이다. 말하는 상대자를 한 인격체로 대하지 않으면서 주고받는 말, 꼭 무엇을 누구에게 알리거나 설득하거나 합의하기 위한 필요성에서가 아니라, 자기만족이나 과시를 위해 하는 말들은 다 이러한 독백에 불과하다고 한다.

대화적인 삶이나 행위는 결코 많은 사람들과 나누는 것이 아니라, 몇 사람과라도 대화를 할 때는 정말로 대화를 나누는 것을 말한다. 독백적인 삶을 사는 사람은 고독한 자가 아니라, 자기 스스로 참여하면

---

21) 같은 책, S.43.

서 이루는 교제(Gesellschaft)를 본래의 뜻대로 실현할 수 없는 자이다.[22] 대화적인 삶을 사는 사람은 무엇인가를 듣는 데서 얻고, 여기에 대응할 필요를 느낀다. 독백을 하는 자는 다른 사람을 자기와 의사소통하는 자로서 인정하지 않는 자이다. 자기와 다른 생각이나 현실과 깊숙이 교류할 여유를 갖지 못하고, 자기의 사상이나 관점으로 가득 차 있기 때문에 외로운 자이다.

그래서 진정한 대화는 '너'를 진정으로 들으려고 하는 '나와 너'의 관계에서만 이루어질 수 있다. '나와 너'의 관계에서는 서로가 상대방인 '너'를 진정으로 들으려고 한다. 그래서 진정으로 들으려고 하는 자들은 항상 순수하게 현재에 사는 자들이라고 한다.[23] 가짜로 듣는 것과 진짜로 듣는 것의 차이는 귀 기울이는 것이 과거냐 현재냐에 있기 때문이다. 가짜로 듣는 자는 무엇을 들으면서도 자기가 듣는 사람에 대해 가진 과거의 지식에 의해서 판단하고 결정하는 자이다. 진짜로 듣는 자는 자기가 무엇을 들을지 미리 알고 있지 못하다. 타자의 말을 자기의 선입견으로 걸러 내지 않고 현재의 독특한 상태대로 충실하게 듣는 자이다. 그래서 "나 그 사람 무슨 얘기할지 알아!"라고 말하는 사람은 이미 진짜로 듣는 자가 아니며, 따라서 진정한 대화를 하는 자가 아니다.

대화를 하는 자는 상호성(Reziprozität)을 철저히 신뢰하며 받아들이는 자이다. 독백을 하는 자는 누구와 아주 다정하게 이야기하면서도 자기 자신의 범위를 절대 넘지 않는 자이다.[24] 그래서 대화하는 삶은 이타주의(altruism)나 이기주의(egoism)와도 상관없다. 사회사업을 하

---

22) 같은 책, S.44.

23) M. Wyschogrod, "M. Buber", in *The Encyclopedia of Philosophy*, Vol. 1, New York: The Macmillan Company, 1978, p.410.

24) M. Buber, *Zwiesprache, Traktat vom dialogischen Leben*, S.45.

거나 사회적으로 활동을 많이 하는 사람인데도 전혀 남과 본질적인 교제나 대화를 하지 못하는 자가 있다.

그래서 대화를 한다는 것은 사랑을 하는 것과 동일시되어서도 안 된다. 자기가 만나서 대화하는 사람들을 모두 사랑할 수는 없다. 예수도 많은 죄인들과 세리들, 창녀들을 만나 대화했지만 모두를 사랑하신 것은 아니다. 사랑할 만한 사람은 따로 있다. 대화는 원수나 미워하는 사람과도 할 수 있는 것이다. 그러나 대화가 없는 사랑은 불가능하다. 대화를 하기 위해서 사랑을 할 필요까지는 없지만, 서로 무엇인가는 오고가는 교류가 있어야 한다.

부버는 대화의 철학에서 무엇보다 중요한 것이 상대방의 말을 듣는 일이고 받아들이는 일이라고 강조한다. "진정한 대화에서는 상대방을 향해서 있어야 한다."25) 이 말은 대화의 상대자를 우선 지각해야 하며, 상대방으로 받아들이고 인정해야 한다는 말이다. 이것은 물론 상대방을 그대로 수용한다는 말은 아니다. 상대방을 인격으로 긍정한다는 말이다.

이러한 조건이 되어야 대화의 상대자들은 서로를 완전히 드러내 놓는다. 대화에 참여하는 자들은 주제에 관하여 마음속에 할 말이 있을 때 주저 없이 자신을 표출할 수 있어야 한다. 말을 줄이거나 동기를 바꾸지 않고 생각한 대로 표현해서 대화에 참여하여 기여하겠다는 정신을 가져야 한다. 성실하고 점잖은 사람들이 가끔 갖는 착각은 "하고 싶은 말을 다 해서는 안 된다"는 생각이다. 그러나 진정한 대화에 충실하기 위해서는 말하고 싶은 것, 해야 할 것을 억제하지 말아야 한다. 하고 싶은 말을 억제하지 말라는 것은 속에 있는 말을 남김없이 다 하는 것과는 다르다.

---

25) 같은 책, S.23; M. Buber, "Elements of the Interhuman", in M. Buber, *The Knowledge of Man*, p.85.

여기서 부버가 강조하고자 하는 것은 대화에 참여한 자들이 꼭 해야 할 말을 억제하지 않고 하는 것이 중요하다는 것이다. 그러나 부버는 모든 사람들이 다 말하는 것이 대화에서 필수적인 것은 아니라고 한다. 경우에 따라서는 침묵을 지키는 것도 대단히 중요하다고 말한다.26) 침묵도 일종의 대화라는 것이다. 그러나 꼭 해야 할 말이 있을 때는 억제해서는 안 된다. 이것은 미리 알 수는 없으나, 미리 결정할 문제도 아니다. 미리 나는 침묵하겠다고 정해 놓고 하는 침묵은 진정한 대화가 아니다. 미리 맞추어진 대로 하는 대화는 진정한 대화가 아니기 때문이다. 대화의 주제나 구조는 미리 짜 놓을 수가 있다. 그러나 진행은 대화의 혼(spirit)에 맡겨야 한다고 부버는 주장한다. 그래서 어떤 사람들이 무엇을 이야기해야 할지 말아야 할지는 대화의 혼이 부르고 부르지 않는 데에 따라 맡겨야 한다고 말하는 것은 일리가 있다.

부버에 있어서 중요한 것은 대화의 내용이나 진행이 어느 일방에 의해서 결정되거나 주도되지 않고, 서로의 관계와 참여에 의해서 만들어지는 것이다. 그래서 대화나 대화적 삶은 반드시 상호성의 원칙을 바탕으로 해야 한다고 말한다.

"대화는 말이 없어도 보고 내용이 없어도 성립할 수가 있다. 그러나 대화에 구비되어야 할 최소 요건은 내적 작용의 상호성(Gegenseitigkeit der inneren Handlung)이다."27)

부버의 대화의 철학에서 존재론적인 문제를 제기하는 것이 바로 이 상호성의 범주라고 할 수 있다. 이것은 나와 너의 관계에 있어서는 필

---

26) M. Buber, "Elements of the Interhuman", in M. Buber, *The Knowledge of Man*, p.87.

27) M. Buber, *Zwiesprache, Traktat vom dialogischen Leben*, S.23.

수적, 선천적으로 존재하는 범주이기 때문이다.28) 이 상호성은 나에게 있는 것도 아니고 너에게 있는 것도 아니며 양자의 사이에(Zwischen) 존재하는 범주이며 요소이다. 대화는 양자가 서로 '마주 서 있음(einander Gegenüberstehens)'을 통해 가능한데, 여기에는 반드시 '사이라는 영역'이 있게 된다.

부버의 철학에서는 이 '사이'라는 것이 독립성을 가지며 존재적인 성격을 갖는다고 여러 학자들이 주장한다.29) 부버는 이 '사이'라는 것이 단순히 심리적인 차원의 것만이 아니며 존재의 차원의 것이라고 여러 번 주장했다. "사이는 보조적 구성물이 아니라 인간 사이에 일어나는 사건의 실제적 장소이며 담지자이다."30) '사이'라는 것은 나에게도 너에게도 속한 것이 아니며, 나와 너가 서로 대화를 하거나 관계를 가질 때 생기는 중간 지대이다. 그러나 부버는 이 '사이'와 '관계'라는 것이 나와 너가 관계를 맺기 전에 이미 선천적으로 존재한다고 주장한다. 부버는 『나와 너』에서 다음과 같이 말했다.

"처음에 관계가 있었다. 본질의 범주로서, 대기 태세로, 파악 형식으로, 영혼의 모델로, 관계의 선천성으로, 생래적인 너."31)

논리적으로 설명된 글이 아니고, 시적으로 선언된 이 관계에 대한 표현들을 어떻게 해석하느냐 하는 것은 철학적인 논쟁거리이다. 과연 '관계'나 '사이' 혹은 '상호성' 등의 범주가 선천적이며 생래적이라면 여기에 대해 존재론적인 논쟁과 인식론적인 논쟁이 생길 수밖에 없

28) M. Buber, *Reden über Erziehung*, 1953, S.18.
29) G. Marcel, "Ich und Du bei M. Buber", in M. Buber, *The Library of Living Philosophers*, p.37.
30) M. Buber, *Das Problem des Menschen*, S.166.
31) M. Buber, *Ich und Du*, S.28.

다.32) 나와 너가 있기 이전에 이미 선천적으로 관계가 존재했다는 말인지, '너'라는 구체적인 상대자가 나타나기 이전에 이미 나에게는 상대적으로 '너'가 있도록 되어 있다는 이야기인지는 분명하지 않다. 그러나 '관계'와 '사이'를 중요한 철학적 범주로 생각하는 부버는 상호성이라는 것이 인간의 실존에서 본질적으로 존재하는 것임을 강조하려고 했던 것 같다.

그러나 이 '상호성'이나 '사이' 혹은 '관계'의 범주는 실존적인 의미만 가진 것은 아니다. 이것은 나와 너를 모두 새롭게 만들고 변화시키는 창조적 기능을 갖고 있다. 부버는 대화를 하는 '나'와 '너'가 서로 영향을 주고받을 때, 진짜로 영향을 주는 것은 떨어진 나와 너가 아니라 그 관계라고 한다. 함께 작용하는 그 '사이'라는 것이 나와 너에게 모두 변화를 일으킨다. 이것이 대화의 효능이며 힘인 것이다. 그래서 부버는 이 '사이'라는 것이 묘한 것이며, 따라서 '신비로운 것'이라고까지 했다.

이 '사이'라는 것은 인간관계와 사이에서 일어나는 것을 총칭한다. 이것은 두 사람이 서로 작용하여 만든 것이기 때문에 양자의 어느 편에도 속하지 않는 것, 공유되는 것이다. 그래서 이것은 '대화적인 것'이라 한다.33) 이 상호성이라는, '인간 사이의 것'이 두 사람이 가진 각각의 주관성을 극복하게 한다. 대화를 통해서 이해에 도달하는 것은 이전에 가졌던 각자의 주관성을 극복하는 일을 통해서 가능하게 된다.34) 이러한 창조적 기능을 하는 '인간 사이(Zwischenmenechliche,

---

32) N. Rotenstreich, "Gründe und Grenzen von M. Bubers Dialogischen Denken", in M. Buber, *The Library of Living Philosophers*, p.90.

33) M. Buber, "Elements of the Interhuman", in M. Buber, *The Knowledge of Man*, p.75.

34) M. Buber, *Über das Erzieherische, Reden über Erziehung*, S.39.

sphere of interhuman)'를 부버는 심리적 현상이라고만 보지 않는다. 여기에 어떤 존재적인 차원을 부여해야 한다고 보는 것이다.

부버의 대화의 철학은 '나'와 '너'의 '사이'와 '관계'가 만들어 내는 모든 것을 해명하고 이를 회복하게 하는 데 목표가 있다고 할 수 있다.

3. 대화적 삶과 책임윤리: 윤리학과 종교철학

부버에게 있어서 대화는 인간의 관계를 설명해 주는 인간학적 범주이면서 인간의 삶의 전 영역에 작용하는 핵심 개념이다. 대화는 인간의 삶의 형태이며 양식일 뿐만 아니라, 그래서 현상학적으로 존재론적으로 다루어야 할 문제일 뿐만 아니라, 인간의 당위적 삶에 있어서도 추구되어야 하는 가치론적인 윤리적인 목표이기도 하다. 그래서 대화의 철학은 대화의 본질이나 구조에 대한 철학일 뿐만 아니라, 대화의 가치와 대화의 윤리성을 밝히는 철학이기도 한 것이다. 부버는 『나와 너』의 기본 개념을 윤리학에도 적용시켜, 관계의 윤리학, 대화의 윤리학을 세우고 있다.

윤리학이나 도덕철학이라고 하면 흔히 윤리적 행위나 도덕적 규범의 근거가 어디에 있느냐는 물음과, 선과 악이나 윤리적인 행위를 판가름할 수 있는 척도의 기준이 어디에 있느냐는 물음에 답해야 한다. 부버에게 있어서 도덕적 가치의 근거와 윤리의 기초가 무엇이냐고 묻는다면 그것은 종교요 신이라고 해야 할 것이다. 부버는 도덕적 가치는 절대적이어야 한다고 생각하며, 그렇기 때문에 절대자와 관련되어야만 한다고 믿고 있다.35) 부버는 인간이 해야 할 일이 무엇인가를 물을 때 그 대답이 인간에게 달려 있다고 한다면, 인간에게서만은 어떤

---

35) M. Fox, "Einige probleme in M. Bubers Moralphilosophie", in M. Buber, *The Library of Living Philosophers*, p.135.

구속력 있는 명령이 나올 수 없다고 보고 있다. 사회적 관습이나 개인의 이익과 행복, 처벌에 대한 두려움도 모두 인간적인 것이며, 이것이 윤리의 근거나 기준이 될 수는 없다는 것이다.

부버는 순수하게 윤리적인 것은 사람의 인격이 자기의 가능성과 만나고, 상황에 구애됨이 없이 그 안에서 판단도 하고 결정도 할 때 생기는 것이라고 주장했다.36) 여기서 가능성(Möglichkeit)이란 자신의 내적 존재나 영혼을 말하는 것 같다. 윤리적인 행위란 인간과 사회에 대한 이익과 손해를 계산해서 하는 행위가 아니라, 인간의 내면적인 가치와 무가치에 따라서 행동하는 것을 말한다고 한다.37) 그러나 이러한 내면적 가치가 어떻게 정당한 것과 선한 것을 가리느냐고 묻는다면 부버는 인간의 내면성이 절대자와 관계함으로써 알게 된다고 대답한다.

결국은 절대자인 신이 존재한다는 것을 믿어야 하고, 신이 곧 모든 가치와 도덕적 행위의 원천이 되며, 인간은 신에 대하여 그 가치와 명령을 따를 의무와 책임을 진다는 것을 받아들여야 한다. 인간은 스스로 가치와 선을 판별할 수 없고, 절대자만이 절대적인 가치와 의무를 부여할 수 있다고 본다. 그래서 부버는 『나와 너』에서 영원한 당신과의 만남을 주장했다. 영원한 당신은 곧 신이며 절대자이다. "신은 당신(Du)이며, 본질적으로 그것(Es)이 될 수 없는 자이다."38) 모든 참된 종교는 이 그것이 될 수 없는 당신과의 관계라고 했다.

이 영원한 당신을 만나게 될 때 인간은 자기의 참모습을 깨닫게 되고 올바른 가치를 발견하게 된다고 한다. 그러나 인간이 신을 만나게 될 때 어떻게 가치와 진리를 깨닫게 되는가? 부버는 여기서 신이 인간

---

36) M. Buber, *Gottesfinsternis*, S.115.

37) 같은 책, S.115.

38) M. Buber, *Ich und Du*, S.98.

에게 나타나서 말하는 것은 계시(Offenbarung)를 통해 가능하다고 한다. 계시는 성서의 사건이나 신비적인 경험을 통해서만 나타나는 것이 아니라 인간의 생존의 매 순간마다 계시가 올 수 있다고 한다. 단지 인간은 들려오는 음성에 자신을 열어야 한다. 모든 계시는 '나와 너'의 관계에서 당신, 즉 신적 당신에게서 온다고 한다.39) 이 계시 속에서 절대자와 절대적 가치를 만날 수 있다고 한다.

그러나 문제는 여기서 끝나지 않는다. 인간이 절대자의 음성을 듣는다고 할 때 그것이 진짜 절대자인 신에게서 온 음성인지, 신을 흉내내는 어떤 괴물에게서 온 것인지를 어떻게 판별하느냐 하는 인식론적인 문제가 생긴다.40) 적어도 신에게서 오는 참된 계시와 거짓된 환상을 구별할 수 있는 척도는 인간에게 있어야 할 것이다. 그러나 부버는 여기서 분명한 기준을 제시하지 않는다. 참된 계시와 인간의 환상을 구별하는 일은 매우 어렵다고 한다. 더구나 오늘날 많은 거짓 절대자가 정신계에 나타나 어지럽게 하고 있기 때문에, 계시라는 이름으로 신의 이름으로 부과되는 헛된 가르침을 경계해야 한다고 했다.41)

윤리적 가치와 진리에 대한 절대자의 계시는 분명히 종교철학적인 문제이지만 여기에서도 부버는 전적으로 신비주의적인 계시론에 빠지지 않고 인간의 진실된 대응(entsprechen)의 중요성을 강조한다. 즉, 계시라는 것도 신이 일방적으로 인간에게 지시해 주는 식으로 나타나지 않는다는 것이다. 계시는 신과 인간의 만남이며, '나와 너'의 관계이기 때문에 여기에서도 상호작용과 대화가 중요하다고 한다. 계시를 받는 인간의 정신은 백지 상태(tabula rasa)가 아니다. 인간에게도 이미

---

39) E. L. Fackenheim, "M. Bubers Offenbarungsbegriff", in M. Buber, *The Library of Living Philosophers*, p.255.

40) M. Buber, *Gottesfinsternis*, S.142 이하.

41) 같은 책, S.144.

많은 관념과 사상이 있으며, 신에게 자기의 말을 하고 대꾸를 한다는 것이다. 계시가 인간과 신의 대화의 형태로 나타난다는 것은 중요한 발견이다. 여기에는 인간의 대답이 있는 것이다. 부버는 흔히 사람들이 인간적인 대답이나 말을 신의 이야기로 착각하는 일이 많다고 한다.

부버는 신은 계시에서도 인간과 대화하는 존재이지 일방적으로 어떤 지시를 내리는 존재가 아니라고 주장한다. "인간의 만남에서도 일방적 지시를 하지 않는 것처럼, 신과의 만남에서도 그러한 지시는 없다."42) 부버는 사람들이 흔히 절대자의 명령이라고 제시하는 도덕규칙들은 가짜 계시일 경우가 많다고 한다. "신은 진리를 가지고 있지만 어떤 체계를 가진 것은 아니다. 그의 진리는 그의 의지(Willen)로서 나타나지만, 그 의지는 어떤 프로그램이 아니다."43) 부버는, 종교적 경전에 나타난 신의 계율(Gesetze)이라는 것도 신의 법이 아니라 인간의 법이라고 한다. 그것은 인간이 계시를 받으면서 받아 쓴 것이지만 신의 음성을 그대로 적은 것이라고 할 수는 없다.44) 부버는 로젠츠바이크(Franz Rosenzweig)에게 보낸 편지에서 "계시를 통해 입법이 되지는 않는다"고 썼다.45)

이런 사상을 통해 부버는 절대자나 신과의 만남이나 계시에 있어서도 인간의 대응과 대답이 중요함을 강조한다. 신의 음성과 의지는 분명히 있지만 인간은 이를 대화를 통해서 느끼며 알게 되고, 특히 인간의 대답을 통해서 드러난다는 것이다. 그리고 부버에게 있어서는 영원

---

42) M. Buber, Ich und Du, S.97.
43) M. Buber, Hinweise, S.168.
44) M. Fox, "Einige probleme in M. Bubers Moralphilosophie", in M. Buber, *The Library of Living Philosophers*, p.141
45) M. Buber, "Brief an Franz Rosenzweig, vom 24, Juni 1924", in *Offenbarung und Gesetz*, Berlin, 1936, S.150.

한 당신이라는 신과의 만남은 많은 인간적인 너와의 만남과 연장선상에 있다. 『나와 너』의 제3부는 "여러 관계들의 선이 연장되면 영원한 너를 만나게 된다"는 말로 시작되고 있다. "모든 개개인의 너는 영원한 너를 들여다보는 통로이다." 이것은 신을 깨닫는 데도, '영원한 너'를 아는 데도 인간 사회에서의 많은 '나와 너'의 관계가 중요하다는 실마리를 안겨 준다.

그래서 부버의 윤리학을 이해하는 데는 계시론이나 종교철학 못지않게 철학적 인간학과 대화의 철학이 중요하다고 프리드먼은 주장한다.46) '나와 너'의 관계, 인간 사이의 의미, 대화에 의한 공동체의 모색에서 이미 부버는 '대화의 윤리학'을 암시하고 있다고 볼 수 있다. 부버의 종교철학에서는 당위(Sollen)의 근거가 신의 명령이나 의지에 있지만, 철학적 인간학에서는 '참된 실존(echte Existenz)'에 있다고 한다.47) 그런데 참된 실존은 바로 올바른 '나와 너'의 대화적 관계 속에 있다고 했다. 윤리적으로 올바른 결단이나 행위도 참된 실존 속에서만 가능한데, 이것도 '나와 너'의 바른 관계, 즉 대화적 관계에서만 이루어질 수 있는 것이다.

부버는 진정한 대화적인 삶이 윤리의 근거가 될 수 있다는 것을 '책임'의 어원적 설명을 통해 제시하고 있다. 윤리적 개념으로 많이 쓰이는 '책임'은 당위성을 포함하는 말이다.

"책임이란 개념이 공중에 떠 있는 '당위성'의 윤리 영역에서 생활윤리의 영역으로 옮겨져야 한다. 진정한 책임은 대답을 올바르게 할 때만 있을 수 있다고 했다."48)

---

46) M. Friedman, "Die Grundlagen von M. Bubers Ethik", in M. Buber, *The Library of Living Philosophers*, p.153.
47) 같은 글, p.153.

책임(Verantwortung)이라는 말이 대답(Antworten)이라는 어원에서 나왔듯이, 바른 윤리적 책임을 다하려면 바른 대답을 해야 하는 것이라고 부버는 생각한다. 그러면 무엇에 대한 대답인가?

부버는 구체적인 어떤 말(Wort)에 대답함이 없는 책임이란 은유적인 도덕(Metapher der Moral)일 뿐이라고 했다. 사실 책임이란 내가 구체적으로 책임져야 할 사건이 있을 때 책임을 지게 되는 것이며, 이때는 반드시 내가 대답을 해야 할 말을 나에게 건네준 화자가 있다는 것이다.49) 나에게 어떤 도덕적 명령을 부과하는 말하는 자가 있다는 것이며, 이 말에 대답을 바르게 하게 되면 책임을 다하게 되는 것이라 한다. 윤리적 행위, 즉 책임을 지는 행위란 곧 대화를 바르게 하는 삶을 말하다.

부버가 도덕적 당위성을 대화에서 찾는다고 해서 사르트르처럼 인간이 가치를 만들어 내는 것이라고 생각하면 안 된다. 부버에 의하면 인간이 스스로 만들어 낸 도덕규범은 자유이기는 하지만 대답이 없는, 책임이 없는 자유라고 한다. 사르트르가 주장하는 인간이 스스로 선택한 가치와 의미는 가치의 참의미를 깨뜨린다고 한다. 정말 가치 있는 것은 사람이 만든 것(erfunden)이 아니라 발견한 것(gefunden)이어야 한다.50)

대화를 통해서 발견되지만, 나와 너의 관계에서 생기는 가치, 당위성, 이것이 부버의 윤리학에서 기초가 된다. '너'에 대한 '나'의 대답에서 책임을 끌어내는 그의 윤리학은 마치 칸트의 정언 명령(kategorische Imperativ)에 대답하는 윤리의식과 비슷하다. 그러나 칸트의 정언 명령은 실천이성에서 나오는 주관적인 것이다. 여기에 비해 부버의 도

---

48) M. Buber, *Zwiesprache, Traktat vom dialogischen Leben*, S.35.
49) 같은 책, S.38.
50) M. Buber, *Gottesfinsternis*, S.83 이하.

덕 명령은 '나와 너'의 대화에서 나오는 대화적인 것이라 할 수 있다.[51]

사실 모든 도덕적 명령은 살인, 간음, 거짓말, 사랑에 관한 모든 구체적인 '나와 너'의 관계에서 생기는 명령들이다. 따라서 모든 윤리적 행위와 규범의 전제가 '나와 너'의 관계에 있다고 해도 과언이 아니다. 부버는 자신의 윤리사상이 칸트의 정언 명령 두 번째인 "인간을 결코 서로 목적으로 대하지 수단으로 삼지 말라"는 원칙과 매우 유사한 점이 있다고 하였다. 그러나 부버는 인간을 단지 목적으로 삼는 일이 '나와 너' 사이에서 상호적으로 일어나야 하며 상호관계 속에서만 윤리적 관계가 완성된다는 구체성을 갖는 점에서 칸트와 차이가 생긴다고 한다.[52]

따라서 부버의 윤리학은 선천적이며 절대적인 윤리와 가치를 주장하면서도 그 구체적 인식과 실천은 '나와 너'의 구체적 관계에서 생기는 책임윤리와 대화적 삶에 기초를 둔 경험주의를 수반하고 있다고 볼 수 있겠다.

4. 대화적 공동체와 이상적 사회주의: 사회철학과 정치철학

인간의 존재양식이 대화적으로 되어 있고 윤리적인 삶의 방식도 '나와 너'의 상호관계에서 대화적으로 규정되어야 한다고 본 부버는, 인간의 사회와 국가를 구성하는 원리에 있어서도 대화적인 원리가 지배해야 한다는 대화의 철학을 견지하고 있다. 이것이 부버의 사회철학과

---

51) M. Friedman, "Die Grundlagen von M. Bubers Ethik", in M. Buber, *The Library of Living Philosophers*, p.159.
52) M. Buber, "Elements of the Interhuman", in M. Buber, *The Knowledge of Man*, p.84.

정치철학의 핵심이라고 할 수 있다.

부버는 흔히 종교사상가 또는 실천철학자로 알려져 있다. 그를 정치학자로 보는 사람은 없을 것이다. 그러나 부버는 정치문제나 국가의 문제 등에 관해서도 상당한 관심을 가지고 글을 썼으며 중요한 사상들을 발표하곤 했다. 하느님의 말씀이나 진리는 인간의 모든 삶의 부분들과 행위들을 포괄하는 것이며, 이 점에서는 정치적 행위도 배제될 수 없는 것이다. 특히 부버가 살았던 20세기 전반의 시대는 가히 정치의 시대라고 할 수 있을 만큼 정치가 인간의 삶과 운명을 좌우하던 시대였다. 인간의 삶을 행복하게 하기 위해서는 민주주의라든가 사회주의 혹은 민족주의 같은 이데올로기들의 문제가 바르게 해결되어야 한다고 믿고 실천하던 시대였다. 이러한 정치적, 사회적 문제에 대하여 논한 부버의 사상을 그의 정치철학 혹은 사회철학으로 정리해 볼 수 있을 것이다.[53]

부버에 의하면 정치적인 문제라는 것도 인간(Mitmensch)과 이웃한 인간 사이에서 생기는 문제이며, 이것은 곧 나와 너라는 기본 관계를 내포하고 있기 때문에 대화적인 관계의 문제라고 볼 수 있다고 한다. 인간의 관계는 곧 나와 너의 관계이며, 이것은 최소의 단위에서도 이미 사회적인 상태를 이루게 되는데, 사회적 상태는 곧 어떤 양태로든 정치적인 관계의 결과를 낳게 된다고 보고 있다. 사회라는 것이 생기게 되면 그것은 이미 원초적으로 권력 투쟁의 관계를 낳게 되며, 권력을 둘러싼 인간 사이의 갈등과 경쟁들을 조정하거나 해소하지 않으면 안 되게 된다.

여기서 부버는 인간 사이의 갈등과 경쟁의 관계를 해소하며 해결해 나가는 원칙을 두 가지로 나누어 보고 있는데, 그 하나는 좀 더 자연

---

53) R. Weltsch, "M. Bubers politische Philosophie", in M. Buber, *The Library of Living Philosophers*, pp.384-397.

스럽게 자발적으로 이루어지는 사회적 원칙(soziales Prinzip)이요, 다른 하나는 더욱 인위적이고 강제성을 띤 정치적 원칙(politisches Prinzip)이라고 한다. 부버의 개념에 따른다면 사회적 원칙은 사회 속의 인간관계에서 더욱 직접적인 만남과 부딪침을 통해서 상호간에 자발적 혹은 순리로 이루어지는 관계를 존중하는 원칙이며, 이것이 나와 너의 대화적 관계를 훨씬 더 충실하게 반영하는 원칙이라고 한다. 이에 비해 정치적 원칙은 갈등의 조정과 해결을 위해 강제성과 조직적 통제가 발동하여 이를 강화하는 원칙을 말한다. 이것은 기본적으로 나와 너의 관계를 대화적인 관계로서가 아니라 지배나 복종의 관계로 전락시키는 인위적 관계라고 할 수 있다.

이러한 구별은 너무나 이분법적인 구별로 보이는 것이 사실이며 어떤 사회도 어느 하나의 원칙에만 따르는 곳은 없겠지만, 부버는 사회적 원칙과 정치적 원칙을 개념적으로 구별함으로써 그의 사회철학과 정치철학의 기본 개념을 삼고 있는 것 같다. 간단하게 그 핵심을 요약한다면, 부버는 모든 사회는 어느 정도 정치적 원칙에 따르지 않을 수 없지만, 가능한 한 자발적이고 비강제적인 사회적 원칙에 따라 구성되는 것이 바람직하며 이상적이라고 생각했다. 그래서 종속관계(Sub-ordination)보다는 협동관계(Koordination)를, 지배관계(Beherrschung)보다는 협력관계(Zusammenarbeit)를, 국가(Staat)보다는 사회(Gesell-schaft)를 더 중요하고 높게 평가하는 경향을 보이고 있다. 부버는 한 민족이나 사회가 생동하는 활력을 가지고 문화적 발전을 이루려면 사회적 자발성을 가져야 한다고 보고 있다.54) 그런데 이러한 자발성이나 비강제성은 정치적 원칙이 사회적 원칙보다 강하게 지배하게 될 때에는 억압되거나 감소할 수밖에 없다고 한다. 부버는 이를 '정치적 과잉

---

54) 같은 글, p.385.

(politischen Überschuß)'이라고 부르고 있다.

그러나 한 사회가 유지되어 가려면 정치적 원칙 없이는 불가능하다. 자발성의 원칙만 따르는 사회는 여러 가지 집단과 그룹 사이에 생기는 갈등을 제어할 방법이 없고, 서로 대립되는 요소들을 협력하게 할 수 있는 힘이 없다. 따라서 사회는 국가가 될 수밖에 없고, 국가는 이를 다스릴 수 있는 수단으로서 권력을 행사해야만 하게 된다. 이때 물론 국가의 권력은 사회의 어느 특정 그룹이나 집단에 의해 독점되지 말아야 하며, 사회적 갈등이나 분열에 대해서도 중립적인 입장을 취해야 한다. 사실상 국가는 사회의 자기 유지를 위해 요청된 권력구조라고 할 수 있다. 이 국가권력은 한 사회가 내적으로나 외적으로 자기 유지를 위한 위험 요소와 위기가 많을수록 강대해지고 강력한 권력 행사를 할 수밖에 없게 된다고 부버는 보고 있다.55)

특히 외적(外敵)으로부터 위협을 받게 될 때는 사회적 원칙에만 따를 수가 없고 정치적 원칙이 강하게 작용하게 되는데, 이를 바꾸는 방법은 국가 간이나 민족 간에 지속적인 평화를 이룩하는 데 있다. 부버는 자기가 살았던 시대가 바로 국제간의 평화가 없는 시대였기 때문에 국가권력이 엄청나게 강대해지고 정치가 모든 것을 결정하는 정치 과잉의 시대가 되었다고 보는 것 같다. 그래서 그는 지속적인 평화를 더욱 갈망하며 예언자들처럼 평화의 시대가 도래해야 한다고 메시아니즘의 비전을 호소했던 것이다.

부버는 기본적으로 한 사회나 국가가 인간의 가치와 삶의 목표에 충실하게 되려면 사회적인 현실에 접근해야 하며, 그 사회 속에서 인간의 존엄과 개인의 자유와 정의를 실현할 수 있는 조건을 만들어야 한다고 주장한다. 다시 말하면 인간의 가치 실현에 가장 적합한 사회

---

55) M. Buber, "Zwischen Gesellschaft und Staat", S.37-38.

혹은 공동체를 만드는 것이 정치의 목표가 되어야 한다는 것이다. 여기서 정치적 권력구조만 강대하게 있고 사회적 정의나 인간적 가치 실현의 요구들이 실현되지 못한다면, 이러한 사회나 국가는 사회적 원칙에 충실하지 못하며 정치적 원칙만 있는 그러한 사회가 된다는 것이다.

부버 연구가들에 따르면 부버의 사회철학은, 특히 20세기 초에 쓴 글들에서 나타난 것을 보면, 퇴니스(F. Tönnies)의 이익사회(Gesellschaft)와 공동사회(Gemeinschaft)의 구별에 기초하고 있다고 한다.56) 공동사회는 혈연과 가족관계 등으로 연결된 자연적 집단으로서 개인적인 친근함과 형제애 등으로 뭉친 유기적 사회이다. 그러나 이익사회는 여러 가지 공동의 이익이나 목표에 따라서 결집된 집단이며, 개인들 간에는 어떤 끈끈한 감정이나 친근감이 없이 이해관계에 따라서만 연결되기 때문에 흔히 갈등과 적대관계로 빠지기 쉬운 기계적이며 인위적인 사회를 말한다.

부버가 이상적 사회의 모델로 생각하는 것은 물론 공동사회이다. 이 공동사회의 필수적 요건은 모든 사람들이 서로 직접적 관계를 갖고 서로 감정적 교환과 상호 이해를 같이하는 것이다. 여기에는 필수적으로 사람들 간의 대화가 진행되어야 한다. 즉, 대화적 원리를 실천하는 사회 형태가 공동사회라고 할 수 있다. 기계적이고 합리주의화된 현대사회는 바로 개인들 간의 만남과 대화가 없는 냉랭하며 비인간적인 사회이다. '나와 너'의 관계가 아니라 '나와 그것'의 관계만 있는 사회라고 할 수 있다. 부버는 물론 퇴니스의 공동사회에서 공동사회의 개념을 빌리고 있지만, 부버의 공동체 모델은 퇴니스의 혈연, 가족 공동체보다는 원시 기독교 공동체처럼 종교적 공동체에 더 유사한 것 같다.

---

56) R. Weltsch, "M. Bubers politische Philosophie", in M. Buber, *The Library of Living Philosophers*, p.386.

여기서 우리는 부버가 이상적 사회로 생각하는 대화적 공동체가 어떤 구조와 내용을 가진 것이며, 특히 사회주의적 공동체와는 어떤 관련이 있는지를 살펴볼 필요를 느낀다. 부버의 대화적 관계를 기초로 하는 공동체는 사회주의(Sozialismus)에 대한 기여와 공헌을 크게 했다고 보는 학자들이 있다. 부버의 철학과 사상을 역사적으로 평가한다면 크게 두 가지를 들 수 있는데, 하나는 종교적 경험주의요 다른 하나는 사회주의에 대한 공헌이라고 슈나이더(H. W. Schneider)는 말했다.[57] 그러나 여기서 말하는 부버의 사회주의적 사상은 마르크스주의적 사상과는 성격을 달리한다는 것을 우리는 곧 알 수 있다.

현대사회가 공동체 정신을 떠나서 기계적이며 합리적인 이익사회가 된 것은 시민계급 중심의 자본주의 사회발전에서 기인하고 있음은 부정할 수 없는 사실이다. 그러나 부버는 이에 대한 대안으로서 제시되고 있는 마르크스주의적 사회주의도 그 기본 개념이 기계적 이익사회 관계를 전제하고 있다는 점에서 참된 대안이 될 수 없다고 주장한다. 마르크스는 「공산당 선언」에서 공산주의의 최종목표가 국가 없는 자유로운 사회를 세우는 것이라고 했으며, 이것이 공동사회와 매우 유사한 개념을 가진 것도 사실이지만, 당시에 부버가 경험한 마르크스주의는 소련에서처럼 국가권력기구들이 강력한 중앙집권체제를 이루고 개인의 자유와 자발성을 소멸시키고 있었다는 점에서 진정한 사회주의적 공동체가 될 수 없다고 생각되었다.[58]

부버의 공동체는 그 안에 있는 사람들 간의 관계가 인간적이고 대화적이어야만 성립될 수 있는 공동체이다. 부버가 모델로 생각하는 공

---

57) H. W. Schneider, "Die geschichtliche Bedeutung der Buberschen Philosophie", in M. Buber, *The Library of Living Philosophers*, p.414.
58) R. Weltsch, "M. Bubers politische Philosophie", in M. Buber, *The Library of Living Philosophers*, p.387.

동체 사회는 초기 사회주의자들이 생각하는 '참된 사회주의'의 내용과 흡사한 것들이다. 초기 사회주의자들은 기독교적인 사랑의 공동체나 자유주의자들의 인도적인 공동체를 이상으로 하여 국가의 간섭 없이 인간이 모두 형제애로 뭉쳐서 자발적으로 평등하고 정의로운 사회를 만드는 사회주의를 구상하였다. 이들은 프롤레타리아 계급이 지배하는 국가를 만든다거나 생산수단을 전부 공유화하게 하는 제도를 만듦으로써 완전한 평등과 공동체가 이루어진다고 보는 마르크스주의자들과는 현격한 차이를 가진 사회주의 사상가들이었다. 부버가 영향을 받은 사회주의 사상가는 구스타프 란다우어(Gustav Landauer)였는데,59) 그는 특히 프루동(P. J. Proudhon)이나 크로포트킨(P. A. Kropotkin) 등과 같은 초기 사회주의에 많은 영향을 받았다.

란다우어는 사회주의를 실현하기 위해서는 인간의 정신이 개조되어야 한다고 주장했다. 미움과 경쟁에서 사랑과 협동으로 인간의 정신이 바뀔 때 함께 사는 공동체의 양식도 달라질 수 있다는 것이다.60) 그러나 철학자요 문학자인 란다우어의 사회사상은 극히 비정치적인 것이었다. 그는 이러한 참된 사회주의적 공동체는 국가를 중심으로 해서가 아니라 사회를 중심으로 건설되어야 한다고 보았으며, 중앙집권적 제도가 아니라 지역분권적 방식으로 형성되어야 한다고 보았다. 또한 그는 사회주의의 실현은 그러한 이상과 삶의 태도를 가진 인간들에 의해 직접적인 행동으로 실천되어야 하는 것이지, 정치적 제도로 국가의 힘에 의해 강제적으로 이루어질 수는 없는 것이라고 보았다.

그러나 아이러니하게도 란다우어는 1919년에 바이에른의 사회주의 혁명에 참가하게 된다. 많은 사상가 혹은 문인들과 함께 사랑과 정의

---

59) G. Landauer, "Die Revolution", in der Sammlung, *Die Gesellschaft*, herausgegeben von M. Buber, Frankfurt, 1907.

60) G. Landauer, *Aufruf zum Sozialismus*, 1911.

와 희망에 넘치는 개혁의 시대가 왔다고 생각했다. 이때의 진보적 지식인들은 이 혁명을 통해 인간성의 정신에 투철한 공동체가 사상으로서만이 아니라 현실로 다가오게 되리라는 희망을 갖게 되었던 것이다. 란다우어는 마침내 혁명위원회에 참여하였으며 뮌헨의 인민혁명정부의 대중교육 부서의 장으로 활약하기까지 하였다. 그는 이 혁명을 통해 인간의 의식을 개조하여 인간적인 사회주의적 공동체를 실현해 보려고 했다. 그러나 그는 곧 혁명의 정치적 원칙과 논리에 좌절하고 만다. 혁명위원회 안에서도 그의 인도주의적, 점진 개혁적, 대중 계몽적 원칙은 받아들여지지 않았으며 무자비한 테러와 투쟁과 음모만이 판을 치게 되었다. 마침내 그는 혁명이 실패하면서 감옥에 들어가 살해되고 말았다. 그럼에도 불구하고 란다우어는 끝까지 인민민주주의적 사상을 견지했으며, 인간성의 개조를 통해 밑으로부터 실현되는 사회주의를 신뢰하며 추구하였다.

란다우어를 존경했으며 사상적으로 추종했던 부버는, 그의 현실적인 실패에도 불구하고 정신개조를 통한 공동체 사회 건설이라는 이상주의적 사회주의를 계승하고 구체적으로 실현하려고 노력하였다.61) 사회주의는 결코 정치적인 테러의 방법으로는 실현될 수 없고 내면적 개조를 통해서만 성장할 수 있다는 확신이 부버로 하여금 마르크스주의적 사회주의에 등을 돌리고 종교 사회주의에 열정을 갖게끔 만든 것 같다.

종교적 사회주의 운동 가운데서도 부버가 열정을 가지고 이바지한 운동은 시오니즘 운동이었다. 이미 20세기 초에 시온주의 운동을 주도했던 부버는 유대교의 사상에 따른 이상적 공동체 운동을 계속 시도하였다. 제1차 세계대전을 전후한 시기에 나타났던 할루츠 운동(Chalutz-

---

61) M. Buber, *Pfade in Utopia*, 1950.

Bewegung)에도 부버의 영향이 있었으며, 이것은 시온주의적 노동운동의 초기 형태를 이루었다. 시온주의적 노동운동이란 거룩한 땅 시온에서 실현할 이념과 삶의 태도를 개인 각자의 정신에 심는 운동이라고 하겠다. 이와 유사한 이념을 유대교 노동운동의 철학자인 고든(A. D. Gordon)이 가지고 있었다고 한다.62)

그러나 무엇보다도 부버의 영향이 뚜렷하게 실천적 운동으로 나타난 곳은 이스라엘의 독립 후에 팔레스티나 지역에 실현된 공동체 부락들이라고 할 수 있다. 키부츠 등의 공동체 운동은 제도적으로는 여러 가지 사회주의적 모델의 영향을 받고 있으나 사상적으로는 부버와 같은 시오니즘적 종교 사회주의의 토대 위에서 가능했던 것이라 하겠다. 부버는 물론 시오니즘 운동 가운데에서도 민족국가 형성이라는 정치적 운동으로서의 시오니즘이 아니라, 다른 민족들과 함께 살며 유대교의 시온 공동체 사상을 실현하는 종교적, 문화적 시온주의 운동가였다. 그러나 이스라엘이 정치적으로 독립한 후에는 이상적 공동체 사회 건설을 위한 교육운동과 사상운동을 일으킨 실천운동가가 되었다.

시오니즘 운동은 부버에게 있어서 정치적 행위의 장이었다고 할 수 있다. 공동체의 건설은 정치적 운동만으로는 안 된다고 그토록 정치적 원칙을 싫어했던 부버였지만 이념의 실현을 위해서는 정치에 참여하지 않을 수 없다고 주장했으며, 자신의 정치 참여는 시오니즘 운동을 통해서 실천되고 있다고 믿었다. 실로 60여 년 동안 꾸준히 지속해 온 부버의 시오니즘 운동은 신비주의적인 유대 경전에 탐닉했던 청년기에서부터 이스라엘의 독립 후 10주년을 맞이하기까지의 긴 기간이었으며, 정치적으로도 여러 가지 상황과 격동을 거치는 긴 시기였다. 이 기간 동안 유대 민족은 나라가 없는 채 온갖 전쟁과 혁명과 학살과 잔

---

62) R. Weltsch, "M. Bubers politische Philosophie", in M. Buber, *The Library of Living Philosophers*, p.388.

인한 고통들을 다 겪어야만 했다. 이러한 가운데 부버는 유대 민족의 정치적 독립을 목표로 하는 민족주의적 시오니즘 운동과 맞서면서 일관되게 시온의 이념을 종교적, 문화적으로 보편화시키려고 노력했던 것이다.

부버는 동포들 사이의 비판과 비난을 무릅쓰고 유대 민족의 대외적인 민족주의에 반대했다. 그러면서 시온주의가 참된 인간의 공동체를 위한 인도주의적, 문화적 교육사상이라고 항상 강조했던 것이다. 그는 1928년 2월 4일자 슈테판 츠바이크(Stefan Zweig)에 보낸 편지에서 다음과 같이 썼다.

"나는 대포와 국기와 훈장을 가진 유대인 국가를 알지 못하며 꿈도 꾸지 않는다. 무엇이 될지는 두고 봐야 알겠지만 나와 같은 인도적인 양식을 가진 사람들의 관심은 참 공동체를 만드는 것인데, 이것은 반드시 낡은 핏줄에서 나온 것만이 아닌 새로운 공동체를 말한다."[63]

부버는 물론 유대 민족들도 다른 민족국가들과 마찬가지로 자기 땅에서 자기의 역량을 자유롭게 발휘하는 노력을 하는 것은 상식적인 일이라고 인정하고 있다. 그러나 그는 시온의 이념이 단순한 민족국가의 이념을 넘어서는 더욱 깊고 숭고한 것이라고 주장한다. 부버는 민족(Nation)이라는 추상적 개념을 구체적 인간 존재보다 우월하게 보는 사상에 반대했으며, 유대 민족의 민족적 사명이라는 것도 인간성과 정신의 힘에 대한 믿음과 함께해야 하는 것이라고 주장했다.[64]

여기에서 우리는 부버의 시오니즘적 공동체가 다시금 대화의 공동체를 기초로 하는 보편성을 띤 공동체 사상임을 명확히 알게 된다. 바

---

63) H. Kohn, M. Buber, *Sein Werk und seine Zeit*, Köln, 1961, S.170, 339.
64) M. Buber, *Israel und Palästina*, Zürich, 1950(히브리어 판, 1944), S.12.

로 이 점에서 부버는 이스라엘의 독립 이후에도 팔레스티나 땅 안에서 아랍인과의 대화와 공존을 외치며 아랍인에게 행해지는 부당한 처사와 비인도적인 행위에 반대했던 것이다. 부버는 이스라엘이 독립한 이후에도 팔레스티나 땅에 거주하는 아랍인이 유대인과 동등한 권리와 대우를 누려야 한다고 주장했다. 1949년 예루살렘에서 아랍계 성공회 목사인 라페그 파라(Rafeeg Farah)에게 보낸 편지에서 이렇게 썼다.

"우리의 이웃 사람인 아랍인에 대한 평등한 권리와 가능성의 문제에 관해서 말하자면 이것은 곧 유대인의 문제라고 하겠다. 왜냐하면 유대인의 실존의 토대가 이웃 아랍인과의 평화롭고 정의로운 관계를 설정하느냐 못 하느냐에 달려 있기 때문이다."65)

2천 년 가까이 나라 없이 방황하던 유대 민족이 겨우 독립한 상황에서 부버는 유대인과 아랍인이 적대감이나 차별감을 극복하고 대화를 통해 하나의 공동체를 만들어 가야 한다는 사상을 피력했다. 1958년 10월경 86세의 부버는 이렇게 호소했다.

"정신을 따르라는 우리의 계명(Gebot)을 우리는 이제 우리의 국가에서 실천해야 한다. 정신을 따른다는 것은 잘못된 것을 고친다는 말이다. 이것은 우리에게 아랍 민족과 협동하기 위해서 막혔던 길을 새롭게 여는 것을 의미한다. 지금은 우스울지 모르지만 미래에는 아랍인과의 연방체(Föderation)에 유대인이 참여하는 것도 세계 정치 상황의 변동과 함께 생각해 볼 수 있는 일이다. 전쟁이 끝났다고 평화가 온 것은 아니다. 유대인과 아랍인 사이에 진정한 협력이 이루어져야 참 평화가 올 것이다."66)

---

65) W. P. Eckert et al., "M. Bubers Ringen um Wirklichkeit", in M. Buber, *The Library of Living Philosophers*, p.60.

부버는 죽기 반년 전에 수상 레비 에슈콜(Levi Eshkol)에게 편지를 써서 카르미엘 지역의 토지 몰수로 유대인과 아랍인의 관계가 몹시 악화되었다고 비판했다. 또한 그는 갈릴리 지역의 발전 계획도 유대인과 아랍인 공동의 복지를 위해 추진되어야 한다고 구체적인 정책 비판을 서슴지 않았다.

'나와 너'의 대화적 관계, 수단이 아니라 목적으로서의 관계를 모든 인간관계와 사회관계, 국제관계의 기초로서 보는 부버의 사회철학은 유대인과 아랍인 사이의 문제에서도, 기독교와 유대교의 관계 문제에서도 같은 인간성과 정신의 원리에 기초하여 대화와 협력의 공동체를 이룰 것을 구체적으로 주장하였다.

5. 맺음말

이상에서 우리는 부버의 대화의 철학을 철학적 인간학과 윤리학, 그리고 사회정치철학의 면에서 간단히 살펴보았다. 부버에 있어서 대화, 즉 '나와 너'의 대화적 관계는 모든 인간적인 것의 기초이며 핵심이라고 할 수 있다. 이 점에서 부버는 어느 누구보다도 대화의 철학자라 불릴 수 있는 자격을 가진 사상가이다. 부버의 대화의 철학은 위에서 언급한 세 가지 분야에서 뿐만 아니라 심리철학과 예술철학에서도 일관되게 주장되고 있다. 프로이트의 정신분석학에 나타난 의사와 환자의 대화가 치료의 효과를 가져온다는 데 주목하면서 대화가 치료와 해방의 방법이 될 수 있음을 지적한 것은 부버의 탁월한 공적이라고 할 수 있다.67) 모든 예술 작품도 부버에 의하면 근본적으로 대화적이라는

---

66) 같은 글, p.30.

67) M. Buber, "Guily and Guilto Feelings", in M. Buber, *The Knowledge of Man*; L. H. Farber, *M. Buber und die Psychotherapie*, hrsg. P. A. Schilpp

것이다. 음악이건 조각이건 건축이건 모든 작품은 작가와 이를 수용하는 사람의 귀나 눈과의 대화의 산물이라는 것이 부버의 입장이다.[68] 이를 더욱 깊이 이해하기 위해서는 부버의 심리철학과 예술철학을 좀 더 체계적으로 서술해야 하겠으나, 여기에서는 서술하지 못했으며 앞으로의 과제로 미루고자 한다.

그러나 여기에서도 대화적인 삶(dialogisches Leben)이 그 기초를 이루며, 의술과 예술의 핵심이 '나와 너'의 관계와 그 사이(Zwischen)에 있다는 철학이 중심을 이루고 있음은 짐작으로도 알 수 있을 것이다.

　　und M. Friedman, Kohlhammer, 1963, S.508-532.

68) M. Buber, *Zwiesprache, Traktat vom dialogischen Leben*, S.53; M. Buber, "Man and His Image Work", in M. Buber, *The Knowledge of Man*, p.149.

위르겐 하버마스, 해방적 인식 관심과 실천의 철학

1.

"하버마스는 우리 시대의 사람이면서 동시에 역사가 되어 버린 사람이다." 이 말은 이미 1980년대 초에 짐멀리(W. Zimmerli)가 하버마스의 철학을 요약 소개하면서 한 말이다. 이때의 하버마스 나이가 갓 50을 넘길 때였다. 그는 계속해서 "하버마스는 20세기 후반에 중부 유럽에서 가장 영향력이 강하고, 가장 의미가 깊고 논쟁이 많이 되는 사상가 중의 하나이다"라고 했다.[1] 1979년 하버마스가 50세를 맞이했을 때, 『슈피겔(*Spiegel*)』지는 이미 "독일에서 현재 사상적 영향력이 가장

---

* 이 글은 『철학과 현실』, 28호, 1996 봄, pp.42-63에 수록된 「하버마스의 삶과 철학의 도정(道程)」을 수정 보완한 것이다.
1) Walter Ch. Zimmerli, "Jürgen Habermas: Auf der Suche nach der Identität von Theorie und Praxis", Josef Speck(hrsg.), *Grundprobleme der großen Philosophen: Philosophie der Gegenwart* IV, Göttingen: UTB Vandenhoek, 1981, S.223.

큰 철학자"라고 평했다.

그러나 이때는 아직 그의 주저라고 할 수 있는 『의사소통 행위이론』이 출판되기도 전이었다. 1981년에 이 책이 출간된 이후에도 철학적인 무게를 결코 과소평가할 수 없는 중요한 저서들이 10여 권 이상 나왔다. 그뿐만 아니라 하버마스는 독일이나 중부 유럽을 넘어, 그 뒤로 미국과 동서 유럽, 아시아, 아프리카 등 제3세계에도 널리 알려지고 영향력을 미치게 되어, 그는 오늘날 전 세계적으로 가장 위대한 철학자 중의 하나가 되었다고 해도 과언이 아닐 것이다.

금년(1996)에 67세로 교수직을 은퇴한 지 2년이 되지만 아직도 정열적인 저술 활동을 계속하고 있고, 문제작들을 끊임없이 내놓고 있기 때문에 그의 학문과 사상이 완성되었다고 보고 평가하기에는 너무 이르다. 그래서 그런지 아직 하버마스에 관한 전기는 나와 있지 않고, 그의 철학과 사상에 대한 총체적인 평가나 서술도 아직은 본격적으로 나와 있지 못하다. 몇 가지 간단한 소개서나 단행본들이 있지만 단편적인 경우들이 대부분이고 체계적인 논의는 별로 하지 못한 느낌이다. 물론 근년에 와서 그의 사상을 논문으로 다루거나 체계적으로 연구한 책들이 많이 쏟아져 나온 것은 사실이지만, 어느 특정한 시기의 사상을 집중적으로 연구할 뿐, 전체적으로 통틀어 조망하는 연구는 아직 잘 보이지 않고 있다.

필자는 1993년, 안식년 두 학기를 프랑크푸르트 대학에 머물며 하버마스 교수의 강의와 세미나, 콜로키움에 참석하여 그의 1980년대 이후의 사상적 발전 경로를 추적해 보려고 노력했다. 당신의 사상을 비교적 정확하게 소개한 책을 알려 달라는 필자의 부탁에 하버마스 교수는 약간 머뭇거리다 발터 리제-셰퍼(Walter Reese-Schäfer)의 책을 알려 주었다. 자기 사상에 관한 소개서가 몇 개 있는데 틀린 것들이 많고, 그래도 읽어 볼 만하다고 권해 준 책이, 철학자가 쓴 것이 아니라

저널리스트가 쓴 소개서였다.[2]

비교적 쉽게 쓴 이 책이 나에게 크게 도움이 된 것은 사실이지만, 이 책은 주로 1980년대 이후 10년간의 저작을 중심으로 해설하고 있어, 보다 이전의 초기 사상에 관심이 많았던 필자에게는 전후기의 연결이 충분히 다루어지지 못한 것으로 비쳤다. 하버마스는 결코 쉽게 글을 쓰는 사상가가 아니다. 그의 문장은 길고 복잡하며, 함축적이어서 한 번 읽어 의미가 분명해지지 않는다. 많은 생각과 반추가 수반되어야 글의 맛이 깊숙이 나는 어려운 글들이다.

그러나 하버마스를 이해하기가 특히 어려운 점은 그의 사상과 작품들이 출발점에서부터 서로 연결되어 있다는 사실 때문일 것이다. 어느 책 한 권의 이해가 문제가 아니라, 그 이전의 책과 사상들과의 관련성을 알지 못하면 충분히 이해할 수가 없다는 점이 바로 가장 큰 난점이다. 그만큼 그의 철학사상은 쓰인 시대가 달라도 보이지 않는 하나의 큰 체계 속에서 한 부분을 이루고 있다고 생각된다.

1960년대 초부터 1990년대 초까지 지난 30여 년간 하버마스가 써낸 책들의 양은 엄청나다. 거의 매년 한 권씩의 대작들을 내놓는 그의 정열과 생산력도 대단한 것이지만, 더 놀라운 것은 다루는 주제와 분야가 대단히 넓다는 것이다. 인식론, 과학이론, 사회철학, 사회학, 교육학, 역사 논쟁, 언어철학, 언론학, 정치비평 등, 종횡무진으로 달리는 그의 탐구의 정신은 인문사회과학의 어느 분야도 놓아두지 않으려는 것 같다. 그래서 하버마스는 철학 분야에서 뿐 아니라 사회과학 전반에서 문학이나 심리학, 교육학, 역사학, 신학에 이르기까지 광범한 영향력을 행사하고 있다.

우리는 하버마스가 왜 그렇게 많은 분야의 문제들을 탐구하고 다루

---

2) Walter Reese-Schäfer, *Jürgen Habermas*, Frankfurt: Campus Verlag, 1991.

었는지 의문을 갖게 된다. 단순한 지적인 호기심에서였는지, 아니면 철학이라는 학문의 장을 무한정 넓히려는 데 관심이 있었는지. 하버마스 연구가들은 흔히 그의 사상적 발전 경로를 추적해 보면 마치 양파의 껍질을 하나씩 벗겨 가는 느낌이 든다고 한다.3) 하나를 벗기면 알맹이가 나올 줄 알았는데 또 껍질이 나오고, 그것을 벗기고 나면 또 다른 껍질이 나오고, 계속 알맹이가 나오지 않고 껍질만 벗기는 과정이라고 비유했다.

사실 『공론의 구조 변환』, 『이론과 실천』, 『인식과 관심』, 『실증주의 논쟁』, 『후기 자본주의 정당성』, 『사적 유물론의 재구성』, 『의사소통 행위이론』, 『도덕의식과 의사소통 행위』 등 이렇게 연구와 저술의 내용이 바뀌며 발전해 가는 것은 결국 하나의 문제를 풀면 또 나타나는 다음 문제를 풀어야 하고, 그것이 어느 정도 해결되면 또 다음 문제가 나타나서 매달리지 않을 수 없게 되는 그런 작업의 연결성 때문이라고 보아야 할 것 같다. 그래서 그 출발점에서부터의 전 과정을 이해하지 못하면 하버마스의 어떤 이론 하나만을 가지고 그의 철학을 평가할 수 없다는 사정이 생긴다고 보인다.

철학은 바로 물음의 도상에 있다고 야스퍼스는 말했는데, 한 가지 물음에 매달려 머물러 있는 것이 아니라, 거기에 연결된 물음을, 가령 이론과 실천의 관계라고 했을 때 관련된 물음을 사회에서, 역사에서, 인간의 심리에서, 교육과정에서, 언어에서, 도덕의식에서 계속 찾아 물어 가고 탐구해 가는 하버마스야말로 20세기 현대에서 보기 드문 진지한 철학자라고 생각된다. 필자는 이런 점에서 1968년 독일 유학을 시작했을 때부터 하버마스를 철학 수업의 모델로 여기며 그의 사상체계를 관심 깊게 추적해 보았다. 특히 사회철학에 관심을 가지고 그 길

---

3) Walter Ch. Zimmerli, "Jürgen Habermas: Auf der Suche nach der Identität von Theorie und Praxis".

을 모색했던 필자에게는 하버마스의 학문과 사상이 더 없이 귀중한 보배였다. 그가 철학과 사회학의 교수직을 동시에 갖고 있었다는 점도, 필자가 사회과학부로 옮겨 사회철학, 정치철학을 연구하는 결단을 내리는 데 중요한 동인이 되었다.

전통철학을 비판이론, 비판적 사회과학으로 대체하려 했던 초기의 하버마스의 사상이 필자에겐 무척 감동적이어서, 사회철학은 철학의 한 분야가 아니라 철학의 새로운 대안이라는 생각까지 하며 사회과학의 토대 위에 선 사회철학을 탐구하는 것이 필생의 업이 되어야 한다고 생각했다. 그러나 하버마스는 1970년에 프랑크푸르트 대학의 교수직을 사임하고 막스 플랑크 연구소로 떠나 버려, 그 밑에서 배우려던 필자의 뜻은 좌절되고 말았다.

1993년에 프랑크푸르트 대학 정교수로는 마지막 해 강의를 한 하버마스를 20여 년 만에 다시 만났을 때, 그는 1960년대 말 비판이론적 사회철학의 웅지와 정열에 벅찼던 30대 초반의 사상가가 아니라, 전통철학의 인식론적 토대를 주체와 의식에서 언어와 의사소통적 합리성(kommunikative Rationalität)으로 패러다임을 바꾸어야 한다고 외치는 언어철학자(?)였다.

사회철학의 선구자로, 그 체계를 완성시켜 줄 귀감의 철학자로 기대했던 필자의 소망에는 좀 실망스러운 일이었지만, 이것은 하버머스의 삶과 철학이 겪어 온 도정(道程)에서 필연적이며 불가피한 결과였다고 이해할 수밖에 없었다. 사회과학과 밀착된 사회철학, 정치철학의 체계와 방법론을 어디서 찾겠느냐고 불평조로 항의하는 필자에게 하버마스는 자기에게는 더 이상 기대하지 말고, 자기 제자로서 그런 길을 가고 있는 호네트(Axel Honneth)나 브룬크호스트(Hauke Brunkhorst)에게 기대해 보라고 그들을 소개해 주었다.

하버마스는 이미 역사가 된 인물이요 철학자이다. 20세기의 철학사에서, 사상사에서 빼놓을 수 없는 위치에 이르렀지만, 그를 어떤 철학자로 규정할지는 아직 열려 있는 문제라고 생각된다. 하이데거와 비트겐슈타인의 경우와 마찬가지로 하버마스에게도 전기와 후기로 나눌 수 있는 사상적, 철학적 전환(Wende)이 있는 것이 분명하고, 이를 어떻게 규정하며 또 어느 것이 더 중요한 영향을 미칠지는 후대의 역사에서만 판명될 수 있는 것이기 때문이다. 더구나 그가 다룬 다양한 분야의 사상들이 철학 이외의 여러 학문에서 어떤 작용과 결실을 낳을지는 아직 속단하기 이르며, 아직도 몇 가지 역작을 더 내놓을 수 있는 저력과 의지를 가지고 있기 때문에 더욱 그렇다.

2.

위르겐 하버마스(Jürgen Habermas)는 1929년 6월 18일 뒤셀도르프(Düsseldorf)에서 태어났고, 어린 시절엔 쾰른 근처의 작은 도시 굼머스바흐(Gummersbach)에서 자랐다. 아버지가 이곳에서 시(市) 상공국장으로 일했고, 할아버지는 그곳의 목사였으며 목회 연수원장이었다. 중고등학교를 이곳에서 마치고 졸업증(Abitur)을 받은 것은 1949년 봄, 만 스무 살 때였으므로 제2차 세계대전 후 어수선한 시기에 약 1년간 공부를 중단했던 것 같다.

그가 정치적 의식을 처음 갖게 된 것은 제2차 세계대전이 끝나는 1945년 열여섯 살 때였다고 한다. 감수성이 예민한 사춘기에 그는 뉘른베르크(Nürnberg) 나치 수용소에 관한 기록영화들을 보면서 그의 정치사회적 문제의식이 싹트게 되었다고 체험담을 이야기했다.4) 하버

---

4) Interview mit Detlef Horster und Willem van Reijen am 23, März 1979, in Detlef Horster, *Habermas zur Einführung*. SOAK-Einführungen, Hannover, 1980, S.70.

마스는 종전(終戰) 직전 열다섯 살에 히틀러 소년단(Hitler-Jugend)에 편입되어 베스트발(Westwall)에서 반년 동안 복무한 적이 있었고, 집에서도 별로 나치 독재에 대해 항거하지 못하고 복종하는 편이었는데, 전쟁이 끝나며 역사가 달라지게 되자, 모든 사실을 알게 되면서 충격을 받을 수밖에 없었다. 갑자기 자신이 범죄적 집단의 지배체제 속에서 살았다는 것을 알게 되자 역사의 빛을 보게 되었다고 그는 회상했다. 유대인 학살이 있었던 때는 그가 열 살이었고, 당시엔 아무것도 알 수가 없었기 때문이었다.

그는 1949년에 괴팅겐(Göttingen) 대학에서 철학 공부를 시작했다. 스위스의 취리히 대학과 독일 본(Bonn) 대학에서 철학, 역사학, 심리학, 독문학 등을 공부했으며 1954년 아홉 학기 만에 본 대학에서 철학 박사 학위를 받고 졸업했다. 그의 대학 시절은 전후 독일의 재건과 나치 독일의 반성 문제가 심각했던 기간으로, 새로운 사상에 대한 갈구와 과거 역사의 청산 문제가 피할 수 없는 철학도의 관심사였던 것 같다. 새롭게 쏟아져 나오는 로로로(Rororo) 출판사의 시사물들과, 공산당 서점에 쌓여 있는 마르크스와 레닌의 책들을 마구 삼키듯이 읽어 댔다고 한다.

나치 시대에 대한 도덕적인 저항감이 대학생 하버마스를 사로잡았다. 그는 괴팅겐 대학 재학 시절 서독의 초대 의회 선거에서 많은 국수주의자들이 당선되고 장관이 되는 것을 못마땅하게 보았으며, 독일 국기가 날리고 「독일은 모든 것 위에(Deutschland über alles)」라는 애국가가 열창되는 선거 연설장을 혐오감과 자괴감으로 지켜보았다. 독일 재무장이 의제로 올랐을 때 전쟁을 혐오했던 평화주의자 하버마스는 반대론을 지지했고, 그래서 독일 재무장이 아데나워(Adenauer) 정권에서 강행되자, 하이네만이 내무장관직을 버리고 사퇴한 것을 감명 깊게 생각했다고 한다.

이러한 역사의식에도 불구하고, 하버마스의 대학 시절의 학문적 대상은 보수적인 전통철학이었다. 그것은 당시의 독일 대학과 교수들의 분위기 때문이었다. 유명한 교수들은 대부분 1933년 나치 집권 이전에 공부했고, 비정치적이며 독일 민족 중심적인 사유에 젖은 이들이어서, 철학, 역사학, 심리학, 독문학을 막론하고 1910년대나 1920년대의 학문 풍토가 그대로 이어지는 것 같았다.

철학 분야에서 하버마스가 배운 스승은 괴팅겐 대학의 하르트만(Nicolai Hartmann)과 바인(Hermann Wein), 본 대학의 리트(Theodor Litt), 티센(Johannes Thysen), 로타커(Erich Rothacker) 등이었다. 칸트, 헤겔, 셸링, 하이데거가 철학 강의의 주요 흐름이었음을 짐작하기 어렵지 않다. 하버마스의 박사 학위 논문 제목은 「절대자와 역사, 셸링적 사유의 이중성」이다. 로타커 교수의 지도를 받은 이 논문은 역사철학적인 테마여서 당시의 역사 문제에 대한 의식이 반영되었다고 볼 수도 있지만, 아주 전통철학적인 논문이었다.

하버마스 자신이 나중에 고백한 대로 대학 시절 철학적 신념과 정치적 문제의식은 전혀 별개의 세계였다. 철학적 진리는 정치적 문제의식과는 다른 보편적, 초월적인 진리의 영역이라는 전통철학의 분위기가 청년 하버마스에게도 지배적이었던 것 같다.

그러다가 철학적 사상이 정치의식과 무관할 수 없다는 생각을 하기 시작한 것은 1953년 하이데거의 『형이상학 서설(序說)』이 나온 뒤였다고 한다. 이미 1935년에 강의한 내용을 출판한 이 책이 당시의 끔찍한 독일의 상황에 대해 한마디 언급함이 없이 출판되었다는 사실에 하버마스는 충격을 받았다고 한다. 어떻게 우리 시대의 가장 위대한 철학자가 이럴 수가 있을까 하는 회의가 들었으며, 이즈음에 그는 도서관에서 루카치의 『역사와 계급의식』이라는 책을 발견하고 탐독하였고, 몹시 흥분하게 되었다.

물론 하버마스는 이미 고등학교 시절 굼머스바흐의 서점에서 마르크스의 책을 본 적은 있지만, 주의해서 읽지는 않았으며, 철학 공부를 하는 동안에도 별로 주목하지 못했다고 한다. 뢰비트(Karl Löwith) 교수를 통해 청년 마르크스 사상을 들은 적이 있고, 그래서 학위 논문의 서론에 청년 헤겔학파에 관해 추가로 써 넣기는 했지만, 이런 계기로 발견한 루카치의 사상을 논문에서 다룰 수는 없었다고 한다.

하버마스가 루카치나 마르크스에 대한 사상에 관심을 갖고 본격적으로 다루게 된 것은 학위를 마친 뒤였다. 1954년 2월 24일에 하버마스는 신문사의 기자로 취직하게 되고 약 2년간 여러 신문사를 전전하며 일한다. 1955년경에는 호르크하이머와 아도르노가 쓴 『계몽의 변증법』을 읽고 큰 감명을 받는다. 하버마스가 멋지다고 느낀 것은 이 책이 마르크스의 사상을 그대로 받아들이지는 않으면서 나름대로 활용하고 있다는 점이었다. 특히, 철학 하면 아리스토텔레스나 칸트, 헤겔 등 역사적인 사상들을 뒤적거리는 것이 보통인데 『계몽의 변증법』이라는 철학책은 현대사회의 변증법적 발전에 관한 이론을 제시하며 거기에 마르크스주의적 전통에서 사상적 도움을 받고 있다는 점이 매력적인 것이었다고 한다.

하버마스의 철학과 사상이 본격적으로 형성된 것은 1956년 비판이론의 본고장인 프랑크푸르트 사회연구소(Institut für Sozialforschung)의 연구 조교로 들어가면서부터이다. 여기서 호르크하이머와 아도르노의 비판이론에 본격적으로 접하게 되고, 루카치나 마르크스의 사회, 정치, 이데올로기 문제들을 광범위하게 연구하며 자기 사상의 줄거리를 만들어 가게 된다. 1959년까지 3년 동안 있으면서 그가 공적으로 연구해 내놓은 책이 『학생과 정치』였다. 프리데부르크(Ludwig von Friedeburg)와 함께 경험적 사회조사를 통해 학생의 정치의식에 관해 연구한 이 책은 1961년에 출판되어 하버마스의 첫 출판물이 된다.

1959년에 하버마스는 독일연구재단(Deutsche Forschungsgemein-schaft)에서 장학금을 받아 교수 자격 논문(Habilitationsschrift)의 작성을 위해 2년간을 보낸다. 1961년에 마치고 출판한 이 책은『공론의 구조 변환』으로 여론과 사회의식이 당시의 정치체제 속에서 어떤 기능을 하고 있는지, 진보적 민주성을 촉진시키는지 저지시키는지를 탐구하였다. 시민사회의 발전과 함께 정치적 변혁의 역할까지 담당하는 공론이나 여론의 성격과 구조를 시대와 사상가에 따라서 분류해 본 이 논문은 하버마스의 첫 사회철학적 작품이라 할 수 있으며, 오늘에 와서 보면, 이것이 하버마스 사상의 핵심적 테마가 아니었나 생각된다.

사회발전과 여론, 공론의 관계를 다룬 이 첫 작품은 대화, 의사소통, 담론의 철학을 배태시킨 사회철학적 연구였으며, 사회학, 언론학, 역사학 등에도 큰 영향을 끼치고, 오늘날에는 특히 동유럽의 민주화와 함께 각광을 받는 시민사회론에 중요한 이론적 토대를 만들어 준 작품으로 새롭게 평가되고 있다.

그러나 여기에 유명한 스캔들이 있다. 당연히 하버마스는 프랑크푸르트 대학에서 교수 자격 논문을 통과시켰어야 했는데, 아도르노의 거절로 인해 마르부르크(Marburg) 대학에 제출하여 빨갱이 교수로 찍혀 있던 아벤트로트(Wolfgang Abendroth)의 인정을 받아 통과되었다. 비판이론의 2세대 거장이 1세대에게 논문 심사에서 거절당한 일은 두고 두고 이야깃거리가 되고 있지만, 이것은 하버마스와 아도르노의 사상적 차이를 운명 지어 주는 중요한 계기가 되었다.

놀라운 일은, 하빌리타치온 과정을 채 마치기도 전에 사상적 경향이 전혀 다른 하이델베르크 대학의 뢰비트와 가다머 교수의 초빙을 받아 하버마스는 1961년부터 3년 동안 대학 강단에서 가르치는 일을 하게 된다. 여기서도 우리는 전통철학과 비판이론, 사회철학과 사회과학, 실존철학과 마르크스주의의 극단을 왕래하며 사상적 폭을 넓히는 하버마스의 모습을 볼 수 있다.

이 시기에 펴낸『이론과 실천: 사회철학적 탐구』는 그의 철학의 방향을 천명하면서 이를 위해 사상사적인 점검을 해본 것으로 중대한 의미를 갖는다. 이론과 실천의 관계를 체계적으로 탐구하겠다면서 그는 그 예증을 철학사에서 아리스토텔레스, 홉스, 헤겔, 마르크스 등을 통해 보이려고 노력했다. 특히 마르크스와 마르크스주의 문제를 비판이론의 관점에서 비판적으로 수용한 논문들은 하버마스 사상의 중요한 토대였다고 보인다.

1964년 서른다섯의 나이에 프랑크푸르트 대학의 철학과 사회학의 정교수로 초빙받아 오면서, 하버마스는 벌써 프랑크푸르트학파의 후계자가 되는 영예와 명성을 얻게 된다. 그로부터 1971년 뮌헨 근처 슈타른베르크(Starnberg) 호숫가의 막스 플랑크 연구소로 옮겨 가기까지 7년 동안 그는 전기 사상의 대표작들을 계속해서 발표하였다.『사회과학의 논리를 향하여』(1967),『이데올로기로서의 과학과 기술』(1968),『실증주의 논쟁』(1969),『저항운동과 대학 개혁』(1969),『사회이론인가 사회공학인가? 체제 연구의 업적』(1971) 등이다.

3.

하버마스의 사상적 발전 경로를 전기와 후기로 나눠 볼 수 있느냐 하는 문제는 아직 독일 철학계에서도 해결되지 않은 문제이다. 그러나 대체로 의사소통적 합리성의 문제를 추구하면서부터, 혹은 언어철학적 전환이 이루어지면서부터는 그 이전과 사상 경로와 철학의 성격이 달라지는 느낌을 받는다는 데는 별다른 이견이 없는 것 같다. 물론 이것도 전환이라기보다는 일관된 연속선 위에서의 발전이 아니냐는 의견도 있지만, 필자는 여러 가지 점에서 하버마스의 철학을 전기와 후

기로 나누어 보는 것이 옳다고 생각하고 있다.5)

그러나 전후기로 나누어 본다고 해도 어느 시점을 경계로 해야 할 것이냐는 분명하지 않다. 막스 플랑크 연구소로 떠난 1971년을 경계로 할 것인지, 『의사소통 행위이론』이 출판된 1981년을 잡을 것인지 모르겠으나, 그 사이의 어느 시점, 즉 1970년대의 중반쯤이라고 보면 좋지 않을까 생각해 본다.

전통철학적 대학 공부와 진보적, 혁신적 정치의식의 이원적 구조에서 고민하던 청년 하버마스가 진보적 학문에 눈을 뜬 것은 대학 말기였다. 대학 시절인 1954년까지는 대학에서 전통철학 이외의 것은 배울 수가 없었다. 영미 분석철학도 마르크시즘도 전혀 강의 제목에 없었다고 한다. 고작 실존철학, 현상학 등이 형이상학적인 관념론 철학과 함께 들을 수 있는 것이었다.6)

루카치, 호르크하이머, 아도르노의 책들을 접하면서, 새로운 진보적 철학의 가능성에 눈을 뜬 하버마스는 과감히 프랑크푸르트 사회연구소에 조교로 뛰어들어 비판이론의 수업을 받게 되고 사회철학의 길을 걷게 되었다.

1956년 연구소에 들어가서부터 1971년 프랑크푸르트를 떠나기까지 15년 동안 이룩한 하버마스의 전기 철학사상의 핵심은 무엇인가? 『학생과 정치』(1959), 『공론의 구조 변환』(1961) 이후 처음으로 다룬 사회철학적 문제는 『이론과 실천』(1963)이었다. 하버마스가 이 문제를 애초부터 핵심적 관심사로 삼게 된 것은 새롭게 감명을 받은 프랑크푸르트학파의 비판이론이 전통철학과는 달리 실천적 이론을 지향했으며,

---

5) 이삼열, 「하버마스에서 본 철학의 자기상(自記像)」, 『숭실대 논문집』, 24집, 1994, pp.123-149.

6) Jürgen Habermas, *Kleine politische Schriften* I-IV, Suhrkamp, 1981, S.469, Interview mit Gad Freudenthal, 1977.

정치, 사회, 경제 문제와 같은 현실에 대해 인간의 삶과 이성의 입장에서 비판하며 대안을 제시하는 실천적 철학과 사상이었다는 점에 영향을 받은 것 같다.7)

특히 비판이론의 선배들이 1930년대에 히틀러의 나치즘이나 스탈린의 전체주의적 사회주의에 항거하면서 모색한 대안적 이론들이 마르크스의 실천적 철학에서 힘을 얻고 있다는 데 하버마스는 예리하게 주목하였다. 그래서 그는 1950년대 말과 1960년대 초에 마르크스에 관해 본격적으로 연구하게 되며 그 결과물이 『이론과 실천』의 주종을 이루고 있다. 필자는 특히 이 책 가운데 한 논문인 「철학과 과학의 사이에서: 비판으로서의 마르크스주의」(1960)가 비판이론의 시각에서 마르크스를 재발견하려는 시도로 백미와 같은 글이라 생각한다.

하버마스는 이때 마르크스주의를 단순히 정치경제학이나 노동사회학 혹은 인간소외론과 해방을 추상적으로 주장하는 인간학이나 실존철학이 아니라, 구체적인 경험과학에 토대를 두면서 삶의 세계의 위기를 진단하고 실천적 대안을 모색한 '실천적 의도를 가진 경험적 역사철학'이라고 규정하면서, 이것이 바로 철학과 과학의 사이에 있으며 양자를 매개하는 비판이론의 한 모델이라고 주장했다.8)

하버마스와 마르크스주의의 문제는 따로 논구해야 할 테마이지만, 적어도 하버마스에게, 정치경제적 내용보다 철학적 방법과 자세의 면에서 많은 영향과 시사점을 주었다는 것은 틀림없다.9)

이 점에서 하버마스는 스스로를 비판적 마르크스주의자라고 거리낌 없이 부르고 있다.

---

7) Max Horkheimer, *Traditionelle und kritische Theorie*, 1937.

8) Jürgen Habermas, *Theorie und Praxis*, 1963, S.163-213.

9) Interview mit Detlef Horster und Willem van Reijen am 23, März 1979, in Detlef Horster, *Habermas zur Einführung*, S.77.

그러나 하버마스의 전기 사상인 비판이론적 사회철학에 방법론적인 영향을 준 것은 마르크스의 사상만은 아니었다. 하버마스는 프랑크푸르트 사회연구소에서 1956년경에 호르크하이머와 미첼리히(Alexander Mitscherlich)의 주선으로 진행된 프로이트의 심리학 강의를 듣고 많은 감명을 받았으며, 그의 정신분석학이 실천적 이론, 곧 비판이론에 중요한 토대와 전기를 제시해 준다고 깨닫게 되었다.10)

이제 하버마스에게 중요한 학문적 문제는 현실을 바르게 분석하면서 실천적 대안을 모색하는 이론, 즉 실천적 이론이 어떻게 형성될 수 있는가라는 방법론적, 메타 이론적인 문제였다. 이론과 실천의 매개, 이것이 어떻게 가능한지를 탐구하는 것이 하버마스에게 첫 철학적 과제였다고 할 수 있다. 그래서 『이론과 실천』은 철학사 속에서 그래도 실천적인 이론과 철학이 어떤 양태로 존재해 왔으며 오늘 우리에게 어떤 암시를 주고 있는가를 이론사적으로 탐구했다. 아리스토텔레스의 정치학도 이미 좋은 삶, 정의로운 사회를 지향했고, 자연법사상도 옳지 않은 사회질서를 변혁시키려 했으며, 헤겔의 철학도 자유와 질서를 추구했고, 마르크스의 이론도 계급 없는 사회를 지향하는 실천철학이었다.

아도르노와 호르크하이머 등 1930년대 비판이론가들이 내세운 실천적 이론은 『계몽의 변증법』으로, 마르크스의 이론을 본받아 파시즘과 스탈린주의의 질곡에서 벗어나는 변혁을 위해 역사적인 주체들을 계몽시키려는 것이었다.11) 그러나 1960년대의 변화된 상황 속에서 현실을 바르게 파악하며 변혁시켜 나갈 비판이론의 계몽적 요소는 어디에

---

10) Jürgen Habermas, *Kleine politische Schriften* I-IV, Suhrkamp, 1981, S.469, Interview mit Gad Freudenthal, 1977.

11) Max Horkheimer, Theodor W. Adorno, *Dialektik der Aufklärung*, Amsterdam, 1937.

있는 것일까? 그것을 그는 더 이상 자본주의나 사회주의에 대한 이데올로기적 비판에 있다고 보지 않고, 과학기술 문명의 거의 절대적인 힘과 지배로부터 삶의 세계를 해방시키는 데 있다고 보았다.12)

이제 실천에 관심을 둔 반성적이며 비판적인 이론을 모색하려는 하버마스의 철학적 탐구는 세 가지 방향에서 진행된다.

(1) 과학기술 정치가 지배하는 현대사회 속에서 인간을 맹목적이며 비주체적으로 종속시키는 과학기술의 이데올로기를 어떻게 계몽적으로 비판하는가의 문제.

(2) 순수이론의 가상에서 현실에 무관심한 이론이나 철학이 될 때 인간의 삶의 문제는 비합리적 권력이나 서툰 결정론(Dezisionismus)에 맡겨져 버리고 만다는 것을 계몽하려는 인식론적 탐구.

(3) 사회철학이 추구하려는 비판적 사회이론을 세우기 위한 방법론의 모색. 이에 대한 연구의 산물이 『이데올로기로서의 과학과 기술』(1968), 『인식과 관심』(1968), 『사회과학의 논리를 향하여』(1967)였다. 『실증주의 논쟁』에 실린 하버마스의 논문들도 여기에 속한다고 보아야 한다.

하버마스의 전기 사상은 이렇게 세 가지 축으로 나눠 볼 수 있겠으나, 역시 철학적으로 가장 영향력이 큰 작품은 『인식과 관심』이라고 할 수 있다. 하버마스는 이미 이 작품 하나로도 철학사에 남을 만한 인물이 되었으며, 1980년대에 이르기까지 하버마스의 주저(主著) 하면 이 책을 들곤 했다. 왜 이 책이 그렇게 중요한가? 그것은 두 가지 점에서인데, 하나는 비판이론과 프랑크푸르트학파의 사회철학 전반에 인식론적 토대를 마련해 주었다는 점에서이고, 다른 하나는 그 자체가 과학기술 이데올로기의 기본 철학인 과학주의와 실증주의 비판이라는

---

12) Jürgen Habermas, "Technischer Fortschritt und soziale Lebenswelt", in *Technik und Wissenschaft als Ideologie*, Frankfurt, 1968.

점에서이다.

프랑크푸르트학파의 사회철학은 그것이 전체주의 비판이든 스탈린주의 비판이든, 혹은 현대 산업사회의 업적주의적 가치관이나 자본주의적 종속에 관한 비판이든, 비판이론이라는 철학 위에 근거하고 있다고 볼 수 있지만,13) 그 비판이론이라는 것이 어떤 철학적 근거와 토대를 갖고 있는지에 대해서는 대답을 주지 못했다. 막연히 헤겔의 변증법적 사유, 마르크스의 유물론적 철학, 혹은 플라톤이나 칸트에서 빌려 온 이성적 사회 등이 고작이었다. 그리고 이것이 전쟁과 망명의 와중에서 차분히 사고할 여유가 없었던 1930년대 비판이론 1세대들의 한계였다는 것은 쉽게 이해할 수 있다. 더구나 마르크스의 유물사관의 경제 결정론 부분은 하버마스로서 받아들일 수 없었으며, 하부구조와 상부구조의 형이상학적 관계론도 비판할 수밖에 없었다.

비판이론의 토대는 1960년대에 와서 더 이상 헤겔이나 마르크스에게서 빌려 온 변증법이나 유물론이 될 수 없었다. 이 점이 하버마스가 루카치나 마르쿠제, 아도르노 등의 선배들과 다른 점이었고, 이를 어떻게 극복하며 발전시키느냐 하는 것이 역사적, 철학적 과제로 느껴졌다.

하버마스는 자기의 철학적 발전 경로를 회고하면서 비판이론의 선배들의 약점과 문제점을 다음과 같이 술회했다.14) 비판이론은 1930, 1940년대에 분석철학이나 사회과학들의 성과물을 진지하게 받아들이지 못했고 그래서 '도구적 이성비판'이라는 추상적 단계에 머물러 사회현실의 복잡한 내용들을 경험적으로 분석적으로 파악하며 다루지

---

13) Herbert Marcuse, "Philosophie und kritische Theorie", 1937; Max Horkheimer, *Traditionelle und kritische Theorie*, 1937.

14) Jürgen Habermas, *Kleine politische Schriften* I-IV, Suhrkamp, 1981, S.483, Interview mit Gad Freudenthal, 1977.

못했다. 따라서 비판이론이나 사회철학의 규범적 근거를 충분히 제시하지 못했으며, 근거가 되는 이성의 체계적인 설명을 해내지 못했다. 그래서 아도르노의 『부정의 변증법』에서 보이는 것처럼 이성 개념을 살리지 못하고 비관주의적 색채가 나는 문명 비평에 빠지고 말았다고 한다.

『인식과 관심』은 비판이론의 이런 문제점들을 보완하면서 비판이론이 반성적 인식, 이성의 성숙한 인식에 토대를 두게끔 새로운 인식론적 토대를 구축한 작품이라 할 수 있다. 다른 면에서 『인식과 관심』은 1960년대의 새로운 학문이론이요 이데올로기인 과학주의와 실증주의에 대한 비판과 공격이었다. '과학적 합리성'이라는 것은 제2차 세계대전 이후 현대사회에서 서구와 후진국을 막론하고 인간과 사회를 지배하며 군림해 온 가치관이요 철학이었다. 국가들은 앞을 다투어 과학기술을 개발하기 위해 최대한의 예산을 투입했고, 동서로 갈라진 양대진영은 과학기술을 경제건설과 무기경쟁의 양면에서 선진국이 되는 열쇠로 삼았다. 과학기술 없이는 나라도 민족도 존립하기 어렵다는 위기의식을 심어 놓았다. 그러나 1960년대 베트남전과 인종차별 제국주의, 제3세계의 예속 문제 등이 터져 나오면서 과학기술이 주도하는 문명이나 정치(Technocracy)는 바로 인간을 억압하며 소외시키는 역기능을 갖고 있다는 반성과 회의가 풍미하게 되었다.

반성과 비판이 없는 과학적 합리성이나 실증주의적 가치관은 독재와 전쟁, 억압과 지배에 엄청나게 봉사할 수 있다는 회의적 평가가 그의 새로운 인식론과 사회과학 논리의 근저에 깔려 있다. 그러나 하버마스는 과학주의나 실증주의를 윤리적으로나 정치적으로만 비판하려는 것이 아니고, 이를 인식론적으로 근본 토대에서부터 비판하려고 한다. 실증주의의 고전적 형태인 콩트나 카르납, 논리적 실증주의 등에 대해서 뿐 아니라 이들을 현대적으로 수용하고 계승하는 포퍼와 알버트(Hans Albert) 등의 신실증주의(Neo-positivismus)에 대해서 근원적인 비판을 시도했다.15)

포퍼는 물론 초기 실증주의자들의 독단론적인 주장들을 많이 수정하고 보완했지만, 그의 『탐구의 논리』는 엄밀한 과학주의를 조장하며, 실증적 지식을 절대화하여 그 이론이나 지식이 갖는 성립 연관이나 적용 관련성(Entstehungs-und Verwendungszusammenhang)을 도외시하고 사실을 기만하는 오류에 빠진다고 하버마스는 비판했다. 특히 이런 과학이론이 사회과학이나 심리학에 적용되었을 때 형식적으로만 기능적이고 사회공학적으로 적용 가능한 정보만을 생산해 냄으로써 실천이 배제된 경험 분석적인 지식만을 산출한다는 것이다.

하버마스는 이와 같은 과학기술적 지식의 절대화를 거부하고, 인간 주체를 반성을 통해 기능적 지식에 예속되지 않도록 깨닫게 해주는 행위를 현대적 의미에서의 계몽(Aufklärung)이라고 보았고, 이를 실증주의적 이데올로기에 대한 비판으로 이해했다. 이제 그의 관심은 이러한 실증주의의 함정에 빠지지 않는 과학이론을16) 어떻게 수립하느냐에 모아졌다. 이러한 웅대한 철학적 의도를 천명한 선언이 그의 프랑크푸르트 대학 교수 취임 연설(1965)인 「인식과 관심」에서 나타났다.17)

하버마스는 인간의 인식이 단순히 실증적 과학에만 국한될 수 없음을 분명히 하기 위해 인식과 관심의 근원적인 관련성을 밝히고, 이 토대 위에서 새로운 인식론을 정립하려고 했다. 그의 주 명제는 "모든 인간의 인식은 과학적 인식과 이론을 포함해서 인간의 삶과 존재에서

---

15) Theodor W. Adorno, *Positivismusstreit in der deutschen Soziologie*, Neuwied, 1969.

16) Jürgen Habermas, *Technik und Wissenschaft als Ideologie*, S.155.

17) Jürgen Habermas, "Erkenntnis und Interesse", Frankfurt Antrittsvorlesung vom 28, Juni 1965, in *Technik und Wissenschaft als Ideologie*.

불가피하게 나타나는 관심에 연결되어 있다"는 것이다. 즉, "인식은 기본적으로 관심이라는 선험적인 틀을 가진다"고 한다. 인간의 모든 경험과 인식은 그것이 학문적 인식이 되기 이전, 그 기본 개념의 체계(System der Grundbegriffe)를 형성할 때 이미 관심이라는 틀을 가지며, 이것이 모든 이론이 가진 구성 관련성과 적용 관련성을 물어야 하는 기초와 근거가 된다고 주장했다.

학문적 인식이 가진 준(準)선험적인(quasi-transzendental) 관심의 틀을 밝히기 위해 그는 자연과학과 정신과학으로 나뉜 전통적 학문을 경험적-분석적 학문(empirisch-analytische Wissenschaft)과 역사적-해석학적 학문(historisch-hermeneutische Wissenschaft)으로 나누며 전자에는 기술적 유용성의 관심을, 후자에는 실천적 관심을, 배제할 수 없는 인식 주도적 관심(erkenntnisleitendes Interesse)이라고 규명했다. 그리고 그는 비판이론이 구축해야 할 세 번째 학문 영역을 비판적 학문(kritische Wissenschaft)으로 내세우고 비판적 사회과학이나 철학을 이 범주에 포함시키면서, 여기에는 해방적 관심(emanzipatorisches Interesse)이 그 인식을 주도하게 된다고 하였다. 이 개념은 1960년대 독일의 학계와 정치계에 센세이션을 일으킨 용어가 되었다.

이제 철학계나 정치운동권의 관심은 과연 이 '해방적 관심'이라는 것이 어떻게 설명될 수 있으며, 이런 관심을 가진 비판적 학문이 어디에 존재하느냐에 모아졌다. 하버마스는 이에 대해 두 가지 모델을 제시했다. 하나는 마르크스의 사회이론이요, 다른 하나는 프로이트의 정신분석학이었다. 비판적 학문의 이 두 가지 모델은 모두 해방적 관심을 가진 반성적 이론(reflexive Theorie)인데, 전자는 유물론적 사회진화를 정치경제학적 분석을 통해 설명하면서 인류 역사의 자기반성을 가능케 했다는 점에서, 후자는 정신분석적인 환자와 의사의 대화를 통해 환자의 억눌린 과거를 반성할 수 있게 하여 그 병리를 치료

(theraphy)할 수 있게 했다는 점에서, 해방적 관심을 가진 이론이라는 것이다. 마르크스의 이론은 혁명적 실천으로, 프로이트의 이론은 정신병의 치료로 해방적 작용을 하기까지에 이른다고 한다.18)

비판적 학문과 비판적 사회이론이 가지고 있는 해방 관심, 그리고 억눌리고 왜곡된 대화와 의사소통(Kommunikation)을 찾아내어 시정하게 하는 반성(Reflexion)의 힘, 그래서 도달하려고 하는 성숙(Mündigkeit)된 사회와 인간, 그리고 비판적이며 반성적인 의사소통을 통해 성숙되고 계몽적인 합리성에 도달할 수 있는 이상적 담화 상황(ideale Redesituation) 등이 하버마스의 '인식과 관심'이 산출해 낸 함축적 개념들이었으며, 철학적 탐구의 과제였다. 1968년에 출간된 같은 제목의 『인식과 관심』은 이 비판적 학문이론을 근거짓기(begründen) 위한 칸트, 헤겔, 마르크스, 퍼스, 듀이, 딜타이, 가다머 등의 인식론들을 비판적으로 고찰한 명저이다. 이를 통해 그의 새로운 인식이론이 철학사적인 토대를 얻고 체계화하게 되었다.

4.

하버마스의 삶과 학문에 있어서 1971년은 하나의 새로운 이정표를 보여주는 해이다. 그는 그해에 프랑크푸르트 대학의 철학과 사회학 교수직을 사임하고 뮌헨 근처 슈타른베르크 호숫가에 새로 세워진 막스 플랑크 연구소의 '과학기술세계의 생활조건에 관한 연구소(Institut für die Erforschung der Lebensbedingungen der wissenschaftlich-technischen Welt)'로 자리를 옮긴다. 이 연구소는 물리학자이며 철학자인 칼 프리드리히 폰 바이츠제커(Carl Friedrich von Weizsäcker) 교수가

---

18) Walter Ch. Zimmerli, "Jürgen Habermas: Auf der Suche nach der Identität von Theorie und Praxis", S.231.

소장을 맡았고 하버마스는 사회과학 부장직을 맡았다. 프랑크푸르트 대학을 떠나게 된 데에는 1960년대 말부터 격렬해지기 시작한 학생운동과의 갈등이 한 배경이 되었다고도 한다.

'이론과 실천'의 철학자로서, 해방적 관심의 비판이론가로서 하버마스는 1960년대 학생운동에도 적지 않은 영향을 미쳤다. 1967-68년에 좌파 학생운동이 격렬하게 벌어졌을 때 하버마스는 운동의 폭력적인 방법에 찬동하지 않았고 공개적인 비판을 가했다. 페르시아의 왕(Schah) 팔레비에 반대하는 격렬한 학생 데모 중 경찰의 총을 맞고 죽은 학생 베노 오네조르크(Benno Ohnesorg)의 장례식이 있은 직후인 1967년 6월 9일에 하노버에서 '대학과 민주주의'라는 대회가 열렸다. 하버마스는 이때 연설자로 나서 혁명적 환상에 들뜬 학생운동의 폭력적 행동을 마조히즘이라고 비난하고, 학생운동 지도자인 루디 두치케(Rudi Dutschke)의 선동적 이데올로기를 좌파 파시즘(linker Faschismus)이라고 공격했다.[19)]

그 뒤로 사회주의 학생운동과 좌파 지성인들이 하버마스를 맹렬히 공격하기 시작했다. 프랑크푸르트 대학의 제자인 오스카 넥트(Oskar Negt)마저 학생들의 혁명적 행동을 변호하며 하버마스에 대한 비판을 퍼부었다. 하버마스는 여기에 대해 헌법기관에 대한 추상적 투쟁은 근거 없는 자살 행위라고 하며, 혁명의 구호가 허구인 것을 비판했다.[20)] 1960년대 말 좌파 학생운동은 베트남전 반대, 제3세계 독재 반대 등에서 점점 혁명적 반체제 운동으로 발전해 간다. 일부는 바더-마인호프 테러 집단과 붉은 군대(Rote Armee Fraktion) 등 무장 게릴라 전법까지 쓰게 되었다. 그들로부터 부르주아 반동 지성인으로 비난받게 된 하버마스는 더 이상 대학에 머물며 좌파 학생들과 입씨름을 하고 싶지

---

19) Walter Reese-Schäfer, *Jürgen Habermas*, S.83.

20) Jürgen Habermas, *Kleine politische Schriften* I-IV, S.260.

않았을 것이다.

그러나 막스 플랑크 연구소로 옮긴 그의 결행은 결코 혼란스러운 대학과 혁명적 열풍에서 도피하기 위한 것만은 아니었다고 생각된다. 그의 이론적 탐구 과정에서도 더 집중적으로 연구만 할 수 있는 기회를 갖고 싶었을 것이다. 이미 세계적으로 유명해진 그의 『이론과 실천』, 『인식과 관심』 등이 많은 관심과 질문, 비판과 도전을 받게 되면서, 여기에 대응하며 논리적 토대를 만들지 않으면 비판적 사회이론을 더 지탱하기 어려워진다는 압박감이 한 10년 연구와 저술에만 바치고 싶은 생각을 일으켰던 것 같다. 자신의 이론적 과업과 상황에 대해 하버마스는 1971년에 나온 『이론과 실천』 3판 서문에 자세히 설명했다.21)

필자는 '이론과 실천을 매개하는 시도에서의 몇 가지 난점들'이라는 긴 제목의 이 서문이 지금까지 자기의 철학적 업적들을 스스로 평가해 보면서 앞으로의 연구 계획에 대한 구상을 밝힌 것으로 이미 후기 사상을 배태하고 있는 서설(Prologomena)과 같은 글이라고 생각한다. 왜냐하면 여기서 비판이론이 해방적 관심을 가진 반성적 이론이 되고, 억압과 지배가 없는 이상적 대화에 근거한 이론이 되기 위해서는 의사소통 행위(kommunikativer Handel)가 필수적으로 탐구되지 않으면 안 되고, 그래서 그는 의사소통 행위 능력에 대한 언어철학적 탐구, 즉 보편적 화용론(universal Pragmatik)에 대한 연구를 시작했다고 선언하기 때문이다.22)

그리고 하버마스는 인식 주도적 관심에 대한 질문에 답하면서 이것이 준(準)선험적(quasi-transzendental) 성격을 가진다고 하고, 인식의

---

21) "Einige Schwierigkeiten beim Versuch, Theorie und Praxis zu vermitteln".

22) Jürgen Habermas, Niklas Luhrmann, *Theorie der Gesellschaft oder Sozialtechnologie*, 1971. "Vorbereitende Bemerkungen zu einer Theorie der Kompetenz".

과정에 적용하는 관심의 구조를 보다 면밀히 분석해 보면, 유용성이나 실천성, 해방성과 같은 행위(Handlung)에 대한 관심뿐 아니라, 그런 가치나 규범의 보편적 타당성(Geltungsanspruch)을 묻는 담론(Diskurs)에 대한 관심이 있다고 새로운 영역을 드러냈다. '담론(談論)'으로 번역하는 'Diskurs'는 단순히 '깨끗한 토론'이란 뜻뿐 아니라 보편적 타당성을 묻고 따지는 '검증적 논의'를 의미한다. 이제 인식 관심은 실천 행위에 대한 관심뿐 아니라, 합리성과 객관성을 추구하는 이론적, 인식론과 관심으로 확대 발전하는 계기를 맞게 된 것이다.

필자는 이 점에서 이미 1971년이 하버마스의 후기 사상이 시작되는 해라고 진단하고 싶다. 물론 아직 『의사소통 행위이론』(1981)은 단지 배태되어 있을 뿐이지만, 그리고 언어철학적 전회(sprachphilosophische Wende)라는 패러다임의 결정적인 변환은 훨씬 뒤에 나타나지만 말이다. 이미 진리의 합의설(Konsensus Theorie)이 주장되고 있다. 반성적이며 계몽적인 이론이, 계몽의 조직이나 전략적 실천으로부터 독립되어야 한다는 이론 우위적인 발상, 합리성에 대한 우선적 관심도 여기에 담겨 있다.

막스 플랑크 연구소로 옮긴 뒤 1970년대의 연구는 「후기 자본주의의 정당성 문제」(1973), 「사적 유물론의 재구성을 위해」(1976) 등 비판적 사회이론이나 사회발전에 관한 진화론적 논리 전개 등의 연구가 있으나, 『의사소통 행위이론』의 정립을 위한 언어철학적, 인식론적 탐구가 주종을 이룬다. 「해석학의 보편성 요구」(1971), 「진리론」(1973), 「상호작용 능력의 발전을 위해」(1975), 「보편적 화용론이란 무엇인가」(1976) 등이 예비적 탐구에서 쓰인 중요한 논문들이다.23)

그러면 이러한 예비적 탐구를 거쳐 1981년에 발표한, 후기 사상의

---

23) Jürgen Habermas, "Vorstudien und Ergänzungen zur Theorie des kommunikativen Handelns", 1983.

주저라고 할 수 있는 『의사소통 행위이론』의 핵심적 사상은 무엇인가? 하버마스 자신이 이 물음에 대한 대답에서 '합리성의 이론'을 탐구하는 것이 핵심적 과제이며,24) 그가 도달한 결론은 다른 어떤 합리성보다 '의사소통적 합리성(kommunikative Rationalität)'이 확보되어야 이론이나 실천의 타당성의 요구를 충족시킬 수 있다는 것이다. 이 의사소통적 합리성의 개념은 사회이론을 만드는 데도 논쟁을 하거나 평가를 하는 기준이 되며, 나아가서 사회의 합리화의 과정과 실천 속에서도 작용하고, 지향하는 사회의 개념을 얻는 데도 도움을 준다는 것이다.

전기 사상 속에서 비판이론의 핵심적 과제가 해방적 관심을 가진, 비판적이며 반성적인 사회이론을 어떻게 획득하느냐에 있었다면, 후기 사상의 핵심은 이 사회이론이 근거할 '합리성의 이론'을 탐구하면서 그것을 '의사소통적 합리성'에 있다고 주장한 데 있다고 할 수 있다. 의사소통적 합리성의 타당성을 주장하기 위해 하버마스는 우선 막스 베버의 '합리화 이론'과 호르크하이머의 '도구적 이성', 루카치의 자본주의 사회에서의 '상품의 물신성과 인간의 물화(Verdinglichung) 과정'을 분석한다.

막스 베버는 현대화를 합리화 과정이라고 분석하고 프로테스탄트 윤리와 서양의 자본주의 정신을 합리화의 기준으로 삼았다. 그러나 그것은 목적을 달성하는 데 적합한 수단이 되면 합리성의 요구를 충족시키는 목적합리성(Zweckrationalität)이었다. 다양한 세계의 종교나 가치관들이 상호 이해와 대화를 통해 얻는 보편적인 합리성에는 도달하지 못한다. 루카치의 '사물화 과정'이나 호르크하이머의 '도구적 이성', 아도르노의 '전체는 비진리(非眞理)'라고 본 '부정 변증법'이 모

---

24) Jürgen Habermas im Gespräch mit Axel Honneth, in *Ästhetik und Kommunikation*, Arno Widman(hrsg.), Heft 35/36, 1981, S.126-155.

두 이성과 합리성의 개념을 너무 비관적으로 일면적으로 보았다고 하버마스는 비판했다.25) 특히 막스 베버는 진리, 재산, 미(美), 건강, 법, 권력, 성스러움 등 여러 가지 다양한 가치들을 내세웠으나 이들 가치가 모두 준거할 수 있는 통일된 합리성의 개념을 내놓지는 못했다고 결점을 지적했다.

하버마스는 베버의 합리화의 개념을 확대하여 전략적 행위가 지향하는 도덕적 합리성, 예술적 행위가 바라는 미적 합리성을 통틀어서 다룰 수 있는 통일된 합리성의 개념을 얻으려고 하는바, 이를 타당성의 요구를 논쟁(Argument)을 통해서 따지는 의사소통 행위에서 전제되고 있는 합리성에서 찾으려고 했다.

의사소통 행위를 하는 모든 사람은 이해와 합의에 도달하기 위해 네 가지 타당성의 요구를 충족시키려고 하는데, 그것이 이해성(Verständlichkeit), 사실성(Wahrheit), 정당성(Richtigkeit), 진실성(Wahrhaftigkeit)이다. 하버마스는 의사소통 행위자들이 상호간에 타당성의 요구를 묻는 기준으로 삼고 있는 이 네 가지를 의사소통적인 합리성의 기준으로 확립시켰다. 그는 이 기준을 얻기 위해 오랫동안 서얼(John Searl), 오스틴(J. L. Austin), 촘스키(N. Chomsky) 등의 언어철학을 탐구했으며, 그들이 개발한 언어 행위 이론(Speechact-Theory)과 보편적 화용론(universal pragmatik)에서 언어 행위와 언어 상황의 보편적인 구조를 도출하려고 노력했다.

언어 행위는 곧 언어와 행동이 함께 결합된 것으로 이론과 실천의 접합점이 된다고 보았다.26) "나는 내일 그곳에 갈 것을 약속한다"는 말에는 이미 행위와 실천이 포함되어 있다. 고로 이것은 단순한 말이

---

25) Helga Gripp, *Jürgen Habermas*, UTB 1307, Paderborn, 1984, S.77-79.
26) 오스틴(J. L. Austin)은 "I do things in saying something"이라고 했다. *How to Do Things with Words*, Oxford, 1962.

나 입놀림의 행위가 아니라, 실천이 결부된 주장이요 표현이기 때문에 언어 행위라는 것이다. 그래서 말하는 화자와 듣는 청자 사이의 이해(Verständigung)와 합의(Konsensus)는 상호 주관성(Intersubjekt)의 합리적 기준이라는 것을 전제로 해서만 성립될 수 있는 것이라고 하버마스는 주장했다. 이 기준에 부합할 때는 참된 합의가 가능하고, 부합하지 않으면서 강제로, 부당하게 합의하는 경우에는 거짓 합의가 된다는 것이다.

이렇게 언어 행위 이론에서 도출된 의사소통적인 합리성이 과연 반성적 이론이 추구하는 합리성, 사회발전이 추구하는 합리성의 기준이 될 수 있는가? 여기에 하버마스 철학의 포괄적인 성패 여부가 달려 있다고 볼 수 있는데, 하버마스는 지금까지 이를 긍정적으로 주장하고 논쟁하며 근거를 세우는 데(begründen) 온갖 힘을 쏟고 있다. 그뿐만 아니라 하버마스는 의사소통적 합리성의 이론을 가지고 단순히 지배와 억압이 없는 대화, 해방적이며 반성적인 비판이론이 근거할 수 있는 이성적 기준을 얻는 데 그치지 않고, 철학사에서 획기적인 사건이라고 할 수 있는 새로운 시대의 진리와 윤리의 기준으로서, 그리고 비판하고 반성하는 합리성의 기준으로 삼으려는 거창한 계획을 이미 선포하였다.

이것이 인식론 부분에선 의사소통적 이성과 합리성에 기초한 합의론(Konsensus Theorie)적 진리관이며, 이를 위해 하버마스는 철학사 속에서 의식철학(Bewusstseinsphilosophie)에서 언어철학으로, 주관철학(Subjektphilosophie)에서 상호 주관성의 철학으로 패러다임이 전환되어야 한다고 강하게 주장한다. 이 전환은 인식론, 진리론, 과학이론에서 뿐만 아니라 윤리학에서도 담론의 윤리학(Diskurs Ethik)으로, 정치학이나 실천적인 사회과학이론에서도 체제 중심의 이론에서 생활세계의 해방론으로 이루어지고 있으며, 새로운 철학사상으로 체계화되고 있다.

『의사소통 행위이론』(1981)이 출간되고 그의 새로운 사상체계의 윤곽이 밝혀진 뒤, 하버마스는 1982-1983년에 프랑크푸르트 대학 교수로 다시 복귀했다. 그 뒤로는 의사소통적 합리성 이론을 토대로 한 도덕철학, 법철학, 정치, 사회, 문화 전반에 걸친 실천철학적인 논구(論究)에 심혈을 기울이고 있다. 여기에서 산출된 작품들이 『도덕의식과 의사소통 행위』(1983), 『현대성의 철학적 담론』(1985), 『탈형이상학적 사유』(1988), 『뒤늦게 온 혁명』(1990), 『사실성과 타당성』(1992) 등인데, 이에 대한 소개나 설명은 이 글의 범위와 분량에는 포함시킬 수 없어 다음 기회로 미루기로 하며 불충분한 대로 이 글을 마칠 수밖에 없다. 다양한 분야, 엄청난 양의 작품과 사상들을 다 섭렵하지 못했지만, 하버마스 철학의 흐름과 맥을 잡아 보는 데 이 글이 도움이 되었으면 한다.

칼 오토 아펠, 선험화용론과 담론의 철학

1.

국내외의 저명한 철학자를 매년 한 사람씩 초청하여 동서 철학의 만남과 한국철학계의 발전에 기여하자는 취지로 1997년 한국철학회의 '다산기념 철학강좌'가 시작되었다. 그리고 1998년에는 해외 철학자로 는 첫 번째로 칼 오토 아펠(Karl-Otto Apel) 교수를 초청하여 네 차례 의 강연을 듣게 되었다. 이미 8년 전에 프랑크푸르트 대학 교수직을 정년퇴직한 금년(1998) 76세의 노철학자인 아펠 교수에 대해서 잘 아 는 사람은 그리 많지 않다. 아펠의 철학은 전공한 몇몇 철학자들을 제 외하고는 아직 그의 사상과 이론의 독창성이 별로 이해되거나 천착되 지 못한 것 같다. 위르겐 하버마스의 친구요 철학적 동지로 담론윤리

---

* 이 글은 이삼열 외, 『철학의 변혁을 향하여』, 철학과현실사, 1998, pp.52-78 에 수록된 「아펠의 철학사상과 그 발전 경로: 선험화용론과 담론윤리의 철 학사적 의미」를 수정 보완한 것이다.

학(Diskursethik)을 함께 발전시킨 공로자이지만, 하버마스의 이름이 전 세계적으로 널리 알려진 데 비해 아펠의 이름은 독일 안에서도 그렇게 널리 알려져 있지 않았고, 철학계에서도 최근에 와서야(1980년대부터) 활발하게 거론되는 사상가이다. 그러나 그는 자기의 철학적 문제와 과제에 끈질기게 매달리고 해답을 모색하는 집요한 사상가이며, 자기 나름대로 완결된 이론체계를 추구하는 독창적인 사상가이다. 현대철학의 인식론적 문제, 윤리학적 문제의 핵심적 과제들을 오랫동안 사색하고 검증한 뒤 주목할 만한 이론을 내어놓는 그의 스타일은 아주 독일적인 특성을 가진 철학자이며 칸트와 비슷한 성격의 사상가임을 느끼게 한다.

필자는 하버마스의 철학에 대한 관심 때문에 아펠을 하버마스와 같은 줄거리의 철학자로만 피상적으로 알아 왔는데, 1993년 프랑크푸르트 대학에 한 학기 체류하면서, 그의 강의를 들으며 철학자로서의 진지함과 최후 근거 정립(Letztbegründung)의 정열적이고 끈질긴 추구에 감동을 받은 바 있다. 그리고 1998년 1월에 '다산기념 철학강좌' 초청을 위해 프랑크푸르트 외곽 니더하우젠에 살고 있는 아펠 교수를 찾아뵙고 여러 시간 그의 사상에 관해 의견을 나누게 되었다. 아직 그의 작품들을 고루 다 읽지 못한 형편이지만, 몇몇 글과 소개서를 참고하면서 그의 철학사상을 개략적으로 소개해 보려는 뜻은, 이번 방한 강연을 통해 보다 많은 한국의 지식인들이 아펠을 이해하고 그로부터 많은 것을 얻을 수 있도록 조그만 보탬이 될까 해서이다.

2.

1922년에 뒤셀도르프에서 태어난 아펠은 제2차 세계대전이 끝난 뒤 철학을 공부하고 사색한 전후 첫 세대의 철학도라고 할 수 있다. 18세의 고교 졸업반 청년 아펠은 1940년 학우들과 함께 독일군에 입대하여 전선에 나가게 된다. 나치 독일 군대의 병사로 5년 동안 전쟁터에서 싸우다가 패잔병으로 미군의 포로가 되었고, 1945년 가을에 겨우 석방되어 고향에 돌아온 23세의 청년 아펠은 본(Bonn) 대학에 들어가 철학과 역사를 공부하기 시작했다. 무의미한 전쟁에 시간을 허비했다는 허전함과 독일인으로서의 도덕적 자기의식의 파괴와 상실감을 극복하기 위해서는 철학을 통해 무언가 정상적인 것(Normalität)을 찾고 싶었고, 방향성의 제시를 받고 싶었으며, 역사적 현실의식을 찾고 싶었기 때문이었다.[1]

애국심과 민족주의적 감정에 가득 차 전쟁터에 자원해서 나갔던 청년 아펠이 독일이 망하고 난 뒤 대학에 들어가 느낀 감정은, 우리가 목숨 바쳐 성취하려고 했던 애국심이나 민족을 위한 헌신이라는 것이 모두 '잘못된 엉터리(alles war falsch)'였구나 하는 것이었다. 잘못된 역사를 바로잡고 파괴된 나라의 도덕의식을 어떻게 회복하느냐가 대학생 아펠의 우선적 관심사였다. 자연히 무엇이 잘못되었기에 독일의 역사와 도덕의식이 이토록 타락했는가를 밝혀 보려는 의지가 생겼고, 특히 나치의 많은 선전과 잘못된 이데올로기에 속아 온 독일인들에겐, 무엇이 참된 주장과 타당한 이론이며, 무엇이 단순한 선전이나 기만인가를 알아내는 것이 철학의 사명이 아니겠는가를 생각했다. 모든 것을 새롭게 배워야 한다는 생각(reeducation), 전통적인 것은 모두 잘못되었다는 회의와 부정, 이것이 대학생 아펠을 사로잡은 의식세계였다고 고백했다.[2]

1) Walter Reese-Schäfer, *Karl-Otto Apel zur Einführung*, Hamburg: Junius Verlag, 1990, S.15.
2) Karl-Otto Apel, *Diskurs und Verantwortung*, Frankfurt: Suhrkamp, 1988, S.374.

그러나 전쟁 직후 폐허에서 재건된 독일 대학에 전통을 배격하며 잘못된 과거를 청산할 수 있는 새로운 사상이나 방향 제시가 있었던 것은 아니었다. 아직 군대 시절 받았던 군화를 신고 군복 바지를 입고서 과거 청산이라는 시대정신의 흐름에 영합하려 했지만, 대학에서 만나게 되는 것은 여전히 권위주의적인 아카데미즘과 교수들의 전통적인 강의들이었다. 아펠은 역사학에서 랑케 사상 계통의 정치사 강의와 철학에서 딜타이와 신칸트학파의 영향하에 있는 철학사를 공부하였다. 여기서 무슨 새로운 사상이나 방향 제시를 얻지는 못했고, 아펠은 그저 딜타이의 역사주의나 해석학적 입장에 따라 모든 관점을 이해해 보자는 식으로 닥치는 대로 공부하다가, 지도교수가 된 역사철학자 에리히 로타커(Erich Rothacker)를 만나서 심리학과 철학적 인간학 등을 깊이 연구하고 가르치던 그의 사상에 매료되어 열정적으로 그에게서 철학을 연구하게 된다.

무엇이 잘못된 것이었는가라는 전통에의 강한 의문을 품고 근원을 탐구하려는 당시의 학생들의 시대정신은 비스마르크나 헤겔, 루터 같은 전통사상에 대한 불신으로 나타났고, 왜 서구적 민주주의가 독일에서는 정상적으로 발전하지 못했는가를 반성하는 분위기였지만, 뚜렷이 대안으로 떠오르는 재교육의 방향은 아직 보이지 않았다. 이런 분위기에서 떠오른 새로운 시대정신과 사조가 실존주의(Existenzphilosophie)였다. 키에르케고르나 야스퍼스, 하이데거 등 독일의 철학자 이외에 사르트르, 카뮈, 아누이(Jean Anouihl), 지로두(Jean Giraudoux), 장 콕도(Jean Cocteau) 등 프랑스 문인들과 사상가들이 많이 읽히고 유행하게 되었다. 그러나 아펠은 당시를 회고하며 하이데거류의 실존철학은 정치적 현실에 무관심(Indifferenz)을 일으키고, 존재의 목소리에 귀를 기울이게 한다든가, 본질적인 것(was eigentlich ist)을 추구하려는 사상이었는데, 객관적 현실 속에서 타당한 실천적 규범을 찾으려는 자신의 관심과는 거리가 먼 것으로 느꼈다고 한다.3) 물론 실존철학이 모두 비정치적이거나 현실에 무관심한 철학은 아니다. 야스퍼스나 사르트르는 강한 현실 참여와 비판에의 의지를 가졌고, 또 행동했던 철학자였다. 그러나 아펠의 눈에 비친 당시 1950년대의 실존철학은 주로 하이데거의 색채가 강한 것이었으며, 과거의 나치 역사에 대해 죄책감이나 반성이 없는 하이데거의 철학에 강한 거부감을 갖게 된 것 같다. 하이데거의 '결단(Entschlossenheit)'도 잘못된 역사적 판단을 비호하는 개념으로, 또 '존재의 역운(Seinsgeschick)'도 운명에 넘겨 버리고 책임을 지지 않는 태도로 보인 것이 아닌가 짐작케 한다.4)

두 번째로 아펠이 접하게 된 영향력 있는 철학사상은 1960년대 초에 와서 유행한 서구적인 네오마르크시즘과 비판이론이었다. 이것은 아펠의 고백대로 본 대학에서 철학 공부를 함께한 오랜 친구 하버마스의 영향이었다. 청년 마르크스의 사상을 부각시키며 마르크스의 인간해방의 사상을 소련의 정통 마르크스주의의 독단적 해석에서 풀어내며, 그 사상을 사회비판이론으로 승화시키려는 비판이론의 사상은 당시 학생운동에도 큰 영향을 주었을 뿐 아니라, 좌파 지식인들에게 매력적인 사상적 원천이 되어 갔다. 아펠에게는 마르크스주의보다도 하버마스에 의해 재해석된 새로운 마르크스주의를 통해 획득되는 철학의 정치적 영향력, 현실적 요구와의 관련성이 관심거리였다. 그는 하버마스의 연구를 통해 마르크시즘의 과학주의나 환원주의가 해석학적으로 비판될 수 있음을 깨닫게 되었고, 종말론적이고 유토피아적인 역사 형이상학은 칸트적인 실천이성의 요청이나 규제적 이념으로 대체시킬 수 있다는 가능성을 보게 되었다고 한다.5)

---

3) 같은 책, S.377.

4) Walter Reese-Schäfer, *Karl-Otto Apel zur Einführung*, S.18.

5) 특히 영향을 준 하버마스의 연구로는 "Zur philosophischen Diskussion um

그러나 아펠에게 마르크스주의의 영향은 하버마스에게서처럼 체계적이거나 내용적으로 심화되어 있지는 못하다. 현실개조에 대한 윤리적 사명감을 가진 철학의 한 전형으로서는 의미를 가지겠지만, 그 정치철학적인 계몽의 기능에 대해서는 신뢰보다는 회의에 가까운 것이 아펠의 입장이 아닌가 생각된다. 1960년대의 네오마르크시즘에 영향을 받은 좌파 학생운동에 대해서는 계속 부정적인 평가를 하고 있는 것을 보아 그렇게 짐작할 수 있다. 좌파 학생운동의 유토피아적인 열광은 현실의식을 상실했고, 서구 문명이 오랫동안 길러 온 자유민주주의와 법치국가의 유산들을 무시해 버린 오류를 범했다고 아펠은 비판했다. 과연 현실이나 기성세대에 대한 지나친 이데올로기 비판이 현대 산업사회의 거대한 체계와 분화된 구조에 대해 대안이나 해결책을 만들어 낼 수 있을 것인가에 대해 아펠은 부정적이었으며, 구체적이며 복잡한 사회 상황을 막연한 공상적 유토피아 사상으로 도피하는 것이 아닌가, 아니면 제3제국 시대 했어야 할 저항운동을 못한 죄과와 비난을 잘못된 시대와 상황에서 값싸게 면책해 보려는 것이 아닌가 하는 의구심을 감추지 않았다.6) 결국 전후의 독일에서 파괴된 도덕적 의식을 재건하고 새로운 정신적 방향을 모색하려고 철학 연구를 시작한 청년 아펠에게 도움과 영향을 준 실존주의와 네오마르크시즘은 모두 대답이 아니었으며 아펠은 보다 더 단단한 토대와 방법론의 모색에로 그의 철학적 정열을 바치게 된다.

Marx und den Marxismus", in *Philosophische Rundschau* 5. Jg, 1957, S.165-235.

6) Karl-Otto Apel, *Diskurs und Verantwortung*, S.379.

3.

정치적 무관심도, 지나친 정치적 열정과 관심도 거부한 아펠은, 철학이 해야 할 현실적 사명이 건전한 정치철학적 의식을 육성하는 데 있으며, 이를 위해서는 좌우로 치우치지 않고도 책임 있게 사유하는 건전한 이성적 사회, 칸트적으로 말해서 '합리적 사유를 하는 사회공론(räsonierende Öffentlichkeit)'을 어떻게 형성하느냐가 중요하다고 깨닫게 되었다. 그것은 바로 1960년대 당시의 독일에서 하나의 시대적 사명감의 발로라고 아펠은 생각했다. 즉, 한쪽에선 개혁하고 혁명하려는 유토피아적 의지와 정열이 날뛰는데, 현실의 복잡한 구조와 사실적 필연성은 엉뚱한 곳으로 달리고 있는 모순된 상황에서, 한때는 혁명가요 계몽가였던 자들이 냉소적 견유학파(Zyniker)로 전락하는 상황에서 선택할 수밖에 없는 길이었다고 아펠은 회고하고 있다.

이런 시대적 상황과 철학적 문제의식이 아펠로 하여금 도덕적이며 정치적인 의식을 합리적으로 납득할 수 있는 차원에서 재건하는 데 필요한 방법적 틀과 조건이 무엇인가라는 철학적 문제에 관심을 가지게 한다. 이것은 사회비판을 중심과제로 삼은 당시 프랑크푸르트학파의 비판이론이 하버마스의 세대에 이르러 도달한 문제의식과도 맥을 같이하는 것이었다. 그리고 전후의 독일이 잘못된 역사와 죄과를 반성하고 정상적인(Normalität) 상태로 회복되기 위해서 모두가 납득할 수 있는 최소한의 기준(Akzeptabilitätskriterium)이 무엇인가라는 당시의 역사적 요구와도 맞물리는 것이었다. 도덕적이며 정치적인 시대정신을 내용적으로 탐구하기보다, 어떻게 치우치지 않고 복잡한 문제들을 해결할 수 있는 합리적인 의식과 정신의 기준을 찾느냐가 아펠이 더 매력을 느낀 철학적 과제였다고 보인다.

아펠은 현실적이며 도덕적인 철학의 요구와 도전을 느끼면서도, 이를 근거지을(begründen) 수 있는 인식론적인 탐구에 학문적 정열을 바치게 된다. 1950년대와 1960년대에 조교와 강사를 거쳐 교수가 된 아펠이 주력한 철학적 연구과제는 인식이론적, 방법론적 탐구였다. 그는 일찌감치 그의 방법론적 탐구를 인식 인간학적 연구(Erkenntnis-Anthropologie)라고 명명했다.[7] 그리고 아펠의 인식론적 탐구의 맥을 잡아 준 철학사조의 두 줄거리는 딜타이와 하이데거에서 뿌리를 찾는 해석학적 방법과, 포퍼와 비트겐슈타인 그리고 미국의 실용주의 철학자 퍼스에 뿌리를 둔 언어철학과 과학이론이었다. 1962년 킬(Kiel) 대학에 정교수로 부임하면서 행한 취임 연설이 「비트겐슈타인과 하이데거」라는 제목으로 되어 있는 것을 보아도 해석학과 언어철학의 융합에 그의 인식론적 관심이 있었음을 알 수 있다.[8]

독일의 전통적인 철학의 현대적 계승이라고 볼 수 있는 해석학적 방법과 영미철학의 현대적 발전인 언어분석철학은 정신과학과 자연과학이라는 인간 인식의 양대 조류를 근거로 하는 대립적인 방법론으로서 전후 서양철학의 방법론으로서 양대 진영을 나타내고 있다. 언어분석철학이나 실증주의와 과학주의에 대한 해석학 역사주의 변증법의 비판과, 또 그 역으로의 비판과 논쟁은 제2차 세계대전 이후의 대표적 논쟁이었을 뿐 아니라, 특히 독일에서는 1960년대에 와서 실증주의 논쟁(Positivismus-streit)으로서 철학뿐만 아니라 온 인문과학 사회과학계의 방법론 논쟁으로서 각광을 받고 있었다. 이러한 대결적 대립풍토에서 양자의 접근과 융합(Konvergence)을 시도하려는 것이 아펠의 한

---

7) 그의 지도교수 로타커의 회갑 기념 논문집에 수록된 논문 제목에 나타난다. "Technognomie, eine erkenntnis-anthropologische Kategorie", in Gerhard Funke(hrsg.), *Konkrete Vernunft. Festschrift für Erich Rothacker*, Bonn, 1958, S.61-78.

8) Karl-Otto Apel, "Wittgenstein und Heidegger", in *Philosophisches Jahrbuch*, 75. jg, 1962, S.56-94. (Kieler Antrittsvorlesung)

관심사였다. 그러한 계기와 발상의 단초를 아펠은 현상학의 해석학적 전환(hermeneutische Wende)에서 찾게 된다. 또한 토마스 쿤의 이론 이후에 새롭게 등장하는 새로운 과학철학(New Philosophy of Science) 도 해석학적 방법과 언어분석철학의 융합을 도모하는 데 자극제가 되었다.

아펠의 인식이론이 인식 인간학적인 방법으로 특징되는 이유도 해석학적 현상학의 방법이나 언어 분석철학적인 방법이 모두 인식이 이루어지는 인간 주체의 심리적, 역사적, 사회적 조건들과 관련이 있음을 갈파하면서, 여기에 공통된 토대를 구축하려는 관심 때문이라 하겠다. 아펠은 이 점에서 우선 하이데거의 통찰에 바탕을 둔 가다머의 철학적 해석학을 보다 보편주의적이며 선험적인, 그러면서도 역사적 이해와 규범적 실천이성을 포괄할 수 있는 방향으로 재구성하는 프로그램에 관심을 갖는다. 다시 말하면 가다머의 『진리와 방법(*Wahrheit und Methode*)』이 내세우는 철학적 해석학은 아펠의 눈에 다음과 같은 두 가지 점에서 인식 인간학적 방법으로서 문제를 지닌다고 보게 되었다. 첫째는, 해석학은 역사와 전통의 권위와 무게를 강조하면서 어떤 규제적 이념에 근거를 둔 반성적이며 비판적인 이해의 계기를 축소시키는 데 문제가 있다는 것이다. 둘째는, 해석학이 강조하는 이해 (Verstehen)에 반드시 포함되는 사건(Geschehen)의 계기는 역사에서의 한 임시적 존재(temporales Sein)일 뿐인데, 이것이 마치 선이해 (Vorverständnis)나 선입견, 즉 이해 일반의 가능성의 근거로서 너무 무게 있게 다루어지고 있다는 것이다. 그 사건에 대한 이해가 편견에 속할 때는 이를 비판적으로 반성하는 가능성이 이해의 틀 속에 들어 있어야 하며, 그 비판적 반성은 보편적으로 타당한 기준(universal gül-tiger Kriterien)에 따라야 한다는 것이다.

해석학에 대한 아펠의 비판적 논의는 딜타이의 역사주의에 대한 상대주의 비판과도 연관되어 있으며, 하이데거와 가다머의 존재 중심적인 (역사적 우연으로서의) 사유에 대한 비판과도 관계되어 있다. 가다머는 비록 보편적 타당성을 추구하나 인식의 타당성의 요구를 역사적 가능 근거(auf einen geschichtlichen Ermöglichungsgrund)에 돌리고 있다. 이성은 자기의 타자인, 존재의 시간적 사건(temporales Geschehen des Seins)을 타당성의 근거로 생각하게 된다는 것이다. 결국 하이데거에서와 마찬가지로 진리(Wahrheit)나 윤리적 규범의 타당성, 혹은 로고스(Logos)가 모두 시간적 존재와 그 역사의 기능으로서 이해되고 마는 것이 아니냐는 것이다. 로고스가 역사의 진행에 의존한다는 이 사상이야말로 오늘날 리오타르(Jean-François Lyotard)의 포스트모더니즘이나 로티(Richard Rorty)의 네오프래그머티즘이 근거하고 있는 사상으로, 아펠은 반드시 극복해야 할 사상으로 간주하고 있다.

아펠이 가다머나 하이데거의 해석학적 존재론을 비판적 반성의 여지와 보편적 타당성의 근거가 결핍된 사상으로 보는 또 다른 이유는, 특히 하이데거의 철학이 범한 역사적 오류 때문이다. 하이데거의 『존재와 시간』에 나타난 사상과 1933년 나치에 대한 그의 태도 사이에는 필연적인 관계가 존재하고 있다고 아펠은 보고 있다. 즉, 존재 가능성의 피투적 투기(geworfenen Entwurf)의 시간적, 카이로스-로고스적 해석(temporal-kairologische)과 하이데거가 정치적, 세계사적인 카이로스에 자신을 맡기는 역운적 태도와는 밀접히 연관되어 있다는 것이다. 하이데거의 철학에는 보편타당한 규범적 원칙에 대한 합리적 근거(rationale Begründung)의 추구가 없다는 것이다. 그런 요소가 있었다면, 1933년 히틀러가 지도자로 등장했을 때, 규범적 원칙을 적용시켜 볼 수가 있었을 텐데 그렇지 못했다고 비판했다. 이런 점은 하이데거의 칸트 해석에서도 특징적으로 드러난다고 아펠은 보고 있다. 즉, 하이데거는 칸트의 『순수이성비판』의 해석에서, 오성의 종합을 통한 인식의 보편타당성의 근거지음(begründen)보다, 시간성에 매달린 구상력(Einbildungskraft)의 의미 부여적인 작용을 더 중요하게 보고 있다는 것이다.9) 니체의 『권력에의 의지』에서 칸트의 선험적 주체의 개념이 계승 발전된다고 보는, 엄청나게 잘못된 하이데거의 주장도 이와 맥을 같이하고 있다고 비판했다.10)

아펠의 철학사상의 발전은 해석학의 의미를 받아들이면서도 하이데거와 가다머의 역사주의적 상대주의를 거부하는 데서 비롯되었다고 볼 수도 있을 것 같다. 아펠은 하이데거에 관한 오랜 연구 뒤에, 독일적인 파멸을 경험한 전후 세대로서는 그의 사상을 '받아들일 수 없다(nicht akzeptabel)'고 단정해 버린다. 하이데거의 철학이나 해석학을 전면적으로 거부하자는 것이 아니라, 그의 철학으로는 당시의 시대적 요구가 충족되지 않기 때문이다. 하이데거나 가다머는 19세기의 역사주의적 상대주의를 극복한다고 했지만, 결국은 극복이 아니라 오히려 계속이며, 극단적 확대(Übersteigerung)였다고 했는데, 그 이유는 보편적 타당성의 요구에 대한 반성이나 대응을 거부하기 때문이라고 했다.11) 물론 하이데거에서도 로고스나 이성, 합리성(Ratio), 원리, 근거, 타당성 등의 용어가 나오지만, 이 모두가 '시간적 존재(temporales Sein)'에 비한다면 근본적으로 상대적인 것으로 간주되고 만다. 이것이 카이로스적인 상황(kairologische Situationsbezug)에만 응답하는 도덕의식을 배태하였고, 결국은 존재의 운명(Seinsgeschick)에 맡겨 버리는 혼란과 위험을 가져오게 되었다고 비판한다.

하이데거는 현대인들에게 존재망각(Seinsvergessenheit)을 비판한다.

---

9) Martin Heidegger, *Kant und das Problem der Metaphysik*, Frankfurt, 1929, §31.

10) Martin Heidegger, *Holzwege*, Frankfurt, 1950, S.226 이하.

11) Karl-Otto Apel, *Diskurs und Verantwortung*, S.386.

그러나 아펠은 실천이성의 망각이 보다 중대한 문제라고 지적한다. 오히려 로고스를 망각(Logosvergessenheit)하는 '숲길(Holzweg)'이 문제라고 했다. 이에 로고스는 '설치된 로고스(Logos des Gestells)'나 도구적 이성의 로고스가 아니라, 이성의 자기비판과 타당성의 요구가 전제해야 하는바, 언어 속에 매개된 담론적 합의의 로고스(Logos der diskursiven Verständigung)가 망각되는 것이 문제라고 아펠은 보고 있다.12) 결국 하이데거가 범하고 마는 역사주의의 확대는 오늘날 반드시 재건해야 하는 실천이성의 철학적 틀이 될 수 없기 때문에 거부되어야 한다고 주장한다. 하이데거나 포스트모더니즘이 주장하는 전면적인 이성비판(totale Vernunftkritik)은 결국 피아제-콜버그의 도덕의식의 발전단계론에 비춰 본다면, 관습적 도덕에서 관습 이후의(postkonventionell) 도덕의 단계로 넘어가는 이행 과정, 즉 4와 1/2 위기 단계에서의 자기 혼란일 뿐이라고 아펠은 보고 있다.

아펠이 파악하는 시대정신의 철학적 요구와 인식 인간학적인 과제는 바로 도덕의식의 재건을 위해 '합리적으로 사유하는 사회공론(räsonierende Öffentlichkeit)'을 어떻게 형성하며, 이를 수행할 실천이성의 토대를 어디에 구축할 것인가의 물음에 있다. 그 토대의 구축을 해석학적 전통 위에서 할 수가 없다고 판단한 아펠은 이론적 인식이나 도덕 실천적 인식에서 보편적인 타당성의 요구를 충족시킬 수 있는 이론의 근거(Begründung)가 무엇인가를 계속 탐구해 간다.

---

12) Karl-Otto Apel, "Die Herausforderung der totalen Vernunftkrritik und das Programm einer philosophischen Theorie der Rationalitätstypen", in *Concordia* II, 1987, S.2-23.

4.

정신과학이나 사회과학, 혹은 도덕의식의 이론에 있어서 보편적 타당성의 요구를 만족시킬 수 있는 인식 인간학적 이론의 탐구가 아펠의 철학이 초기부터 지향하는 목표가 되었다. 이러한 탐구가 가시적인 결실을 이루고 철학계에서 널리 주목과 인정을 받게 된 것이 1976년에 출판된 그의 주저 『철학의 구조변혁(Transformation der Philosophie)』 이었다.13) 이 책이 나오기까지 아펠이 발표한 글들은 대부분 이 책을 준비하는 과정에서의 예비적인 글들이었다고 볼 수 있다. 그리고 그 내용들은 다시 이 책에 요약되어 있다. 그것은 인식 인간학적 탐구에 관한 것과 언어철학적 탐구에 관한 것이었고, 가장 체계적으로 연구 발표된 글이 1975년에 책으로 묶어 출판된 『찰스 퍼스의 사유경로』라는 연구서였다.14)

퍼스(Charles Sanders Peirce, 1839-1914)에 관한 연구는 아펠이 1960년대부터 꽤 오랫동안 심혈을 기울여 추진했으며, 독일에서 체계적으로 퍼스를 연구하고 소개한 첫 번째 철학자가 아펠이었다. 퍼스의 글들을 번역하고 선집(collected papers)으로 출판한 것도 아펠의 공로가 컸다.15) 하버마스도 1968년에 출판한 『인식과 관심』에서 '실증주의와 실용주의, 역사주의' 편에 퍼스에 관한 긴 논의를 하고 있는데, 서론에서 친구인 아펠 교수와의 토론과 협의가 있었음을 밝히고 있다. 아펠의 연구를 많이 참조하고 있는 것으로 보아 하버마스의 담론이론

13) Karl-Otto Apel, *Transformation der Philosophie*, Bd 1. *Sprachanalytik, Semiotik, Hermeneutik*, Bd 2. *Das Apriori der Kommunikationsgemeinschaft*, Frankfurt, 1976.

14) Karl-Otto Apel, *Der Denkweg des Charles Sanders Peirce*, Frankfurt, 1975.

15) Charles Sanders Peirce, *Collected Papers, Schriften* 1, hrsg. K.-O. Apel, übersetzt von G. Wartenburg, Frankfurt, 1967.

과 의사소통 공동체의 이론에는 아펠의 영향이 상당히 있는 것으로 생각된다. 아펠이 특히 퍼스에 관해 연구하게 된 계기와 퍼스 연구에서 얻은 결과에 관해서는 따로 한 편의 논문을 쓸 수 있는 것이나, 아펠의 선험화용론적 인식이론에 결정적인 영향과 요소가 되었음은 부연할 필요가 없다. 바로『선험철학의 구조변혁』이라는 아펠 철학의 핵심이 『칸트에서 퍼스에로: 선험논리학의 기호론적 구조변형』으로 설명되고 있는 것을 보아도 알 수 있다.

아펠이 인간학적 탐구에서 비트겐슈타인과 퍼스의 언어철학적 연구에 이르게 되는 동기는 앞 절에서 논의했던 해석학적 방법의 결점과 문제점들을 보완하려는 시도에서가 아니었을까 짐작된다. 해석학이 정신과학이나 도덕의식에서 불가피한 인식방법이지만, 그 역사주의적이고 상대주의적인 요소를 극복하고, 보편적이며 과학적인 인식이론으로 발전하려면, 과학철학이나 언어분석철학에서 자극과 도움을 받지 않을 수 없다고 생각했던 것 같다. 아펠은 현대에 와서 선험적이고 (apriori) 보편적인 인식체계를 형성하려면 실증주의적 과학이론이나 신실증주의적 통일과학(unified science)이론을 탐구하지 않을 수 없다고 보았다.16) 이것이 그가 일단 과학주의(Szientistik)와 해석학 (Hermeneutik)의 관계와 상호 보완성(komplimentäre Verhältnis)에 관해 탐구한 동기였다.

아펠은 한스 알버트(Hans Albert)나 칼 포퍼(Karl Popper)의 신실증주의적 인식론을 고찰한 뒤, 과학적 설명(Erklären)만으로는 자연에 관한 것이든 인간의 정신에 관한 것이든 충실하게 대상을 인식하지 못한다는 것을 밝히고 있다. 신실증주의의 인식론에 따르면 모든 인식은 수학적으로 정제된 형태의 형식논리로 분석할 수 있으며, 경험적 소여

---

16) Karl-Otto Apel, *Transformation der Philosophie*, Bd 2, S.101.

(Erfahrungsdaten)에로 환원(zurückführen)시킬 수 있다고 본다. 아펠은 이러한 신실증주의 인식론을 칸트의 인식론과 비교하면서, 적어도 칸트는 경험적 내용을 구성하는(Konstitution der Erfahrung) 데 범주적 종합이라는 선험적 논리학이 필요하다고 보았는데, 신실증주의는 오히려 인식의 가능성의 조건을 수학적 형식논리로 더 축소시켜 버렸다고 한다. 그러나 아펠이 구상하는 인식 인간학(Erkenntnis-Anthropologie)에서는 오히려 칸트의 선험논리학에서보다 인식 가능성의 조건이 더 확대되어야 한다는 것이다. 실증주의나 신실증주의 인식론의 근본적 결점은 경험적 소여만을 문제 삼고, 경험적 내용을 조직하고 구성하는 선험적 작용의 역할을 인정하지 않는 데 있다고 한다. 아펠의 인식 인간학은 바로 경험적 소여를 인식으로까지 구성하는 주관의 작용, 즉 종합의 능력(Synthetische Leistung)을 칸트의 오성의 작용뿐만 아니라 지향적인 세계이해(engagiertes Weltverstehen), 즉 의미를 구성하는 인식 관심(sinnkonstitutives Erkenntnisinteresse)까지 포괄하는 것으로 보고 있다.[17]

이 점에서 아펠은 하버마스와 마찬가지로 모든 인식에는 그것이 자연과학이나 경험과학적 인식이라 하더라도 이미 인식을 구성하는 주체의 관심이 반드시 개입하게 된다는 입장을 표명한다. 이러한 인식 관심이나 의미 구성을 인식 인간학적으로 탐구한 아펠은 실증주의적 인식이 강조하는 설명(Erklären)과 해석학적 인식이 강조하는 이해(Verstehen)가 서로 상보적 관계에 있어야하며 변증법적인 결합 속에 있다고 주장한다.[18] 설명이나 이해는 인식의 두 가지 서로 다른 국면이며, 차원일 뿐이지, 서로가 배타적이며 이질적인 방법은 아니라고

---

17) 같은 책, S.102.
18) Karl-Otto Apel, *Die Erklären-Verstehn-Kontroverse in transzendentalpragmatischer Sicht*, Frankfurt, 1979.

한다. 이해의 요소가 전혀 없는 설명은 없으며, 설명의 요소가 전혀 없는 이해도 없을 것이다. 인식의 대상과 분야에 따라서 보다 설명이 많이 되는 인식이 있고, 보다 이해의 요소가 많은 인식이 있을 뿐이다.

그러나 설명을 위주로 하는 신실증주의에서나 이해를 강조하는 해석학적 인식론에서도 보편적인 타당성의 요구를 충족시키는 인식이론은 발견되지 않았다. 경험적 실증을 확실성의 기준으로 삼는 포퍼나 알버트의 신실증주의에서도 "모든 인식은 다 오류 가능하다(Alles ist fallibel)"며, 회의적인 반증이론(falsification)을 내세우고 있다. 해석학적 이해의 방식은 앞서 밝힌 대로 상대주의에 빠질 위험이 있다. 결국 현대철학의 인식론들은 그 양대 조류가 모두 회의나 상대주의에 빠지며 보편타당한 인식의 가능성이나 토대를 불신하는 경향을 띤다고 아펠은 진단하였다. 여기서 아펠은 경험적인 인식의 보편타당성의 근거를 선험적 오성개념에서 찾은 칸트의 모범을 따라 현대철학적 상황에서 인식에 보편타당성의 확실한 근거를 부여할 논리를 찾아 탐구하게 된다. 여기에서 아펠에게 커다란 힌트와 도움을 준 것이 비트겐슈타인의 언어철학과 퍼스의 실용주의 철학이었다.

아펠은 퍼스를 미국 철학에서 칸트와 같은 존재라고 주장했다.19) 퍼스는 실용주의(Pragmatism)의 창시자이지만, 그는 이 개념을 1871년에 처음 쓰면서 '실용주의적 관점에서 인간학(Anthropologie in prag-matischer Hinsicht)'이라는 칸트의 용어에서 빌려 썼다고 했다.20) 아펠은 오랫동안의 퍼스 연구를 통해서 칸트에서의 인식의 전제조건이었던 순수오성 개념이라는 순수의식(das reine ßewußtsein)을 대체할 수 있는 단초를 발견하는데, 이것이 '무제한적인 연구자의 공동체(indefinite community of researchers)'이다.21) 아펠은 인식의 확실한

19) Walter Reese-Schäfer, *Karl-Otto Apel zur Einführung*, S.19.
20) Karl-Otto Apel, *Der Denkweg des Charles Sanders Peirce*, S.36.

근거, 보편타당성의 요구를 충족시키는 인식 가능성의 조건을 칸트의 선험적 논리학(Transzendentale Logik)에서 퍼스의 기호학적 화용론(semiotische Pragmatik)으로 변혁(Transformation)해야 한다고 주장한다. 이것이 그의 주저 『철학의 구조변혁』이 주장하는 핵심적 명제이다. 이것을 주장하는 데는 비트겐슈타인의 언어철학이 아펠에게 결정적인 영향을 준다.

아펠은 현대철학에서 비트겐슈타인이 미친 언어철학적인 전환(linguistic turn)을 높이 평가하며, 인식이나 진리의 기준을 이성이나 정신, 오성과 같은 순수의식에서가 아니라 사실에 대한 설명과 해석을 기술하는 언어에서 찾아야 한다는 생각에 동의한다. 현대 과학철학이나 과학이론은 과학적 인식(보편타당한 객관적 인식)의 근거를 관찰명제를 기술하는 언어의 수학적으로 개선된 논리적 구조(Logische Syntax)와 의미론(Semantik)에서 찾고 있다. 다시 말하면 의식 일반이 구문론적(syntaktische), 의미론적(semantische) 정당화로 대체되었다고 할 수 있다. 즉, 진리의 기준은 사실을 언어적으로 기술하는 과학적 명제나 가정이론이 논리적으로 모순이 없는가(konsistent)와 그 문장의 의미가 경험적으로 검증 가능한가(verifizierbar)에 따라 판정된다. 즉, 비트겐슈타인에 와서 언어의 논리(Sprachlogik)가 칸트의 선험적 논리(Transzendentale Logik)를 대체한 것이다.

그러나 이제 아펠은 한 걸음 더 나아가 과학적 명제의 논리적 일관성과 경험적 검증성은 사물언어(Dingsprache)나 사실언어(Tatsachensprache)의 문장론(Syntax)이나 의미론(Semantik)만으로 확보될 수 없으며, 언어적 기호를 해석하는 실제적 실용의 차원(Pragmatische Dimension)이 가미되어야 한다고 주장한다.22) 과학적 명제의 타당성

---

21) 같은 책, S.58.
22) Karl-Otto Apel, *Transformation der Philosophie*, Bd. 2, S.159, "von Kant

의 조건으로 언어의 화용론적 규정, 즉 실제적으로 적용되는 관습
(praktische Konvention)을 들고 나선 것이다. 쉽게 말한다면 어떤 명
제가 참이냐 거짓이냐를 판단할 때 그 명제를 나타내는 문장의 논리성
과 개념적 의미만을 따지는 것이 아니라 그 명제의 언어들이 실제로
어떻게 이해되고 사용되고 있는가를 따져서 실제적 의미와 의도를 밝
혀 진위를 판별하자는 것이다. 그런데 이때 언어적 사용의 주체를 어
떤 개인이나 특정한 사람들에게 한정하는 것이 아니라, 그 언어를 함
께 사용하는 많은 사람들의 공동체에 두려는 것이 아펠의 생각이며,
여기에는 퍼스의 영향이 강하게 있다. 퍼스는 언어의 사용적 의미를
밝히려면 그 언어를 함께 사용하고 그렇게 해석하는 사람들이 있음을
전제해야 하는데, 이것이 해석 공동체(Interpretationsgemeinschaft)라
고 했다.23) 퍼스는 인식의 전제로서 칸트적인 오성 개념과 이를 종합
하는 능력으로서의 통각(synthetische Apperzeption)이라는 순수의식을
버리고 과학적 연구자들의 공동체가 무제한적인 해석과 토론을 통해
합의하는 실제적 의미 규정을 인식의 근거로서 상정하였다. 그것은 실
용주의적 방법이며, 언어의 실제적 사용 의미라는 점에서 화용론
(Pragmatik)에 해당된다.

그러나 아펠은 퍼스의 해석 공동체라는 언어 화용론적인 주체를 이
성이나 순수의식에 대체시키면서도 칸트의 인식론이 갖고 있던 선험
적 성격(transzedental)을 유지시키려고 한다. 인식이나 언어명제의 화
용론적 의미를 밝히는 것은 분명히 경험적인 것이지만, 무제한적인 토
론과 해석을 거쳐 해석 공동체가 합의하는 명제나 주장(Argument)이
반드시 있을 것이라는 전제는 선험적인 것이라고 한다. 여기서 아펠은

---

zu Peirce"편을 참조.

23) Karl-Otto Apel, *Der Denkweg des Charles Sanders Peirce*, S.104, 171,
286.

실재적인 해석의 공동체(reale Verständigungsgemeinschaft)와 이상적인 합의의 공동체(ideale Verständigungsgemeinschaft)를 구별하며 후자에 선험적 성격을 부여한다. 이렇게 경험적이며 실재적인 기호와 언어에 대한 화용론과, 선험적이며 이상적인 연구자 공동체를 결합시켜서 아펠은 자기의 새로운 인식이론을 선험적 화용론(Transzendental-pragmatik)이라 칭하였다.24) 이후로 선험적 화용론은 아펠 철학의 상표처럼 되었다. 하버마스의 철학을 보편 화용론(Universalpragmatik)으로 부른다면 아펠의 철학은 선험적 화용론으로 부르는데 선험성과 보편성의 차이가 곧 두 사람의 철학적 차이를 나타내기도 한다.

그러면 아펠은 그의 선험적 화용론을 통해서 철학의 어떤 문제를 해결하였다고 생각하고 있는가? 철학은 애초부터 진리로 받아들일 수 있는 이론적인 인식과 실천적인 윤리의 근거와 토대를 찾으려고 노력하였다. 플라톤의 이데아, 아리스토텔레스의 명증의 근거(elenchos), 데카르트의 사유하는 자아(cogito), 칸트의 순수이성, 헤겔의 정신, 하이데거의 존재가 다 그런 시도의 결과였다. 그러나 현대 과학철학과 실증주의, 언어분석철학 등은 인식과 윤리의 최후 근거로서의 형이상학적이며 독단적인 실체를 모두 부정하였으며, 진리는 경험적 사실과 일치하는 것, 역사적 상황 속에서 참으로 드러나며 이해되는 것으로 상대화시켰다. 무엇을 보편적으로 타당한 확실한 진리로 혹은 실천적 규범으로 주장할 근거와 토대가 사라져 버린 것이다. 이러한 상대주의를 극복하려는 시도는 여러 철학자들에게 있었으나, 설득력 있는 주장은 없다고 아펠은 보고 있다. 그런데 아펠은 선험적 화용론을 통해, 즉 의사소통 공동체(Kommunikationsgemeinschaft)의 이상적 담화(Diskurs)를 통해 획득되는 상호 주관적인(intersubjektive) 합의(Konsen-

---

24) Dorschel u.a.(hrsg.), *Transzendental-Pragmatik*, Frankfurt, 1993.

sus)에서 모든 인식과 주장(Behauptung), 논변(Argument)의 타당성의 근거가 마련된다고 보았다. 이것이 아펠이, 한스 알버트가 제기한 최후 근거(Letztbegründung)는 근거지을 수 없다고 하는 뮌히하우젠 트릴레마(Münchhausen-Trilemma)를 부정하고 쿨만(W. Kuhlmann)과 함께 반성적인 근거 증명(reflexive Letztbegründung)을 해내었다고 주장하는 이유이다.25)

아펠은 어떤 주장이나 논변을 모순 없이 하려면, 반드시 이 주장을 듣고 동의하거나 반대할 상대편이 있다는 것을 전제하고서야 할 수 있고, 동의나 합의를 얻을 수 있다는 전제를 갖고서만 할 수 있다고 한다. 이를 아펠은 선험화용론적 전제라고 하였고, 논변이나 주장은 이러한 선험화용론적 근거 위에서만 의미를 갖고 또 비판의 근거도 갖게 된다고 하였다. 누구든지 오늘날 합리적으로 논변을 제기하며(rational argumentieren) 주장하려는 사람은, 이미 그 논변의 선험화용론적인 전제가 되는 의사소통 공동체의 합의나 담론의 규칙들을 인정하고 받아들이지 않으면 안 된다는 것이다. 모든 논변이나 주장의 선험화용론적 전제는 다음과 같은 네 가지 타당성의 요구(Geltungsansprüche)를 주장하며 충족시키려는 것이다. 즉, 진리성의 요구(Wahrheitsanspruch), 진실성의 요구(Wahrhaftigkeitsanspruch), 규범적 정당성의 요구(Richtigkeitsanspruch), 이해 가능성의 요구(Verständlichkeitsanspruch) 등이다. 의사소통 공동체가 담론의 규칙에 따라 우선 이 네 가지 타당성의 요구를 충족시키는 의사소통과 토론을 무제한적으로 진행시킨다면, 어느 점에선가 합의에 도달하는 참되고 정당하며 진실되고 이해 가능한 인식이나 이론이 생길 수 있다는 확신과 이성적 근거 위에서 대화와 토론을 진행시키자는 것이 아펠의 선험화용론적 인식

25) Friedrich Nietzsche, *Jenseits von Gut und Böse*, Aphorismus 21; Hans Albert, *Traktat über kritische Vernunft*, Tübingen, 1980, S.13.

이론이며 철학이라고 하겠다.

아펠은 이렇게 보편타당성의 요구를 충족시키는 인식이론으로서 선험화용론을 주장할 뿐만 아니라, 실천적 규범을 보편타당하게 근거지으려는 윤리학 이론으로서도 의사소통 공동체의 담론이론을 활용한다. 모든 구성원들이 공평한 기회를 갖고 참여해서 합의를 도출하는 윤리나 실천규범은 보편타당성의 요구를 충족시킬 윤리규범으로 볼 수 있다는 것이 아펠의 담론윤리학(Diskursethik)의 요체이다.

5.

인식의 보편타당한 근거를 인식 인간학적으로 탐구했던 아펠의 철학적 관심은 출발점에서부터 윤리적 의식의 보편타당한 기준을 찾아보려는 것이었다. 아펠에게서 이론적 인식의 근거와 윤리적 규범의 근거는 상호 연관되어 있으며, 상호 주관적인 합리성의 기초 위에 서 있다는 점에서 공통점을 갖고 있다. 이 점에서 아펠은 칸트와 마찬가지로 과학의 기초와 함께 윤리의 토대를 보편적 타당성을 갖는 확실한 것으로 세우려는 의지를 갖고 있었다. 아펠은 현대 산업사회와 기술문명의 사회는 보편윤리의 필요성과 요구가 지대한데, 이러한 보편윤리를 합리적으로 근거지을 수 있는 철학의 과제는 과학주의와 상대주의 때문에 지극히 어려운 상태에 있는 패러독스에 빠져 있다고 진단했다.[26]

현대 과학철학이나 실증주의, 비판적 합리론, 분석철학 등은 자연주의적 오류(naturalistic fallacy)를 내세우며, 윤리적 규범이나 가치(당위의 문제)를, 논리적으로나 사실적으로 타당하게 보는(존재의 문제로)

---

26) Karl-Otto Apel, *Transformation der Philosophie*, Bd 2, S.359.

윤리설들을 모두 거부했다. 경험적 명제를 가지고 증명해 낼 수 없기 때문이다. 그런가 하면 실존주의나 해석학에서도 윤리적 규범을 합리적으로 주장할 논거를 내세우지 않고 있다. 상황주의나 결단, 운명 같은 것에 달린 문제로 보고 있기 때문이다. 실천윤리를 강조하는 마르크스주의나 네오마르크시즘에서도 윤리적 규범의 근거는 역사철학적 도그마나 역사 형이상학의 체계 안에서 주어지고 있어(예를 들어, 계급투쟁이라든지 프롤레타리아의 해방이라든지) 합리적 근거에 관한 논의의 여지는 이 체계를 떠나서는 전혀 없다. 규범이나 보편적 가치의 문제는 가치중립과 객관성을 표방하는 과학주의의 편견 때문에 일반 철학적 논의에서조차 멀어져 버렸다는 것이 아펠의 유감이었고 탄식이었다.

도덕이나 윤리의 합리적 근거나 보편타당성을 모색하는 것 자체가 낡은 생각이며 독단이라고 하는 편견을 가진 시대에 아펠은 규범윤리학(Normative Ethik)을 추구하며 당당하게 윤리적 규범의 보편타당성과 필연성을 요구하고 나섰다. 아펠은 단적으로 보편타당한 윤리적 규범이 없다면 법이고 관습이고 규칙이고, 전혀 지켜지거나 효력을 발생할 수 없다고 주장한다. 적어도 합의된 사항과 약속은 반드시 지켜야 한다는 윤리적 규범이 보편적으로 인정되고 타당성을 갖지 않는다면 인간 사회나 공동체의 삶은 유지될 수가 없을 것이다. 윤리적 기본 규범(Grundnorm)은 반드시 있어야 할 뿐(sollen) 아니라, 현실적으로 있는데(sein), 이를 어떻게 합리적으로 근거를 세우느냐(rational begründen) 하는 것만이 문제가 된다. 이 근거를 자연법으로서도 아니고, 독단적 형이상학으로서도 아니고, 개인의 결단이나 관습적 규칙으로서도 아닌, 합리적인 근거를 어떻게 성립시키느냐가 아펠의 문제의식이었고, 이 문제를 해결한 것이 바로 담론윤리학이었다.

아펠은 인간이 논변(Argumentation)을 할 때 반드시 전제해야 하는 당위성(Gültigkeit)으로부터 하나의 규범윤리를 발전시키는데, 이 윤리적 규범이 바로 과학시대에 책임윤리의 기초(Grundlage)로서 활용될 수 있다고 주장한다.27) 즉, 논변에 참여하는 사람은 반드시 규범적 의무를 지게 되는데, 그것은 의사소통 공동체에 속한 모든 구성원들이 이성적인 논변(vernünftige Argumente)을 통해 정당한 주장을 하게 되면, 이를 받아들이고 인정하겠다는 윤리적 의무를 진다는 것이다. 그는 또한 자기 스스로도 합리적인 논변을 통해 자기주장을 정당화하고 설득시키겠다는 의무를 가진다는 것이다. 이것을 그는 논변이나 토론에 선행하는 선천적인 요구(apriorische Anspruch)라고 했고, 의사소통 공동체의 선천적인 요소(Das Apriori der Kommunikationsgemein-schaft)로서 받아들이지 않으면 자기모순에 빠지는 것이라고 했다. 여기서 아펠은 의사소통 공동체의 구성원으로서 힘 있게 주장을 펴는 구성원뿐 아니라 어린아이와 같이 미래의 잠재적인(virtuell) 구성원들의 주장이나 요구도 고려해야 한다고 부연한다.

아펠의 담론윤리는 바로 이와 같은 논변의 전제, 즉 의사소통 공동체의 선험적(apriori) 구조에서 출발한다. 칸트의 의무론적 윤리와는 달리 아펠의 담론윤리는 모든 구성원들이 자기의 인간적 욕구(Bedürfnisse)를 내세울 것과 남의 욕구도 인정해 줄 것을 요구하며 상호 대면시켜 합리적으로 조정할 것을 제안한다. 이것이 민주사회에서 공동체적인 의사나 의지를 형성하는(demokratische Willensbildung)데 필요한 윤리의 기초가 될 수 있다고 한다. 인간의 욕구가 공동체 안에서 논변을 통해 정당화된 것이라면 윤리적으로도 타당성을 갖는다고 인정해야 한다는 것이다. 여기서 아펠은 퍼스가 주장하는 '공동체적 요구에 대한 자기항복(Selfsurrender)'과 유사하게 이기주의적 욕

---

27) 같은 책, S.423-425.

구에 찬 주체(Subjektivität)를 합리적 논변과 담론을 통해 형성되는 초주체(Transsubjektivität)에 굴복시켜야 한다고 주장한다. 이렇게 해서 이기주의나 유아주의(唯我主義, Solipsismus)는 윤리적으로 극복될 수 있다고 본다.[28]

그러나 만약 공동체 속에서 서로 의사소통이나 논변을 나눌 수 없는 상황에서는 어떻게 윤리적 규범을 따를 수 있는가? 이런 경우에도 어떤 도덕규범이 작용하며 행위를 강요할 수 있을까? 아펠은 가능하다고 한다. 즉, 윤리적으로 올바른 행동이란, 공동체 안의 모든 타자가 자기와 같은 처지에 놓이게 되었을 때 바로 그와 같은 행동을 할 것이라고 동의해 줄 수 있는 (나중에라도, nachträglich) 그런 행동을 말한다고 한다. 여기서 아펠은 의사소통 공동체의 선험적 요소라는 것이 두 가지로 분리되는 것이 필요하다고 생각한다. 즉, 현실적으로 존재하는 실재적(reale) 의사소통 공동체와, 이상적(ideale)으로 존재하게 될 터인 의사소통 공동체를 분리해서 생각해야 한다는 것이다. 이상적 의사소통 공동체는 실재적 담론에서 기준으로 작용하는 가상적인 것이며, 규제적(regulative) 역할을 수행한다. 그러나 이상적 공동체와 현실적 공동체 사이에는 항상 긴장이 있고, 변증법적 모순의 관계가 있다고 한다. 이러한 긴장과 모순은 현실적 공동체를 이상적인 공동체에 점점 근접시킴(Annährung)으로써 극복될 수 있다고 한다.[29]

이상적 의사소통 공동체는 규제적 이념으로서(als eine regulative Idee) 반드시 있어야 한다고 아펠은 주장한다. 공동체의 합의가 윤리적인 규범이 될 수 있으려면, 현실적인 공동체 구성원들의 이해관계에 따른 합의만으로는 부족하다는 것이다. 마약을 밀매하는 마피아들도 저희들끼리는 토론과 합의를 거친다는 것이다. 그래서 이상적 의사소

---

28) 같은 책, S.425.
29) 같은 책, S.430.

통 공동체나 이상적 담화 상황(ideale Sprechsituation)은 모든 토론과 담론에서 필요하며, 규제적 역할을 해야 한다. 비록 너무 유토피아적으로 생각될지 모르나, 모든 참여자들이 억압 없이 공평하게 진행되는 논변이나 담론을 통해 합의하는 규범이나 행위만이 보편적으로 타당성을 갖는 윤리적 행위가 될 수 있기 때문이다. 아펠의 담론윤리는 보편윤리를 거부하는 푸코나 리오타르 같은 포스트모던주의자들이나, 마르크바르트나 로티 같은 반보편론자(Anti-Universalist)들에 대항해서 공동체적인 상호 주관성(Intersubjektivität)에 근거하는 현실적인 보편윤리를 이상적 담화 공동체라는 선험화용론적 토대 위에 세우려는 노력의 결실이었다고 하겠다.

오늘날 아펠의 의사소통 공동체의 담론(Diskurs)과 합의(Konsensus)에 근거하는 상호 주관적인 합리성이 인식론적으로 윤리학적으로 차지하는 비중은, 하버마스의 유사한 이론과 함께 현대철학사에서 확고한 자리를 차지해 갈 만큼 중요하게 인정되고 있다. 아펠의 저서들이 영미나 스칸디나비아, 이탈리아, 스페인뿐 아니라 남미의 언어로도 널리 번역이 되고 있는 것이 이를 입증해 주고 있다. 그의 오랜 친구이자 철학사상적 동료인 하버마스는 아펠의 교수 은퇴식(1990년 5월 23일)의 기념강연에서 그를 '해석학적 감각을 지닌 건축사'에 비유하면서, 현대철학의 양대 조류이며 서로 대립적이었던 철학적 해석학과 언어분석철학의 수렴(Konvergenz)과 종합을 성공시킨 철학자로 높이 평가했다.30) 아펠의 사상사적 공로는 전후의 파괴된 도덕의식을 회복하기 위해 합리적이며 보편적인 인식과 윤리의 토대를 마련하고, 여기에 장애가 되는 여러 가지 형태의 상대주의와 역사주의(Historismus)와

---

30) Jürgen Habermas, "Ein Baumeister mit hermeneutischen Gespür. Der weg des Philosophen Karl-Otto Apel", in Walter Reese-Schäfer, *Karl-Otto Apel zur Einführung*, S.137-149.

맞서 끈질기게 대결한 데 있다고 하버마스는 아펠 사상의 특징을 규명
해 주었다.

물론 하버마스와 아펠의 사상은 많은 공통점과 유사점에도 불구하
고 차이가 있다.31) 가장 중요한 차이는 담론이론에서 아펠은 이상적
담화 상황을 최후 근거로서 확고하게 상정하며, 반사실적인 이해의 보
편적 합의를 자유의 왕국 같은 것으로 선취하는 데 비해, 하버마스는
현실적으로 생활세계에서 이루어지는 담론을 규제할 이상적 담론이
마치 메타 담론(Metadiskurs)으로 실재하는 것처럼 믿는 것은 또 하나
의 형이상학에 빠질 위험을 안고 있는 것이라고 반대하고 있다.32)

그러면 아펠의 현대철학사적인 위치와 영향은 점차로 확고하게 자
리 잡혀 가는 데 비해, 그의 정치사회적인 영향력은 어떻게 평가되고
있는가? 이 점에선 하버마스와 크게 대조가 된다. 하버마스처럼 정치
사회적 참여나 비판을 많이 하지도 않았으며 영향력도 미약하다. 그러
나 그의 담론윤리학에 입각한 정치사회적 비판과 발언들은 오늘날의
정치 상황에서도 의미가 적지 않다고 평가되고 있다. 이성적 합의와
민주적 의사 결정 과정에 확고한 신념을 가진 아펠은 1960년대 말 학
생운동의 비판적 의지를 높이 평가하면서도, 좌파의 독단주의에 대해
서는 반대 의사를 분명히 했다. 1970년대와 1980년대에 와서는 이상
사회에 대한 유토피아적인 신념 때문에 우파로부터 공격을 받고 신보
수주의 사상가들과 맞서는 일을 용감히 해냈다.33)

---

31) W. Reese-Schäfer, *Karl-Otto Apel zur Einführung*, 6. "mit Habermas gegen
   Habermas denken"을 참조.
32) Jürgen Habermas, *Moralbewußtsein und kommunikatives Handeln*, Frank-
   furt: Suhrkamp, 1983, S.53.
33) Karl-Otto Apel, "Ist die Ethik der idealen Kommunikationsgemeinschaft
   eine Utopia? Zum Verhältnis von Ethik, Utopia und Utopiekritik", in
   Wilhelm Voßkamp(hrsg.), *Utopie Forschung*, Bd 1, Stuttgart, 1982, S.325-

1990년대에 와서 아펠은 특히 동유럽의 관료적 사회주의 체제가 무너지고 난 뒤 민주적 합의 과정과 시민사회의 결핍으로 붕괴된 동유럽 공산권의 몰락을 분석하면서, 의사소통적 합리성과 담론윤리의 중요성을 강조하는 논문들을 내놓고 있다.34) 아펠은 특히 이데올로기적 장벽이 무너지고 하나의 지구적 공동체로 발전해 가고 있는 오늘의 세계화(Globalization)와 정보화 사회(Information Society)에서, 민족과 인종, 종교와 문화, 이데올로기와 가치관이 다른 인간들이 하나의 세계시민적 공동체를 형성해 가는 데 있어서 의사소통과 합의에 바탕을 둔 담론윤리는 결정적으로 필요한 규범이라고 강조한다.35) 세계적인 기아 문제나 생태계의 파괴에 맞서서 미래의 세계를 책임 있게 구축해 나가는 데도 의사소통 공동체를 미래의 후손들에게까지 확장시키는 담론윤리가 정신적 바탕이 되어야 한다고 주장한다.

담론윤리의 정치사회적 문제들에 대한 적용은 아펠의 생애와 학문의 마지막 부분에 와서 더욱 활기를 띠며 발전해 가고 있다. 이미 담론윤리를 막스 베버의 개념에 따른 책임윤리(Verantwortungsethik)로 규정한 아펠은, 의사소통과 합리적 대화가 적용되기 어려운 경제 영역에까지 적용시켜 보려는 시도를 하고 있다.36) 냉혹한 이윤추구가 지배하는 시장경제 속에도 점차로 경제윤리가 강조되어야 하며, 누가 더 많은 이익을 보고, 누가 얼마만큼 소유하며, 얼마만큼 모두 일해야 하는지에 관해 합의가 생겨야 한다고 아펠은 주장한다. 아펠의 담론윤리

355.

34) 아펠의 강연문(1990년 2월 12일, 키엘(Kiel)에서) "Diskursethik als politische Verantwortungsethik".

35) Karl-Otto Apel, *Diskurs und Verantwortung*.

36) Karl-Otto Apel, "Diskursethik als Verantwortungsethik und das Problem der ökonomischen Rationalität", in Karl-Otto Apel, *Diskurs und Verantwortung*, S.270-305.

를 구체적으로 경제구조에 적용시켜 '경제적 이성의 구조 변혁'을 시도한 경제학자도 있다.37) 이 문제는 앞으로 더욱 진지하게 토론되고 연구될 것으로 보인다.

담론윤리의 실천적 적용은 경제 영역을 넘어서 '핵시대의 갈등 해소와 평화 증진'38)의 과제에서도, '생태계 보존과 환경보호'의 면에서도, '제3세계의 억압과 종속으로부터 해방을 실현하려는 혁명운동의 윤리적 문제'39)에 있어서도, '성차별을 극복하고 평등사회를 이루려는 여성운동'에 있어서도 점차로 확대되어 가는 경향을 보이고 있고, 그래서 노철학자 아펠은 새로운 요구와 도전들에 대응하느라 바쁜 나날을 보내고 있다.

오랜 세월의 봉건적, 독재정치적 잔재를 청산하여 시민의 권리와 참여가 증진되는 민주사회를 건설하고, 민주주의와 시장경제를 융합시켜 경제사회를 개혁해 가야 할 1998년의 한국사회를 향해, 아펠의 담론윤리적 교훈들은 시사하는 바가 크게 있을 것으로 기대된다.

37) Peter Ulrich, *Transformation der Ökonomie. Fortschrittsperspektiven der modernen Industriegesellschaft*, Bern, Stuttgart, 1986.

38) Karl-Otto Apel, *Diskurs und Verantwortung*, S.247.

39) Karl-Otto Apel, "Discourse ethics before the challenge of liberation philosophy", in *Philosophy and Social Criticism*, Vol. 22, No. 2, London, 1996, pp.1-25.

포스트모더니즘, 탈현대와 현대성의 철학

1. 포스트모더니즘의 개념과 형성 과정

포스트모더니즘(Postmodernism, 탈현대의 사조)은 21세기 현대인의 사상과 문화 속에 지울 수 없는 흐름과 현상으로 자리 잡게 되었다. 1980년대 초에 이 말이 서구의 학계와 문화계에서 유행어처럼 번져가기 시작할 때만 해도, 잠시 유행하다 사라져 버리거나 극히 주변적인 현상이 되고 말 것이라는 소극적 평가가 많았다. 그러나 포스트모던이란 말은 점점 더 널리 퍼져 일반 대중들의 언어와 사고를 지배했고, 학문이나 예술의 사조에서 언론매체와 대중문화로 번지며, 사회 여러 문화와 생활세계 속으로 침투해 들어가게 되었다.

포스트모던이란 표현은 처음에 문학사조에서 쓰였지만 곧 건축양식과 회화 속에서 회자되었으며, 점차 사회학, 철학으로 옮겨지면서 뚜

---

* 이 글은 『사색』, 숭실대 철학과, 2014, pp.197-221에 수록된 논문을 수정 보완한 것이다.

렷한 호황을 이루게 되었다.1) 포스트모던 소설, 포스트모던 건축양식, 포스트모던 철학사상, 포스트모던 신학뿐만 아니라, 포스트모던 여행, 음식, 의상 스타일, 심지어는 포스트모던한 놀이와 오락, 포스트모던 애무(Zärtlichkeit)에 이르기까지 이 말은 흔하게 사용되었다.

이제는 아무도 이 말에 거부 반응을 보일 수 없이 되었지만, 이렇게 흔하게 사용되는 포스트모던이란 단어의 의미는 매우 다양해서 간단히 파악하기가 쉽지 않다. 우선 '포스트모던'을 직역하면 '현대 이후'란 말이겠는데, 현대라는 시대 구분을 언제부터 잡느냐에 따라 현대성의 의미가 크게 달라질 수 있다. 그리고 '포스트'의 의미가 현대의 내용을 반대하고 극복하는 것을 의미하는지, 아니면 더 섬세하게 발전시키는 것을 의미하는지에 따라 포스트모던의 뜻은 크게 달라진다. 물론 현대라는 시대와 내용의 성격을 어떻게 규정하느냐에 따라 현대 이후와 탈현대의 개념도 다르게 정의될 수 있다.

포스트모던의 의미가 다른 여러 포스트 사상들(Post-ism), 예를 들면 Post-Marxism, Post-industrial, Post-structuralism 등과 비교해서도 정의하기 어려운 점은, 현대 이후라는 현재의 시점도 역시 현대에 속해 있다는 것이다. Post-modern이라고 해서, 현재를 넘어선 미래의 시대나 미래의 사상 경향을 예측해서 말하는 것은 아니다. 이 점에서 "포스트모던은 모던에 참여하고 있다"는 리오타르의 주장은 옳다.2) 포스트모던은 어떤 의미에서는 가장 모던하다는 뜻이며, 따라서 모던의 종말이 아니라는 것이다. 이렇게 볼 때 포스트모던을 현대 이후나

---

1) Wolfgang Welsch, "Postmodern: Genealogie und Bedeutung eines umstrittenen Begriffs", in Peter Kemper(hrsg.), *'Postmoderne' oder Der Kampf um die Zukunft*, Frankfurt: Fischer, 1998, S.9.
2) Jean-François Lyotard, "Répons à la question: Quést-ce que le Postmoderne?", in *Le Postmoderne expliqué aux enfants*, Paris, 1986.

탈현대로 번역하는 데는 문제가 있다. 오히려 '현대 후기', '최근 현대'라고 해야 할지 모른다.

그것이 '탈현대'든 '현대 후기'든, 포스트모던의 시기를 언제부터로 보느냐에도 일치된 견해는 없다. 미국에서는 처음에 1950년대의 현상을 포스트모던이라 했고, 유럽에서는 1970년대의 현상을 가리킨다고 했다. 그러나 미국 뉴욕에서는 1970년대에 이미 포스트모더니즘 이후의 시대(Post-postmodernism)가 시작되었다고 했다. 그런가 하면 역사가 아놀드 토인비(Arnold Joseph Toynbee)는 포스트모던의 시대가 이미 1875년경부터 시작되었다고 했다.3)

시대 구분의 방식이 달라짐에 따라 포스트모던 시대의 내용과 테마에 대한 이해도 다를 수밖에 없다. 어떤 사람에게는 포스트모던이 새로운 기술의 시대를 의미하고, 다른 사람에게는 과학기술의 지배 시대를 벗어나는 것을 의미한다. 생태학적인 시대, 녹색 시대가 포스트모던 시대의 특징이라는 것이다. 포스트모던 시대는 새로운 신화를 통해 분열된 사회를 통합시키려고 노력하는 시대라고 이해하는 파가 있는가 하면, 사회의 다원화와 파편화를 추구하는 것이 포스트모더니즘이라고 주장하는 파도 있다. 이성을 불신하는 이유도 서로 달라서, 이성이 사회적 결합을 해내지 못하고 파괴시키기 때문에 새로운 신화로 대체되어야 한다고 주장하는가 하면, 다른 편에서는 이성이란 항상 전체주의적 통합을 만들어 놓기 때문에 거부해야 한다고 주장한다.

사실상 포스트모더니즘은 여러 시대, 여러 곳에서, 서로 다른 분야와 맥락, 현상을 놓고 쓰인 용어였다. 그러나 이것이 철학적 이론으로 체계화하며 현대철학에 도전적으로 등장하기 시작한 것은 1970년대 후반부터였으며 1980년대에 와서 영향력을 크게 나타내게 된다. 미국

---

3) Wolfgang Welsch, "Postmodern: Genealogie und Bedeutung eines umstrittenen Begriffs".

의 문학계에서 포스트모던 경향이 논의된 것은 이미 1959년경이었다. 어빙 하우(Irving Howe)나 해리 레빈(Harry Levin)[4]은 당시의 문학이 현대의 고전 문인들인 예이츠(W. B. Yeats)나 엘리엇(T. S. Eliot), 파운드(Ezra Pound), 조이스(James Joyce)의 작품들과는 달리 이완되고 느슨한 경향을 갖고 있다고 지적하면서, 이를 포스트모던 경향이라 칭했다. 1960년대로 오면서 레슬리 피들러(Leslie Fiedler)나 수잔 존탁(Susan Sontag) 등 비평가들이 이런 포스트모던 경향의 작품들을 높이 평가하기 시작했다. 교양과 학식이 높은 지식인 인텔리층에서만 읽히는 현대의 고전들과는 달리, 보리스 비앙(Boris Vian), 존 바르트(John Barth), 레너드 코헨(Leonard Cohen), 노먼 메일러(Norman Mailer) 등의 작품들은 대중사회의 수준과 인식에 맞게 자유스럽고 격식에 매이지 않는 다양한 형태를 생산해 내며, 문학을 상아탑에서 끌어내렸다고 격찬했다.

피들러의 유명한 논문 「경계를 넘어 틈을 메우라」는 문학잡지가 아닌 『플레이보이(Playboy)』지에 실렸으며, 포스트모던 문학들이 종래의 경계를 넘어 다양화, 다변화하는 것을 적극적으로 평가했다.[5] 경계를 넘어 틈을 메우라는 주장은 문학과 예술에서 직업적 전문화와 아마추어의 경계를 허물고 작가와 독자, 비평가와 대중의 틈이 없어지는 것을 의미했다. 재래의 양식과 틀을 깨면서 포스트모던 작품들은 다양성과 다원성을 구가했다. 지적 수준을 견지하면서도 낭만성과 감성적 호소력이 풍부하고 대중적인 취미에 영합하는 여러 가지 구조와 형태들이 배출되었다. 문학에서의 포스트모더니즘은 격식과 틀을 깬 다양

---

4) Irving Howe, "Mass Society and Postmodern Fiction", in *Partisan Review* XXVI, 1959, pp.420-436; Harry Levin, "What was Modernism?", in *Massachusetts Review* I, 1960, pp.609-630.

5) Leslie Fiedler, "Cross the Border-Close the Gap", in *Playboy*, Dez. 1969.

성과 다원성(pluralism)을 의미했다.

1970년대 중반에 미국과 유럽의 건축양식에 유포된 포스트모던 경향도 문예사조에서 영향을 받았다고 할 수 있다. 미국의 건축가이며 비평가인 찰스 젱크스(Charles Jencks)는 경계를 넘어, 엘리트와 대중의 간격을 메꾸는 문예사조를 건축에서 실현해 보려고 했다. 그는 『포스트모던 건축의 언어』란 책에서 이렇게 주장했다.

"현대 건축의 잘못은 엘리트층에만 향하고 있다는 것이다. 포스트모던 건축은 엘리트적 요구를 극복해서 건축의 언어를 여러 방향으로 확장시켜, 전통과 상업적 및 거리의 분위기에도 맞도록 다양화시키는 것이다. 엘리트와 거리의 대중들에게 동시에 호소력이 있는 건축의 이중적 상징성을 의미한다."6)

젱크스에게 포스트모던 건축이란 사용자와 관찰자에게 동시에 호소력을 갖는 언어여야 한다. 오늘날과 같은 대중사회에서 건축은 여러 가지 기대와 취미를 만족시켜야 하며, 여러 계층의 사용자들에게 의사소통과 대화가 가능한 건축물이어야 한다고 했다. 그는 건축과 언어를 연결시켰다. 사용자와 관찰자, 건축주와 이웃, 방문자들, 여러 층의 사람들과 대화하는 건물은 과거의 전통적 양식이나 고정된 하나의 양식을 고집할 수만은 없다. 이런 다원주의와 다면성의 요구에 대응하는 건축은 자칫하면 혼합양식이나 절충주의가 되기 쉽다. 포스트모던 건축은 다양성의 언어를 내포하면서도, 즉 하나의 형식에 매이지 않으면서, 통일된 논리와 구조를 갖는 것을 의미한다.

---

6) Charles Jencks, *Die Sprache der postmodernen Architetur. Die Entstehung einer alternativen Tradition*, Stuttgart, 1980, S.8. Wolfgang Welsch, "Postmodern: Genealogie und Bedeutung eines umstrittenen Begriffs"에서 재인용.

회화나 조각 같은 미술 분야에도 1970년대부터 포스트모던이라 부를 수 있는 경향이 나타났다. 보다 시적이며 감정적인 작품들이었지만, 이들의 대명사는 포스트모더니즘이라기보다는 초전위예술(trans avant-garde)이었다. 이탈리아의 예술사가 올리바(Archille Bonito Oliva)가 1980년에 명명한 이 예술사조는, 현대 미술이 전위(avant-garde)라는 점에서 현대를 넘어서려는 포스트모던 미술을 초전위라고 명명한 것이다. 초전위미술은 전위미술의 토대가 되는 예술의 사회적 사명이라는 범주를 떠나게 된다. 미술가가 어떤 이데올로기나 사회적 유토피아의 대변자나 선동가의 역할을 더 이상 하지 않겠다는 선언을 내포하고 있다.7) 미술은 사회적 기능 면에서보다 극단적 개인주의의 발현의 장으로 높은 평가를 받게 된다. 사회적 목적이나 역사적 변화에 대해 경종을 울리는 다양한 개인들의 예술적 호소를 여러 가지 실험적 형태로 묘사하는 노골적인 다원주의(Strikter Pluralismus)가 포스트모던 미술의 특징이라고 볼프강 벨쉬(Wolfgang Welsch)는 주장한다.8) 이런 경향은 음악, 영화, 연극, 무용 분야에서도 드러나게 되었다.

이렇게 문학, 예술, 건축, 연극에 등장한 포스트모던 경향이나 현상이 하나의 체계적 사상으로서의 포스트모더니즘으로 자리 잡게 된 것은 철학자들이 이론적 작업을 하게 되면서부터이다. 물론, 철학사상 가운데서도 포스트모던 경향의 사상들은 프랑스의 후기 구조주의자(post-structuralist)들 가운데 이미 1960년대부터 나타나고 있었지만, 이를 딱히 포스트모더니즘의 철학이라고 부르지는 않았다. 아마도 제일 먼저 포스트모더니즘의 철학을 외치고 나온 철학자는 리오타르(Jean-François Lyotard)였다는 데 이의가 없을 것이다. 그의 유명한

---

7) Achiele Bonito Oliva, *Im Labyrinth der Kunst*, Berlin, 1982, S.87.
8) Wolfgang Welsch, "Postmodern: Genealogie und Bedeutung eines umstrittenen Begriffs", S.23.

책 『포스트모더니즘의 조건』(1979)은 포스트모더니즘을 이론적으로 정립하는 데 기본적이며 혁신적인 문서가 되었다.9)

리오타르는 이 책에서 포스트모던(탈현대)에 대한 철학적 개념화의 작업을 처음으로 시도한다. 철학적 포스트모더니즘 이론을 리오타르 이전에 아무도 그만큼 명확하게 일관성을 가지고 주장하지 못했다.10) 물론 리오타르가 포스트모던의 개념을 사회학적인 후기 산업시대 (post-industrial era)나 기술문명의 후기 현대적 발전(Spätmoderne)과 동일시함으로써, 그의 사상은 탈현대(post-modern)가 아니라 후기 현대 사상이라고 비판받기도 했지만,11) 그의 사상을 꿰뚫고 있는 일관된 흐름은 현대와 구별되는, 질적으로 다른 탈현대주의(post-modernism) 라는 것이 분명히 글 속에서 드러난다.

2. 포스트모던 철학자들의 현대성 비판과 탈현대 이해

리오타르는 현대(modern)와 탈현대(post-modern)를 가르는 철학적인 기준을 다음과 같이 밝힌다. "모든 시대의 학문(과학)은 진리를 탐구하는 게임의 규칙을 정당화해야 하는데, 자기의 신분을 넘어서 이러한 정당성의 논의를 하는 마당이 철학이란 것이다." 그런데 철학은 이러한 메타담론(Metadiskurs)을 하면서 항상 이러저러한 '큰 이야기

---

9) Jean-François Lyotard, *La Condition Postmoderne: Rapport sur le savoir*, Paris, 1979. 독어판은 *Das Postmoderne Wissen: Ein Bericht*, Bremen, 1982.

10) Wolfgang Welsch, "Postmodern: Genealogie und Bedeutung eines umstrittenen Begriffs", S.26.

11) Charles Jencks, "Postmodern und Spät-Modern. Einige grundlegende Definition", in *Moderne oder Postmoderne?*, hrsg. von Peter Koslowski, Robert Spaemann, Reinhard Löw, Weinhein, 1986.

(Grand Récits)'에 근거를 대려고 한다. 그런데 이러한 메타담론이 '변증법적 정신'이라든가 '해석학적 의미', 혹은 '이성적 주체나 노동하는 주체의 해방' 같은 큰 이야기에 기대어 정당성의 근거를 찾으려던 시대를 현대(modern)라고 할 수 있다는 것이다.12) 이성적 정신을 가진 사람들이 함께 동의하는 것을 진리라고 했던 것이 계몽의 시대인 현대의 메타담론이었다. 이 시대의 학문들은 이성적 진보라는 역사철학적 큰 이야기에 근거를 두고 진리와 정의에 관한 지식을 논했다.

리오타르는 간단히 말해서 이런 메타 이야기에 대해 회의를 갖는 시대와 사조를 포스트모던이라고 했다. 현대와 구별되는 탈현대는 정신의 자유, 노동의 해방과 같은 큰 이야기들이 지식을 정당화하든가 동의를 강요하는 기능을 상실하여 위기에 빠지는 시대의 속성을 말한다고 한다. 자연히 헤겔이나 마르크스 같은 보편주의적 철학이 신뢰를 잃어버리는 시대라는 것이다. 전체(Totalität)에 관한 이야기가 진부하게 들리는 시대가 포스트모던이다. 부분과 파편 조각들이 마구 튀어나오는 시대라고 한다.

큰 이야기들이 불신되고 인간해방이나 이성의 진보 같은 메타담론들이 위력을 상실하게 되는 포스트모던 시대의 도래는 물론 과학기술의 발전과 관계있다고 리오타르는 주장한다.13) 포스트산업사회(post-industrial society), 정보화 사회. 미디어 시대로 특징되는 포스트모던 시대의 조건은 사회의 변화에 따른 지식의 성격과 지위의 변화이다. 지난 몇 십 년 동안에 첨단적 과학과 기술은 특히 언어를 중심으로 발전했다는 점에 리오타르는 주목한다. 음성학(Phonologie), 언어학, 커뮤니케이션 이론, 인공지능(cybernetics), 컴퓨터와 그 언어, 언어번역, 정보저장과 자료은행(databank) 등 과학기술적 변화와 발전이

12) Jean-François Lyotard, *Das Postmoderne Wissen*, Graz, 1986, S.13.
13) 같은 책, S.20.

지식의 변화에 준 충격은 엄청나다는 것이다. 기계들의 소형화, 대량 상품화를 통한 영향력으로 인해 지식이 획득되고 분류되며 개발되고 활용되는 방식과 과정이 크게 달라졌다고 한다. 지식은 정보의 양으로 구성되어 팔리기 위해 생성된다. 컴퓨터화한 지식이 중요한 생산력이 되었을 뿐 아니라, 권력과 지배의 수단이 되고 있다. 그런데 이렇게 큰 힘을 갖는 언어들은, 비트겐슈타인이 간파한 것처럼 언어놀이(lan-guage game)에 참여하는 경기자들이 합의하는 계약에 따라 그 규칙과 용도, 의미가 정해진다.

이러한 탈현대 시대의 지식의 변화는 결국 계몽주의나 관념론, 유물론, 역사주의 같은 현대의 거대담론들이 토대가 되었던 지식의 통일성이나 전체성을 붕괴시키고 말며, 다양화되고 파편화된 많은 작은 이야기들을 만들어 놓게 된다는 것이다. 형이상학적 이야기들이 불신을 당하는 시대적 현상이 여기에서 온다고 한다. 큰 이야기의 종말이 곧 다양하며 이질적인 언어놀이(Heterogene Sprachspiele)들을 가능케 하며, 이것이 이질적인 행동양식과 삶의 방식을 실현시킨다. 여기서 중요한 것은 언어놀이에서 보이는 이질성과 불가공약성(incommensurability)이다. 언어놀이에 참여하는 사람들은 원래 보편적이고 통일된 규칙과 전략에 의해 이해와 합의를 이루는 것이 아니고, 다양하고(divers), 다원적인(polymorph) 개념과 의도, 접근방식을 가지고 있다. 결국 이질적인 것들은 합의에 도달하기 어렵게 되며, 통일된 하나의 인식이 생성되는 것이 아니라, 다양성과 다원성이 생길 수밖에 없다. 이것을 그대로 인정하며 오히려 장점으로 간주하는 것이 포스트모던 시대의 특징이라는 것이다. 리오타르는 전체주의에 반대하며(anti-totalitär) 절대화에 반대하는 다원주의를 언어철학적으로 이론화한 포스트모던 철학자였다.14)

포스트모더니즘을 처음으로 철학적 이론으로 부각시킨 것은 리오타르였지만, 포스트모더니즘이란 명칭을 붙이지 않고서도 포스트모던 경향을 가진 철학사상들은 이미 프랑스의 후기구조주의(poststructualism) 철학들과 함께 1960년대부터 발전해 왔다. 리오타르가 포스트모더니즘을 철학적으로 1970년대 말에 정식화할 수 있었던 것은 이미 현대성의 철학적 기반인 이성적 주체나 합리성, 자아의 동일성이나 역사적 진보와 같은 철학적 진리들을 비판하고 해체시켜 온 라캉, 데리다, 푸코와 같은 포스트구조주의 철학들이 밑받침되어 있었기 때문이었다. 사실상 리오타르는 포스트모더니즘을 포스트구조주의와 동일시하고 있다.

프랑스의 포스트구조주의 철학들이 대표하는 오늘의 포스트모더니즘 철학은 데카르트 이래로 현대철학의 중심 테마가 되었던 자아(cogito)와 주체(subject)를 절대적이며 본질적(substantiell)인 존재의 지위에서 끌어내려 해체시켜 버리는 역할을 하게 된다. 소쉬르의 언어 철학적 구조주의에서 결정적으로 영향을 받은 데리다(Jacques Derrida)는 언어학을 형이상학 비판의 목적에 사용하면서, 주체가 중심이 되는 의식철학(Bewußtseins- philosophie)을 언어가 중심이 되는 언어철학(Sprachphilosophie)으로 전환시킨다.15) 즉, 형이상학적 사유와 같은 근원을 가지고 있는 문자의 뿌리를 밝힘으로써 형이상학을 극복하려고 한다. 문자를 지배하는 합리성이 로고스에서 유래하지 않는다고 밝히면서 데리다는 로고스 중심적인 진리를 해체해야 한다고 주장한다.16) 차이와 구별을 통한 연기의 합성어인 차연(différance)을 문

---

14) Wolfgang Welsch, "Postmodern: Genealogie und Bedeutung eines umstrittenen Begriffs", S.29.

15) Jacques Derrida, *Grammatologie*, Frankfurt, 1974.

16) Jürgen Habermas, *Der philosophische Diskurs der Moderne*, Frankfurt, 1985, S.194.

자와 텍스트의 구조적 특성으로 파악한 데리다는 문자나 글이 주체와
는 무관해진 기호이며 주체와 분리된 사건이라고 하면서 후설적인 토
대주의를 전도시켜 버린다. 차연의 체계에서 볼 때, 주체는 언어의 원
형이 아니라, 오히려 언어의 놀이가 차연을 통해 구성해 내는 결과물
일 뿐이라고 한다.

데리다는 니체와 후설, 하이데거와 아도르노 등의 철학을 심도 깊이
연구하며 유럽의 전통철학들이 대부분 동일성의 사유(Denken der
Identität)의 산물임을 밝혀낸다. 특히 보편적 개념의 철학이 동일성과
공통적인 것만 파악하고 차이성과 비동일적인 것, 즉 다른 사유(ein
anderes Denken)를 무시하고 있다는 아도르노의 지적에서 감명을 받
으며, 차이의 철학(Philosophie der Differenz)을 주장한다.17) 한 다발
의 의미의 묶음으로 이해되는 철학적 개념들은 언어분석을 통해 동일
성에 머물 수 없음이 드러나며 따라서 동일성에 기반한 전통적 철학이
나 형이상학은 해체(Dekonstruktion)되어야 한다고 주장한다. 이는 철
학적 텍스트나 개념의 고정된 이해를 해체시킬 뿐 아니라, 이러한 사
유와 개념을 산출했다고 가정되는 주체와 자아의 해체를 가져온다고
했다.

포스트모더니즘 철학의 근간이 되는 다원주의와 절대적 주체의 해
체에 결정적 공헌을 한 다른 포스트구조주의 철학자는 프로이트적 정
신분석학자로도 유명한 자크 라캉(Jacque Lacan)이다. 역시 소쉬르
(Ferdinand de Saussure)의 구조언어학에서 강한 영향을 받은 라캉은
프로이트가 밝히는 무의식의 세계를 생리학적으로가 아니라 언어학적
으로 탐구한다. 개인의 심리상태에 줄곧 영향을 미치며, 꿈이나 고통,
환상 등 변형된 모습으로 노출되는 무의식적인 생각을 그는 언어를 통

---

17) Heinz Kimmerle, *Derrida zur Einführung*, Hamburg, 1988.

해 이해할 수 있고 이해해야 한다고 주장했다. 무의식의 구조는 언어와 밀접히 관계되어 있다는 것이다. 무의식적 세계의 언어학적 해석은 고정된 심리적 자아(Ich-Pscychologie)와 실체로서의 주체 개념에 강한 회의를 일으키며 결국 이를 부정했다.

라캉은 인간의 자아는 자기 자신의 자발적 주체(autonomes Subjekt)도 아니며 의식과 세계의 관계를 만들어 내는 원동자(Initiator)도 아니라고 단언하며, 이성적 주체나 역사적 주체를 부정해 버린다. "주체의 무의식 세계는 곧 타자의 말들로 되어 있다"라고 라캉은 분석해 낸다. 결국 "자아는 곧 타자에 불과하다(Ich ist ein Anderer)"라는 극단적 명제에 이른다.18) 자아는 스스로 존재하는 근원적 존재가 아니라 상상적 질서와 상징적 질서 속에서 성숙되는 사회적 자아로 형성되는 것이다. 상징적 질서는 언어와 문화로 된 질서의 세계인데 여기서 인간은 어린 아이 때부터 가족관계와 사회관계의 그물 속에서 규정되는 자신에 대한 이름과 인식을 얻는다. 이것이 아이의 자아가 태어날 때부터 타자의 말(Le discours de L'autre)의 그물 속에서 자아를 찾게 됨을 의미한다.19) 언어를 통해 매개되는 금지, 명령, 욕망, 기대, 가치판단의 그물 속에서 자아는 타자가 말하고 바라는 바를 자기 자신 속에서 확인하게 된다고 라캉은 주장한다. 이렇게 무의식적 자아의 타자성을 극단화시키면 '나'라는 주체는 해체되어 버리고, 주체는 타자의 욕망이나 생각이 언어로써 매개된 상상적인 형성물에 불과한 것이 된다.

포스트모더니즘 철학이 현대철학이 근거로 삼는 이성적 주체에 대한 비판과 상대주의적 다원주의의 옹호를 핵심으로 삼고 있다면, 역시 포스트구조주의의 사상가로 알려진 미셸 푸코(Michel Foucault)의 입

---

18) Gerda Pagel, *Lacan zur Einführung*, Hamburg, 1991, S.17.

19) Jacque Lacan, *Funktion und Feld des Sprechens und der Sprache in der Psychoanalyse*(Rede von Rom), Schriften(Ecrits) I, Olten, 1973, S.104.

장과 공헌을 도외시할 수 없다. 그러나 푸코는 다른 철학자들과는 달리, 주체의 해체라든가 이성적 담론의 거부 같은 극단적인 포스트모더니즘을 주장하지는 않는다.[20] 인문과학의 역사를 비판적으로 검토하면서 인간을 구속하고 억압해 온 제도화된 이성과 합리성의 틀을 폭로하여 새로운 윤리와 정치를 창출하려는 데 관심을 가졌던 푸코의 사상은 계몽이나 역사발전을 위한 현대철학적 노력들에 대해서도 그렇게 부정적이지 않다. 한때 마르크스주의자였고 사회당의 좌파 정치에도 관련을 가졌던 푸코는 정치참여에 강한 관심을 가지고 있었고 어떤 이념의 실현을 위해 실천적으로 노력했다는 점에서도 엄밀하게 탈현대주의 철학자로 보기는 어렵다.

그러나 그의 사상이 포스트모던 철학의 선구자인 니체에게서 강한 영향을 받고 있다는 점과, 레비스트로스(Claude Lévi-Strauss)가 시작한 주체에 관한 부정적 담론을 계승하며 상대주의와 비합리주의를 옹호하고 있다는 점에서 현대비판 내지는 탈현대의 철학자로 간주하는 것이 옳다고 본다. 이성비판이라는 니체의 모티프가 하이데거가 아니라 바타유(Georges Bataille)를 통해 푸코에게 전해지고 있으며, 이런 자극들을 그는 바슐라르(Gaston Bachelard)의 영향을 받으며 인문과학의 학문성과 역사를 통해 추적하고 있다고 하버마스는 보고 있다.[21]

푸코는 18세기 말 이래로 이성의 반대현상으로 간주되는 광기가 어떻게 정신병으로 분류되고, 감금과 수용을 통해 사회에서 격리되는지의 과정을 분석하면서,[22] 오히려 이성의 협착성과 독단성을 비판해 내는 부정적 변증법(Negative Dialektik)을 쓰고 있다. 이성과 광기의 분

---

20) Urs Marti, *Michel Foucault*, München, 1988, S.2.

21) Jürgen Habermas, *Der philosophische Diskurs der Moderne*, S.280.

22) Michel Foucault, *Folie et Déraison*, Paris, 1961. 독일어판 *Wahnsinn und Gesellschaft*, Frankfurt, 1969.

리과정을 추적하면서, 광기라는 한계경험 속에서 이성을 비판하고 보충하려는 철학적 관심과 노력을 보이고 있다. 광기는 이성의 약점을 역설적으로 폭로하는 거울의 기능을 하고 있다는 것이다. 정신병 수용소는 정신병자들뿐 아니라 부랑인, 범죄자, 가난한 사람들, 괴상한 사람들을 무차별적으로 감금하는 폐쇄적 격리소가 되면서, 독단적 이성의 주체가 그 이질적 요소를 배제하는 도구와 제도로 전락해 갔다는 것이다.

『광기와 사회』(1961)에 이어 『병원의 탄생』(1963), 『사물의 질서』(1966), 『감시와 처벌: 감옥의 탄생』(1975) 등의 책을 통해 병원, 경찰, 감옥, 수용소 등 훈육, 통제, 감금, 격리의 사회적 제도와 역사를 파헤치는 푸코는 파괴된 이성의 폐허의 장을 고고학적으로 밝혀내는 작업에 몰두한다. 폐쇄된 격리소의 원형이 19세기로 넘어오며 공장과 병영, 학교의 집단적 수용과 규율로 전이되면서, 도구적 이성의 일종인 규제적 이성의 승전비가 된다고 꼬집는다. 칸트의 이성철학과 현대적 계몽사상들이 주름을 잡는 18세기 말 이후의 사회사와 정신사를, 이렇게 권력의 수단으로 전락하는, 독단적이고 왜곡된 이성의 변절사와 대비시킴으로써 푸코는 고고학(Archäologie)적으로, 계보학(Geneologie)적으로 확장된 인문과학의 역사 서술 방식을 통해 현대적 이성과 주체를 혹독하게 비판하는 포스트모더니즘을 시도한다고 볼 수 있다.

『지식의 고고학』(1969), 『니체, 계보학, 역사』(1971)에서 시도되는 고고학적, 계보학적 역사 기술은 현대적 인문과학들의 허구성과 모순성을 권력이론의 관점에서 폭로한 이성비판적 작업이었다고 생각된다.23) 푸코의 반학문적, 반이성적 비판은 18세기 말 이래로 서구사상의 핵심을 이뤄 온 역사적 계몽의식에 대한 부정이며 비판이었다. 주

---

23) Michel Foucault, *Archäologie des Wissens*, Frankfurt, 1973; "Nietzsche, die Genealogie, die Historie", 1974.

체철학의 근본이념인 계몽과 역사적 이성을 폭로하고 해체시킴으로써, 거시적인 개념화와 연속성을 축으로 하는 전체적 역사 기술도 해체한다. 결국 다양한 단편적 통찰과 다원주의가 대안일 수밖에 없는 새로운 인문과학의 방법을 모색하게 되지만, 푸코의 이러한 태도를 비합리주의, 반이성주의라고 못 박아 버리기에는 어딘가 아쉬운 점이 있다.

이상으로 현대철학에서의 포스트모더니즘(탈현대주의)을 부르짖는 철학적 도전을 프랑스의 포스트구조주의자들인 리오타르, 데리다, 라캉, 푸코를 중심으로 간단히 살펴보았다. 물론 이들이 오늘날 주체의 해체나 다원주의를 주장하는 포스트모더니즘의 선구적 사상가들로 대표적이라 할 수 있지만, 포스트모던 경향의 철학들을 살피자면 이들 밖에도 많은 철학사상들을 탐구해야 한다. 프랑스의 포스트구조주의 철학 안에서도 주체철학, 전체성의 철학의 해체를 타자의 사유를 통해 극복해 보려는 레비나스(Emmanuel Levinas)라든가, 자본주의 사회의 욕망의 체계와 정신분열증을 분석해 탈중심화된 주체의 개념을 발전시키는 질 들뢰즈(Gilles Deleuze)와 펠릭스 가타리(Felix Guattari)의 사상을 살펴보아야 한다. 그러나 현대철학에서 반현대주의나 탈현대주의 경향을 띤 철학사조들을 넓게 고찰한다면, 과학의 절대적 확실성과 진리성을 부정적으로 비판한 새로운 과학철학, 즉 토마스 쿤(Thomas Kuhn)이나 미카엘 폴라니(Michael Polanyi), 파울 파이어아벤트(Paul Feyerabend)의 상대주의적 철학과, 분석철학의 극복(postanalytic philosophy)과 새로운 실용주의(new pragmatism)를 부르짖는 리처드 로티(Richard Rorty)의 맥락주의(contextualism)를 아울러 고찰해야 한다. 이들은 모두 프랑스의 포스트구조주의와 함께 이성의 절대적 신뢰나 과학과 사실의 절대적 진리성을 의심하며 주체 중심적인 합리성 이론에 반기를 드는 포스트모더니즘 철학을 지탱하는 중요한 이론적 기반이 되기 때문이다. 포스트모던 철학의 도전에서 현대성이나 합리성을 수호하려는 철학들은 오늘날 이들의 비판과 비난에 설득력 있게 대응하며 답변하지 않을 수 없는 것이 현실이다.

3. 하버마스의 포스트모던 철학 비판과 현대성 이해

오늘날 현재까지 영향력을 가진 철학(contemporary philosophy)을 포함하는 것을 현대철학(modern philosophy)이라고 할 때, 현대철학에서 탈현대철학이나 현대 이후의 철학을 논하는 데에는 개념적이며 역사적인 어려움이 있다. 정말로 현대를 극복하고 넘어서는 탈현대의 철학이라면, 현대의 시대 속에서 논의되는 철학이 아니어야 하며, 현대의 어느 시점까지나 어떤 규범만을 넘어서며 극복하려는 철학은 또 탈현대가 될 수 없기 때문이다. 이 점에서 포스트모던은 계몽주의 이성이 주도하던 시대, 곧 근대를 넘어서는 탈근대의 의미로 받아들이려는 사람들도 없지 않으나, 그렇게 되면 근대와 탈근대, 현대를 구별해야 하게 되고 포스트모던은 곧 현대철학의 일종이 되는 아이러니가 생긴다.

여기에서 우리는 현대, 현대화, 탈현대의 어휘를 많이 쓰는데, 그 의미가 무엇인지를 정확히 짚어 볼 필요가 있게 된다. 사실상 현대(modern)란 말은 근세, 19세기, 그리고 20세기 말에만 쓰인 것이 아니라, 이미 5세기 후반부터 쓰였다. 이때 라틴어 Modernus는 세속적인 로마 시대와 구별되는 현재, 즉 기독교적인 로마 시대를 지칭하는 현대였다. 그 후 시대가 바뀔 때마다 과거와 구별되는 새로운 시대를 지칭할 때 썼던 modern이란 단어는 그것이 14세기 르네상스였든 18세기의 계몽주의나 19세기의 낭만주의였든, 과거의 전통과 역사에 대립하는 새로운 현대를 의미했다.24) 예술계에서는 유행하는 사조가 바뀔 때마다 현대(modern)란 의미가 다르게 해석되곤 했다.

250

오늘날 포스트모던 철학이나 사상이 18세기 계몽주의 시대 이후로 인간 이성이 주체가 되어 과학기술을 발전시키고, 산업화와 경제성장을 이룩하고, 합리적으로 관리되는 사회체제를 이룬 오늘에 이르기까지의 시대를 현대라고 규정하고 이를 극복하자는 탈현대를 주장할 때는 적어도 두 가지 문제를 분명히 해야 한다고 하버마스는 보고 있다. 그 하나는 그들이 극복하고자 하는 현대의 의미와 규범적 내용이 무엇이냐 하는 것이고, 다른 하나는 현대적 이성과 합리성이 비판되고 거부된 뒤에 대안으로서 나와야 할 해답이 무엇이냐는 것이다. 이 두 가지 질문을 가지고 하버마스는 1980년대 초부터 포스트모더니즘에 대항하는 입장과 철학을 전개시켜 오늘의 철학계에서의 포스트모더니즘 논쟁을 체계화시키며 심층화시키는 데 크게 기여했다. 물론 하버마스 이외에도 포스트모더니즘에 비판적이거나 대결적인 철학자는 유럽이나 미국에 많이 있지만, 가장 영향력 있는 대응과 경쟁을 벌인 현대성 옹호의 철학자가 하버마스라는 점에서, 그의 논변을 살펴보는 것은 반론의 이해라는 점에서 뿐만 아니라 포스트모더니즘의 심층적 이해라는 점에서도 중요한 의미가 있다. 포스트모더니즘에 대한 하버마스의 비판이 의미가 있는 것은 프랑스 포스트구조주의자들의 반격과 반론의 깊이에서도 짐작할 수가 있다.25)

프랑스의 포스트모던 철학에 대해 직접적인 대결의 선두에 나선 것은 독일의 하버마스였지만, 대부분의 다른 독일 철학자들도 포스트모더니즘에 대해 비판적인 입장에 선 것이 사실이다. 포스트모더니즘의

---

24) Jürgen Habermas, "Die Moderne: ein unvollendetes Projekt", in *Kleine politische Schriften*, Suhrkamp, 1981, S.446.

25) Jean-François Lyotard, "Répons à la question: Quést-ce que le Postmoderne?"; Richard Rorty, "Habermas and Lyotard on Postmodernity", *Praxis International*, Vol. 4, No. 1, April 1984.

철학적 논쟁은 마치 프랑스 철학과 독일 철학의 논쟁인 것처럼 보인다고 만프레드 프랑크(Manfred Frank)는 지적했다.26) 하버마스는 1985년에 출판한 『현대성의 철학적 담론』을 통해 포스트모더니즘 비판을 그의 의사소통적 합리성의 철학에 연결시키는 작업을 했다. 알브레히트 벨머(Albrecht Wellmer)는 아도르노의 이성비판 작업이 현대와 탈현대의 변증법적 결합이라 주장하면서, 프랑스 포스트모던 철학의 반이성주의를 비판했다.27) 그리고 가다머는 데리다의 하이데거와 후설 해석의 문제점을 여러 번 논쟁하였다.28)

여기서는 일단 하버마스의 현대성에 관한 철학적 담론이 무슨 내용을 가지고 있는가를 요약해 보고, 그가 포스트모더니즘의 이성비판이나 주체의 해체론에 대해 대안으로 제시하는 합리성의 철학이 무엇인지를 고찰해 보고자 한다.

하버마스가 현대성의 철학적 의미를 논하면서 프랑스 포스트모더니즘을 비판하기 시작한 것은 1980년 9월 프랑크푸르트 시가 주는 아도르노 상을 받으면서 행한 수상 연설 「현대: 미완의 기획」에서였다. 여기서 일단 그는 푸코와 데리다의 반현대주의(Anti-Modernismus)를 신보수주의(Jungkonservativen)라고 비판했다. 신보수주의는 다니엘 벨(Daniel Bell) 같은 사회학자가 포스트 산업사회(post-industrial society)

---

26) Manfred Frank, *Die Grenzen der Verständigung*, Frankfurt, 1988, S.7. 특히 프랑스 비평지 *Critique*, 1986년 1-2월호가 "Confrontations philosophiques"라는 제하에 프랑크(Manfred Frank), 호네트(Axel Honneth), 벨머(Albrecht Wellmer), 하버마스를 포스트구조주의와 대결하는 독일 철학자들로 소개하고 있다.

27) Albrecht Wellmer, *Zur Dialektik von Moderne und Postmoderne*, Frankfurt, 1985.

28) Diane Michelfelder, Richard Palmer, *Dokumentation: The Gadamer-Derida Encounter*, 1988.

론에서 취한 입장으로, 자본주의 사회가 가져온 문제와 부작용의 책임을 문화적 현대성에 돌려, 이를 극복하고 포스트모던 문화를 지향하는 태도를 말한다.[29] 문화적 현대가 갖는 계몽적, 긍정적 요소를 부정했다는 점에서 보수주의로 평가된 것이다.

그러나 하버마스의 이와 같은 공격은 프랑스 포스트모던 철학자들에겐 못마땅하게 여겨졌다. 푸코와 데리다는 프랑스에서 오히려 좌파 철학자(gauche philosophique)로 몰리고 있었다. 리오타르는 1982년에 이에 대해 '신보수주의'로의 분류는 서툴고 잘못된 평가라고 대응하였다. 역사의 전체적으로 통일된 목표가 있다는 것을 부정하거나, 주체의 철학을 엄밀히 검증하려는 태도가 어째서 신보수주의냐고 항의했다.[30] 비트겐슈타인이나 아도르노도 같은 비판을 했지만, 신보수주의자라고 낙인찍힌 적은 없지 않느냐는 것이다.

하버마스는 현대사회가 산업화와 자본주의적 경제성장, 관료적 조직사회로 발전해 온 사회적 현대화의 과정과, 현대적인 규범과 가치관을 대표하는 문화적 현대(kulturelle Moderne)를 구별하고자 한다. 문화적 현대의 내용은 여러 가지로 파악될 수 있겠지만, 하버마스는 18세기 계몽주의의 현대적 기획(moderne Projekt)을 (1) 객관적인 과학, (2) 보편주의적인 도덕과 (3) 자율적인 예술로 파악한다.[31] 사회적 현대화의 과정을 비판하면서 문화적 현대를 함께 비난하는 포스트모더니즘은 문화적 현대에 대한 바른 평가가 아니라는 것이 하버마스의 입장이다. 설사 이성의 도구화나 노예적 지배 같은 오류와 왜곡이 늘어

29) Daniel Bell, *The Coming of Post-Industrial Society: A Venture in Social Forecasting*, New York, 1973.

30) Jean-François Lyotard, "Beantwortung der Frage: Was ist postmodern?", 1982.

31) Jürgen Habermas, "Die Moderne: ein unvollendetes Projekt", S.453.

난다 하더라도 이를 시정하고 반성하는 힘은 칸트와 헤겔 이래로 계몽적 이성에 항상 함유되어 있으며, 보편주의적 윤리에 근거한 실천이 가능하기 때문에 현대성을 전체적으로 비난하고 반대하는 반현대주의는 옳지 않으며, 오히려 보수주의를 일으킨다는 것이다. 특히 푸코나 데리다나 니체의 이성비판에 영향을 받아 초월적인 힘, 신비적 요소, 권력의지 등에서 가능한 대안을 모색하는 것은 현대성에서 탈피하여 비합리적 보수주의에로 퇴조하는 것을 의미한다고 보았다. 하버마스는 현대성을 지양하려는 포스트모더니즘의 시도는 현대성의 의미와 규범을 잘못 찾은 데서 온 오류이며, 설사 문화적 현대가 갖는 아포리아가 있다 하더라도 그것은 현대가 아직 완성되지 않은 기획이기 때문에 완전 실패로 돌릴 것이 아니라 비판을 통해 개선해야 한다는 입장을 보였다.

프랑스 포스트모던 사상가들의 반론과 문제 제기에 부딪히면서 하버마스는 현대성의 철학적 이해와 이론을 탐구하는 작업에 열중한다. 한편으로 계몽주의에서 출발하는 이성이 현대사회의 발전에 기여한 긍정성을 옹호하면서도, 포스트모던 사상가들이 지적하고 비판하는 이성의 변질과 역기능의 면들을 검토하면서 현대성의 고민스런 문제점(아포리아)에 대해서도 진지하게 탐구했다. 이런 작업이 1980년에서 1985년까지 그가 헌신했던 연구였다. 먼저 1982년에 「신화와 계몽의 뒤엉킴」이란 논문이 독일어와 영어로 출판되고, 계속 파리의 콜레주 드 프랑스, 미국의 코넬 대학, 독일의 프랑크푸르트 대학에서 강연한 원고들이 1983년, 1984년에 출판되었으며, 마침내 이들을 모은 완결본 『현대성의 철학적 담론』이 1985년에 출판되었다. 하버마스 자신은 이 책을 18세기 후반 이후로 현대성(modernity)이 철학적으로 어떻게 문제되어 왔는지를 재구성해(reconstruction) 보았다고 했다.32)

하버마스는 1996년 4월 한국철학회의 초청으로 서울에 와서 『현대성의 철학적 담론』을 요약하여 영어로 강연하였다.33) 440여 페이지에 달하는 저서의 내용을 24페이지의 강연문으로 요약한 이 강연은 가히 핵심적인 것을 뽑아내었다고 할 수 있다. 여기서 다시 필자가 중요한 부분을 요약해서 그의 현대성의 철학이 무엇인지를 간취해 보기로 한다.

현대성의 고전적 개념은 헤겔이 구상한 이래로 마르크스, 막스 베버, 루카치와 프랑크푸르트학파에 의해서 발전되어 왔다. 이러한 지적 전통은 마침내 도구적 이성의 전면적 비판이라는 난제(aporia)에 직면하게 되었다. 이제 현대성을 비판하는 시도는 다른 종류의 이성, 즉 '상황적 이성(situated reason)'에 의해 행해지고 있다. 여기서 파생되는 두 가지 견해가 있는데, 그 하나는 현대성의 규범적 핵심에 대한 포스트모던주의자들의 반대요 다른 하나는 양가성을 가진(ambivalent) 현대성의 고전적 개념을 상호 주관주의적으로 수정하려는 입장이다.34)

헤겔이 파악한 현대성은 무엇보다도 전통을 거부하며 이성을 신뢰하는 시대를 의미했다. 데카르트 이래로 확립된 주체의 철학, 자기의식, 이성이 곧 현대의 규범적 내용으로 파악되었고, 과거의 전통에서 벗어나 이성을 수용하는 방향으로 전환되는 것을 계몽(Aufklärung)이라고 했다. 특히 칸트와 헤겔에 의해 높이 구가된 현대, 즉 계몽의 시대는 인간을 주체로 높이며, 주체성의 원칙이 곧 자유로서 선포되었고,

---

32) Jürgen Habermas, *The Philosophical Discourse of Modernity*, Cambridge, 1990.

33) Jürgen Habermas, *Conception of Modernity*, Lecture manuscript of May 3, 1996, Seoul.

34) 여기서 하버마스는 1980년의 현대성 옹호의 입장과는 달리 현대성의 난제성을 지적하며, 주체의 철학, 의식철학을 언어철학적으로 수정시켰음을 나타낸다.

이성을 모든 사람이 공유하는 보편적인(universal) 가치로 높이게 되었다. 칸트의 3대 비판서는 과학과 도덕, 예술을 주체성의 원리인 이성의 토대 위에 세우려는 철학적 노력이었다.

그러나 현대성(modernity)은 이성을 찬양하는 것으로만 되어 있지 않고, 현대적 이성이 비판을 당하는 위기적인 면도 있는 시대이다. 전통사회가 사라지면서 생활세계가 소외되거나 장애를 입고, 윤리적 공동체가 파괴되어 사회적 갈등과 분열이 증폭되는 현대사회의 위기가 드러나게 되었다. 이성의 일면이라고 할 수 있는 오성(Verstand)은 계산정신, 기술적 이성으로 종교의 윤리적, 공동체적 힘을 파괴하는 역할을 했다. 공동체 윤리의 해체에는 추상적인 계몽과 함께 실정종교(positive religion)화한 당시의 기독교도 책임이 있었다.35) 그래서 헤겔은 이성의 자기반성을 통해 모든 분야에서의 실정성(Positivität)을 비판하는데, 즉 경험주의적 과학, 추상적 도덕, 낭만주의적 예술, 개인주의적 소유권을 주장하는 실정법, 시장경제, 도구적 정치는 모두 객체적 지배 권력으로 전락한 주체성을 준열히 비판하는 이성의 자기반성 과정이었다.

이를 통해 헤겔은 이미 이성의 일면성이나 도구적 합리성의 제약을 넘어서려고 했으며, 계몽의 변증법적 발전을 기도했다. 이성은 갈등과 분열, 해체의 위기를 갖는 것이면서 동시에 적대관계를 화해시키는 양면성을 가진 것이었다. 법철학은 가정, 시장경제, 국가에서 이성과 사회의 양면적 관계를 추적한 것이었고, 이로부터 철학은 점차 사회이론(social theory)에 의존하게 되었다.

헤겔 이후에 현대성의 문제는 철학과 사회학이 분업적으로 나누어서 다루었다고 볼 수 있으며, 철학에서 다룬 포괄적인 이성의 문제와

---

35) G. W. F. Hegel, "Die Positivität des Christentums", in *Theologische Jugendschriften Hegels*, 1907.

사회학에서 다룬 사회분석과 이론을 함께 검토할 때 현대성의 문제가 바르게 조명될 수 있다.

그래서 하버마스는 막스 베버의 사회이론과 루카치에서 아도르노에 이르는 서구 마르크시즘에서의 현대사회와 이성의 관계, 그리고 하이데거와 비트겐슈타인에서 보이는 합리주의적 이성에 대한 비판과 상황론적 이성의 제시 등을 검토하면서, 마지막으로 푸코와 데리다, 로티와 같은 포스트모던 사상가들이 제시하는 현대성과 이성의 비판을 문제 삼으면서 탈현대주의(post-modernism)도 일면적 타당성을 갖지만, 극복되어야 한다고 주장한다.

먼저 막스 베버는 현대화(modernization)를 종교적 세계관으로부터의 탈피와 각성의 세계사적인 과정으로 파악한다. 문화의 각 분야가 종교에서 독립하여 합리화(rationalization)의 과정을 겪게 된다. 과학, 법률, 도덕, 예술이 각기 독자적인 합리성에 근거하게 되며, 신적인 우주적인 질서에서 벗어나 세속화된다. 특히 베버가 주목하는 합리화의 과정은 자본주의 경제와 관료적 국가의 힘을 원동력으로 하는 사회의 현대화(social modernization) 과정이다. 자본축적과 세금, 법률체계로 엄청난 통제력을 갖게 된 국가와 경제는 합리화라는 명목의 현대화를 거창하게 추진한다.

헤겔이 이해한 현대사회의 특징이 주체성, 곧 주체 중심의 이성이었다면, 베버의 현대화는 목적합리적 행위의 제도화를 의미했다. 베버의 목적합리성이라는 새로운 가치와 내면화된 도덕은 곧 전통적 종교의 세계관이 해체되었고, 프로테스탄트 윤리가 세속화하고 합리화하는 과정에서 얻어진 삶의 새로운 지도방법이었고 가치관이었다.36) 즉, 목적합리적인(zweckrational) 태도로 정착되었음을 의미했다. 그러나 현

---

36) Max Weber, *Die protestantische Ethik*, Bd 1, Hamburg, 1973.

대화의 과정이 심화되면서 이러한 도덕적 합리성의 제도화는 점점 더 경제와 관료제도의 자기규제적(self-regulating)인 합리성으로 변해갔고, 프로테스탄트 윤리적인 가치관이나 동기 부여에서는 점점 멀어지게 되었다.

현대화나 전근대적 집단의 종속으로부터는 개인을 해방시키고 자유를 주었지만, 그 합리적 조직체와 법률의 틀은 인간을 규제의 틀 속으로 종속시키는 새로운 '철의 새장(iron cages)'이 되고 말았다. 이 점에서는 마르크스가 지적했듯이, 자유란 자유로운 노동에 불과하며, 봉건적 굴레에서 자유롭게 하면서 착취와 가난과 실업의 고통을 누리는 자유에로의 전락일 뿐이었다. 베버는 자본주의 사회와 관료제의 지나친 규제들을 보면서 관리된 사회(administered society)의 족쇄가 갖는 어두운 면을 감지하고, 이를 나중에 표현하기도 했다. 그러나 헤겔의 변증법적인 계몽과 이성과는 달리, 베버는 이러한 현대사회의 균열과 갈등에 대해 이를 해소하고 화해시킬 수 있는 보다 높은 차원의 전체적 이성을 제시하지는 못했다. 도구적 이성이 가져온 사회적 분열이 전 사회적으로 구조화하여도 이러한 자유의 상실, 의미의 상실은 개인의 실존적 차원에 맡겨진 일일 뿐, 사회구조적 차원에서의 극복은 시도되지 못한다.

이렇게 자본주의적 관료사회가 만들어 낸 구조적 문제를 근본적으로 비판하면서 도구적 이성의 한계 극복을 변증법적으로 모색하는 일은 루카치에서 아도르노에 이르는 서구 마르크시즘의 사상에서 일어나게 된다고 하버마스는 보고 있다. 초기 비판이론은 정신분석학 등을 이용해 국가와 경제의 구조기능이 개인의 의식구조까지 도구적 이성으로 변질시켜 가고 있음을 지적했다. 파시즘이나 스탈리니즘이 극대화시킨 전체주의적 사회는 새장 속에 갇힌 영웅적 개인의 저항을 허용하지 않았으며, 문화산업과 대중매체마저 모두 규율에 적응시키는 마

취제로, 사회적 통제의 수단으로 악용되고 있다고 분석한 것이 비판이론이었다.37)

여기서 과학과 기술은 도구적 이성이 왜곡되게 적용되고 활용이 확산되는 원천이라고 비난을 당하게 되었다. 이 점에서 호르크하이머와 아도르노의 계몽의 변증법은 베버의 사회이론을 헤겔-마르크스적인 역사철학의 개념적 틀을 가지고 재해석한 것으로 볼 수 있다.38) 그것은 도구적 이성과 목적합리성이 갖는 분열의 계기, 부정적 모습을 부각시키는 일을 수행했다.

그러나 헤겔에서처럼 도구적 이성에 불과한 오성(悟性)이, 전체적 통합의 힘인 이성(理性)으로 극복되는 면을 비판이론에서 찾기는 어렵다. 목적합리성이나 도구적 이성은 비판되지만, 여기에 대항하는 힘으로서의 새로운 이성의 제시는 나타나지 않았다. 단지 저항의 힘으로 제시된 것은 미메시스(mimesis), 즉 억압되고 침해된 자연성에 대한 호소와 절규, 예술적 형태로 나타나는 암시밖엔 없었다. 현대사회의 도구적 이성의 비판이 더 이상 이성의 이름으로 수행되지 못할 때, 현대성의 비판은 그 규범적 능력과 수준을 잃어버리게 된다. 아도르노는 바로 이 과업의 난점(aporia)을 잘 알기 때문에 '부정의 변증법(Negative Dialektik)'을 수행하려고 했다. 이것은 그가 스스로 고백한 대로 패러독스적 비판이었으며, 그는 적어도 여기에 끝까지 충실했다고 하버마스는 보았다.

도구적 이성이 직면한 이러한 난점들의 면에서 본다면, 현대성의 과제는 사회이론의 면에서나 철학적 비판의 면에서 모두 해결점을 찾지

---

37) William Outhwaite, *Habermas, a Critical Introduction*, Cambridge, 1994, p.125.

38) Max Horkheimer, Theodor W. Adorno, *Dialektik der Aufklärung*, Amsterdam, 1947.

못한 채, 미완성으로 남아 있다고 할 수 있다. 사회이론은 현대성의 조건을 비판적으로 파헤치는 철학적 관점을 포기했고, 철학적 비판은 사회이론과 다시 결합해야 하는 계몽의 변증법을 포기함으로써 양자는 모두 현대사회의 위기를 파악하고 서술적으로 드러냄을 통해 충격을 줄이는 데만 머물고 말았다.

현대사회의 합리성 문제를 다루는 사회학적 시도는 합리적 선택론 (rational choice)과 체제이론(system theory)의 두 가지라고 할 수 있겠는데, 양자는 모두 베버가 제시한 목적합리성(개인)과 기능적 합리성 (사회조직)을 재구성하고 있을 뿐이다. 이들에게서의 문제는 베버의 관리된 사회에서와 마찬가지로 사회적 통합의 결핍이나 자유와 의미의 상실이라는 면을 보지 못하고 평가를 유보한 채 머물러 있고, 합리성의 개념은 의문시되지 않고 오히려 긍정적 태도를 유발시키며 구성적인 개념의 틀로 활용되고 있다는 점이라고 할 수 있다.

다른 한편 현대성의 철학적 이해는 하이데거와 비트겐슈타인에게서 보이는 것처럼, 이성의 대안적 개념을 모색하기 위해 주체 중심의 이성을 비판하는 과업에로 나아간다고 볼 수 있다. 이들은 도구적 이성이 갖는 부정적인 면, 객체화하고 진실을 은폐하며 억압과 통제의 수단이 되고 있다는 역기능을 인정하고 있다. 그러나 하이데거는 사회경제적, 정치적 현상에서 문화현상에 대한 비판으로 중점을 옮기면서, 과학기술의 비판이나 대중문화, 사회적 해체에 대한 비판을 서구의 마르크스주의가 구체화시킨 물화(物化) 현상의 비판이라는 것과는 다른 방식으로 보여주었다.39)

그리고 역사주의나 생철학 등 선험철학에서의 탈피 과정에서 생겨나면서 성장하게 된 해석학(Hermeneutik)은 이성의 주체성과 자기반

---

39) R. Schürmann, "Political Thinking in Heidegger", *Social Research*, Vol. 45, 1978.

성의 문제를 역사적 상황과 문화적 맥락에 따르는 상대적 이성, 즉 상대주의적 패러다임에 따라 정립하려고 했다. 포스트모더니즘은 바로 이 하이데거와 비트겐슈타인에 의해 도입된 상황주의적 이성비판에 근거하면서 현대성에 대한 비판을 시도하고 있다.

그러나 하버마스는 여기서 포스트모더니스트들의 비판이 직면하는 난점을 지적하고자 한다. 그들이 주체적 이성의 문제점을 지적하는 것은 옳았지만, 이 주체적 이성이나 이성적 반성이 현대 속에다 심어 놓은 보편성과 합리성의 규범을 살려내지 못하고 오히려 포기하는 것이 그들의 가장 중대한 결함이요 오류였다고 하버마스는 보고 있다. 현대성이 가져온 예속적인 식민화(Kolonialisierung)의 과정은 잘 지적하면서, 보편주의적 성과에 대해서는 외면하고 마는 것이 포스트모더니스트들이 가진 근본적인 한계이며 문제라는 것이다. 특히 문화와 언어속에 들어 있는 불가공약적인 요소(Incommensuability)를 지나치게 이상화하며 고집하는 태도는 결국 또 하나의 언어철학적 관념론(linguistic idealism)에 빠질 위험에 직면한다고 비판했다.40)

이에 대한 대안으로서 하버마스가 제안하는 해결책은 의사소통적 합리성(kommunikative Rationalität)과 담론윤리(Diskursethik)에 근거하는 보편주의적 합리성과 상호 주관적인 윤리와 실천이론이다. 상황적 이성과 다원주의를 내세우는 포스트모더니즘에 대항해 보편주의적 이성과 윤리를 수호하는 합리적 이론은 낡은 형이상학이나 독단적인 주체의 철학에 복귀함으로써가 아니라, 모든 주체들이 공평하게 참여하여 깨끗한 토론(담론)을 나눔으로 해서 형성되는 의사소통적 합리성에 근거할 수밖에 없다는 것이 하버마스의 인식이요 해답이다.

---

40) Walter Reese-Schäfer, *Jürgen Habermas*, Frankfurt, 1991, S.76.

III

분단시대의 극복과 통일의 철학

통일의 철학과 철학의 통일

1.

　우리가 말하는 통일이라는 것이 1945년 이래로 분단된 한반도의 민족과 국가를 재결합하는 것이라고 할 때, 과연 통일의 철학이 필요하며 또 가능할 것인가? 미소 양국의 분할 점령으로 시작된 38선의 분단과 6·25 전쟁으로 고착된 남북의 분단을 통일로 전환시키기 위해서는 강대국들이 국제정치적인 협상을 하거나 남북의 정권 당사자들이 대화를 통해 합의를 하면 될 것이므로, 통일의 정치학이 우선 필요하지, 통일의 철학까지 요구될 것 같지 않아 보인다. 사실상 이제까지 통일문제는 정치학도들의 전유물이었으며, 기타의 학문들은 통일 이후의 경제를 어떻게 할 것이냐를 논의하는 정도의 고찰로 부수적인 학문

＊ 이 글은 한국철학회 주최, 한민족 철학자대회(1991년 8월 21-24일, 서울) 주제 발표 논문으로, 국제고려학회 학술총서 제3호 『통일을 지향하는 언어와 철학』, 1995, pp.199-213에 수록된 것을 수정 보완한 것이다.

연구에 머물러 있었던 것이다. 특히 철학은 현실정치적인 문제보다는 과학의 논리나 인식의 방법 같은 순수이론적인 문제에 몰두해 왔기 때문에 통일문제 같은 것을 연구 대상으로 논의해 볼 여지는 거의 없었다. 현실정치에 관여했던 철학도 반공 이데올로기에 지배되어, 왜 공산주의를 물리쳐야 하는가에 정치이념을 제공하기에 바빴지, 진정 남북이 함께 살며 통일을 이루는 가능성과 원리에 관한 철학적 모색은 최근에 이르기까지 별로 눈에 뜨이지 않았다.

그러나 사실상 1945년의 민족분단은, 그것이 외생적(外生的) 요인(exogene)에 의한 것이었든, 혹은 내생적(內生的) 요인(endogene)에 더 뿌리를 박은 분단이었든 간에, 강대국의 힘에 의한 분단만이 아니었으며, 그 강대국과 우리 민족 지도자들이 가지고 있었던 정치 이데올로기들이 나눈 분단이었고, 나아가서는 정치이념들을 밑받침해 주고 있었던 철학의 분단에서 연유한 결과였음을 간과해서는 안 될 것이다. 물론 해방 당시에 자유민주주의나 사회주의, 공산주의에 대한 우리 학계의 인식 수준은 보잘것없었고, 그것도 이념과 철학에 관한 논쟁과 토론을 통해 나라를 가른 것이 아니고, 정치권력에 의해 강제로 씌워진 분단이었기 때문에 철학이나 사상계가 책임져야 할 분단은 아니었지만, 적어도 남북의 분단이 이데올로기의 가치관에 근거를 둔 분단이었다는 점에서 철학이나 사회사상이 전혀 책임을 면할 수는 없는 일이라고 생각한다. 적어도 철학과 사회과학은 다음과 같은 두 가지 점에서 한반도의 분단과 분단의 유지에 책임이 있다고 본다. 첫째는 정치적 권력에 의한 분단이 이념과 사상을 명분으로 강행되었음에도 불구하고, 분단 이데올로기들을 철학적으로 비판함으로써 분단을 저지하려는 노력을 하지 못한 책임을 져야 한다. 둘째는 분단이 강행된 이후 국토와 민족이 반쪽으로 나뉘었을 뿐 아니라 사상과 철학도 반쪽으로 나뉘어 불구가 되었는데도 불구하고, 오히려 분단체제 속의 지배

이데올로기와 정치권을 비호하는 데 이바지했으며, 이를 극복하거나 반쪽이 된 사상과 철학을 온전하게 복원시킴으로써 민족분단의 고통과 상처를 아물게 하려는 노력을 하지 못한 책임을 져야 한다.

이러한 분단 극복의 노력은 분단시대의 반쪽이 된 분단철학으로부터는 기대할 수 없는 것이었는지도 모른다. 사실상 통일이라는 것이 비합리적이며 절대적이고 비인도적인 분단을 극복하는 것이며, 남북과 좌우로 갈라진 것을 하나로 결합시키는 과정이라면, 통일을 이룩하는 원리와 방법을 주는 통일의 철학도, 분단을 유지시키고 심화시켜 온 철학을 극복하고 지향함으로써만 가능할 수 있을 것이다. 지난 40여 년 동안 남북 양쪽에서 가르치고 연구되어 온 철학이 분단시대의 산물이며 분단 이데올로기에 종속되거나 영향을 받은 분단의 철학(devided philosophy)이었다는 것을 오늘날 우리는 얼마만큼 반성하고 있는가?

우리가 지향하는 진로로서의 철학은 그런 것이 아니었다 하더라도, 우리가 남북에서 현실적으로 가지고 있는 철학은 그렇게 제한된 것이었으며, 반쪽만을 갖도록 강요당하는 상황에서 왜곡될 수밖에 없었던 철학이라는 것을 우리는 오늘날 자인해야 할 것이다. 철학의 분단성은 우선 철학사에서 잘 나타나고 있다. 북쪽에서 칸트나 키에르케고르, 비트겐슈타인이나 하이데거가 얼마만큼 자세히 객관적으로 가르쳐지고 있는지는 알 수 없으나, 남쪽에서의 철학사 교육을 보면 마르크스나 레닌, 유물론이나 사회주의 사상들에 대해서는 제대로 언급되지 않거나 매우 제한적으로 혹은 왜곡되어서 소개되어 있는 경우를 너무나 흔하게 본다. 북쪽이나 사회주의권에서 보는 관념론 철학에 대한 견해나 비판을 알려고 해도, 책을 마음대로 볼 수 없는 상황에서는 불가능한 일이며, 오히려 호기심만 확대되어 판단을 흐리게 하며 우리의 철학적 연구를 멍들게 하거나 불구로 만들어 버리는 경우가 많았다. 더구나 철학은 토론과 비판의 자유 없이는 발전할 수 없는 학문으로, 분단체제의 이념적 억압과 통제가 자행되는 상황에서는 철학이 온전하게, 객관적으로 발전할 수 없게 된다.

더구나 철학의 상당한 부분이 다른 쪽의 철학이나 이데올로기를 비판하고 적대하는 무기로서 이용되는 상황에서는 진정한 철학의 발전을 기대해 보기가 어려운 것은 명약관화한 일이다. 이것은 오늘날 통일이 된 독일에서 분단시대의 철학이 얼마만큼 지배 이데올로기에 종사했으며 반쪽으로 불구의 철학이 될 수밖에 없었던가를 반성하는 연구에서도 잘 나타내고 있다.1) 우리 남북관계보다는 훨씬 비적대적이었고 정치적 억압도 적었다고 생각되는 동서독에 있어서도, 양쪽의 철학 교과서는 많은 편견과 왜곡과 적대감으로 채워져 있었다. 세계관과 이데올로기 전쟁의 주 무대가 된 동서의 철학들은 서로를 '부르주아 철학', '빨갱이 철학'으로 매도하며 정치적인 분단과 대결을 합리화시켜 주는 도구의 역할을 했던 것이 숨길 수 없는 역사적 사실이다.

따라서 통일이 갈라진 민족과 국토의 통합만이 아니라, 갈라지고 적대시되었던 사상과 이념과 철학의 화해와 통합을 의미한다고 할 때, 통일의 철학은 먼저 왜곡되고 불구가 된 분단의 철학을 비판, 극복하고 온전하게 복원시켜야 하며, 그리고 남북 양쪽의 정치체제와 이데올로기와 함께 대립된 것으로 나누어져 있는 남북의 철학을 통일시키는 작업을 통해서라야 이루어질 수 있을 것이다. 자유주의와 사회주의, 자본주의와 공산주의라는 이념과 철학의 대립으로 분단된 우리나라와 민족의 통일은 곧 이념과 철학의 통일 없이는 이루어질 수 없을 것이며, 통일의 철학은 철학의 통일 없이 성립될 수가 없을 것이다.

그러나 갈라지고 적대시되던 철학과 이념들을 통일시키기 위해서는

---

1) Norbert Kapferer, *Das Feindbild der marxistisch-leninistischen Philosophie in der DDR 1945-1988*, Darmstadt, 1990.

이들을 함께 포용할 수 있는 더 높은 차원의 철학과 이념이 있어야 한다. 이 점에서 통일의 철학은 분단의 철학보다 상위에 있는 개념이며 적어도 양쪽의 대립된 철학을 함께 수용할 수 있는 철학이어야 한다. 자유와 평등이 갈라져 있는 분단 상황에서 통일의 철학은 양자를 함께 수용하여 결합시키는 것이어야 하고, 자유주의와 사회주의가 대립된 남북의 체제를 통일하는 이념과 철학은 양쪽 이데올로기의 차이와 대립을 지양시키며 통합해 가는 변증법적 통일의 철학이어야 할 것이다. 그러나 우리는 여기서 과연 이런 통합이 가능하며, 또 이것도 저것도 아닌, 불확실성과 혼란으로 가득 찬 통일을 구태여 해야만 하는가라는 의문과 반론에 부닥친다. 차라리 분단된 두 개의 국가와 체제 속에서 공존하면서 서로 협력하고 교류하는 것도 좋지 않은가, 굳이 모든 민족이 하나의 국가와 체제 속에 살 필요는 없지 않은가라는 생각도 상당히 있다. 또 자유주의와 사회주의는 물과 기름과 같아서 양자를 같이 살리며 통일한다는 것은 불가능하고, 통일이 된다면 베트남이나 독일에서 보듯이 한쪽이 다른 쪽을 흡수 통합하는 방법밖에는 없다는 생각을 가진 사람도 있다.

바로 이와 같이 통일에 관한 여러 가지 다양한 견해와 방법론들이 있기 때문에 우리는 통일에 관한 철학이 있어야 한다고 생각한다. 통일의 철학은 바로 왜 한반도에서 분단된 양쪽은 통일이 되지 않으면 안 되는가의 필요성과 당위성을 설명해 주는 것이어야 하며, 또한 어떠한 통일을 목표로 삼아야 하는가라는 전망(vision)을 보여줄 수 있는 것이어야 할 것이다. 이러한 통일의 철학은 단시일에 급조될 수 없는 것이며, 또 몇 사람의 지혜로만 만들어질 수도 없는 것이다. 통일을 갈망하는 민족 전체의 염원과 이상들을 담아내면서, 현실적으로 실천해 갈 수 있는 구체적인 설계도여야 할 것이다. 아직까지 남북한 정부 당국에서 내놓은 통일방안들을 보면, 이것이 얼마만큼 우리 민족 구성원들이 함께 토론하여 만든 방안이며 설계도인가라는 것에도 문제가 있지만, 우리가 요구하는 철학적 문제들을 설명하며 해답해 주기에는 너무나 막연하며 불충분한 내용이라고 하지 않을 수 없다. 그것이 민족공동체 방식의 통일이든 연방제 방식의 통일이든 간에, 통일된 나라에서의 민주주의는 어떤 원칙과 구조를 갖는 것이며, 경제제도는 어떻게 사회정의와 민중의 복지를 실현하며, 문화적 전통과 종교, 교육, 언론, 정당, 그리고 여성의 문제는 어떠한 이념과 원칙하에 재구성되어야 하는지에 대한 철학적 논의와 방향 정립(Orientierung)이 없이는 통일의 당위성과 목적을 설득하기도 어려울 뿐 아니라, 과연 원칙이 없이 타당한 방법과 방안이 나올 수 있는가도 의문이다.

비록 통일의 방안과 개념들은 갈라져 있고, 당장에 모두가 합의할 수 있는 방향 제시가 없다고 하더라도, 그렇기 때문에 통일은 불가능하다든가, 언제까지 통일을 이루겠다든가라는 통일 기피론이나 연기론에는 동의를 할 수가 없다. 왜냐하면 지금의 분단 상태나 분단의 체제는 너무나 잘못되어 있는 것이며, 더 큰 모순과 전쟁을 낳을 수 있고, 하루속히 이 적대적이고 반평화적인 분단이 극복되지 않으면 남북 양쪽에 민주적이고 정의로우며 풍요로운 복지사회를 세울 수가 없기 때문이다. 따라서 우리가 통일이 우리 민족에게 가장 급선무로 요청되는 과제라고 주장하는 것은 막연한 민족주의적 감상주의나 민족지상주의 때문이 아니라, 통일을 지향해야 할 당위적 근거를 철학적으로 갖고 있기 때문이라고 하겠다. 우리는 통일을 외치면서 김유신의 삼국통일을 염두에 둔 것도 아니며, 비스마르크의 독일제국의 통일을 연상하는 것도 아니다. 전쟁을 통해 공산주의가 승리한 베트남식 통일도 아니며, 경제력을 통해 자본주의가 승리한 독일식 통일을 실현하려는 것도 아니다. 그러면 우리는 어떠한 통일을 지향하며, 통일이 하루속히 이루어지지 않으면 안 되는 당위적 근거는 어디에 있는가?

270

필자는 오래전부터 우리 민족통일의 근거와 방향을 평화의 철학에서 찾아야 한다고 생각해 왔다.2) 여기서 평화는 전쟁의 부재라는 소극적 의미에서만이 아니다. 갈등과 적대관계가 해소되고, 억압과 차별과 소외 같은 구조적 폭력이 제거되는 적극적이며 포괄적인 평화를 이룩해야 한다고 생각한다. 평화는 통일의 방법으로서도 중요한 것일 뿐아니라, 통일의 목적과 목표로서도 필수적인 것이어야 한다는 철학이다. 한 민족은 때로는 갈라져 살 수도 있고, 통일되어 살 수도 있다. 그러나 평화가 없이 살 수는 없다. 분단되어서도 평화가 유지될 수 있다면 굳이 어려운 통일을 할 필요가 없다. 그러나 우리의 분단은 결코 민족의 삶을 온전히 유지시키지 못하고, 갈등과 대립과 전쟁의 위협을 제거할 수 없으며, 정의롭고 인간적인 사회를 허용하지 않기 때문에, 즉 평화를 보장하지 못하기 때문에 통일로 나아가지 않으면 안 된다. 바로 통일의 근거와 목적을 평화에서 찾고 있기 때문에, 평화를 실현하거나 보장해 주지 못하는 통일을 추구할 수가 없으며, 무조건 통일해 놓고 보면 된다는 통일 만능주의도 찬성할 수가 없다. 통일해서도 온전한 민족의 삶이 보장되지 못하고, 갈등과 투쟁과 살상이 계속되며, 억압과 착취와 예속이 그대로 있는 통일이라면, 구태여 통일을 지상의 과제라고 할 필요가 없을 것이다. 통일은 바로 평화를 실현하는 통일이어야 바람직한 통일이 되기 때문에 통일의 철학은 평화의 철학에 기초되지 않으면 안 된다고 필자는 생각한다.

2.

그러면 평화가 실현되는 통일은 어떠한 통일이며, 이러한 통일은 어

---

2) 이삼열, 『평화의 철학과 통일의 실천』, 햇빛출판사, 1991.

떤 방법과 과정을 통해 달성될 수 있을 것인가? 평화는 고대로부터 모든 민족의 언어와 문화, 종교 속에 최고의 가치로서 모든 인간의 소망과 요구들을 충족시키는 개념으로서 존재해 왔다. 그것이 Eirene든지 Shalom이든지 Pax든지 동양의 화(和)의 사상이든지, 자연과 인간, 인간과 인간 사이에 조화를 이루면서 인간의 삶을 풍족하게 하는 모든 요소들, 즉 건강, 안정, 복지, 질서, 자유, 정의, 평등, 화해, 생명, 구원과 같은 모든 것들을 포괄하는 거의 유토피아적인 개념이었다. 그러나 이러한 유토피아적인 평화는 인사말이나 기도의 내용일 뿐 현실적으로 완전히 실현된 역사는 없었으며, 인간사회에서는 실현이 기대되기 어려운 내세적이며 형이상학적인 소망일 뿐이었다. 그렇지만 평화는 오랫동안 윤리적, 종교적 개념으로서 현실세계의 반평화적인 요소들을 비판하며 제거하는 데 실질적인 역할을 감당해 왔다. 근세에 와서 합리주의적 철학에 의해 평화문제가 다루어지면서 평화는 사회와 국가 속에 구체적으로 실현되어야 할 사회적, 역사적, 철학적 목표로서 정립되었던 것이다. 여기에는 홉스와 로크, 루소 등의 공적이 컸으며 특히 칸트의 영구평화론(Zum ewigen Frieden)이 평화의 철학을 수립하는 데 결정적 역할을 했다.

평화문제에 관한 사상사적 발전이나 19세기로부터의 사회적 평화운동, 그리고 오늘날의 사회과학적 평화 연구가들의 이론을 빌려서,3) 평화를 실현해 가는 구체적인 과정을 다음의 세 가지 단계로 요약해 보자고 한다. (1) 먼저 평화는 인간의 삶과 발전을 해치는 물리적이며 현재적인 폭력과 전쟁을 없앨 때에 보다 평화롭게 살 수 있는 조건이 마련된다(present violence). (2) 다음으로 인간사회 속의 갈등과 대립과 적대관계, 공격성과 같이 실제적 폭력과 전쟁을 일으킬 수 있는 잠재

---

3) Johann Galtung, Dieter Senghaas, Lars Densik, Georg Picht 등.

적 폭력의 요소를 제거해야 보다 평화로워질 수 있다(latent violence). (3) 마지막으로 잠재적 폭력과 물리적 폭력의 원인이 되는 차별과 억압과 착취와 소외와 이로 인한 가난과 질병, 결핍과 같은 구조적인 폭력을 제거해야만 보다 완전한 평화가 실현될 수 있다(structural violence). 따라서 평화는 자유와 평등과 정의와 인권을 실천할 때 가장 잘 실현된다고 할 수 있다.

그러면 이제 이와 같은 평화의 철학에 입각하여 우리의 분단을 극복하고 통일을 이룩하는 방법과 전략은 어떻게 세울 수 있겠는가? 이러한 문제는 윤리적 개념이나 철학적 반성만으로 해답을 얻을 수 있는 것은 아니며, 정치학이나 사회학, 경제학, 군사학 등과 같은 여러 사회과학들의 도움을 얻어 함께 모색해야 할 문제이기 때문에, 통일의 철학이 홀로 대답할 수는 없다. 아마도 보다 실천적인 통일의 철학은 통일의 정치학, 사회학, 경제학 등과 결합된 종합적인 인식과 반성으로서의 철학이 이루어질 때만 완성될 수 있는 것이다. 어떻게 한반도에서 전쟁과 폭력의 가능성을 제거하고, 남북의 적대관계를 해소하며, 자유와 평등이 골고루 실현되는 민주적이며 사회적인 사회를 만들 수 있느냐 하는 문제는 사실상 철학자나 사회과학자들 간의 관심이나 과제가 아니라 우리 민족 성원 전체의 과제이며 사명이다. 통일의 문제는 지식인이나 정치인뿐만 아니라 노동자와 농민과 기업가와 상인, 노인과 청년과 여성 모두의 삶에 직결되는 문제이기 때문에 평화를 실현해 가는 세 가지 단계의 과제들을 놓고 전 민족적 차원에서 논의하며 합의해 가는 토론과 협의의 장이 있어야 통일의 방향과 방법을 결정해 주는 실천적 통일의 철학이 형성될 수 있을 것이다.

그러나 우리는 적어도 오늘의 남북관계의 실현과 주변 정세의 변화를 감지하면서 평화의 철학을 실현하는 통일의 방향과 실천의 과제를 대략 다음과 같이 설정해 볼 수 있을 것이다. 우선 우리 민족의 남북

분단은 가장 기초적인 평화의 조건인 전쟁과 물리적 폭력의 가능성을 배제하지 못하고 있으며, 세계에서 유례를 찾기 어려운 가장 적대적이며 공격적인 대결과 긴장의 상태를 유지하고 있다. 핵전쟁의 가능성까지 배태하고 있는 한반도의 긴장관계는 주변 강대국들의 전쟁뿐 아니라 세계대전을 유발할 수도 있는 가장 위험한 것이다. 민족 전체의 파멸을 자초할지도 모를 전쟁과 군사적 대결을 제거하는 일은 민족의 평화와 통일을 위한 첫걸음이 되어야 하며 무엇보다 시급한 우선적 과제여야 한다. 따라서 남북대화나 통일방안에서 먼저 해결해야 하는 문제는 40년 전의 6 · 25 전쟁을 아직도 종식시키지 않고 있는 휴전체제를 평화의 체제로 전환시키는 일이며, 이를 위해 하루속히 평화협정과 불가침 선언이 채택되어야 한다.4) 한반도 평화체제를 위해 외국 군대를 어떻게 철수시키며, 핵무기를 어떤 단계로 철거하고, 어떤 나라들이 평화협정에 참여해야 하느냐 하는 문제는 남북 군대의 숫자를 어떻게 정하느냐 하는 문제와 함께 정치적 협상과 합의를 통해 해결되어야 할 문제이다. 중요한 것은 군사적 긴장과 현재의 대치 상태를 그대로 유지하는 평화정착이 아니라, 이를 해체하면서 공동의 안보를 모색하는 평화체제여야 한다는 것이다.

그러나 한반도와 우리 민족의 평화체제는 군사적 대결 문제가 해소되었다고 해서 완전히 수립되는 것은 물론 아니다. 다음으로 평화 실현의 다음 조건인 갈등과 적대감과 공격성을 제거하는 작업으로 들어가야 한다. 민족이나 인종 간, 종교나 지역, 계급 간의 갈등과 적대관계는 흔히 대화와 상호 이해, 교류협력을 통해서 어느 정도 해소시킬 수 있다고 하나, 우리 남북 간의 갈등과 대립은 이데올로기와 사상체제의 적대성에서 오는 것이기 때문에 이념과 사상의 대립, 적대관계를

---

4) 이삼열, 「한반도의 평화체제와 군축의 방향」, 『씨알의 소리』, 1990년 5월호.

해소하는 작업이 없이는 해결이 불가능한 난제로 남아 있게 된다. 민족은 하나인데 이데올로기와 체제는 둘이어서, 그것도 지나치게 적대적인 둘이어서, 평화도 공존도 통일도 이루어지지 않고 있는 것이다. 따라서 우리의 평화와 통일은 궁극적으로 남쪽의 자유주의와 북쪽의 사회주의, 남쪽의 자본주의 시장경제와 북쪽의 공산주의 통제경제, 남쪽의 시민적 의회민주주의와 북쪽의 인민민주주의적 프롤레타리아 독재, 그리고 남쪽의 한미일 안보협력체제와 북쪽의 민족주체 혁명노선이 서로 공존과 대화, 화해와 타협, 통합을 모색할 수 있을 때에만 평화가 보장되며 통일의 가능성이 열린다고 할 수 있다.

분명한 것은 어느 한쪽의 이데올로기와 체제가 보다 우수하며 큰 능력을 갖고 있다 하더라도 어느 한쪽이 다른 한쪽을 이기거나 정복함으로써 문제가 해결될 수는 없다. 그것은 우선 폭력과 전쟁을 수반해야 하며 남북의 적개심이나 대결 상황으로 보아서, 민족 구성원의 상당수를 희생시키지 않고서는 불가능한 일이다. 이 점에서는 결코 동서독의 분단 상황과 같은 조건에 있지 않다. 민족 대부분이 죽거나 파멸되고 난 후에 자본주의가 이기면 뭐하고 공산주의가 승리하면 무엇에다 쓰는가? 다른 한편 우리는 남북의 체제와 이데올로기를 비교해 볼 때 어느 한쪽이 절대로 그릇되다는 판정을 할 수 없으며, 나름대로의 장점과 단점을 가지고 있고 오히려 상호 보완하며 교정해 줄 수 있는 능력과 여지를 가지고 있다고 생각한다. 남북의 타율적인 분단은 우리의 사상과 철학도 반쪽으로 불구로 만들었기 때문에 오히려 우리는 이 분단과 불구를 극복하면서, 양자를 변증법적으로 통합하면서 보다 완전하며 새로운 하나의 사상과 체제를 생산해 낼 수 있다고 믿는다. 아니 통일과 생존을 위해서 불가피하게 이러한 변증법적 통일을 모색해야 하는 우리 민족은, 동서의 냉전체제가 해소되고 이데올로기들의 경직성과 도그마가 해제되어 가는 오늘의 상황에서 자유주의와 사회주의, 자본주의와 공산주의라는 세계사적인 대립과 갈등을 해소하며 통일할 수 있는 위대한 창조의 기회를 가지게 되었는지도 모른다.

그러나 이러한 변증법적인 통합과 창조의 기회는 대화와 토론과 합의의 과정이 없이는 올 수가 없다. 그렇기 때문에 시간이 필요한 것이며 성급히 서두른다고 해서 될 문제가 아니다. 오늘날 페레스트로이카와 탈냉전이라는 국제정치적인 행운을 얻고 통일을 선사받은 동서독이 통일을 위한 준비와 토론을 하지 못하고 성급히 서둘러서 하게 된 것을 얼마나 뉘우치고 있으며 앞으로 더 뉘우치게 될 것인가? 흡수통합으로 자본주의식 통일이 되고 말았지만 동독의 국민들은 실업과 가난과 소외의 서러움을 당해야 하고 서독의 국민들은 고율의 세금과 인플레이션으로 시달려야 하는 괴로운 짐을 상당히 오랫동안 져야 하며, 무엇보다도 독일은 제도적으로나 사상적으로 보다 새로운 것을 창조해 볼 수 있는 기회를 놓쳤다고 하겠다.5) 동서 대결의 체제 속에서 유럽의 평화를 위해서 분단을 감수해야 했고 통일은 생각도 준비도 하지 못했던 독일이 준비 없이 통일을 맞이한 것은 불가피했다 하더라도, 통일을 국시이자 최대의 과제로 40여 년 동안 부르짖어 온 남북한이 이토록 통일에 대한 준비와 토론을 빈약하게 하고 있는 이유는 무엇인가? 무엇보다 이념적 통일을 모색해야 할 우리 땅에서 남북의 사상계와 철학계는 얼마만큼 무슨 준비를 하고 있었는가?

이제 와서 우리는 과거의 무관심과 무책임과 무능력을 한탄만 하고 있을 수는 없다. 이제라도 우리는 남북의 철학자와 사회과학자들, 사상가들이 만나서 통일의 철학과 사상적 방향을 함께 의논하고 함께 연구하는 논의의 장을 만들어 가야 한다. 그러기 위해서도 우리는 남북의 통일을 단계적으로 중간 과정을 거치면서 실천해 가는 방안을 만들

---

5) Jürgen Habermas, *Die nachholende Revolution*, Suhrkamp, 1991.

지 않으면 안 된다고 생각한다. 다행히 남북한 정부의 통일방안들은, 그것이 남북연합의 단계든 고려연방제의 단계든 간에, 일단 양자를 공존 병행시키면서 통일을 추진하는 중간 단계로 설정하고 있다. 그러나 양측은 아직도 이 중간 단계를 거쳐 도달해야 할 통일국가가, 남쪽은 자유주의 민주국가여야 하고 북쪽은 인민 주체의 사회주의 국가여야 한다고 고집하는 데서 진정한 합의와 변증법적 통일을 모색할 수 있는 가능성을 열어 놓지 못하고 있다. 정부 당국은 그렇다 하더라도 우리 사상계와 철학계는 이 중간 단계를 거쳐 이룩해야 할 통일된 나라의 모습을 자유와 평등, 정의와 평화, 발전과 대중복지가 함께 조화롭게 실현되는 방향에서 창조적으로 모색해 가야 할 것이다. 이것은 곧 평화의 철학의 세 번째 단계인 구조적 폭력을 배제하며, 정의롭고 자유로운 평화의 체제, 인권과 사회정의, 민주주의와 사회적 연대성이 함께 실현되는 사회체제의 모색과 연결이 된다. 우리의 통일 과업은 이 새로운 평화의 체제를 만들어 낼 때에 달성될 수 있으며, 통일의 철학은 바로 이 새로운 사회체제를 만들기 위한 이념과 철학을 통일적으로 형성해 낼 수 있을 때에 그 사명을 다할 수가 있다고 본다.

3.

그러면 과연 남북의 이질적인 이데올로기와 체제는 화해와 통합을 이룰 수 있으며, 이를 밑받침하고 있는 남북의 철학은 통일이 가능할 것인가? 있는 그대로의 현실을 놓고 보면 서로가 너무나 적대적이며 경직되어 있고 비타협적인 도그마티즘에 지배되어 있다. 자유주의 시장경제는 결코 생산수단의 사회화를 허용하지 않으며, 사회주의 통제경제는 결코 사유재산제나 기업이윤의 자유화를 허락할 수가 없다. 자유민주주의적 기본질서에서는 결코 프롤레타리아의 계급혁명이나 독재를 용납할 수 없으며, 인민민주주의적 독재국가에서는 부르주아 계급의 정치세력화나 복수 정당제를 인정하지 않는다.6) 북쪽의 주체사상은 외국 자본의 침투나 외국 군대의 주둔을 허용하지 않으며, 남쪽의 개방사회는 민주집중제(democratic centralism)나 수령중심체제를 받아들일 수가 없다. 결국 남북의 현 체제나 이데올로기가 변화 내지는 완화의 가능성이 없다면 양측의 타협이나 양보를 통한 가능성은 거의 없는 것으로 보인다. 그러나 사상도 이데올로기도 시대적 상황과 현실의 반영이기 때문에 영원히 불변하는 것일 수는 없으며 시대의 변화와 함께 새롭게 변용될 수 있고, 양적인 변화는 질적인 변화까지 유도할 수 있다고 본다. 그래서 서로 반대되는 대립물들이 상황과 조건의 변화와 함께 무수히 변증법적인 통일(Einheit)과 종합(Synthese)을 이루어 갔다고 헤겔과 마르크스는 일찍이 역사철학을 통해 갈파하였다.

사실상 남과 북의 사회를 지배하고 있는 이데올로기와 정치철학의 정체성은 무엇인가? 과연 남과 북은 각자가 표방하고 있는 자유주의와 사회주의의 이데올로기와 철학에 충실하고 있는가? 남과 북의 이념과 체제는 과연 국민들로부터 얼마만큼 지지를 받고 있으며, 이를 발전시키기 위해 얼마만큼 토론과 비판의 과정이 허용되고 있으며 개혁의 가능성이 있는가? 남과 북의 이념과 철학의 통일이 가능하겠는가라는 질문에 답하기 전에 우리는 이러한 문제들부터 먼저 묻고 대답을 시도해야 할 것이다. 우리의 철학과 이념이 무엇이라고 확실히 말할 수 있기 전에는, 양자가 어떻게 통합이 가능한지 불가능한지의 대답도 할 수 없기 때문이다.

원래 자유주의와 사회주의가 19세기 초 유럽에서 등장했을 때는 서

---

6) 박승덕 외, 『주체사상에 기초한 사회주의 정치이론』, 평양: 사회과학출판사, 1975.

로를 보완하기 위한 것이었지 근본적으로 적대적인 가치관으로 나타난 것은 아니었다. 프랑스 혁명의 구호였던 자유, 평등, 박애의 기치를 들고 나타난 자유주의가 시민계층에 의해 주도되었으며, 곧이어 나타난 노동자 계층의 권익을 똑같이 보호해 줄 수 없었기 때문에 사회주의라는 대안적이면서 보완적인 이념을 만들게 되었던 것이다. 결코 자유주의는 자유 한쪽만, 사회주의는 평등 한쪽만을 택한 것이 아니고, 자유와 평등과 박애를 조화시키는 원칙과 방법이 계층적 이해관계에 따라 다르게 되었을 뿐이었던 것이다. 사회주의가 자유주의를 폐기하려 한 것이 아니고, 자유주의가 획득해 놓은 인간의 기본적 권리와 개인의 자유권 위에 사회적인 권리, 작업과 경제적 혜택과 인간적 삶의 권리를 보장해야 한다고 해서 평등을 보장하기 위한 생산수단의 공유화와 재산의 공적인 통제를 부르짖고 나선 것이었다. 그 안에 자유주의와 자유주의 철학에서 발전된 자본주의라는 경제제도는 사회주의의 비판과 제안을 많이 수용하였으며, 이미 19세기 후반에 와서는 사회적 자유주의(Sozialliberal), 사회민주주의(Sozialdemokratie) 등으로 발전하게 되었고, 자본주의도 분배의 균등을 국가가 통제하고 강력한 사회보장제도를 의무화하는 방향으로 수정 보완하게 된 것이다.7) 오늘날 스칸디나비아식 사회민주주의나 독일의 사회적 시장경제(Sozialmarkt-wirtschaft), 영국의 사회복지제도 등은 바로 사회주의의 비판과 제안을 수용하여 자유주의와 자본주의를 수정해서 획득한 산물이었다. 사회주의의 공헌이 없이는 이런 발전이 불가능했기 때문에 이들은 복수정당제 속에 자유주의와 사회주의를 공존시키고 있는 것이다.

다른 한편 프롤레타리아 계급의 독재를 통한 공산주의 혁명을 일으킨 소련과 동유럽의 나라들은 대체로 자유주의나 민주주의가 발전하

---

7) Thomas Meyer(hrsg.), *Liberalismus und Sozialismus*, Marburg, 1987.

지 못한 봉건적이며 전근대적인 나라에서 혁명을 통하지 않고는 시민적 자유도, 가난한 자들의 인권이나 평등, 사회보장도 획득할 수 없는 역사적 단계와 상황에 있는 나라들이었다. 자유민주주의와 시민사회의 단계를 거치지 않고 곧바로 사회주의 혁명을 통해 공산주의 체제로 넘어간 이들 나라들은 강력한 국가통제에 의해 어느 정도 산업화와 평등사회를 이룩하였으나, 시민들의 자유나 인권을 신장시키거나 자유민주주의나 의회민주주의의 제도를 확립할 수 있는 기회를 갖지 못하였다. 오늘날 동유럽과 소련의 체제가 크게 변혁되고 난 이후 새롭게 등장한 페레스트로이카나 사회주의 개혁 정당들은, 한결같이 공산주의가 자유민주주의를 수용하는 것을 거부하고 일당독재와 관료적 사회주의의 길로 나간 것은 잘못된 일이었다고 반성하며, 이것은 차르 지배의 러시아가 가진 특수한 역사적 상황에서 레닌과 스탈린이 불가피하게 택했던 길이었을 뿐이라고 술회하고 있다. 동독의 사회주의연합당(SED)을 개혁하여 만든 민주적 사회주의당(Partei des demokratischen Sozialismus)의 새로운 강령과 프로그램을 보면, "원래 사회주의는 개인의 자유와 존엄뿐 아니라 모든 사람의 자유와 인권, 발전을 보장하는 사회 건설을 목표했는데, 기존의 사회주의(Realsozialismus)는 사회주의와 민주주의를 바르게 결합하는 데 실패함으로써 그 이념을 제대로 살리지 못하게 되었으며, 이것이 동유럽 사회의 실패(Scheitern)의 원인이었다"라고 비판하고 있다.8) 건전한 민주주의와 시민사회의 발전이 없이는 중앙집권적 국가권력에 맡겨 버린 프롤레타리아 독재의 사회주의는 효과적인 경제발전도, 인민대중의 요구를 반영시키는 민주적 사회구조도 이룩하는 데 실패할 수밖에 없었다는 것이다. 이것은 이미 60여 년 전에 이탈리아의 사회주의 사상가 그람

---

8) Gregor Gysi, *Wir brauchen einen dritten Weg. Programm der PDS*, Hamburg, 1990.

시(A. Gramsci)의 '시민사회와 헤게모니' 논쟁에서 지적된 바였다.9) 오늘날 소련과 동유럽 사회주의 국가들이 과감하게 민주화의 길과 복수 정당제, 사회주의 체제 내에서의 시장경제 활성화, 그리고 개인의 소유와 자유 확대 등을 시도하며 잃어버렸던 자유주의와 민주주의를 회복하여 사회주의를 재구성하려는 노력을 보면, 자유주의와 사회주의, 자본주의적 시장경제와 사회주의적 계획경제가 서로 수렴하면서 통합될 수 있는 가능성이 현실화되고 있다고 할 수 있을 것이다.10)

유럽의 자유주의와 사회주의는 오늘날 이러한 변혁과 수렴을 시도하고 있고 자유민주주의와 사회주의를 결합시키려는 노력을 보이고 있는데, 우리 한반도의 남북에 나뉘어 있는 자유민주주의와 사회주의는 왜 대결과 적대관계에서 벗어나지 못하며 대화와 공존과 화해된 통합을 시도하지 못하는가? 물론 우리에게는 나름대로 특수한 상황이 있고, 남북은 각기 자유주의와 사회주의를 주체적으로 수용하였기 때문에 서구의 원형(prototype)을 그대로 보존하고 있다고 볼 수도 없다. 그러나 그 역사와 발전과정은 어쨌든 간에, 남과 북은 오늘날 현실적으로 사회체제가 가진 문제들과 민중들의 삶의 요구에 대응하기 위해서도 우리의 이념과 체제를 수정하며 개혁하지 않으면 안 될 형편에 놓여 있다. 남한 사회는 모든 사람의 자유와 삶의 권리를 골고루 보장하기 위해서도 더 이상 토지나 부동산과 생산수단과 금융자산을 무제한 독점 소유하게 하는 제도를 수정하지 않으면 안 되고, 북한 사회는 인민대중의 생활향상을 위해서도 생산력과 효율성을 높여야 하며, 이를 위해서는 사적 소유와 기업활동의 자유를 확대하고 시장경제의 조

---

9) Antonio Gramsci, *Utopie und Zivilgesellschaft*, hrsg., von Uwe Hirschfeld, Berlin, 1990

10) Norberto Bobbio, *Which Socialism?*, Cambridge, 1988; Roberto Mangabeira Unger, *Social Theory*, New York, 1987.

정기능을 활성화시키는 방향으로 개혁하지 않으면 안 된다고 본다.

이것은 결코 간단한 문제가 아니며 또 섣불리 개혁을 서두른다고 되는 문제도 아니다. 경제체제와 정치적 권력구조, 그리고 사회구성체와 문화의식 또한 철학적 가치관이 함께 통합되어 있는 문제이기 때문에 시간을 가지고 깊이 있게 체계적으로 검토하면서 수행해야 할 과제이다. 그러나 우리는 모두 통일을 지향하고 있고, 통일을 향해서 남북의 양 체제와 이데올로기가 어느 정도 수정되면서 통합되지 않으면 안 되는 당위성과 필연성을 갖고 있기 때문에, 내적 체제의 개혁을 통일의 과정과 단계와 병행시키면서 단행해야 한다고 생각한다.

물론 이와 같은 내부 개혁은, 남북이 오늘날처럼 군사적으로 대치하여 핵전쟁의 공포와 위협 속에 전전긍긍하는 상황에서는 기대할 수가 없다. 그렇기 때문에 우리의 통일의 과제는 우선 전쟁과 침략의 가능성을 배제하는 평화체제의 수립을 촉진하는 데 있으며, 이것은 남북이 유엔에 가입된 오늘의 상황에서는 하루속히 추진되어야 할 일이라고 생각한다. 만약 우리가 이러한 민족의 공동의 삶과 번영, 평화를 우선적으로 염두에 둔다면 남북의 체제나 이데올로기, 그리고 철학의 적대관계는 극복해 갈 수 있다고 생각하며, 각자의 특성과 장점을 살리면서 변증법적으로 통합해 나가는 것이 불가능하지 않다고 생각한다. 북쪽은 보다 더 민주적인 사회주의로, 남쪽은 보다 더 사회적인 민주주의로 변형, 발전해 갈 때, 우리 민족은 머지않은 장래에 우리의 역사와 문화와 민족성에 맞는 하나의 새로운 이념과 민주적인 사회체제를 창출해 낼 수 있다고 믿는다. 통일의 철학과 철학의 통일을 위해서 남북의 철학자들이 해야 할 과제와 사명은 지대한 것이며 또 위대한 것이라고 확신한다.

해방과 분단의 정치철학적 반성

1.

해방 50주년을 맞이하여 민족의 해방이 갖는 철학적 의미를 반성해 보는 일은 민족 주체성이나 민족의 삶에 관한 철학적 인식을 다진다는 의미에서 매우 중요한 일로 생각된다. 인간의 삶 속에서 억압이나 예속으로부터의 해방을 추구하는 것이 하나의 커다란 철학적 과제라면, 인간의 삶의 공동체의 한 단위인 민족의 해방과 자유, 주체적 발전의 문제를 다루는 일이 철학의 관심사요 과제가 아닐 수 없다. 개인으로서의 한 인간의 해방은 집단으로서의 사회와 국가, 민족, 그리고 대륙과 세계 전체의 해방과 유기적으로 연결되어 있기 때문이다.

해방(Emancipation)이란 누구를 어떤 굴레나 예속에서부터 자유롭

---

* 이 글은 한국철학회 주최 해방 50주년 기념 학술발표회 「예속과 해방」(1995
  년 5월 13일, 이화여대 박물관) 주제 발표 논문으로, 한국철학회 편, 『해방의
  철학』, 철학과현실사, 1996, pp.62-74에 수록된 것을 수정 보완한 것이다.

게 하는 과정을 말하는 개념으로, 하나의 보편적인 가치를 갖는 개념이다. 따라서 어떤 해방이든지 해방은 긍정적인 의미를 갖는 것이며, 보다 더 발전되고 성숙한 단계로 변화하는 것을 의미한다. 해방이란 말의 라틴어 어원은 Emancipatio로서 emancipare, 즉 'e manu capere(손에서 놓아 준다)'는 뜻이었다. 이 단어는 로마 공화국에서 아버지의 권력에서 아들이 풀려나서 독립하는 법률적인 행위를 의미했다.1) 아버지가 아들을 팔아먹을 수도 있었던 당시에, 아버지로부터 해방의 선언을 받지 못한 아들은 민법적으로 성인의 행세를 할 수가 없었으며, 특히 재산권을 행사하지 못했다. 따라서 아버지로부터 아들의 해방은 곧 아버지의 소유물에서 독립적인 인격으로 변화하는 것을 의미했고, 자아실현의 길이 열리는 것을 의미했다.

이러한 유래를 가진 단어 '해방(Emancipation)'이 프랑스 혁명을 거치면서 더욱 정치적 의미를 갖게 되며, 1830년대부터는 역사철학적인 개념으로 정착하게 되었다.2) 우파 헤겔주의자(Rechts Hegelianer)인 칼 로젠크란츠(Karl Rosenkranz)는 1836년경에 당시의 상황에서 일어나는 모든 종류의 해방을 열거하면서, 즉 여성의 해방, 미국의 자매국가들의 해방, 유대인의 해방, 프랑스의 해방 등, 이들은 모두 과거의 질곡(Fesseln)에서 스스로를 해방시키기 위해 혁명의 과정을 거쳤다고 지적했다. 이들이 가졌던 해방의 정신은 전통의 굴레를 파기하고, 자기들의 자유를 제한하는 기존의 것을 모두 불신하는 데 있었다고 한다.

그러면서 해방이 동시에 철학적인 의미를 얻게 되는 것은, 이러한 해방의 과정이 우연적이거나 자의적으로 된 것이 아니라 바로 인간의

---

1) *Geschichtliche Grundbegriffe*, hrsg. v. Otto Brenner, Werner Conze, Reinhart Koselleck, Bd. 2, S.154.

2) 같은 책, S.169.

본질(Wesen der Menschheit) 속에 근거하며, 필연적인 발전의 경로를 따라 이루어진 것이라는 주장이 있게 되면서부터이다. 이러한 주장은 곧 인간의 행위가 만들어 가는 역사의 진행과정이 필연적으로 해방을 실현한다는 역사철학을 성립시키게 되었다. 역사철학적으로 설명되는 해방은 곧 농민해방, 시민해방, 여성해방, 유대인해방, 가톨릭교도의 해방 등에서 보이는 것처럼 어떤 특정한 계층이나 집단의 예속관계를 제거하는 정치적, 사회적 해방을 말하며, 동시에 하나의 사건이나 행위만이 아니라 지속적으로 이루어지는 해방의 과정을 의미한다. 따라서 해방을 정치철학적, 역사철학적인 개념으로 파악한다면, 어떤 집단이나 계층의 권력관계가 예속에서 자유로 변환되는 것을 의미하며, 이러한 해방의 과정이 이성의 요구에 따른 것이라는 것과 당위성이나 필연성을 갖는다는 것을 의미하게 된다. 이런 점에서 모든 해방이 긍정적인 의미를 가진다 하더라도 무엇으로부터의 해방과 어디로 향한 해방이 가장 이성적인 정당성을 갖고, 또 보다 우선적으로 중요하게 추구되어야 하느냐 하는 문제는 철학적인 질문이 아닐 수 없다.

우리는 오늘날 흔히 여러 가지 종류의 해방의 요구들을 놓고 무엇이 우선적이며, 보다 더 근원적인 해방인가를 묻곤 한다. 인종차별에서의 해방, 계급적 압제에서의 해방, 성차별주의(sexism)로부터의 해방이 서로 겹치는 상황에 있는 경우에 더욱 해방의 순서가 무엇이 되어야 하는가라는 역사철학적인 물음을 묻게 된다. 여기에는 어떤 철학적 입장이 세워져야 하는 것이다. 그리고 해방의 목표와 의미가 무엇인가라는 것이 물어져야 한다.

이러한 점에서 청년 마르크스가 고민한 해방의 목표와 우선순위의 문제는 우리에게 시사하는 바가 있다. 그는 유대인의 해방문제를 논하면서 먼저 해방의 진정한 목표와 의미가 무엇이 되어야 하는가를 생각해 보았다. "모든 해방은 인간의 세계를, 인간 자신에게 돌려주는 것이

다. 이것이 성취되어야 인간해방이 완수된다."[3] 이런 철학적 입장위에
서 마르크스는 유대인의 해방에 앞서 유대인들의 정신으로부터의 인
간해방이 더 중요하다고 주장했다. "유대인의 해방은, 유대인이라는
그리스도인의 본질에서 멀어진 집단의 해방이 아니라, 그들이 인간의
본질을 획득할 때 이루어진다. 해방의 문제는 우리 시대의 보편적인
문제이다. 유대인만이 아니라 우리가 모두 해방되어야 한다. 우리가
참으로 바른 민족(wirkliches Volk)이 되어야 한다." 이렇게 그는 유대
인의 해방에 앞서 유대인 됨에서부터 인간을 먼저 해방시키라고
(Emanzipation der Menschheit vom Judentum) 외친다. 유대인 됨을
그는 부르주아적 자유사회의 핵심으로 보았으며, 그 본질은 돈(Geld)
과 이기주의(Egoismus)에 있다고 보았다.

청년 마르크스는 어떤 민족의 해방도 인간해방보다 우선적인 것으
로 보지 않았다. 심지어 정치적 해방도 그의 해방운동에 있어서 최종
의 목표는 아니었다고 주장했다. "정치적 해방은 물론 위대한 진보이
다. 그러나 인간해방의 최종의 형태는 아니다."[4]

가령 프랑스에서 일어난 인민의 혁명(Revolution eines Volkes)은
한 특정한 계급의 해방으로 전락하고 말았다는 것이다. 그것은 시민의
계층(Bürgerstand)이 귀족이나 성직자 계급에 대해 보편성의 대표자로
서 행세했기 때문이었다고 했다. 독일에서는 해방이론에만 머물렀으
며(종교개혁만 이루어진 것을 의미), 아직 해방에 눈을 뜬 주체세력이
없지만, 이제 해방운동이 보편적인 목표를 갖고 일어난다면 정치적 해
방을 뛰어넘어 인간해방의 길로 들어설 수 있다고 청년 마르크스는 내
다보았다. 그러기 위해서는 철학과 프롤레타리아트가 결합해야 한다

---

3) Karl Marx, "Zur Judenfrage", *Dt-Franz. Jahrbuck*, Paris, 1844, Nachdruck
   Amsterdam, 1965, S.207.
4) 같은 글, S.192.

고 생각했다. "독일에서는 어떤 종류의 예속관계도 모든 종류의 예속관계를 파기하지 않고는 제거될 수가 없다. 독일에서의 해방은 곧 인간해방이다. 이 해방의 머리는 철학이요, 그 심장은 프롤레타리아트이다."5) 그는 프롤레타리아트의 해방을 한 계급의 정치적 해방으로만 본 것이 아니라 인간의 보편적 해방으로 그 과정으로 본 것이 분명했다.

청년 마르크스의 인간해방의 사상은 물론 민족해방이나 시민계급의 정치적 해방을 경시하거나 부차적인 것으로 보려는 것은 아니다. 단지 시민혁명을 통한 정치적 해방이나 민족, 종교의 해방이 모두 그 자체로 궁극목적은 아니며 보편적인 인간해방의 한 과정이며 단계에 불과하다는 인식을 하고 있었던 것이 중요하다고 본다. 오늘날 해방운동의 여러 가지 형태를 보면서도 같은 생각을 해볼 수 있지 않을까 생각한다. 노동자 계급의 해방이든 제3세계 민중의 해방이든, 흑인이나 여성의 해방이든 해방의 최종의 목표나 형태일 수는 없으며, 인간의 보편적 해방을 향한 어떤 단계와 과정으로서의 의미와 가치를 갖는다는 점이 중요하다. 마찬가지로 1945년 우리 민족의 해방도 민족주의적인 입장에서라기보다는 인간해방의 관점에서 살펴보는 것이 보다 보편적인 해방의 의미를 찾을 수 있는 길이 아닐까 생각한다.

2.

그러면 1945년 우리 민족의 해방은 어떤 것이었으며 우리에게 무엇을 가져다준 해방이었나? 해방이 예속으로부터의 자유화요, 이전의 예속적인 권력관계가 해소되고 변화하는 것을 의미한다면, 진정 1945년 우리에게 주어진 해방은 이러한 해방이었는가? 우리의 민족해방은 어

---

5) Karl Marx, *Zur Kritik der Hegelschen Rechtsphilosophie*, 1944.

떠한 과정과 단계로 진행되었는가? 과연 우리의 해방은 보편적인 인간해방을 실현시키는 해방이었는가? 이러한 물음들을 우리는 해방의 사건과 과정을 분석하면서 제기하고 반성해 보는 것이 50년이 지난 민족해방의 의미를 바로 새기는 데 도움이 되리라고 생각한다. 몇 가지 테제로 정리해 보며, 역사적 사실들을 돌이켜 보고자 한다.

우리 민족은 1945년 8월 15일 일본이 패망을 당하고 한반도를 식민지 통치에서 내어 놓으면서 완전한 민족의 해방을 얻는 줄로 생각했다. 물론 한민족의 일제 식민지로부터의 해방이 민족 구성원의 모든 해방을 달성시키는 것은 아니지만, 적어도 한민족을 지배했던 제국주의적 외세로부터의 해방은 완전하게 이루어지는 것으로 보았다. 그러나 결국 8·15 해방은 하나의 외세에서 해방되어 두 개의 외세의 지배 속으로 들어간 불완전하며 왜곡된 해방이었으며, 이런 과정에서 하나의 민족에서 두 개로 분단된 불행한 해방이었고, 식민지 독재에서 벗어났지만 다시금 분단국의 이념적 독재에 시달려야 하는 비극과 상처를 입힌 해방이었다. 따라서 8·15 일제에서의 해방은 물론 그 포악하며 잔인무도했던 식민지 지배에서의 해방으로 엄청난 기쁨의 사건이었지만, 보편적 해방의 목표에서는 너무나 동떨어진 이변적 해방이었으며, 따라서 그 해방의 의미는 크게 퇴색할 수밖에 없었다.

우리의 50년 전 해방은 단순한 해방의 사건으로서만 볼 수 없는 일련의 반해방적, 혹은 역해방적 과정들이 이어졌음을 간과해선 안 될 것이다. 즉, 해방과 분단, 대결과 독재, 탄압과 종속이라는 역해방의 과정이 진행되었으며, 따라서 해방 50년의 역사는 이러한 과정을 진정한 해방의 과정으로, 혹은 제2의 해방으로 전환시키려는 투쟁의 역사요 몸부림이었음을 주목할 필요가 있다. 이러한 역해방의 길을 걷게 한 결정적인 계기가, 일제에서 우리 민족을 해방시킨 강대국들이 한민족, 한반도를 분단시켜 지배하는 데서 생겨났다는 것을 이 글은 밝혀 보고자 한다. 이것이 해방 50년을 분단시대 50년으로 보려는 역사관의 철학적 근거요 설명이 될 것이다.

일곱 가지 테제로서 해방과 분단의 역사적 과정에 대하여 반성해 보고자 한다.

(1) 8 · 15 해방은 일제의 식민지 지배에서 벗어난 민족해방이었으나 미소 강대국 등 외세에 의한 것으로 민족 주체적 해방이 아니었다.

8 · 15 해방이 외세에 의한 해방이었으며 민족의 주체적 노력의 결실이 아니었다는 것은 이미 역사학적으로 밝혀진 사실이요, 논쟁거리가 못 된다.6) 일제 통치기간 동안 국내외적으로 끈질기게 전개되어 온 독립운동과 저항운동이 민족해방에 기여한 공로는 무시할 수 없지만, 우리 민족이 자주적 해방과 독립을 쟁취할 수 있는 능력과 준비를 갖추지 못했다는 여러 가지 사실로 증명되었다. 일제 통치의 말기에 가서, 우리 민족의 독립운동은 무장 항일독립투쟁으로 변모, 발전하여 광복군, 조선의용군 등, 무력으로 한반도를 해방시키려는 노력을 보였지만, 그 힘이 지극히 미약했던 것은 말할 것 없고, 일제와 전쟁을 하던 연합국의 군대들과 협동적인 작전을 수행하는 데도 이르지 못했던 것을 알 수 있다.7) 중국 대륙에서 조직된 광복군이 미군 전시 특수공작대 OSS와 '한미군사합작 합의사항'을 체결하여 1945년 8월 20일에 한반도에 광복군을 진입시킨다는 계획을 세워 놓았으나 8 · 15 일제의 항복이 터져 실천해 보지도 못하고 말았다. 이것을 백범 김구는 몹시 애석히 여겨 8 · 15 해방을 유감스럽게 맞이했다는 소감을 『백범일지』에 적어 놓았다.

---

6) 한국역사연구회 편, 『한국사강의』, 1990, 한울, p.355.
7) 박성수, 「광복 직전의 독립운동 상황」, 한국정치외교사학회 편, 『해방의 정치사적 인식: 8 · 15 광복을 중심으로』, 1990, 대왕사, p.77.

" '아! 왜적이 항복!' 이것은 내게는 기쁜 소식이라기보다는 하늘이 무너지는 듯한 일이었다. 천신만고로 수년간 애를 써서 참전할 준비를 한 것도 다 허사다. 서안과 부양에서 훈련을 받은 우리 청년들에게 각종 비밀한 무기를 주어 산동에서 미국 잠수함에 태워 본국으로 들여보내서 국내의 요소를 혹은 파괴하고 혹은 점령한 후에 미국 비행기로 무기를 운반할 계획까지도 미국 육군성과 다 약속이 되었던 것을 한 번 해보지도 못하고 왜적이 항복하였으니 진실로 가석하거니와 그보다도 걱정되는 것은 우리가 이번 전쟁에 한 일이 없기 때문에 장래에 국제간에 있어서 우리의 발언권이 박약하리라는 것이었다."8)

민족 주체적 해방이 아니라 외세에 의한 해방이었다는 것이 결국 김구의 염려대로 조국과 민족의 운명을 외세의존적, 외세지향적으로 결정지어 준 한 원인이 되었다.

(2) 일제시대에 민족해방의 정신과 독립저항운동은 국내외에서 끈질기게 이어져 왔으나, 성숙하지 못한 사상적 대립과 분파주의로 강력한 세력과 연합전선을 구축하는 데 실패했으며, 통일되고 독립된 민족국가를 수립하는 역량을 갖지 못했다.
일제의 침략과 폭압적인 식민지 지배가 시작된 이래, 나라를 찾고 민족을 해방시키려는 민족운동은 국내외에서 부단히 전개되었다. 의병들의 전쟁이 곳곳에서 이어졌고, 이들은 만주, 연해주 등에 독립운동 기지를 건설하고 계속 무력투쟁을 통해 독립을 찾으려 했다. 이들은 절대독립론, 독립전쟁론 등을 주장하며 민족해방을 쟁취하려 하였다. 그러나 현실적으로 무력에 의한 독립의 쟁취가 불가능한 상황에서 자주적 힘을 길러 서서히 독립과 해방을 성취하려는 민족운동가들도

---

8) 김구, 『백범일지』, 국토원, 1948, p.351.

적지 않게 있었다. 독립준비론, 실력양성론, 외교적 독립론 등이 이들이 주장하는 운동전략이었다. 민족개조론이나 민족개량주의 운동과 같은 체제 영합적인 운동도 있었고, 계몽활동, 봉사활동을 통해 민족의 역량을 깨우치려는 민족운동도 있었다. 그러나 이러한 독립운동의 전략의 차이 때문에 국내외의 독립운동은 곳곳에서 파가 갈라지며 분열하는 양상을 보였다.[9]

한편 1919년 3·1 운동 이후 상해 임시정부를 비롯한 중국과 소련, 미주 등지에서 독립운동을 전개하던 해외 독립운동가와 국내에서 여러 가지 전략과 형태로 독립운동을 전개하던 독립운동가 사이에는, 다시금 부르주아 민족주의적 운동과, 사회주의적, 공산주의적 민족운동이라는 이념적 분열이 생겨났다. 1917년 볼셰비키 혁명의 성공 이후 세계 공산화를 목표로 하는 국제 공산주의 운동은 마침내 조선의 민족운동가들에게도 확산되어 고려공산당(1920), 조선공산당(1925)의 창립을 가져왔고, 무산자동맹회, 북풍회, 화요회, 토요회, 사회주의자동맹, 서울청년회 등 다양한 사회주의 운동 그룹을 형성했다. 한편 국내 민족주의 운동 내부에서도 일제와 타협하며 개량적으로 민족운동을 하려는 세력과, 비타협적인 독립운동을 전개하려는 세력들이 갈라져, 친일이다, 아니다라는 논쟁이 계속되었으며 서로 상처를 주고받는 경우들이 많았다. 한때 민족해방운동을 통일시키고 연합시키기 위해 1927년에 사회주의자와 민족주의자들이 신간회라는 연합전선을 구축하기도 했지만, 노선과 방법을 놓고 갈등을 극복하지 못해 결국 실패하고 말았다. 이처럼 우리의 민족해방운동은 일제의 잔인하고 혹독한 탄압정책과 분열정책 아래서 국내와 해외, 민족주의자와 사회주의자, 혁명론자와 개량주의자 사이에 단합을 이루지 못하고 분열에 분열을 거듭

---

9) 이재화 편역, 『한국 근대 민족해방운동사 I』, 백산서당, 1986.

하였으며 결국 하나로 뭉친 커다란 힘을 만들어 내는 데 실패하였다. 이러한 항일독립운동의 분열과 분산은 1945년 8 · 15 해방 후에도 작용하여 통일되고 독립된 민족국가를 수립하는 데 실패한 하나의 중요한 원인이 되었다.

(3) 일제를 몰아내고 점령한 미국과 소련은 한민족을 일제에서 해방시켜 통일된 독립국가를 세우게 할 의사가 없었으며, 가능한 한 분할지배하면서 미소의 세계 전략과 블록권에 종속시키려고 시도하였다.

한반도를 일제에서 해방시켜 점령한 미국과 소련의 의도가 무엇이었는가에 대해서는 여러 가지 주장과 논란이 있으며, 또한 남한과 북한, 미국과 소련의 각자 이해관계에 따라 엇갈린 주장들을 하고 있다. 카이로 회담(1943년 11월)에서 "한국 인민의 노예상태에 유의하여 적당한 시기에(in due course) 한국을 자주 독립시키겠다"고 한 결의나 얄타 회담(1945년 2월)에서 루즈벨트가 필리핀이 자치를 하기 위해 50년이 필요했으니까 한국도 미국, 중국, 소련의 대표자 1인으로 구성되는 위원회에서 20-30년간 신탁통치를 하자고 주장한 것, 포츠담 회의(1945년 7월)에서의 군사적 점령과 신탁통치 논의 등은 미국과 소련이 한국을 일제에서 해방시킨 후 독립을 시키지 않고 상당한 기간 동안 신탁통치라는 이름하에 지배하여 영향권 안에 두려고 했음을 분명히 하고 있다. 브루스 커밍스(Bruce Cumings)의 조사에 의하면 1943년 말 미 국무성의 영토관계 소위원회가 한국에 대해 기본 가정들을 설정해 놓은 기록이 있는데 다음과 같다고 한다.

"한국은 전후 미국의 안보에 중요하다. 한국이 적국 소련의 지배하에 들어가면 미국 안보에 위협이 된다. 일본이 물러간 후 한국은 자치할 능력이 없다. 미국의 우위가 한반도에서 위협받는다면 한국에 대한 다국적 통치가 일국에 의한 지배보다 유리하다. 신탁통치협정은 전후 한국에 대한 강대국의 마찰을 조절할 수 있는 좋은 수단이다. 그러나 미국의 발언권을 얻기 위해 한국을 군사적으로 부분 혹은 완전 점령하는 것이 필요하다."[10]

이런 문서는 흔히 미국은 1945년 이전에는 한국에 대해 뚜렷한 정책을 가지고 있지 않았다는 주장을 반증해 주고 있다. 소련에 우호적인 정부가 한반도에 세워질 것을 우려하고 있으며, 이를 저지하기 위한 군사적 점령과 다국적 신탁통치를 계획해 놓았음이 드러났다. 한민족을 해방시켜 독립국으로 만들겠다는 생각보다는 미국의 국제정치적 전략에 따라, 즉 미국의 이익에 따라 그 영향권 안에 두겠다는 입장이 우선했다는 것을 말한다.[11]

(4) 미국과 소련이 분할 지배한 군정 3년간은 친미적, 친소적 정권을 수립하여 한민족을 완전히 분열시킨 분단 고착기였으며, 미소의 위성국가로 신식민지적 피지배국가가 되는 기간이었다.

미국과 소련이 한반도를 일제에서 해방시키면서 어떻게 해서 38선을 경계로 분할하여 점령하게 되었는지, 애초부터 분할 지배의 의도를 가지고 있었는지, 아니면 편의상 임시로 그렇게 한 것이 영구분단의 원인이 되었는지는 분명치 않다. 단지 1945년 8월에 들어 일본의 패망이 확실하게 드러나면서 매우 갑자기 만들어진 결정인 것은 사실인 것 같다.

---

10) Bruce Cumings, *The Origins of the Korean War*, Princeton, 1981, pp.113-114.
11) 김성주, 「미소 양군의 한반도 점령정책」, 한국외교사학회 편, 『해방의 정치사적 인식』, 대왕사, 1990, p.137.

"1945년 8월 8일 소련의 전쟁 참여는 워싱턴으로 하여금 즉각적으로 행동을 취하게 하였다. 150만 명 병력으로 압도적인 공세를 취하면서 소련군은 만주를 휩쓸었고 5일 만에 북한을 점령하였다. 표면상으로는 일본군의 항복을 용이하게 얻어 내기 위한 것이지만, 실제로 미국은 소련이 한반도 전체를 차지하는 것을 두려워하여, 8월 10-11일 한국을 38선을 기준으로 하여 양분할 것을 국무-전쟁-해군 조정위원회 철야회의에서 결정하였다. 한반도를 38선을 기준으로 하여 나눈다는 워싱턴의 결정은 외교적인 조정이 이루어지기 전에 소련이 한반도를 단독으로 점령하는 것을 막기 위하여 계획되었다. 미군이 도착하기까지는 몇 주일이 더 소요되었지만 소련군은 38선에서 멈추었다. 분명히 스탈린은 미국이 제시한 38선을 중심으로 한 분할 점령안이 38선 이북의 소련 영향력을 미국이 암묵적으로 인정하는 것이라고 생각하였고, 소련을 완충국가로 둘러싸려는 스탈린의 목적과 잘 일치하는 것이라고 생각했다."[12]

1945년 12월의 모스크바 3상회의(소련, 미국, 영국)에서 5년 동안 4개국이 신탁통치를 할 것을 결의하였으나, 한국민들의 대대적인 분노와 저항에 부딪치게 되자 포기하고 만다. 혹 한국민이 신탁통치를 일시적으로 받아들였더라면 영구분단을 면하고 통일국가를 이룩할 수 있었지 않았을까 반문하면서, 한국인은 그때 반탁운동을 할 것이 아니라 찬탁운동을 했어야 한다고 주장하는 사람들도 있지만, 또 공산계열 운동가들이 처음엔 반탁운동을 하다가 나중에 소련의 지시로 찬탁운동으로 돌아선 것도 사실이지만, 이것은 역사에서의 한 가정으로만 생각할 수 있을 뿐이다. 과연 당시의 미국과 소련의 이해관계가 한반도에서 일방적인 통일국가, 즉 친미적 국가나 친소적 국가를 허용했을 것인가는 매우 의심스럽다. 양측의 정책문서들은 결코 허용할 수 없었

12) 존 메릴(John Merrill), 「미국의 한국 점령정책(The American Occupation of Korea)」, 방선주 외, 『한국현대사와 미군정』, 한림대학교 출판부, 1991, p.41.

던 것을 기록하고 있음이 드러나고 있다.

미국과 소련은 각기 군정 3년 동안 자기들의 구미에 맞는 정권을 만들기 위해 최대한 노력한다. 마치 남북 양쪽에서 한국 사람들 스스로에 의해 이승만과 김일성 정권이 탄생한 것처럼 설명하고 있으나 이것은 철저히 미군정의 간섭과 영향력 아래서 그렇게 된 것이 분명하다. 남한에서 미 점령군이 여운형이 이끄는 좌우 합작 노선의 건국준비위원회를 전혀 인정하지 않고 무시한 것, 김구의 상해 임시정부파를 귀국하지 못하게 막은 것, 이승만의 반소련적, 반공적 태도 때문에 그를 지지한 것 등은 미국이 반공적 단독정부 수립에 영향력을 가했으며 미국의 국익을 우선적으로 생각했음을 말해 준다. 역시 북한에서 소련 점령군이 평남 건국준비위원회 위원장이었던 조만식 등 저명한 애국 인사들을 제거하고 김일성 정권을 수립하게 도운 것은 반미 공산주의 정권을 수립하려는 의도에서 그렇게 했음을 말해 준다. 결국 1948년 두 개의 정권 탄생은 미국과 소련의 절대 영향력 아래서 된 것이며, 이념과 강대국의 장벽을 넘어 통일을 이루려던 민족통일론자들은 양쪽에서 모두 제거되고 만다. 만약 소련이 남한을 정복하고 미국이 북한을 점령했다면 틀림없이 남한에 공산주의 정권이 수립되고 북한에 친미적, 반공적인 정권이 수립되었을 것이다. 따라서 남북한의 분단과 친미, 친소 정권의 수립은 철저히 미국과 소련의 신식민지적 지배정책과 위성국가 정책에 의하여 이루어진 것이라고 보아야 한다.

(5) 민족을 완전히 해방시켜 자주적 독립과 통일국가를 이룩하려는 사상과 지도자들은 있었지만, 민족적 대단결을 이루지 못하고 분열되어 무력화되었으며 점령국의 억압과 반대로 실패하고 말았다.

해방 이후 민족을 통일로 이끌 수 있었던 지도자들로는, 가장 먼저 건국준비위원회를 만든 여운형, 상해 임시정부의 주석으로 귀국한 김구, 그리고 미주 위원회를 맡아 독립외교를 해온 이승만, 국내의 민족운동가 김규식, 조만식, 송진우, 박헌영, 안재홍, 장덕수 등이 있었으나 이들은 민족을 하나로 만들기 위해 단합하지 못했고, 각자 자기중심적인 인민공화국, 독립촉성회, 한독당, 한민당, 공산당을 결성하였으며, 한 번도 좌우 합작이나 연합의 시도를 성공시키지 못했다. 결국 연합된 힘을 발휘하지 못하자 국내 정치세력들은 점령 초기부터 미국과 소련 군정에 의해 무시당하고 무력화된다. 결국 권력투쟁 과정에서 하나씩 둘씩 암살당하여 제거되고 친미적, 친소적 단독정부를 세우려는 정치세력들만 살아남게 되었으며, 따라서 1948년 두 개의 국가와 정부가 수립됨으로써 영구분단의 길을 걷게 되었다. 이것도 하나의 역사적 가정이지만, 이때 민족주의자와 공산주의자 좌우 양쪽이 단합하여 우선 통일된 국가를 이룩하고 정권 다툼을 미루자는 합의를 했더라면, 또 그렇게 실천했더라면, 1948년에 통일국가를 이루고 미소 양 점령군을 내보내어 영구분단을 막을 수 있었으리라고 생각해 본다. 비슷한 상황에서 오스트리아는 4대 강국의 점령하에서 독일처럼 분단되지 않고, 자유주의자와 공산주의자의 연정을 이루어 냄으로써 중립화 통일국가의 탄생을 가능하게 했다. 수상직과 대통령직을 나누어 갖는 식으로 해서 통일하고, 외국 군대를 철수시킬 수 있었던 것이다.

(6) 1948년 대한민국과 조선민주주의인민공화국, 두 개의 국가와 정부의 수립은 서로를 인정하지 않고 멸절시키려는 적대적 분단이었으며, 민족의 통일과 평화를 유린한 반평화적, 반민족적 분단이었다. 이러한 분단은 전쟁과 대결, 자유와 평등의 모순, 인권과 민주주의의 탄압을 배태하고 산출할 수밖에 없는 원죄(原罪)와 같은 것이었다.

미소의 분할 점령으로 야기된 한반도의 분단은 두 개의 적대적인 국가를 탄생시킴으로써 이미 전쟁과 독재, 억압통치를 배태하게 된다.

분단이 잘못되었을 뿐 아니라 분단의 방식 양태가 더욱 잘못되어 대결과 증오와 정복욕을 가져올 수밖에 없는 분단이 되었다. 서로 무력침공의 계획과 목표를 세워 놓고 있는 상황에서 1950년의 한국전쟁의 책임을 한쪽에만 지운다는 것은 역사적으로 공평하지 못한 판단이다. 6월 25일 대군을 밀고 북한이 남침을 한 것은 사실이지만, 당시의 이승만 정권도 기회가 있었으면 북침할 수도 있었을 것이다. 멸공통일, 북진통일을 부르짖고 공산독재에서 북쪽 인민들을 해방시켜야 한다는 목표를 세워 놓고 있었기 때문이다. 그래서 전쟁의 원인과 책임은 불합리하고 적대적인 분단과 양측의 대결정책에 있었다고 보아야 한다. 이러한 분단은 결국 양측에 독재적이며 탄압적인 정권을 만들어 놓을 수밖에 없다. 서로가 호시탐탐 무력으로 통일하려는 상황에서 어느 쪽인들 자기 측의 안보를 위해 사상의 자유, 비판의 자유를 탄압하지 않겠는가. 상대방의 존재 자체가 자기의 존립의 위협이 되는 대결 상황에서는, 언제나 불안해서 무력을 강화하고 일사불란한 통제력을 가지려고 하며 권위주의와 획일주의 군사문화를 만들어 놓게 된다. 그래서 우리의 분단은 전쟁과 독재와 탄압과 부정을 낳게 한 원죄와 같은 것이었다.

(7) 따라서 민족의 완전한 해방과 자주독립, 자유, 평등, 인권, 복지가 보장되는 참된 민주사회의 실현과 인간해방은 이러한 원죄와 같은 민족분단을 극복하여 민족의 화해와 단결, 평화와 통일을 이룩할 때만 비로소 가능하게 된다.

민족의 해방은 해방의 철학에서 볼 때 하나의 단계요 과정이지, 완전한 인간의 해방은 아니다. 우리가 민족의 해방을 추구하고 실현시키려는 것도, 민족지상주의나 우리 민족만 잘 살겠다는 국수주의적 민족주의에서가 아니라, 민족해방의 길을 통하지 않고는 참된 인간해방에 이를 수 없기 때문이다. 민족이 예속되거나 탄압을 받는 고통을 겪지 않는 나라나 민족들은 굳이 민족해방을 통해서 인간해방을 시도할 필요가 없다. 그래서 독일이나 영국, 일본에서의 민족주의는 인간해방에 역행하는 반동적, 제국주의적 민족주의가 되기 쉬운 것이다. 우리 민족은 외세에 짓눌려 살아왔고, 아직도 그 자주성과 독립성이 손상을 입고 있기 때문에, 외세로부터의 민족해방을 도모하지 않고 인간해방에 이를 수 있는 길이 없다.

우리는 민족해방을 이룬 뒤에도 여러 가지 형태의 사회적 해방의 과제가 있다. 계급적 차별과 착취로부터의 해방, 지역적 차별과 소외로부터의 해방, 그리고 성적 차별과 억압으로부터의 해방이 그것이다. 그러나 이런 모든 종류의 지배와 억압, 차별로부터의 인간해방을 위해서도 이러한 해방운동을 할 수 있는 자유와 권리를 획득해야 하는데, 분단과 대결의 장벽이 있는 한, 남북 양쪽에서 이러한 자유와 권리가 완전히 주어지지 못한다. 따라서 우리는 민족해방을 위해서 뿐만 아니라 인간해방을 위해서도 대결의 장벽을 허물고 분단을 극복하여 통일을 이루어야만 한다.

통일시대의 민족의식

조국의 통일이 대한민국과 조선민주주의인민공화국이라는 두 개 국가의 통일일 뿐만 아니라, 수천 년간 함께 살아왔지만 지난 반세기 동안 남북으로 갈라졌던 같은 민족의 통일이라는 점에서, 통일의 토대가 되는 공통분모를 민족의식에서 찾아야 한다는 것은 두말할 필요가 없는 자명한 사실이다.

현실적인 두 개 국가의 체제나 이념, 각기의 이익보다는 민족 전체의 운명과 이익, 발전을 보다 우선적으로 생각하는 민족 우선의 의식과 원칙[1]이 없이는 상당한 정도로 이질화되고 적대화된 남북의 두 나라가 통일에 이르기 어렵다는 것은 누구나 잘 알고 있다. 그래서 7·4 공동성명에서도 통일을 이룩하는 원칙으로 민족 자주의 원칙과 사상

---

* 이 글은 한민족 철학자대회(1995년 8월 17일, 연세대) 발표 논문으로, 『사색』, 12집, 숭실대 철학과, 1996, pp.229-242에 실린 글을 수정 보완한 것이다.

1) 한국기독교교회협의회(KNCC)의 통일선언의 5대 원칙.

과 이념, 제도를 초월하는 민족 대단결의 원칙을 3대 원칙 가운데 두 가지로 삼았는데, 이것은 이러한 민족적 원칙들이 없이는 사실상 통일이라는 것이 불가능하기 때문이다.

남북 간의 화해와 협력 시대를 여는 데 결정적인 역할을 하게 되는 '남북 화해와 불가침 및 교류 협력에 관한 합의서'에서도 이러한 민족의식과 민족적 원칙들은 중요한 토대를 이루고 있다. 합의서는 화해나 불가침, 교류 협력의 근거를 '온 겨레의 염원'이나 '민족 공동의 이익과 번영', '민족 전체의 복리 향상'과 같은 민족적 원칙에 두고 있다.

이처럼 통일을 위해서는 필수 불가결의 토대가 되는 민족의식과 민족적 원칙들이 남북 양측에 의해 선언적으로 주장되고, 통일의 규범으로서 긍정되어 온 것은 다행한 일로 생각되지만, 과연 남북의 동포들과 정부 당국자들이 통일을 이루기에 충분한 민족의식을 가지고 있으며, 민족 우선의 원칙들을 지켜 왔고, 지킬 수 있느냐 하는 것은 별개의 문제가 아닐 수 없다. 왜냐하면 오늘까지의 분단 상황과 대결 체제가 민족의 염원이나 공동 이익 같은 민족의식과 민족적 원칙들을 존중하지 않았을 뿐만 아니라 크게 배반하여 왔으며, 남북에 나뉘어 사는 우리 동포들은 분단체제와 대결체제의 유지에 직간접적으로 공헌하여 왔기 때문이다. 따라서 우리는 선언이나 규범으로서 내세우는 민족의식이나 민족적인 원칙들과, 분단체제하에서 현실적으로 가지고 있으며 내보이고 있는 민족의식이나 민족사상에는 현격한 차이가 있음을 인정하지 않을 수 없다.

또한 흔히 민족이나 민족주의와 같은 개념들을 즐겨 사용하면서도 어떤 민족의식과 민족주의를 갖고 있는가를 물어보면, 그 구체적 내용에서는 상당한 차이들을 발견하는 경우가 많기 때문에 우리는 이제 막연하며 추상적인 민족의식의 차원을 넘어서서 구체적이며 현실적인 개념과 목표를 가진 민족의식을 개발하고 함양하는 것이 오늘의 단계에서 매우 중요한 일이라고 생각된다.

그러면 이제 분단시대의 왜곡된 민족주의나 일방적 민족의식이 아니라 통일을 지향하며 실천하는 바른 민족의식을 형성하자면 그 개념과 내용을 어디에서 찾을 수 있겠는가?

1. 분단을 극복하는 민족의식: 민족의 삶

먼저 우리는 일제 식민지 시대, 민족의 독립과 자주, 존엄과 번영을 구가했던 민족주의 정신을 1945년 해방된 조국에서 얼마만큼 계승하였으며 발전시켜 왔는가를 반성할 필요가 있다. 남한의 경우를 살펴볼 때, 미군정 하에서 민족주의 세력은 정당한 대접을 받지 못했을 뿐만 아니라 북한 공산주의자들과 투쟁과 대결이라는 명분으로 상당한 정도로 억압될 수밖에 없었음을 우리는 잘 알고 있다. 해방 이후 상당 기간 동안 민족주의라는 말 자체가 금기시되어 왔고, 민족주의는 곧 반미주의이며, 반미주의는 곧 용공주의라는 식으로 왜곡 선전되었던 것도 사실이다.[2] 말하자면 해방 이후 미소의 분단정책으로 수립된 분단체제하에서는 민족 전체의 이익과 번영을 추구하는 진정한 민족주의나 민족의식은 탄압되었으며 따라서 민족의 통일과 외세의 배격을 외친 민족주의자들이 수난을 당하게 되었다. 자연히 민족의 사슬이 된 38선을 제거하고 해방된 조국의 통일을 이룩하는 것은 불가능한 일이 되고 말았다.

1948년 김구는 이렇게 말했다. "위도로서의 38선은 영원히 존재할 것이지만 조국을 양단하는 외국 군대들의 경계선으로서의 38선은 일각이라도 존속시킬 수 없다. 38선 때문에 우리에게는 통일과 독립이

---

2) 강만길, 「송건호의 한국 민족주의론」, 『송건호 선생 화갑기념논문집』, 두레, 1986.

없고 자주와 민주도 없다. 어찌 그뿐이랴. 대중의 기아가 있고, 가정의 이산이 있고, 동족의 상잔까지 있게 되는 것이다."3) 김구는 남북협상을 위해 38선을 넘으면서, "나는 통일된 조국을 건설하려다가 38선을 베고 쓰러질지언정 일신의 구차한 안일을 위하여 단독정부를 세우는데 협력하지 않겠다'고 외쳤으나, 그는 결국 흉탄에 쓰러지고 말았다. 민족주의 세력의 수난은 친일 세력의 안존과 등장, 반민특위의 해체 등으로 연결되었으며, 분단 초기부터 민족주의적인 민족의식은 왜곡되고 굴절될 수밖에 없었다.

분단체제하에서 분단국가의 이념이나 목표에 영합하게 되는 민족주의나 민족의식은 자국민의 결속과 적대국에 대한 대결의식 고취에 이용하게 된다. "국내적으로 민족주의는 국민 대중을 결속하고 단결시키는 기능도 가지는 한편, 민중을 억압하고 인권과 언론의 자유를 봉쇄하고 독재체제를 굳히는 데도 악용되는 합리화의 명분으로서의 기능을 갖는다"고 송건호는 분단국가에서의 민족주의가 반민주적 방향으로 이용되었음을 지적했다.4) 우리는 1960년대와 1970년대에 고조되었던 민족주의, 민족적 민주주의 등이 권위주의적 독재체제와 외국 자본에 영합하는 종속적인 경제개발에 이용되었음을 잘 알고 있다. 여기서 우리는 민족주의에 대한 부정적 인상과 편견마저도 강하게 얻게 되었던 것이다.

이와 같은 분단시대의 역사를 살아온 우리 민족에게 이제 분단을 극복하면서 통일을 가져와야 하는 시대에 요구되는 진정한 민족의식은 무엇일까? 필자는 여러 가지 이유에서 이를 민족주의(nationalism)로 표현하는 것을 꺼리며, 민족주의보다는 '민족의 삶(life of nation)'이라고 표현하고자 한다. 그냥 민족주의라는 표현만으로는 공격적이

---

3) 백범사상연구회 편, 『백범어록』, 사상사, 1973, p.261.
4) 송건호, 「분단하의 한국 민족주의」, 『민족통일을 위하여』, 한길사, 1986.

며 배타적인 민족주의와 구별짓기도 어려울 뿐만 아니라, 우리의 역사에서 형성된 반민주적 분단체제적인 논리가 왜곡된 민족주의와 혼합되어 있어 자칫 역기능을 발휘할지 모르겠기 때문이다. 또한 우리가 민족에 대해서 가져야 할 바른 태도는 민족주의나 민족의 우월감이 아니라 "민족의 삶에 대한 긍정과 관심이어야 한다"5)고 생각하기 때문이다. 누구나 다 민족주의자가 될 수 없지만, 민족의 삶에 대해서는 그 민족 성원이면 누구나 책임과 이해관심을 갖지 않을 수 없다.

우리가 그토록 분단시대를 종식시키고 화해와 협력, 통일의 시대를 맞으려 열망하는 것도, 이 분단체제를 그대로 두고서는 민족의 삶이 마비된 채 올바로 유지될 수 없기 때문이다. 민주정치와 경제발전이 왜곡되고 마비됨은 물론, 동족상잔과 민족파멸의 위험이 상존하고, 자기의 안보를 위해 상대방을 파괴하거나 제거해야만 하는 반평화적 구조 속에서 민족의 삶은 불구의 운명을 벗어날 수 없기 때문이다. 따라서 통일을 위해 요구되는 민족의식은 곧 분단체제 속에서 왜곡되고 억압되며 불구가 된 민족의 삶을 회복시키며 온전하게 만들고 건강하게 발전시키는 방향에서 추구되어야 한다고 본다.

2. 자주적 번영을 추구하는 민족의식

민족의식은 민족의 삶을 유지시키며 발전시키는 데 필요하며 필수적인 의식이라고 규정해 볼 수 있다. 그렇다면 민족의식은 무엇보다도 민족이라는 것을 존립시키는 데 최소한으로 요구되는 다음과 같은 세 가지 요소를 가져야 한다고 생각한다.

---

5) 이삼열, 「평화의 복음과 통일의 사명」, 『평화의 철학과 통일의 실천』, 햇빛출판사, 1991, p.341.

1) 민족의 정체성(identity)

민족의 생명은 무엇보다 언어와 혈통, 문화와 예술 같은 동질적인 요소들을 보유하며 발전시켜 나가는 민족의 정체성이 확립될 때 지켜질 수 있다. 우리가 한글의 사용과 전통의 존중, 민족문화나 예술을 유지시키려는 목적도 바로 민족의 동질성을 확보함으로써 정체성을 잃지 않고 지키려는 데 있다. 그러나 분단 반세기 동안 단절된 상황에서 남북의 언어와 문화가 어느 정도 이질화되어 온 것은 하루속히 교류와 공동체 회복을 통해 극복되면서 동질화를 이루어야 한다. 물론 민족의 정체성은 반드시 하나의 민족국가(nation state)를 이루지 않아도 유대인들이나 중국인들처럼 유지해 갈 수도 있다. 그러나 남북한처럼 적대적이며 이질적인 분단체제로 나뉘었을 때는 문화적인 동질성이나 민족의 정체성마저도 위협을 당한다는 현실을 직시하여 민족의 공동체와 통일을 하루속히 실현하도록 노력해야 할 것이다. 현재의 분단 상황은 가족의 이산과 고향과 조상, 친척들로부터의 단절로 인해 민족의 정체는커녕 가족이나 가문의 정체성도 회복할 수 없는 악조건임을 통절히 느껴야 한다. 우리가 이산가족의 재회나 재결합, 학술, 예술, 언론, 문화의 교류를 촉진시키려는 이유는 바로 민족의 삶에 가장 기초적 조건이 되는 민족의 동질성과 정체성을 회복하며 확립시키려는 데 있다.

2) 민족의 주체성(subjectivity)

민족의 삶은 타 민족의 지배나 억압을 받으면서는 결코 바르게 유지될 수 없다. 따라서 민족은 그 민족의 주체성을 유지해야 하며, 이 주체성은 오늘과 같은 세계 현실 속에서는 반드시 민족국가로서의 독립성과 자주성을 확보할 때만이 발휘될 수 있다. 더구나 한글과 한국 문화를 가진 민족이 세계에 하나밖에 없는 상황하에서는 필히 국가적 주권을 가져야 한다.

민족의 주체성은 정치적인 독립과 주권을 그 조건으로 할 뿐만 아니라 대외적인 자주성을 유지해야 하는 것이 필수적이다. 이것은 정치적인 자결권 이외에도 경제적인 자립성이나 군사적인 자주성을 아울러 의미한다. 우리가 한반도의 분단체제와 휴전협정체제를 하루속히 청산하고 평화체제를 수립하려는 이유도 이 길을 통해서만 남북의 긴장 완화나 평화공존과 함께 민족의 자주성과 정치적, 군사적 자결권을 확보할 수 있기 때문이다.6) 분단체제로서는 어느 쪽에서도 자주성과 주체성을 가질 수 없으며, 통일을 통해서 보다 완전하게 가질 수 있다는 실증을 우리는 독일과 예멘의 통일에서 구체적으로 경험하였다.

3) 민족의 공동복지성(common welfare)

'민족의 삶'은 대내적인 정체성과 대외적인 주체성을 확립한 외에도, 민족 구성원들 사이의 공동의 복지(common welfare)가 실현될 때에 보장되며, 그 꿈을 실현하는 생동적인 것이 될 수 있다. 아무리 정치적으로 독립되고 경제적인 발전을 이루었다 해도 민족 내부에 빈부의 차이가 심하고 소외와 차별로 인한 불균형과 갈등이 심각하다면, 혹은 민족 전체의 생계와 교육, 건강을 외채나 구걸이 없이 유지할 수 없다면, 민족의 삶이 제대로 유지되거나 보장된다고 할 수가 없다. 이 부분의 위협이야말로 민족의 안보나 주체성에 침식작용을 가져오는 원인이 된다는 것을 명심해야 한다. 따라서 남북한 양쪽은 이제부터라

---

6) 이삼열, 「한반도의 평화체제와 군축의 방향」, 『평화의 철학과 통일의 실천』.

도 경제적 협력과 합작을 촉진시켜 상부상조하고 균형 있는 발전을 도모하여, 민족 전체의 삶을 보장하는 민족경제의 확충과 발전을 모색해야 한다. 과감하게 남북의 군수산업과 군비를 축소하여 민족의 인력과 자원을 사회복지와 민족 공동의 경제발전 계획에 투입시켜야 할 것이다.

우리의 민족의식은 민족의 존립과 발전, 공동의 복지와 번영을 넘어서서 타 민족을 지배하거나 권익을 침해하는 것이 될 수 없다. 더구나 타 민족에 대한 침략이나 간섭은 있을 수 없고 우리 민족사에서 있어 본 적도 없다. 우리의 민족의식은 항상 국제적인 평화와 이웃과의 친교와 우애에 기여하는 것이어야 한다. 그래서 우리의 민족의식은 철저하게 평화의식과 연결되어 있어야 한다. 민족의 동질성을 회복하고 주체성을 확립하며 공동의 복지를 건설하는 길이 평화적인 것이어야 하기 때문에 우리는 베트남식의 전쟁에 의한 통일도 아니요, 어느 한쪽을 굴복시키는 독일식 흡수통일도 아닌, 진정한 대화와 협상을 통한 통일, 정의와 평화가 함께 실현되는 통일을 한반도에서 창출해 내고자 하는 것이다.

3. 평화를 실현하는 민족의식

'남북기본합의서'와 '비핵화공동선언'은 남북의 분단을 극복하고 화해와 공존, 협력과 공영의 시대를 열어 가는 데 초석을 놓게 된 획기적 문서이며, 민족의 평화통일에 한 이정표를 세운 중대한 기록이었다.

그러나 이렇게 중요한 합의문이 남북 간에 서명되고 5년이나 지났지만, 아직 우리에게 화해와 협력의 시대는 오지 않고 있으며, 남북합의서는 전혀 실천이 되지 않고 있다. 남북 양측은 "서로 상대방의 체제를 인정하고 존중하며 내부 문제에 대한 간섭을 하지 않고, 비방 중상을 하지 않겠다"는 조항을 이행하지 않았으며, "보다 더 공고한 평화 상태로 전환하고 군사적 신뢰를 조성하며 단계적 군축을 실현하겠다"는 조항을 지키지 않았고, "민족 구성원들의 자유로운 왕래와 접촉이나 경제, 사회, 문화 교류"에 관한 조항들을 만들어 놓고서도 아직 추진할 기미도 보이지 않고 있다. 이 귀중한 역사적 합의문을 다시금 7·4 공동성명처럼 휴지장을 만들고 무효화시키려는 것이 아닌가 하는 우려를 떨쳐 버릴 수 없다.

남과 북은 화해를 선언했을 뿐 진정으로 화해를 하지 못하고 있다. 상호 인정과 신뢰 구축이 중요하다고 하면서 서로 신뢰하거나 인정하지 않고 있다. 남과 북은 서로 대화와 협상의 테이블에서 하는 말이 각기 대북정책, 대남정책에서 하는 일과는 상반되는 이중적인 것이라고 믿고 있다. 남은 북이 내심으로 적화통일을 노리고 있다고 믿으며, 북은 남이 흡수통일을 기도하고 있다고 믿는다. 남은 북에서 주장하는 평화협정과 군축이 미군을 몰아내고 다시 남침을 하기 위한 전술이라고 보고 있으며, 북은 남에서 주장하는 경제협력과 각종 교류, 개방의 확대가 북에 자본주의의 바람을 넣어 사회주의 체제를 무너뜨리려는 계교라고 믿고 있다.

이러한 불신과 적대관계를 해소하지 않고 속마음으로 진실되게 화해하지 않고서, 특사 교환이나 정상회담이 열린다고 한들, 서로 전술적 대응을 하는 이상의 진정한 대화와 이해를 기대하기 어렵다. 그래서 회담 중 나온 "서울 불바다"라는 한마디가 금방 남북 간에 전쟁 분위기를 휘몰아쳐 오고, 영변 핵시설 폭격론, 서울 미사일 공격론으로 맞서다가, 패트리어트 미사일만 수십억 달러어치를 사들여 배치하게 되고 말아, 군비증강과 긴장의 격화로 막을 내리는 웃지 못할 일들이 연극처럼 연출되었다. 남북회담의 실무자들은 회담이 말로 하는 전쟁이라고 실토하고 있다. 북한의 핵시설에 대한 특별 사찰과 상호 사찰

문제로 야기된 북핵 제재론, 핵투명성 보장, 경수로 협상의 과정에서도 남과 북은 전혀 신뢰와 화해의 정신을 보이지 않았으며, 대화와 협상으로 풀었어야 할 문제들을 대화 거부와 따돌림으로 일관해, 결국 불신의 벽만 두꺼워지게 되고 말았다.

남과 북이 분단시대의 적대관계나 증오심을 아직도 풀지 못하고 진정한 화해와 신뢰를 이루지 못하는 데는 남북의 정부 당국뿐만 아니라 남북의 민간 사회, 보수적인 종교와 언론들 속에 뿌리 깊이 박혀 있는 냉전의식, 적대의식에도 커다란 책임이 있음을 우리는 지난 몇 년 동안 절실히 느끼게 되었다. 특히 지난해 북한의 김일성 주석이 사망한 이후, 남한의 언론들이 북한 체제가 곧 붕괴할 것이며 흡수통일 준비를 서둘러야 한다는 식으로 무책임한 보도와 여론의 오도를 자행한 것은, 남북 간의 불화와 대립의 골을 더욱 깊게 파고 만 처사로 비판을 받아야 한다고 생각한다.

냉전체제의 해소와 국제정치적 질서의 변화로 한반도의 분단과 갈등이 긍정적으로 극복될 기회를 갖게 된 것은 사실이나, 분단 상황의 개선과 변화를 지혜롭고 조심스럽게 도모하지 않으면 오히려 남북 간의 평화와 안정이 위협을 받고, 긴장과 갈등이 격화되어, 분단 상황이 악화될 위험마저 도사리고 있는 것이 오늘의 현실이다.

무엇보다 북한은 오늘날 국제적으로 국내적으로 어려움을 겪고 있는 것이 사실이다. 동구 공산권의 붕괴와 소련의 해체, 변화는 북한의 우방과 시장을 단번에 잃어버린 결과가 되었으며, 이로 인해 교역량이 절반 이하로 줄어들어 원유와 식량에 큰 타격을 입고 있다. 아무리 자급자족의 주체경제라고 하지만, 현대와 같은 국제경제질서 속에서 자본과 기술, 상품의 교역이 제대로 이루어지지 않고서 의식주의 삶과 생활필수품을 자급자족할 수 있는 나라는 없다. 게다가 북한은 한반도의 군사적 대결과 긴장으로 엄청난 군사비를 부담해야 하며, 남한이 군비를 줄이지 않는 한, 국가안보 때문에 군대와 무기를 줄이지도 못하는 상황에 놓여 있다. 북한이 핵개발 카드를 가지고 안간힘을 쓰며 미국과의 수교를 트고 경수로와 경유의 지원을 받으려는 것도 이러한 상황에 기인하는 것임을 우리는 동족으로서 이해해 주어야 한다.

평화는 항상 삶이 안정되었을 때 유지될 수 있는 법이다. 그래서 경제적으로 군사적으로 안정을 누릴 수 있게 하는 것이 평화를 지속시키며 발전시키는 방편이 된다. 따라서 우리는 북한이 1990년대의 세계질서의 변화 속에서 고립되거나 폐쇄적으로 머물게 되지 않도록, 세계여러 나라들과 선린관계를 맺고 교역을 하여 점차 개방할 수 있게 도와야 한다. 여기에 필수적인 선결 과제가 미국과의 국교 정상화이며 수출입 제한의 철폐이다. 또한 동북아시아의 평화와 공동의 안보를 위해서도, 북한이 조속한 시일 내에 일본과 수교를 맺어야 하며, 남한과 북한이 주변의 강대국들과 우호와 협력의 관계에 들어가는 것이 필요하다.

물론 우리는, 남북관계가 개선되지 않고 북한과 주변 강대국과의 관계가 너무 빨리 발전하는 것을 염려하는 남한 정부의 입장도 이해할 수 있다. 그러나 북한과 미국, 일본의 수교는 반드시 남북관계의 개선에 긍정적으로 작용할 수 있다고 믿는다. 그리고 남북한의 교차 승인은, 이미 합의서가 채택되거나 유엔에 동시 가입하기 전부터 우리 정부가 주장해 왔던 정책이었다. 이미 남한은 소련과 중국과 여러 해 전에 국교관계를 정상화했음을 잊지 말아야 한다.

이제 남북 기본합의서를 통해 남한과 북한이 화해와 불가침의 조약을 맺은 상황에서, 북한이 미국, 일본과 수교를 맺고 화해하는 것은 한반도의 평화체제를 수립하는 데도 매우 중요한 요건이 되는 것임을 확실히 인식할 필요가 있다. 그리고 적대관계에 있던 북한과 미국이 평화적 관계를 맺는 데 걸림돌이 되어 온 45년 전의 한국전쟁 문제가 해결되어야 하며, 이 기회에 불안정의 요인이 되어 온 휴전협정체제를 평화협정체제로 전환시키는 방안도 강구되어야 할 것이다. 이것이 빨리 4자회담이 추진되고 성사되어야 할 이유이다.

우리의 통일은 반드시 자주적이며 평화적이어야 하는데, 한반도에서 평화체제를 만들어 놓지 않고는 자주적으로 평화적으로 통일할 수 있는 길은 없다. 평화는 통일의 방법이나 과정일 뿐만 아니라, 통일의 목적이요 이상이기 때문에, 통일을 이루기 이전이라도 안정되고 발전된 평화체제를 수립하는 것이 매우 중요하다.

한반도의 진정한 평화체제 실현을 위해서는, 평화협정의 체결을 북한과 미국만이 해서는 안 되며, 남한이 우선적인 상대자가 되어야 한다는 것을 북한도 인정해야 한다. 비록 1953년 정전협정 당시에는 유엔군 총사령관 클라크(Clark) 대장이 미군과 한국군을 대신해 서명했지만, 유엔군이 해체된 오늘에 와서는 한국과 미국이 참전국 당사자로서 평화협정에 참여하는 것이 당연한 이치이며, 또 진정 평화를 보장하는 길이라고 믿기 때문이다. 또 이것이 민족 자주의 원칙에도 맞는 일이다.

남북합의서 1장 5조에도 "남과 북은 현 정전 상태를 남북 사이의 공고한 평화 상태로 전환시키기 위하여 공동으로 노력한다"고 되어 있어, 평화협정은 남한과 북한이 주체가 되어 참전했던 나라들과 함께 (위임한 경우는 제외) 체결하는 것이 옳다고 생각한다.

4. 통일을 지향하는 민족의식

남북의 화해와 협력의 시대가 열리고 평화공존의 체제가 구축된다 하더라도, 우리는 민족분단의 장벽이 완전히 제거되고 조국이 하나의 통일된 국가와 민족공동체를 이루기까지 결코 통일의 희망과 노력을 포기하거나 늦추어서는 안 된다. 아무리 평화롭고 협력적인 남북연합이나 연방제라 하더라도 민족의 분단이 영구적이어서는 안 되며, 분단체제로는 완전한 평화와 민족의 꿈을 펼칠 수 없기 때문이다.

그렇다고 원칙과 방향이 없는 무조건적인 통일을 조급히 서두르는 것도 민족의 삶과 장래를 위해 바람직하지 않다고 생각한다. 우리는 그동안 전쟁과 정복에 의해 급격히 이루어진 베트남의 통일이 많은 불행과 희생, 인권유린을 가져온 것을 목격했고, 한편의 붕괴와 다른 편의 흡수로 이루어진 독일의 통일이 일방적인 지배와 식민지화로 인해 많은 불평등과 부작용, 심리적 장벽과 갈등을 만들어 놓은 것을 체험하였다. 분단 50년의 비극과 고통을 치르고, 이제 지구상에 유일하게 남은 분단국가로서 한반도의 우리 민족이 성취하고 지향해 가야 할 통일의 길과 방향은 어디에 있으며, 우리의 통일은 어떤 과정과 목표를 가져야 하는가?

우리는 그동안의 역사적 체험과 교훈을 토대로 한반도의 현실을 분석하면서, 우리의 통일이 적어도 다음과 같은 세 가지 방향과 정신에서 이루어져야 한다고 주장한다.

1) 함께 사는 통일(공생적 통일)

통일은 남과 북이 하나가 되는 것을 의미하지만, 하나가 되는 과정과 목표에서 어느 한쪽이 희생되거나 먹히는 통일이 되어서는 안 되며 양쪽이 같이 이기며 사는 공생적(共生的)인 통일이 되어야 한다. 역사 속에 있었던 많은 통일들이 힘에 의한 강압적인 통일이었기 때문에 한쪽이 다른 쪽을 정복하고 지배하며 식민지로 만드는 통일이 되고 말았다. 이러한 통일은 양쪽을 함께 살리는 통일이 아니었으며, 통일 후에도 그 민족의 구성원 모두를 행복하게 하거나 만족스럽게 하는 것이 아니었다. 우리의 통일은 합의에 의한 통일이어야 하며 양쪽을 서로 살리는 상생(相生)의 통일이어야 한다. 원래 우리의 전통사상 속에는 음양(陰陽)과 오행(五行) 관계에서 상극(相剋)이 아니라 서로를 살리면서 조화를 이루는 상생을 추구하려는 철학적 가치관과 윤리가 있었다.

이러한 정신에서 우리는 앞으로 실현해 갈 통일의 과정과 단계에서, 그것이 체제의 연합이든 연방국가든, 결코 어느 한쪽이 우위에서 지배자로 군림하며 다른 한쪽을 열등 국민으로, 식민지로, 죄인으로 만드는 통일이 되지 않도록 공생의 원칙과 구조를 철저히 지키는 데 최선을 다해 노력할 것이다.

2) 서로 배우며 닮는 통일(수렴적 통일)

남과 북은 5천 년 동안 한 핏줄을 나누며 같은 언어, 습관, 문화를 지녀 온 한 겨레이며, 겨우 50년 동안 분단되어 다른 제도와 사상을 가지고 살아온 한 민족이다. 이념과 체제가 달라 생활방식, 사고방식, 가치관이 이질화되었다고 하나, 민족과 문화의 동질성에 비한다면 이질적 요소는 극히 적은 부분일 것이다. 사상과 제도가 다른데 어떻게 함께 통일해서 사느냐는 걱정이 많이 있지만, 이 차이는 서로 배우며 장점을 공유하는 방식으로 극복해 갈 수 있다고 믿는다. 세상의 모든 제도와 이념은 절대적인 것이 아니라, 다른 제도와 이념에서 배우며 영향을 받은 것이었다. 자유주의와 사회주의도 이미 19세기로부터 서로 배우며 수렴해 왔고, 서로 배우며 발전하지 않는 극단적이고 폐쇄적인 제도나 이데올로기들은 소멸하고 말았다. 비록 남과 북은 이제까지 자본주의와 사회주의, 자유와 평등, 개방성과 주체성을 이분법적으로 나누어 갖고 대결해 왔으나, 이제는 민족공동체를 이루어 가는 과정에서 양자의 장점을 변증법적으로 종합하며, 단점은 지양하고 극복해서 서로를 비슷하게 만드는 수렴적(收斂的)인 통합을 이루어 내야 한다. 계통이 다른 생물들도 같은 환경과 조건에서 오래 함께 살면 점차 비슷한 형태가 나타난다고 하며, 다른 제도와 사상, 문화도 삶의 패턴과 틀이 비슷해지면, 즉 공동체적 삶이 이루어지면 사회구조와 제도도 서로 접근해 간다는 것이 수렴 이론이다. 남한의 자유민주주의와 자본주의적 경제발전, 개방적 세계화와 북한의 인민민주주의, 사회주의적 경제체제, 민족적 주체사상이 서로 영향과 가르침을 주고받으며 교류와 대화를 통해 배우며 닮아 간다면, 다른 민족이 해내지 못한 발전적이며 수렴적인 통일을 우리 민족이 해내는 기회와 가능성도 갖게 될 수 있을 것이다.

3) 새롭게 만드는 통일(창조적 통일)

우리의 통일은 단순히 갈라졌던 남과 북을 재결합시키는 통일일 뿐만 아니라, 그래서 옛 모습으로 돌아가는 통일이 아니라, 새로운 것을 만들어 내며 새로운 가치와 문화, 새로운 사회구조와 공동체를 만들어 내는 창조적인 통일이어야 한다. 50년 전 분단 이전의 조국은 비록 하나가 되어 있었으나, 민족의 자주성도 독립도, 자유와 민주도, 정의나 평화도 없었던 비참한 조국이었다. 이제 분단 50년의 시련과 고통을 겪으며 통일되는 조국은 모든 면에서 새롭게 태어나는 조국이어야 한다.

그러므로 우리는 남북 양측의 현행의 제도와 구조 중 어느 한쪽의 것을 다른 쪽에 그대로 이행시키는 방식의 통일을 원하지 않는다. 우리가 적화통일이나 흡수통일을 반대하는 이유도 그것이 정의와 평화를 가져오는 통일이 아니기 때문일 뿐 아니라, 결코 조국을 새롭게 만드는 통일이 될 수 없겠기 때문이라 하겠다. 남과 북은 모두 현행의 사회체제가 가진 문제들을 직시하고 반성해야 하며 민족의 삶과 민중의 삶의 요구에 부응하기 위해서도 그 체제와 구조를 과감히 수정하고 개혁하지 않으면 안 된다. 남한 사회는 토지나 부동산, 생산수단과 금융자산을 무제한 독점 소유하는 제도와 불평등 구조와 부실, 환경파괴를 만드는 급성장, 개방화 정책을 개혁해야 하며, 북한 사회는 인민대중의 삶을 위해 생산성과 효율성을 높이고, 사적 소유와 기업활동의 자유를 확대하고 시장경제의 기능을 활성화시키는 방향으로 개혁해야 한다.

이렇게 공생의 원칙과 수렴의 원칙, 그리고 창조성의 원칙을 잘 살려서 바람직한 통일을 이룩해 내는 것이 통일시대 민족의식의 핵심이 되어야 할 것이다.

정치적 통일의 원칙과 철학적 담론

오늘의 상황에서 통일의 문제를 철학적으로 논의하는 데는 곤란한 문제가 여러 가지 있다. 무엇보다 북한의 식량난과 경제위기가 심각해, 북한이라는 나라와 체제가 오래도록 유지될 수 있을 것인가가 의심스럽게 여겨지는 상황에서, 체제와 이념이 다른 남북한을 어떠한 가치관과 철학 아래서 통일시킬 것인가 하는 철학적 논의는 매우 한가한 놀음으로 여겨지며, 자칫하면 대상이 없는 공허한 말놀이를 한다는 비판을 면하기 어렵게 되어 있다. 어떤 이들은 북한의 체제가 붕괴해 가고 있고 수년 내에 붕괴할 것이 확실하기 때문에, 지금은 통일의 방안이 어쩌고, 통일의 원칙이나 철학이 어쩌고 할 상황이 아니라고 주장한다. 북의 동포들이 굶어 죽지 않도록 식량 원조를 하다가 체제가 무너지면 흡수 통합하면 되고, 여기에 드는 통일 비용의 준비나 해두는 것으로

---

* 이 글은 강위조·홍근수 편, 『민족통일의 비전』, 푸른기획, 1997, pp.371-402와 대한철학회, 『철학연구』, 제60집, 1997. 7에 수록된 글을 수정 보완한 것이다.

족하다는 생각을 정부 관리들이나 학자들의 일부가 하고 있는 것 같다.

또한 설사 북한의 체제가 쉽게 붕괴하지 않고 안정을 회복해서 체제를 유지해 간다고 해도, 통일은 두 개의 정치적 집단이 힘의 관계와 현실적 요구에 의해 정치적으로 계산된 방식에 의해서 하는 것이지, 철학적인 원리나 이론이 개입할 성질의 것이 못 된다는 주장도 있음직하다. 남북의 통일은 연방제를 택하든지 국가연합의 방식을 택하든지, 양쪽의 이해관계와 힘의 우열에 따라 정치적으로 결정될 문제이기 때문에, 어떤 체제와 방법으로 통일되는 것이 바람직한가의 철학적 논의는 사실상 관념적이며 공허한 논의일 뿐이라고 생각하기가 쉽다.

사실상 오늘날에 있어서 철학적 원리가 무엇인가 하는 것도 문제이다. 언어철학적 전회 이후에 우리는 어떤 형이상학적 원칙이나 보편적 이성의 법칙 같은 선험적인 원리들을 주장하기가 어렵게 되었다. 역사의 변증법적 발전의 법칙이란 것도 유물론적인 것이든 관념론적인 것이든, 이미 19세기와 20세기에 와서 들어맞지 않는 것으로 드러났으며, 역사적 경험들에서 연역적으로 도출해 낸 가정에 불과하며, 목적론적인 실천 의지가 담긴 이념에 불과하다는 비난을 받고 있는 형편에 있다. 언어의 화용론적인 분석이나 해석학적인 이해도, 혹은 실증주의적인 검증도 정치 상황에 적용되는 개념을 명료히 밝히거나 심층적으로 이해하는 데는 도움이 되겠지만, 통일문제와 같은 복잡한 문제들을 해결하는 열쇠나 규범을 준다고 기대하기는 어렵다.

이러한 난점에도 불구하고 우리는 다른 한편에서, 통일은 아무렇게나 되는대로 해서는 안 되며 원칙과 방향이 있어야 하고, 통일된 국가와 사회가 실현해야 할 가치나 이념에 대한 공통의 이해와 합의가 있어야만 한다는 주장을 계속 듣게 된다. 더구나 지난 50년이란 세월 동안 서로 이질적이며 적대적인 체제와 가치관 아래에서 살아온 남북한은 비록 반만년의 한 핏줄, 한 민족이라고 하나, 무조건 합치고 보자는 식으로 원칙과 철학이 없이 통일을 할 수는 없다는 것이다. 그것은 한 쪽이 절대적으로 우세인 힘을 가지고 다른 쪽을 정복해 버리는 상황이 거나, 피 터지고 아수라장이 되는 전쟁을 통해서 무슨 희생이 오든 이기는 편이 지는 편을 통합해 버리고 마는 약육강식의 통일이면 모르되, 합의에 의해 평화적으로 공동의 이익과 선을 목표로 하여 추구되는 통일은 합의를 위해서도 어떤 원칙과 방향이 있어야 하며, 이것은 곧 윤리적 규범과 철학적 가치관이나 세계관의 문제에 연결되기 마련이다.

더구나 남북한의 체제와 사회 구성원 간의 차이나 이질성은 바로 이데올로기의 차이와 대립에서 비롯되었고, 아무리 이념의 대결 시대가 끝났다고 하나, 아시아의 여러 나라와 가까운 중국, 북한에서 사회주의라는 이념과 사상이 지배하고 있는 현실 속에서는, 남북한의 통일은 단순히 국토의 통일이나 민족의 통일만이 아닌, 서로 다른 이념과 체제를 가진 사회와 국가의 통일이기 때문에, 철학의 통일 없이는 통일이 오기 어려운 것이 사실이다. 통일의 철학은 철학의 통일을 통해서만 가능하다고 필자는 주장했다.1) 문제는 오늘의 남북한의 현실이 화해와 합의의 과정을 통해 통일을 이룰 수 있게 되겠는가에 있다. 만약 합의가 아니라 동독의 경우와 같이 체제의 붕괴로 인한 일방적인 흡수통일로 결말이 나고 만다면, 그것은 무력에 의한 통일이거나 힘에 의한 통일이지, 철학에 의한 통일, 즉 원칙과 방향, 가치와 목표에 대한 합의를 통해 이뤄지는 통일은 아니다. 물론 동독인들이 서독의 체제와 가치를 자발적으로 선택했다고 본다면 합의적 통일로 볼 수도 있지만, 동독의 상황은 체제가 무너지는 와중에 일어난 선거를 통한 결

---

1) 이삼열, 「통일의 철학과 철학의 통일」, 한국철학회 주최, 한민족 철학자대회 (1991년 8월 21-24일, 서울) 발표 논문.

정이었기 때문에 차분한 선택이나 합의로 보기는 어렵다.

그러나 우리는 독일의 통일 과정에서 보고 느꼈듯이, 설사 한편의 체제 붕괴와 다른 편에의 편입(Anschluß)을 통한 통일이라 하더라도, 두 개의 사회와 인간들을 하나의 국가와 체제 속에 통합시키는 데에는 나름대로의 원칙과 방향이 있어야 하는 것을 유의해야 한다. 옛 동독의 경제나 산업, 공동체와 소유 재산들을 해체하고 재구성하는 데 나름대로의 원칙과 철학이 필요했고, 구 동맹국이나 국제기구와의 관계를 재정립하는 방향에 있어서도, 국가안보와 세계평화의 긴장 속에서 어느 길을 택하느냐 하는 철학과 가치관의 선택이 문제되고 있다는 것에 관심을 가져야 한다. 통일은 물론 철학 없이도 이루어질 수는 있지만, 통일이 어떤 가치와 목표를 둔 행위라면, 어떤 과정의 통일이라도 철학이 없이는 바람직한 통일이 될 수 없다는 것을 먼저 확인할 필요가 있다.

설사 우리의 통일 과정이나 방식이 한쪽의 체제 붕괴로 다른 쪽의 힘에 의한 일방적인 편입이나 흡수가 된다 하더라도, 반세기 동안 다른 체제와 이념 아래서 살아온 반쪽의 동포들을 평화적으로 합리적으로 통합할 수 있는 방법과 원칙을 가져야 한다. 무엇보다도 이러한 방법과 원칙이 흡수를 당하는 쪽의 동포들 대부분에 의해 수긍이 되고 설득이 되도록 해야 한다. 그러기 위해서는 통합의 원칙과 방식에 대한 의사소통과 상호 이해가 전제되어야 하며, 여기에는 반드시 철학적 담론들이 필요하게 된다.

따라서 이 글은 북한의 체제 붕괴론이 제기되는 상황에서 설사 남북의 양측이 대등한 관계에서 합의에 의해 평화적으로 양 체제와 국가를 결합시키거나 통일시키는 과정이 불가능해지는 경우가 생기더라도, 바람직하며 평화적인 통일을 위해서 지켜져야 할 원칙과 방향을 철학적으로 논의해 보려고 한다. 그것은 역시 현재까지 남북 양측에서 합의한 원칙들과 각기 양측의 내부에서 주장하고 있는 원칙들을 살펴보고 반성해 봄으로써 그 타당성과 실현 가능성을 검증해 볼 수 있게 된다.

1. 남북이 합의한 통일의 원칙과 문제점

남과 북이 합의한 통일의 원칙과 철학은 무엇인가? 남북의 분단 반세기 동안에 수많은 통일에 관한 주장과 논의들이 있어 왔고, 시대의 변천과 더불어 통일의 원칙과 방법론도 여러 가지로 변해 왔으며, 남한 내부에서도 수많은 통일방안과 주장들이 있어 온 터에, 진정 남북이 합의한 하나의 통일의 원칙과 방법이 있다고 볼 수 있는가 자체가 문제된다. 그러나 정치적으로는 두 개의 국가와 국민주권을 대표하는 양측 정부가 합의한 것이면 일단 양쪽이 합의한 안으로 간주할 수 있다. 그것이 정말 남북 양측의 국민들이 원하는 통일의 방향이고 원칙인가 하는 것은 별문제라 하더라도, 일단 정치적 통일의 방안으로서는 양측 정부가 동의했다면 합법성과 정당성을 갖는 방안이라고 해야 할 것이다.

다행히 우리에겐 그런 합법성과 타당성을 갖는 통일의 원칙과 방법론으로서 1972년 7월의 남북공동성명과 1992년 2월의 남북합의서가 있다. 물론 1972년의 7·4 공동성명은 국민적 합의 과정을 전혀 거치지 않은 정권 담당자들 간의 합의에 불과한 문서여서 얼마나 법률적, 정치적 타당성과 효력을 갖는지는 의문이다. 1992년의 남북합의서는 정부 대표단의 오랜 회담과 협상 끝에 만들어진 합의 문서로서 국민적 차원에서의 통일 논의와 요구들을 반영시킨 문서이기 때문에 정치적, 사회적 정당성은 갖고 있다고 생각되지만, 역시 국회의 비준 동의를 거치지 않았다는 점에서 법률적 효력과 타당성을 갖지는 못한다고 볼 수 있다. 7·4 공동성명과 1992년 남북합의서는 그 내용이 도덕적 정당성을 갖는 것이기는 하나, 법적 구속력을 갖지 못하기 때문에 실천력이 결핍된 것이 문제이다. 합의문의 내용은 분명히 남북관계를 개선시키고 통일로 근접시킬 수 있는 좋은 것이지만, 1992년 2월에 선언만 되었을 뿐 전혀 실천이 되지 않고 있다.

남북 양측은 우선 합의문의 1장 1조를 이행하지 않고 있다. "남과 북은 서로 상대방의 체제를 인정하고 존중한다"고 되어 있지만, 아직도 남북 양측의 국내법과 법률체계, 정치교육의 내용은 서로를 적으로 규정하고, 타도하고 없애야 할 대상으로 설정해 놓고 있다. "내부 문제를 간섭하지 않는다"는 2조와 "상대방에 대한 비방, 중상을 하지 않는다"는 3조의 규정도 서로 지키지 않고 있다. 합의서가 조인된 뒤에 남북은 서로 '전쟁 불사론'을 제기하며 위기 상황으로 몰아갔고, 카터 전 미국 대통령의 중재로 남북정상회담의 합의에까지 이르렀으나 김일성 주석의 사망으로 회담이 무산되고, 조문 파동, 쌀 수송선의 시비, 잠수함 침투 사건 등에서 남북은 전에 보기 어려웠던 극도의 대결 자세와 노골적인 증오의 표시 등으로 합의서 이전보다 훨씬 관계가 악화되었다고 볼 수 있다.

그러나 지금 당장 실천되지는 않고 있으나 남북합의서가 효력을 상실한 것은 아니다. 앞으로 다시 대화를 하고 남북관계를 발전시키려 한다면 이 합의서의 토대 위에서 할 수밖에 없게 된다. 그런 의미에서 앞으로 남북관계의 역할이 바뀌고 통일의 과정이 달라진다 하더라도 일단 남북이 합의한 관계 개선과 통일을 향한 노력의 원칙은 남북합의서에 담긴 것이라고 보아야 하며, 이것은 이미 역사성을 갖는 문서라고 해야 한다. 역사적으로 1992년 남북합의서는 1972년의 7·4 공동성명의 연장과 계승, 발전으로 볼 수 있다. 전문에 "7·4 남북공동성명에서 천명된 조국 통일 3대 원칙을 재확인한다"고 기록했다. 7·4

공동성명의 통일 3대 원칙은 자주, 평화, 민족 대단결이다. 남북합의서가 천명하는 통일의 원칙은 7·4 공동성명의 세 가지 원칙 그대로이며, 이 원칙 위에서 화해와 불가침 협약과 교류협력을 실천하는 것을 통일을 성취하기 위한 과정에서의 과업으로 설정한 것이다.

일단 지금까지 남과 북이 정권적 차원에서 합의한 통일의 원칙은 7·4 공동성명에 따라 자주적 통일, 평화적 통일, 사상과 제도의 차이를 넘어서는 민족 대단결의 통일의 세 가지라고 할 수 있겠다. 물론 이 원칙도 문서상의 원칙이지 양측이 약속하고 실천해 온 원칙이라고는 할 수 없다. 실천이 안 되어 온 것도 문제이지만 이 원칙들의 해석이나 구체적 정책화의 과정에서 이질적이고 상반되는 방향으로 풀이되고 있는 것도 문제이다. 아마도 실천이 안 되는 주된 이유가, 원칙은 같지만 이 원칙의 이해나 내용이 다르기 때문인 것 같기도 하다. 이것은 양측이 합의한 원칙이 개념적으로 분명하지 않고 또 논쟁적 해석이 가능한 추상적 단어이기 때문일 수도 있다. 그래서 우리는 양측이 정치적 목적에서 다르게 해석하는 이 원칙의 개념과 내용을 바르게 이해하며 이를 위해 철학적인 반성과 담론을 진행시키는 것이 필요하다고 생각한다.

조국 통일의 3대 원칙이라고 하는 자주, 평화, 민족 대단결에는 사상적으로 몇 가지 중요한 이념 혹은 이데올로기가 개재되어 있다고 볼 수 있다. 여기서 이데올로기란 허위의식이라는 부정적 의미에서가 아니고 집단의 공통적 이해나 가치관이라는 긍정적 의미에서이다. 그것은 첫째로 민족 내지는 민족주의라는 이념이다. 하나로 통일하자는 것 자체가 민족의 통일을 의미하며, 자주적으로 통일하자는 것 자체가 외세가 아닌 민족 스스로의 힘에 의해서 자주적으로 하자는 것이다. 나아가서 사상과 이념을 초월하는 민족의 대단결이라는 것도 분단된 남북 양측이 가진 사상과 가치관, 제도나 체제가 다르지만 이를 넘어서서 같은 민족이니까 하나로 결합하자는 것이다. 여기에는 분명히 민족의 동질성이나 자주성, 공동의 복리를 우선적이며 중요한 가치로 보려는 사상이 밑받침되어 있다고 할 수 있다. 이를 우리는 민족이념 혹은 민족주의라고 부른다. 그러나 남북 양측이 민족의 이념이나 민족주의를 중요한 가치로 인정하는 것에는 다름이 없지만 민족주의의 개념을 같은 것으로 생각하고 있느냐는 것은 문제가 아닐 수 없다. 이 민족주의를 정치적으로 실천해 가는 구체적 정책에 가서는 더 많은 차이와 대립된 입장을 나타내고 있기 때문이다. 또한 설사 비슷한 개념의 내용을 가진 민족주의라 하더라도 얼마만큼의 강도나 진실성을 가지고 추구하고 있는지, 또한 다른 원칙들과 갈등관계에 있을 때 무엇을 더 중요하고 우선적인 가치로 생각하고 선택하는지에 따라 그 의미가 아주 달라질 수 있다. 이것이 민족주의에 대한 담론이 필요한 이유이다.

둘째로 우리는 평화주의를 들 수 있다. 평화적 방법으로 통일하겠다는 것, 무력적 대결이 아니라 합의와 협상을 통해서 하겠다는 것은 전쟁을 반대하고 긴장과 대결, 적대관계를 해소하는 평화의 길 위에서 통일을 달성하겠다는 의지를 말한다. 그러나 여기서도 문제는 있다. 우선 평화를 단순히 통일을 위한 수단을 의미하는 것으로 보느냐, 아니면 통일의 목적까지를 평화로 보느냐이다. 평화적 통일은 평화적 방법과 수단을 통해서 통일을 하겠다는 의미와, 수단이나 방법뿐 아니라 통일을 통해 달성하는 민족의 공동체를 평화를 실현하는 공동체로 하겠다는 두 가지 의미를 함께 담고 있다. 그러나 그 강조점이 전자에 있느냐 후자에 있느냐에 따라 평화의 의미는 좀 달라지게 된다. 평화적으로 통일한다는 의미도 단순히 무력을 쓰지 않고 전쟁을 통하지 않고 하겠다는 소극적 의미에서냐, 아니면 갈등과 적대관계를 해소하고 억압과 차별이 없는 민족공동체를 만들겠다는 적극적 의미에서냐에 따라 차이를 갖게 된다. 또한 분단국이나 적대국 사이의 평화라는 것은 자국의 안보나 국가 이익이라는 개념과 늘 상치되며 모순되기도 하는 개념이다. 남북관계에서의 평화라는 것도 항상 선전이나 구호로는 주장되었지만, 그것이 자국의 안보나 동맹국들의 국가 이익과 상치될 때는 안보나 이익이 우선적으로 선택되었고 평화는 뒷전으로 밀려났던 것이 사실이다. 말로만 평화를 외치고, 실제로는 무력이나 군사력을 강화하고 대결적 의식을 고조시켜 온 이유가 바로 여기에 있었다. 평화나 평화주의의 가치는 중요한 것으로 인정되지만 남북 양측이 구체적인 정책이나 실천 프로그램을 만드는 데서는 평화를 우선적으로 고려하고 있지 않다면, 선언적 가치로서의 평화주의도 제한성을 갖는 원칙일 수밖에 없다. 평화를 안보나 자국의 이익보다 얼마만큼 우선적인 가치로 보며, 정책적인 우선성(priority)을 인정하는가 하는 것이 무엇보다 중요하다. 또 무엇이 민족통일이나 민족의 공동선을 위해 더 바람직한가 하는 가치판단도 중요한 문제로 등장한다. 평화의 원칙에 대한 철학적 담론이 필요한 것도 이 때문일 것이다.

셋째로 민족의 대단결의 원칙은 민족의 화합주의 내지는 연합주의를 내포하고 있다고 볼 수 있다. 사상과 제도의 차이를 넘어서서 하나의 민족으로 대단결을 이루자는 주장은 두 개의 적대적인 국가와 사회를 화해시키고 하나로 결합시키고 연합시키자는 의미이다. 여기에는 민족주의가 바탕이 되고 있는 것이 사실이지만, 또 한편으로 단결이라고 하는 연대주의(solidarity) 내지는 공동체주의(communitarianism)가 개재되어 있는 것도 무시할 수 없다. 그러나 민족 대단결의 원칙은 7·4 공동성명의 3대 원칙 가운데 가장 모호하고, 논쟁과 대립이 가능한 원칙이다. 사상과 제도의 차이를 초월하는 민족의 대단결이라는 것이 원초적으로 불가능하며 모순되는 주장이라고 이를 거부하는 사람들도 있다. 사상과 제도의 차이가 있다면 이를 두고 민족의 단결이나 통일은 불가능하며 허구적인 공론에 불과하다는 것이다. 더구나 남쪽의 자본주의와 북쪽의 공산주의는 적대적이며 이질적이고 한 국가나 사회 안에서는 공존할 수 없는 것이 아니냐고 이 원칙에 반대하는 이론이 꽤 많다. 그런가 하면 민족이 통일과 평화를 이루기 위해서는 사상과 제도가 달라도 단결하고 화합하는 길밖에 없으며 어떤 식으로든 화해와 공존 내지는 결합이 가능하기 때문에 민족 대단결은 통일로 나아가는 바른 원칙이라고 주장하는 이들도 많다. 그런데 이 대단결의 원칙을 인정하고 존중하는 경우에도 이 원칙에 대한 이해나 해석이 같은 것은 아니다. 남북 양측은 이 원칙에 대해 그동안 수많은 논쟁과 이견을 보여 왔다. 북측은 민족 대단결을 이룩하는 방안이 고려민주연방공화국을 만드는 것이라고 주장하고, 남측은 한민족공동체를 만드는 것이라고 주장한다. 여기에는 연방제와 국가연합이라는 정치제도상의 차이가 드러난다. 이것은 남북의 정책적인 차이에 불과하지만, 동시에 민족의 대단결이라는 원칙과 개념에 대한 이해와 해석의 차이에서 나오는 것이라고 볼 수도 있다.

남북이 같은 통일의 원칙을 합의하고 선언했다 하더라도, 그 원칙에 대한 이해와 개념이 상이하거나 그 원칙을 실천하는 구체적 정책이나 과정이 상반되게 나타난다면 같은 원칙을 수용했다고 보기 어렵다. 따라서 원칙의 해석에 관한 문제와 서로 다른 해석과 정책이 나오게 된 배경이나 의도에 관해 분명한 분석과 평가가 있을 때, 그 속에 내재하는 차이점과 모순점을 알게 되며 이를 극복할 수 있는 노력을 시도하게 된다.

그러면 남북 양측이 같은 통일의 원칙을 선포하였음에도, 서로의 주장이나 방안을 지지해 주지 않고 반박하며 신뢰하지 않고 이중적인 놀음으로만 보려고 하는 이유는 어디에 있는가? 통일의 원칙과 방안을 놓고 상대방을 불신하며 비난하는 이유는, 각각의 내부적 통일의 원칙과 쌍방이 합의한 원칙 사이에 괴리와 모순이 있기 때문이라고 할 수 있다. 즉, 7 · 4 공동성명이나 남북합의서에 서명, 합의해 놓고도 각기 남한과 북한의 내부적 국가체제나 질서 안에서는 이와는 생판 다른 원칙과 정책을 적용시키고 있다는 데 있다. 이를 남북 양측은 서로 잘 알고 있기 때문에 서로 이중성을 비난하며 협상 테이블에 앉아서 합의, 서명한 내용을 불신하며 휴지 조각처럼 생각하는 경우도 있게 되었다.

가령 북한의 통일원칙을 지배 권력 집단인 노동당의 규약에서 본다면 다음과 같이 되어 있다.

"조선 로동당의 당면 목적은 공화국 북반부에서 사회주의의 완전한 승리를 이룩하여, 전국적 범위에서 민족해방과 인민민주주의 혁명 과업을 완수하는 데 있으며, 최종 목적은 온 사회의 주체사상화와 공산주의 사회를 건설하는 데 있다."[2]

이에 비해 남한의 헌법은 23조에서 "대한민국의 영토를 한반도 전체와 그 부속 도서"로 표시하고 있고, 국가보안법에서는 북한 정권을 타도해야 할 적으로 규정하고 있으며, '한민족공동체 통일방안'에는 통일의 3원칙을 자주, 평화, 민주라고 제시하여 7 · 4 공동성명과 3항이 어긋남을 보여주고 있다. 김영삼 대통령의 1994년 8 · 15 성명에서는 정부의 통일원칙이 자유민주주의 체제 아래서 통일하는 것이라고 규정적으로 못 박았다. 북이 주장하는 주체사상이나 공산주의, 남이 주장하는 자유민주주의가 통일의 내부적 원칙으로 견지되는 한, 민족 대단결의 원칙이 지켜지기 어렵다는 것은 자명한 일이다. 남북이 합의한 민족 대단결의 원칙과 남북 양측이 내부적으로 갖고 있는 통일의 원칙과 정책 사이의 갈등과 모순은 해결이 불가능한 것인가? 이 문제

---

2) 『북한개요』, 평화통일연구소, 1986, p.339, 「조선 로동당 규약」 전문.

가 해결되지 않고서는 남북이 통일이나 통일의 원칙과 방향에 근본적으로 합의하기 어렵고, 무슨 합의서를 전략적 목적으로 동의했다 해도 실천과 수행을 기대하기 어려울 것이다.

이러한 갈등과 모순을 바로 이해하고 해결하기 위해서는 먼저 남북 양측이 각기 이해하고 있는 통일의 원칙과 이를 밑받침하고 있는 사상과 철학을 알아보고 반성해 보는 것이 중요한 것이다. 따라서 남북 양측이 각기 자유민주주의와 주체사상이라는 틀 안에서 이해하는 통일의 원칙과 방법은 무엇인지를 알아볼 필요가 있다.

2. 북한의 주체사상과 통일의 원칙

북한의 국가이성과 통치철학이 주체사상이라는 것 속에 체계화되어 있다는 것은 이미 보편적으로 인지되어 있다. 주체사상이 무엇인가라는 논의는 아직까지 쉽게 결론을 내릴 수 있는 것이 아니지만, 그것이 북한의 지도자로부터 전 국민, 어린아이에 이르기까지 자의든 타의든 의심할 여지없이 믿고 따라야 하는 국가철학이 되어 있는 것만큼은 부정할 수 없다. 그것이 변형된 사회주의 사상인지, 민족주의 사상인지, 혹은 인간주의에 가까운 것인지, 혹은 집단주의나 수령 중심주의가 핵심인지는 여러 가지 논란이 있기 때문에 단적으로 규정하기가 어렵다. 주체사상을 규명하고 개념적으로 파악하는 것이 이 글의 목적은 아니다. 다만 북한의 정치나 경제, 군사나 교육, 문화 등 모든 방면에 걸쳐서 주체사상이 경전(Bible)이나 법전보다도 철저히 가치관과 판단의 기준으로 작용하고 있다는 것을 주목할 필요가 있다. 이것은 남한에서 자유민주주의나 반공주의, 자본주의 등이 국가의 이데올로기이기 때문에 국가정책이나 국민의 생활에 영향을 주고 있는 것과는 그 정도와 질이 근본적으로 다르다. 주체사상은 외교정책이나 문화정책의 골간이며 기본적 철학일 뿐 아니라, 농사를 짓는 방법(주체농법)이기도 하며 공장에서 물건을 만드는 방법(주체공법)이기도 하다.

그런데 주체사상은 북한에서 다른 어느 분야에서보다 철저하게 남북관계와 통일정책에서 핵심적인 사상이요 철학으로 되어 있는 것 같다. 마치 주체사상은 통일을 위해서 만들어 놓은 사상체계같이 보이기까지 한다. 물론 주체사상을 만든 북한의 통치자나 사상가들은 남북관계나 국제관계에서 통일정책이나 대외정책의 기조로 쓰기 위해서만 이 사상을 창안한 것은 아니며, 국내 각계각층의 인민들을 결속시키며 통합하고, 국가사회를 발전시킬 목적으로 주체사상을 고안했을 것이다. 그러나 주체사상의 내용을 보면 무엇보다 북한의 통일정책에 잘 들어맞으며 대남 사업이나 선전에 잘 맞도록 꾸며져 있는 것 같다. 특히 7·4 공동성명의 3대 원칙인 자주, 평화, 민족 대단결은 바로 주체사상과 밀접히 연관되어 있다. 이 원칙들이 남한 측에서 이해되는 것과 다른 방식으로 주장되고 있는 원인도 근본적으로는 주체사상과의 관련성에서 파악될 수 있다.

주체사상이 북한의 통일원칙의 철학적 토대를 이루고 있다는 것은 무엇보다 주체사상이 민족의 주체성을 근거지어 주는 사상이라는 데서 알 수 있다. 민족의 주체성은 곧 민족의 통일과 대단결의 철학적 근거이기 때문이다. 북한의 주체사상연구소 소장이었던 박승덕은 1992년 뉴욕의 호프스트라(Hofstra) 대학에서 열린 남북 기독학자대회에서 발표한 논문에서 주체사상과 통일에 대한 관계를 다음과 같이 밝혔다.

"주체사상은 새로운 민족관을 밝히고 있으며, 그에 기초하여 조국통일에 대한 이해를 정립하고 민족통일의 근본 방도를 천명하고 있습니다. 마르크스주의 민족관의 역사적 제한성을 극복하고 등장한 것이 주체사상의 민족관입니다."3)

그는 마르크스주의가 역사의 인식을 경제를 중심으로 했기 때문에 민족의 이해에서도 경제생활의 공통성을 중심으로 하였다고 한다. 그래서 민족의 발생마저 자본주의적 시장의 형성과 결부시켜 민족을 계급에 종속시켰다는 것이다. 이것은 민족해방 문제를 계급해방에 종속시킨 오류를 가져왔다고 한다.

"사회적 집단 가운데서 민족이 차지하는 특출한 지위와 역사 창조 활동에서 민족이 노는 커다란 역할을 응당하게 보지 못하고 민족해방 문제의 독자적 성격을 간과한 마르크스주의적 견해는 미숙한 것이었고 사회주의 나라들에서 민족정책의 실패를 가져온 하나의 원인이었습니다."[4]

주체사상은 민족이 하나의 사회적 생명체이고 자주성이 민족의 생명을 이룬다는 것을 해명하였고, 민족통일은 곧 민족적 자주성을 전면적으로 확립하는 사업이며, 민족의 주체를 강화하고 주체의 역할을 늘리는 데 조국통일의 근본 방도가 있다는 것을 밝혀 준다고 박승덕은 주장했다. 북한에서 생각하는 통일의 철학은 바로 민족의 자주성이 생명이라는 것이며, 통일은 곧 민족의 자주성을 확립하는 일이기 때문에 민족의 생명과 같다는 것이다. 여기에는 통일은 해도 좋고 안 해도 좋은 그런 것이 아니라, 민족의 생명만큼 중요하고 필요한 것이라는 사상과, 우리 민족에게서 통일은 곧 민족의 자주성을 확립하는 길이라는 사상이 들어 있다. 많은 북한의 정치가들의 연설이나 학자들의 논설에서 통일에 관한 부분들을 보면 이 점에서 공통된 모습을 보인다. 통일은 생명과 같다는 것이고, 자주성을 확립하는 것이 곧 통일이 된다는

---

3) 박승덕, 「민족의 자주성을 옹호하는 것은 조국 통일을 실현하는 데서 나서는 근본 문제」, 남북 기독학자대회(1992년 7월 9-11일, 뉴욕 호프스트라 대학) 발표 논문.
4) 같은 글.

것이다. 여기서 우리는 자주성이라는 것이 통일의 제1원칙이 되는 이유를 알 수 있다. 7·4 공동성명에도 자주적 통일이 제1원칙으로 들어간 것은 북한 측의 강한 주장 때문이었다고 한다. 이것은 남북 비밀회담에 참여했던 남한 측 대표가 증언한 내용이다. 북한의 통일철학의 핵심을 이루는 것이 바로 민족의 자주성 확립이라는 것을 주목할 필요가 있다.

"자주성은 민족의 사회적 생명입니다. 민족의 사회적 생명은 독자적인 집단으로 살며 발전하려는 요구와 그것을 자신의 생활력으로 실현해 나가는 데서 나타나는 것인 만큼 그것은 온갖 예속과 구속을 반대하고 자기 운명의 주인으로 살며 발전하려는 성질인 자주성으로 표현됩니다. 민족의 자주성은 크게 두 가지 내용을 가집니다. 그 하나는 다른 민족에 예속되거나 동화되는 것을 반대하며, 자기 운명의 주인으로서의 권리를 옹호하고 행사하는 것입니다. 다른 하나는 다른 민족의 힘에 의존하는 것을 반대하며 자기 운명의 개척자로서의 책임과 역할을 다하는 것입니다."[5]

자주성을 민족의 생명으로 보는 사상은 우리 민족의 역사적 경험에서 우러나온 고백이라고도 할 수 있다. "우리의 민족사가 보여주는 바와 같이 나라와 민족의 자주성이 실현되어야 개별적 사람들의 자주성도 실현할 수 있으며, 나라와 민족이 남에게 예속되면 누구든지 식민지 노예의 처지를 면할 수 없습니다"라고 박승덕은 주장한다. 이것은 아마도 일제 식민지 시대를 경험한 세대의 한국인이면 남쪽이나 북쪽을 막론하고 공감하며, 부정하지 못할 인식이라 하겠다.

그러나 주체사상의 통일원칙에서 논쟁의 여지가 있는 점은 바로 그 다음에 있는 주장에 있다. 즉, "민족통일은 곧 민족적 자주성을 전면적

---

5) 같은 글.

으로 확립하는 사업"이라는 것이다. 이것은 민족적 자주성만 확립되면 통일은 저절로 이루어진다는 사상이다. 또한 지금의 현실이 통일을 가로막고 있는 것은, 곧 오늘의 조국의 현실이 자주성을 결여하고 있기 때문이라는 주장이다. 필자는 여기에 대해서는 이견을 갖고 있다. 민족의 자주성이 중요하지 않다는 의미에서가 아니라, 또 오늘의 조국의 현실이 자주성에는 문제가 없다는 의미에서가 아니라, 자주성만 확립된다면 민족의 통일은 저절로 이루어진다는 생각에 쉽게 수긍할 수 없기 때문이다. 또 일반적으로 한 민족이 분단되거나 갈라지는 것이 반드시 자주성을 상실했을 때뿐인가 하는 의문이다.

물론 박승덕의 분단의 원인에 관한 진단은 수긍할 수가 있다.

"원래 우리 인민이 제2차 대전을 도발한 원흉의 하나인 일본 제국주의의 패망을 위하여 오랫동안 투쟁해 온 것만큼 전후에 우리나라는 응당 통일적인 자주독립국가로 부흥되었어야 할 것이었습니다. 그러나 우리나라는 외세의 간섭에 의하여 인위적으로 분열되게 되었습니다. 우리 민족이 오늘처럼 둘로 갈라져야 할 내적 요인은 없습니다. 유구한 세월 하나의 강토 위에서 한 핏줄을 이어받으며 같은 언어를 가지고 찬란한 민족문화를 꽃피워 온 우리 민족이 무엇 때문에 둘로 갈라지겠습니까?"6)

그는 민족 내부의 계급적 대립을 민족분열의 원인으로 보는 것은 잘못이라고 했다. 모든 자본주의 나라들에서 계급적 대립이 존재하지만, 그렇다고 민족이 분열되지는 않는다는 것이다. 남과 북에 두 개의 서로 다른 사회제도가 있는 것은, 민족분열의 원인이 아니라 민족분단의 결과라고 했다. 이 점은 필자도 같은 생각이며 이미 1980년대에 논

---

6) 같은 글.

문을 통해 발표한 바 있다.[7]

그러나 분단의 원인이 민족 내부의 분열이나 계급적 대립보다 미소 강대국의 분열정책에 있었다고 보는 것과, 50년이 지난 뒤인 오늘날 그러니까 민족의 자주성만 확립하면 곧 통일이 이루어진다는 것은 같이 주장될 수 없다. 분단의 원인이 내생적 요인보다는 외생적 요인에 있는 것이 사실이지만, 오늘날에 와서 보면 이미 외세에 의한 분단체제의 유지보다는, 갈라진 양 체제의 이질성과 적대성이 분단을 심화시키고 통일을 가로막는 보다 중요한 요인이 되고 있기 때문이다. 자주성의 확립이나 외세의 의존으로부터의 독립이 통일에 중요한 요인인 것만은 분명하지만 오늘의 현실 상황에서 볼 때 외세에서 독립되거나 강대국의 영향에서 벗어나 민족의 자주성이 확립되었다고 해도, 민족의 주체가 곧 하나로 쉽게 통일될 수 있을 것인가는 의문이다. 통일은 자주성이 확립된 후에도 상당히 오랫동안 힘들게 진통을 겪으며 양측이 노력해야 이룰 수 있는 것이 아닐까 생각한다.

북에서 주장하는 통일의 원칙 가운데 민족 자주의 원칙이 으뜸일 뿐 아니라 다른 모든 원칙에 우선하는 최고의 원칙임을 주목할 필요가 있다. 이것이 통일문제에 대해 주체사상이 갖는 특별한 의미일 것 같다. 자주의 원칙은 다음에 나오는 평화의 원칙이나 민족의 대단결 원칙에도 그 뿌리와 핵심이 되는 원칙임을 곧 알 수 있다. 평화나 민족의 단합도 통일의 방식도 민족의 자주성의 원칙 위에서 추구되어야 한다는 철학이 강하게 부각되어 있다.

통일의 원칙 가운데 평화의 원칙은 북쪽이나 남쪽이나 다 불문율로 인정해 왔으며, 통일은 반드시 평화적으로 이루어져야 한다는 데 공감대를 유지해 왔다. 그래서 북에서나 남에서나 항상 통일 하면 평화통

---

7) 이삼열, 『평화의 철학과 통일의 실천』, 햇빛출판사, 1991, p.324.

일이었다. 설사 무력에 의한 통일을 정책으로 추구하던 때에도, 공식으로 표명된 구호는 평화적 통일이었다. 그러나 이 평화의 원칙을 놓고서도 남북한은 왕왕 서로 대립된 견해를 보여 왔다. 분단된 현실 속에서 긴장과 대결을 억제하는, 따라서 현상을 고정시키는 평화 정착이냐, 불안한 분단 상황과 긴장 상태를 종식시키고 대결적인 현상을 변화시켜 통일에로 나아감으로써 성취되는 평화체제 구축이냐에 따라 평화정책에는 커다란 차이와 상반된 입장이 생길 수 있다.

그러나 이러한 정책의 차이에는 평화의 개념과 실현 방법에 대한 근본적인 철학과 태도의 차이가 영향을 주고 있는 것을 알 수 있다. 북한의 주체사상에 입각한 평화정책은 앞서 언급한 대로 민족의 자주성과 통일이라는 기본철학 위에 세워진 것을 북쪽의 정책문서들을 통해 간취할 수 있다. 북한의 최고 의결 기구라고 할 수 있는 최고인민회의 상설 회의와 중앙인민위원회, 정무원 등이 연합 회의를 통해 1988년 11월 7일에 발표한 '평화보장안'에는 평화보장 4대 원칙이 있다.[8] 이 원칙들은 1992년에 남북합의서의 토론에서도 계속 주장되어 왔으며 아직까지 북한의 평화정책의 근간을 이루고 있다고 보인다.

"첫째로, 조선 반도의 평화는 나라의 통일을 지향하는 것으로 되어야 한다. 우리 민족에게는 평화도 귀중하지만 통일은 보다 더 귀중하다. 이른바 '평화 정착'이라는 간판 안에 평화를 분렬주의적인 두 개의 조선 조작에 적용하려는 시도는 배격되어야 한다. 우리나라에서는 통일을 위한 평화만이 진정한 평화이며 따라서 평화는 반드시 통일 지향적인 것으로 되어야 한다.

둘째로, 조선 반도의 평화는 외국 무력의 철수에 의하여 담보되어야 한다. 우리나라의 절반 땅에 외국 군대가 틀고 앉아 있는 한 평화는 실

---

8) 『로동신문』, 1988년 11월 8일자.

현될 수 없으며 외국 무력을 그대로 두고 평화에 대하여 론하는 것은 공담에 불과하다.

셋째로, 조선 반도의 평화는 북과 남의 군축에 의하여 보장되어야 한다. 북과 남이 보유하고 있는 방대한 무력은 쌍방에 다 같이 무거운 부담으로 될 뿐만 아니라 무력충돌을 유발할 수 있는 하나의 요인으로 된다. 경쟁적인 무력증강에 의하여 이루어지는 힘의 균형을 통해서는 절대로 전쟁을 막을 수 없다.

넷째로, 조선 반도의 평화는 긴장 격화에 책임이 있는 당사자들의 대화를 통하여 실현되어야 한다. 긴장 격화의 요인은 조선 반도 밖에 있는 것이 아니라 안에 있으며 그에 책임이 있는 당사자는 다른 나라들이 아니라 남조선에 군대를 주둔시키고 있는 미국과 조선의 북과 남이다."

북한 측에서 주장하는 평화보장 4대 원칙을 보면 통일 지향적인 평화, 즉 민족의 자주성을 확립하는 평화, 외국 군대의 철수에 의한 평화, 다음으로 군축과 대화를 통한 평화 실현으로 되어 있다. 남한의 평화 정착안이 현상을 유지한 채 신뢰 구축과 긴장 완화에 초점을 두고 군축이나 미군 철수 및 평화협정을 뒤로 미루고 있는 것과는 대조가 된다. 그러나 여기서 우리는 남북의 평화통일정책의 갈등점을 이루고 있는 군축문제나 핵무기, 외국 군대, 평화협정 등의 문제를 깊이 논의할 필요는 없다. 단지 평화의 원칙에 남북이 합의했으면서도, 평화의 개념이나 방법에 대한 견해와 입장의 차이가 있어서 정책에도 차이가 생기고 있다는 점을 분명히 할 필요가 있겠다. 북의 주체사상의 입장에서는 평화도 민족의 주체성과 자주적 통일을 지향하는 평화여야만 의미가 있다는 것이다. 결국은 통일이 우선이며 평화는 종속적인 개념이 된다. 선 자주, 후 평화의 논리이다. 평화와 통일의 선후관계, 우선순위 문제는 한반도의 통일과 평화의 철학에서 항상 중요한 문제였으며 앞으로도 계속 문제가 된다고 본다. 이것이 오늘날 평화협정을 둘러싼 남북한과 미국, 중국 등 주변국들의 갈등의 포인트이기도 하다.

이러한 정치적, 정책적 문제는 차치해 놓고라도, 원칙의 문제에 있어서 평화의 과제나 목표를 어떤 비중과 의미로 생각해야 하는가는 매우 중요한 철학적 문제가 된다고 본다. 평화를 보다 귀중한 가치와 규범으로 생각하는 입장에서 보면, 민족의 자주성이나 통일보다 우선적인 목표로 추구하는 평화 우선적 입장이 있을 수 있다. 이것은 통일 이전의 동서독이 취했던 입장이었고 정책이었다. 당분간 분단을 감수하더라도, 동서독 양쪽에 외국 군대를 주둔시키더라도, 우선 전쟁을 방지하고 균형을 이루어 평화 상태를 유지하고, 나아가서 유럽과 세계의 평화에 기여하는 것이 분단시대 동서독의 원칙과 철학이었다.

이와 같은 입장을 한반도에도 그대로 적용시킬 수는 없으나, 한반도의 대결적이며 전쟁 위협적인 갈등의 상황에서 평화와 통일 중 어느 것을 보다 우선적 가치로 볼 것인가는 중요한 문제이다. 단지 필자는 북한의 주장에 대해 우리의 평화가 통일 지향적이어야 한다는 것에는 원칙적으로 동의하지만, 미군의 철수와 민족의 자주성만 확보되면 자동적으로 평화가 보장된다는 생각에는 동의할 수 없다. 평화는 남북의 전쟁 상태의 종식과 동북아시아의 공동 안보 대책, 그리고 당사국 간의 평화협정 등 포괄적인 조치를 통해서 이루어져야 하며, 무엇보다 신뢰와 화해의 의지가 필수적인 조건이 된다.

북한의 주체사상이 가진 민족주의적 입장은 7·4 공동성명의 세 번째 원칙인 민족 대단결의 원칙에도 근간을 이루고 있음을 알 수 있다. 사상과 제도의 차이를 넘어서 민족이 먼저 단결하자는 이 원칙은 남한에서 특히 많은 논란을 일으킨 원칙이다. 남한의 극우파에서는 이 원칙이 사상과 이념의 차이를 무시하고 우선 민족 단결을 부르짖으며 점차로 공산주의화하려는 적화통일의 전략에 불과하다고 노골적으로 반발하기도 했다. 민족 대단결의 구호는 좋지만 현 제도와 이념의 차이를 어떻게 극복하고 민족이 단결하느냐 하는 것이 획기적인 문제로 되었다.

그러나 일단 남한에서도 이를 7·4 공동성명의 원칙으로 받아들이고 1992년 남북합의서에서도 재확인을 한 이상 원칙적으로 이를 거부할 길은 없다. 1988년에 7·7 선언이 나오기까지는, 즉 5공화국 때까지는 민족화합, 민주통일의 방식으로 민족 대단결의 원칙을 추구했다고 볼 수 있다. 다시 말해, 일단 민족이 화해를 하고 민주적인 방식으로, 즉 선거를 통해 통일하면 되지 않느냐는 생각이다. 그러나 1988년 7·7 선언 이후 6공화국이 만들어 낸 통일정책은 보다 진일보한 방안을 만들어 내었다. 즉, '한민족공동체 통일방안'이라는 것인데, 이것은 민족 간 화해를 한 뒤 통일되기 전에 '남북연합'이라는 중간 단계를 설정하여 사실상 연방체제를 처음으로 긍정적으로 도입한 정책이었다. 이제까지 북한은 '고려민주연방공화국'이라는 연방제 통일안을 주장했다. 남한 측이 주장하는 남북연합은 정치학적으로는 국가연합의 형식을 띤다고 통일원이나 관련 학자들이 설명하고 있다. 북한의 연방제(federation)와 남한의 국가연합(confederation)은 그 차이가 무엇인가가 그동안 많이 논의되었다. 연방제는 남북이 대외적으로는 외교권과 국방권을 하나로 통합시킨 채, 내부적 경제, 사회 통치는 따로 하자는 안이며, 국가연합은 외교, 국방, 경제, 사회, 행정 모두를 독립적으로 관할하는 남북한이 영국연방(Commonwealth)처럼 연대하는 방안으로 설명되었다.

그 정치학적 설명의 차이는 다른 곳에서 충분히 되어 있기 때문에 여기서 언급할 필요는 없지만, 왜 북한 측에서는 통일의 원칙으로 민족 대단결의 원칙에서 연방제 통일을 고집하고 있는가 하는 사상적 배경은 좀 더 알아볼 필요가 있다고 생각된다. 이것은 북한 학자들이 설명하는 주체사상과의 연관성을 갖고 있는 것 같다. 박승덕은 이렇게 설명했다.

"북과 남에 서로 대립되는 사상과 제도가 현실적으로 있는 조건에서 민족적 동질성에 기초한 통일을 실현하는 가장 합리적인 방도는 연방제입니다. 민족 내부에 서로 다른 사상과 제도가 있는 조건에서 어느 일방이 타방에 자기의 사상과 제도를 강요하는 방법으로는 민족통일을 실현할 수 없습니다."9)

"폭력에 의거하지 않고 평화적으로 이러한 통일을 실현하려면 현존하는 두 제도, 두 정부를 그대로 두고 모든 민족 성원들을 대표하는 범민족 통일국가를 창립하는 외에 다른 길이 없다고 생각합니다. 다시 말하면 하나의 민족, 하나의 국가, 두 개 제도, 두 개 정부에 기초한 련방제 방식의 통일을 실현하는 것이 가장 합리적입니다. 이러한 련방제 방식의 통일방안의 기초에는 제도상의 대립과 국가적 통일의 문제에 대한 철학적 해명이 놓여 있습니다. 일부 사람들은 통일국가는 응당 하나의 제도를 가져야 한다면서 련방제에 의한 통일은 불완전하고 미완성된 것이기 때문에 통일이라면 하나의 국가, 하나의 제도에 의하여 이루어져야 한다고 인식하고 있습니다. 이러한 인식은 우선 국가는 계급과만 결부되어 있다는 관념에 뿌리박고 있으며, 다음으로 나라의 통일을 이룩해 나가는 데서 민족통일과 제도통일을 구별하는 것이 필수적이라는 것을 리해 못하는 것과 관련되어 있습니다."10)

북한 측의 설명과 주장은 두 개의 사상과 제도는 공존시키며, 민족이 하나의 국가로 주체성과 자립성을 유지해 가는 유일한 방식은 연방

<hr />

9) 박승덕, 「민족의 자주성을 옹호하는 것은 조국 통일을 실현하는 데서 나서는 근본 문제」.
10) 박승덕, 「주체적 견지에서 본 민족통일의 철학」, 국제고려학회 주최, 남북 철학자 공동 세미나(1993년 8월, 베이징) 발표 논문, p.19.

제 방식이라고 한다. 이것은 두 개의 주권적 정부를 연합시키며 준국
제적인 관계를 만드는 국가연합안보다는 더 통일 지향적이고 민족 주
체적인 방안이라고 북측에서는 주장하고 있다. 이들의 논변을 들어 보
자.

"련방국가와 국가련합 사이에는 류사점보다 차이점이 더 기본적이며
주되는 면이라고 생각합니다. 이런 차이점을 네 가지로 정리해 볼 수 있
습니다. 첫째로 련방국가에서는 하나의 통일적인 국가가 존재하지만, 국
가련합에서는 둘 또는 그 이상의 독립적인 국가적 실체가 존재한다는
점입니다. 둘째로 련방국가에서는 통일국가가 유일한 국제법 주체로 되
지만, 국가련합에서는 포괄되는 국가들에 각각 국제법적 대표성을 가지
게 된다는 점입니다. 셋째로 련방국가에서는 국가 수준의 통일적인 중앙
정부가 형성되지만 국가련합에서는 중앙적 정치 조직의 기능이 약하다
는 점입니다. 련방국가안과 국가련합안을 비교하는 데서 정당성과 합의
성의 기준은 민족의 자주성을 옹호 실현하는 데 긍정적인가 부정적인가,
이로운가 혹은 불리한가 하는 데 있습니다."[11]

민족 대단결의 실천 방안으로 연방제를 더욱 선호하는 입장이 주체
사상이 강조하는 민족의 자주성의 철학에 근거하고 있음을 박승덕은
강조한다. 물론 원칙적으로는 타당성이 있는 주장이라고 인정할 수 있
다. 그러나 여기서 우리는 통일의 정책이나 방안을 채택하는 데 정당
성이나 논리성만을 기준으로 해서 판단할 수는 없고, 효율성이나 실천
가능성의 기준도 고려해야 한다고 생각한다. 남북의 두 개의 이질적인
체제와 정부가 어떻게 하나의 연방국가로 쉽게 결합될 수 있는지, 과
도기의 체제나 중간 단계를 거치지 않고 하나의 통일된 국가나 정부로

---

11) 박승덕, 「주체적 민족관과 조국통일의 당면 문제」, 국제고려학회 주최, 남북
    철학자 공동 세미나(1994년 2월, 베이징) 발표 논문, p.31.

만들어질 수 있는지가 의문이다. 또한 하나의 통일된 국가나 정부가 두 개의 이질적인 제도와 이념을 포괄하려면 어떤 색깔의 국가가 되어야 하는지도 문제이다. 분명히 대통령이나 장관, 지도부들은 체제에 물든 사람들일 텐데 어떻게 자기가 속한 지역의 이데올로기에서 벗어나게 되는지의 과정의 합리적 설명이 없이는 연방제가 더 합리적이라는 판단을 하기는 어렵다고 필자는 생각한다. 국가연합이냐 연방제냐 하는 것은 양자택일적인 문제는 아니고, 상황과 현실적 여건에 따라 보합시키든지 단계적으로 선택할 수 있는 정책상의 문제가 아닌가 생각하며, 철학적 원칙의 차이로 설명할 수는 없지 않은가 생각하게 된다.

3. 남한의 자유민주주의와 통일의 원칙

남북이 합의한 통일의 원칙들이 각기 다르게 해석되고, 남북합의서가 채택되었음에도 불구하고 전혀 실천이 되지 않는 것은 통일의 원칙들에 깔려 있는 기본 철학이 서로 다르다는 것이 주원인인 것 같다. 앞 절에서 검토해 본 대로 자주, 평화, 민족 대단결이라는 공통된 원칙의 합의에도 불구하고, 북한 측의 정책과 실천 전략은 주체사상이라고 하는 민족주의적 이념에 과도하게 지배되어 있음을 파악하였다. 그래서 민족 자주 노선이 확립되지 않으면 평화와 통일을 향한 여러 방안이나 노력들도 다 통일 지향적이 아니라는 명분으로 왕왕 거부되어 온 것을 볼 수 있다. 남북대화나 교류협력이 논의되다 중단되고 만 것도 주한미군 철수나 한미 군사합동훈련, 팀스피리트 훈련을 우선 중지하라는 조건과 연계시킨 적이 많았고, 남북합의서의 실천도, 평화체제로의 전환을 위한 노력도, 남한이 군사적 주권이 없음을 구실로 해서 거부한 적이 많았다. 평화나 민족의 대단결의 원칙이 지나치게 민족 자주의 원칙에 종속되어 있음을 간취할 수 있다.

반면 통일의 원칙에 대한 남한 측의 해석이나 기본 인식과 철학을 살펴보면 여러 가지 개념들을 발견하게 되지만, 가장 중요한 것은 자유민주주의를 결코 포기할 수 없다는 것이라고 생각된다. 평화도 좋고 민족 대단결이나 민족 자주성도 좋지만, 북한과의 관계에서 남한의 자유민주주의가 손상을 입는 통일은 결코 할 수 없다는 것이 남한 측의 기본 입장이라고 할 수 있을 것 같다. 이러한 입장은 역대 정권들의 통일정책과 통일방안에 대한 성명이나 발표문 등에서 일관되게 볼 수 있는 흐름이다. 해방 후 이승만 정권이 내놓은 통일방안이 '유엔 감시 하의 남북한 인구비례 총선거에 의한 통일헌법 제정과 정부수립'이었으며, 이것은 물론 자유민주주의를 기본 질서로 하는 통일정책이었다. 7·4 남북공동성명이 발표된 후인 1974년 8월 15일에 발표된 박정희 정권의 '평화통일 3대 원칙'은 엄연히 7·4 공동성명의 원칙과 차이가 나는 것이었으며, 남한 측의 실천적 의지가 담긴 통일의 원칙이 무엇인지를 분명히 보여주는 것이었다. (1) 평화정착 상호 불가침 협정 체결, (2) 신뢰회복, 교류협력 증진, (3) 토착인구 비례에 따른 남북 자유 총선거를 통한 통일, 이렇게 세 가지로 요약되는 '평화통일 3대 기본 원칙'은 평화, 신뢰, 통일의 과정을 단계적으로 밝힌 것으로 이후의 남한의 통일정책의 준거가 되어 왔다.12)

제5공화국이라고 하는 군사정부 전두환 대통령 시절의 남한의 통일정책은 1982년 1월 22일 전 대통령의 국회 국정연설을 통해 발표되었다. 그것이 '민족화합 민주통일방안'이라는 것이다. 여기서는 통일의 3대 원칙으로 민족 자결, 민주, 평화의 원칙을 제시하고 있다. 통일방법은 (1) 양측 주민들의 뜻을 대변하는 남북 대표들로 '민족통일협의회

---

12) 국토통일원, 『남북한 통일정책 비교』, 1990.

의'를 구성하고, (2) 여기서 통일헌법을 기초하며, (3) 이를 국민투표로 확정하고, (4) 통일헌법에 따라 총선거를 실시하여 통일정부와 국회를 구성함으로써 통일국가를 완성한다는 것이다.

제6공화국의 노태우 대통령 정부가 내놓은 통일방안은 1988년 7월 7일에 발표된 '민족자존과 통일번영을 위한 특별선언'(7·7 선언)의 개방적 조치들과 1989년 9월 11일 국회에서 발표된 '한민족공동체 통일방안'에서 체계적으로 정리되었다. 우리는 특히 '한민족공동체 통일방안'에서 통일의 원칙에 관한 부분이 과거의 것에 대해 어떻게 달라지고 발전했는지를 주목해 볼 필요가 있다. 여기에는 다음과 같이 표현되어 있다.

"통일을 이루는 원칙은 어디까지나 민족 자결의 정신에 따라 자주적으로, 무력행사에 의하지 않고 평화적으로, 그리고 민족 대단결을 도모하고 민주적으로 실현되어야 합니다."[13]

조심스럽게 표현되어 있지만, 7·4 공동성명의 원칙과 정신을 살리면서 남한 측이 주장해 온 자유민주주의 원칙을 가미한 것이라고 할 수 있다. 이를 다시 요약한다면 민족 자주, 평화, 민족 대단결, 민주라고 할 수 있다. 해석자의 주관에 따라서는 이 방안의 원칙이 자주, 평화, 민주의 3대 원칙이라고 할 수 있으나,[14] 필자는 민족 대단결이라는 어구를 굳이 넣은 것은 7·4 공동성명의 정신을 살리기 위한 것으로 보아 4대 원칙으로 분류하고자 한다.

이상과 같이 1972년의 7·4 성명 이후 역대 정권이 발표한 통일정책의 원칙에서 보면 자주나 평화 같은 7·4 공동성명의 원칙을 받아

---

13) 국토통일원, 『한민족공동체 통일방안. 기본 해설 자료』, 1989, p.48.
14) 국토통일원, 『남북한 통일정책 비교』, 1990, p.91.

들이면서, 민족 대단결의 원칙을 무시하며 빼버리거나 아니면 여기에 민주의 원칙을 가미하는 방식으로 7·4 공동성명의 원칙과의 차이를 보여 온 것을 알 수 있다. 이것은 우연한 일이 아니며 남한의 통일정책에서 본질적인 문제라고 생각한다. 왜 남북이 합의한 원칙에서는 민주의 원칙 대신 민족 대단결의 원칙이 들어갔는데 남한 정부가 따로 만들어낸 통일정책에서는 항상 민족 대단결 대신 민주의 원칙이 부각되어 있을까? 결국 남한의 통일정책은 그 원칙 선언에 있어서 항상 남북이 함께 합의한 7·4 공동성명의 원칙과는 다른 판(version)을 가지고 있었음을 의미한다. 이것은 단어 하나의 교체나 차이만이 아니라 기본적인 입장과 철학의 차이였음을 알 수 있다.

남한의 통일정책의 기본 원칙에 민주의 원칙이 특별히 부각되는 것은 민족 자주나 평화의 원칙에는 남북이 이견을 갖고 있지 않으나, 제3의 원칙인 민족 대단결의 원칙에는 모순되거나 애매모호한 점이 있기 때문에, 이를 민주의 원칙으로 대체하겠다는 의지를 표명한 것이라고 볼 수 있다. 이 문제를 국토통일원의 해석 자료는 이렇게 설명하고 있다.

"남한은 '민족 대단결'을 민족 성원 전체가 통일을 위해 단결 통일의 공동 주체가 되어야 한다는 원칙으로 해석함으로써, 민주적 참여 원칙과 민주적 절차의 출발점으로 보고 있으나, 북한은 이를 남북의 정부를 제외한 민중 차원의 통일전선 결성을 정당화시키는 근거로 활용하고 있다."15)

우리는 여기서 남북의 통일정책의 원칙이 기본적으로 갈림길에 있음을 쉽게 알아차릴 수 있다. 문제는 제3의 원칙, "사상과 제도의 차이

15) 같은 책, p.92.

를 넘어선 민족의 대단결"인데, 이것을 북한에서는 연방제라고 하는 1
민족 1국가 2체제의 방식으로 구현하려는 정책을 보이고 있고, 남한
측에서는 민주의 원칙으로 대체함으로써 결국 1민족 1국가 1체제의
방식으로 통일하겠다는 입장을 드러낸 것이라고 할 수 있다. 과연 남
한이 주장하는 민주의 원칙을 북한이 받아들일 수 있겠는가? 아니면
이를 거부할 수 있는 명분을 찾을 수 있는가?

　이러한 문제는 아직까지 북한 측에서 어떻게 반응하고 있는지 자료
가 없어서 분명히 파악하기 어렵다. 어차피 남과 북이 통일정책에서
대외적 협상용과 대내적 실시용으로 이원화시킨 이중구조를 갖고 있
기 때문에 서로 양측의 대내용에 관해서는 이러쿵저러쿵 시비를 걸지
않는 것이 전략인지는 모르겠다. 그러나 막상 통일 논의나 대화가 남
북 간에 활발히 이루어지게 되면, 분명히 이 원칙의 문제로 부딪칠 수
있다는 것은 우리가 충분히 감안하며 예측해야 한다. 아마도 북측에서
는 방안으로 내놓은 '고려민주연방공화국'에 민주의 원칙이 들어 있기
때문에, 통일의 원칙으로 남한이 강조하는 민주 원칙을 노골적으로 거
부할 명분을 찾지 못할 것으로 보인다. 다행히 민주주의는 남북 양측
의 국호에 들어 있고 헌법의 기본 정신이 되어 있기 때문이다. 그러나
남한의 민주공화국의 민주주의와 북한의 조선민주주의인민공화국이라
고 하는 인민민주주의 사이에는 상당한 이념적 차이가 있기 때문에 민
주의 원칙 문제를 놓고 체제 문제에 관한 논란이 있을 가능성이 크게
있다.

　이러한 논란과 갈등의 요소는 문민정부라고 하는 김영삼 대통령의
통일정책에 더욱 깊이 잠재되어 있다. 김영삼 정부의 통일정책은 일관
성을 결여하고 혼선을 많이 빚었다는 비난을 면하기 어렵지만 공식화
된 정책노선은 대체로 6공화국의 '한민족공동체 통일방안'을 계승하
고 있다고 볼 수 있다. 1993년 7월 6일 민주평화통일자문회의에서 발

표된 대통령 연설은 3단계 3기조의 정책을 담고 있다. (1) 화해 협력의 단계, (2) 남북연합의 단계, (3) 단일된 통일국가의 단계인 3단계와, (1) 민주적 절차의 존중, (2) 공존공영, (3) 민족복지라는 3기조이다.16) 그러나 이것은 '한민족공동체 통일방안'의 틀 안에서의 실천적인 전략을 언급한 것일 뿐, 변화를 가져온 것은 아니다. 그러나 1994년 8월 15일 광복절 대통령 경축사를 통해서 발표된 '민족공동체 통일방안'은 통일의 원칙 주장에서 민주의 원칙을 단호히 자유민주주의라고 못 박은 획기적 선언이었다. 김영삼 대통령의 '민족공동체 통일방안'이 '한민족공동체 통일방안'과 무엇이 다른가는 앞으로도 논란의 여지가 있겠지만, 이름에서 '한'이 빠진 그냥 민족공동체라는 것이 무슨 큰 의미를 갖는 것은 아닌 것 같다. 그러나 분명한 차이는 '한민족공동체 통일방안'에서 통일의 원칙으로 자주, 평화, 민주의 3원칙(민족 대단결의 원칙을 포함하면 4원칙)을 제시한 데 대해, '민족공동체 통일방안'은 민주의 원칙을 자유민주주의의 원칙으로 구체화시킨 데 있다고 할 수 있다.

'한민족공동체 통일방안'에서는 이렇게 설명했다.

"통일된 우리의 조국은 민족 성원 모두가 주인이 되는 하나의 민족공동체로서 각자의 자유와 인권과 행복이 보장되는 민주국가여야 합니다. 민족 성원 모두의 참여와 기회균등이 보장되고 다양한 주의 주장이 자유로이 표현되고 대변되는 민주공화체제는 온 겨레의 오랜 소망이며 민족의 대단결을 도모할 수 있는 통일된 나라의 유일한 선택일 것입니다."17)

---

16) 통일원, 『통일백서』, 1994, p.53.
17) 국토통일원, 『한민족공동체 통일방안. 통일정책 해설 자료』, 1989, 대통령 국회 연설문(1989년 9월 11일).

이에 비해 '민족공동체 통일방안'에서는 다음과 같이 주장되었다.

"통일은 계급이나 집단 중심의 이념보다 인간 중심의 자유민주주의가
바탕이 되어야 합니다. … 통일을 추진하는 우리의 기본 철학 역시 자유
와 민주를 핵심으로 하고 있습니다. … 세계사는 이미 자유민주주의의
승리를 선언하였고, 우리는 현재 민주주의 시대에 살고 있습니다. … 나
는 자유민주주의 체제에 대한 도전은 결코 용납될 수 없다는 것을 다시
한 번 분명히 밝힙니다."18)

혹자는 통일의 원칙으로 '민주'가 '자유민주주의'로 바뀐 것이 별다
른 변화가 아니라고 주장할지 모르나, 필자는 커다란 의미를 갖는다고
생각한다. 민주의 원칙이 구체적 내용과 해석에 이르면 우리 남한 측
에서는 항상 자유민주주의로 이해되어 왔기 때문에 큰 차이가 있다고
볼 수는 없으나, 아무래도 통일방안은 대상이 있고, 북한이라는 실체
를 놓고 하는 메시지이며 레토릭이기 때문에, 우리의 통일원칙을 어떻
게 표현하는가 하는 것은 대단히 민감한 문제일 수 있기 때문이다. 더
구나 김 대통령은 이 연설문에서 세계사는 이미 자유민주주의의 승리
를 선언했다고 함으로써 공산권의 몰락과 패배를 전제하고 있으며, 결
국 자본주의 시장경제체제의 일방적 승리와 세계화를 내세우고 있다.
결코 이념과 체제 문제에서 타협이나 협상의 여지가 없다는 것을 분명
히 상대방에게 알리려는 것이었다. 그리고 이러한 입장은 발표한 시기
가 중요한데, 1994년 7월에 김일성 북한 주석과 남북정상회담을 추진
하다가 김 주석이 사망함으로써 무산된 직후였다는 점이다. 북한의 국
민들이 김 주석의 사망으로 애도하고 있는 동안 우리는 자유민주주의
적 통일원칙을 천명함으로써, 동서독 통일의 방식인 흡수통일을 간접

---

18) 통일원, 『통일백서』, 1994, 김영삼 대통령 1994년 8·15 경축사.

시사한 것이라고 볼 수 있다.

물론 우리의 체제와 이념이 자유민주주의이며, 이를 포기할 생각도 양보할 생각도 없기 때문에 "우리는 자유민주주의 아니면 통일 안 하겠소" 하는 선언은 오히려 솔직한 고백이라고 할 수도 있다. 또 실제로 북한의 경제사정이 어렵고 체제 붕괴의 위기마저 있기 때문에, 어차피 대화나 협상이 안 될 바엔 흡수통일의 의지를 보이는 것이 전략적으로 유리할지도 모른다. 그러나 이것은 이제까지의 통일 논의와 남북대화의 규범이나 수사학과는 아주 다른 파격적인 것이다. 무엇보다 7·4 공동성명의 3대 원칙인 민족 대단결의 원칙과 배치되는 것으로 오해될 수 있다. 적어도 대화와 협상을 위해서는 사상과 제도의 차이를 넘어서서 민족이 대단결해야 한다는 명제가 존중되어야 하는데, 자유민주주의적 통일과 민족 대단결의 원칙은 방법론적으로 모순이 될 가능성이 있으므로 앞으로 남북합의서를 실천해 가는 데서도 걸림돌이 될 우려가 있다. 대통령의 경축사는 국가정책이면서도 대통령 개인의 의지 표명이기 때문에, 국내 정치용으로 돌려 버릴 수도 있다. 그러나 우리의 통일정책과 원칙이 항상 대내용과 대외용이 다른 이원적 구조를 가지고 있었기 때문에 남북대화나 협상과 그 실천에 늘 어려움이 있었던 점을 주목해야 한다. 이것은 물론 북한 정권의 경우도 마찬가지겠지만, 남북의 관계 개선과 통일을 향한 대화와 타협의 진전을 위해서는 가급적 이중적 구조를 깨고 진지한 자세로 임하는 것이 필요한 일이라고 생각된다.

4. 맺는 말

이상에서 필자는 남북한의 통일원칙과 그 문제점을 남북이 합의한 원칙과 북한의 주체사상, 남한의 자유민주주의 세 가지 면에서 살펴보며 비판해 보는 철학적 담론을 시도하였다. 지면의 제한으로 민족주의, 평화주의, 주체사상, 자유민주주의 등 통일에 관련된 이념들을 사상적으로 철학적으로 논의하지는 못했다. 그보다는 왜 합의한 원칙들이 서로 다르게 해석되고 실천되지 않는가의 문제를 중심으로 살펴본 것이다. 필자 자신의 생각은 우리 민족이 분단을 극복하고 통일을 실현해가는 데 있어서 7·4 공동성명의 3대 원칙은 중요하지만, 이것만으로는 충분하지 못하다는 생각이며, 그래서 이미 한국 기독교의 통일선언 등을 통해 5대 원칙과 3대 방향을 제시한 바가 있다. 즉, (1) 민족 우선의 원칙, (2) 평화 우선의 원칙, (3) 신뢰와 교류 우선의 원칙, (4) 인도주의 우선의 원칙, (5) 민주적 참여와 민중 우선의 원칙 등이며, 지향해야 할 통일의 방향으로는 (1) 함께 사는 통일(共生的統一), (2) 서로 배우며 닮는 통일(收斂的統一), (3) 새롭게 만드는 통일(創造的統一)의 세 가지를 생각해 보았다. 여기에 대한 설명은 이미 필자의 논문들[19]과 한국기독교교회협의회의 1995 희년 선언에 충분히 설명되어 있기 때문에, 여기서는 언급하지 않았음을 부연해 둔다.

단지 통일의 원칙이나 철학이 아무리 훌륭하게 체계적으로 되어 있다 하더라도, 이것이 개인이나 어떤 단체에 의해서만 주장되고 확신되어서는 실천력을 가질 수가 없다. 결국은 양편의 정부와 국민들이 인정하고 수용하는 원칙이어야 하는데, 아직까지는 7·4 공동성명의 3대 원칙밖에는 이런 원칙이 없다. 한국 기독교의 5대 원칙도 결국 3대 원칙에 충실하면서 이를 좀 더 풀어서 오해가 없이 양측이 합의할 수 있도록 재구성해 본 것이다. 즉, 민족 대단결의 추상적 원칙을, (3) 신뢰와 교류를 통한 단합과, (5) 민주적 참여, 다수의 민중 의견 존중이라는 두 가지 원칙으로 나누고, 이데올로기와 체제의 대결로 분단된

---

19) 이삼열, 「통일시대의 민족의식」, 한민족 철학자대회(1995년 8월 17일, 연세대) 발표 논문. 『사색』, 12집, 숭실대 철학과, 1996, pp.229-242.

현실 속에서 이산가족의 재결합 같은 우선적인 민족단합의 문제를 해결하기 위해 (4) 인도주의 원칙으로 나누어 주장하게 된 것이다.

이제 민족의 화해와 평화적인 통일을 위해서는 기왕에 남북이 합의한 통일의 원칙을 충실히 지키면서 합의의 수준을 높여 나가는 길밖에 없다. 남북합의서가 이미 그런 발걸음을 내디딘 것이기 때문에, 우리는 가급적 이 원칙에 대한 오해와 불신을 해소하고 신뢰를 유지하면서 합의를 발전시켜 나가야 할 것이다. 남북대화와 통일 논의에서 무엇보다 중요한 담론의 원칙은 진실성(Wahrhaftigkeit)에 있다고 하겠다.

분단시대의 동독과 북한의 분단철학

1. 서론: 통일과 분단철학의 극복

통일을 생각하면서 관심을 갖게 되는 남북한 철학의 핵심 문제는 분단시대에 형성된 남북한의 분단철학이다. 같은 철학이면서도 남북한의 철학 연구는 서로 극단의 적대관계를 이루는 이질적인 철학으로 발전해 갔다. 아직도 우리는 남북한의 철학 연구가 얼마나 대립적이며 이질적인지조차 제대로 파악하지 못하고 있다. 특히 북한의 사상과 철학에 관한 한 객관적 정보와 자료의 결핍으로, 혹은 연구의 제한으로 있는 그대로의 모습을 파악하기조차 어렵다. 그래서 아직은 남북한 철학의 대비나 통합의 방안보다는 북한 철학의 파악과 이해에 중점을 두

---

* 이 글은 제3회 한민족 철학자대회 「한민족과 2000년대의 철학」(1999년 8월 17-19일, 고려대 아산이학관)에서 발표된 논문으로, 『사색』, 숭실대 철학과, 2001, pp.13-48에 수록된 「분단시대 동독과 북한의 철학」을 수정 보완한 것이다.

어야 한다고 생각된다. 마르크스-레닌주의적인 북한의 철학과 주체사상 중심의 철학, 그리고 그러한 토대와 방법론에서, 한국의 전통철학과 서구적인 철학에 대한 이해와 해석을 어떻게 하고 있는지가 규명되어야 통일시대의 철학 연구와 방향이 설정될 수 있는 것이다.

분단으로 인해 남북한의 철학이 이질화하고 적대적인 철학으로 발전하였다는 것은 모두가 인정하는 바이지만, 통일이 된다고 할 때 이 철학의 이질성이 어떻게 극복되어 갈지, 또한 어떻게 되는 것이 바람직한 일인지를 예단하기는 매우 어렵다. 이것은 다른 학문과 달리 철학이 정치적 체제와 이데올로기에 깊은 영향을 받고 있기 때문이며, 아무리 이를 부정하고 철학을 정치권력과 관계없는 보편적이고 객관적인 진리의 탐구로 규정하려 해도, 결국 헤겔이 말했듯이 '그 시대의 아들'이라는 한계를 벗어나기 어렵기 때문이다. 그 단적인 예를 우리는 통일된 베트남과 독일의 경우에서 보게 되는데, 베트남에서는 아직 마르크스주의적 철학들이 실권(失權)하지 않고 있는 데 비해, 독일, 특히 구동독 지역에서의 마르크스-레닌주의 철학은 거의 자취를 감추다시피 하고 있는 현상을 분명히 볼 수 있다.

과연 우리의 통일이 어떤 방식으로 이루어질지 모르겠으나, 통일 후 남북한 철학이 통합되는 방식은 통일 한국의 체제와 이념적 좌표에 따라 다르게 될 것은 분명한 것 같다. 이것은 철학을 진리 수호의 사명감으로 연구하는 철학도들에겐 매우 슬픈 일이다. 철학의 당위적 정체성에 관계없이, 철학은 진리를 말해야 하고 이데올로기의 허위성을 비판해야 하며 체제나 권력의 변화에 따라 변질해서는 안 된다. 그러나 철학이 물리학이나 생물학과 달리 인간의 삶의 현실에 관한 학문인 한 현실의 변화에 영향받지 않을 수 없고, 언어학이나 역사학과 달리 삶의 가치관을 지향하는 학문인 한 사회 구성원들의 의식의 발전에 따라 변화하지 않을 수 없는 것도 사실이다.

그러나 우리는 현재 통일 후의 베트남이나 독일에서의 철학 연구가 바람직한 방향으로 통합되어 간다고 말할 수는 없다. 또 통일 이후 앞으로 몇 십 년을 지내 볼 경우에 통합된 베트남과 독일의 철학이 오늘날 그대로의 모습일 것으로 단정할 수도 없다. 시대의 변화에 따라 철학이 변화할 것이 사실이지만, 아직은 정치적 통합 이후에 철학의 통합이 제대로 이루어졌다고 보기 어렵기 때문이다. 베트남에서는 언젠가 자유주의 철학이 재기할 것이고, 독일에서는 지금 다 죽어 버린 것 같은 마르크스-레닌주의 철학에서 어떤 부분은 분명히 다시 살아날 것이 예측된다. 이것이 역사였고 특히 철학사였다. 이런 과정을 거치면서 과거에 잘못되고 왜곡되었던 철학들이 많이 시정될 것이며, 편협성이 극복될 것이다.

통일 후의 철학이 반드시 바람직한 방향으로 통합되어 간다고 볼 수는 없지만 분단시대의 분단철학의 단점과 한계는 최소한 극복하며 보완하는 방식으로 발전해 갈 것이라는 점은 기대하며 전망해 볼 수 있다. 그것은 분단시대의 이데올로기적 분단과 대결로 인한 장벽과 장애가 통일의 시대에 제거될 수 있다는 것을 전제로 해서만 가능하다. 그렇게 되면 적어도 분단시대 한쪽의 체제나 이데올로기적 가치관에 제약을 받던 철학은 양쪽의 면에서 조명하며 검토할 수 있는 기회를 갖게 되기 때문에 보다 객관적이며 통합적인 인식과 반성을 첨가하여 수정할 수 있는 것이다. 통일은 이 점에서 분단철학의 극복과 수정, 발전이라는 효과를 가져올 것이다.

통일의 철학과 통일시대의 철학을 형성하기 위한 우리의 철학적 노력은 우선 분단시대의 분단철학을 바르게 파악하고 이를 비판적으로 검토하며 수정하는 노력에 집중되어야 하리라 생각된다. 그러나 이제까지의 남북한 철학의 연구들을 보면 상대방의 철학에 대한 비난과 비방은 있어도 객관적인 파악과 합리적인 비판은 찾아보기 어렵다. 객관적인 사실의 파악마저 어렵고 잘되고 있지 못한 것이 현실이다. 이제 남북관계가 조금씩 풀리고, 북한 자료의 접근이나 해석의 자유가 조금씩 열려 가는 오늘의 상황에서 우선적으로 노력해야 할 철학의 연구는, 북한의 철학과 철학계의 동향을 사실대로 면밀히 파악하고 연구하는 일이다. 우선은 아무런 선입견이나 편견 없이 북한 철학자들의 이론과 주장을 파악하고 체계를 이해하는 일부터 해야 한다.

　여기에서 우리는 서독의 철학자들이 분단시대 동독의 철학을 어떻게 연구하고 파악하려 했는가에서 많은 참고와 힌트를 얻을 수 있다고 생각한다. 동서독과 남북한은 많은 차이점에도 불구하고 분단의 상황과 조건이 냉전체제에서 비롯되었다는 점에서 상당한 유사점을 갖고 있다. 동독과 북한 모두 강력한 소련의 권력과 이데올로기의 영향 아래에 있었고, 친미적 자유주의와 자본주의에 대립하는 친소적 공산주의와 프롤레타리아 독재를 표방한 인민민주주의적 정권하에 통치되었던 것도 유사하다. 자연히 동독과 북한의 지배 이데올로기와 철학의 형성에서도 우리는 많은 유사점을 발견할 수가 있다고 생각한다. 물론 북한에서는 초기에는 동독과 마찬가지로 강력한 소련의 스탈린 체제의 영향을 받으면서 마르크스-레닌주의 철학이 지배하였지만, 1960년대 후반부터는 주체사상이 형성되어 마르크스-레닌주의 철학의 수정 내지는 비판적 보완이라는 형태로 발전해 간다는 차이가 있다.

　그럼에도 불구하고 북한의 철학을 살펴보면 그 골격에서 동독의 철학과 유사한 구조를 발견하게 된다. 그것은 아마도 1950년대 모스크바의 스탈린주의의 강력한 영향 때문이라고 생각되지만, 제2차 세계대전의 종결과 분단 이전의 사회주의나 공산주의 운동에 나타난 철학사조의 영향이 동일했음에서도 원인을 찾을 수 있다. 어쨌든 제한된 북한의 자료를 가지고 평가하고 판단하는 데 있어서, 구조적 유사성을 가지고 있으면서 자료나 내용이 풍부한 동독의 철학을 파악하고 그 구조를 이해하는 것은 크게 도움이 된다.

이런 의도에서 서독의 철학자가 파악하는 동독의 분단철학의 문제점들을 간단히 살펴본 뒤,1) 이를 북한의 철학 연구와 대비시켜 보며 이해에 도움을 얻고자 한다.

이 글에서는 일단 북한의 철학을 알아보아야겠다는 의도에서 북한의 분단철학과 그 문제점을 동독의 분단철학과 대비하며 살펴보았다. 그러나 이것은 결코 남한의 철학이나 서독의 철학이 분단철학이 아니었다는 뜻은 아니다. 남한의 철학사상에도 분명히 이데올로기적 제한성은 있으며, 특히 오랫동안 지배적 가치관으로 작용해 온 반공주의(Antikommunism)는 남한의 학문과 사상, 예술, 종교를 반공 일변도로 착색해 그 제한성과 분단성을 여실히 드러내 놓았다. 남북대화와 평화공존의 시대로 변화하면서 이러한 분단성과 제한성이 다소 완화된 것이 사실이지만, 아직도 곳곳에 분단으로 인한 일면성과 제한성, 억압과 왜곡은 보이지 않게 숨어 있다. 남한의 철학의 분단성은 북한의 철학이나 사상에 대한 연구의 자유나 기회가 없었다는 사실에서도 분명히 드러난다. 우리가 철학 공부를 하던 1960년대에 마르크스나 엥겔스, 변증법적 유물론의 철학들은 원전을 읽을 수도 없었고, 객관적인 논의를 할 수도 없었다. 또한 도덕이나 국민윤리 교과서에서 마르크스와 레닌, 사회주의 유물론 사상 등이 다루어졌다 해도, 얼마나 객관적으로 사실적으로 설명되었는지는 문제가 아닐 수 없다. 그 일면성과 왜곡, 오해의 면을 시정하는 것이 분단철학의 극복의 길이 될 것이다.

---

1) Norbert Kapferer, *Das Feindbild der marxistisch-leninistischen Philosophie in der DDR 1945-1988*, Darmstadt, 1990.

2. 분단시대 동독의 분단철학

노버트 카페러(Norbert Kapferer)의 연구에 의하면 동서 냉전과 정치적 대결의 시대에 철학은 정치적, 이데올로기적 공격의 무기로 결정적 역할을 하였을 뿐 아니라, 세계관의 논쟁에도 중요한 역할을 담당하곤 하였다.2) 독일의 정치적 분단은 세계적으로 뿌리 깊은 철학적 유산을 가지고 있는 나라 독일의 철학을 동서 철학의 대립으로 나눠 놓는 결과를 가져온 것이다. 그것은 마르크스-레닌주의(Marxismus-Leninismus)와 부르주아적 철학(Buergerliche Philosophie)의 대립과 투쟁의 무대를 동서독에 펼쳐 놓게 하였다. 부르주아적 철학이란 말은 물론 마르크스주의 쪽에서 서구의 철학을 비방하는 표현이지만, 전혀 그런 것만은 아니고 철학사적으로도 역사철학 쪽으로도 타당한 한 시대의 철학을 표시하는 용어이기도 하다.

그러나 동독의 체제 속에서 지배적 철학이라고 할 수 있는 마르크스-레닌주의는 모든 마르크스주의를 다 포괄하는 사상이 아니라 서구적 마르크스주의나 네오마르크스주의, 비독단적 마르크스주의, 인간주의적 마르크스주의 등을 배제한 동독의 당(Partei)이 통제하는 마르크스-레닌주의를 말한다. 동독에서의 철학 연구는 어떤 시점에서부터 철저히 당의 도구로 화했으며 당에서 그 방향을 설정했고 당적인 사유를 대변하는 일종의 당 간부의 철학(Kaderphilosophie)이 되었다. 이것은 동독의 정치인들이나 철학자들도 사실상 인정하는 바이다. 물론 동독에서의 철학적 연구나 이론 작업을 모두 당 간부의 철학으로 규정할 수는 없겠지만, 적어도 핵심적인 부분은 당의 통제를 받고 있었다. 철학을 직업적으로 하는 인사들뿐 아니라, 사회과학자, 법률인, 언론인,

---

2) 같은 책, S.1.

문인, 자연과학자들마저 변증법적 유물론의 토대 위에서 글도 쓰고 이론을 주장해야 했기 때문에 사실상 모두 철학에 관여했다고 볼 수 있다. 그만큼 철학은 동독에서 정치적으로 중요했고, 다른 이론이나 학문에 비해 절대적인 우위를 점하고 있었다.

분단철학으로서의 동독의 철학은 분단과 동시에 일거에 형성된 것이 아니다. 분단 이전에도, 즉 1920년대부터 1945년에 이르기까지 독일의 철학계는 여러 가지 흐름으로 나뉘어 있었고, 마르크스-레닌주의도 그중에 하나로 자리를 차지하고 있었다. 마르크스주의와 부르주아적 철학의 대립과 비판은 이미 동서독 분단 이전에도 철학적으로 의미 있는 중요한 논쟁이었다. 소련에서 볼셰비키 혁명 이후에 마르크스, 엥겔스, 레닌, 스탈린의 사상이 소련 정통 마르크스주의로 공고화된 1920년대 이후에 독일에서는 이 노선을 따르려는 정통 마르크스주의자들과 이를 수정하려는 수정주의자, 즉 서구적인 네오마르크시즘으로 갈리었고, 전혀 마르크스주의에 따르지 않는 전통철학, 즉 실존철학, 생철학, 현상학, 실증주의 철학 등이 혼재해 있었다. 이런 여러 흐름의 철학들이 혼재해 있으면서도 상호 비판과 토론 및 대화를 병행시키는 상황은 전혀 분단철학이라고 할 수 없다.

1) 분단철학의 출현과정

분단철학은 철학의 여러 흐름 중 하나의 흐름이 다른 흐름을 적대시하고 힘으로 제거하면서 그 사회체제에서 지배적인 철학으로 군림해 갈 때 나타나기 시작한다고 할 수 있다. 즉, 서독에서는 계속 철학적 사유의 흐름으로 찬반에 관계없이 가르쳐지고 연구되는 데 비해 동독에서는 철저히 배제되거나 비난의 대상으로만 있다면, 이는 이데올로기의 분단으로 인한 분단철학이라고 할 수밖에 없다. 만약 서독에서 마르크스-레닌주의나 변증법적 유물론이 금지되거나 비방되기만 했다면 서독의 철학도 분단철학이 될 수 있다. 이런 면은 더 연구되어야 할 과제이지만 동독의 철학이 서구의 철학을 적대시하고 타도하려고 한 분단철학이었음은 분명한 사실이다.

동독의 철학이 마르크스-레닌주의의 철학으로 공식화되면서 적대시하고 비난해 온 부르주아적 철학의 내용은 크게 세 가지 부류로 나누어 볼 수 있다.[3] 첫째는 초기부터 마르크스-레닌주의가 배격하고 비판해 온 전통철학들로, 낭만주의(Romanitk), 생철학(Lebensphilosopie), 실존철학(Existentialismus) 등이며, 둘째는 넓은 의미의 실증주의(Positivismus)라고 할 수 있는 경험주의(Empirismus), 논리적 경험주의, 비판적 합리주의(Kritischer Rationalismus), 분석철학(Analytische Philosophie) 등이며, 셋째는 수정주의 철학(philosophische Revisionismus)이라고 할 수 있는, 당의 노선에 따르지 않는 여러 가지 마르크스주의, 좌파 사상들을 망라하는 철학들인데, 여기에는 사회민주당의 수정주의 노선뿐 아니라, 루카치나 코르쉬의 비판적 마르크스주의, 프랑크푸르트학파, 프랑스 구조주의, 유고슬라비아의 프락시스 철학, 블로흐(Ernst Bloch)의 희망의 철학 등이 모두 속한다. 이들 수정주의적 마르크스주의 사상들은 마르크스, 엥겔스, 레닌의 사상을 왜곡하며 부르주아 철학적 입장으로 후퇴시키는 철학이라고 배격되었다.

동독의 철학이 분단철학으로 고착되는 과정을 보면 역시 정치적인 분단 상황과 밀접한 관련이 있음을 알 수 있다. 이데올로기적 통제가 강화되는 시기에는 부르주아적 철학에 대한 비난과 투쟁의 강도가 심해지고, 마르크스-레닌주의 철학의 경직성과 교조화가 극심해지는 현상을 보게 되고, 서방세계와의 평화공존의 분위기가 감돌아 서구 제국

---

3) 같은 책, S.4.

주의에 대한 경계가 약화되면 철학적 통제나 교조적 사상도 조금 느슨해져 분위기가 달라지는 모습을 나타내었다.

분단 직후인 1945년에서 분단이 고착화되는 1948년까지는 마르크스주의가 일반적으로 비판해 왔던 낭만주의나 실존주의, 실증주의를 부르주아적 철학으로 배격하는 모습이 보인다. 아직 마르크스-레닌주의를 국가철학으로 고정시키기보다는, 독일의 나치즘 시대를 청산하는 작업으로 나치즘이나 파시즘의 정신적 근원으로 부르주아적 철학을 비판하는 작업이 주류를 이루었다. 여기에는 루카치(Georg Lukács)가 이미 1930년대부터 해오던 부르주아적 철학, 문학, 미학에 대한 비판의 작업이 큰 영향을 주며 주도해 간다. 루카치는 이미 독일 낭만주의가 계몽주의와 고전철학이 형성해 놓은 이성과 합리성을 파괴하고 비합리주의로 나가면서 파시즘과 제국주의로 나갈 수 있는 정신적인 풍토를 예비했다고 비판했다.4) 슐레겔(Friedrich Schlegel), 노발리스(Novalis), 헤르더의 낭만주의를 괴테나 실러, 레싱이 확보해 놓은 보편주의 자유의식을 파괴하는 사상으로 비판했고, 쇼펜하우어, 바그너, 니체에 이르는 비합리주의적 철학이 파시즘과 전체주의 사상의 선구적 역할을 했다는 것이다.

낭만주의나 니체의 철학이 파시즘을 예비한 전쟁 전의 철학이었다면, 전후의 부르주아적 철학으로 마르크스주의에 대항하려는 반동철학의 대표로 규탄된 것은 실존주의이다. 나치와 관련이 있었던 하이데거는 말할 것도 없고, 사르트르의 사상도 부정적, 비관적 철학으로 퇴폐적 반동철학으로 보았으며, 야스퍼스는 파시즘의 반대자로 인정되었지만 대중을 멸시한 정신적 귀족주의로, 반마르크스주의자로 비판되었다. 동독의 철학계에서 실존주의는 대체로 불안과 공포를 주제로

---

4) G. Lukacs, *Die Krise der Buergerlichen Philosophie, 1946-47. Fortschritt und Reaktion in der deutschen Literatur*, Berlin, 1947.

한 허무주의와 주관주의를 유포하는 반혁명적 반동철학으로 처음부터 규탄의 대상이 되었다. 여기에 비해 실증주의에 대한 반대와 비판은 레닌의 『유물론과 경험비판론』에서 마하주의(Machism) 등을 비판하며 변증법적 유물론을 방어하던 전통에서 유래한다고 볼 수 있다. 변증법을 옹호하기 위한 과학주의, 실증주의의 비판이라고 할 수 있다.

2) 당 간부 철학의 심화과정

이러한 초기의 부르주아적 철학에 대한 비판을 중심으로 하던 동독의 철학은 1950년대에 들어와 한국전쟁으로 인한 동서 대결의 격화와 스탈린주의의 착근으로 철저히 교조화한 마르크스-레닌주의 정당의 철학으로 변모한다. 동독의 철학이 확고하게 분단의 철학으로 확립되는 시기가 1950년대라고 볼 수 있다. 서방세계에서 반공주의가 확산되고 공격적으로 되면서, 서방세계의 부르주아적 철학을 아예 파시스트 이데올로기로 몰아치게 된다. 마르크스주의 철학이 아닌 것은 모두 반동적 부르주아적 철학(reaktionaere buergerliche Philosophie)으로 규탄해 버린다. 마르크스-레닌주의를 국가와 당에 확고한 철학으로 굳히기 위해 소련에서 유입된 레닌주의, 스탈린주의 철학이 점차 동독의 철학을 지배하게 한다. 헤겔 논쟁이나 변증법적 논리학, 물리학에서의 유물론 문제 등 1950년대 동독 철학의 핵심 과제들이 모두 철저한 당 간부의 철학(Kaderphilosophie)을 만들기 위한 작업이었다.

부르주아 철학, 반동적 철학을 타도하고 마르크스-레닌주의와 변증법적 유물론(Diamat)을 유일한 철학적 진리로 숭상하게 하는 당 간부의 철학이 극치에 이른 것은 1956년 헝가리 사태를 전후한 시기에 일어났다. 이때에는 서구적인 부르주아 철학만 배격한 것이 아니고 마르크스주의적 철학, 동독 안에 있는 사회주의 철학 가운데서도 부르주아 사상에 감염되었다고 보이는 철학을 색출하고 숙청하였다. 특히 1956 년에는 다시금 나치 시대를 방불케 하는 사상적 숙청 작업이 대대적으로 벌어진다. 1956년 11월 29일에 이런 사상가의 대표로 볼프강 하리히(Wolfgang Harich)가 그의 추종자들과 함께 체포된다. 며칠 후 신문 (*Neues Deutschland*, 1956년 12월 1일자)에는 이들이 반국가적, 반혁명적 분자들이라고 보도된다. 체제에 비판적인 사상이나 움직임을 일망타진하겠다는 분위기가 국가, 정당, 언론, 학문 분야에 팽배해진다.

바로 이 시기에 마르크스주의 철학자로 자처해 온 에른스트 블로흐(Ernst Bloch)에 대한 규탄과 비판이 노골적으로 나타나며 드디어 그는 1957년 강제 은퇴를 당하게 된다. 마찬가지로 루카치도 수정주의자로 몰리며 마르크스-레닌주의 철학자 연맹에서 쫓겨나게 된다. 소련의 군대와 탱크가 헝가리의 민중봉기를 무자비하게 짓밟아 버리는 1956 년 11월 이후에 냉전의 기류는 꽁꽁 얼어붙어, 동독의 울브리히트 정권이 반혁명분자의 숙청이라는 명분으로 수정주의 철학자들을 타도하는 일을 감행하게 만들었다. 이때 위르겐 쿠진스키 등 많은 개혁주의 사상가들이 자아비판을 하게 되고 동독의 사상과 철학은 철저히 분단 철학으로 응고된다.

게오르그 루카치는 헝가리와 동독에서 가장 존경받는 마르크스주의 철학자였지만 1950년대 초부터 이미 수정주의자로 찍히면서 정치적으로나 철학적으로 활동을 할 수 없게 되었다. 1952년부터는 대학에서 강의하는 것도 금지되었다. 스탈린이 사망하자 약간 탄압이 풀리면서 헝가리에서는 모스크바에 반발하며 헝가리식 사회주의 노선을 가려는 움직임이 일어나게 되었다. 이것이 1956년에 헝가리 민중봉기로까지 발전하게 된 연유였다. 이때 루카치는 비판적 지식인들과 합류해서 스탈린주의에 대한 반대운동을 전개했다. 헝가리의 철학 잡지에 스탈린주의의 엄청난 범죄를 고발했다. 1956년 6월에 쓴 논문에서는 파시즘

을 반대하는 인민전선의 구축을 주장했고, 서방세계 부르주아 사회와
의 평화공존을 주장하기도 했다.5) 마르크스주의 공산주의자들과 서방
의 부르주아 세계가 평화롭게 공존하며 서로 다른 질서와 체제, 세계
관을 가지면서도 교류와 접촉, 대화를 갖자는 주장이었다. 그러나 이
러한 루카치의 진보적 철학은 1956년 사태 이후 구스탈린주의자들의
반격과 소련을 등에 업은 숙청 작업으로 헝가리에서조차 완전히 무산
되고 만다. 루카치의 비합리주의 비판마저 부르주아적이라고 비난받
게 되어, 유물론과 관념론의 투쟁을 무시하고 계급투쟁을 추상화하고
당의 노선을 포기했으며, 반소련적 입장을 취했다고 규탄을 받게 되었
다. 블로흐와 루카치의 철학적 숙청은 동독의 철학의 당성 강화와 분
단철학화에 극치를 이룬다.

　마르크스주의자이면서도 서방의 철학과 사상에 깊은 이해와 연구가
있었던 블로흐나 루카치가 동독의 철학에 일정한 영향력을 발휘하였
을 때는 그런대로 비마르크스주의적 철학들이 비판적으로나마 검토되
고 소개가 되었으나, 헝가리 사태 이후 이들이 완전히 숙청되고 나서
는 비마르크스주의적 철학은 철저하게 반동철학으로 매도되고 적대시
되는 현상이 벌어졌다. 마르크스주의자로 자처한 블로흐의 『희망의 철
학』은 유대 기독교적 천년왕국설을 초기 마르크스주의 사상과 결합시
킨 종말론적인 종교에 불과한 것으로 비난되었다. 만프레드 부어
(Manfred Buhr)는 노골적으로 『희망의 철학』을 신 없는 종교라고 판
결 내렸다.6)

---

5) G. Lukács, "Der Kampf des Fortschritts und der Reaktion in der heutigen
　Kultur", in *Aufbau* 9, 1956.
6) Manfred Buhr, "Der religiöse Ursprung und Charakter der Hoffnungs-
　philosophie. Ernst Bloch", in *Deutsche Zeitschrift für Philosophie* 4, 1958,
　DZfP. 4, 1960.

블로흐를 숙청하는 것보다 루카치를 숙청하는 것은 동독의 당 철학으로서도 간단치 않은 문제였다. 워낙 초기의 마르크스주의 철학에 큰 영향을 주었고, 부르주아 철학을 배격하는 데 앞장섰기 때문에 어떤 구실로 루카치를 반동사상가로 모느냐 하는 것은 난해한 철학적 문제였다. 여기서 동독 공산당의 당 노선에 충실한 당 간부의 철학은, 루카치의 비합리주의 비판이 불충분하며 현대 종교의 비합리주의를 공격하지 못했다고 트집을 잡았다.

루카치는 오늘날의 신학적 형태로 나타나는 비합리주의를 간과했다는 것이다.[7] 종교적 비합리주의도 마르크스주의 철학이 투쟁했어야 할 대상이었는데, 루카치는 비합리주의 철학이 종교를 타도한 것으로 잘못 보고 종교를 지지하고 살려 내는 관념론적 철학이 가진 비합리주의를 비판해 내지 못했다는 것이다. 이것은 오늘날 종교가 제국주의의 권력 수단이 되어 마르크스주의와 대항하는 힘을 갖게 된 상황을 예측하지 못했거나 잘못 평가한 데서 온 것이라고 했다. 레닌은 종교와 관념론 철학의 유기적 관계를 정확하게 통찰했는데, 루카치는 그렇지 못해서, 종교적 반유물론 투쟁을 효과적으로 제어해 내지 못했다는 것이다. 루카치의 철학적 쟁점의 포인트가 합리주의와 비합리주의에 놓여 있었는데, 이것은 관념론과 유물론을 핵심적 투쟁의 장으로 보아야 하는 마르크스주의적 철학에서 벗어난 입장이었다고 공박되었다. 헝가리 사태 이후 루카치의 철학은 마르크스주의를 왜곡했거나(Verfälschung), 이탈한(Abweichung) 것으로 매도되었다. 스스로 마르크스주의를 참칭한다 해도 마르크스주의를 왜곡하고 이탈한 블로흐나 루카치 등의 철학은 수정주의(Revisionismus)로서 비판되고 배제되어야 한다는 노선이 확립되었다.[8]

---

7) E. Bloch, "Zur Kritik des Irrationalismus", in Hans Koch, *Georg Lukács und der Revisionismus*, Berlin, 1960.

동독의 철학계에서 수정주의 배격의 경향이 강화된 1950년대 말, 1960년대 초의 상황은 소련의 반수정주의 노선과 밀접한 관련을 갖고 있는 것 같다. 서방의 부르주아 철학과 종교, 제국주의를 충분히 비판하지 않는 철학은 결국 제국주의에 봉사하는 반동철학이라는 논리가 지배하게 된다. 이러한 수정주의 반동철학으로 규정된 철학으로는, 이제까지의 실존주의나 생철학, 낭만주의 외에, 가톨릭 국가들의 반마르크스주의적 이데올로기 역할을 하는 제수이트의 종교철학과 네오토미즘이 새롭게 공격 대상으로 등장하며, 또한 1960년대 이후 서유럽에 점차 확산되는 영미의 분석철학과 실증주의가 새롭게 비판의 대상에 오르게 된다.

동독의 당 간부 철학이 비판과 투쟁의 대상으로 삼은 부르주아 반동철학은 시대의 흐름에 따라 그 주적(Hauptfeinde)이 달라진다. 1950년대에는 주로 실존주의, 생철학 등이 제국주의적, 파시즘적 철학의 대명사였다면, 1960년대에 와서는 차츰 네오토미즘과 실증주의로 주적이 옮겨지게 된다. 그러면 왜 1960년대에 와서 이런 변화가 생기는가? 필자의 판단으로 그것은 정치적 상황이나 서구의 철학적 상황과 밀접한 관련이 있는 것으로 보인다. 특히 1960년대에 와서 서구에는 공산주의 물결과 철학을 저지하려는 반공주의 철학이 득세하게 되는데, 그 강한 흐름이 가톨릭 종교의 반공주의에서 나오기 때문이다. 유물론을 비판하는 강한 사상이 기독교의 유신론 철학이며, 이것이 마르크스주의나 유물론이 전개하는 무신론과 반종교주의에 강한 타격을 주었기 때문이다. 반면에 실존주의나 생철학은 1960년대에 와서 점차 퇴조하며, 분석철학과 실증주의에 자리를 내주게 되는 것이 서구 철학계의 현상이었다.

---

8) W. Schubardt, "Zur Entwicklung der marxistisch-leninistischen Philosophie in der DDR", in *DZfP*. 5-6, 1953, S.713.

부르주아 반동철학의 주적을 네오토미즘으로 옮기게 된 것은 서구의 반마르크스주의, 반공철학 사상이 종교에서 태동한다는 것을 소련과 동독이 인지했기 때문이라고 볼 수 있다. 처음에 종교에 대한 비판은 종교적 반공주의가 가진 군사주의적(Militarismus) 요소에 가해진다. 즉, 반공주의는 평화공존을 해치고 무력과 군사력으로 대결하려는 제국주의인데, 바로 종교가 이를 수용하고 있다는 것이다. 가톨릭의 사회사상이나 반공적 정치 이데올로기는 제국주의적인 핵전쟁마저 정당화하고 있다는 것이다.9) 종교적 철학(klerikale Philosophie)과 군사주의의 관계, 반공주의가 가진 원자탄 철학(Atombombenphilosophie)이 맹렬하게 비난되었다.10) 동독의 당 중심 철학은 서방세계가 서독을 포함해서 사회주의적 이념과 가치관을 대항하기 위해 새로운 이념적 무기를 모색하던 중, 종교적 철학에서 효과적인 도구를 찾게 되었다는 것이다. 심지어는 제국주의적 서방세계가 파산한 국가사회주의 이념 대신에 교부적인 철학과 사회이론을 채용했다고까지 비난했다.

교부적인 종교철학의 대부로 지칭된 네오토미즘(Neo-Thomism)은 토마스 아퀴나스(Thomas Aquinas)의 신학을 모델로 하여 신앙적 도그마를 합리적으로 변호하는 철학을 말한다. 아리스토텔레스의 철학을 원용하여 신앙과 지식의 대립을 극복하고, 과학을 신학의 시녀로 만드는 역할을 한다는 것이다. 네오토미즘의 형태로 나타나는 현대 가톨릭 신학은 현대 자연과학을 종교적 목적으로 오용(誤用)하는 오류를 범하고 있다고 한다. 물리학의 열이론으로 세계의 유한성의 도그마를 증명한다든지, 생물학의 일부분적 결과를 가지고 비합리적 신생명주의

---

9) K. A. Mollnau, K. Schöneburg, "Die sozialteoretischen Grundlagen des Klerikalfaschismus", in *DZfP*. 2, 1959.

10) G. Heyden, M. Klein, A. Kosing(hrsg.), *Philosophie des Verbrechens. Gegen die Ideologie des deutschen Militarismus*, Berlin, 1959.

(Neo-Vitalismus)를 주장하는 것 등을 말한다. 동독의 철학이 서방의 네오토미즘을 종교적 도그마로 비판하는 것만 가지고는 그렇게 분단 철학이라고까지 할 이유는 못 된다. 분단철학이 되는 순간은 네오토미즘을 제국주의와 군국주의에 봉사하는 반동적 이데올로기로 몰아 적극적인 투쟁의 대상으로 선포할 때이다.[11]

1960년대 동독의 분단철학은 다른 편에서 실증주의를 배격하고 비판하는 사상과 주장들에서 볼 수 있다. 엄격히 과학적이고 객관적이려고 하는 실증주의 철학사상을 동독의 철학이 배격한 이유는 직접적인 정치적 위협에서가 아니라, 동독 공산주의 체제의 지배적 철학인 유물론과 변증법에 대한 실증주의의 거부 때문이었다. 이것은 철학과 세계관이 객관적인 개별 과학들의 우위에 있음을 인정하느냐 거부하느냐의 인식론적 논쟁의 문제였다. 개별 과학들이 변증법적 유물론의 교조적 논리에서 해방되어야 한다고 주장했던 하버만(Robert Habermann) 같은 사상가는 일찌감치(1956년경) 실증주의자(positivist)로 몰려 비난을 받았다. 레닌이 마하 등의 경험비판주의를 거부하고 유물론의 진리를 고착시킨 정통 마르크시즘의 전통을 따라서,[12] 동독의 국가철학은 초기부터 실증주의 계통의 과학주의나 경험주의를 비변증법적이라고 비판해 왔다. 개별 과학의 연구나 실험의 결과가 무엇이든 변증법적 유물론이라는 철학적 세계관과 진리를 거스르는 것은 결코 허용될 수 없다는 것이 확고한 논리였다.[13]

1960년대에 와서도 영미의 분석철학이나 경험철학을 바르게 평가하자는 주장이 클라우스(Georg Klaus) 같은 철학자에 의해 제기되기도

---

11) 같은 책, S.177.
12) Lenin, *Materialismus und Empirio-Kritizismus*.
13) W. Görlich, *Geist und Macht in der DDR. Die Integration der kommunistischen Ideologie*, Olter, 1968.

했다. 그는 "당파성의 문제에 대해서도 인간은 계급적 관점에 서 있으며 당파성을 가질 수밖에 없다"고 주장했다.14) 로버트 하버만은 마르크스-레닌주의의 독단성을 비판했고, 자연과학의 자유와 독립성을 강하게 요구했다.15) 결국 하버만은 훔볼트 대학의 교수직을 박탈당하며, 출판 금지령까지 받게 된다. 이런 상황에서 1967년에 소련의 철학자 나르스키(I. S. Narski)가 실증주의를 비판하는 교과서 『실증주의의 어제와 오늘』이 독일어로 번역 출판된다.16) 레닌의 경험비판주의에 대한 유물론적 비판을 모델로 하여 현대적 실증주의인 물리학주의(Physikalismus)와 감각주의(Sensualismus)뿐만 아니라, 신실증주의(Neo-Positivismus)라고 불리는 과학이론들의 주장들을 논박하였다. 1920년대와 1930년대에 나타난 신실증주의마저도 그 기계론적 태도나 반형이상학적 태도는 유물론 철학의 수립에 공헌했지만, 개별 과학들이 변증법적 유물론에 접근하는 것은 저지시켰다고 비난했다.

칼 포퍼와 비판적 합리론(Kritischer Rationalismus)도 변증법적 유물론과 마르크스주의 사회주의를 날카롭게 비판했다는 점에서 동독의 철학자들에 의해 적대시되었다. 그의 인식이론이나 개량주의적 사회이론은 마르크스주의를 공격하고 제국주의에 공헌했다는 것이다. 개방사회론이나 사회공학적 방법마저도 자본주의 체제를 영구화하는 이데올로기라고 했다.17) 실증주의 자체를 비변증법적, 반유물론적 반동철학으로 규정하는 동독의 철학사전과 교과서에 따라서,18) 영미의 분

---

14) Georg Klaus, *Die Macht des Wortes*, Berlin, 1965.

15) Robert Habermann, *Dialektik ohne Dogma? Naturwissenschaft und Weltanschanung*, 1964.

16) I. S. Narski, *Positivismus in Vergangenheit und Gegenwart*, Berlin, 1967.

17) K. Bayertz, J. Schleifstein, "Mythologie der 'Kritischen Vernunft'", *Zur Kritik der Erkenntnis-und Geschichtstheorie Karl Poppers*, Köln, 1977.

18) Georg Klaus, Manfred Buhr, *Wörterbuch der Philosophie*, 1964.

석철학이나 경험론 계통의 철학들은 동독의 철학계에 발붙일 자리가 없었다. 이것이 동독의 철학을 근본적으로 반쪽의 철학 내지는 분단의 철학으로 만들게 된 근본 원인이었다. 유물변증법 때문에 경험과학이 제대로 토대를 구축하지 못한 것은 동독의 철학을 애초부터 불구로 만든 구조적 한계였다.

3) 분단철학의 완화과정

서구의 철학에 대한 적대적 공격은 1970년대에 들어와 정치적 상황이 변화하면서 크게 완화된다. 동서독의 기본조약(1972)과 동서의 화해 공존의 무드는 철학에서마저 냉전시대의 공격적이고 적대적인 단어들을 감소시킨다. 정치적으로도 적대적인 양 진영이 공존하게 된 마당에 철학적으로도 적대적인 세계관이 공존하지 못해서는 안 된다. 서방 측의 부르주아적 철학이나 학문에 대한 비난과 견제도 완화할 수밖에 없었다. 그러나 이런 변화도 결국은 정치적, 외교적인 쇼에 불과했고 실제 동독 내부에서는 당 간부의 철학(Kaderphilosophie)이 엄연히 존재했을 뿐 아니라, 조금도 수정되지 않고 부르주아 철학이나 수정주의에 대한 공격적 비판을 계속했다. 정치권력의 독점이 지속되는 한 지배 이데올로기화한 당 간부의 철학이 수정되거나 변화되지는 않았다. 철학적 비판이나 반대도 동독의 체제에서는 허용되지 않았다.

동독의 분단철학인 당 간부의 철학에 틈이 생기기 시작한 것은 1970년대 말, 1980년대 초에 이르러 차츰 개혁적인 문학비평가들과 철학자들이 문학과 철학의 전문화(Professionalisierung)를 부르짖으며 정치적 검열과 당 노선에서 자유로운 토론 마당을 만들어 가면서부터이다.19) 이들이 마르크스주의적 입장을 포기하거나 수정한 것은 아니지만, 부르주아 철학들에 대한 비난을 과거처럼 적대적으로 매도해서는 안 되며 나름대로 철학적인 알맹이를 인정해야 한다는 생각을 표명하게 된 것이다. 실존주의든 실증주의든, 무조건 제국주의의 앞잡이라는 식으로만 매도하는 데 대해 철학적 이견이 생겼다고 할 수 있다. 그러나 동독의 철학 학술지나 공적 기관지에서 이런 글들은 전혀 게재되지 않았고 영향력도 발휘하지 못했다. 간혹 주변에서 지하에서 조금씩 언급되었을 뿐이었다.

동독의 일방적이고 폐쇄적인 분단철학을 극복하고 서구의 철학이나 사회과학들을 변용된 양태로나마 조금씩 받아들이려는 노력은 1985년 소련의 고르바초프의 집권 후 페레스트로이카와 글라스노스트 정책이 동독에까지 영향을 미치게 되면서부터라고 할 수 있다. 서구적 수준의 사회건설을 위해 이데올로기적 경직성과 폐쇄성을 풀어야 하며 하부구조 결정론뿐 아니라 상부구조인 인간의 의식과 주체적 실천의 영향을 강조하는 이론에도 관심을 보이게 되는 것으로 철학적 풍토와 분위기에 서서히 변화가 오게 되었다. 결국 정치적 상황의 변화가 오면서 철학의 상황에 변화가 왔고, 분단철학의 극복 노력이 나타나게 되었다고 볼 수 있다.

분단철학의 극복이 철학 내부의 노력만으로는 거의 불가능했다는 것을 동독의 역사적 경험은 보여주고 있다.

3. 분단시대 북한의 분단철학

통일의 철학을 생각하며, 분단시대 동독의 철학의 발전 경로를 일별해 본 것은, 분단시대 북한의 철학적 발전 경로가 동독의 경우와 구조적 유사성을 갖는다는 가정 위에서 분단철학의 요소들을 찾아보기 위

---

19) Norbert Kapferer, *Das Feindbild der marxistisch-leninistischen Philosophie in der DDR 1945-1988*, S.327.

함이었다. 일단 분단시대 이데올로기적 대결과 압력으로 인해 동독의 철학이 분단철학이 되었듯이, 북한의 철학도 유사한 체제와 상황 속에서 분단철학이 될 수밖에 없지 않았을까라는 가정 위에서이다. 물론 여기서 우리는 분단시대 서독의 철학에도 반공주의라는 분단철학의 성격이 있었고, 마찬가지로 남한의 철학에도 반공철학, 반마르크스주의 철학이라는 분단철학이 있었다고 생각한다. 그리고 이러한 분단철학의 틀은 남북한에서 모두 한국의 전통철학을 해석하는 데나 서양의 철학사상을 해석하고 이해하는 데 많은 편견과 왜곡을 일으켰을 것이라고 추정해 본다.

1) 분단철학의 형성과정

해방 이후 북한의 철학이 어떻게 진행되고 발전되었는지, 정치적인 상황의 변화에 따라 어떻게 적응하며 변모해 왔는지를 명확하고 객관적으로 파악하기는 매우 어렵다. 북한에 관한 정보와 자료의 제한성 때문이기도 하지만, 북한의 학자들과 사상가들이 아직은 자기네 철학과 사상의 발전 경로에 대해 아주 객관적으로 자유스럽게 진술할 체제에 이르지 못하기 때문이다. 이것도 통일의 과정이나 통일 이후에야 완전히 파악될 수 있을 것으로 생각하며, 제한된 자료를 통해 파악할 수 있는 범위 안에서 구조적 이해를 시도해 볼 수밖에 없다.

북한 철학의 자료는 남북관계가 1988년 7·7 선언 이후 크게 변화하여, 대화나 교류 등이 훨씬 자유로워지면서 겨우 남한에 유입되기 시작하여 연구에 큰 도움을 주게 되었다. 특히 1988년 12월에 북한의 사회과학연구소가 발간한 『철학사전』(1985)을 서울에서 출판한 것은 북한 철학 연구에 큰 공로를 세웠다. 물론 재편집이므로 원본과 대조해 보아야 보다 진솔한 내용을 알 수 있겠지만, 그래도 지하문서가 아닌 출판물을 통해 북한 철학을 연구할 수 있다는 것은 커다란 발전이다. 그 밖에는 일부의 학자들에게 유입된 북한의 『조선철학사』 상권(정진석, 정성철, 김창원 지음, 사회과학원력사연구소, 1960)과 『조선철학사 II』(정성철 지음, 과학백과사전출판사, 1987), 그리고 『조선철학사상 연구』(최봉익 지음, 사회과학출판사, 1975)와 북한의 철학 잡지 『력사과학』, 『철학연구』, 『철학론문집』 등에 의거해 북한 철학의 모습을 출판물에 나타난 대로 파악할 수 있게 되었다. 이를 토대로 한 남한 철학자들의 연구, 특히 한국철학사상연구회의 『시대와 철학』 제9호(1994)에 실린 북한의 철학 특집(이훈, 김교빈, 이상훈, 이병창, 이병수, 홍건영)이 지금까지 북한 철학 연구에서 얻은 수확물로 있다. 아직은 북한 철학에 대한 평가라기보다는 있는 그대로의 모습을 파악하고 밝혀내기 위한 노력이라고 할 수 있겠다.

이러한 공개된 자료들을 토대로 북한 철학의 내용과 경향을 파악해 보면 대체로 다음과 같은 몇 가지 가정을 세워 볼 수 있다.

우선 북한 철학 연구의 시대적 구분은 여러 가지 시도가 가능하다고 본다. 북한 철학계의 간행물을 중심으로 하여 볼 수도 있고, 북한의 정치 상황의 변화와 이에 따른 철학사상과 입장의 변화를 중심으로 하여 시기 구분을 시도해 볼 수도 있다. 이훈은 철학자들의 글이 발표되는 시점을 중심으로 하여 네 시기로 나누어 보았다. 제1기는 마르크스주의의 주체적 재해석(1955-1967), 제2기는 마르크스주의에서 더 발전한 주체사상의 정비(1968-1976), 제3기는 마르크스주의를 대체하는 주체사상의 정비(1977-1985), 제4기는 주체사상의 전문화(1986-)로 구분했다.[20] 그러나 이병창은 북한 철학사를 정치적 과제와 이념의 변화에 따라 세 가지 시기로 구분해 보고 있다. 사회주의적 개조의 시대

---

20) 한국철학사상연구회, 『시대와 철학』, 9호, 1994, p.15.

(1950년대), 사회주의 완전 승리로의 전진 시대(1960년대), 주체철학 형성 시대(1967-1985)의 세 시기이다.[21] 필자는 이러한 시기 구분의 방법이 다 타당한 이유가 있다고 생각하며, 북한 철학을 이해하고 정리하는 데 도움이 된다고 생각한다. 그러나 아직까지의 자료로는 북한 철학의 발전 경로를 연도별로 정확히 구분하기는 어렵다고 본다.

동독의 철학에서 볼 수 있는 것은, 공산주의 체제하에서의 철학은 특히 학자들의 자율적인 사상 발전에서보다는 정치적 상황에 따른 철학계의 대응의 면에서 파악하는 것이 더 유효하다는 점이었다. 철학 연구의 시대 구분이 정치적 발전의 시대 구분과 병행하는 것으로 나타난다고 할 수 있다. 이런 점에서 볼 때 북한의 정치와 이데올로기의 변화는 대체로 두 가지 시기로 나누어 볼 수 있지 않을까 생각된다. 그것은 마르크스-레닌주의의 철학 위에서 사회주의 혁명과 체제를 완성하려는 전기와, 소련과 중국의 대립 분쟁의 틀에서 벗어나 자주적인 사회주의 건설을 목표로 전진하려는 시기에 확립된 주체사상의 발전기이다.

마르크스-레닌주의의 초기와 주체사상의 후기는 그 이념이나 사상 체계, 색깔에서 확연히 구분되지만, 마르크스-레닌주의 시대 안에서의 시기 구분은 확연히 구별되는 전거를 필자로서는 발견하기 어려웠다. 주체사상 시기 안에서도 마찬가지인데, 이는 앞으로 자세한 관찰과 연구를 통해서 수정 보완되어 가야 하리라고 본다. 단지 마르크스-레닌주의와 주체사상의 시기 구분이 정확히 어느 연도부터인지는 명확하지 않다. 1966년 8월 12일 『노동신문』의 논설 「자주성을 옹호하자」에서 시작되는 것으로 보기도 하며, 1967년 12월 16일 최고인민회의에서 "주체사상은 가장 정확한 마르크스-레닌주의적 지도사상"이라는

---

21) 같은 책, p.96.

결론이 내려진 이후로 볼 수도 있고, 혹은 1970년대 초부터 주체사상의 철학적 체계화 작업이 이루어지는 시점부터라고 볼 수도 있다. 대체로 1960년대 후반(1967년경)부터가 주체사상이 마르크스주의를 대체하여 정치적인 지도이념이 되는 시기가 아닌가 보면 좋을 것 같다.

북한의 철학 연구를 이렇게 대략적으로 나누어 놓고 볼 때 전기의 마르크스-레닌주의가 어떤 양태로 소화되고 북한 철학에 정착하게 되었는가를 연구해 보고, 그 다음 북한의 정치 상황 변화에 따라 마르크스-레닌주의의 어떤 면이 문제가 되어 주체사상으로 대체되게 되었으며, 후기의 주체사상은 어떤 점에서 마르크스-레닌주의와 공통되며 어떤 점에서 다르고 독특한가를 밝혀내는 것이 중요한 과제가 되리라 생각된다. 북한에 마르크스-레닌주의 철학이 어떤 경로를 통해 유입되었고 정착하게 되었는지에 관해서는 아직 북한에도 남한에도 별 연구와 자료들이 없다. 정치적인 이유로 공개되지 못하는 자료들이 북한에 많이 있으리라 추정된다. 해방 이후 월북한 마르크스주의 철학자들 신남철, 박치우, 정진석 등이 어떤 역할을 했고 영향을 주었는지, 지금으로서는 판단할 수 없다. 그러나 그들의 사상 경향을 보아 초기에 일정한 영향을 주었으리라 추정해 볼 수는 있다.22)

북한 철학 문헌이 처음 출현된 것이 역사연구소에서 간행하는 『력사과학』(1955-1961) 지에 나타나는 철학 논문들이라고 볼 때, 1955년 이전에는 이렇다 할 철학적 연구나 논의가 없는 것으로 추정된다. 1948년 분단 이후 사회주의 정권이 들어서면서 이데올로기와 철학사상의 형성에 관심을 가졌으리라 생각되지만 어떤 과정을 통해 마르크스-레닌주의가 논의되었는지는 아직 밝혀지지 못했다. 다만 북한 정권

---

22) 김재현, 「월북 철학자들」, 『시대와 철학』, 1호, 1990, pp.125-140; 「일제하, 해방 직후의 마르크시즘 수용: 신남철을 중심으로」, 철학연구회, 『철학연구』, 제24집, 1988 겨울.

이 수립된 1948-1949년은 혼란기였고, 타 진영과의 연합전선 모색기였기 때문에, 마르크스-레닌주의를 강하게 노출시키지 못했으리라 생각되며, 1950년부터 1953년까지는 한국전쟁기로 전란 시에 철학적 연구를 할 수 있었을 것 같지 않다. 1955년에야 출판물이 나타나고 1957년에야 철학 연구실이 설치되는 것은 늦은 감이 있지만 상황으로 보아 이해된다.

철학 연구실의 설치로 북한 철학 연구의 초창기의 과제가 드러난다. 철학 연구의 목표와 사명을 조국의 평화적 통일과 북반부에서의 사회주의 건설을 위한 투쟁에 두고 있음을 밝히며, 철학 연구의 과업으로 (1) 철학 연구 사업의 토대 축성, (2) 조선철학사의 체계 확립, (3) 남반부의 미제 고용 철학을 반대하는 일을 내세우고 있다.23) 북한의 철학계는 1950년대 중반 사회주의 건설의 초기에 북반부에 사회주의를 건설할 수 있는 철학적 토대 마련의 과업과 조국의 평화적 통일이라는 민족적이며 현실적인 요구에 철학적 이론으로 기여하는 것을 우선적 목표로 삼았던 것 같다. 사회주의 건설을 위해, 반제, 반봉건 인민민주주의 혁명을 어떻게 수행하는가라는 정치철학적 문제와, 노동자, 농민과 모순관계에 있는 지주, 자본가와 미 제국주의의 문제, 그리고 사회주의 건설의 현안으로 생산력과 생산관계라는 하부구조와, 사상과 의식의 역할 등 상부구조 사이의 선후 문제 등이 주 관심사로 논의되었다.

이미 철학의 연구 목적을 사회주의 건설을 위한 철학이론의 탐구와 미제의 고용 철학을 반대하는 이론적 투쟁에 두기 시작하면서 북한의 철학 연구는 초기부터 분단철학의 길을 걷게 된다. 물론 북한의 정권과 체제가 1948년 이후에 사회주의의 길을 걷고 소련의 영향과 지도

---

23) 「철학연구실의 과업」, 『력사과학』, 1957. 이훈, 「북한철학의 흐름」, 『시대와 철학』, 9호에서 인용.

를 받게 된 이상, 체제 내에서 존속해 온 철학도 사회주의적 이데올로기의 지배를 받을 수밖에는 없었다. 그러나 오랫동안 사회주의 사상과 운동의 역사를 갖고 있는 동독의 경우와는 달리 이러한 연구와 경험이 생소했던 북한에서 사회주의적 철학 노선을 초기부터 수립하는 데는 무리와 어려움이 있었을 것으로 짐작된다. 북한의 철학계를 초창기부터 이끌어 온 황장엽은 해방 이후 북한에서 마르크스-레닌주의를 체계적으로 공부한 학자는 거의 없었으며, 자신이 1950년부터 1954년까지 모스크바 대학에서 마르크스주의 철학을 연구하고 돌아와서야 본격적인 연구와 논의가 시작되었다고 필자에게 말한 적이 있다.24)

초창기의 철학 논문들이 실린 『력사과학』(1955-1961)이나 『철학연구』(1962-1968) 지에는 사회주의 건설을 위해 요구되는 변증법적 유물론적 철학, 즉 마르크스-레닌주의를 북한 철학계에서 정립시키려는 여러 가지 논문과 시도들이 나타나고 있다. 특히 황장엽의 「생산력과 생산관계의 모순에 관한 몇 가지 문제」(『력사과학』, 1957년 4호), 「조선에서 사회주의적 토대와 상부구조의 발생 발전의 특수성」(『력사과학』, 1958년 1호), 리능훈의 「현 시기 우리나라에서 생산력과 생산관계의 변증법」(『력사과학』, 1960년 3호), 변봉석의 「생산력 발전에서의 사상의식의 역할」(『철학연구』, 1962년 2호), 김화종의 「우리나라에서 생산력 발전에 대한 사회주의적 생산관계의 능동적 역할」(『철학연구』, 1962년 2호), 「사회주의적 생산관계의 공산주의적 생산관계에로의 이행방도에 관하여」(『철학연구』, 1964년 3호) 등은 북한 철학계의 초기 과제가 마르크스-레닌주의와 역사적 유물론 철학의 이해와 소화 과정에 있었음을 짐작케 한다.

---

24) 황장엽은 1987년 12월 일본 요코하마에서 열린 유엔대학 주최 '공동안보' 세미나에서 필자와 여러 시간 대화를 나누며 북한의 철학계에 관해 이야기했다.

아마도 북한의 초기 토지개혁이나 집단농장의 건설, 사회주의적 생산체제의 도입 등 사회주의적 혁명이 일어나는 시기에 북한 철학의 우선적 과업이, 이를 밑받침할 수 있는 생산양식의 철학적 이론화 작업에 있었으리라는 것은 짐작하기 어렵지 않다. 그러나 과연 북한 철학의 '사적 유물론'이나 '마르크스-레닌주의'가 소련이나 동독에서 유포되었던 정통주의 사상에서 얼마나 독자적이며 창의적인 노선을 견지했을 것인가의 문제는 아직 더 연구되고 밝혀져야 한다. 물론 논문 제목에서 이미 나타나듯이, 생산력과 생산관계의 논의에서 생산관계의 능동성이나 상부구조, 즉 의식과 사상의 역할 강조가 부각됨으로써 주체사상 발전의 씨앗이 배태된 것으로 볼 수도 있지만,25) 이런 정도의 논의는 소련과 동독에서도 흔히 있는 것이어서 북한 철학의 독창적인 사상으로 간주하기는 어렵다.

변증법적 유물론과 생산관계 논쟁 등은 1960년대 초까지 북한 철학계의 핵심적인 문제가 되지만, 주체사상이 등장하는 1960년대 후반부터는 차츰 그 제목들이 사라지게 되는 것을 볼 수 있다. 북한에서는 1960년대에 와서 사회주의 경제건설에 어느 정도 자신감을 얻고, 또 중국과 소련의 이념적, 정치적 대립이 격화되는 와중에서, 중소의 이데올로기적 논쟁에 휘말리지 않으면서 독자적인 사회주의 노선을 선택할 필요가 생기게 되자 주체사상이라는 새로운 이념과 철학이 강조되게 된다. 1960년대 후반부터 서서히 등장하는 주체사상은 차츰 강조되고 체계화되면서, 이제까지 지배적 사상이었던 정통 마르크스주의나 유물사관을 수정하고 대체해 가는 면이 있지만, 주체사상은 전통적인 마르크스주의나 유물사관을 넓은 의미에서 계승하고 있지, 부정하거나 크게 개조하는 사상이 아니라고 필자는 보고 있다. 역사발전에서

---

25) 이훈, 「북한철학의 흐름」, 『시대와 철학』, 9호, p.23.

주체의 역할이 강조되고, 인간의 창조성과 의식성, 자주성이 역사발전의 참주체라는 면에서 마르크스주의의 역사적 유물론과는 아주 다른 새로운 사상처럼 부각시키고 있으나, 이것은 마르크스-레닌주의 철학의 보충이나 정정 정도이지, 근본적인 비판이나 부정, 혹은 대체라고는 볼 수 없다. 북한의 철학은 주체사상기 이후에도 유물론적인 역사발전의 법칙이나 이론을 수정하지 않고 있으며, 관념론과 형이상학의 배격을 주체철학에서가 아니라 여전히 변증법적 유물론의 입장에서 전개하고 있다.

동독의 철학이 분단시대 내내 마르크스-레닌주의 철학과 변증법적 유물론(Diamat)으로서 일관되게 나아가는 데 비해서, 북한의 철학은 초기의 유물사관 중심의 철학에서 1970년대 이후의 주체사상 중심의 철학으로 전환된다. 그러나 과연 이 전환이나 변화가 철학사적으로 얼마만큼 본질적이며 중요한 의미를 갖는 변화인가는 더 따져 보아야 할 문제이다. 필자는 잠정적으로 유물론적, 변증법적 철학의 계속 위에서 단지 역사발전에서의 인간 주체의 역할을 물질적 토대나 생산력, 생산관계의 조건보다 더 근원적이고 창조적인 것으로 보려는 일종의 수정이론으로 보려고 한다.

그러나 북한 철학에서 특기할 만한 업적은 조선철학사의 유물론적인 체계화 작업에 있었다고 하겠다. 북한 철학계는 서양철학의 역사를 유물론적 관점에서 해석하며 비판하는 일뿐만 아니라, 바로 우리 민족의 전통적인 사상과 철학을 유물론적인 입장과 관점에서 재구성하는 데 많은 노력과 공을 들인다. 이미 철학 연구의 초기 단계인 1950년대 중반부터 조선철학사의 체계를 확립하려는 시도를 보이며, 그 성과가 1960년에 출간되는 『조선철학사』 상권(정진석, 정성철, 김창원 지음)으로 나타나게 된다. 물론 『조선철학사』는 우리 전통사상을 지나치게 유물사관의 입장에서 서술함으로써 분단철학의 심각한 면, 즉 일방적 해석, 사실적 왜곡, 이데올로기적 편견을 드러내고 있으나, 어떤 분명한 입장에서나마, 일관되게 조선의 철학사상을 고대로부터 현대까지 꿰뚫어 보는 작업을 했다는 점에서 대단한 업적이었다고 생각한다. 많은 사료와 자료를 발굴하고 정리한 것도 중요한 업적이었지만, 어쨌든 우리 사상과 철학을 소련이나 동독의 철학자들이 아닌 우리 철학자들에 의해 체계화하는 작업을 한 것은 철학적으로 큰 의미를 갖는다.

그러나 우리는 북한에서 전개되고 발전된 유물변증법이나 주체사상, 조선철학사 등이 모두 분단시대의 이데올로기와 체제의 영향과 지배를 받는 한계를 가지고 있음을 주목해야 한다. 만약 남북한이 분단되지 않고 북한의 공산화가 이루어지지 않았으면, 북한의 철학은 전혀 다르게 발전했을 것이다. 이 점에서 북한 철학은 동독의 철학과 마찬가지로 분단시대의 이데올로기적 일방성의 지배를 받는 분단철학일 수밖에 없다. 북한의 철학 전체를 분단철학의 면에서 파악하고 이해해 보려는 노력은 통일 과정을 통해 분단성을 극복하며, 이를 새롭게 지양 발전시키기 위한 토대를 만들기 위한 작업이라는 데 의미가 있다. 보다 체계적인 연구와 논의는 앞으로 정보와 자료가 확보되는 대로 진행되어야겠지만, 우선 다음 세 가지 면에서 분단철학의 문제점을 스케치해 보려고 한다.

2) 서양철학 수용에서의 부르주아 철학 배격

북한의 철학이 서양철학 내지는 세계철학의 역사를 이해하고 수용하는 인식의 토대는, 분단 이후 소련으로부터 영향을 받은 마르크스-레닌주의적 유물사관에 놓여 있다. 이 유물사관이 세계철학사의 흐름을 파악하는 기본 명제(These)는 형이상학과 관념론을 점차 비판, 극복하게 되고, 유물론과 변증법 철학이 점차 진리로 판명되며 현실을 이끌어 가는 원리와 법칙이 되어 간다는 것이다. 이러한 기본적 토대 위에 선 북한의 철학이 출발점에서부터 분단철학으로 등장할 수밖에 없는 것은 너무나 자명하다. 모든 철학사상을 관념론과 유물론으로 나누어 보며, 진리와 비진리의 기준을 유물론적이고 변증법적인 태도를 취했느냐 아니냐로 나누어 평가한다면, 유물론적이 아닌 철학들이 처음부터 배제되고 비판의 대상이 되는 것은 분명하며, 이것은 철학을 전체적인 모습에서가 아니라 분단시킨 상태로 파악하는 것이 된다.

북한의 철학이 분단성을 면치 못하는 것은 관념론과 형이상학을 모두 무가치한 허위의식으로 배제할 뿐만 아니라 이를 지배계급의 의식구조와 연관시킨다는 데 있다. 물론 철학사상과 의식도 정치적 지배구조와 관련이 있고, 어떤 철학은 불합리하고 비인간적인 지배계급의 이익을 대변하는 이데올로기가 될 수 있고, 어떤 철학은 모순된 사회구조와 낡은 가치관을 비판하며, 진보적 사회발전을 지향하는 인식과 가치관일 수 있다. 그러나 형이상학과 관념론은 모두 보수 반동 세력의 철학이고, 유물론과 변증법은 진보적 개혁 세력의 철학이라고 볼 때, 여기에는 사실과 부합되지 않는 무리한 평가가 생기게 되고 오류와 과장이 일어나게 된다. 이렇게 되면 그리스 고전철학의 해석에서부터 신화적 세계관을 비판하고 사실적, 합리적 세계관을 구축하려고 했던 엘레아학파나 소크라테스, 플라톤의 사상을 보수적, 반동적 철학으로 보게 되고, 원자론이나 유물론을 제기한 데모크리토스나 헤라클레이토스는 진보적, 개혁적 철학자가 된다.[26] 이 점에서는 마르크스와 엥겔스의 변증법적 유물론의 철학이 있기까지의 모든 세계철학들은 그 준비 단계일 뿐, 세계와 인간을 바르게 파악한 철학적 인식에 도달하지 못한 것이 된다.

---

26) 『세계철학사(1)』, 1982; 이상훈, 「북한에서의 서양철학」, 『시대와 철학』, 9호, 1994, p.89.

고대나 중세의 철학은 그렇다 하고, 근세 이후 경험론과 합리론 및 실증주의와 관념적 철학들이 다양하게 전개되는 근현대 철학사의 흐름을 파악하는 데서, 북한의 철학은 철저히 관념적인 철학은 부르주아 철학으로, 유물론적 철학은 진보적이며 과학적인 사상과 철학으로 파악하고 있다. 북한의 철학자들이 세계철학사나 서양철학사를 원전을 통해 철저히 연구하여 체계화시킨 흔적은 별로 보이지 않는다. 아마도 서양철학사를 파악하는 도식에서도 공산권, 특히 소련에서 만들어진 철학사나 철학 교과서들의 영향을 받아 유물론 중심의 철학사를 만든 것이 아닌가 짐작된다. 특히 북한의 철학이 초기에 마르크스-레닌주의가 아닌 서양철학의 여러 조류들을 부르주아 반동철학으로 비난하고, 실존주의나 실용주의, 실증주의 등을 제국주의와 파시즘에 봉사하는 철학이라고 규탄한 것은 동독 철학의 초기 양상과 매우 비슷하다. 마르크스주의나 유물론이 아닌 다른 철학사상들은 모두 규탄하고 배제하려고 했다는 점에서 동독과 북한의 철학은 근본적으로 분단철학이었으며 폐쇄적인 철학이었다.

북한 철학의 발전과정과 그 분단성을 전체적으로 파악하고 규명해 낼 수 있는 자료와 여건을 우리는 아직 갖지 못하고 있지만, 대체로 본다면 북한에서 부르주아 반동철학으로 비난당하는 사상들은 당시 남한에서 유행하는 서양철학 사조들이었음을 파악할 수 있다.27) 이것도 동독에서 주 공격 대상으로 비판되던 부르주아 철학들이 당시 서독에서 유행되며 영향력을 가졌던 사상들이었다는 것과 유사하다. 더구나 1950년대에 부르주아 반동사상으로 비난을 당한 철학이 실존주의나 비합리주의, 관념론 등의 사상이었던 데서 차츰 1960, 1970년대로 오면서 종교철학, 신토마스주의, 실증주의로, 1980년대로 오면서 수정

---

27) 정동욱, 「남조선에 류포되고 있는 현대 부르조아 철학의 반동적 본질(1)」, 『철학연구』, 3호, 1967.

주의나 속류 마르크스주의로 전환되는 것도 매우 비슷하다고 하겠다.

북한의 철학이 1950년대에 가장 치열하게 논박한 부르주아 철학은 실존주의였다. 이것은 남한 사회와 지성계에서 실존주의가 가장 영향력을 가진 사상이었다는 것과 연관된다고 본다. 이것은 동독의 경우도 마찬가지였다. 북한에서도 실존주의는 인간을 현실적 참여나 관심에서 도피하여 허무주의에 빠지게 하는 부르주아적 관념론의 한 조류로 비판된다.28) 실존주의 창시자인 키에르케고르나 니체도 허무주의와 비합리주의적 사상 풍토에서 자랐으며, 실존주의는 사회발전의 객관적 법칙을 무시하거나 사회적 모순의 객관적 원인을 은폐시키는 반동적 사상이라는 것이다.29) 이러한 허무주의적 실존사상이 남한에 유행하게 된 원인에 대해서도 해방 이후의 혼란과 전쟁으로 인한 불안한 사회정세 때문이라고 분석했다.

"1950년대에 전쟁을 겪고 난 우리 지식인들에게 실존주의의 음울한 색채는 꽤 마력적이었다. 실존주의는 원래 서구, 주로 독일과 프랑스에서 시민사회의 위기의식, 개인의 고독과 불행, 산업화의 진전에 따르는 소외의식 등을 배경으로 하여 성장한 사조이다. … 그러나 그것은 어디까지나 서구적 발상이라는 것을 지적해야 한다. 이남 사회에 있어서는 시민사회의 성숙과 위기는 고사하고, 시민사회의 정상적인 성립조차도 경험하지 못해 몸부림치고 있다. 우리에게 있어서 불안과 절망감은 실존적인 것이 아니라 인권과 생존권마저 유린당하고 민족 자주마저 짓밟힌 것에서 연유된 보다 처절하고 보다 급박한 현실생활에서의 불안과 절망이다. 그런데 몰지각한 일부 작가들은 실존주의 유행 풍조를 모방하여

---

28) 리지호, 『남조선에 류포되고 있는 실존주의 철학의 반동적 본질』, 조선로동당출판사, 1964.

29) 리호식, 「남조선에 류포되고 있는 실존주의 철학의 반동성과 그 위기」, 『철학연구』, 2호, 1964; 「남조선에 류포되고 있는 실존주의적 역사관 비판」, 『철학연구』, 2호, 1967.

이남 사회를 설명하려고 애썼고, 실존주의가 행동화되어 퇴폐주의로 흐른 결과 우리의 정신생활에 많은 피해를 입혔다."30)

이런 정도의 비판은 일면성은 있지만 그런대로 받아들일 만한 인식이요 비판이라 하겠다.

그러나 북한의 『철학사전』에 담긴 다음과 같은 비난과 공격은 그 분단성과 왜곡성이 지나쳐서 하루속히 시정을 요한다.

"실존주의는 … 인간문제를 왜곡하고 비애와 염세, 극단한 개인 이기주의를 고취하며 세계에 대한 과학적 이해와 혁명적 변혁을 부정하는 전형적인 부르주아 인간철학 … 염세주의와 현실도피 사상을 고취하는가 하면 인민대중에 대한 증오와 멸시를 합리화하고 있으며 … 고독을 체험하는 인간, 종교적 명상에 사로잡혀 있는 인간만이 참된 인간이며 생산노동에 종사하는 대중은 비본래적인 인간, 일종의 허위와 같은 것이다."31)

1950년대 말에서 1960년대로 오면서 북한 철학의 적대 대상이 신토마스주의로 옮겨 오는 맥락도 동독의 경우와 유사성을 갖는다고 볼 수 있다. 물론 당시 남한에서는 가톨릭교회와 개신교를 중심으로 한 기독교의 반공운동이 거세게 일어났으며, 반공의 보루인 가톨릭의 종교철학자들의 일부가 자크 마르탱의 네오토미즘을 연구하고 있었다. 그러나 남한의 반공철학을 공격하기 위해서만이라면 그렇게 신토마스주의에 공격의 화살을 맞힐 필요는 없었다고 보인다. 자크 마르탱이나 네오토미즘을 이해하는 신학자나 철학자는 당시에 극소수였고, 무슨 대

---

30) 고림, 『주체철학 원론』, 평양, 1989, p.10.
31) 북한사회과학원 철학연구소, 『철학사전』, 평양, 1985. 서울에서 재발간, 『철학사전』, 힘, 1988, p.432.

중적 영향력이 있는 것도 아니었다. 아마도 북한의 철학계가 네오토미즘을 적대적으로 공격하게 된 원인은 남한의 사상계 때문이라기보다도 동독의 경우처럼 유럽의 동서 냉전상황하에서의 철학적 논쟁의 맥락에서 옮겨 온 것이 아닌가 생각된다.

실증주의에 대한 비판은 그렇게 대단한 것이 못 되는데, 이것도 동독이나 소련에서의 영향 때문에 부르주아 철학사상의 비판이라는 맥락에서 가져온 것일 뿐, 남한에서 영향력이 크기 때문에 투쟁적 목적으로 비판이 시도된 것은 아닌 것 같다. 사실상 남한에서 실증주의 철학은 1950, 1960년대에 별로 인기가 없었으며, 분석철학이라는 것도 별 대중적 영향력을 갖지 못했다. 이에 비해 실용주의 철학에 대한 비판과 비난은 대단한 비중으로 추진된 것을 볼 수 있다. 실용주의를 남한의 현대 철학사상 중 가장 반동적인 철학으로 규정한 이유는 아마도 남한에 대한 미국의 엄청난 영향과 미국 숭배사상 때문이 아닌가 생각된다.[32]

다음과 같은 실용주의의 소개는 그런대로 철학적 이론과 정합성을 가지고 있다.

"실용주의는 영국의 경험론과 공리주의를 흡수하여 전개한 미국식 사고방식이며 가치기준이라고 요약할 수 있다. 19세기 말엽 미국의 윌리엄 제임스, 존 듀이에 의하여 체계화된 실용주의는 유익성, 행동, 능력 같은 것에 관심을 두고 진리의 현금가치를 개체적 경험에서 찾으려는 사조이다. … 진리란 하나의 현금가치를 가져야 하고 사용가치를 지녀야 한다는 것이다. … 미국의 실용주의는 향락과 진리, 유익한 것과 참된 것을 혼동하였다. 유익한 것이 반드시 옳은 것, 참된 것은 아니다. 향락에 기

---

32) 김철희, 「남조선에 류포되고 있는 현대 부르조아 철학의 류파들과 그 반동적 본질」, 『철학론 문집』, 과학원출판사, 1960.

준을 둔 실제적 효능을 가지고 가치의 진위를 가리려는 그 점에 실용주의의 천박성과 해독성이 있는 것이다. … 해방 후 미국 문화의 막대한 류입과 함께, 무비판적으로 밀려들어 온 실용주의는 전통적인 민족문화와 가치관을 급격히 파괴하고, 그 대신 향락문화, 황금문화를 이식시켰다."[33)

그러나 북한 철학 안에서도 서양철학의 이해와 수용 면에서 차이들이 있음을 우리는 주목할 필요가 있다. 비교적 차분하게 논리적으로 소개하고 있는 위의 글에 비하여 다음과 같은 『철학사전』의 소개문은 매우 감정적이며, 정치적인 규탄문 같은 냄새를 피운다.

"미 제국주의의 공식 철학이며 썩어빠진 미국식 생활양식을 변호하는 현대 부르주아 주관 관렴론, 미제의 강도적인 사고방식과 생활신조의 철학적 표현이다. 일명 행동의 철학이라고도 한다. 여기에는 미제의 죄악에 찬 피비린내 나는 역사가 철학적으로 총화되어 있다. … 이들이 떠들어대는 '생과 가까운', '개조된' 철학이란 미 제국주의자들의 반동적 이해관계의 입장에서 모든 문제를 풀며, 그들의 침략과 약탈에 필요한 가치의 입장에서 존재를 해석하는 방법이다."[34)

동독의 부르주아 철학 비판에서 실용주의가 별다른 공격의 대상이 되지 못하고, 실증주의와 과학이론에 주공격이 가해지는 데 비해, 북한의 철학은 실증주의보다 실용주의를 맹렬히 공격하며 제국주의 철학으로 타도되어야 할 대상으로 여기는 것은 아주 대조적이며 흥미로운 비교가 된다. 동서독의 정세와 남북한의 정치적 상황이 달랐던 데서 원인을 찾을 수 있지 않을까 생각된다.

---

33) 고림, 『주체철학 원론』, p.11.
34) 북한사회과학원 철학연구소, 『철학사전』, p.430.

북한 철학은 실존주의나 실용주의같이 비유물론적인 철학을 부르주아 철학으로 배격했을 뿐 아니라, 마르크스주의와 유물론, 변증법 사상을 비판적으로 수용하려는 네오마르크스주의, 프랑크푸르트학파의 비판이론, 휴머니즘적 마르크스주의, 그리고 그람시, 루카치, 알튀세르 등 서구적인 마르크시즘 사상가들마저도 모두 수정주의자들이라면서 비판하고 배격한다. 결국 이들 모두는 유물변증법의 객관적이며 과학적인 법칙들을 거부하기 때문에, 인간주의적이고 비판적인 입장에도 불구하고 결국 부르주아적 반동철학일 뿐이라고 못 박고 있다.35) 이들 사상을 잘 연구하면, 객관주의적인 유물사관을 수정하는 주체사상의 씨앗을 찾을 수 있을 텐데도, 네오마르크스주의에 속하는 모든 사상들은 마르크스-레닌주의 정통사상에 비판적이기 때문에 동독에서와 마찬가지로 모두 반마르크스주의로 배제시켜 버린다.

3) 조선철학사의 유물론적 재구성

분단시대 북한의 철학에서 나타난 괄목할 만한 업적은 조선철학사의 연구에 있었다고 본다. 서양철학의 수용이나 주체사상의 전개와 마찬가지로 조선철학사도 이데올로기적 일면성에 기초한 분단철학임에는 틀림없지만, 다른 사상들이 소련이나 동독과 같은 사회주의권의 철학들의 모방이나 영향 아래 쓰인 반면, 조선철학사는 연구와 논의가 북한 철학자들에 의해 전적으로 독점되었다는 점에서 민족문화의 유산으로서 큰 의미를 갖는다. 비록 오류와 과장, 이데올로기적 일면성과 같은 분단성이 있지만 북한의 철학자들이 우리 민족의 철학사상을 높이 드러내고 체계화하려고 했다는 사실만으로도 높이 살 만한 일

---

35) 고림, 『주체철학 원론』, p.74.

이다.

　조선철학사 연구에 관해서는 그동안 남한의 철학계에서도 상당한 관심과 주의를 가지고 연구하였으며 비판적 평가를 내놓았다.36) 이남영은 북한의『조선철학사』가 마르크스의 유물사관에 입각하여 관념론과 유물론의 대결과 투쟁의 역사로 줄거리를 엮어 서술했지만, 많은 왜곡과 강변, 원전에서의 이탈 등이 있다고 지적했다.37) 이준모는『조선철학사』가 근거하고 있는 유물사관이 마르크스의 전기 사상에 나타나는 주체적이며 실천적인 유물론을 충분히 반영하지 못한 단점과 문제점을 갖고 있다고 비판했다.38) 성태용은 유물사관의 독단적 적용이 가져오는 사실의 왜곡과, 유물론과 유심론의 획일적 구분의 오류, 사상의 계급적 환원의 단순화 등의 문제점을 지적하였고, 그러면서도『조선철학사』가 역사적 배경이나 사회경제사적 이해를 강화시킨 점, 남한의 철학이 무시한 내용들, 즉 발해의 철학, 이규보, 김시습, 만적, 임성주 등의 철학을 부각시킨 점 등의 장점도 아울러 지적하였다.39) 김교빈도 북한 철학계의 조선 전통철학 연구의 실태를 많은 자료의 검증을 통해 분석, 보고하였고, 유물사관에 의한 시대 구분의 문제, 이(理)와 기(氣)의 철학을 관념론과 유물론으로 이분화한 문제, 사상과 계급의 관련성 문제들에 관한 북한 학자들의 견해를 객관적으로 소상하게 소개하였다.40)

　『조선철학사』가 얼마만큼 마르크스의 유물사관에 충실하게 서술되

---

36) 철학연구회,『철학연구』, 제23집, 1988, pp.5-48.
37) 이남영,「조선철학사 서술의 특징과 문제점」.
38) 리준모,「조선철학사에 적용된 유물사관」.
39) 성태용,「조선철학사의 사실성 문제」.
40) 김교빈,「북한 철학계의 전통철학연구 경향과 앞으로의 변화가능성에 대한 연구」, 한국철학사상연구회,『시대와 철학』, 9호, 1994, pp.38-74.

었는지, 혹은 주체사상에 더 영향을 받고 있는지, 마르크스주의보다는 레닌주의, 스탈린주의적 교조적 유물사관에 더 충실하게 쓰였는지는 앞으로 더욱 많은 자료의 분석, 검토를 통해 평가되고 연구되어야 할 문제이다. 그리고 사실의 왜곡과 과장, 편파적이며 독단적인 해석이 얼마만큼인지도 더욱 구체적으로 분석되어야 할 것이다. 우리가 왜곡이나 허위, 과장으로 비판하는 내용들도, 북한의 학자들이 우리가 모르는 객관적 자료와 증거를 댈 수 있다면, 우리가 설복당하는 부분도 여러 가지 있을 수 있을 것이다. 그러나 필자는 이런 상세한 논의를 여기서 전개하지 못하며, 단지 『조선철학사』가 유물사관에 의한 유물론적 재구성이기 때문에, 이 역시 처음부터 분단철학의 범주 아래서 작업되었으며, 그래서 많은 부분에서 이데올로기적 일면성과 타방에 대한 적대성이 의도적으로 강하게 노출된 분단철학적 산물이었음을 지적하고자 한다. 이것은 앞으로 통일의 시대에 남북한 철학의 통합이 이루어져야 할 텐데, 무엇보다도 한국(조선)의 전통철학을 통합적으로 파악하고 하나의 철학사를 쓰기 위해서도, 분단철학의 극복은 반드시 거쳐야 할 단계이기 때문이다.

그러면 북한의 『조선철학사』가 갖는 사관에 나타나는 분단철학적 요소는 무엇인가? 『조선철학사 개요』의 저자 최봉익은 그의 사관을 이렇게 밝히고 있다.

"지난날 철학적 세계관의 발전 력사는 대체로 상반되는 두 철학 조류인 유물론과 관렴론, 변증법과 형이상학의 투쟁의 역사였다. … 조선철학사는 매 력사적 시기 우리 인민의 정치, 경제, 문화생활을 집중적으로 반영하였다. 노예사회의 철학, 봉건사회의 철학, 봉건사회의 분해기 철학, 자본주의적 관계의 발전기 철학으로 발전하였다. 우리나라 철학사 발전에서 중요한 특징을 이루고 있는 것은, 유물론이나 변증법적 사유가 비교적 장기간에 걸쳐 중단됨이 없이 줄기차게 발전하여 왔다는 데 있다. … 다음으로 우리나라 철학사 발전에서 중요 특징은 유물론 철학이 많은 경우에 변증법 사상과 밀착되어 있으며, 특히 진보적인 사회정치사상과 밀접한 련관을 가지고 발전해 왔다는 데 있다. 우리나라 철학사에서 대표적인 유물론적 사상 조류로 볼 수 있는 기일원론 철학은 그 자체 내에서 언제나 변증법 사상을 내포하고 있으며, 사회정치사상에서도 대체로 진보적이다. 이러한 실례를 리규보, 김시습, 서경덕, 홍대용, 최한기 등의 기일원론적 유물론 철학에서 충분히 찾아볼 수 있다."[41]

최봉익의 『조선철학사 개요』(1986)나 『조선철학사상 연구』(1975)는 주체사상의 확립기 이후에 쓰였고, 1960년에 쓰인 『조선철학사』를 주체사상에 의해 재구성하려는 의도가 있어, 시대 구분이나 사상가의 선택, 기술 내용에서 다분히 차이가 있다.[42] 그러나 주체사상의 관점이 가미되었더라도 유물론적, 변증법적 재구성이라는 입장에는 변화가 없는 것 같다. 후기에 나온 『조선철학사 개요』가 초기의 『조선철학사』보다는 더 풍부한 사료의 수집과 검토 위에서 쓰였고, 더욱더 고착된 이데올로기적 해석과 체계화가 이루어졌을 것으로 일단 가정해 본다. 최봉익은 철저히 계급적 입장과 유물사관의 입장에서 조선철학사를 재구성했음을 고백하고 있다.

"다 아는 바와 같이 유물론과 변증법은 대체로 력사발전에서 해당 시기 사회발전에 리해관계를 가진 진보적 계급과 계층의 리익을 대변하였고, 관렴론과 형이상학은 해당한 력사적 시기 자주성을 옹호하기 위한

---

41) 최봉익, 『조선철학사 개요』, 사회과학출판사, 1986, pp.337-338.
42) 아직은 이 차이에 관한 남한 철학계의 연구가 보이지 않는다. 앞으로 자료가 충분히 제공되면 『조선철학사』 서술의 방법이나 사관의 발전과정에 관해 흥미 있는 연구들이 나올 수 있을 것이다.

인민들의 투쟁을 억압 말살하려는 반동계급의 리해관계를 대변하고 있었다."[43]

문제는 존재론이나 인식론에서 관념론적인 태도나 유물론적인 태도를 가질 수 있지만, 이 태도를 곧 반동적 계급과 진보적 계급의 사상과 입장으로 동일시한다는 데 있다. 더구나 진보와 보수 반동을 판가름하는 기준이 사회발전의 여러 가지 목표와 가치에 따른 것이 아니라, 자주성을 옹호하는 인민들의 투쟁을 지원하느냐 억압하느냐의 획일적이고 협착한 목적들에 따르는 데 조선철학사의 재구성은 심각한 분단철학적 요소와 문제를 갖게 된다. 기(氣)일원론이 반드시 유물론이며 이(理)일원론이 관념론이라는 것은 상당한 문제가 있지만, 우리가 반드시 서양철학적 이분법인 관념론, 유물론의 개념에만 매일 필요는 없기 때문에 그런대로 조선철학사에서의 유물론적 경향과 관념론적 경향으로 나누어 볼 수는 있다. 그러나 이러한 사관을 조선철학에 적응시켜 철학사를 재구성할 때, 상당한 무리와 왜곡이 따르는 것을 우리는 발견하게 된다.

가령 남한의 철학계에서 조선 중기 유학에서 가장 중요시하는 이황과 이이의 사상은 이(理) 중심의 철학과 기(氣) 중심의 철학이라는 차이 때문에 이황은 이(理)일원론의 보수 반동적인 철학자로 규정되고 이이는 그래도 이기(理氣)이원론을 주장했기 때문에 일부 진보적인 사상과 요소를 가질 수 있었다고 평가되고 있다. 더욱이 "리황의 리일원론은, 봉건사회의 통치질서와 도덕규범을 절대적인 것으로 합리화하고, 피압박 대중을 영원히 얽매어 두자는 데 그 반동적 본질이 있었다"[44]는 주장은 분단철학적인 왜곡의 단면을 보여준다. 그에 반해 이

---

43) 최봉익, 『조선철학사 개요』, p.338.
44) 같은 책, p.19.

이는 "총체적으로는 관렴적이며 봉건주의적인 철학이었으나, 진보적인 철학사상 발전에 기여하였으며, 리조 전반기에 중소 토지소유자 계층의 리익을 대변했다"45)고 평가하고 있다. 그러나 이들과 거의 같은 16세기의 봉건시기에 기(氣)일원론을 주장한 서경덕은 자연관에서 유물론적 사상과 소박한 변증법적 사상마저 가지고 있었기 때문에, 봉건사회의 비참한 현상들이나 양반 관료들이 농민의 토지를 약탈하는 것을 비판하였으며, 결국 하층 양반계층의 이익을 대변하였다고 쓰고 있다.46)

이규보, 김시습, 홍대용, 최한기, 임성주는 자연관에 있어서 기(氣)일원론을 주장했기 때문에, 즉 유물론 철학자이기 때문에, 사회경제적인 사상이나 실천에서도 진보적인 요소를 가져야 하고, 권근, 이퇴계, 송시열 등은 이(理)일원론이라는 관념론 사상 때문에 사회사상이나 역사철학의 면에서도 봉건 통치계급의 이익을 대변한 반동적 성리학자로서 매도했다. 객관적 관념론자인 송시열은 봉건 전제제도에 충실한 어용학자이며, 그의 반동적 철학사상은 조선의 철학발전에 막대한 해독을 끼쳤다고 악평되고 있다. 조선 유학사상에 관한 평가만 보아도 조선철학사의 유물론적 재구성이 갖는 분단철학적 문제들을 충분히 짐작할 수 있다. 이런 문제들은 고대 사상이나 삼국시대, 고려의 불교철학, 근세 실학사상의 서술에서까지 계속되는 것을 최봉익의 『조선철학사 개요』가 잘 보여주고 있다.

그러나 북한의 조선철학사는 유물론적으로 재구성하였다고 해서 분단철학적인 단점만 있는 것은 아니다. 유물변증법적인 사관이나 주체사상에 입각한 관점이 아니었다면 무시되었거나 잘 드러나지 않았을 철학사상가들이나 그 사상들의 사회경제적인 배경들을 발굴해 낸 점

---

45) 같은 책, p.207.
46) 같은 책, p.188.

은 분단철학이 이룩해 낸 공로이며 업적이라고 할 수 있다.47) 이 점은
남한 철학계에도 많은 자극과 반성의 계기를 제공해 준 것으로, 앞으
로 더욱 심도 있게 연구되고 토론되어야 할 것 같다.

4) 집단주의적 주체사상과 윤리

북한의 철학에서 주체사상이 차지하는 위치와 의미는 무엇이며, 앞
으로 통일을 지향해 나갈 때 주체사상은 어떤 역할을 할 수 있고 어떻
게 평가될 것인가? 북한의 철학사상을 논하면서 싫건 좋건 주체사상
이나 주체철학을 빼놓을 수는 없으며, 어쨌든 주체사상은 북한 체제
속에서 1960년대 말, 1970년대 초부터 지금까지 대표적이며 지배적인
사상이라고 할 수 있다. 북한의 철학이 분단 초기 1950년대부터 절대
적으로 신봉해 온 마르크스주의적 유물론과 변증법을 창조적으로 발
전시켰다는 주체사상은 철학계뿐 아니라 모든 인문사회과학과 정치,
사회, 문화의 모든 영역에서 지배적 가치관과 지도이념으로 군림하고
있다.

주체사상은 주체철학으로도 불리고 있지만, 자연과 세계에서 인간
이 차지하는 위치와 관계, 인간의 사회적 본성과 역사발전에서의 주체
의 역할을 밝혔다는 점에서 분명히 철학적 세계관이요, 인간관에 속하
는 철학사상이다. 주체사상은 1960년대에 와서 북한이 당면한 정치적,
국제적 위기를 극복하기 위해 자주국방이라든지 자립경제 등 자주적
노선을 걷기 위한 현실적 필요에서 요구된 정치사상이었다고 할 수 있
다. 소련의 수정주의나 중소 이념분쟁 혹은 중국의 친미 화해노선 등

---

47) 허남진, 「북한의 조선철학사, 한국철학사 연구에 하나의 자극」, 『역사비평』,
    1988 겨울; 정신문화연구원 학술토론회 '북한의 한국학 연구성과 분석'(1990
    년 11월).

국제적 위기와 국내 세력들 간의 노선 대립 등 정치적 문제들을 해결하기 위해 3대 혁명강화나 혁명소조운동을 전개하면서 새로운 사상을 모색하게 되었고, 주체사상은 이 과정에서 나타나게 되었다.48) 이 점에서 주체사상은 정치사상이며 이데올로기이다. 그러나 차츰 사상적, 철학적 논의와 구체적 체계화가 이루어지면서 주체사상은 철학적 세계관, 가치관이 되고, 마르크스주의 유물론을 변용하고 대체하는 철학체계로까지 부상하게 된다. 그러므로 주체사상의 논의에서는 철학적 가치관으로서의 주체철학과, 정치사상과 지도이념으로서의 주체사상을 분리해서 파악하는 것이 옳다고 필자는 생각한다.

그것이 철학적 가치관의 면이든 정치적 이데올로기로서든, 주체사상, 주체철학에 관해서는 그동안 남한의 학계에서도 여러모로 연구와 토론을 했으며, 이제는 대체로 그 정체와 성격을 파악했다고 볼 수 있다. 그러나 아직 주체사상의 내용에 대한 평가와 판단에서는 사상적 경향에 따라 상당한 차이들이 있으며, 또 사상적 배경이나 의미 등에 대해서도 많은 이견이 있다. 필자는 여기서 주체사상의 철학적 이론체계나 정치사상적 내용을 상론할 수 없으며, 또 당파적인 논의를 되풀이할 필요는 없다고 생각한다. 단지 주체사상이 북한의 대표적인 철학적 가치관이요 세계관이라고 할 때, 철학적으로 의미 있는 핵심적 내용이 무엇인가 하는 것을 나름대로 파악해 보려고 한다. 또한 이러한 주체사상은 어떤 점에서 분단철학적인 요소를 갖는가를 생각해 보려고 한다.

수많은 논문과 서적들이 주체사상의 철학적 체계들을 밝히고 있지만, 그것은 너무나 단순하고 평범한 진리를 주장하고 있어 책을 읽어보면 놀라게 된다. 북한 철학이 그토록 수백 번 수천 번 강조해서 외

---

48) 이병창, 「해방 이후 북한철학사」, 『시대와 철학』, 9호, p.115.

는 주체사상의 철학적 원리는 "사람이 모든 것의 주인이며, 모든 것을 결정한다"는 것이다. 이 원리를 밝힘으로써 "주체철학은 세계 속에서의 사람의 지위와 역할에 관해 가장 과학적이며 정확한 해답을 주었다"고 주장하고 있다.49) 그리고 사람이 모든 것의 주인이 되고, 세계와 역사의 운명을 결정하는 주체가 될 수 있는 근거는 사람이 세계에서 유일하게 자주성, 창조성, 의식성을 가진 존재이기 때문이라는 것이다. "지금까지 역사에 수많은 철학사상들이 명멸하였지만 사람을 철학적 고찰의 중심에 놓는 철학사상은 없었다"고 주장하고 있다.50) 우리는 동서양의 수많은 철학사상이 사람을 만물의 영장으로, 인간을 자연과 역사의 주체로 세워 놓고 있으며, 인간을 의식적 존재, 자주성을 가진 존재, 창조적인 존재로 규정하고 있는 것을 알고 있다. 이런 점에서는 왜 인간을 모든 것의 주인으로 강조하는 주체사상이 새롭게 필요한지 알 수 없다. 아마도 자주노선을 정치적으로 걸어가고, 북한 인민들의 민족 자주성을 고취하기 위해서는, 인간을 자주적 존재로 규정하는 주체철학이 정치적으로 퍽 유용한 사상이었을 것으로 생각된다. 그러나 이러한 사람 중심의 철학이 처음으로 주체사상에 의해 성립되었다는 주장은 결국 다른 모든 철학사상들을 고려하지 않는 분단철학이 된다.

물론 북한 철학자들은 주체철학이 인간의 의식이나 정신을 중심에 두는 관념론 철학과는 근본적으로 다르며,51) 또 물질을 중심에 놓고 세계를 고찰하는 유물론적 철학과도 구별된다고 주장한다. 마르크스주의 철학은 유물변증법적 방법을 내놓음으로써 올바른 세계관을 세

---

49) 김화종, 김덕유, 『사람중심의 철학』, 평양: 사회과학출판사, 1992, p.40 이하.
50) 홍순민 엮음, 『주체의 철학적 세계관 연구』, 자주철학학회, 1991, p.25.
51) 이정삼, 「사람 위주의 철학적 원리와 주관적 관념론」, 홍순민 엮음, 『주체의 철학적 세계관 연구』, pp.107-144.

우기 위한 과학적인 방법을 확립한 것이 사실이지만, 유물변증법적 방법은 물질의 일차성의 원리에 기초하여 물질을 철학적 고찰의 중심에 놓고 세계의 본질과 변화 발전의 객관적 합법칙성을 밝히는 방법이기 때문에 세계를 인식하고 개조하는 사람의 활동의 합법칙성을 전면적으로 반영하지 못하였다고 비판했다.52) "마르크스주의의 철학적 방법은 그 유물론적이고 변증법적인 성격에도 불구하고 사람을 자연의 단순한 한 부분으로, 사람의 제 특성을 생산력과 생산관계의 제 요소에 해소시켜 고찰하며, 물질세계의 자연사적 과정의 합법칙성을 밝히는 방법이었다. 마르크스주의 철학은 그 어디에서도 인간을 옹근 몫으로 취급하지 못하였으며 인간의 주동적 활동의 합법칙성을 밝히지 못하였다. 계급해방의 조건에 관한 학설로서의 특징을 가질 수는 있었으나 노동자 계급과 민중의 자기 운명을 개척하기 위한 학설, 인간의 운명을 개척하기 위한 원리와 방도, 자기 운명을 개척하기 위한 인간의 활동에서 견지하여야 할 제 원칙을 밝힌 학설로 될 수는 없었다."53) 주체사상은 마르크스주의의 성과를 전제하면서 사람과 세계와의 관계에 관한 논의에서 사람을 세계의 주인의 자리에 놓고 사물의 현상과 그 변화 발전을 고찰하여 사람이 자연과 사회를 지배하고 개조해 나가는 진리를 밝혀 주는 세계관을 세울 수 있는 철학적 방법을 밝히게 되었다고 한다.

이로써 주체사상의 핵심은 사람의 의식적 활동이 역사발전에서 물질적 조건보다 더 우선적인 역할을 담당한다는 이론으로 요약될 수 있다. 이것은 마르크스주의의 핵심 문제였던 의식과 존재의 규정관계에서, 존재가 의식을 규정하고 하부구조가 상부구조를 결정한다는 결정

---

52) 홍순민, 「사람 위주의 주체철학과 인간일원론」, 홍순민 엮음, 『주체의 철학적 세계관 연구』, p.26.

53) 같은 글, p.26.

론적 반영론을 비판하고 의식적 활동의 선행성(initiative)과 창조성을
강조한 실천적 유물론, 혹은 비판적 유물론의 주장과 매우 유사한 사
상 내용이다. 이런 논의들이 '사회적 존재와 사회적 의식의 관계' 혹은
'생산력 발전에서 생산관계와 노동의 역할'에 관한 북한 철학자들의
논문 속에 이미 나타나고 있다.54) 이미 마르크스주의적 유물론의 논쟁
사에서 오랫동안 전개되어 왔던 경제적, 사회적 조건과 의식적, 주체
적 행위의 선후관계에 관한 사상적 투쟁에서 한쪽 부분을 차지하고 있
는 주체 중심적 유물사관과 북한의 주체사상이 무엇이 근본적으로 다
른 것인지 필자는 확인하기 어려웠다. 만약 북한의 철학이 주체사상을
마르크스주의적 유물론 논쟁사에 전혀 나타나지 않는 새로운 사상이
라고 주장한다면, 마르크스주의 사상이나 논쟁사마저 일부분만 받아
들인 분단철학이라는 비판을 면하기 어려울 것이다.

물론 주체사상이 사람을 철학적 고찰의 중심에 놓고, 자주적이며 창
조적인 존재인 사람을 역사발전과 물질세계의 발전에서 결정적인 역
할을 하는 주체로 부각시켰다면, 민족의 자주성 수호나 창조적인 역사
발전에 매우 긍정적 공헌을 하는 철학으로 높이 평가해야 할 것이다.
적어도 이런 철학적 원리를 편파적이라거나 일방적인 분단철학으로
볼 이유는 없다. 또한 실제로 주체사상은 북한의 민족 자주성 확립과
강력한 단결, 실천력을 배양하는 데 크게 기여한 것으로 평가되고 있
다. 주체사상이 사람을 역사와 세계의 주인으로 내세웠다는 것만으로
문제될 것은 하나도 없다.

주체사상이 철학적 가치관으로서 갖는 문제성과 분단철학적인 요소

---

54) 전하철, 「사회력사적 운동의 창조적 성격과 사회발전의 합법칙성」, 『철학론
문집』, 9호, 1985; 박용곤, 「주체사상 연구에서 제기되는 몇 가지 문제」, 『사
회과학론문집』, 1992; 김영춘, 「주체사상에 의해 밝혀진 생산력 발전의 근본
원인과 동력」, 『철학연구』, 1호, 1986.

는 사람을 주체로 보는 데 있는 것이 아니라, 주체로서의 사람이 개인
이나 인간 일반이 아닌 사회적 집단으로서만 존재한다고 보는 데 있는
것 같다. 주체사상은 주체로서의 사람에 대한 철학적 이해가 중요하다
고 긴 논의를 전개시킨다.55) 사람을 사회적 존재라고 규정하는 것은
아리스토텔레스 때부터 내려온 전통이지만, 주체사상은 한 걸음 더 나
아가 사람이 사회적 관계를 맺고 사는 존재이며 그것을 자기의 요구에
맞게 개조해 나가는 존재라는 의미에서 사회적 존재성을 강조한다. 여
기서 사회적 관계는 단결과 협력의 관계이든지, 대립과 투쟁, 지배와
예속의 적대관계이든지인데, 사회적 관계를 지배와 예속에서 벗어나
단결과 협력의 관계로 이끌 수 있는 주동세력은 근로인민대중이며, 그
것은 계급적 차이가 소멸되는 공산주의 사회에서야 실현이 된다고 한
다.56) 결국 주체사상은 계급투쟁을 주도하며 역사를 변혁시킬 수 있는
혁명세력으로서의 노동계급(근로인민대중)을 주체로 규정하게 된다.57)

　　주체철학의 인간관은 또한 "사회적 인간의 고유한 생명인 사회정치
적 생명을 기본으로 하고 있다"고 밝히고 있다. "사람의 생명을 육체
적 생명으로만 보면 개인주의적 인생관에 머물고 말지만, 사회정치적
생명체로 보고 이를 중시하게 되면 집단주의적 인생관에 이르게 된다"
고 한다.58) 사회적 존재인 인간에게서 중요한 것은 사회정치적 생명이
며, 주체철학은 사회정치적 생명을 기본으로 하여 성립된다고 한다.
그뿐만 아니라 주체의 인생관의 특징은 수령관을 핵으로 하는 데 있다
고 한다. "사회적 존재로서의 민중은 수령을 구심점으로 결집됨으로써

---

55) 김화중, 김덕유, 『사람중심의 철학』, 2장 「사람에 대한 주체적 리해」.

56) 같은 책, p.83.

57) "력사의 주체는 근로인민대중이며, 반동적 착취계급은 력사의 주체가 될 수
　　없습니다." 김정일, 「주체사상에 대하여」, pp.16-17.

58) 고림, 『주체철학원론』, p.297.

력사의 자주적 주체가 되며, 가장 고귀한 사회정치적 생명을 받아 안고 자주 위업을 완성하는 투쟁의 길에서 값진 삶을 누리게 된다"고 한다.59) 주체철학이 분단철학으로서의 요소를 갖는 것은 바로 사람이라는 역사적 주체를 집단주의적인 주체로서만 보며 개인이나 인간 일반을 소외시키는 데 있으며, 나아가 이 집단주의적 주체로서의 사회정치적 생명체는 다시금 수령이라는 한 사람의 구심점으로서만 표출된다는 데 있다.

"대중은 당과 수령에 의하여 사회정치적 생명을 받아 안게 되며 당과 수령의 보살핌 속에서 자기의 사회정치적 생명을 유지하고 빛내며 나가게 된다. 사람들이 자기 부모를 떠나서 육체적 생명을 지니고 성장할 수 없듯이, 대중이 당과 수령을 떠나서 사회정치적 생명을 지니고 빛내며 나갈 수 없다."60)

주체사상이 가진 핵심 내용은 바로 역사발전의 힘으로서 집단주의적인 가치관과 윤리의식을 심화시키려는 데 있는 것 같다. 그리고 그 집단으로서의 주체는 수령을 정점으로 한 인민대중의 결합체이기 때문에 주체는 곧 인류 전체라든가 민족 전체가 아닌, 북한의 근로인민대중이라는 특정한 집단만을 상정하는 것이 된다. 주체사상과 철학의 분단성이 여기에 있다. 민족 전체, 인류 전체를 아우르는 주체가 되어야겠는데, 북한의 철학 교과서가 내세우는 주체는 너무나 분단적 요소를 많이 가지고 있다. 그러나 이런 주체사상이 현재의 북한 동포 전체를 전체주의적으로 결합시키는 데는 강력한 수단과 이데올로기가 될 수 있다. 주체사상은 철저히 집단주의적 가치관과 윤리의식을 심어 주

59) 같은 책, p.298.
60) 김화중, 김덕유, 『사람중심의 철학』, p.271.

는 데 기여하고 있기 때문이다. 북한의 한 윤리 교과서는 이를 특히 강조하고 있다.

"공산주의의 높은 단계에서 집단주의는 전면적으로 구현되어, 사회의 모든 성원들이 '하나는 전체를 위하여, 전체는 하나를 위하여'라는 원칙 밑에 살며, 일하며 배우는 것이 필수적인 생활원칙으로 구현되게 된다. 공산주의 사회성원들은 개인 리기주의적인 사상과 도덕 잔재로부터 완전히 벗어나 철저히 집단의 리익만을 알고 사회와 집단을 위하여 모든 것을 바치는 집단주의자로 되게 된다."61)

---

61) 김경숙, 『공산주의 생활륜리』, 평양: 사회과학출판사, 1990, p.55.

통일 논의에서 본 민족과 평화

1. 세계화와 한반도의 민족문제

민족주의나 민족국가의 의미가 점차 약화되고 있는 세계화의 흐름 속에서, 한반도의 분단국가에 살고 있는 우리 민족은 민족의 문제를 어떻게 이해하고 해결해 가야 할 것인가? 분명히 세계사는 19세기 초부터 대두하기 시작한 민족국가(Nationalstaat) 중심에서 탈피하여, 초국가적인(transnational) 세계화(Globalisierung)로 변천하고 있고, 경계선 영역 안에서 절대적 권력을 독점적으로 행사하던 민족국가는 점차 초국적 자본이나 세력들에게 권력과 영향력을 빼앗기는 탈민족국가 (Denationalisierung) 시대로 접어들고 있다.[1]

이미 국민총생산(GNP)의 70% 이상을 수출과 무역에 의존하고 있

---

* 이 글은 제16회 한국철학자대회 「탈민족주의 시대의 민족 담론」(2003년 10월 10-12일, 서강대 다산관)의 주제 발표 논문을 수정 보완한 것이다.
1) Ulrich Beck(hrsg.), *Politik der Globalisierung*, Frankfurt, 1998, S.18, 26.

는 우리나라는 1997년의 외환위기를 겪으며, IMF나 초국적 기업들이 명하는 구조조정과 경제정책에 순응하지 않으면 안 되는 세계화의 과정을 절실히 체험하였다. 해일처럼 밀려들어 오는 시장개방의 압력과 신자유주의 물결은 보호무역이나 민족경제를 옹호하는 국가를 무력화시키고 있으며, 이는 점차로 경제적 영역에서 뿐 아니라, 정치적, 사회적, 문화적 영역에서까지 탈민족국가화의 영향력을 미치고 있다.2)

세계화의 진행을 강도 높게 밀어붙인 베를린 장벽의 붕괴(1989)와 동서 냉전체제의 해체는, 민족주체사상을 고수하며 동구 공산권의 경제공동체 보호하에 온존하던 북한의 폐쇄적인 민족주의 국가정책에도 서서히 지각 변동을 일으키기 시작했다. 북한의 국제정치적, 경제적 버팀목이었던 구소련이 맥없이 해체되어 15개의 공화국으로 찢어지고 자본주의 시장경제 속에 흡수되어 버린 1990년대, 혈맹관계에 있던 사회주의 중국마저 실용주의 노선을 택해 개방과 자본주의화로 치닫고 있는 탈이데올로기 시대에, 국제적인 보호막도, 싼 원료와 에너지 공급도, 외화를 벌 시장도 모두 잃어버린 북한은 살아남기 위한 고난의 행군을 시작할 수밖에 없었으며, 체제보존과 경제개방이라는 두 마리 토끼를 놓치지 않기 위해 안간힘을 쓰고 있다.3)

1991년에 남북의 화해와 불가침 교류협력 합의서가 급격히 타결된 것은, 북한이 난국과 위기에서 벗어나 세계사의 새로운 흐름에 적응하려는 현명한 선택이었다고 생각된다. 남한과의 화해와 협력을 통해 안정된 평화체제를 수립하고, 미국과 일본 등 서구의 강대국들과 경제협

---

2) Jürgen Habermas, "Jenseits des Nationalstaats? Bemerkungen zu Folge-problemen der wirtschaftlichen Globalisierung", in Ulrich Beck, *Politik der Globalisierung*, S.71.

3) 1990년경까지 소련으로부터 배럴당 7달러라는 사회주의권 우호가격에 원유를 공급받던 북한은 소련의 해체 후 20달러가 넘는 시장가격으로 수입할 수밖에 없게 되어 에너지 파동과 경제파국이 시작되었다.

력관계를 수립하여, 사회주의권 붕괴의 위기에서 벗어나려는 북한의 정책과 전략은 주체사상의 포기가 아니라 새로운 시대와 국제환경에의 적응이었다고 보아야 할 것이다.

그러나 오랫동안 극도로 폐쇄적인 민족주의와 반제국주의, 반세계화의 이념과 정책으로 무장된 북한의 지배계층과 인민들은 개방과 교류협력을 쉽게 받아들일 수 없었으며, 더구나 북한의 체제와 지배층을 불신하는 미국이 평화협정이나 국교수립에 부정적이어서, 북한은 체제 붕괴의 위험과 불안에서 벗어나는 초강경 수단으로 핵발전소와 핵무기 개발 위협이라는 벼랑 끝 전술을 택하게 되었다.

이미 북한은 1993년에 영변의 흑연감속로를 설치하여 핵개발을 시도했으며 핵확산금지조약(NPT)에서도 탈퇴를 선언해, 세계화 과정에서의 고립과 붕괴 위기에 맞선 경제적, 군사적 서바이벌 게임(survival game)에 나섰다. 1994년의 제네바 협정(agreed framework)으로 미국은 결국 북한의 핵개발을 자제시켰고, 대신 경수로를 지원하여 북한의 전력개발을 약속했다. 2003년까지 경수로가 완성되면 전력 2백만kw를 더 얻게 되어 북한은 에너지 경제난을 타개할 수 있게 된다고 보았다. 그때까지 미국은 매년 중유 50만 톤을 공급해 아쉬운 대로 화력발전소를 유지시켜 주기로 한 것이다.4) 그러나 경수로의 완성은 지연되고, 미국의 부시 새 정권은 북한을 악의 축으로 몰아 고립시키려 하자, 북한은 다시금 핵무기와 미사일 개발이라는 벼랑 끝 전술을 쓰게 되었으며, 불가침 협정과 경제봉쇄 해체와 맞바꾸려는 극한 투쟁으로 나가게 되었다.

미국 부시 정권의 강경파들은 북한의 핵개발을 조기에 저지시키기

---

4) 실제로 북한의 전력은 현재 압록강 수력발전소(약 75만kw)를 포함해, 군소 화력, 수력 발전소를 합해도 겨우 2백만kw에 미치고 있다. 남한이 5천만kw 전력을 생산하는 것에 비하면 경쟁상대가 될 수 없다.

위해 핵시설과 군사시설의 폭격을 주장하고 있으며, 소형 핵무기의 사용마저 이야기하고 있다. 북한은 미국의 선제공격의 경우 남한에 포탄과 미사일을 퍼부어 불바다로 만들고 수백만의 인명 피해를 일으킨다고 으름장을 놓고 있다. 현재 북경에서 진행되고 있는 6자회담을 통해 과연 북미 간에 타협이 이루어지고 북한의 체제와 안전 보장과 핵개발의 포기가 맞바꾸어지는 해결책이 나올 수 있을지, 아니면 아프가니스탄이나 이라크 전쟁의 경우처럼 협상 타결을 명분으로 시간 끌기를 하다가 결국은 미국의 일방적인 선제공격으로 한반도를 불바다로 만들게 될지는 아무도 예측할 수 없다.

2003년에 다시금 노출된 미국과 북한의 갈등과 전쟁위협은 한반도의 남과 북에 갈라져 살고 있는 우리 민족에게 새로운 도전과 시련을 안겨 주게 되었고, 우리는 다시금 민족의 삶에 대해 심각한 고뇌를 하지 않을 수 없게 되었다. 결코 강 건너 불을 보듯 구경만 하고 있을 수 없는 남한의 국민들은, 북미 간의 대결이 전쟁과 폭격으로 치달을 경우, 북한의 동포들이 절규하는 민족 공조를 우선시킬 것인지, 혹은 반북한 정서를 가진 보수세력의 주장대로 한미 공조를 우선시킬 것인지의 곤란한 선택 기로에 서게 될지도 모른다. 북한의 핵개발 저지를 위해 폭격과 전쟁도 불사해야 하느냐, 아니면 민족의 생존과 평화를 위해 미국의 군사적 개입을 저지하고 반전반핵운동을 일으켜야 하느냐이다. 2003년 한반도에서의 민족문제는 학술적, 이론적 담론의 문제가 아니라, 민족의 생존이냐 파멸이냐, 민족 간 평화냐 전쟁이냐를 결정하는 실존적 문제요 운명적인 문제가 되었다.

2. 민족주의의 부정성과 긍정성

민족분단의 고통을 극복하고 갈등과 대결을 해소하여 평화와 통일을 이룩하려는 우리 민족의 염원은, 민족의 번영과 발전을 바라는 민족의식, 민족주의에 기초되어 있다. 이것은 민족이 일제식민지 치하에서 억압과 고통을 당할 때 자주독립을 외친 민족주의와 맥을 같이하는 연장선상에 있다고 할 수 있다. 더구나 분단을 강요하고 통일을 저해해 온 세력이 외세였다면, 통일은 민족끼리의 단합을 우선시하는 민족주의 사상에 의해 이끌어질 수밖에 없는 운명을 안고 있다.

그러나 오늘의 민족문제를, 즉 분단과 대결, 전쟁의 문제를 민족주의에 의해서만 해결해 갈 수 있는가 하는 데는 여러 가지 의문점이 생기게 된다. 더구나 민족주의는 긍정적인 면도 있지만 부정적인 면도 많이 있고, 이미 역사적으로 많은 역기능과 과오를 범했기 때문에 민족주의적 통일 논의는 많은 문제와 오해를 일으킬 수 있다. 원래 민족주의는 오랜 역사를 통해 다양한 모습으로 전개되어 왔기 때문에 개념이 넓고 다의적이며, 시대와 맥락에 따라서 그 의미와 지향하는 바가 다르게 나타난다.5)

민족주의 연구가 한스 콘(Hans Kohn)은 민족주의 사상의 두 연원을 루소와 헤르더에서 보며, 전자는 통치지역 안에 주권이 미치는 모든 구성원들, 즉 국민 전체를 민족(nation)으로 보는 관점을, 후자는 같은 혈통, 언어, 문화, 습관을 가진 민족정신(volkegeist)의 공동체라는 특징을 가졌다고 한다. 그래서 민족주의의 두 유형으로는 프랑스 혁명 이후 국민주권을 실현한 나라들이 통치지역 안의 국민들을 결속시키는 개방적 민족주의와, 독일이나 슬라브 민족의 경우처럼 혈연과 문화, 종교 등에 의한 공동체를 단위로 하는 폐쇄적 민족주의가 있다고 하였다.6)

---

5) 민족주의 개념과 역사적 전개에 대해서는 필자의 논문 「민족주의와 자립의 윤리」, 이삼열, 『기독교와 사회이념』, 한국신학연구소, 1986, pp.434-452 참조.

그러나 두 유형의 민족주의도 역사적 상황에 따라서 각기 그 역할이 긍정적일 수도 있고 부정적일 수도 있다. 프랑스 혁명이 가져온 국민국가(national state)로서의 민족주의는 자유사상과 민주주의를 범세계적으로 넓히려는 긍정적인 사상이었지만, 나폴레옹의 군대가 자유의 전도사라는 이름으로 유럽 천지를 짓밟았을 때, 배타적, 침략적 민족주의로 전락할 수밖에 없었다. 또한 같은 혈통과 언어문화를 단위로 하는 폐쇄적 민족주의도 헤르더나 피히테(Fichte)의 경우에서 보듯이, 민족의식의 계몽을 통해 자각과 반성을 일으켜 민족문화 발전에, 나아가 인류문화 발전에 기여하는 긍정적 민족주의가 될 수 있다. 이탈리아의 마치니(Mazzini)나 폴란드의 미케비츠(Mickiewicz)의 민족주의도 타 민족과의 협력, 봉사, 상호 존중과 평등을 지키면서 자기 민족문화를 발전시킬 것을 목표로 했다.[7] 그러나 혈통과 역사문화를 토대로 하는 민족주의는 타 민족에 대한 민족 우월감과 자국의 이익 우선이라는 에고이즘 위에서 배타적이며 반평화적인 민족주의로 나갔을 때는 항상 제국주의적 민족주의로 전락하고 말았다. 일본의 군국주의나 독일의 나치즘, 이탈리아의 파시즘의 경우가 그러했다.

이에 비해, 아시아, 아프리카에서 서구 제국의 식민주의(colonialism)에 저항하며 민족의 자존과 독립을 추구해 온 신생 독립국들의 민족주의는 강대국의 지배와 수탈에서 벗어나 민족의 삶을 지키고 자유와 정의를 실현하려는 해방적 민족주의였기 때문에 서구의 초기 피히테나 마치니의 민족주의처럼 긍정적 타당성을 갖는다고 보아야 할 것이다. 그러나 아시아, 아프리카의 신생 독립국의 민족주의도 독립을 한 이후에는 억압과 지배의 수단으로 변질하게 되는 것을 흔히 보게

---

6) Hans Kohn, *Die Idee des Nationalismus*, Hamburg, 1962.

7) Paul Edwards(ed.), *The Encyclopedia of Philosophy*, Vol. 5, Macmillan, 1978, p.444.

된다. 왕년의 민족주의 지도자들이나 민족운동가가 독립하여 집권한 이후에 독재자로 군림하여 민주주의를 억압하고 부정부패의 늪에 빠져 민족주의를 악용하는 경우를 말한다.

한반도의 남북한에 존재하는 민족주의에 대해서도 긍정적인 면과 부정적인 면이 함께 존재한다는 것을 우리는 잘 알고 있다. 식민지 시대에는 반제국주의 독립운동의 정신적 지주로 큰 공헌을 하였지만, 해방 이후에는 남과 북의 정권적 정통성을 설명하는 체제 이데올로기로 전락하였다는 비판이 있다.8) 북한의 주체사상이나 남한의 민족적 민주주의가 어느 정도 정권의 체제 옹호 이데올로기의 역할을 하였다는 것을 인정한다면, 한반도에서 거론되는 민족주의도 상당한 역기능과 부정적인 면을 갖고 있다고 볼 수 있다. 1972년 7·4 공동성명과 같이 민족의 자주와 평화 대단결을 선언한 민족통일의 헌장마저도 남북이 모두 유신체제와 체제 강화에 이용한 것을 보면, 통일 민족주의가 분단체제의 유지 강화에 이용될 수 있는 소지는 얼마든지 있다고 하겠다.

그러나 우리는 민족이나 민족주의가 정권 안보나 지배집단의 이데올로기에 악용되는 면이 있다 하더라도, 그 이념이나 사상이 민족의 삶을 향상시키고 민족의 모순을 시정하고 평화와 번영을 가져올 수 있는 길이라면, 그 순기능과 긍정적인 면을 무시하고 무조건 비난만 할 수는 없다. 우리 민족이 처한 삶의 맥락을 고려하지 않고, "민족주의는 파시즘"이라든가, "같은 핏줄이기 때문에 통일돼야 한다는 것은 지극히 낭만적이며 위험하다"는 식의 매도는 결코 바람직하지 못하다.9) 반세기가 넘도록 허리가 묶이어 가족과 친척을 만나지 못하고, 동족 간

---

8) 정용욱, 「미국이 보는 한국 민족주의」, 『민족 21』, 2002년 4월호, p.81.
9) 김기헌, 「민족주의, 파시즘인가 현실인가」, 『민족 21』, 2002년 4월호, pp.89-91.

의 대결과 전쟁 준비로 정치, 경제, 문화, 모든 것이 불구가 되고 반쪽이 된 민족 현실을 보면서, 통일 민족주의가 낭만적이니 파시즘적이니 하는 비판은 현실에 맞지 않는다고 본다. 문제는 통일을 지향하는 민족주의가 옳은 방향이라고 하더라도 민족주의만 가지고서 실천이 될 수 있을 것인가 하는 데 있다. 또한 우리의 민족의식이나 민족주의가 분단을 극복하고 통일을 가져오려면 어떠한 원칙과 가치가 더 보완되어야 할 것인가를 찾아야 하겠다.

3. 평화를 실천하는 민족주의

분단시대 남북한에서 전개된 통일 논의와 정책들 속에서 민족의식이나 민족주의가 어떻게 인식되고 있는지를 살펴보았다. 대체로 북한의 주체사상에 입각한 통일 논의는 민족의 단일성과 자주성을 모든 것에 앞서서 내세우는 과도한 민족주의를 표방하고 있고, 남한의 통일 논의에서는 민족통일은 필요하지만 보다 중요한 것은 자유민주주의를 지키는 일이라는 민주주의 원칙을 견지하고 있다. 물론 북한의 통일론에서도 민족주의만 있고 민주주의가 없는 것이 아니며, 남한의 통일정책에서도 민주주의만 있고 민족주의는 없는 것이 아니다. 보다 우선적인 가치를 북에서는 민족주의에, 남에서는 자유민주주의에 두고 있다는 것을 의미한다. 남한의 통일 논의에서도 정부정책에서는 자유민주주의를 앞세우고 있지만, 7·4 공동성명의 정신을 중요시하는 통일론은 사상과 이념을 초월하는 민족 대단결을 우선시함으로써 통일 민족주의를 표방한다고 볼 수 있다. 북이나 남이나 색깔의 차이는 있지만 분단이 아니라 통일을 민족의 필수적 과제로 생각하는 한에는 민족주의를 근거로 삼지 않을 수가 없다.

문제는, 통일을 앞세우는 민족주의가 긍정적인 역할을 할 때에는 좋지만, 부정적인 역할을 하게 되는 경우에 어떠한 담론이 필요할 것인가에 있다. 그러면 민족주의가, 특히 통일을 지향하는 민족주의가 부정적 역할을 하게 되는 경우는 어떤 경우인가? 앞서 살펴본 대로 민족주의는 민족의 독립이나 자유, 권익 옹호 등 민족의 삶을 향상시키는 데 이바지할 때 긍정적 공헌을 하지만, 타 민족의 삶을 괴롭히거나 자기 민족의 삶을 억압하는 독재나 횡포에 이용될 때 역기능을 할 뿐 아니라 민족을 파탄으로 내모는 위험한 경지에까지 이를 수도 있다. 독일의 나치즘이나 일본의 군국주의뿐 아니라, 오늘날 보스니아나 코소보, 체첸이나 카슈미르에서 보듯이 과도한 민족주의 혹은 종족주의는 이웃과의 평화를 깨트릴 뿐 아니라, 자기 민족의 삶마저 망가트리는 망령으로 전락할 수 있음을 유의할 필요가 있다.

이러한 점에서 볼 때, 오늘날 한반도에서 드러나고 있는 민족주의나 민족에 관한 담론들이 특히 경계해야 할 점은 민족우선주의나 통일지상주의가 민족 간의 평화나 세계평화를 깨트리게 되는 경우가 아닐까 생각해 본다. 전쟁을 해서라도 민족통일을 이루어야겠다는 통일지상주의, 테러와 파괴를 통해서라도 차별받는 민족의 자존심을 살려야겠다는 민족우선주의는 세계평화를 위해서 뿐 아니라 민족의 삶 자체를 위해서도 위험한 의식이라는 것을 알아야 한다. 오늘날과 같은 대량살상무기가 쓰일 수 있는 전쟁이나 테러는 민족의 삶을 파멸로 이끌 뿐 아니라, 설사 전쟁에서 이긴다 해도 독립이나 통일이 별 의미가 없는 경우가 있다는 것을 명심할 필요가 있다. 한반도에서의 민족통일은 너무나 당연한 민족적 과제이지만, 평화가 아닌 전쟁이나 무력에 의한 통일은 결코 민족의 삶에 유익하지 못할 뿐 아니라 자칫 파멸로 이끌 수 있기 때문이다.

우리와 같이 제2차 세계대전 후 미소 간의 동서 대결로 분단되었던 독일 민족이 전쟁을 하지 않고 통일을 할 수 있었던 것은, 무력이나 힘에 의한 통일보다는 평화를 지향하는 분단을 택하여 오랫동안 참고 견디었기 때문이라는 것을 우리는 경험하였다. 특히 독일인들은 제2차 세계대전을 일으킨 전범이었기 때문에, 동서 냉전시기 동안 유럽의 평화유지를 위해서는 민족분단도 감수하겠다는 의지로 인내하면서도 '두 개의 체제 속에서의 한 민족(Eine Nation mit zwei Staaten)'이라는 등식을 가지고 평화적인 민족의 통합을 지향해 왔다는 것을 주목할 필요가 있다.

오늘날 이데올로기로 인한 갈등과 대결이 종식된 21세기에 와서도 세계 곳곳에서 전쟁과 테러, 분쟁이 그치지 않고 더 많이, 더 격렬하게 진행되고 있는 것은 문화와 종교의 탈을 쓴 민족주의, 종족주의가 세계화의 흐름 속에서 새롭게 범람하기 때문이다. 21세기는 다른 색깔의 문명이라는 옷을 입은 민족과 종교 간 전쟁의 시대가 될지도 모른다는 경보가 여기저기서 나타나고 있다. 민족주의나 종교 원리주의들이 자기 집단의 이익을 위해 평화를 깨트리는 실천 행동을 하게 될 때에 세계는 다시금 걷잡을 수 없는 전쟁과 파멸의 길로 나가게 될 것이 분명하다. 팔레스타인이나 카슈미르, 이라크와 한반도를 전 세계가 전전긍긍하며 주목하고 있는 것도 이 때문이다.

한반도에서의 민족의식이나 민족주의가, 평화의 원칙을 지키고 평화를 실현하는 민족주의가 되어야 하는 이유도 여기에 있다. 민족 내부의 갈등이나 분단을 해결하기 위해 이웃나라나 외세의 무력을 끌어들여 민족의 피를 흘리는 전쟁까지 해야 한다면, 그것은 결코 민족을 위한 것도 세계평화를 위한 것도 아님을 명심해야겠다. 세계화 시대 한반도의 민족주의나 민족 담론은 반드시 평화의 가치를 존중할 뿐 아니라 평화를 실천해 가는 민족주의여야 한다는 것을 시대정신으로 확산시켜야 한다.

IV

세계화 시대의 위기와 시장의 철학

세계화의 불안과 세계시민적 이성
시장경제의 세계화와 세계시민의 윤리
글로벌 경제위기와 시장의 철학
동아시아 사회발전과 아시아적 가치

세계화의 불안과 세계시민적 이성

1. 20세기 말의 세계화 담론

20세기를 두어 달밖에 남기지 않은 오늘의 시점에서 21세기를 내다보며 미래 사회를 예견해 볼 때, 단연 으뜸가는 화두는 세계화 (Globalization)라는 단어이다. 누구나 입만 열면 세계화를 논한다. 정치인도, 사업가도, 과학자도, 예술인도, 종교인도 세계화가 미래 사회의 당위적인 존재 근거라고 외치고 있다. 이미 우리는 오늘, 아니 얼마 전부터 세계화 속에 깊숙이 들어와 있다고 한다. 세계화는 아무도 부정할 수 없는 현상이며, 어디에서도 계속 진행되고 있는 되물릴 수 없는 과정이다.

그러나 세계화를 거론하는 사람들이 모두 같은 개념과 생각을 갖고

* 이 글은 『철학과 현실』 창간 10주년 기념 세미나(1999년 10월 23일) 주제 발표 논문으로, 『철학과 현실』, 43호, 1999 겨울, pp.62-79에 수록된 글을 수정 보완한 것이다.

있는 것은 아니다. 사회학자 울리히 벡(Urich Beck)에 의하면, 세계화란 가장 많이 사용하는 단어이면서도 가장 많이 잘못 사용하는 단어이며, 가장 덜 정의된 채 쓰고 있는 말이며, 아마도 가장 오해가 많은 단어이면서 가장 애매모호한 말이며, 그러면서도 정치적으로 가장 영향력이 큰 구호요 선전문구인데, 이는 지난 몇 년 동안 그랬을 뿐 아니라 앞으로도 계속 그럴 것이라고 한다.[1]

이것은 우리 한국의 현실을 들여다보면서 생각해도 아주 적중한 표현이라고 하지 않을 수 없다. 다른 여러 선진국들과 마찬가지로 세계화라는 구호가 우리 귀에 쟁쟁하게 들려온 것은 불과 4, 5년 전이었다. 1994년 김영삼 대통령이 아태정상회담에 다녀오면서 앞으로의 국정지표를 세계화에 두겠다고 기자회견을 했을 때만 해도 우리에겐 이 단어의 뜻이 분명히 떠오르지 않았다. 왜 그것이 앞으로의 국가 목표가 되어야 하는지는 더욱 알쏭달쏭했다. 아마도 그때 김영삼 대통령은 세계시장에 내어놓아도 손색이 없는 일류 상품을 만들어 내서 국가경쟁력을 세계적 수준으로 높이겠다는 의미 정도로 세계화라는 단어를 풀이했던 것 같다.

그러나 세계화의 의미가 그런 아전인수격의 해석과는 너무나 거리가 먼 곳에 있었다는 것은, 당시에는 물론, 오늘에 와서도 그렇게 분명하게 인식되고 있지는 않은 것 같다. 더구나 우리는 특히 1990년대에 와서 급격히 온 세계를 휩쓸고 있는 세계화의 흐름과 개념을 잘못 파악했을 뿐만 아니라, 여기에 대한 대응 전략마저 잘못 세웠기 때문에 국가적으로 큰 낭패를 보고 말았다. 무턱대고 선진국의 대열에 서기만 하면 되는 줄 알고 OECD에 가입했고, 우루과이라운드와 WTO 체제 수립에 앞장서서 선진국이 되었다. 겁도 없이 WTO 사무총장국이 되

---

1) Ulrich Beck, *Was ist Globalisierung?*, Frankfurt, 1997, S.47.

겠다고 나서기도 했다. 전 세계 어느 나라 공항에 가도 제일 먼저 눈에 띄는 것은 삼성이나 대우 마크를 단 짐 나르는 카트이다. 빚 얻어서 사업하는 주제에 무슨 재력이 그렇게 있다고 유럽이나 미국의 공항에다 공짜로 수백 대씩 카트를 선사했는지 알 수가 없다. 그렇게 하면 한국이 세계화하고 세계적 일류 국가가 되는 줄로 착각했던 것 같다. 이렇게 허세를 부리다가 우리는 1997년에 국가부도 위기를 맞고 IMF 구제금융을 구걸하게 되었다. 그러나 이런 낭패와 쇼크를 당한 지 2년이나 되었지만 아직도 우리는 세계화의 의미를 바르게 깨닫고 적합한 대응 전략을 세우고 있지 않은 것 같다. 아직도 우리는 세계화를 우리에게 유리하게 전개되어 가는 현상으로만 파악하고 선진국의 대열에 설 수 있는 기회쯤으로 생각하는 경향이 있다. 21세기를 향한 우리의 진로와 국가 목표를 바르게 세우기 위해서도, 세기말에 당면한 세계화의 도전을 정확히 파악하고 대응하는 것이 무엇보다 중요하며 시급한 과제인 것 같다.

그렇지만 아직도 세계화의 개념이 어디에도 정확히 파악되어 있지는 않다. 그렇기 때문에 많은 오해와 곡해, 막연하고 모호한 구호들이 회자되고 있다. 마치 1848년에 마르크스가 「공산당 선언」을 쓰면서 "지금 유럽에는 공산주의라는 유령이 떠돌고 있다"고 했듯이, 150년이 지난 오늘 지구상에는 '세계화'라는 유령이 떠돌고 있다고 표현한 학자도 있다.2) 그것이 유령과 같은 것은 아직 그 정체성을 완전히 파악할 수 없기 때문이다. 세계화의 바람은 불고 있지만 이것이 어디로 어떻게 불어 갈지 방향과 결과를 아직 정확히 가늠할 수 없기 때문이다. 이런저런 소리와 상반되는 주장들이 나올 수 있는 것은, 세계화란 아직 진행되고 있는 과정일 뿐 방향이 어디로 가는지, 끝의 결과는 어

---

2) *Asian Exchange*, Vol. 14, Asian Regional Exchange for New Alternative (ARENA), 1997.

떻게 되는지 알 수 없기 때문이라고 할 수 있다.

그뿐만 아니라 세계화는 여러 방면에서 여러 가지 형태로 나타나고 있는 현상이기 때문에 한 가지 개념이나 흐름으로 종잡을 수 없는 면을 가지고 있다. 코소보 전쟁이나 동티모르 사태를 몇 분 안에 전 세계가 다 알게 되고 금방 찬반 성명서를 만들어 하루 만에 세계 여론을 휘어잡는 것은 커뮤니케이션(대중매체)의 세계화라고 할 수 있다. 화석연료의 과용으로 탄산가스(CO_2)가 많아져 지구 전체가 온난화하고 남극의 오존층이 파괴되는 것은 생태계의 세계화라고 할 수 있으며, 영국 은행이 싱가포르나 홍콩의 주식시장에서 수십 억 달러의 투기자본을 굴리다가 하루아침에 수백 억 달러를 벌기도 하고 몽땅 잃기도 하는 것은 경제적인 세계화라고 할 수 있다. 제3세계에서 밀려오는 외국 노동자들 때문에 독일이나 프랑스의 실업자들이 급격히 늘어나 사회 안전망마저 무력화되고 복지국가의 꿈이 깨어지는 현상은 노동시장의 세계화 때문이라고 할 수 있다.

이렇게 세계화는 여러 가지 면과 구조를 가지고 있지만, 보통 한마디로 세계화라고 표현되고 있어 혼란과 오해를 일으킨 적이 많다. 세계화는 자본주의의 승리를 가져올 것이라는 둥, 세계화와 함께 국가는 소멸할 것이라는 둥, 세계화는 포스트모던 사회를 만들 것이라는 둥, 여러 가지 주장과 담론이 생기는 이유가 여기에 있다. 때로는 세계화가 너무 신화화되어 비신화화(demystify)해야 한다는 주장도 있다.3) 마치 세계화는 꿈과 같은 놀라운 세계를 실현시킬 것이라는 마술적 힘(magic)을 생각하는 것이나, 세계화는 공룡처럼 인간의 문명과 현 사회구조를 모조리 망가뜨릴 것이라는 공포(horror)를 연상하는 신화적 해석에서 벗겨 낼 필요가 있다는 것이다.

---

3) *SEF*(Stiftung Entwicklung und Frieden) *News*, No. 3, June 1998, p.2.

세계화에 대한 두려움과 공포는 경제력과 기술이 약한 후진국에게 만 있는 것이 아니다. 독일과 같은 경제대국에서도 세계화의 공포가 있다고 사회민주당의 당수였던 오스카 라퐁텐(Oskar Lafontaine)은 주장했다.4) 유럽인들에게는 세계화가 곧 자본과 기술의 이동으로, 복지 사회를 누리던 유럽인들이 '노랑 개미들(gelben Amaisen)', 즉 아시아 의 부지런한 노동시장에 일자리를 모두 빼앗기고 실업자와 노숙자가 되어 방황하는 세계화를 두려워하고 있다는 것이다. 그런가 하면 보츠 와나의 대주교인 마클루(Archi Bishop Makhulu)는, 세계화라는 단어 는 더러운 죄악(dirty sin)이라고 했다.5) 투기자본의 횡포와 외채의 누 적, 독재정권과 다국적기업의 야합 때문에 국민경제를 파탄시키고 외 환위기를 가져와 국민들을 외채의 악순환 속에 빠뜨리며, 빈곤과 도탄 을 확대 재생산시키는 세계화야말로 인류의 죄악의 극치라고 혹평했 다.

10년 전 베를린 장벽이 붕괴되고, 소련과 동유럽의 공산체제가 무너 진 것도 세계화의 한 현상이라고 볼 수 있다. 이때 세계화는 이데올로 기와 체제의 장벽을 무너뜨린 해방자로서 군림하는 듯이 보이기도 했 다. 이제까지의 민족국가적인 정치를 무너뜨리고 새로운 세계체제를 만들어 낼 것이라는 유토피아적 진단도 있었다. 그러나 지난 10여 년 의 세계화의 촉진을 보면서 우리는 낙관적 기대를 점차 잃어버리게 된 것도 사실이다. 끊임없이 계속되는 세계화의 담론들은 우리에게 불안 감이 있음을 말해 준다. 이 불안의 정체를 제대로 파악하고 대처하지 못하고서는 21세기의 미래를 자신 있게 희망적으로 내다볼 수 없는 것이 사실이다.

---

4) Oskar Lafontaine, *Keine Angst vor Globalisierung.*
5) 아프리카 하라레에서 열린 WCC 제8차 총회(1998년 12월 9일)에서.

2. 경제적 세계화와 신자유주의 질서의 위기

아직도 그 개념이 모호하면서도, '세계화'가 오늘날 우리에게 그토록 많이 거론되고 또 논란을 일으키는 이유는, 20세기를 마감하고 새 세기, 새 천년으로 나아가는 전환기의 인간의 삶에 막대한 영향을 주고 변화를 일으키기 때문이다. 우리는 개념적 설명 이전에 이를 몸으로 느끼며 살고 있다. 우리의 자녀들은 방학이 되면 배낭 하나를 짊어지고 지구촌 곳곳으로 여행을 다닌다. 이미 북유럽의 백야도 아프리카의 원시림도 신비스러운 곳이 아니며, 히말라야 산에서도 사하라 사막에서도 아마존 강가에서도 얼마든지 세계 여러 나라 사람들을 만날 수 있다. 필자는 우연히 코펜하겐의 일류 디자이너와 비즈니스 클래스의 비행기 옆자리에 앉아 유럽으로 여행한 적이 있다. 유럽 왕실의 의상까지 디자인한다는 이 미모의 여성 디자이너는 파리에서 디자인을 하고 이탈리아에서 만든 옷감으로 서울에 있는 솜씨 좋은 의류 공장에서 재단과 재봉을 해서 만든 옷을 다시 뉴욕과 유럽의 일류 의상실에서 판매한다고 하며, 이렇게 1년에도 서울을 몇 번씩 다녀간다고 했다. 이 디자이너는 이미 세계가 자기의 직장과 투자와 기술과 노동 시장이 되어 버린 세계화의 삶을 살고 있었다. 우리는 이미 스페인의 오렌지와 시베리아의 캐비아와 네팔의 차를 먹고 마시면서 세계화의 삶을 살았다고도 볼 수 있다. 그러나 오늘에 와서 새삼스럽게 세계화를 부르짖는 이유는 무엇인가?

그것은 정도와 속도의 질이 급격하게 달라진 데 원인이 있다고 할 수 있다. 사실 세계화가 언제부터 시작되었는가라고 물으면 사회학자들이나 역사학자들도 서로 다른 대답을 한다. 월러스타인(Immanuel Wallerstein) 같은 사회학자는 무역의 증대로 자본주의적 세계체제가 수립된 16세기에 이미 세계화는 시작되었다고 본다. 다른 사람들은

17, 18세기 식민지 시대를 세계화의 출발점으로 보기도 하고, 세계적인 대기업(Konzern)이 생긴 시점을 그 시작으로 보기도 한다. 그런가 하면 고정환율이 무너지고 변동환율이 실시된 시점을 기준으로 보기도 하고, 동구권이 붕괴된 1990년대를 세계화의 시점으로 보기도 한다.6) 여기서 중요한 것은 현대사회의 특징과 구조인 민족국가의 경계선 안에서 살며 활동하던 양태가 사라지고 국경을 넘어서서 경제나 기술, 지식 정보가 확장되어 가는 과정이 생겨나게 되는데, 이런 변화의 과정을 세계화라고 일컫는 것 같다. 단지 그 정도와 빈도, 속도가 어느 정도부터를 말하느냐에 따라 세계화의 시점을 역사적으로 달리 보는 것 같다. 이 점에서 세계화를 국제화(internationalization)와 구별하기도 한다. 어떤 사람이 국제화를 더 세게 하는 것이 세계화라고 우스갯소리를 했지만, 그것은 일리가 있다. 국제화가 아직 국가나 국경을 전제해 놓고 국제간에 통상이나 교류, 협동이 이루어지는 것을 말한다면, 세계화는 아예 국가적인 경계나 규범, 통제를 무시하면서, 혹은 무력화시키면서 나타나는 초국가적인(transnational) 현상들을 말한다고도 볼 수 있다. 말하자면 안소니 기든스(Anthony Giddens)의 정의대로7) 민족국가적인 종교적인 지역, 대륙의 경계나 거리를 넘어서서 살며 활동하는 것이라고 볼 수 있다.

민족국가적인, 혹은 문화 종교권의 경계나 거리가 무너지고 인간의 삶과 활동의 범위가 확대되는 것을 세계화라고 한다면, 우리는 여러 가지 양상과 차원을 함께 생각해 보아야 한다. 기독교가 온 세계에 전파되는 것도 세계화요, 마이클 잭슨의 춤과 노래가 지구상 어느 곳에서나 연주되는 것도 세계화요, 코카콜라나 햄버거가 아프리카나 중국에서까지 소비되는 것도 세계화이다. 그런데 우리는 종교나 지식, 예

---

6) Ulrich Beck, *Was ist Globalisierung?*, S.44.

7) Anthony Giddens, *Jenseits Von Links und Rechts*, Frankfurt, 1997, S.23.

술, 매스컴 기술이 세계화함으로써 입는 혜택들은 그렇게 문제시하지 않으면서, 국경을 넘어서 밀려드는 자본과 상품, 금융, 노동과 같은 경제적인 세계화는 문제시하게 된다. 왜 그런가 하면, 경제적 세계화가 우리의 삶과 사회에 미치는 영향은 그 정도와 범위, 깊이가 너무나 심각한 것이기 때문이다. 그러므로 세계화에 관해 설명하고 평가할 때에는 어떤 세계화인가를 먼저 밝혀야 한다. 무조건 모든 세계화를 전면적으로 규탄하거나 비방할 수는 없는 것 같다. 오늘날 우리에게 심각하게 문제되는 것은 경제적 세계화이다. 상품이나 기술, 노동이 국경을 초월해서 교류되고 확장되는 경제적 세계화도 문제지만, 특히 초국가적 금융자본과 빛의 속도로 움직이는 전자정보기술의 결합이 가져오는 통제 불능의 세계경제 현상들이 우리에게 심각한 문제를 일으키며 도전해 오고 있다.8) 이것이 오늘날 세계화의 현상과 문제를 심각한 철학적 문제로 다루지 않으면 안 되는 이유이다. 세계화가 인간의 삶과 세계에 심각한 위기와 엄청난 위협을 가져오기 때문이다.

그러면 이러한 경제적 세계화가 가져오는 부정적 결과들은 어떤 것이며, 왜 오늘의 철학은 이 문제를 심각하게 반성하며 대안을 만들어 내지 않으면 안 되는가? 오늘날 경제적 세계화의 문제는 여기저기에서 심각하게 논의되고 있지만, 철학적으로도 거론되기 시작한 것을 최근의 토론에서 살펴볼 수 있다. 가령 1997년 가을 독일의 밤베르크 시 헤겔 주간(제8차)의 주제는 '세계화의 실태와 철학의 과제'였다. 아펠(Karl-Otto Apel) 교수와 회슬레(Vittorio Hösle) 교수를 초빙하여 세계화 현상의 문제들을 놓고 위기 진단과 극복 방안을 경제학자들과 함께 논의한 것은 시대적 과제에 대한 적절한 철학적 대응이었다고 할 수 있다.9) 아펠은 여기서 경제적, 기술적 세계화 현상 등을 일차적 세계

---

8) Hans-Peter Martin, Harald Schuman, *Die Globalisierungsfalle*, Reinbek: Rowohlt, 1996. 『세계화의 덫』으로 우리말로 번역됨.

화로 규정하고, 여기에서 나타나는 역기능을 시정하고 부정적인 결과들을 규제하기 위해 이차적인 세계화, 즉 윤리적, 규범적 세계화가 일어나야 한다고 주장하고 있으며, 회슬레는 오히려 신자유주의를 옹호하는 입장에서, 정보통신기술이나 자유무역 이념을 확대시키고 세계화하면 점차로 빈부격차를 줄여 가게 될 것이라고 하였다. 오늘의 경제적 세계화가 가져오는 모순들, 즉 불합리한 국제금융자본의 횡포, 최빈국과 최부강국 사이의 차별의 극대화를 어떻게 극복하느냐 하는 문제가 자유주의냐 신자유주의냐, 사회민주주의냐 공동체주의냐, 다시 말하면 자유냐 정의로운 질서냐의 윤리적, 이념적 논쟁을 불러일으키게 된 것이다. 경제적 세계화는 오늘날 자본과 금융상품과 노동의 국경 없는 이동과 자유화로 인해 엄청나게 많은 문제와 위기를 일으키고 있으며, 또한 환경과 생태계의 파괴가 세계화되고 있어 21세기 미래 사회에 최대의 문제와 해결 과제로 등장하고 있다.

독일 『슈피겔』지의 기자가 쓴 『세계화의 덫』은 특히 1990년대에 와서 나타나고 있는 경제적 세계화의 문제점과 파멸의 위기를 경고한 것으로, 세계는 점차 20 대 80의 비율로 부와 빈곤의 차별적 분배가 구조화되고 있다는 요지이다. 즉, 20%의 선진국이나 강대국들이 전 세계의 부를 80% 이상 차지하고, 나머지 80%의 빈곤국, 후진국들은 20%의 부를 나누어 갖는 현상으로 나타나는데, 이것은 세계화 과정이 촉진되면서 더욱 빠른 속도로 분명하게 나타나고 있다는 것이다.[10] 특히 이런 과정이 촉진된 것은 냉전체제의 해소와 동구 공산권의 붕괴로 세계 전체가 하나의 자본주의 시장경제체제로 재편된 1990년대 이후

9) Karl-Otto Apel, Vittorio Hösle, Roland Simon-Schaefer, *Globalisierung: Herausforderung für die Philosophie*, Bamberg: Universität Verlag, 1998, S.75-122.

10) Hans-Peter Martin, Harald Schuman, *Die Globalisierungsfalle*.

였다고 할 수 있다. 동서 대결 시대에 그래도 공산권 블록과 사회주의 체제로 인해 제동이 걸렸던 세계 자본주의 경제체제는 이제 국경뿐만 아니라, 블록, 이데올로기, 인종, 종교의 경계를 넘어 자유자재로 확산되게 되었다. 소득과 이윤을 좇아 무제한으로 넘나드는 자본과 기술, 노동의 세계화는 물론 승자에게는 엄청난 이득과 혜택을 가져다주고 피해자나 패자에게는 막대한 손실과 수탈, 고통과 환멸을 가져다주는 것이었다.

자본주의 체제의 세계화가 가져오는 모순과 위험을 일찍이 지적한 사회학자는 월러스타인이었다.11) 즉, 이윤 극대화의 원칙에 지배되는 시장 자본주의가 자본과 시장의 자유기능을 제한하고 조절하려는 국가기관의 통제를 넘어서서 점차 영향력을 팽창시키며, 드디어는 중심부와 반주변부, 주변부로 나누는 착취 구조의 세계체제를 만들어 낸다는 것이다. 이제까지는 선진국이나 후진국 혹은 각기 성격이 다른 민족국가들 안에서의 경제활동이 주류를 이루었지만, 세계화가 이루어지면서 세계 전체의 모든 정부와 기업들, 은행들, 노동자들, 중산층들을 하나의 세계체제 속으로 재편성시켜 버린다는 것이다. 자본주의 경제체제의 세계화는 결국 파국의 위기를 안고 있는 세계시장과 세계체제의 구조적 제도화(institutionalisation)로 다가가게 된다고 월러스타인은 경고했다.12)

11) Immanuel Wallerstein, *Historical Capitalism*, London, 1983; *Geopolitics and Geoculture*, Cambridge, 1991.

12) Immanuel Wallerstein, "Klassenanalyse und Weltsystemanalyse", in R. Kreckel(hrsg.), *Soziale Ungleichheiten: Soziale Welt*, Göttingen, 1983.

3. 카지노 자본주의와 비윤리적 경제질서

우리는 오늘날 많은 학자들이 예견하고 비판했던 자본주의 시장경제체제의 세계화가 참으로 심각한 결과들을 가져오고 있음을 목격하고 있으며, 한국인들도 이러한 체제의 피해자가 되고 있음을 경험하였다. 우리는 1997년부터 경제위기를 당해 소위 IMF 체제를 겪고 있다. 이것은 단지 세계금융기구인 IMF에서 구제금융을 받고 구조조정의 명령을 받았다는 데서 명칭이 붙여졌을 뿐이지만, 사실은 경제적 세계화, 즉 자본주의적 세계체제화가 가져온 결과였음을 인식해야 한다. 오늘날 거의 국가들이 통제할 수 없을 정도로 체제화된 경제적 세계화와 신자유주의적 질서하에서는 막대한 투기금융자본들이 빛의 속도로 국경과 시장을 넘나들며 막대한 이윤을 챙겨 가도 어쩔 수 없게 되어 있다. 현재 세계 전체의 금융시장에는 하루에 250조 달러의 돈이 국경을 넘나들며 거래되고 있다고 한다. 물론 현금이 이만큼 움직이는 것은 아니고, 증서나 어음, 채권 등의 형태로 컴퓨터 속의 숫자로 오고 간다. 그러니 전파의 속도를 타고 뉴욕에서 도쿄로, 싱가포르에서 프랑크푸르트로 금융자본들이 이동한다. 그러나 이 가운데 수출입 상품을 결제한다든지 서비스를 지불한다든지 하는 실물경제의 거래를 위해 지불되는 금융거래는 약 2%에 불과하다고 한다. 나머지 98%는 증권, 채권, 외환 등 단기성 차익을 노리고 시장과 시장을 누비고 다니는 투기성 자금이라는 것이다. 이를 두고 오늘의 세계 자본주의 체제를 카지노 자본주의(casino capitalism)라고 한다. 한국에서도 증권시장과 채권시장, 외환시장에서 매일 수백억, 수천억 원의 돈이 거래되고 있는 것을 볼 수 있다. 심지어는 재수가 좋은 투기꾼들은 일확천금하는 경우도 있다. 단기간에 1억으로 150억을 번 사람도 있다고 한다. 이렇게 모두 다 횡재를 꿈꾸고 투기금융시장에만 몰린다면 그 나라의 경제는 어떻게 되겠는가? 생산이나 교역, 소비 등 생산적인 경제활동을 통해, 실물경제의 활성화를 위해 발전을 추구하는 것이 아니라, 투기성 금융자본이 금리와 할인율과 시세 차익으로 엄청난 돈을 벌어 가게 된다면, 결국 그만큼 잃어버리고 빼앗기는 사람들이 있게 된다는 것을 의미한다.

실물경제가 늘어나지 않는데 금융경제만 팽창된다면, 이것은 허구적이며 가공적인 경제발전이었음을 말해 준다.13) 그런데 오늘날 세계경제는 실물경제에 밑받침되지 않고, 또 통제도 되지 않는 화폐의 증가, 국채와 공채의 남발, 이자와 할인과 시세 차익으로 인한 막대한 금융 이익 등으로 버블이코노미(거품경제)가 확대되어 가고 있다. IMF나 World Bank 등이 주도하는 미국 달러 화폐 중심의 금융제도도 부채와 차입금의 악순환을 재생산하는 착취 구조로 비판되고 있다.

경제적 세계화가 신자유주의적 물결과 함께 가져온 오늘의 세계경제질서는 카지노 자본주의로 대표되는 매우 불합리하며 비윤리적인 것이다. 초기 자본주의는 나름대로 부지런히 일하며 열심히 저축하는 사람들에게는 부와 재산이 축적될 수 있다는 윤리적 원칙을 갖고 있었고, 후기 자본주의나 수정되고 조직화된 자본주의는 부의 공정한 분배라든가, 사회적 약자의 보호와 복지 향상이라는 윤리적 목표를 갖고 있었다. 그러나 이제 정보통신기술의 혁명과 시장의 세계화, 경제활동의 자유화로 초래된 세계화 시대의 자본주의는 그 엄청난 속도와 강도로 부익부 빈익빈의 양극화를 촉진시켰고, 경쟁에 패배하는 수많은 후진국과 약소국들을 다국적기업이나 은행에 종속시켜 외채의 악순환과 노예 상태에 빠지게 하며, 국가경제나 국민경제 전체를 포괄하는 세계경제를 국경 없이 돌아다니며 막대한 부를 챙기는 투기금융자본의 도

---

13) Marcos Arruda, "Neoliberal Financial Globalization: Capitalism's grave illness", in *Echoes*, WCC publication, nr. is. 1999.

박장으로 만들어 버리는 엄청난 불의와 부도덕한 세계로 타락시키고 있다. 카지노 자본주의의 맹점과 타락은 모든 사람들을 투기꾼의 심리로 몰아가고 있다는 데 있다.

모든 사람들이 5억 원쯤 은행에 넣어 놓고 이자를 받아 생활하고, 적당히 증권이나 채권을 사서 유리할 때 팔아 부를 챙기고, 이렇게 번 돈을 다시금 부동산에 묻었다가 폭등할 때 팔아 몇 갑절 남기는 식으로 살아간다면 그 나라의 경제는 어떻게 될 것인가? 결국 모든 사람들이 그렇게 못하겠지만, 그렇게 금융자본을 굴려 놀고먹는 사람이 많아질수록 성실히 일하며 살려는 사람들의 삶은 이자율과 인플레 환율, 부동산 값, 물가의 폭등 등으로 빼앗기고 시달리고 고통과 질곡에 빠지게 된다. 우리나라도 어느 사이 컴퓨터를 두드리며 온 세계의 외환시장, 주식시장, 채권시장을 추적해서 한 주에도 수억, 수십 억 달러어치를 샀다 팔았다 하며 투기금융에 천재적 머리를 굴리는 30대의 젊은 갬블러들이 연봉 수십억 원에 계약되는 시대를 맞고 있다. 세계경제가 이런 꼴로 간다면, 젊은이들이 "왜 나라고 못하겠는가" 하고 카지노 자본주의의 도박장으로 몰려들겠지만, 이렇게 해서 세계경제가 건전하고 윤리적으로 발전할 수 없다는 사실은 이미 여러 가지 분석과 통계를 통해 잘 알려져 있다.

이렇게 불합리하고 비윤리적인 투기금융자본의 도박 게임을 정당화해 주고 그 영향력과 위력을 확대시켜 주고 있는 것이 현대의 신자유주의적 세계경제체제와 투기적인 국제금융질서이다. 세계 모든 나라의 경제를 이 체제와 질서 속에 매이도록 강요하는 힘을 가진 국제적 기관들이 바로 IMF, World Bank, WTO이다. 우리나라와 마찬가지로 멕시코, 브라질, 태국, 인도네시아가 외환위기나 외채위기를 맞을 때, IMF나 World Bank는 구제금융을 수백 억 달러씩 빌려준다. 그러나 이 돈은 대부분 이미 빌려 쓴 외채의 이자를 갚는 데 수년간 쓰이다가 다시금 외채를 증가시킨 채 새로운 위기를 가져오고, 자국 화폐의 평가절하와 환율폭등을 일으킨다. 그러면 자국의 산업과 토지, 건물이 똥값에 외국 자본에 넘어가고, 새로운 구제금융을 받아 더 비싼 외채 이자를 물면서 허우적거리다가 결국 대부분이 남미 나라들의 경우에서 보듯이 예속과 경제 식민지 상태에 빠지게 된다. 우리는 아직도 한국은 예외라고 주장하며 또 예외가 될 것을 믿고 있다. 그러나 우리는 오늘날 거의 전 세계를 휩쓸고 있는 경제적 세계화가 어떤 모습으로 어떻게 진행되고 있는지를 경각심을 가지고 주목해야 한다. 지금 선진국(G7)이나 IMF, World Bank 등을 향해 외채 탕감(debt cancellation) 운동을 일으키고 있는 후진국 종속국들의 외침을 주의 깊게 듣고 살펴보아야 한다.

지난 1999년 1월 27일 중남미 10여 개 국가에서 모인 시민운동단체들이 함께 낸 '테구시갈파(Tegucigalpa) 선언문'을 보면, 라틴아메리카 여러 나라들의 외채는 1970년대 중반에는 6백억 달러였고,[14] 1980년대 중반에는 2,040억 달러로 늘어났으며, 1990년대에는 4,430억 달러로 늘어났다가 1999년에는 7,060억 달러가 되었다는 것이다. 그런데 이 나라들은 이미 1982년에서 1996년까지 14년 동안에만 외채 이자로 7,390억 달러를 갚았다는 것이다. 그런데도 앞으로 7,060억 달러를 더 갚아야 한다면 여기에 이자까지 합해 두세 배나 더 되는데, 이것은 도저히 갚을 수도 없고 갚을 능력과 정당성도 없는 비도덕적 빚일 뿐이라고 주장했다. 우리나라와 경제 규모가 비슷하며 여러 가지로 비교가 되는 브라질의 경우 5년 전인 1994년에 외채 총액이 1,480억 달러였는데, 5년 후인 1999년에는 2,700억 달러로 늘어났다. 그런데 이 5년 사이에 이자로 갚은 돈이 이미 1,260억 달러나 된다고 한다. 브라질은

---

14) World Council of Churches, *Dossier on Globalization and Debt*, Geneva, 1999, pp.6-8.

처음에 1970년대 말까지는 외채 이자율이 4-6%에 불과했지만 1980년 대부터는 부도 위험 부담금까지 추가해 외채 이자율이 20%대로 높아졌다. 어느 경제학자는 브라질이 지금 매일 1억 달러씩, 1년에 350억 달러 이상의 외채 이자를 물고 있다고 했다. 상파울루 시의 중심가에는 몇 십 미터에 하나씩 외국은행 지점들이 우글거리고 있으며, 한 도시에 수백 개의 외국은행이 즐비하다. 고금리와 고소득을 파먹으러 들어온 국제 투기금융집단들이며 카지노 자본주의의 도박꾼들이다. 필자는 여러 가지 상황을 종합해 보며, 앞으로 10년 이내에 한국이 브라질 경제만큼 종속화할 위험이 있어 국민의 25%가 절대빈곤에 시달리는 비참한 미래가 오는 것은 아닌지 불안하며 염려스러울 때가 있다.

이러한 경제적 세계화의 방향을 전환시켜야 한다. 신자유주의적 물결 속에서 비윤리적으로 불합리하게 타락한 카지노 자본주의와 국제 금융질서를 윤리적으로, 합리적으로 바꾸어 놓지 못하면, 많은 학자와 사상가, 운동가들이 경고하는 것처럼, 21세기의 세계는 매우 비참한 현실과 붕괴를 직면하게 될지 모른다. 이미 지구 환경과 생태계의 측면에서 세계화를 살펴본다면, 지구는 많은 재난과 파멸의 위기에 다가서고 있지 않은가?

4. 윤리적 세계화의 길과 세계시민적 이성

그러면 이제 이러한 경제적 세계화가 만들어 놓은 모순과 비윤리적 경제질서를 시정하고 세계화의 불안과 위기를 치료할 수 있는 길은 어디에서 찾을 수 있을 것인가? 칼 오토 아펠은 1998년 10월 한국에서 가진 '다산기념 철학강좌'15)에서 경제적 세계화에 맞서는 이차적 세계

---

15) Karl-Otto Apel, "The Challenges of Globalization and the Responses of Universal Ethics", Dasan Menorial Lecture in Seoul, October 1998.

화(Globalisierung zweiter Ordrung)가 있어야 한다고 역설하면서, 이 두 번째 차원의 세계화는 윤리적 원칙이 주축이 되어 여러 가지 모순과 왜곡된 현실을 바로잡는 윤리적 세계화가 되어야 한다고 주장했다. 아펠이 주장하는 윤리적 세계화는 독일 국내에서 작용되고 실천된 사회적 시장경제의 모델을 세계경제체제의 차원에서 확장시켜 보자는 생각이었다. 즉, 시장경제의 자유주의적 원칙과 규칙들이 보이지 않는 손(invisible hand)의 힘처럼 맹신될 것이 아니라, 비판적으로 검토되고 사회정의적 차원의 운동과 시정 노력을 통해 수정되어야 한다는 것이다. 독일의 사회적 시장경제 내지는 사회민주주의적 정책이 실험한 분배정의, 노사공동결정, 사회복지정책 등이 자유방임적 시장경제체제를 윤리적으로 개선하는 데 큰 역할을 했기 때문에 이와 같은 모델을 세계시장경제에도 적용시켜 부익부 빈익빈의 모순을 제거하는 경제의 윤리화를 이룩해 보자는 생각이다. 아펠은 아직 세계경제체제의 모순을 시정할 수 있는 제도나 정책 대안을 제시하지는 않았지만, 세계적 공론(Weltöffentlichkeit)을 일으켜 담론윤리적(Diskursethik) 토론을 전개시키면 앞으로 세계경제를 윤리화할 수 있는 새로운 구조와 제도도 마련될 수 있을 것이라고 했다.16) 우선 철학자들이 잘못되어 가는 세계화에 대해 비판적 견해를 제시해 제동을 걸고 새로운 질서의 모색을 촉구하면, 세계적 공론을 일으켜 세계시민적 법질서(weltbürgerliche Rechtsordrung)를 모색케 하는 촉매제의 역할을 할 수 있다고 보았다.

투기성 금융자본이 세계경제질서를 도박장으로 만들고 있는 카지노 자본주의의 병폐를 시정하기 위해서는 새로운 윤리적 경제질서와 금융제도가 모색되어야겠는데, 이와 같은 새로운 질서와 제도는 세계화되어 가는 오늘의 상황에서는 강대국 정부들에게만 맡길 수가 없고,

---

16) Karl-Otto Apel, Vittorio Hösle, Roland Simon-Schaefer, *Globalisierung: Herausforderung für die Philosophie*, S.96.

더군다나 몇몇 초강대국(superpower)이 주도하는 국제기구나 기관들에게 맡길 수는 더욱 없다. 문제는 오늘의 신자유주의적 세계금융질서를 좌우하는 IMF나 World Bank, 세계경제와 무역을 좌우하는 WTO 자체를 어떻게 개혁하느냐에 있다. 그리고 초국적 자본과 기업들이 오늘의 세계경제구조를 초기 자본주의처럼 빈부격차, 무역 불균형, 노동착취, 환경파괴의 구조로 몰아가고 있는 현실을 어떻게 시정하며 대안을 만들어 가느냐에 있다. 여기서 우리는 세계화 시대에, 세계적 권력과 자본의 힘에 맞서는 세계적 대항세력을 생각해 볼 수밖에 없으며, 이것은 국가와 지역, 종교와 문화의 벽을 넘어서는 세계적 시민사회(weltbürgerliche Gesellschaft)의 형성에서 찾을 수밖에 없다는 결론에 이르게 된다. 국가의 독재와 독점, 오류를 견제하며 시정하는 것이 오늘의 시민사회라면, 세계적 권력의 독점과 횡포를 막고 견제하는 힘은 세계적 시민사회에서 나와야 한다고 생각된다. 세계적 시민사회는 이미 세계화의 과정을 통해 서서히 생성되었고, 차츰 강화되어 가고 있다고 볼 수 있다.17)

세계화의 촉진과 함께 시민사회도 세계적 연대와 여론 형성을 통해 세계화되고 있는 것이 사실이지만, 세계적 시민사회가 윤리적이며 이성적인 판단과 주장을 곧바로 만들어 낼 수 있는 것은 아니다. 여기에는 이성적 토론과 윤리적 각성을 위한 많은 의사소통과 담론의 과정이 있어야 하며, 세계의 모든 시민들의 의사와 입장이 적절히 반영되어 토론된 뒤에 합의될 수 있는 정책과 대안이 마련되어야 한다. 이것이 현실적으로는 어렵겠지만, 우리는 오늘날 모순된 세계경제질서와 구조를 윤리적이고 합리적으로 시정하고 개혁하는 데 있어서 모든 세계 시민들이 합의할 수 있는 입장과 견해를 상정하지 않고 방안을 마련할

---

17) 울리히 벡은 이를 "Transnationale Zivilgesellschaft"라고 했다. Ulrich Beck, *Was ist Globalisierung?*, S.115.

수는 없으리라 믿는다. 바로 모든 세계의 시민들에게 동의를 받을 수 있는 합리적인 견해와 입장을 가정해 놓고, 이를 예견해 볼 때, 우리는 세계시민적 이성(weltbürgerliche Vernunft)이라는 목표를 가질 수 있게 된다. 필자는 이런 점을 이미 2백 년 전에 칸트가 내다보았다고 생각하며, 그의 역사철학에 나타난 세계시민적 의도(weltbürgerliche Absicht)라는 것이 세계시민적 이성의 겸손한 표현이었다고 생각한다.18)

칸트는 그의 『영구평화론』에서 세계평화를 달성하고 유지할 수 있는 길을 '자유로운 국가들의 연방제(Föderation)'에서 찾았으며, 이것은 결국 오늘날 국제연합(UN)이나 여러 국제적 연대기구들의 선구적 구상과 모델이 되었다. 칸트가 주권을 가진 국가들의 연합체만을 생각했는지, 아니면 국가들을 아예 통합해 버린 세계공화국(Weltrepublik)이나 세계정부를 생각했는지는 논란의 여지가 있지만, 세계평화를 위한 국가연합이 세계시민적 법질서(Weltbürgerrecht)에 근거해야 한다는 것을 주장한 것은 사실이다.19) 이 세계시민적 법질서는 세계시민들을 모두 하나의 사회구성체로 보는 세계시민적 의도와 이성의 토대 위에서만 가능한 것으로 생각한 것 같다. 칸트는 국가들이 전쟁을 하지 않고 평화관계 속에 유지되려면, 결국 이런 국가들이 복종할 수밖에 없는 세계시민적 헌법(Verfassung)이 있어야 한다고 했으며, 여기에는 세계시민들의 보편적인 인권과 민권이 보장되어야 한다고 보았다. 결국 오늘의 세계경제질서를 새롭게 재편하는 데 있어서도 칸트가 생각했던 것처럼 세계시민의 보편적 권리를 염두에 둔 대안적 해결책을 생

---

18) Immanuel Kant, *Idee zu einer allgemeinen Geschichte in weltbürgerlicher Absicht*, 1784.

19) Volker Gerhardt, *Immanuel Kants Entwurf 'Zum ewigen Frieden'*, Darmstadt, 1995, S.102-106.

각해 볼 수밖에 없으며 이를 모색하기 위해서는 세계시민적 이성을 상정해야 한다고 생각한다.

우리가 21세기에 세계화의 불안과 위기를 극복하기 위해 세계시민적 이성의 길을 모색해야 하는 이유는 바로 이 위기와 불안을 가져온 원인과 과정이 민족국가의 발전과 번영에만 매달린 국가이성(raison détat)이나 민족정신(Volksgeist)에 있었기 때문이다. 국가의 이익이나 특수한 민족, 문명의 번영에만 집착하는 국수주의적 이성만으로는 오늘의 비윤리적 세계화를 바로잡을 수가 없다. 그리고 세계시민들의 인권과 세계적 시민사회의 정의, 세계평화를 목표로 하는 세계시민적 이성은, 어떤 특수한 전략적 목표에만 매달린 기술적 합리성이나 경영적 합리성과 같은 목적합리적인 합리성만 추구하는 이성이어서는 안 되고, 아펠이나 하버마스, 로티, 리오타르 등이 주장하는 의사소통적 (kommunikativ) 이성, 담론적(diskursiv) 이성이어야 한다. 세계적 시민사회가 함께 공론과 합의를 통해 만들어 내는 이성적 해결책과 대안이어야 하기 때문이다.

이미 이러한 이성을 추구하는 철학과 사상, 양심적 호소와 시민운동들이 세계 도처에서 일어나고 있다. 다국적 정유회사 쉘(Shell)의 북해 유전 개발을 저지시키고 프랑스 정부의 핵실험을 저지시키려는 세계적 시민들의 그린피스(Greenpeace) 운동이 그렇고, 아프리카, 남미, 유럽 각지에서 세계 최빈국의 외채를 2000년 말까지 탕감하라는 운동 주빌리 2000(Jubilee 2000)이 그렇고, 투기자본이 국경을 넘을 때마다 사회개발비를 세금으로 내게 하는 토빈세(Tobin Tax) 운동, 그리고 세계금융질서를 개편하려는 브레튼 우즈 체제 개혁운동(Reinventing Bretton Woods)이 그렇다. 21세기의 인류사회는 이러한 운동들과 사상적, 철학적 노력들이 얼마만큼 세계시민적 이성을 살리며 실천할 수 있느냐에 달려 있다고 보인다.

시장경제의 세계화와 세계시민의 윤리

세계화(Globalization)의 담론은 이제 전 세계의 구석구석에 이르기까지 제1의 화두가 되었을 뿐 아니라, 21세기의 벽두부터 전 세계인들의 최대의 관심사가 되었다. 정치, 경제, 학문, 기술의 영역에서 뿐 아니라, 시민사회, 생활문화, 종교, 예술, 오락에 이르기까지 인간의 삶의 세계에 뼛속 깊이 스며드는 새로운 바람이 세계화란 것이다.

그러나 이런 세계화의 정체가 무엇인지는 그동안 거대하게 진행된 많은 학술적 논의에도 불구하고 분명하게 정의하기가 어려운 상태에 있다. 아직도 세계화의 개념은 유령처럼 전 세계를 떠돌아다닌다고 할 수 있다.[1] 누구나 입만 열면 세계화를 보았다고 하지만 그것이 도대체 어떻게 생긴 놈인지는 제각기 말이 다르기 때문이다. 실체가 있다고

---

* 이 글은 한국철학자연합대회(2001) 발표 논문 「세계화 시대의 삶과 윤리적 과제」를 수정 보완한 것이다.
1) 이삼열, 「세계화의 불안과 세계시민적 이성」, 『철학과 현실』, 43호, 1999 겨울, pp.62-79.

하기도 하고, 정치적 선전 용어이거나 수사에 불과하다고도 한다. 더 구나 세계화가 가진 위력이나 영향에 대해서는 굉장한 잠재력과 폭발력을 가지고 있다는 데서부터 별것 아니라는 이야기까지 천차만별의 평가가 있는 것이 현실이다.

어쨌든 세계화는 우리 시대에 아무도 거부할 수 없는 거대담론이 되고 있다. 1980년대에 프랑스를 중심으로 한 탈현대(Postmodern) 사상가들은 거대담론, 'Grand Règits'(리오타르)의 시대는 지나갔다고 주장했지만, 1990년대 말에 와서 지구 전체에 휘몰아친 세계화 혹은 지구화의 바람은 그 실체나 정체가 어찌 됐건 거대한 담론을 일으키고 있다.[2] 세계화의 핵심적인 성격을 "민족국가로부터의 결별"[3]이나 "좌익과 우익을 넘어서는"[4] 과정으로 이해하는 경우, 초국가적(transnational), 탈계급적 사회현상들이 새롭게 구조화해 가는 세계화의 과정은 탈현대 시대를 벗어나서 이미 새로운 현대로, 즉 '제2의 현대(zweite moderne)'로 나아가고 있다는 진단마저 있다.

세계화가 단순한 수사나 말놀이가 아니라 인간의 삶과 존재 전체를 새롭게 규정하는 거대담론이 될 수 있는 것은, 막대한 영향력을 가진 사회구조와 체제의 변화를 수반하기 때문이다. 공산주의라는 유령을 예고한 사람들은 19세기의 프롤레타리아 노동계급이었지만, 20세기 말에 와서 세계화의 유령을 예고하는 자들은 다국적기업이나 초국가적 기구뿐 아니라 초국가적 시민사회운동을 하는 많은 단체들이어서, 그 정체성과 진단이 서로 극단적으로 대립적인 경우가 많다.[5] 이 논의

---

2) Ulrich Beck(hrsg.), *Politik der Globalisierung*, Frankfurt: Suhrkamp, 1998, S.7.

3) Martin Albrow, *Abschied von Nationalstaat*.

4) Anthony Giddens, *Jenseits von Links und Rechts*.

5) Ulrich Beck(hrsg.), *Politik der Globalisierung*, S.9.

가 정치적인 데까지 이르면 세계화라는 화두는 곧잘 프로파간다로 이용되기도 한다. 새로운 이데올로기로 남용될 위험마저 없지 않다.

이 새로운 유령의 정체를 밝히며 인간의 삶과 사회구조에 미치는 영향을 진솔하게 규명해 내는 작업은 바로 이 시대의 철학도들에게 중대한 책임과 임무일 것이라고 생각한다. 원하든 원하지 않든 우리는 세계화의 시대에 살고 있기 때문에, 인간의 삶의 세계(Lebenswelt)에 그토록 깊숙이 침투되어 식민화하고 있는 세계화의 구조를 분석해 내지 않으면 안 된다.6) 세계화의 구조 분석은 이 시대의 비판이론의 중대한 과제라 생각되기 때문이다. 특히 경제적 세계화의 현상과 결과들을 분석하여 인간의 삶에 미치는 부정적이며 파괴적인 요소들을 시정하는 일은 우리 시대의 거대한 윤리적 과업이 된다고 생각한다.

1. 시장경제의 세계화와 삶의 세계

세계화의 과정이 언제부터 급격하게 진행되었느냐에 대해서는 여러 가지 논쟁과 논란이 있지만, 오늘날과 같은 급속도의 변화와 심도 깊은 구조적 변화를 가져온 세계화의 추세는 동서 냉전체제와 사회주의권의 소멸로 시장경제체제가 전 세계로 확장되는 1990년대에 일어났다고 볼 수 있다. 아울러 이 시기는 세계무역기구(WTO)가 출범하여 국경과 지역을 넘어서는 경제생산과 노동의 초국적화 및 세계화를 가속화함으로써 신자유주의적 세계경제질서가 확립되고 세계체제를 지배해 가는 시기이기도 하다. 또한 이 시기에 급속도로 발전하는 정보통신기술과 연결망의 혁신은 세계화의 질과 양태를 혁명적으로 바꾸

---

6) Jürgen Habermas, "Jenseits des Nationalstaats? Bemerkungen zu Folgeproblemen der wirtschaftlichen Globalisierung", in Ulrich Beck(hrsg.), *Politik der Globalisierung*, S.84.

어 놓는다.

세계화(Globalization)는 더 이상 국제적 관계와 유대가 밀접해지는 국제화(Internationalization)를 의미하지 않고, 이제까지 국제적 관계의 토대가 되어 왔던 국가와 민족의 개념이 해체되면서 새로운 지구적, 전 세계적인 경제체제가 수립되는 것과 함께, 새로운 지구적 사회화(Vergesellschaftung)와 문화변동이 일어나는 것을 뜻한다. 이것은 지난 2백여 년간 지속되어 왔던 국가와 민족 혹은 지역을 중심으로 고정된 정치, 경제, 사회, 문화의 전체 구조가 달라진다는 것을 의미한다. 이토록 세계화의 과정이 국가나 지역의 권위와 통제력을 무력화시킬 만큼 초국가적인 기구나 제도의 힘을 극대화시킨 것은 무엇보다 경제적 세계화, 특히 시장경제의 세계화 때문이었다. 많은 초국적 기업들과 은행 및 경제기구들은 탁월한 정보통신기술과 자유롭게 빛의 속도로 국경과 지역을 넘나드는 자본의 힘을 가지고 국가의 권능과 기능을 상대화시켰으며 마침내 세계경제체제와 산업구조를 탈국가화(Denationalisierung)시켰다.[7]

시장경제의 세계화가 일으키는 경제의 초국가화나 탈국가화는 경제적 영역에만 머물지 않고 오늘날 점점 두드러지게 드러나는 세계체제와 세계사회를 통해 국가의 주권을 약화시키면서 민주정치의 구조마저 변화시킨다. 국민들이나 지역 주민들의 주권 행사에 기반한 의회민주적 정치가 국경이나 지역을 넘어선 초국가적 정치에 지배당하는 민주정치의 모순과 딜레마가 발생한다.[8] 민족국가의 한 단계를 넘어서는 정치, 정부 없는 통치(Regeiren ohne Regierung)가 가능하게 된다는 것이다.

---

7) Michael Zürn, "Schwarz-Rot-Grün-Braun: Reaktionsweisen auf Denationalisierung" in Ulrich Beck(hrsg.), *Politik der Globalisierung*, S.297-330.
8) Ulrich Beck(hrsg.), *Politik der Globalisierung*, S.29-39.

그러면 이와 같은 시장경제의 세계화가 인간의 삶과 사회구조에 미치는 영향은 무엇이며, 오늘날 경제적 세계화가 삶의 세계에 가져온 심각한 문제는 무엇인가? 필자는 이미 1999년 『철학과 현실』지에 발표한 글에서, 경제적 세계화를 이끌어 가고 있는 신자유주의적 질서가 가져온 부익부 빈익빈의 엄청난 빈부격차와 개발도상국들의 경제붕괴의 위기, 빛의 속도로 국경과 시장을 넘나들며 엄청난 이윤과 폭리를 챙기는 국제 투기자본의 횡포와 카지노 자본주의의 폐해를 상세히 지적한 바 있다.9)

시장경제의 세계화가 반드시 빈부격차와 약소국들의 국민경제 파괴와 종속화를 가져오란 법은 없지만, 오늘날 실시되고 있는 신자유주의적 경제 세계화는 무한경쟁과 탈규제(deregulation) 정책을 통해 자본과 금융과 시장을 독점한 초국가적 기업체들(transnational corporation)이 국민경제나 사회적 복지와 안전을 돌봄이 없이, 부익을 독점하고 빈민계층을 확대시키는 비윤리적, 반사회적 착취를 자행하고 있다. 시장경제의 세계화가 이러한 모순과 역기능을 가져오며 생활세계를 억압하게 된 원인을 하버마스는 민족국가 중심의 경제가 가졌던 사회적 시장경제의 기능을 상실한 데서 찾고 있다.10) 즉, 서방세계의 시장경제체제에서는 국가가 개입해서 금융, 고용, 복지, 가격, 세금 정책을 통해 생산과 분배, 성장과 안정을 통제하며 건전한 경제구조와 사회적 통합을 이끌어 낼 수 있었는데, 규제 기능을 상실하고 연대의식을 탈피하는(Desolidarisierung) 신자유주의적 세계화에서는 시장의 탈규제화(Deregulierung von Märkten)나 국영기업의 민영화 등을 통해 사회적 조절 기능이 상실되어 버렸다는 것이다. 빈부격차가 증대하고 실업

---

9) 이삼열, 「세계화의 불안과 세계시민적 이성」, 2절과 3절 참조.

10) Jürgen Habermas, "Jenseits des Nationalstaats? Bemerkungen zu Folgeproblemen der wirtschaftlichen Globalisierung".

자와 빈곤층이 확대되며 사회적 불안과 갈등이 증대하는 것은 당연한 결과라는 것이다.

오랜 사회적 시장경제의 전통과 경험을 가진 서구의 선진 자본주의 시장경제도 세계화로 이러한 구조변화와 타격이 있다면, 조직화된 자본주의나 수정 자본주의 혹은 사회개량적 자본주의의 경험이 없는 제3세계나 개발도상국의 피해와 타격이 엄청나게 심각할 것은 당연한 일이다. 1997년의 IMF 경제위기 이래로 태국, 인도네시아, 필리핀 등 동남아시아와 신진 공업국(NICs)으로 발돋움하던 한국에서 일어난 현상들은 오늘날 시장경제의 세계화가 가져오는 파행적 결과들을 극명하게 잘 보여주고 있다.

2000년 10월 17-21일에 서울에서 개최된 ASEM(아시아 유럽 정상회의) NGO 대회(People's Forum)에서 한국의 민노총 대표인 단병호는 세계 시민사회단체 대표들 앞에서 주제 발표를 통해 다음과 같이 세계화를 비판했다.

"현재와 같은 세계화는 초국적 금융자본의 이익을 위한 세계화일 뿐이며, 전 세계 민중들에게 재앙일 뿐이라고 단언합니다. 한국은 1995년 WTO 체제 성립과 1996년 OECD 가입을 전후로 상당한 수준의 자유화를 진행하면서 초국적 금융자본이 주도하는 신자유주의적 세계화에 편입됩니다. 투기적 금융자본은 한국 시장에 물밀 듯이 밀려왔고 막대한 무역수지 적자를 메꿔 주었습니다. 그러니 재벌들은 과잉투자를 하도록 부추겨졌고, 거대한 거품이 형성되었지요. 자연히 이윤율이 하락하자 대기업 연쇄부도가 발생했습니다. 위험이 예상되자 초국적 은행들은 외채를 만기 연장해 주지 않았고, 증권시장에 들어왔던 초국적 금융자본은 신속히 빠져나갔습니다.

IMF 위기가 왔지요. 그러나 IMF 처방이 뒤따랐습니다. 신자유주의 세계화와 구조조정을 더욱 가속화하라는 것이었습니다. 그 결과 대량부도와 대량실업이 발생했고 투자와 소비가 급격히 위축되었습니다. 이때 다시 밀려들어온 외국 금융자본은 헐값으로 한국의 기업들, 금융기관들, 공기업들을 마구 사들였습니다. 1999년 한 해에만 36조 원(3백억 달러) 이상의 투기 이익을 얻었습니다.

IMF 관리체제 3년이 지난 오늘 한국 경제는 다시 위기의 그림자가 드리워지고 있습니다. 실업률이 약간 줄었다고 하지만 노동자 중 비정규직의 비율이 53%로 세계 최고를 달리고 있습니다. 항상적인 고용불안에 휩싸여 있는 노동자들은 저임금과 엄청나게 늘어난 노동강도로 고통에 찬 신음소리를 토해 내고 있습니다. 계층 간 소득격차는 집계 후 최고 수준에 이르러 사회적 양극화는 심해졌습니다.

2000년 7월을 기준으로 IMF 직전에 비해 8배가 늘어난 초국적 자본은 증권거래소 상장 주식의 30%를 장악하면서 한국의 증권시장을 세계 제1의 카지노 시장으로 만들어 버렸습니다. 이런 상황에서 정부는 IMF의 요구를 충실히 받아들여 또다시 2단계 구조조정을 하겠다고 나섰습니다. 100조 원이 넘는 공적 자금 투여 이후 50조 원에 달하는 추가적인 공적 자금 조성, 2단계 외환거래 완전 자유화, 지주회사 설립을 통한 금융기관의 대형화 및 겸업화 시행, 통신, 전력 등 공기업과 금융기관의 추가적 민영화, 한국 기업의 헐값 매각(fire-sale)과 노동자 대량해고가 진행될 예정입니다."11)

이와 같은 민주노총 측의 견해가 일부 계급적 편향성이 있다고 가정하더라도, IMF 경제위기 이후 나타난 현상 분석을 통해 시장경제의 세계화가 몰고 온 한국 경제의 위기가 얼마나 심각한지, 수많은 노동자, 농민 등 민중과 중산층의 삶의 세계가 얼마만큼 고통스럽게 소외되었는지를 잘 보여준다고 생각한다.

---

11) 단병호, 「세계화에 도전하는 민중의 행동과 연대」, ASEM 2000 People's Forum, 2000년 10월 17일 주제 발표.

2. 시민사회의 세계화와 세계시민적 윤리

시장경제의 세계화를 다국적기업이나 국제금융자본이 주도하는 세계경제체제 속으로 편입되는 여러 나라와 지역들에서 삶의 세계의 파탄과 종속화가 심각하게 나타나고 있다. 달러화에 대한 자국 화폐의 가치 하락으로 동남아시아 여러 나라와 아프리카 빈곤국들의 경제위기는 말할 수 없이 비참하다. 수입은 낮아지고, 화폐의 구매력은 떨어지고, 물가와 주택비, 공공요금은 엄청나게 비싸지고, 실업자와 비정규직 노동자, 노숙자들은 점점 늘고 있다. 구조조정의 여파로 평생직장을 잃고 길거리로 쫓겨나는 해고자들은 선진국, 후진국을 가릴 것 없이 수십만 명씩 늘어나고 있다.

국제 투기금융자본은 세계 각국에 널린 외환시장, 증권시장, 채권시장 등을 통해 매년 수십억 달러씩 벌어들이는 반면, 전 세계 가난한 나라들의 IMF(국제통화기금)와 World Bank(세계은행)를 통한 외채는 눈덩이처럼 불어나고, 매년 갚아야 할 이자만도 수십억, 수백억 달러씩 늘어나고 있다. 결국 하루에 1달러 이하의 저소득으로 연명해 가는 절대 빈곤층 인구가 전 세계 인구 60억 중 약 13억에 이르게 되었다.12) 도저히 갚을 수도 없고, 이미 수십 년 이자를 갚아 원금의 몇 배나 지불했다는 부도덕하고 불공평한 외채를, 전 세계의 빈곤국들 40여 개국이 탕감해 달라고 탄원하고 있으나, 선진국 정상회의(G7)는 1999년의 쾰른 회의에서부터 빈말로 약속만 하고 아무런 실행을 하지 않고 있다.

이렇게 모순되고 왜곡되고 비윤리적인 시장경제의 세계체제를 보면서, 오늘날 이를 시정해야 한다는 비판적 견해와 주장들이 학계와 시

---

12) 2000년 6월 24-29일, 제네바에서 열린 유엔 사회개발정상회의(Social Development Summit) 보고서.

민사회에서 높아져 가고 있는 것은 너무나 당연한 일이다. 그러나 모순된 현실과 비인간적인 참상에 대해 개탄하는 목소리는 높아져 가도, 아직 고삐 풀린 말처럼 제동 없이 달려만 가는 신자유주의식 시장경제의 세계화를 시정하거나 대체할 수 있는 어떤 대안이 별로 보이지 않고 있다. 여러 나라의 노동조합이나 농민조합, 시민운동단체들이 정부를 향해 비판과 시정의 요구를 강화하고 있지만, 정부나 국가마저도 세계화의 흐름과 위력에 맞설 만큼 힘을 갖고 있지 못하며, 오히려 점점 국제금융기구나 초국적 자본들에 끌려 다니는 양태를 보이고 있다.

그 원인과 정도 및 양태는 선진국과 후진국이 다르겠지만, 근본적이며 구조적인 원인은 국가경제를 넘어서는 초국가적 시장경제체제의 확립과 점차 빠져나올 수 없이 몰입되는 상호 의존관계(Interdependenzen) 때문이라고[13] 하버마스는 보고 있다. 민족국가가 주역을 담당했던 국제교역체계는 더 이상 기능하지 못하며 국내경제와 대외경제의 내부를 함께 침투한 국제경제체제(Weltwitschaftssystem)가 이미 지배하고 있기 때문이라는 것이다. 이미 정부나 정치세력들마저 세계시장에 예속되어 통제력을 발휘할 수 없게 되었다고 하며, 그래서 과거에 무기로 쓰던 보호무역주의(Protektionismus)나 수요 중심의 경제정책마저도 효력을 발생할 수 없게 되었다고 한다. 따라서 시장경제의 세계화 속에서는 케인스주의(Keynsianismus)도 기능하지 못하게 되었다는 것이다.

문제는 사회적 시장경제나 사회복지정책을 관리하던 민족국가의 규제 기능이 탈국가화함으로써 약화된 상태에서 초국가적 경제체제의 메커니즘 속에 사회정책적 기능을 어떻게 회복시키느냐는 데 있다. 물론 세계화의 과정을 주도해 가는 초국가적 기구(Supranationale Insti-

---

13) Jürgen Habermas, "Jenseits des Nationalstaats? Bemerkungen zu Folgeproblemen der wirtschaftlichen Globalisierung", S.71.

tutionen)인 EU(유럽연합), NAFTA(북미자유무역연합), APEC(아시아 태평양경제회의) 같은 대륙별 지역기구들에게 사회정책적인 혹은 환경정책적인 조정 기능을 수행하도록 위임할 수 있다. 그러나 민족국가를 단위로 연합체를 이루고 있는 이들 대륙별 공동체들은 아직 국가적 이해관계나 경제적 조건의 차이를 넘어서는 통합정책을 이루어 낼 수 없기 때문에, 최저임금이라든지 환경 조항을 공동 규제하기가 매우 힘든 상황에 있다. 모든 나라들의 이해가 맞아떨어지지 않으면 좀처럼 합의점을 만들어 낼 수 없는 것이 이 지역별 연합체의 약점이다.

결국 경제적 세계화는 민족국가들이 수행하던 통제 기능이 약화되거나 무력화됨으로써 불안한(unberechenbar) 미래의 가능성을 갖게 된다. 안소니 기든스가 예견하듯이 세계경제의 경영 전문가들에 의해 운행되는 경제체제는 사회적으로는 많은 사람들이 곤경과 혼란을 겪게 되는 '불안정한 세계 모험 경제(Unsicherheiten der Weltrisikowirtschaft)'를 산출하게 된다.[14] 초국적 기업(transnationale Konzerne)의 힘이 점점 비대해지고 경제적 가치 창출의 50% 이상을 지배하게 되는 구조 속에서는 정부의 간섭과 영향력마저 박탈해 버린다. 유럽의 여러 나라에서 경제는 성장하는데 실업자는 늘어나고 사회복지는 줄어드는 현상은 바로 이런 이유에서이다.

초국적 기업들과 국제금융자본들이 지나치게 비대해지고, 그들의 경영원리에 따라 세계경제를 주름 잡을 때 커다란 위험이 따를 수 있다는 예견은 1997년 아시아 여러 나라들의 경제위기 현상에서 잘 드러났다. 적어도 세계금융제도만은 신자유주의 방식으로 그대로 놓아두어서는 안 된다는 여론이 확산되기 시작했다.[15] 제2차 세계대전 후

---

14) Anthony Giddens, *The Consequence of Modernity*, Cambridge, 1990. 독일 어판 *Konsequenzen der Moderne*, Frankfurt, 1996, S.22.
15) 이찬근, 『뉴 금융 라운드: 세계 금융체제 개편논쟁』, 모색, 1999.

경제공황을 두려워한 케인스 등 세계 석학과 정부들이 브레튼 우즈 (Bretton Woods) 협정을 맺어 금융체계와 질서를 세웠듯이, 이에 버금 가는 세계금융제도의 새 질서가 수립되어야 한다는 주장이 여기저기 서 일고 있다. 이미 1978년에 노벨상 수상자인 경제학자 제임스 토빈 (James Tobin)은 국제적으로 외환을 교환할 때마다 환율세를 0.5%씩 받아 사회복지비의 재원을 만들자는 제안을 한 바 있다. 오늘날 여러 시민단체들과 사회운동단체들이 토빈세(稅)의 실현을 위해 UN과 국 제기구 및 회의들에서 로비를 벌이는 이유는 바로 빛의 속도로 국경을 넘나들며 막대한 이익을 챙기는 국제 투기금융자본의 횡포를 막기 위 해서이다. 조지 소로스(George Soros) 같은 투기성 금융재벌도 이제는 국제적 금융거래나 신용거래자들이 더 이상 포커게임 같은 카지노 놀 이를 하지 않도록 보험조치 등 규제 장치를 해야 한다고 주장하고 있 다. 이런 제안이나 개선책들이 강구되면 세계경제의 위험이나 모험성 을 줄이고 보다 합리적이며 문명화된(zivilisieren) 세계경제체제를 수 립해 가는 데 기여하게 될 것이다.

세계화된 시장경제도 자유방임(laissez faire) 상태로 놔둘 것이 아니 라 민주주의와 인권, 사회정의와 환경정의와 병행시킬 수 있도록 세계 적인 통치(global governance)를 해야 한다는 여론이 높다. 그런데 이 러한 세계적인 조절이나 통치는 세계경제체제에 세계적 윤리의식이 가미될 때에만 가능하다. 결국 세계적인 힘의 정치(Weltmachtpolitik) 와 세계시민적인 윤리(Kosmopolitische Ethik)의 결합이 요구된다.16) 그런데 이러한 세계시민적인 윤리의식을 일으키고 주장할 수 있는 세 력은 결국 세계경제의 지배자들이 아니라 지배를 당하고 있는 세계시 민(world citizen, Weltbürger)이어야 한다는 것이다. 국제정치나 세계

---

16) Ulrich Beck, "Wie wird Demokratie im Zeitalter der Globalisierung mö-glich?", in Ulrich Beck(hrsg.), *Politik der Globalisierung*, S.41.

경제체제를 도덕화할 수 있는 세력, 냉혹한 자본주의의 신자유주의적 이윤추구에 제동을 걸 수 있는 힘은 시민사회에서 나올 수밖에 없는데, 이 시민사회도 한 국가나 민족에 제한된 것이 아니라 국경과 지역을 넘어서서 세계화(globalize)된 세계적 시민사회(global civil society)여야 한다는 것이다.

그러나 시장경제의 자유주의적 세계화에 맞설 수 있는 시민사회의 세계화, 즉 세계적 시민사회는 어떻게 실현될 수 있는가? 한 나라의 민주정치 발전과정 속에서도 시민사회는 쉽게 형성된 것이 아니며, 많은 고난과 압박 속에서 시민 민주주의적 윤리의식이 확산됨으로써 발전된 것이었다. 한 나라 안에서도 오랜 역사적 투쟁과정 속에서 시민들이 운동과 조직을 통해 만들어 낸 것이거늘, 인종과 문화, 종교가 다른, 더구나 이해관계도 서로 충돌되는 오늘의 세계 속에서 세계적 시민사회가 쉽게 배태될 수 있을 것인가?

그런데 칸트는 이미 2백 년 전에 세계적 시민사회(Weltbürgergesell-schaft)가 성숙해야 세계평화를 영구적으로 실현하는 윤리적인 세계가 이룩될 수 있다고 예견했다.17) 칸트의 이러한 예견은 오늘날 적중한 것으로 나타났다. 양차 세계대전의 참혹과 만행을 겪은 세계시민들은 국경과 대륙을 넘어서 세계적인 평화운동, 발전운동을 일으켰고, 이러한 세계시민적 이성과 윤리의식이 자라나서 오늘날 이만큼이라도 핵전쟁을 막고 평화를 보장하려는 국제연합(UN)의 체제가 실현된 것이다.

오늘날 시장경제의 세계화가 가져오는 불안과 역기능을 막고, 사회적, 경제적 안정과 환경의 보호 등 세계적 복지사회를 이룩하기 위해서는 세계관리(global governance)를 확대 실현시키려는 세계시민들의

---

17) Immanuel Kant, *Idee zu einer allgemeinen Geschichte in weltbürgerlichen Absicht*, 1784; *Zum ewigen Frieden*, 1795.

의식과 의지가 결집되어야 하며, 선진국과 후진국의 경계를 넘어서서 함께 연대하는 세계시민적 연대성(Weltbürgerliche Solidarität)이 확보되어야 한다고 한다.18) 하버마스는 이러한 세계시민적 연대성은 아직 국가와 민족 내부에서의 시민사회보다는 약하겠지만, 칸트의 확신대로 역사가 발전하면서 성장할 수 있다고 믿고 있다. 정치가들과 엘리트들은 결국 국민들의 반향과 여론을 들을 것이기 때문에, 새로운 윤리적 요구를 비정부단체(NGO)나 시민운동단체들이 부단히 제기하면 세계시장경제의 윤리화도 불가능하지 않다는 것이다. 문제는 국경과 이해관계를 넘어서는 세계시민적인 윤리의식과 연대행동을 어떻게 창출해 낼 것인가에 있다.

이런 점에서 울리히 벡(Ulrich Beck)은 한 걸음 더 나아가 세계시민사회의 정치화를 부르짖고 나섰다. 세계적 시민사회가 하나의 농담이나 수사에 그치지 않으려면 이를 정치적인 과정 속에서 구체화해야 하며 이를 위해서는 세계시민의 정당(Weltbürger-Parteien)들이 필요하다고 주장했다.19) 세계시민의 정당은 민족적 가치관이나 목표에 매달리지 않고 세계 인류의 가치와 복지에 관심을 두며, 세계성(Globalität)을 정치적 환상과 행동의 중심에 놓고 국가 중심의 정치에 대안을 모색하며, 여러 나라 시민들이 구성원이 되고 협동체가 되는 정당이라는 것이다. 그는 이를 위해 "모든 나라의 세계시민들이여 단결하라!"라고 외친다.

---

18) Jürgen Habermas, "Jenseits des Nationalstaats? Bemerkungen zu Folgeproblemen der wirtschaftlichen Globalisierung", S.78.

19) Ulrich Beck(hrsg.), *Politik der Globalisierung*, S.61.

3. 문화적 다원주의와 보편윤리의 가능성

과연 하나의 세계적 시민사회가 형성될 수 있으며, 비윤리적으로 마구 달려가는 시장경제의 세계화의 고삐를 틀어잡을 수 있을 것인가? 우리는 1999년 11월 미국 시애틀에서 열린 WTO 각료회의 때, 전 세계적으로 WTO 경제체제와 신자유주의적 세계화에 저항하는 시민운동가들이 수만 명 모여 대회 개막식을 저지시키는 등 큰 파문을 일으킨 것을 알고 있다. 그 뒤로 2000년 4월 워싱턴에서 IMF 총회가 열렸을 때나 6월 제네바에서 유엔 사회개발정상회의가 열렸을 때, 그리고 7월의 오키나와 G8 회담, 9월의 프라하 국제금융기구 회의, 10월의 서울 ASEM 회의 등 국제모임에서 세계적인 시민운동가들과 단체들이 수천 명씩 모여 신자유주의 세계화에 반대하는 공동의 구호를 외치고 소외계층의 인권을 옹호하려는 연대적 행동을 조직적으로 전개하는 것을 보았다. 이를 두고 학자들은 세계적 시민사회와 윤리적 운동이 급격히 성장해 가고 있다고 평가했다. 빈곤국들의 외채 탕감을 위해 노력하는 주빌리 2000(Jubilee 2000)도 전 세계 130여 개국에 지부를 설치하며 범세계적인 운동을 전개해서 커다란 성과를 거두고 있다. 환경보호를 위한 녹색 경찰을 자임하는 그린피스(Greenpeace) 운동도 세계적 시민운동으로 발전하여 열광적인 환영을 받고 있다.

그러나 과연 이러한 국경과 지역을 넘어선 세계적 시민운동이나 시민사회가 같은 가치관과 목표를 가지고 끝까지 갈 수 있을 것인가는 의문의 여지가 있다. 세계적 시민사회는 과연 하나의 세계시민적 이성으로 단결할 수 있으며, 마침내 공동의 정치적 목표와 행동을 나누는 정치집단이나 정당으로까지 나아갈 수 있을 것인가? 세계는 점차 하나로 지구화한다고 하지만, 또 경제적으로는 점점 하나의 세계체제로 통합되어 간다고 하지만, 과연 세계시민들이 모두 하나의 가치관이나 윤리의식, 생활문화 속에 통합되어 갈 수 있을 것인가?

교통, 통신, 정보의 세계화는 쉽게 경제생산과 노동을 세계화시켜 하나의 시장경제체제를 만들어 냈지만, 인간의 가치관이나 문화, 종교, 생활습관 등은 지역과 민족 전통에 매여 있어 쉽게 세계화되지 않는다. 물론 할리우드의 영화나 맥도날드가 세계 곳곳에 유행되어 문화적 세계화가 도래하고 있기도 하지만, 문화적 세계화는 경제적 세계화와 달리 지역적 특성과 차이성을 잃지 않고 오히려 다원적인 문화가 공존하는 양태를 취하는 것을 주목하게 된다. 그래서 세계화(Globalization)는 지역화(Localization)와 병행해서 일어난다고도 하며, 이를 동시에 표현하는 말로 'Glocalization'이라고도 한다. 세계시민들은 오늘날 세계 어느 곳이나 이주하여 다른 민족, 다른 문화와 어울려 살고 있지만, 자기 민족 고유의 언어나 습관, 전통과 종교를 버리지 않고 오히려 더 자기 문화의 고유성을 지키면서 살고 있는 것을 본다. 미국 땅에 사는 한국인이나 독일 땅에 사는 터키인들은 그 나라 문화에 동화되지 않고 차별적인 문화와 습관을 유지하고 산다.

그래서 세계화된 지구촌은 문화적으로나 가치관의 면에서는 획일화가 아니라 다원주의(Pluralism)를 공유하는 가치관이 되고 있다. 리처드 윌크(Richard Wilk)의 표현을 빌리면, 이질적 문화가 수렴하는 것(Konvergenz)이 아니라 세계적 사회는 '차이성의 보편주의(Universalismus der Differenz)'가 지배한다는 것이다. 세계는 서로 닮아 가지만 차이성을 나타내면서 닮아 가고 있다. 즉, 차이성과 구별되는 것을 없애면서 닮아 가는 것이 아니라, 드러내면서 서로 소통시키면서 이해시키면서(kommunizieren und verständlich machen) 닮아 가고 있다는 것이다.

그러나 이와 같이 세계는 하나가 되어 가는데 문화나 종교 가치관은 지역과 전통에 묶여 다원화되어 간다면, 이들이 조화롭게 공존할 수만은 없고 갈등과 충돌을 일으키게 된다. 생활습관이나 취향이 다를 때는 함께 사는 데 별 문제가 없지만, 가치관이나 규범, 질서의식이 다를 때는 곧 이해관계의 충돌이 생겨 갈등이 발생하게 된다. 동서 냉전 체제의 종식 이후 세계가 대립과 갈등이 없는 하나의 평화로운 세계가 되는 줄 알았지만, 1990년대에 들어서 중동, 보스니아, 체첸, 소말리아, 코소보 등 지역적, 인종적, 종교적 전쟁이 더 많이 터져 나온 것은 세계화와 다원주의 문화가 공존하기 어렵다는 것을 보여준 것이다.

다원적 문화나 종교 가치관이 함께 공존하더라도, 갈등이나 충돌이 없이 조화로운 공동사회를 지향하려면 역시 서로 신뢰하고 존중하는 보편적 가치와 윤리적 규범이 있어야 할 것이다. 윤리적인 기준이나 가치관마저 이질적이며 대립적이 된다면 한 사회나 공동체 안에서 평화롭게 살 수가 없게 된다. 기독교와 불교도, 이슬람교도들이 함께 다른 종교를 믿고 살더라도 기본적인 인권이나 개인의 자유, 여성의 권리, 사회적인 책임과 질서의식에 대해 보편적인 규범의식을 공유해야만 세계화나 세계사회가 무리 없이 추진될 수 있을 것이다. 이 점에서 포스트모더니즘이 다원화를 부르짖고 이성의 해체를 구가하면서, 윤리적 규범이나 실천이성마저 보편성을 부정하고 다원주의에 종속시키려 하는 것은 문제가 있다고 본다.

건전하고 이성적인 세계화를 도모하기 위해서는 세계적 시민사회가 이성적 윤리의 기초 위에 세워져야 하고, 그러기 위해서는 세계시민적 이성이 전 세계 인류의 보편적인 가치와 규범의 토대 위에 근거를 가져야 하는 것이기 때문에, 우리는 세계화 시대에 잘못된 세계화를 시정할 수 있는 세계시민적 이성의 보편적 요구가 무엇인지를 밝히는 것이 중요하다고 본다. 전 시대의 유물로 남아 있는 이성을 비판하되 포스트모더니즘처럼 이성을 해체하거나 상대화시키는 것이 아니라, 칸트와 헤겔과 마르크스의 경우처럼 합리주의적 이성의 전통을 변증법적으로 비판함으로써 새로운 합리성을 확보하자는 것이 하버마스의 전략이다. 현대를 비판하되, 현대성이 가진 이성마저 버리는 탈현대가 아니라, 현대성의 이성적이며 윤리적인 면을 끝까지 철저히 살리자는 기든스의 '반성적 현대화(reflexive Modernization)'[20]를 신자유주의로 치닫고 있는 세계화 과정에도 적용시켜야, 우리 시대의 세계화가 좀 더 이성적이며 윤리적인 세계화가 될 수 있을 것이다.

20) Ulrich Beck, Anthony Giddens, Scott Lash, *Reflexive Modernisierung*, Frankfurt: Suhrkamp, 1996.

글로벌 경제위기와 시장의 철학

1. 글로벌 경제위기와 시장의 문제

오늘날 우리는 극심한 글로벌 경제위기를 겪고 있다. 2007년 미국의 서브프라임 모기지 사태로 경제위기가 시작되었으며, 2008년 가을에 월스트리트의 리먼 브라더스(Lehman Brothers)를 비롯한 대형 금융기관들이 부도나면서 많은 투자은행들이 문을 닫게 되었다. AIG 같은 초대형 금융보험회사가 붕괴 직전에 이르게 되자, 정부는 7천억 달러의 구제금융을 쏟아 부으면서 금융시장을 살리려고 몸부림을 치지만, 과연 월스트리트가 주도하던 자본주의 금융제도 자체가 지속될 수 있을 것인가 의문시될 만큼 세계경제의 주역인 미국의 경제가 심각한 위기를 맞고 있다.[1)]

---

* 이 글은 한국철학회 2009년 춘계학술대회(2009년 6월 13일, 서울대 멀티미디어 83동) 기조 발표 논문 「왜 지금 시장이 철학적 문제인가?」를 수정 보완한 것이다.

신용거래(credit) 체계가 무너지면서 주식시장이 곳곳에서 추락했고, 환율이 격렬하게 춤을 추고, 은행 간 대출거래도 막히게 되었다. 다급해진 정부는 수조 달러의 구제금융을 은행과 금융기관, 보험회사에 쏟아 부었지만, 신용거래시장(credit market)은 쉽게 재개되지 않았다. 미국의 연방준비은행(Federal Reserve Bank)에서만 6주 동안에 1조 1천억 달러를 신규 대출 형태로 각종 금융기관들에게 퍼부었지만, 집값 하락으로 비싼 모기지 이자를 내지 못하는 서민들에겐 혜택이 돌아가지 않았다.2)

잘 알려진 바와 같이, 미국의 이번 금융위기는 주택금융시장의 부조리와 무질서에서부터 시작되었다. 주택경기의 활성화를 통해 경기부양을 시도했던 미국의 연방준비은행은 주택가격과 주택시장에 거품현상(bubble)을 만들어 놓았다. 많은 투자은행들과 금융기관들이 주택구입을 위한 모기지 융자를 거의 무제한적으로 쉽게 해주었으며, 이를 이용한 주택 구입자들이 증가하자 주택가격이 상승하게 되었다. 이미 1990년대 중반부터 주택가격이 상승하며 거품현상을 이루었고, 주택가격 상승은 이윤을 목적으로 하는 주택 구입을 확대시켰다.

예를 들어 50만 달러에 산 집이 몇 년 뒤 1백만 달러가 되는 것을 보면서, 비싼 모기지 이자를 내더라도 사두면 크게 남는 장사가 된다는 것을 아는 사람들이 무작정 융자를 얻어 집을 사는 붐이 일어났다. 게다가 은행이나 모기지 회사들은 주택 구입자의 자기 돈 부담(down pay)을 10%나 5%까지 낮춰 주어서, 10만 달러나 5만 달러만 있으면 1백만 달러짜리 집을 금방 살 수 있고, 90만 달러나 95만 달러를 모기

---

1) Charles R. Morris, "The Two Trillion Dollar Meltdown", *U.S. Public Affairs*, 2008, ⅸ.

2) Dean Baker, "Plunder and Blunder", *The Rise and Fall of the Bubble Economy*, Poli Point Press, 2009.

지 이자로 30년간 갚아 나가게 된다. 그런데 이 사람은 몇 년 뒤 집값이 2백만 달러가 되면 팔아서 모기지를 다 갚고도 수십만 달러를 벌수 있다는 가상적인 계산을 하면서 집을 무리하게 사는 것이다. 이렇게 해서 집값은 실제의 가치보다 훨씬 높게 올랐고 거품현상을 이루었는데, 주택경기가 하락하면서 가격이 떨어지게 되었고, 그러자 비싼 모기지를 갚고도 집을 팔아 이윤을 얻기는커녕 큰 손해를 보게 되어, 주택 구입자는 주택과 선금 10만 달러를 포기하고 모기지를 내는 것도 중단해 버린다. 주택 구입자는 10만 달러를 잃어버렸지만, 모기지를 융자해 준 은행은 90만 달러를 빌려주고 받지 못하게 되어 큰 손실이 난다. 주택을 압류해서 경매처분을 해도, 집값이 50만 달러로 떨어졌으면 40만 달러를 손해 보게 된다. 그러나 쉽게 집이 팔리지 않아 은행은 고스란히 90만 달러를 날리게 되고 악성 부동산만 압류하고 만다. 투자은행들이나 모기지 회사들은 중앙은행이나 보험회사 혹은 투자금융회사로부터 융자를 받아 대출해 주었기 때문에 원금과 이자를 물어야 하는데, 주택 구입자가 파산한 뒤 부실채권만 갖고 있다가 결국 자기도 파산하게 된다. 이렇게 해서 연쇄파산이 일어나고, 마침내 국책은행이나 국책기업들마저 도산하는 경제파탄이 생기게 된다. 지난 3월 필자가 미국에 가서 확인한 바로는 미국 서부지방의 주택 가격은 50%나 떨어졌고, 대부분 30%씩 하락했으며, 전국에 은행에 잡혀 경매처분을 기다리는 주택이 4백만 채나 되며, 부도위기가 있어 팔려는 주택이 1천 5백만 채에 이른다고 한다.

문제는 여기에서 끝나지 않는다. 파산한 은행이나 금융기관에 투자했던 주식이나 채권 혹은 예금이 휴지조각이 되어 수많은 사람과 기관들이 전 재산을 잃는 거대한 손실과 비극이 일어난다. 많은 금융회사나 증권회사들이 파산하거나 부도 처리되어 문을 닫게 되었는데 리먼브라더스의 파산 해체가 이런 경우이다. 문제는 더 있다. 증권회사나 투자금융기관에 재산을 투자했던 많은 공공기관, 학교, 복지기관과 개인들이 막대한 손실을 입었다. 하버드 대학이 80억 달러를 잃어 전 자산의 4분의 1을 이번 금융대란에 빼앗겼고, 다른 대학들도 수억, 수십억 달러를 잃어버려 교수 채용도 하지 못하게 되었다고 한다. 더욱 곤란한 것은 은퇴자들의 퇴직연금이 고스란히 날아가 버린 경우이다. 펀드에 넣었다가 생활비 조의 연금이 반 토막 나거나 20%로 줄어 생계가 어려워진 연금 생활자가 수를 헤아릴 수 없이 많이 생겼다고 한다. 연일 신문에는 70만 달러를 고스란히 잃은 사람이 자살을 했다든가, 연금을 못 받게 된 60대 노인이 청소부로 나섰다는 이야기, 90세 노인이 전 재산을 날리고 슈퍼마켓에서 시간당 10달러를 받으며 홍보지를 돌리고 있다는 기사들이 오르고 있다. 이뿐 아니라 월스트리트의 유명한 투자회사 사장들이 회사를 거덜 내고 달아났다는 소식들은 더욱 아연실색케 한다. 나스닥 증권거래소의 이사장을 지낸 버나드 메이도프가 다단계 금융사기로 전 세계의 많은 은행들과 영화감독 스필버그의 돈까지 삼키고 5백억 달러의 피해를 입혔다. 130여 개국에 5만 명의 고객을 가진 스탠포드 투자은행의 주인인 스탠포드 파이낸셜 그룹 회장 앨런 스탠포드도 80억 달러의 양도성 예금증서 판매사기 사건으로 고발당했지만 어디론가 숨어 버렸다.

금융시장의 붕괴와 경제파탄은 수많은 국민들에게 말할 수 없는 고통을 안겨 주고 있다. 투자회사나 은행에 돈을 맡겼다가 망했거나 큰 손실을 본 직접 거래자는 말할 것도 없고, 금융시장의 붕괴 여파로 주가가 하락하고 공장과 회사가 문을 닫아 수만 명씩 실업자가 양산됨으로써 받는 고통, 불경기로 인해 폐업과 감원으로 사업과 일자리를 잃은 많은 사람들의 고통을 다 파악하기는 불가능하다. 더구나 경제파탄의 여파가 아직도 계속되고 있고 얼마나 더 진행될 것인지 아무도 예측할 수 없는 상황에서, 미국 경제위기의 전모를 파악하거나 평가하는 것은 아직 고려의 대상이 아니다.

더욱 심각한 문제는 미국에서 시작된 경제파탄, 시장붕괴의 파장이 미국 안에서만이 아니라 전 세계의 경제에 미치고 있다는 것이다. 이미 영국을 비롯한 유럽 여러 나라의 주식시장의 폭락과 대량해고, 공장폐쇄, 불경기 심화 현상이 나타났고, 미국 경제와 금융시장에 의존이 심했던 아이슬란드는 국가부도 현상마저 초래했다. 미국의 소비계층에 줄을 대고 있던 많은 국가들, 산유국인 러시아, 베네수엘라, 이란을 비롯하여 아랍 국가들이 커다란 타격을 입고 있으며, 한국과 대만, 브라질 등 외환 보유액이 비교적 충분했던 나라들에도 경제위기의 돌풍이 불고 있다.

도대체 1930년 경제대공황 이래 최대 규모의 공황이라 불리는 이번 글로벌 경제위기의 끝은 어디이며 얼마만큼 진행되었는지조차 예단하기 어려운 시점에서, 그 원인을 밝히고 치유와 극복의 해결책을 제시한다는 것은 경제학자들이나 정치인들에게도 불가능한 일이며, 또한 서 있는 입장과 사상, 관점과 가치관에 따라 달라질 수밖에 없다. 이 위기를 단순히 금융시장의 위기나 유동성의 위기로만 축소해 보려는 입장이 있는가 하면, 자본주의 시장경제체제 전반의 위기로 확대시켜 보려는 입장이 있으며, 그 안에서도 신자유주의적 시장개방에서 원인을 보려는 견해와 금융 자본주의의 잘못된 토대와 철학에서 보다 더 근본적인 뿌리를 찾으려는 견해들로 나뉜다. 그러나 그 입장과 견해의 차이가 어디에 있든지, 경제위기의 현상과 원인 그리고 극복의 방향과 해결책을 찾는 데 있어서 공통된 핵심적 문제로는, 시장(market)을 어떻게 볼 것이며 시장을 어떻게 관리할 것인가의 철학적 문제가 도사리고 있다. 시장에 대한 철학적 성찰이 요구되는 것도 바로 이 때문이다.

2. 시장근본주의와 시장간섭주의

"시장(market)은 경제적 행위자들, 즉 개인이나 회사, 생산자나 소비자와 같은 사람들이 만나서, 사회를 위한 경제적 결정을 하는 무대(stage)이다. 시장의 교환과정을 통해 경제적 자원의 배치나, 국가적 수익의 분배를 결정하는 가격(prices)과 임금(wages)과 이윤(profits)이 형성된다."3) 사전적 정의로 보면, 시장은 경제의 핵심 개념이지만, 매우 복잡한 구조를 가지고 있어 쉽게 이해되지 않는 애매한(elusive) 개념이다.

시장의 역사는 인류 역사와 함께한다. 사회적 동물인 인간은 삶을 유지하기 위해서 필요한 물자나 도움을 다른 사람과의 만남과 물물교환을 통해서 획득해야 했고, 이를 위한 만남의 장소가 시장이었다. 라틴어로 'mercatus'는 사는 사람과 파는 사람의 만남의 장소를 의미했다. 그러나 시장에서 이루어지는 상품의 판매나 교환의 과정이 다양하고 소비자와 생산자의 관계와 행태가 다양하기 때문에, 시장은 곧 지리적, 공간적 장소의 개념을 넘어서 행태(behavior)나 구조(structure), 원칙(principle)의 개념으로 확대된다. 그래서 시장은 런던 시장, 부산 시장처럼 지리적 개념이 있는가 하면, 양곡시장, 생선시장처럼 산업(industry)의 개념도 있고, 경매시장(auction), 암시장(black market)처럼 시장의 행태나 규칙을 뜻하기도 하고, 독점시장, 과독점시장, 할인시장처럼 시장의 구조나 성격을 의미하기도 하며, 증권시장(stock market), 외환시장(foreign currency market)처럼 장소가 없이 가상공간(virtual)에서 이루어지는 시장의 형태를 뜻하기도 한다.

따라서 시장이란 무엇인가를 정의하라고 하면, 이 모든 차원의 문제

---

3) *International Encyclopedia of Social Sciences*, Vol. 9, New York: The Macmillan Company and the Free Press, 1972, p.575.

들을 섭렵해야 하고, 또한 좁은 의미로 시장의 원리, 시장의 규칙, 시장질서가 무엇이냐고 묻더라도, 인류 역사 속에서 다양한 형태들이 있었기 때문에 서로 상반되는 주장들이나 모순되는 개념들이 쉽게 나타난다.

따라서 시장이란 무엇인가, 우리에게 무엇을 의미하는가의 문제도 이미 관점과 가치관, 입장이 개재되어 있는 문제이기 때문에 철학적인 성찰(philosophical reflection)의 대상이 아닐 수 없다. 이런 점에서 오늘날 우리가 고통스럽게 겪고 있는 전 세계적 경제위기 속에서 시장이란 무엇인가, 시장경제(market economy, Marketwirtschaft)는 어떤 원칙과 요소에 의해 움직여지고 있는가를 묻는다면, 다분히 경제철학이나 사회철학과 같은 실천철학, 윤리학의 범주 속에서 논쟁할 수밖에 없으며, 이제까지의 논쟁의 역사 속에서 볼 때, 자유주의, 사회주의와 같은 이데올로기적 입장에서 보는 이론이나 성찰들을 도외시할 수 없다. 시장의 구조와 형태에서 가장 보편적인 현상은 수요자(demand)와 공급자(supply)가 만나서 교환이 이루어진다는 것과 경쟁(competition)과 협상(negotiation)이 일어난다는 것이다. 경제학의 역사는 바로 이런 현상들에 관한 이론과 입장의 전개과정이었고, 논쟁의 터전이었다.

오늘날 전 세계의 시장질서를 규정하고 있는 자본주의 시장경제의 원칙과 철학 가운데 가장 주목해야 할 논쟁이론(controversial theory)은 자유시장론(free market theory)과 사회적 통제시장론(socially controlled market)이라고 할 수 있다.

주지하는 바와 같이, 자유시장론의 원조는 아담 스미스(Adam Smith)이며, 그는 시장 개념을 제한된 구역으로만 보지 않고, 수요와 공급이 연결되는 세계 지역 전체를 하나의 시장으로 보는 개념을 도입했다. 목화시장, 양곡시장을 런던에서만 보지 않고, 인도와 프랑스의 시장을 한데 묶어 하나의 시장으로 봄으로써 수요와 공급의 시장 범주에 잠재적 생산과 수요, 수송과 교통을 포괄하는 넓은 개념을 사용했다. 그래서 헤겔은 『법철학』에서 "영국은 다른 나라들과 달리 세계 전체를 시장으로 갖고 있다"라고 기술했다.4)

스미스는 『국부론(Wealth of Nation)』에서 기후와 지리적 조건이 다른 세계 곳곳의 자원과 상품들의 수요와 공급, 교환의 과정을 보면서 신의 섭리를 확신했고, 시장 속의 자유로운 경쟁이 이루어져도 마침내는 보이지 않는 손(invisible hand)에 의해 균형과 조화가 이루어진다는 자유주의적 낙관론을 펼치게 된다.

여기에 비해 마르크스는 시장 개념을 세계시장이라는 공간적 개념을 넘어서 상품과 돈이 교환되어, 자본이 생산과 판매, 소비의 과정을 통해 순환(circulation)되는 영역(sphere)으로서 추상화시킨다. 마르크스의 『자본론(Das Kapital)』은 자본과 노동이 결합하여 생산해 내는 상품이 시장을 통해 본래적인 사용가치에서 시장에서의 교환가치로 전환되는 과정에서 막대한 이윤이 발생하는 점에 주목하면서, 자본주의 시장경제는 자본의 독점화와 노동의 수탈이 극대화하면서 모순이 심화되어 마침내 파멸(Zusammenbruch)의 길을 걸을 수밖에 없다고 진단한 뒤, 생산수단의 사회화를 통한 사회주의적 시장경제를 대안으로 제시한다.

그러나 막스 베버는 시장을 인간과 인간이 서로 경쟁하면서 투쟁하는 장으로 보면서도, 사회학적인 조건과 구조들을 역사적으로 파악하면서 경쟁(Wettbewerb)과 타협(Kompromiss)의 합목적적인(Zweck-rational) 행위의 과정이 진행되는 곳이라고 주장한다. 결국 자본주의 시장경제에서 산출되는 부의 축적도 정당성을 갖는 독점 권력의 법률의 지배하에 둠으로써 합리화했다.

---

4) *Historisches Wörterbuch der Philosophie*, Bd. 5, Darmstadt: Wissenschaftliche Buchgesellschaft, 1980, Basel: Schwabe, S.755.

이렇게 시장에 관한 서로 다른 고전적 철학과 견해들은 지난 2백 년 동안 전개된 시장경제의 발전과정에 커다란 영향을 주었으며, 오늘날까지 시장의 성격과 구조를 판단하는 데 결정적인 이론과 가치관을 제공하고 있다.

그런데 오늘날 미국을 비롯한 전 세계 여러 나라에서 동시에 진행되고 있는 글로벌 경제위기와 금융기관의 파탄을 보면서, 그 원인과 대책을 모색하는 과정에서도 시장의 자유와 사회적 통제나 간섭을 어떻게 보느냐의 철학적 태도가 핵심적 논제가 되어 있음을 보게 된다. 특히 2007년 이래로 악화일로에 있는 미국의 금융시장의 붕괴와 세계경제의 위기는, 바로 1980년대 이래로 미국의 레이건 대통령과 영국의 대처 수상이 주도해 온 신자유주의(neo-liberalism)가 시장의 자유를 극대화시키고, 사회적 규제나 국가의 간섭을 무력화시킴으로써, 무법천지가 된 금융시장의 독재와 오만에서 비롯되었다는 비판이 강도 높게 일고 있다. 자연히 경제위기를 극복하는 대안의 모색에서도, 시장의 자유를 신앙처럼 섬기는 시장근본주의(market fundamentalism)에서 벗어나 다시금 시장을 적절하게 규제하고(regulate) 조정하는 (coordinate) 국가적, 사회적 간섭이 있어야 한다고 믿는 시장간섭주의 (market interventionism)가 각광을 받고 있다.

2008년 10월 미국 의회가 붕괴된 월스트리트의 은행들을 구제하기 위해 대통령이 내놓은 7천억 달러의 구제금융안을 거부했다가 할 수 없이 재론하여 통과시켰을 때, 세계 곳곳에서 "시장의 자유 시대는 끝이 났다(end of free market)", "자유방임적 자본주의(leissez-faire capi-talism)는 종말을 고했다"는 주장이 쏟아져 나왔다.5)

---

5) Francis Fukuyama, "The Fall of America"; Rana Foroohar, "A New Age of Global Capitalism Status Now", in *Newsweek*, Oct. 13, 2008.

"레이건과 대처의 이데올로기의 영향력이 눈앞에서 사라지면서, 이제 눈길을 끄는 새로운 시대적 감각은, 이제 우리는 자유시장, 손쉬운 신용 대출, 위험이 높은 돈거래의 황금시대를 떠나, 엄격한 규제, 빠듯한 현금, 투기 감소, 정부의 간섭이라는 새로운 패러다임의 시대로 들어간다는 것이다."[6]

여러 정치가들이 금융제도의 개혁과 규제강화를 외치는데 프랑스의 사르코지 대통령은 "자본주의를 다시 생각한다(Rethink Capitalism)"라는 세계포럼을 개최하면서 "공적 권력이 금융시장의 작동에 간섭하는 일이 정당하다(legitimacy)"고 주장했다. 독일의 메르켈 수상은 "세계화의 구조 속에서도 정부는 약해져선 안 된다고 믿어 왔고, G8 회의에서도 금융규제를 강화해야 한다고 주장했는데, 미국과 영국이 항상 반대했다"고 토로했다. 러시아나 라틴아메리카의 정치인들은 연일 "금융시장의 초강국으로서의 미국의 시대는 끝이 나야 한다"고 주장한다.

그러나 오늘날 미국인들뿐 아니라, 자본주의 시장경제에 오랫동안 익숙해진 세계 여러 나라 국민들의 가슴속에는 자유시장에 대한 믿음과 기대가 뿌리 깊이 박혀 있다. 이것은 거의 종교적인 신앙에 가까운 신념이라고 할 수 있다. 토머스 프랭크(Thomas Frank)는 「시장대중주의(Market Populism)의 흥성」이라는 글에서 1990년대에 미국사회에서 자유시장의 신화가 어떻게 주장되고, 세속적 신앙이 되기까지 종교화했는가의 과정을 잘 밝히고 있다.[7] 즉, 미국의 지도자들은 1990년대에, 특히 좌우 여야를 가릴 것 없이, 시장이야말로 가장 민주적인 조직

---

6) *Newsweek*, Oct. 13, 2008의 특집 보도.

7) Thomas Frans, "The Rise of Market Populism: America's New Secular Religion", in Katrina Vanden Heuvel, *Meltdown: How Greed and Corruption Shattered Our Financial System and How We Can Recover*, New York: Nation Books, 2009, pp.31-42.

이요 제도라고 찬양했다는 것이다. 이론적 근거는 시장이 수요와 공급의 기제에 따라 많은 대중들이 참여해서 교환하고(exchange), 합의하는(concent) 수단(media)이요 과정이라는 점이다. 여론과 시민단체와 상점들과 인터넷이 망라된 모든 사람들의 의지(popular will)를 가장 정확하게, 선거보다도 더 의미 있게 표출한다는 것이다.

이는 곧 주가가 민심이라는 이야기이다. 즉, 시장과 사람들은 사회생활의 원칙들을 공감하기 때문에, 본질적으로 하나이며 같은 존재라는 것이다. 시장이 곧 국가의 의지(will of people)라는 논리까지 성립시킨다. 그들은, 자유시장을 불신하는 케인스주의자(Keynesians)들은 사회란 시장과 같은 방식이 아닌 다른 방법으로 조직되어야 한다고 믿는 자들이며 그들 스스로를 대중이 아닌 엘리트로 보는 노동조합 지도자들이라고 비꼬았다. 시장의 신화는 정치인이나 정당에서보다 사업가와 경영인들에 의해 더 선전되고 확산되었다. 경영학 이론, 투자광고, 기업 선전물들이 이를 밑받침했다.

시장의 마술(magic of market)을 믿는 사람들은 월스트리트의 금융중개인들과 함께 시장의 우상화를 촉진시켰다. 시장은 모든 입맛을 만족시키며, 오만한 자를 겸손하게 만들고, 선한 자들이 악을 물리치고 승리하도록 만들며, 차별을 없애고, 모든 사람들을 부자로 만든다는 신화를 퍼트렸다. 그래서 아시아에서 IMF 위기 때 호랑이 국가들의 경제가 파탄 난 것도 대중의 지혜가 아닌 엘리트 전문가들의 말만 듣다가 그렇게 되었고, 서유럽의 경제가 정체되는 것도 오만한 귀족주의자들이 낡은 복지국가론(welfare state theory)을 고집하다가 그렇게 되었다고 비꼬았다. 나스닥(NASDAQ)의 주가가 끓어오르면서, 평범한 대중들이 참여하는 자유시장경제를 높이 찬양했다. 모건(Morgan) 그룹이 체이스 맨해튼(Chase Manhattan) 그룹에 삼켜 먹혔을 때도, 거만하게 시장민주주의(market democracy)에 바보같이 저항하다가 그렇게 되었다고 비난했다. 이런 식으로 시장대중주의는 '사회 다윈주의(social Darwinism)' 이래 가장 철저하게 경제적 불평등을 변호하는 역할을 한 이데올로기라고 프랭크는 비판했다.

금융체제의 붕괴와 경제위기의 원인을 자유시장에 대한 맹신에서 찾으며, 규제와 간섭을 옹호하는 철학을, 아이러니하게도 투기자본(hedge fund) 사업으로 거부가 된 조지 소로스(George Soros)에게서 볼 수 있다. 그는 『금융시장의 새로운 패러다임』이란 책에서 2008년에 벌어진 신용위기와 금융권의 붕괴를 분석하면서, 시장의 자유를 종교적 신앙처럼 숭배하는 시장근본주의에 근본 원인이 있었다고 주장했다.8) 자유주의 시장론자들의 주장처럼 시장이 결국 평형상태(equilibrium)에 도달하리라는 생각은 크게 잘못된 생각(misconception)이라고 소로스는 밝힌다. 시장가격이 어림잡아 수요공급의 평형상태에서 형성된다는 믿음은 오류라는 것이다. 그것은 주택가격의 거품(housing market bubble)에서 잘 드러났다. 시장에 참여하는 구매자와 판매자들, 그리고 나라의 재정 전문가들이 마치 완전한 지식(perfect knowledge)을 가지고 행동하는 것 같지만, 상당한 오류와 오판에 의해 결정함으로써 거품이 생길 수밖에 없다는 것이다. 그는 특히 칼 포퍼의 오류입증론(falsification)의 철학에 영향을 받아, 시장근본주의자들이 신봉하는 완전 경쟁론과 완전 지식론을 비판하게 되었다고 한다. 오늘의 시장경제의 위기를 보면서, 소로스는 단순히 주택경기의 거품에만 원인이 있는 것이 아니라, 지난 25년간 지속되어 온 잘못된 시장의 패러다임, 즉 신용대출의 무제한적 팽창(credit expansion), 가격에 대한 허상, 19세기의 자유방임주의(laissez-faire)와 유사한 시장근본주의가 만

---

8) George Soros, "The New Paradigm of Financial Markets: The Credit Crisis of 2008 and What It Means", *Public Affairs*, New York, 2008.

들어 낸 초대형 거품(super-bubble)에 책임이 있다고 하였다.9)

지난 25년간 신봉해 온 시장근본주의가 경제위기의 주원인이라고 분석한 소로스의 판단이 옳다면, 1980년대 초 레이건 행정부가 들어서면서 추진된 신자유주의 정책들이 사실상 많은 규제들을 철폐하고 정부와 공공기관들이 시장경제의 흐름에 간섭하는 것을 막았으며, 주식시장과 월스트리트의 투기적 금융거래를 엄청나게 팽창시켜 온 데서 거품경제 파탄위기가 태동하였다고 볼 수 있을 것이다. 그러나 신자유주의적 경제정책의 비판은 여기서 다룰 문제는 아니다. 단지 레이건 행정부가 들어서면서, 케네디 정부 이래로 영향력을 행사해 온 케인스주의적 자유주의(Keynesian liberalism)가 자취를 감추고, 자유시장 자본주의(free market capitalism)를 전파해 온 시카고학파의 경제학자들이 힘을 쓰게 되면서, 밀턴 프리드먼(Milton Friedman)의 통화중심주의(monetarism)가 경제정책의 근간을 이루어 온 것이 사실이다.10)

화폐공급이 실물경제활동보다 빠르게 나가면 물가는 오르고 인플레이션이 생기지만, 프리드먼주의자들은 주식시장을 통해 통화를 많이 공급함으로써 경기를 부양시키는 정책을 서슴지 않았고, 이 과정에서 정부의 통제나 간섭은 가급적 억제한 채 시장의 자유로운 흐름에 맡기도록 했다.

1980년대 레이건 행정부의 신자유주의적 정책 전환의 극적인 모습이 자본수익세 감세정책으로 인해 벤처자본 투자의 폭발적인 증대로 나타났고, 석유가격의 통제를 철폐해 버린 데서 보였다. 규제철폐, 세금감소, 시장의 자유 확대는 신자유주의의 핵심 골격이었다.

---

10) Charles R. Morris, "The Two Trillion Dollar Meltdown: Easy Money, High Rollers and the Great Credit Crash", *Public Affairs*, New York, 2008, pp.17-30.

IV. 세계화 시대의 위기와 시장의 철학 457

3. 신자유주의적 자본주의의 위기와 대안의 모색

세계적인 금융시장의 파탄과 글로벌 경제위기의 확산으로 지난 20여 년간 세계경제를 이끌어 온 신자유주의적 자본주의(neo-liberalistic capitalism)는 그 존속의 위기를 맞고 있다. 이미 수천억 달러를 구제금융으로 은행과 보험회사에 쏟아 붓고, GM 자동차회사의 주식을 국민의 세금으로 사서 준국유화를 했다면, 국가의 간섭이나 규제를 죄악시하고 시장과 자유를 숭배시하며 민영화(privatization)를 전략목표로 삼는 신자유주의 자본주의는 이미 미국에서 사라졌다고 보아야 한다. 부도난 은행과 기업들을 계속 국가가 국민의 세금으로 사들여 국유화한다고 할 때, 이것이 과연 자본주의인가, 아니면 미국의 보수 정객들이 오바마 행정부를 비판하며 던지는 말처럼 이미 사회주의로 가는 것인가? 이미 폴슨(Henry Paulson) 재무부 장관의 금융기관 구제를 위한 긴급조치들만으로도 미국의 경제는 이미 교과서적 자본주의(textbook capitalism)에서는 벗어났다고 전문가들은 평하고 있다.11)

자유주의적 자본주의를 신주단지 모시듯 철저히 신봉해 온 미국사회에서는, 유럽에서 시행되고 있는 사회민주주의(social democracy)적 정책들, 즉 건강보험, 실업보험의 보편화라든가, 은행과 기간산업의 국유화, 내지는 노사 공동 결정제 같은 것만 보아도 사회주의(socialism)라고 규정하고 있다. 따라서 미국에서 평하는 사회주의는, 유럽에서 전통적으로 인식되고 있는 사회주의와는 개념과 내용이 다르다. 유럽에서는 상당한 정도로 토지나 생산수단이 공유화되거나, 사유재산의 제한, 부의 균등한 분배, 주택, 교육, 의료의 일반적 혜택이 실현되는 체제를 사회주의라고 한다. 이 점에서 현재 미국에서 언급되고 있는

---

11) *Newsweek*, Oct. 13, 2008, p.38.

'프랑스식 사회주의', '독일식 사회주의'는 자본주의 체제 내에서 시도되는 개량주의(reformation)나 사회민주주의 혹은 사회적 시장경제(social market economy) 정도로 보아야 한다.

어쨌든 현재의 정부는 세금을 더 걷어 들여서든 돈을 찍어서든, 망해 버린 금융기관들과 자동차 회사에 수천억 달러씩 퍼붓지 않으면 대량실업과 대공황이 불을 보듯 분명하기 때문에, 국가의 간섭과 규제를 통해 경제를 살리겠다는 반자유주의(antiliberal)적 국가 자본주의(state capitalism), 혹은 규제적 자본주의(regulatory capitalism)의 정책으로 나아가는 듯 보인다.

이런 현재의 수습책을 사회주의라고 비판하는 보수 우파를 향해 노벨경제학 수상자인 조셉 스티글리츠(Joseph E. Stiglitz)는 이렇게 비꼬았다. "미국식 사회주의(American socialism)는 손실은 사회화하고(you socialize the losses), 이익은 사유화하는(you privatize the gains) 이상한 사회주의군요!"12)

미국에서 시작된 금융위기가 전 세계적인 경제위기로 확산되고 점차 심각해지고 있는 상황에서, 어떤 해결책과 대안이 모색되고 있는가? 불경기와 실업난, 생활고와 빈곤화가 확대될수록 오늘의 세계는 "이대로 갈 수는 없다(no more this way)"와 "다른 방법이 없다(there is no alternative)"는 입장들이 서로 격렬하게 싸우게 되었다. 그러나 아직 경제위기의 폭과 끝이 어디로 갈지 알 수 없고, 파탄의 규모와 내용도 정확히 밝혀지지 않은 상황에서 섣불리 어떤 대안을 내놓기는 어렵다. 그럼에도 현재 미국과 유럽에서는 이미 대안에 대한 주장과 논쟁이 상당히 전개되고 있다. 몇 가지를 알아본다.

---

12) *Newsweek*, April 6-13, 2009, p.32.

1) 사회주의는 다시 부활하는가?

금융대란과 경제파탄의 원인을 신자유주의 정책의 잘못으로만 보지 않고, 자본주의 경제구조가 가져온 필연적인 결과로 보면서, 자본주의 체제를 극복하고 사회주의를 실현해야 한다는 움직임이 여러 곳에서 일어나고 있다.

베를린 장벽이 무너지고, 동구 공산권이 해체되며, 소련과 중국, 동유럽 여러 나라들이 사회주의를 포기하고 자본주의의 길을 걷게 되었을 때, 더 이상 지구에서는 사회주의가 재발하지 못할 것으로 생각되었다.

『역사의 종말』의 저자인 프랜시스 후쿠야마(Francis Fukuyama)는 2000년『타임(Time)』지에 기고한 글에서 이렇게 예언했다. "만일 사회주의가, 정부가 경제의 대부분을 통제하고 사회적 평등을 위해 부를 재분배하는 정치경제적 제도를 의미한다면, 내 생각으로는 다음 세대에 가서 사회주의가 다시 출현할 가능성은 제로에 가깝다." 그러나 2008년 월스트리트의 붕괴와 금융위기를 보면서 후쿠야마는 신자유주의적 레이건주의(Reaganism)는 도그마화했으므로 사라져야 하고, 금융시장을 자유롭게 놔두었던 탈규제화(deregulation) 정책은 감독 강화와 규제 정책으로 전환되어야 한다고 주장했다.13) 물론 후쿠야마는 미국 자본주의의 이미지가 추락했지만, 개혁과 규제를 통해 새롭게 재창조하자는 생각이다.

자본주의의 체제 내적 개혁과 수정을 주장하는 미국과는 달리, 유럽에서는 자본주의 체제를 극복하고 사회주의 정책을 도입해야 한다는 목소리들이 사뭇 높아지고 있다.14)

---

13) *Newsweek*, Oct. 13, 2008, pp.31-36, "The Fall of America".
14) Neil Clark, "Socialism's Comeback", Internet Report.

자유주의적 자본주의자들(liberal capitalists)에 의해 죽은 것으로 선포되었던 사회주의가 다시 소생하려고 몸부림치고 있다고 한다. 유럽 전역에서 세계화와 신자유주의의 파고로 인해 20여 년간 대처의 정책에 순응하던 중도 좌파의 정당들이 민영화된 국가기업들을 다시 국유화하자는 정책을 내놓고, 공공부문을 사유화하는 정책을 중단하라고 목소리를 높이고 있다. 부자들의 세금을 높이고 부를 재분배하라는 정책도 내놓고 있다. 복지국가, 품위 있는 연금, 건강, 교육, 주택의 보편적 혜택 등 일반 서민과 노동자의 삶이 자본의 이익에 종속되지 않는 경제체제를 지향해야 한다는 정책들이 계속 나오고 있다.

독일의 유명한 사회주의 운동가 라퐁텐(Oskar Lafontaine)이 중심이 되어 2년 전에 만든 정당 '좌파(Die Linke)'는 서독 지역에서 사회민주당(SPD) 표를 잠식하고 있고, 함부르크, 헤센, 작센 지역에서 의회 진출을 했으며, 동독 지방에서는 이미 여당인 기독교민주당 다음으로 가장 큰 제일 야당으로 부상하고 있다. 이 당의 구호나 정책은 확실히 사회주의이며, 전기와 가스의 국영화, 투기자본(hedge fund)의 금지, 최대임금제 도입, 앵글로색슨식 자본주의나 혼합경제의 파기 등을 내세우고 있다. 2008년 독일의 여론조사는 서독 국민 45%, 동독 국민 57%가 사회주의는 좋은 이념이라고 응답했다.

네덜란드에서는 '사회주의당(Socialist Party of the Netherlands)'이 재기하며, 최근의 총선에서 의석을 세 배나 높였고 지방선거에서는 선두를 달리고 있다. 41세의 전염병 의사 아그네스 칸트(Agnes Kant)의 카리스마적 지도하에 사회주의당은 좌우파 연정의 제1당인 노동당(Dutch Labor Party)을 능가하는 지지율을 향해 돌진하고 있다. 이 정당은 인간의 존엄과 평등, 연대를 구호로, "보너스 인플레이션과 쉽게 버는 돈방석과 같은 자본주의의 탐욕의 문화를 배격한다"고 외친다.

그리스에서도 좌파 연합인 시리자(SYRIZA)가 신자유주의 경제정책에 반대하며 선전하고 있으며, 여론 지지율은 20%대에 이르고 35세 이하의 청년층에서는 30%로 올라섰다. 노르웨이는 이미 사회주의 정당이 정권을 잡고 있으며, 녹색당과의 연정을 통해 국유기업의 민영화를 중단시켰고, 사회복지, 공적 건강보호, 노인복지정책을 강화해 가고 있다. 스페인의 사회주의 정부도 4년간 재선되었고, 사회주의 정책을 강화해 가고 있다. 영국과 프랑스에서는 아직 부진하지만, 대부분의 유럽 국가들은 현대 자본주의 위기에 대해 과감한 사회주의적 해결책과 대안을 내놓는 좌파 정당들이 표를 얻고 지지율을 높이는 방향으로 가고 있다.

세계적 경제위기에 민감하게 대응하며 자본주의의 극복을 강하게 주장하는 시민운동 그룹들이 지난 3월 브라질 벨렝(Belém, Amazonia)에서 모인 8차 세계사회포럼(World Social Forum)에서 다음과 같은 강렬한 성명서를 발표했다.

"오늘의 글로벌 위기는 자본주의 체제의 직접 결과이기 때문에, 우리는 이 체제 안에서 해결책을 찾을 수 없다. 이 위기를 극복하기 위해 지금까지 채택된 대책들은 이 체제를 존속시키기 위해 손실을 사회화하는 것뿐이며, 이 체제는 전략경제 부문을 사유화하고, 노동과 자연을 착취하며, 인간의 삶을 상품화하는 제도일 뿐이다. 이 위기를 극복하기 위해서는 문제의 근원을 찾아 뿌리들과 격투해야 하며, 자본주의 체제를 처리하는(do away) 극단적인 대안을 수립해야 한다."

그들은 사회적 요구와 자연의 권리를 존중하고 민주적 참여와 정치적 자유를 보장하는 사회를 지향하면서, 다음과 같은 긴급한 대책(urgent measures)을 제안한다. 은행의 국유화와 철저한 감시, 식량과 에너지 주권 확보, 전쟁중단과 외군철수, 토지와 일자리, 교육, 건강에

대한 보편적 권리의 확보, 지식과 정보에 대한 민주적 접근, 노동시간 단축 등이다.15)

2) 시장의 구조혁신과 신경제의 구상

사회주의를 대안으로 보지 않으면서, 현재의 시장구조를 근본적으로 혁신함으로써 거품과 낭비가 없는 새로운 경제체제를 만들어야 한다는 목소리가 미국에서도 나오고 있다. 폴 크루그먼(Paul Krugman)이나 조셉 스티글리츠 같은 노벨상을 받은 경제학자들도 잘못된 은행 시스템이나 경기회복 정책을 신랄하게 비판하고 있지만, 현 자본주의 경제질서와 경제체제를 긍정하는 틀 안에서, 보다 효율적이며 공정한 정책과 전략을 제시하고 있는 편이다. 구제금융보다 구조조정을 선행하라는 충고와 투명성의 확보를 보다 철저히 감독하라는 조언이다.

월스트리트가 막강한 힘을 가지고 이끌어 가는 현재 미국의 자본주의 체제를 근본적으로 혁신하지 않으면 해결책이 없다며, 시장경제의 혁신과 신경제(New Economy) 체제를 수립해야 한다는 주장이 코르텐(David C. Korten)에 의해 최근 제기되었다.16) '사람이 중심 되는 발전 포럼(the People Centered Development Forum)'의 창립자이며 회장이기도 한 그는, 대공황 이래 최악의 경제위기를 맞고 있는 미국은 파탄을 초래하고 엉망을 만들어 놓은 장본인인 월스트리트의 금융 기관들에게 수조 달러의 구제금융을 퍼붓는다고 실패한 경제가 다시 살아나지 않는다고 본다. 이것은 마치 암 환자에게 반창고를 붙이는

---

15) "Declaration of the Assembly of Social Movements of the Occasion of the 8th World Social Forum", in Belém, Amazonia, March, 2009.

16) David C. Korten, *Agenda for a New Economy: From Phantom Wealth to Real Wealth*, San Francisco, 2009.

것이나 마찬가지라는 것이다. 문제는 월스트리트 금융가가 아무런 새로운 가치를 창조하지 않으면서, 마치 엄청난 부를 창출해 내는 것처럼 보이는 것이라고 한다. 이것을 그는 '유령재산(phantom wealth)'이라고 부른다. 그는 먼저, 연방정부가 잘못되고 실패한 경제체제를 이전의 수준으로 회복하겠다고 수조 달러를 쓰는 것은 역사적으로 최대의 낭비이며 정부의 신용을 오용하는 것이라고 비판했다. 최근의 신용거래 붕괴를 구제금융으로 메우려면, 2008년 11월까지 약 7조 4천억 달러가 소요되는데, 이것은 미국의 총생산(GDP)의 절반에 해당되는 것이라고 한다. 체제(system)를 고치지 않고 증상(symptom)만 건드리고 있다는 것이다.

코르텐은 돈(money)이 곧 부(wealth)나 가치(value)를 의미하는 것이 아니라고 근본적인 문제를 제기한다. 금융거래를 통해 돈이 불었다고 실질적인 가치(real value)가 늘어난 것이 아니라는 것이다. 돈이란 단지 고유한 존재(intrinsic existence)나 가치가 없는 계산전표(accounting chit)일 뿐이다. 우리 마음속으로만 그것이 있는 것처럼 생각하게 만들고 있다. 돈을 가지고 있을 때 우리는 그 돈과 바꿀 수 있는 실질적인 부나 가치, 말하자면 땅이나 금, 음식, 서비스가 존재하고 있다고 생각한다. 그러나 월스트리트에서 돈이 불어났다고, 실질적 부나 가치가 창조된 것이 아니라는 것이다. 지폐나 전자화폐는 실질적인 가치를 가진 상품이나 서비스와 교환될 수 있는 쿠폰에 지나지 않을 뿐인데, 마치 실질적인 부나 가치 자체라고 믿는 데서 환상(illusion)과 현실(reality)의 혼동(confusion)이 온다는 것이다.

월스트리트의 허구적인 부(illusory wealth)는 마술(magic)처럼 생겼다가 사라지기도 하는 유령과 같은 부를 말한다. 즉, 실질적 가치나 효용의 창출이 없이 부동산 거품으로 인한 인플레이션이나, 회계장부에 기재(accounting entries)됨으로써 생기는 돈 같은 것이다. 한때 첨단산업의 주가나 주택 거품이 만들어 낸 것과 같다. 유령재산은 금융기관들이 수고비와 가상이윤을 합산하여 과대평가시킨 자산을 판매하거나 대여하면서 만들어 놓은 부채의 피라미드(debt pyramids)가 산출하는 금융자산(financial assets)을 포함한다. 돈을 빌려서 자산을 구입한 사람이 그 빚을 갚지 못할 때, 거품은 사라지며 부채의 피라미드는 붕괴되고 만다는 것이다. 그래서 금융투기(financial speculation)나 금융거품의 인플레이션이 실질적 부와 가치를 창조한다는 이론과 신화가 무너져야 한다.

지난 수십 년 동안 연방준비은행은 월스트리트 은행들과 또 재무부와 함께 실질적 재산(real wealth)보다는 유령재산을 증식시키는 데 기여했다. 첨단산업 거품(1990년대)과 주택시장 거품(2000년대)을 진정시키기는커녕, 싼 이자의 돈(easy money)을 빌려주면서 계속 인플레이션을 조장해 왔다. 과도하게 부풀려진 자산의 거품가치가 실질적 가치를 능가했을 때, 유령재산을 믿고 돈을 빌려 투자한 돈의 이자를 갚을 수 없을 때, 자산의 시장가치보다 부채가 많은 주택 구매자들은 집을 포기하고, 은행 부채는 고스란히 연쇄반응을 일으켜 금융 시스템 자체가 붕괴하는 결과를 가져왔다는 것이다.

코르텐은 이런 식의 자본주의는 시장경제(market economy)의 원리와 맞지 않으며, 오히려 시장을 왜곡시키고 혼란스럽게 한다고 보았다. 시장경제의 이론은 그 원조인 18세기 경제학자 아담 스미스로 거슬러 올라가는데, 그의 『국부론(Wealth of Nation)』은 사회적으로 생산된 부나 자산을 개인의 필요와 능력에 따라 민주적으로 평등하게 교환하고 분배하는 이상적 시장관계를 묘사하고 있다고 한다. 그의 시장에서는 구매자와 판매자들이 영향력이 적은 개인들이어서 시장가격을 흔들어 놓을 수 없었다. 그런데 오늘의 시장 근본주의자들(market funda-mentalists)은 이런 시장의 기본조건을 무시하고 있다. 사실 스미스는 생시에 자본주의라는 말도 몰랐고, 그 용어는 그가 죽은 훨씬 뒤 1800년대 중반에야 나타난 것이다.

코르텐은 자본주의와 시장경제를 엄밀히 구별할 것을 주장한다. 월스트리트(Wall Street) 자본가 경제가 메인 스트리트(Main Street) 시장경제로 혁신되어야 한다는 것이다. 자본주의 대행자들(agents)은 마치 암세포가 건강세포로 위장하듯이, 건전한 시장경제의 대행자로 가장하고 있다는 것이다. 그러나 사회주의나 공산주의도 대안이 될 수 없다고 한다. 자본주의가 기업의 권력에 매달려 있는 것처럼 사회주의는 정부나 지배정당의 독점 권력에 예속시키기 때문에, 진정한 시장경제의 구조는 형성될 수 없다고 한다. 참된 시장경제체제는 민주적으로 수립된 책임 있는 정부가 개인과 기업, 사회단체들이 경제적 요구를 사회적으로나 환경적으로 책임 있게 추구할 수 있도록, 적합한 규칙의 틀(appropriate framework of rules)을 제공할 때 성립할 수 있다고 보았다.17) 그가 말하는 적합한 시장 규칙이란, 투기(speculation)나 독점 권력의 획득, 유령재산의 창출을 배제하고, 메인 스트리트의 일반 서민들의 삶과 건강한 생태계를 보전하는 데 이바지하는 규칙들이다.

코르텐의 신경제론은 자본주의와 사회주의를 배격하고 건전한 시장경제를 원하지만, 합리적 자본주의와 민주적 사회주의의 이상들을 결합한 혼합주의 같은 느낌을 떨칠 수 없다. 사회주의적인 대안과 비사회주의적인 대안의 예들을 보면서, 글로벌 경제위기의 해결책과 대안을 모색하는 과업이 앞으로 이념의 장벽을 넘어서 서로 영향을 주고받으며 추진될 것으로 보인다. 시장에 관한 철학적 성찰이 편견에서 벗어나 폭넓게 추구되어야 하는 이유도 여기에 있다고 생각된다.

---

17) 같은 책, p.120.

동아시아 사회발전과 아시아적 가치

1.

아시아적 가치에 관한 논쟁이 국제정치의 무대에서 뜨겁게 달아오르는 이즈음, 철학연구회가 이번 1998년 추계 연구발표회의 주제를 "아시아적 가치는 있는가?"로 설정하고 여러 철학자, 정치학자, 경제학자, 여성학자들이 한자리에 모여 차분히 철학적으로 논의해 볼 수 있게 된 것을 기쁘고 뜻 깊게 생각한다. "아시아적 가치란 무엇인가?"라고 하지 않고 "아시아적 가치는 있는가?"라고 주제를 정한 것은 이 문제를 보다 근원적으로 철학적으로 생각해 보기 위해서이다. 보편적 가치나 다른 지역의 가치와는 다른 아시아의 특수적 가치가 있는가를 물음으로써 아시아적 가치에 관한 정치적 혹은 사회과학적 논쟁을 보

* 이 글은 철학연구회 1998년 추계학술대회 주제 발표 「아시아적 가치는 있는가?」로, 『철학연구』, 제44집, 1999 봄, pp.1-15에 수록된 논문을 수정 보완한 것이다.

다 철학적으로 끌어내려는 의도가 있었다고 할 수 있다. 어느 지역이나 사회마다 모두 나름대로 특유한 전통과 가치가 있는 것은 당연한 사실이겠으나, 어느 지역의 특수한 가치가 다른 지역의 가치보다 도덕적으로나 실용적으로 더 높은 정당성과 의미를 갖는다고 주장할 때에는, 그러한 주장이 과연 타당한지 철학적으로 검증해 보아야 하기 때문이다.

따라서 우리는 "다른 지역에서보다 더 도덕적으로 정당하며 생산적인 아시아적 가치가 과연 있는가? 있다면 어떤 가치들인가?"를 물어야 하리라고 생각한다. 여기에 관해서는 아직 철학자들뿐만 아니라 사회과학자나 인류학자, 지역학자들 사이에도 일치된 견해나 주장이 없다. 일치된 견해가 없을 뿐만 아니라 매우 상반된 의견과 주장들이 열띠게 오가고 있다. 애초에 아시아적 가치에 관한 논쟁은 정치적인 무대에서부터 시작되었다. 특히 아시아의 개발 독재국가들에서 집단주의적 이념(Kollektivistische Ideale)이나 조합주의적 정치 행태(Korporatistische Politik)를 변호하기 위해 서구적 가치관에 맞서는 아시아적 가치를 주장하고 나섬으로써 본격적인 논쟁이 일게 되었다. 서구적인 자유민주주의를 정치적으로 유보하면서 자본주의적 산업화와 경제성장을 급속히 이룩한 아시아의 신흥 공업국가들은 서구의 정치가나 언론인들로부터 개인의 자유와 인권을 억압하며 민주주의를 왜곡시킨 개발독재(Entwicklungsdiktatur)라는 비난을 받게 되었다.

싱가포르의 장기집권자였던 리콴유(Lee Kuan Yew) 수상은 "민주주의를 하지 않으면서 어떻게 발전을 이룩할 수 있느냐?"는 서구 언론인들의 질문에 대해 이렇게 대답했다. "만약 여러분이 민주주의를 미국이나 독일식으로 이해하고 있다면, 나는 그런 민주주의를 안 해도 가능하다고 답하겠다. 정치에서 선거라든가 대립적인 야당이라든가, 집권당이 정기적으로 바뀌는 것이 절대적으로 필요한 것은 아니다. 산업화를 이룩하자면, 개혁과 창의성이 사회 각 분야에서 필요한데, 그러자면 각 세대마다 생산력 있는 인재들을 키우고 등용시켜야 한다. 이를 성공시키는 것이 발전의 비결이다."1) 반체제 데모를 주동한 천안문 사태의 정치범을 석방하지 않는 중국 정부를 향해 "인권을 개선하지 않으면 경제협력을 계속할 수 없다"고 위협하는 미국 정치인들에게 장쩌민(江澤民) 주석은 "우리에게는 한두 사람의 개인주의적 인권보다 13억 중국인의 공동체가 누릴 인권이 보다 우선한다"고 대답했다. 그리고 개인주의적 인권보다 공동체적 인권을 보다 중요하게 여기는 것이 아시아인의 가치관이라고 하였다. 여기서 우리는 아시아적 가치가 아시아형 개발독재나 인권탄압을 변호하는 이데올로기적 기능을 행사하고 있다는 사실에 주목할 필요가 있다.

물론 아시아적 가치는 이런 정치적 이데올로기로서만 생각된 것은 아니다. 서구가 경제와 과학기술을 발전시킨 지난 수백 년 동안 정체성과 후진성을 면치 못하던 아시아 여러 국가들이, 지난 몇 십 년 동안에 일본, 한국, 대만, 홍콩, 싱가포르 등이 비약적이며 성공적인 근대화와 산업화를 이룩한 것을 보며, 학자들은 청교도적 윤리의식이 없는 아시아인들이 서구와 비슷한 자본주의를 급성장시킨 것은 유교적인 가치관에 힘입은 것이라며 유교 자본주의(confucian capitalism)를 논하게 되었다.2) 아시아적 가치는 사회발전에 유효한 긍정적인 윤리의식으로서도 각광을 받게 된 것이다. 과연 오늘의 한국이나 일본, 싱가포르 등이 급속한 경제성장을 이룩한 것이 유교적인 합리성이나 수

---

1) *Die Zeit*, Nr 49, 1994. 12. 2., S.7.

2) Yü, Ying-Shih, "Confucian Ethics and Capitalism", Asan Foundation International Symposium, The Challenge of the 21st Century, The Response of Eastern Ethics, 1997; Seah Chee-Meow(ed.), *Asian Values and Modernization*, Singapore, 1997.

기적(修己的) 교육열과 근면의식, 그리고 공동체적 윤리의식에 힘입어
서 된 것인지, 서구적인 개인주의와 합리성, 자유시장경제의 모방에
더 기인하는지에 관해서는 보다 많은 연구와 깊이 있는 논의가 필요할
것이다.3) 그러나 어쨌든 아시아적 가치에 관한 정치적, 경제적 논쟁들
은, 이제 우리 동아시아인들이 수천 년 동안 기르며 다듬어 왔던 유교
적인 가치관이나 윤리의식, 혹은 전통사상이나 가치관에 대하여 새롭
게 정체성을 찾고 음미하기 위한 반추 작업을 하지 않을 수 없게 만들
었으며, 사회경제학도들에게만 아니라 우리 철학도들에게도 중요한
시대적 과제를 부여해 주게 되었다.

2.

　아시아적 가치가 긍정적이며 생산적인 것이냐, 아니면 부정적이며
낙후된 것이냐 하는 논쟁은 뒤로하더라도, 오늘의 아시아적 사회, 경
제, 정치의 발전을 가져온 주체적 동력으로서 아시아인의 의식과 가치
관이 중요한 역할을 하였다는 데는 이론의 여지가 없다. 설사 서구인
의 가치관과 기술이 영향을 주었다 하더라도, 이를 수용하는 아시아인
들의 자세와 노력, 의식구조의 기능을 무시할 수 없기 때문이다. 또한
같은 서구의 영향을 받더라도 아프리카나 남미의 경우와 다르게 발전
했다면, 아시아인들의 독특한 가치관과 의식구조가 무엇인가를 밝히
는 일은 우리 자신의 정체성과 방향성을 찾기 위해서도 필요한 일일
것이다.
　사실 우리 아시아인들은 너무나 오랫동안 우리 자신의 정체성을 서
구인들이 평가하고 지정해 주는 바에 따라서 규정하며, 때로는 자조적

---

3) 유춘석, 「동아시아 유교 자본주의의 재해석」, 『전통과 현대』, 제3집, 1997.

이며 열등적인 의식을 가져 왔다. 헤겔이 역사철학에서 아시아를 동양적 전제정치(Oriental Despotie)라는 틀로 유형화하고, 마르크스나 비트포겔(K. Wittfogel)이 아시아적 생산양식을 낙후한 노예적 경제제도로 묘사한 것이나, 막스 베버가 아시아의 경제와 사회를 정체시키는 요인으로 불교나 힌두교, 유교와 같은 아시아 종교적 가치관을 들고 있는 것, 심지어 군나르 뮈르달(Gunnar Myrdal)이 『아시아의 드라마 (*Asian Drama*)』에서 무질서, 불복종, 비협조를 아시아 식민지 백성들의 성격적 특징으로 규정한 것 등, 아시아인들은 오랫동안 서구 지성인들의 기준에 따라 평가되고 판단된 열등한 아시아상에 시달리며 콤플렉스를 갖고 살아왔다. 이런 단점과 약점이 결코 아시아의 역사에만 있는 것이 아니라 유럽이나 다른 선진국들의 역사에도 얼마든지 있었던 것임을 깨닫고, 아시아인들이 서구인들의 제국주의적 우월감을 간파하게 된 것은 최근에 와서였다. 이제 아시아인들이, 서구인들이 주목할 만한 경제성장과 기술의 발전, 민주화를 이룩하게 되면서 공동체 의식이나 교육열, 근면성, 도덕성, 희생정신 등 아시아적 가치를 높이 주장하게 됨으로써 과거의 열등한 아시아, 낙후되고 정체된 아시아 사회의 콤플렉스를 씻게 된 것도 사실이다.

그러나 또한 우리가 내세우는 긍정적인 아시아적 가치가 아시아인의 자존심을 세우고 미래에 대한 자신과 책임의식을 갖게 하는 데 도움이 되겠지만, 결코 아시아의 모든 것을 미화하고 과거의 잘못된 역사를 곡해하도록 만드는 민족주의나 지역주의적인 가치관이나 이데올로기가 되어서는 안 될 것이라 생각한다. 사실 우리가 아시아적 가치로 내세우는 공동체적 윤리의식이나 책임감이나 희생정신, 혹은 자기 수양적인 교육열이나 성취동기가 꼭 아시아인들에게만 고유한 것이라고 주장하기는 어렵다. 우리에게도, 우리의 전통사상이나 종교 속에도, 우리 아시아인들의 의식구조와 습관, 제도 속에도 이와 같은 긍정적이며 귀중한 요소들이 있었다는 것을 확인하며 재발견하는 것이 중요하지, 아시아인들은 본래부터 이렇게 우수한 윤리의식과 고귀한 정신을 가지고 살아왔다는 식으로 역사를 미화하는 데 이용하는 것은 곤란하다고 본다.

아시아적 가치의 주장과 논란에서 일부의 학자들은 아시아적인 공동체 의식과 질서의식, 높은 금욕적 도덕성이 서구사회의 타락한 이기주의나 방종한 자유주의, 저속한 쾌락주의를 대체하는 구원의 길이 될 수 있다고 높이 찬양하기도 한다.4) 이렇게 되면 다시금 아시아인의 도덕성과 서구인의 비도덕성, 아시아인의 공동체적 유대의식과 서구인의 원자론적 해체의식, 아시아인의 금욕주의 도덕과 서구인의 쾌락주의 타락이라는 이분법적 대립으로 극단화하게 되며, 아시아인의 가치의식은 이제까지의 열등의식에서 우월의식으로 역전하는 양상을 띠게 된다. 과연 이것이 아시아적 가치를 내세우는 목표일 수 있을 것인가?

아시아적 가치를 높이 찬양하는 아시아 학자들의 주장을 경청하면서도 서구의 학자들은 그런 가치들이 아시아인에게만 있는 가치가 아니라는 점을 밝히려고 한다. "서구인들에게 '아시아적 가치라는 것'은 낯선 것이 아니다. 특히 동북아시아나 동남아시아에서 공식적으로 주장되는 공동체적, 집단주의적 윤리의식은 유럽의 과거 역사에 있었던 가치관들과 동일한 것이다. 이것은 아랍이나 이슬람 국가에서 주장되는 것과도 같은 것이며 동유럽의 사회주의 국가들에서 듣던 것과도 매우 비슷하다"고 디터 셍가스(Dieter Senghaas)는 주장한다.5) 어떤 문

---

4) Eun-Jeun Lee, "Asiatishe Werte als Zivilizationsleitbild?", in *Internationale Politik und Gesellschaft*, Nr 2, 1997, S.130-140; Tommy Koh, "The 10 Values that undergird East Asian Strength and Success", in *International Herald Tribune*, 1993. 12. 10.

5) Dieter Senghaas, *Zivilisierung Wider Willen, Der Konflikt der Kulturen mit sich selbst*, Frankfurt: Suhrkamp, 1998, S.175-188. Über asiatische und an-

화나 종교이건 전통사회를 들여다보면 모두 공동체적 윤리와 집단의
식을 강조하는 사상과 가치관이 있는데, 이를 유독 이시아적 가치라고
할 수 있겠느냐고 질문한다. 전통사회는 모두 공동체의 가치를 존중하
며 가부장적이고 권위주의적인 질서를 자연적 질서로서 받아들이는
특성을 갖고 있다고 한다. 부족이나 마을의 집단 공동체가 자급자족해
야 하는 경제(subsistence economy) 체제에서 개인은 집단을 떠나서
자유로울 수 없으며, 개인의 공동체적 책임과 의무같이 강조될 수밖에
없고, 개인의 자유를 허용할 만큼 사회가 분화되거나 발전하지 못해,
개인주의를 발달시키지 못한다는 것이다. 집단주의적 가치나 의무감,
복종심, 화합의 미덕을 강조한 것은 아시아의 전유물이 아니며, 유럽
의 과거에서도 얼마든지 볼 수 있는 것들이었다. 과연 우리가 주장하
고 찾고자 하는 아시아적 가치라는 것이 어느 사회나 문화에서도 전통
적으로 볼 수 있었던 집단주의적, 공동체적인 가치의식을 말하는가?

3.

만약 아시아적 가치라는 것이 단순히 전통사회가 공유하는 집단주
의적 윤리나 공동체적 의무감과 여기에서 파생되는 금욕적이며 희생
적인 도덕심, 절제의식, 그리고 근면성과 성취의식에 불과하다면, 굳이
이를 아시아적 가치라고 명명하며 고유한 것으로 드러내지 않아도 좋
을 것이다. 그런데 이를 마치 서구의 개인주의나 자유주의적 가치관에
대립되는 것으로 대안적인 것으로까지 격상시키는 것은 좀 지나친 국
수주의나 민족주의적인 편견이 될 수도 있을 것이다. 그리고 만일 아
시아적 가치가 전통사회의 가족주의적, 봉건주의적 가치관이나 윤리

---

dere Werte.

의식을 말하는 것이라면 과거의 전통사회가 근대화가 이루어진 오늘의 산업사회나 민주사회보다 더 도덕적이며 생산적이고 질서 잡힌 공동체라는 반시대적 역사의식이 생겨날 수도 있다.

아시아적 가치를 이러한 전통사회의 집단주의적 가치로만 규정할 때 우리는 이러한 가치가 사회발전을 저해하며 개인의 자유와 능력개발을 억제할 뿐만 아니라, 권위적이며 독재적인 위계질서를 강조해 사회를 부정과 비리, 반동으로 몰아가는 역기능을 행사할 수도 있음을 유의해야 할 것이다. 그렇지 않아도 아시아의 경제위기와 IMF 체제로의 변환을 놓고 서구에서는 말이 많다. 결국 아시아적 가치의 이면은 부정부패와 정실주의와 투명성의 결핍, 비합리성이었다며, 아시아 국가들의 경제성장은 서구적인 분권주의에 입각한 상호 견제와 민주주의적 통제나 법칙성이 결핍되어 몰락과 위기를 겪게 되었다고 비아냥거림을 받게 되었다.6)

과연 아시아의 경제위기가 아시아적 가치관의 부정적이며 역기능적인 요소가 일으킨 결과인 것인지, 아니면 서구의 투기성 자본이 신자유쥬의적 세계화와 시장경제의 물결을 타고 아직 개발도상에 있는 아시아 경제에 무절제하게 침범하여 공동체적인 가치와 질서를 무너뜨린 데 기인하는지는 앞으로 두고두고 따져 볼 문제이다. 지난번 말레이시아에서 열린 APEC 정상회의에서 마하티르 총리와 미국 고어 부통령 사이에 정치적 논쟁거리로 아시아적 가치가 문제되었다는 것은, 결국 오늘의 경제위기에도 어느 쪽에서든 가치관의 책임을 면할 수 없다는 것을 웅변적으로 보여주고 있다. 아시아적 가치를 긍정적으로 보며 지키려고 하는 쪽에서는 오늘날 경제위기를 가져온 책임을 서구적

---

6) Petra Kolonko, "Asiatishe und andere Werte", in *Frankfurter Allgemeine Zeitung*, 1997. 10. 24; Henrick Bork, "Kursverlust asiatische Werte", in *Frankfurter Rundschau*, 1997. 11. 28.

개인주의, 자유주의가 극단화된 카지노 자본주의(casino capitalism)에 돌리며, 아시아적 가치를 부정적으로 보며 지양해야 된다고 보는 쪽에서는 아시아의 경제위기가 결국 아시아인들의 권위주의와 연고주의로 인한 정실 자본주의(crony capitalism) 때문에 생겨났다고 진단한다.

아시아적 가치가 공동체 의식과 책임감, 근면성을 강조해, 개인의 이기적 이익보다 사회와 국가의 공익을 위해 헌신하도록 역할을 했고, 이것이 아시아를 경제적 낙후성과 사회적 정체성을 파기하고 신흥 공업국가로서 도약하게 만든 원인이 되었다면, 이제 앞으로 요구되는 사회발전의 방향과 가치관은 경제성장과 부의 혜택을 모든 시민들과 사회 구성원들에게 골고루 돌릴 수 있고, 생산과 소비, 금융과 조세를 민주적으로 합리적으로 투명하게 만드는 데 있다는 것을 우리는 모두 알고 있다. 그렇다면 이러한 정신적 태도와 의식을 심어 줄 수 있는 사상과 가치관을 우리는 어디에서 찾을 수 있을 것인가? 어떤 이는 서구적이면서 보편적인 가치의식에서 찾아야 한다고 할 것이며, 다른 이는 이런 요소를 바로 아시아의 전통적인 가치관 속에서 찾아내어 현실에 맞게 살려야 할 것이라고 주장할 것이다.

민주주의와 인권과 평등과 정의, 화합과 통일을 우리 사회뿐 아니라, 아시아 사회 전체가 지향해야 할 목표요 방향으로 설정할 수 있다면, 이러한 정신과 가치를 공급할 수 있는 우리의 고유한 정신, 아시아적 가치를 어디에서 찾을 수 있을 것인가? 그리고 이런 관점에서 우리의 전통철학과 사상들은 어떻게 평가되어야 할 것인가? 이러한 물음들이 오늘 우리가 함께 논의하며 모색해야 할 과제가 아닐까 생각한다.

4.

아시아적 가치를 논하는 데 있어서 아시아는 지리적으로 어떤 곳을 말하며 문화적, 역사적으로는 어떤 전통의 가치를 말하는가? 아시아는 지리적으로 가장 넓은 지역이며 유럽인들의 눈에도 다양한 모습으로 보여, 근동(Near East), 중동(Middle East), 극동(Far East)으로 나뉘어서 파악되었다. 그 종교문화적인 전통도 다양해서 불교, 유교, 힌두교, 이슬람교, 기독교 등 세계 종교들의 발상지가 모두 아시아에 있다. 이 넓은 지역과 다양한 종교문화권을 통틀어서 지배하는 범아시아적 가치가 있겠는가를 묻는다면, 우리는 아직 그런 연구나 주장을 알지 못한다고 솔직히 고백할 수밖에 없다. 물론 로마제국과 기독교 문화의 전통을 가진 유럽 문화와 구별되는 아시아의 문화를 논한다면 그 특징을 파악해 볼 수도 있겠으나, 아랍권의 이슬람교 문화나 인도의 힌두교 문화, 불교 문화, 그리고 중국 중심의 유교 문화 사이에는 지리적인 거리 때문만이 아니라 생활양식이나 사고방식의 차이로 인해서 공통적인 가치관과 윤리의식을 찾아내기는 어렵다고 생각된다.

오늘날 서구인들이 관심을 갖는 아시아적 가치, 서구의 사회발전 모델과는 구별되는 아시아적 발전 모델은 좁혀서 말하자면 아시아 전체가 아니라 동아시아를 의미하며, 특히 중국, 일본, 한국, 홍콩, 대만, 싱가포르 등 한자 문화권을 지칭하고 있다. 우연치 않게 이들 동아시아 나라들은 유교적 가치관과 사회문화에 깊은 영향을 받고 있으며, 또 1980년대에 와서 경제발전을 비약적으로 이룩한 아시아의 네 마리 용(한국, 대만, 홍콩, 싱가포르)이, 이미 경제 선진국이 된 일본과 함께 있는 곳이기도 하다. 물론 지리적, 문화적 교류의 역사로 보면 동아시아의 유교 문화권에 있는 나라들은 여러 가지 면에서 공통점을 가지고 있다. 그러나 아시아적 가치를 논할 때 우리는 동아시아의 유교 문화적 전통과 가치를 과연 아시아를 대표하는 가치체계로서 내놓을 수 있을 것인가? 중국 문화의 영향은 받았지만 불교적 가치관이 지배하는 베트남이나 태국은 어떻게 볼 것이며, 이슬람교도가 대부분을 차지하는 인도네시아는 어떻게 보아야 할 것인가? 아시아적 발전 모델의 역기능을 이야기할 때 IMF 경제위기로 타격을 받는 아시아 국가들 속에는 당연히 유교권의 한국이나 홍콩뿐 아니라 불교권의 태국과 이슬람권의 인도네시아가 포함되는데, 이때 우리는 과연 공통된 아시아적 가치를 이야기할 수 있는가?

물론 우리는 가정적으로 아시아의 전통문화, 종교를 모두 아우르는 아시아적 가치관을 논해 볼 수 있겠지만, 이를 위해서는 아직 많은 비교 연구들이 선행되어야 할 것이다. 유교 문화권과 불교나 힌두교 문화권, 이슬람교 문화권의 가치관과 사회발전의 양상을 비교하는 연구들은 이제 지역주의적 연구 경향에 따라 아직 시작 단계에 있을 뿐이다. 우리는 일단 아시아적 가치를 논하면서 우리가 잘 알고 우리에게 익숙한 동아시아의 가치관과 사회발전의 관계에 국한해서 생각해 보아야 할 것 같다. '아시아적 가치'에 '동아시아를 중심으로'라는 부제를 달아야 한다. 사실상 우리는 우리가 동아시아권이라는 공통된 문화권에서 공통된 역사적, 문화적 전통을 가지고 살아왔다는 사실마저도 오랫동안 잊고 있었다. 일본은 우리를 침략한 제국주의 나라였고, 중국은 전통사상을 다 때려 엎은 공산주의 문화혁명의 나라로 비쳐 왔다. 함께 사는 나라, 공통의 문화와 가치관을 가진 나라로 이해하지 못했다. 그러나 이제 시간적 차이는 있지만 일본과 한국, 대만, 중국이 현대화, 산업화, 민주화라는 과정을 거치며 서구와는 다른 발전 모델을 보이기 시작하면서 새로운 동아시아적 문화와 가치관에 대한 정체성의 인식이 탐구되게 되었다.

동아시아 여러 나라들에 공통된 가치관과 문화의식이 있다고 새롭

게 조명된 것은 한국을 포함하는 네 마리 용들과 함께 1980년대 이후
에 중국이 시장경제의 길을 걸으며 역시 비슷한 패턴의 급성장을 보이
고 있는 데서 비롯되었다. 이제는 그 경제사회의 발전 정도가 달라도
공통된 동아시아의 발전 모델을 논할 수 있다는 것이다. 북경대학의
라오 게핑(饒戈平)은 동아시아의 발전 모델의 특징이 동서양의 가치
관을 완벽하게 결합하여 자유와 질서, 개인주의와 사회 공동체의 가치
를 잘 융합시킨 혼합경제적 신모델이라고 하였다.[7] 여기서는 현대화
과정을 모두 국가가 주도하며, 시장경제의 흐름에 적당히 관여하여 외
자도입과 기술향상, 수출확대를 촉진시키고 상대적 균등을 유지함으
로써 높은 성장률을 달성할 수 있었다. 경제성장을 이끈 동아시아의
국가들은 모두 계몽형 권위주의 정치체제를 갖고 있으며, 이들은 일당
제 정권이나 군사정권의 형태를 취했다. 그러나 이것은 과도기적 형태
이며 점차 민주적 정치체제로 바뀌는 합리적 현대화의 길을 걸었다.
동아시아적 발전 모델의 특징은 이러한 고도의 경제성장이나 권위주
의적 정치체제에 있다기보다는 이를 가능케 한 문화적, 가치관적 연원
에 있다고 하겠는데, 그것을 라오 게핑은 유교적 어진(仁) 정치, 즉 국
가가 주도하지만 관민(官民)의 합작을 이뤄 내는 내부 결집력에 있다
고 하였다.[8] 여기에는 또한 유교의 가족 중심의 사상과 가족윤리도 큰
몫을 하여, 서구의 개인주의적 자본주의와 달리 가족 자본주의의 특징
을 나타내었다. 규율을 중시하는 유교 전통에서 우수한 인재와 노동력
을 얻게 된 것도 동아시아 발전 모델의 한 특징을 이루는 것이라고 하
였다.

　동아시아의 현대화와 자본주의 발달의 특징을 서구와 비교하면서

---

7) 라오 게핑(饒戈平), 「동아시아 발전 모델과 동아시아적 가치관」, 한백연구재
　　단, 『포럼 21』, 24호, 1998 겨울, pp.12, 17.
8) 같은 글, p.13.

비개인주의적 자본주의로 규정하는 학자들도 있다.9) 서구의 개인주의적 가치관이 정착되지 않은 아시아에서 일어난 자본주의적 현대화는 역시 공동체의 일체성과 개인의 자율적 책임을 강조하는 아시아적 유교적 가치관에 힘입은 바가 있다는 것이다. 동아시아에서 비개인주의적 자본주의 발달이 증명되었다면, 자본주의와 개인주의의 필연적 관련성은 더 이상 주장되기 곤란하다는 것이다. 아시아적 발전 모델은 결국 개인주의의 발달 없이 국가나 사회가 주도하면서 공동체적 윤리의식을 가지고 산업화와 상공업의 발달을 이룩했다는 것으로 특징지을 수 있다고 한다.

그러면 동아시아에서 서구와는 다른 비개인주의적 자본주의나 가족 중심의 자본주의를 발달시킨 원동력으로서의 가치관은 어떤 것이었는가? 더구나 서구의 경제성장률을 두 배로 앞지를 만큼 고속으로 경제를 성장시킨 동아시아에는 높은 성취동기와 효율성을 가진 규범의식과 가치관들이 작용했을 것으로 추정해 볼 수 있을 것이다. 유교의 정치철학인 어진 정치(行仁政)는 공동체 의식을 강화하고 내부적 결집력을 높이는 가치로 평가되고 있다. 개인주의가 아니라 가족주의형 기업을 운영해 간다면 소속원들 사이의 융합과 조화가 훨씬 용이하다는 것을 경영 전문가들은 지적하곤 한다. 노사 간의 갈등을 서구적인 투쟁의 방식으로가 아니라 가족주의적 융합의 방식으로 해결해 간다면, 물론 자본주의 발전의 큰 동력으로 작용할 수 있을 것이다.

동아시아의 근대화와 산업화에서 이러한 단결력과 융합의 정신이 커다란 몫을 했다면, 이러한 정신과 행동양식을 낳은 아시아적 가치들은 분명히 긍정적인 의미를 갖는다고 할 수 있겠다. 라오 게핑은 동아시아의 가치관들 중 현대화에 크게 기여한 가치관은 자연과 인간의 합

---

9) 류명시(劉夢溪), 「아시아적 가치의 과거와 미래」, 한백연구재단, 『포럼 21』, 24호, 1998 겨울, p.24.

일관(天人合一觀)과 인간 사이의 화합(人和)사상이라고 주장한다.10)
서양과 달리 동양에서는 자연을 정복의 대상이나 투쟁의 대상으로 보
지 않으며 사람을 자연의 일부분으로 서로 조화로운 관계 속에서 보려
는 가치관이었는데, 이것은 환경 친화적인 발전이론을 만드는 데 크게
기여한다는 것이다. 과연 동양의 산업화가 더 자연 친화적으로 발전했
는지는 의문이지만 말이다. 그리고 사람들 사이의 화합인 인화(人和)
는 동아시아인들에게 가장 중요한 가치라고 한다. 맹자(孟子)는 "천시
는 지리만 못하고 지리는 인화만 못하다(天時不如地理, 地理不如人
和)"라고 하였다. 서양문명이 물질관계에 치중하고 인간관계를 소홀히
하는 데 비해서 아시아인들은 인화를 무엇보다 우선적인 가치로 둔다
는 것이 중요한 차이점이라고 한다.

과연 이러한 가치관들이 동아시아의 근대화와 자본주의의 발전에
얼마만큼 기여해 왔는지 보다 구체적으로 검증이 되어야 할 것이다.
이것은 아마 일본이나 중국, 한국에서 공통적으로 나타나는 현상이겠
지만, 역사적 발전과정이 다르므로 보다 더 구체적인 역사적 상황과
관련하여 설명되어야 할 것이다. 그러나 다른 한편 아시아적 가치들을
과거의 발전에 대한 기여보다 미래 사회의 발전에 크게 기여할 수 있
는 가치로서 보려는 평가도 있다. 후쿠가와 신지(福川伸次)는, 아시아
적 가치란 바로 수많은 종교와 언어, 문화, 민족들이 공존하며 상호 존
중하는 다원주의 속에 있다고 했다.11) 아시아인들의 의식 속에는 어떤
사상이나 종교도 절대적으로 지배적인 시각에서 받아들이지 않고 다
른 가치들을 인정하는 다원주의를 수용하는 태도가 있다는 것이다. 불
교의 세계관은 공허와 무상함으로 베타적인 성격이 없으며, 유교 사상

---

10) 라오 게핑, 「동아시아 발전 모델과 동아시아적 가치관」, p.14.

11) 후카가와 신지(福川伸次), 「21세기 아시아의 경제와 가치관」, 한백연구재단,
『포럼 21』, 24호, 1998 겨울, p.19.

도 조화(調和)를 중요시함으로써 서구의 기독교적 유일신 사상이나 이슬람교의 율법주의적 근본주의(fundamentalism)와는 다르다고 한다. 결국 다원주의와 조화의 가치가 아시아적 가치의 특징이라고 하겠는데, 이것은 21세기 정보화 사회에서 정보 네트워크의 확대와 인간관계의 조화에 긍정적인 공헌을 할 수 있는 가치라고 평가하였다.

이러한 동아시아의 가치들 가운데서 특히 조화와 융합을 강조하는 사상과 가치들이 한국의 전통사상과 가치관 속에 있다고 이어령(李御寧)은 주장한다. 그는 특히 원효대사가 한국적 불교의 특성으로 제시한 원융회통(圓融會通)에서 한국적, 아시아적 가치의 면모를 관찰한다. 둥근 도형을 중요시하는 아시아인들의 모나지 않은 습성과, 배타적이며 선택적인 가치와 개념들을 잘 융합시키는 동양인들의 사고방식, 또한 어짐(仁)의 의미에서와 같이 두 가지 모순 대립되는 것을 항상 같이 포괄하고 소통시키는 관계적 사고, 예를 들면 내외, 자타, 심신, 음양과 같이 모순되고 대립되는 상극적인 것을 통합해서 상생(相生)적인 것으로 만드는 문화가 곧 원융회통의 문화라는 것이다.12) 이러한 인(仁)의 가치의식이 젓가락으로 먹기 편하게 고기를 썰어 놓는 음식문화라든가, 소비자의 욕구를 먼저 생각하는 생산자의 공정기술이라든가, 인간관계와 의사소통을 중시하는 아시아에서 정보통신산업이 발달하는 이유 등을 밑받침해 준다고 갈파했다. 과연 동아시아의 전통적 가치들은 이렇게 21세기의 인류문명을 한 걸음 더 발전시킬 위대한 가치로서 작용할 수 있을 것인가?

---

12) 이어령, 「정보시대와 인(仁)의 문화: 유교사상의 21세기적 패러다임」, 아산 사회복지재단, 『21세기의 도전, 동양 윤리의 응답』, 1998, pp.13-23.

5.

아시아적 가치가 새롭게 논의되기 시작한 것은 불과 7, 8년에 지나지 않지만, 중요한 것은 이전에 동양사상이나 아시아의 종교문화가 아시아의 정체성이나 낙후성, 비민주적 독재나 권위주의, 인권의 억압 등과 관련되어 주로 부정적으로 논의되다가, 이제는 동아시아의 비약적 경제발전, 공동체주의적 민주정치, 다원주의적 조화와 융합 등 긍정적 가치들을 중심으로 논의가 바뀌게 되었다는 사실이다. 어떻게 보면 아시아적 가치는 귀에 걸면 귀걸이 코에 걸면 코걸이 같은 자의적 해석이 가능한 것처럼 보이기도 한다.

그러나 이것은 시대적 변화와 관계가 있는 것 같다. 사상이나 가치관이 시대의 변화에 따라 변하듯이, 사상이나 가치에 대한 평가도 시대에 따라 변한다는 이치를 검증해 주는 사실이라고 할 수도 있을 것 같다. 결국 1980년대 이후 아시아, 특히 동아시아의 한자나 유교 문화권 나라들이 급속한 경제발전을 이룩하고, 이에 따라 점차 권위주의적 독재국가에서 민주화의 길을 걷게 됨으로써, 그 고유한 문화전통과 가치들이 서구인들로부터 새롭게 평가를 받게 된 것이다. 아마도 독재와 저개발, 빈곤이 판을 치던 1960년대에 아시아적 가치를 논했다면 틀림없이 아시아적 가치는 권위주의 정치, 시민사회 부재, 개인주의적 인권의식의 미발달, 상공업 등 산업의 천시로 인한 정체된 경제 등의 부정적 평가로만 일관했을 것이다. 특히 한국의 경제성장과 민주화, 중국의 시장경제발전과 정치적 변화 등이 가치관 평가에서 중요한 변화의 계기를 마련해 주었다고 볼 수도 있다.

이것은 우리에게 아시아적 가치란 것이 사회의 변화와 발전에 어떻게 작용하고 영향을 주느냐에 따라 긍정적으로도 부정적으로도 평가될 수 있음을 말해 준다. 근년에 와서 아시아에 경제적으로 부도위기

482

가 돌고 IMF 구제금융을 받게 되자, 다시금 그 원인을 아시아인들의 정실주의나 타락한 관료와 부패한 기업인들에게서 찾는, 즉 부정적 평가가 일어나는 경우를 우리는 목격하고 있다. 바로 이런 이유에서 아시아적 가치에 관한 우리의 철학적 논의는 우리 것에 대한 국수주의적 변호나 과장된 자랑이어서도 안 되고, 우리의 낙후성과 비합리성에 대한 지나친 열등의식과 자조적 무시에 머물러서도 안 되며, 자기 자신의 정체성에 대한 진실된 발견과 긍정적 활용의 가능성에 대한 진지한 모색이어야 하겠다.

어느 문화나 전통에도 긍정적이며 부정적인 가치가 있기 마련이며, 누구의 사상이나 종교에서도 긍정적인 것만 있거나 부정적인 것만 있는 경우는 없다. 서구의 사상이나 기독교적 전통이라고 긍정적인 것만 있고 부정적인 요소는 없겠는가? 서구 문명을 발전시킨 개인주의나 기술적 합리성마저도 공동체적 윤리나 자연 생태계와의 조화를 보완하지 않으면 문명의 파멸을 가져온다는 것을 우리는 충분히 경험하였다. 따라서 우리는 이제 아시아적 가치를 논하면서, 우리 자신의 역사와 문화 전통에서 오늘날의 우리 사회의 발전과 인류문명의 미래를 위해 바람직하게 쓰일 가치관들이 무엇인지를 재발견하면서, 이런 가치들이 과거에 우리 사회를 바르게 발전시키지 못하고 역기능으로 작용했던 이유가 무엇인지를 구체적으로 밝혀내는 작업을 할 필요가 있다.

아시아적 가치가 아시아의 현대화와 사회발전에 어떻게 작용했는가를 논할 때, 흔히 거론되는 사회발전의 범주들은 민주정치와 시장경제의 발전, 그리고 인권과 복지의 신장 같은 것들이다. 특히 동아시아의 여러 나라들에 공통된 유교적 가치관들이 이런 발전에 어떤 영향을 미쳤는가를 따져 보는 것이 현재 학계의 관심거리가 되고 있다. 유교적 윤리나 규범이 여기에 매우 긍정적인 영향을 끼쳤다고 보는 학자들은 동아시아의 발전 모델을 유교적 민주주의(confucian democracy)나 유교적 자본주의(confucian capitalism), 유교적 공동체주의(confucian communitarianism)라고 명명하기까지 한다. 과연 이러한 주장들이 타당성을 가지는지, 앞으로 동아시아에서는 민주주의나 자본주의도 특유한 유교적 옷을 입힌 모델을 발전시켜야 하는지, 또 발전시킬 수 있는지를 토론해 보는 것이 우선 필요할 것 같다.

뚜웨이밍(杜維明)은, 유교적 문화와 가치들이 현대적 민주주의와 시장경제, 인권신장을 성취하는 데 여러 가지 결함과 단점을 가지고 있는 것이 사실이지만, 이런 단점들을 극복하면 독특한 유교적 방식으로 민주주의와 시장경제 발전에 기여할 수 있고, 또 기여해 왔다고 주장한다.13) 그는 유교 전통이 분명히 정치철학적으로 볼 때 자유나 인권, 개인의 사생활에 대한 개념이나 존중이 결핍되어 있는 것이 사실이라고 인정했다. 제도적 측면에서 유교 전통은 권위주의와 독재에 대한 견제와 균형을 만드는 장치가 결여되어 있다. 또한 유교적 국가나 사회에는 시민사회나 사회계약, 혹은 공론 영역(public sphere)이 부재하는 것도 사실이다. 그러나 뚜웨이밍은 이러한 유교 전통에서도 민주주의나 시장경제는 성립할 수 있고 성립해 왔다고 강하게 주장한다. 유교의 하늘(天) 사상은 권위주의적 군왕들을 겸손하고 책임 있게 만드는 역할을 하고, 자애로운 임금(정부)의 사상, 군자(君子)나 지도층 엘리트들의 강한 책임의식, 백성들이 하늘을 거스르는 임금을 타도할 수 있다는 사상은 시민의 권리사상과 일치하며, 유교적 민주주의를 가능케 하는 사상이라고 주장한다.14)

서구의 자본주의를 발전시킨 시민사회나 계약사상은 결핍되어 있지

---

13) Tu, Wei-ming(杜維明), "Family, Nation and The world ; The global ethicas a modern confucian quest", 아산복지재단, 『21세기의 도전, 동양 윤리의 응답』, 1998, p.42.

14) 같은 글, p.36.

만 유교적 전통사회는 신용(trust), 의무(obligation), 책임감(responsibility) 같은 인격과 성품을 무엇보다 강조하기 때문에 자본주의 경제를 발전시키는 데도 매우 긍정적인 토양을 제공한다고 보았다. 동아시아의 엘리트 관료주의, 즉 교육훈련, 과거시험을 통해 우수한 관료를 뽑는 유교적 전통은 민주주의와 양립 불가능한 것이 아니라고 한다. 자기 수양(修己)의 강조나 도덕교육, 가족주의적 윤리, 근면, 자립심, 상호 부조의 미덕 등은 독특한 유교적 특성을 가진 민주주의와 경제발전, 사회안정에 크게 기여했다고 평가했다.

그러나 유교적 문화나 가치가 민주정치나 시장경제에 긍정적으로 작용했다고 해서 과연 '유교적 민주주의', '유교적 자본주의'처럼 유형화하고 모델화할 수 있을 것인가? 필자는 이를 단언할 만큼 연구가 있지 못하지만, 동아시아의 민주주의나 자본주의를 유교적 유형과 모델로 규정하려는 시도들은 좀 지나친 것이 아닐까 생각한다. 왜냐하면 동아시아 여러 나라들이 발전시킨 민주정치나 시장경제는 하나의 이름으로 부르기에는 서로 차이점과 이질적 조건이 너무 많이 있으며, 이를 공통적으로 유교적 유형과 모델로 부르기에는 그 공통성의 실체가 너무 허약하다고 생각되기 때문이다. 과연 유교형 민주정치에서는 관료들이 모두 책임 있게 행동하고, 국민들을 가족 돌보듯이 윤리적으로 대하고 있는가를 현실적으로 검증하기는 어렵다고 생각된다. 공동체와 인화를 중요시하는 유교적 가치들이 작용하는 유교적 자본주의에선 과연 생산이나 분배의 과정, 노사관계가 정말 서구에서보다 더 화합적이고 융화적이었던가를 실증적으로 찾아보기는 어렵다. 설사 그런 경향과 요소가 좀 있다고 하더라도 이는 아직 민주주의나 시장경제가 덜 발달했기 때문에 과도기적으로만 나타나는 현상이 아닌지, 결국은 서구적인 발전의 길을 보편적으로 걷는 것이 아닌지 의심스럽기 때문이다.

만일 민주주의나 경제발전, 사회복지와 같은 현대사회의 발전과정에서 동아시아의 여러 나라들이 개인의 자유와 평등한 권리, 이윤추구와 같은 보편적 가치를 추구하며 제도나 사회관계에 있어서 같은 합리성과 효율성을 추구하는 것이라면, 우리는 특별히 아시아적 발전 모델이라든가 유교적 민주주의나 경제발전을 논하기는 어려울 것이다. 단지 유교 문화권에서의 민주정치나 자본주의 시장경제론으로 축소시켜서 논해 볼 수 있을 뿐이다. 이때에 아시아적 가치는 자유나 평등, 인권, 공동체, 화합과 같은 인류의 보편적 가치를 담는 특수한 그릇과 색채에 불과한 것이 될 것이며, 특수한 방법이나 과정으로서만 의미를 갖게 될 것이다.

  그러나 우리에게는 아시아적 가치가 비록 특수한 그릇이나 양식에 불과한 것일지라도 이것이 무엇인가를 알아내는 작업은 대단히 의미 있고 중요한 일이다. 그것이 가족이나 공동체, 인화와 인간관계를 중요시하는 가치라 하더라도 이들 가치가 사회발전에 긍정적으로 쓰이기 위해서는 이들의 역기능적 산물이라고 할 수 있는 권위주의(authoritarianism), 족벌주의(nepotism), 남성우월주의(male chauvinism) 같은 부정적 요소들을 제거하는 일이 선행되어야 하기 때문이다. 아시아적 가치를 발굴하는 일은 우리 자신 속에서 그 가치의 장단점을 찾아내는 일과 연결되어 있다.

V

다문화 시대의 갈등과 평화의 철학

문명 간의 갈등과 상생의 윤리

문명 간의 전쟁이냐, 아니면 대화를 통한 공존이냐가 점차 21세기의 핵심적 화두로 등장하고 있다. 국제연합(UN)이 1998년에 총회의 결의로 2001년을 '문명 간의 대화의 해(International Year of Dialogue among Civilizations)'로 선포했을 때만 해도, 새 천년, 새 세기의 벽두에 인류의 다양한 문화적 유산들을 대화시켜 보다 건설적이며 여러 가지 문화가 융합된 창조적인 21세기를 건설하자는 데 초점이 있었다.[1] 그러나 공교롭게도 문명 간의 대화의 해 중간인 2001년 9월 11일에 세계사적인 변화를 유발시킨 미국의 테러 참사가 발생하였으며, 아프가니스탄 전쟁이 일어났고, 미국의 보복전쟁과 공격이 이라크, 이란, 소말리아로 향하게 되면서, 그리고 이슬람 문명권과의 전쟁이 가시화

---

* 이 글은 『철학과 현실』, 52호, 2002 봄에 수록된 「상생의 세계와 문명 간의 대화」를 수정 보완한 것이다.
1) 1998년 11월 4일자의 53차 유엔총회의 결의문에는 '문명 간의 대화의 해'의 주요과제를 유네스코의 교육적, 문화적 세미나와 학술대회들에 두고 있다.

되면서, 이제 문명 간의 대화는 세계대전과 인류의 공멸을 막는 유일한 가능성의 길로 부상하게 되었다.

뉴욕의 세계무역센터가 아랍인들의 자살 특공대에 의해 납치된 미국 여객기의 돌진으로 무참하게 폐허가 된 뒤, 미국이 이들에 대한 보복과 인류문명의 구제라는 명목으로 일으킨 전쟁의 이름은 '테러와의 전쟁(war against terror)'이었으며, 이 전쟁은 곧 문명을 파괴하려는 전쟁(war against civilization)을 일으킨 야만인 테러리스트들을 향한 전쟁으로 명명되었다. 문명 간의 전쟁이 아니라 문명과 야만 간의 전쟁과 대결이라는 것이다.

새뮤얼 헌팅턴(Samuel Huntington)은 이미 1993년에 '문명의 충돌(The Clash of Civilization)'이 21세기에 일어날 것이라고 예견했지만, 지금 일어나고 있는 전쟁 또는 앞으로의 전쟁들이 과연 문명 간의 전쟁과 충돌일지, 아니면 문명과 반문명의 전쟁일지는 아직 확인하기가 쉽지 않다. 헌팅턴의 이 예견도 논란과 반론이 많았지만, 21세기의 세계적 문제의 고리를 문화적 갈등과 대결에서 찾아보았다는 점만은 그의 공적으로 인정해야 할 것 같다.

어쨌든 9월 11일의 비극적 사태는 평화와 번영의 새 천년을 기대하던 인류의 희망과 비전에 커다란 타격을 가한 것이 분명하다. 뉴욕 사태 뒤 한 달 만에 파리에서 열린 유네스코 총회 개회강연에서 시라크 프랑스 대통령은 21세기의 세계도 과거 세기와 마찬가지로 갈등과 충돌과 전쟁의 세기가 될 것을 우려했다. 그는 "19세기가 민족갈등의 시대였다면 20세기는 이데올로기 갈등의 시대였고, 이제 21세기는 사람들이 말하는 것처럼 문명 간의 충돌이 될 것 같은데, 이것은 민족이나 이데올로기 갈등보다 훨씬 더 폭력적이고(violent), 극단적이며(radical), 열정적인(impassioned) 것이 될 것이다. 그것은 바로 문화와 종교 간의 싸움이기 때문이다"고 말했다.2)

490

문화와 종교가 대화를 하고 다원주의(pluralism)를 수용하며, 서로 배우고 협력하는 상생(相生)의 문화를 일으킨다면, 21세기는 인류의 희망과 꿈을 실현시키는 세기가 되겠지만, 서로 반목하고 질시하며 소외시키려는 상극관계를 해소하지 못하고 갈등과 충돌을 극대화시킨다면, 무서운 전쟁과 파멸의 세기가 될 것이라는 것은 명약관화하다. 인류는 이미 근세 유럽의 종교전쟁에서처럼, 30년간, 백 년간 지속된 종교문화의 전쟁이 인구의 절반가량을 몰살시킨 역사를 경험하였다. 가치관과 신앙에 입각한 전쟁은 나라와 민족이라는 애국애족심에 입각한 전쟁보다 훨씬 더 무섭고 지독한 법이다. 서로 다른 문화와 종교, 가치관들을 융화시킬 수 있는 길은 대화를 통해 상호 이해와 존중을 깊게 하는 길밖에 없을 것이다.

문명 간의 충돌과 전쟁이 지극히 우려되는 시점에서 상생의 세계를 건설하기 위한 문명 간의 대화의 필요성과 가능성을 생각해 보며, 이 대화가 필요로 하는 문화다원주의(cultural pluralism)와 윤리적 전제들을 생각해 보고자 한다.

1. 세계화와 문화적 갈등

우리가 사는 20세기 말, 21세기 초의 시대를 세계화(globalization)의 시대라고 부르는 데는 이제 이의를 달 사람이 없겠지만, 세계화에 찬성하는 사람이든 반세계화(anti-globalization) 운동에 가담하는 사람이든, 세계화를 보는 관점이 이제까지 지나치게 경제적 문제에 치중되었다는 점만은 인정하지 않을 수 없다. 물론 세계화의 뿌리와 토대가 무역과 금융거래의 세계화에 있었고, 시장경제(market economy)의 법

2) Jacques Chirac, French President, "Speech at the Inauguration of the 31st Session of the General Conference UNESCO", Oct. 15, 2001, p.2.

칙과 관습이 전 세계의 국경과 문화권을 넘어 보편적으로 지배하게 되었다는 것이 오늘의 세계화의 특징을 이룬다. 그러나 자본과 기술, 노동, 상품과 금융의 세계화는 국경과 종교를 넘어 인간을 교류시킴으로써, 인간이 갖고 사는 문화의 세계화를 가져왔으며, 아울러 빈부의 격차나 통신과 기술의 격차라는 경제적 문제뿐 아니라, 문화적 갈등과 차별이라는 문제를 산출하게 되었다.

원래 문화(culture)라는 개념은 인간이 만들어 내고 소유하고 있는 모든 것을 지칭하는 넓은 개념이어서, 경제와 따로 떼어 놓고 보기는 어렵다. 그러나 우리는 어느 사이 문화라는 것을 물질적이 아닌 정신적인 가치나 태도, 예술, 종교, 학문 같은 것으로 보아 왔고, 경제적 하부구조(base structure)가 아닌 이념적 상부구조(super structure)로 보게 되었다. 문화는 곧 어느 집단이나 사회의 산물이어서, 어느 집단과 사회 안에서 통용되는 특수성을 갖기 마련이다. 그래서 문화는 인류의 보편적 차원에서 볼 수도 있지만, 그런 문화는 확인하고 규정하기가 어려우며, 어느 시대, 어떤 집단에 의해서 향유되던 문화인가라는 특수성을 갖는 것을 특징으로 하고 있다. 그래서 서양의 문화, 중국의 문화, 도시 중산층의 문화, 자본주의 문화, 이슬람교도의 문화, 이렇게 특수성을 그 생명으로 하며, 타자와의 구별됨을 본질로 한다.3) 유럽의 음식문화는 중국의 것과 다름을 특징으로 하고 브라질의 의복문화, 예를 들어 여성의 치마 길이는 이란의 것과 다름을 그 특징으로 한다.

세계화의 과정은 어떻게 보면 보편화의 과정이요 획일화의 과정인 것 같다. 경제적으로도 하나의 시장경제체제를 이루며, 모든 나라에서

---

3) 월러스타인은 집단과 집단 간의 구별된 문화 개념을 '문화 1'로, 집단 안에서 서로 구별되는 문화를 '문화 2'로 나누어 본다. Immanuel Wallerstein, *Geopolitics and Geoculture: Essays on the changing world system*, Cambridge University Press, 1991, p.160.

맥도날드 햄버거와 벤츠 승용차와 캐시미어 양복과 브라질 커피를 즐길 수 있는 것이 세계화이다. 문화적으로도 어디서나 모차르트의 협주곡을 들을 수 있고, 샌프란시스코에서 태국 불교의 승려들이 목탁을 치고 걷는 것과 중국의 나이트클럽(夜總會)에서 탱고와 살사를 추는 것을 볼 수 있어, 과연 세계화의 속도가 빠르며 심도가 깊은 것을 느끼게 된다. 세계화야말로 많은 나라의 경제적 생산품과 문화적 산물들을 세계 어느 곳에나 자유롭게 확산시켜, 우수하며 좋은 것은 살아남고, 열등하며 나쁜 것은 도태시키는 다윈의 적자생존의 법칙에 따라 경제와 문화를 상향 발전시키는 보편화의 과정으로 볼 수도 있다.

그러나 실로 지난 10여 년간 냉전체제가 해소되고, 동과 서가 하나의 시장경제체제로 세계화되고, WTO 체제의 확립으로 국가와 민족 간의 교역장벽이 허물어진 뒤로, 오늘날 세계경제는 어떻게 되고 있는가? 다보스 세계경제포럼에 맞서 브라질의 포르투알레그레에서 열린 세계사회포럼에 참가한 반세계화 운동가들은, 오늘의 세계경제는 80 대 20에서 90 대 10으로 빈부격차가 악화되고 있고, 아르헨티나처럼 국가부도와 파산을 겪는 나라들이 늘어 가고 있다는 것을 호소했다. 이미 IMF 경제위기를 겪은 아시아의 신진 산업국가들은, 경제세계화가 카지노 자본주의를 전 세계적으로 확산시키는 신자유주의의 도구였음을 절감하고 있다.

또한 오늘의 세계화는 경제적으로 뿐만 아니라 문화적, 정치적으로도 여러 문화집단과 공동체들이 복합적으로 혼재하는 사회구조를 만들어 내면서 갈등과 대립의 요인들을 양산해 내고 있다. 이제 지구상에 순수하게 자기 민족이나 종족, 같은 문화와 종교를 가진 사람들끼리만 사는 나라는 거의 사라졌다. 서구의 선진국들도 영국, 프랑스, 독일 모두 수백만 명씩의 이주 노동자들을 두고 있고, 아프리카나 아시아, 남미 등 과거 식민지에서 온 유색인종들이 거리마다 동네마다 넘쳐 나고 있다. 이젠 웬만한 유럽의 도시에는 초등학교의 교실에 외국 아이들이 절반가량 차지하는 곳이 많다고 한다. 독일의 프랑크푸르트나 베를린에도 터키인들이 사는 동네가, 로스앤젤레스의 코리아타운, 멕시칸타운처럼 생겨나고 있고, 교회당의 첨탑만 보이던 서구의 대도시들에는 이슬람교 사원인 모스크와 불교 사원들, 힌두교 사원이나 교당들이 점차 늘어 가는 모습을 볼 수 있다.

물론 독일이나 프랑스에서 주도적 문화(leading culture)는 그들의 것이지만, 외국인들이나 이주민들은 이국땅에서 주도적 문화에만 적응하거나 동화되는 것이 아니고, 소수민족들의 고유문화를 펼치고 살게 된다. 어쩌면 소수민족이기 때문에 자신의 정체성을 유지하기 위해 더 유난스럽게 자기 문화를 찾고 유지하려고 애쓰는 것인지도 모른다. 미국의 한국 교포들이 추석이나 설 명절을 유난히 차리고, 터키인들이 독일에 와서 더 별나게 이슬람교 사원을 짓고 라마단을 지키는 이유가 소수민족의 콤플렉스에도 있는 것 같다. 이런 문화적 다양성은 그 나라의 주도문화를 다양하게 발전시키는 데 기여하기도 한다.4) 가령 독일의 학교에서는 이제 종교과목으로 기독교만이 아니라 이슬람교, 불교 등 선택해서 공부할 수 있게 되었고, 소수민족의 언어를 가르치는 초등학교들이 늘어나고 있다. 이미 독일의 시립 교향악단과 발레단에는 외국인 연주가, 무용가들이 꽤 많이 들어가 있다. 문화적 다양성과 융합이 세계화 과정의 심화와 함께 불가피한 결과로 나타나고 있다. 이런 현상은 점차 이주 노동자, 기술자들이 많아지는 아시아 여러 나라에서도 마찬가지가 될 것이며, 단일민족, 단일언어의 문화국가로 독특한 일본이나 한국도 앞으로 불가피하게 겪게 될 것으로 보인다.

문제는, 문화적 다양성이나 복합문화가 서로 자극을 주고 조화와 융

4) Monika Griefahn, "Dialog der Kulturen in Deutschland", in *UNESCO heute*, Nr. 4, 2001, S.6.

합을 이룬다면 긍정적인 일이겠지만, 한 사회 속에서 거부반응과 충돌을 일으킬 경우에 문화적 갈등과 폭력은 그 사회의 안전과 존립마저 위협하는 위험요소가 된다는 것이다. 그 단적인 예가 1991년 미국 로스앤젤레스 흑인폭동(riot)과, 독일의 통일 후 극성을 부리는 네오나치들(skinheads)의 외국인에 대한 테러 행위들이다. 이 밖에도 소수민족이나 문화집단들의 삶 속에는 여러 가지 억압과 소외, 차별의 경험들이 있고, 심각한 갈등과 폭력으로 비화하는 예들이 허다히 있다. 소수민족들이 자기 언어와 종교, 풍습을 고집스럽게 유지하려고 하는 것은 자기들의 존재와 정체성을 유지하려는 몸부림이다. 이것이 무시되고 짓밟힐 때 일어나는 분노와 격정은 무서운 폭력과 파괴 행위로 치닫게 된다.

세계화는 인구이동과 이주민의 확장을 통해 문화적 갈등과 충돌을 만들어 냈을 뿐 아니라, 동서 냉전체제가 해소된 이후의 세계화는 기존의 문화적, 종교적 갈등을 확대하고 증폭시키는 결과를 가져왔다. 이라크의 쿠웨이트 침공으로 야기된 걸프 전쟁, 유고슬라비아의 해체로 일어난 보스니아, 코소보, 마케도니아 전쟁, 구소련의 해체와 함께 일어난 체첸 전쟁, 아프리카의 소말리아, 르완다, 콩고 전쟁, 점점 격화되는 팔레스타인 전쟁과 카슈미르 전쟁 등 1990년대에 일어난 전쟁과 폭력은 냉전체제 때보다 훨씬 더 격렬해졌다. 이데올로기의 갈등이 해소되면 세계평화와 번영이 올 줄 알았는데, 오히려 그동안 억눌려 있던 종족 간, 종교 간, 문화 간 갈등과 대립이 격화하고 전쟁과 폭력으로 터져 나왔다.

지금 세계사를 변환시키는 데 큰 구실과 계기를 만든 9·11 테러도, 큰 흐름으로 보면 세계화 시대의 증폭된 문화적 갈등과 문명 간의 충돌의 연장선에서 보아야 할 것 같다. 미국의 이라크 전쟁과 폭격, 이스라엘의 팔레스타인 전쟁과 폭격이 격화되지 않았더라도 아랍인들에

의한 테러가 일어났을 것인가? 물론 미국의 아프가니스탄 공격이나 아랍 제국과의 대결을 문화적, 종교적 갈등과는 상관없는, 석유 통제권을 둘러싼 경제적 갈등의 표출로 보는 시각도 있다. 그러나 아랍권과의 전쟁을 기독교와 이슬람교 간의 십자군 전쟁으로 보려는 의식이 양측의 보수적 원리주의자들(fundamentalists)에게 있는 이상, 이 전쟁과 대결을 문화적, 종교적 갈등과 무관하다고 볼 수는 없는 것 같다.

2. 문화적 폭력의 악순환: 테러와 전쟁

냉전체제의 해소로 무력충돌과 전쟁의 가능성이 사라진 세계화의 공간 속에, 왜 하필 문화적 갈등이 그토록 많은 충돌과 유혈전쟁을 만들어 내는 것일까? 도대체 문화란 것이 무엇이기에, 문화적 이질성이 이데올로기적 차이보다 더 심각한 갈등과 폭력을 만들어 내는 것일까? 헌팅턴이 '문명의 충돌'을 이야기했을 때만 해도 걸프 전쟁을 겨우 겪은 뒤라서, 문화적 갈등과 차별이 참혹한 전쟁의 원인이 된다는 것이 실감이 나지 않았다. 그러나 1990년대 발칸반도와 아프리카의 전쟁들을 보면서, 코소보의 다수 인종인 알바니아계가 세르비아계들에 의해 인종청소(human cleansing)를 당하여 나토(NATO)군이 인도적 간섭전쟁(humanitarian intervention)에 참여하고, 소말리아, 르완다에서 문화가 다른 종족 간의 전쟁으로 수백만 명이 살해되는 현장들을 목격하면서, 문화와 종교가 서로 다른 종족과 집단 간의 투쟁에 이용되고 있음을 볼 수 있었다.

이슬람교도인 알바니아계와 기독교의 정교(Orthodox Church)를 믿는 세르비아계 사이의 인종청소와 전쟁이 종교와 언어의 차이와 갈등으로 인한 것인지, 아니면 두 종족집단 간의 정치적, 경제적 이해관계를 둘러싼 갈등과 대결에 종교나 전통문화들이 이용되기만 하는 것인

496

지는 확실히 판단하기가 쉽지 않다. 그러나 이때 이슬람교나 기독교 정교는 분명히 전쟁에 나서는 양 집단에게 목숨을 걸고 전쟁터에 나설 명분을 주고 있고, 반대편의 종교는 곧 그들을 탄압하고 소외시키는 악의 상징으로 저주되는 것을 보게 된다. 이때에 종교나 문화는 곧 종족집단을 결속시키는 특성(characteristic)으로 작용하며, 상대편의 종교와 문화를 적대화하는 이데올로기의 역할을 하게 된다. 수백 년 내지는 천여 년을 조상들로부터 물려받아 종족의 언어 습관과 함께 문화적 자산이 되어 버린 이슬람교나 정교를, 이들 종족들(ethnic groups)의 정체성과 이해관계에서 분리해 낼 수가 없는 것이다.

이런 현상은 인도와 파키스탄의 경계에 위치한 카슈미르 지역에서의 힌두교도와 이슬람교도 사이의 전쟁에서도 마찬가지이며, 스리랑카의 타밀족과 싱갈리족 사이의 끊임없는 테러와 전투, 인도네시아의 여러 섬들에서 일어나고 있는 이슬람교도와 기독교도들 사이의 살육전, 그리고 수단, 나이지리아, 소말리아에서 터지는 종족과 종교 간의 전쟁들에서도 역시 같은 구조를 보이고 있다. 문제는 종교와 언어, 종족의 외모와 풍습, 문화의 다름이 이들을 서로 차별하고 억압하며 적대시하는 원인이 되고 있다는 데 있다.

종교와 문화의 이질성이 도저히 한 지역에서 같은 하늘을 이고 살 수 없을 정도의 극렬한 적대감으로 나타난 곳이 바로 팔레스타인 이슬람교도와 이스라엘 유대교도의 갈등이요 전쟁이다. 사실상 유대인들의 여호와와 이슬람교도들의 알라신은 모두 초월적인 하느님이며, 말이 다를 뿐이지, 윤리적 교훈이나 신(神)의 성격의 면에서 그리 많이 다르지 않다. 더구나 이슬람교나 유대교는 적대적인 종교가 아니다. 서로 싸우고 전쟁하라고 가르치는 종교도 아니다. 유대교의 경전인 구약성서에는 이슬람교도의 조상 이스마엘이 아브라함의 자손으로 묘사되어 있고, 이슬람교의 경전 코란에는 유대인인 모세나 예수도 모두 선지자의 한 사람으로 칭송되고 있다. 교리와 신의 이해가 좀 다르다고 해서 서로 목숨을 걸고 싸워야 할 이유는 없는 것이다. 그럼에도 예루살렘과 베들레헴, 요단강의 동서와 가자지구에는 자살 폭탄 테러와 공중폭격, 탱크와 기관총 난사가 그치지 않고 있다. 자살 폭탄 테러에 뛰어드는 팔레스타인 게릴라는 알라신에게 경배하고 코란을 가슴에 품은 채 죽어 가고, 탱크에서 기관총을 난사하는 이스라엘 병사는 여호와 하나님께 기도하며 성경을 가슴에 품고 있다. 이들에게 종교는 곧 자기 민족과 종족을 보호하는 수호신이며, 타 종교는 곧 유일신인 자기 종교의 신을 모독하는 우상이기 때문에, 때려 부숴야 할 대상으로 보게 된다.

9·11 뉴욕과 워싱턴의 테러에 과연 아프가니스탄의 탈레반 이슬람 교도들과 오사마 빈 라덴이 얼마만큼 책임이 있는지 아직 판명할 수 없지만, 이들이 갖고 있는 종교의식 속에는 타 종교, 타 문화를 혐오하는 적개심이 불타고 있다. 탈레반 원리주의자들은 테러 전에도 아프가니스탄의 세계적 문화유산인 불상을 대포를 쏘아 파괴한 전력을 갖고 있다. 이들의 극렬한 적대 행위의 배경을 알아보아야겠지만, 이들이 특별히 불교나 타 종교에 의해 억압을 당했기 때문에 이런 야만적인 불상 파괴를 한 것 같지는 않다. 이들의 원리주의적(fundamentalistic) 종교의식 속에는 자기 종교와 신만이 유일하며, 다른 종교나 신앙은 모두 우상이요 악마라는 편견과 오해가 깊이 자리 잡고 있었음이 분명하다. 아마도 뉴욕의 세계무역센터(WTC) 백 층 건물 속으로 여객기를 몰아 수천 명의 목숨을 앗으며 불길 속에 스스로 산화한 아랍계 테러범들도 모두 알라신을 모독한 타 종교, 타 민족을 징벌하는 신의 사명을 완수하고 죽어서는 알라신 곁에서 영생한다고 믿었기 때문에 그토록 초인적인 테러를 감행했을 것이다.

결국 테러와 전쟁에 이용되는 종교와 사상 같은 문화는 그 자체로 이미 폭력적인 요소를 갖고 있는 것이다. 다시 말하면 다른 종교나 다른 민족의 문화를 말살시키는 행위를 정당화해 주고 고무시키는 역할을 담당하기 때문에 폭력을 산출하며 조장하는 힘을 갖고 있는 것이다. 평화의 개념을 특히 폭력과의 관계에서 설명한 평화 연구가 요한 갈퉁(Johan Galtung)은 1990년대에 와서 새롭게 등장하는 문화, 종교 간의 전쟁을 관찰하면서, '문화적 폭력(cultural violence)'이라는 개념을 만들어 냈다.5) 이미 물리적 폭력과 구조적 폭력의 개념을 구별한 갈퉁은 제3의 폭력 개념인 문화적 폭력을 통해, 종교나 문화, 사상과 예술, 법률체계가 폭력을 일으키는 원인이 될 수 있음을 밝히고 있다. 즉, 문화적 폭력이란 바로 물리적 폭력과 구조적 폭력(억압, 착취, 차별)을 정당화해 주는 종교나 사상, 가치관, 학문이론 같은 문화적 요소들을 말한다고 하겠다.

공산주의라는 이데올로기 속에는 자본주의를 없애고 박멸해야 한다는, 폭력을 정당화하는 요소가 있는데 이것이 문화적 폭력이며, 십자군 전쟁 때 기독교는 타 종교와 이민족을 이단으로 몰아 없애자는 신앙심을 가지고 있었는데 이것이 문화적 폭력이었다는 것이다. 이 문화적 폭력은 국수적인 민족주의나 쇼비니즘 속에도 있고, 제국주의나 혁명이론에도 있으며, 많은 종교들의 근본주의, 원리주의 속에도 있고, 교조적인 마르크시즘이나 파시즘 속에도 들어 있다. 오늘날 냉전체제가 사라진 세계화 시대에 평화가 오지 않고, 다시금 폭력과 테러와 전쟁의 악순환이 거듭되는 이유는 바로 이 문화적 폭력을 제거하지 못했기 때문이며, 문화적인 갈등을 해소시키는 방안을 강구하지 못했기 때문이다. 이런 악순환을 막지 못하면 21세기는 거대한 문명의 충돌로 인류의 파멸의 길을 걷게 될지도 모른다.

---

5) Johan Galtung, "Frieden mit friedlichen Mitteln", *Friedens-und Konflikt-forshung*, Band 4, Opladen, 1998, S.17.

3. 문명 간의 대화와 상생의 윤리

문화적 폭력의 결과들인 테러와 전쟁으로 얼룩진 21세기 벽두에, 각지에서 각종의 형태로 나타나는 문화적 갈등과 문명 간의 충돌을 줄여서 함께 평화롭게 살 수 있는 상생(相生)의 세계를 건설하는 길은, 서로 다른 민족과 종족들이 가진 종교와 전통, 생활습관과 가치관들을 더 잘 이해하고 편견을 줄이며 상호 존중에 이르게 하는 대화의 길밖에 없다. "아랍 제국은 테러 국가", "이슬람교는 테러와 폭력을 조장하는 종교"라는 식의 편견과 독단이 지배하는 풍토에서는 문명과 종교 간에 대화와 상호 존중이 이루어질 수 없다. 테러 공격의 보복전으로 아프가니스탄 침공이 일어났을 때, 보수적 종교 근본주의자들이 제2의 십자군 전쟁이 터졌다고 했던 것도, 종교 간의 대화를 거부하는 대결, 즉 문명 간의 전쟁을 선호하려는 태도를 폭로했음을 의미한다.

지금 세계 여러 곳에서 일어나고 있는 많은 지역, 인종, 종족 간의 분쟁과 생사를 건 전쟁은 바로 이 종교 근본주의(religious fundamentalism)로 무장되어 있기 때문에 더 어렵다. 단순한 정치적, 경제적 이해관계의 싸움만이라면 타협과 해결의 길이 있음 직도 한데, 선악을 양분하는 종교적 가치관으로 무장되어 있어서 더욱 접근하기가 어렵게 되어 있다. 우매한 대중들은 종교나 문화의 지도자들이 들려주는 신앙과 애국심이 결합된 주장들을 무비판적으로 따르고 있다. 이런 경우는 선진국을 자처하는 북아일랜드에서의 영국계 프로테스탄트와 아일랜드계 가톨릭의 폭력적 대결을 보아도 잘 알 수 있다. 가톨릭의 하느님과 개신교의 하나님이 다른 하느님이 아니건만, 이들은 자기 민족과 지역을 수호한다는 하느님의 이름으로 서로를 죽이고 테러하는 전쟁을 수년간 벌여왔다.

다행히 지난 몇 해 동안 북아일랜드의 가톨릭과 개신교 사이에는 많은 대화가 이루어져, 종교적 화해를 이루고, 이를 토대로 정치적 타협도 이루어져, 갈등은 아직 있지만 유혈전쟁은 해소된 상태에 있다. 이런 종교 간, 문명 간 대화는 지금 스리랑카의 타밀교와 불교 사이에도, 카슈미르의 힌두교와 이슬람교 사이에도, 사이프러스의 그리스 정교와 터키계 이슬람교 사이에도 작은 규모에서나마 시도되고 있다. 결국 앞으로 발칸반도의 코소보와 마케도니아에서도, 인도네시아 말루쿠 섬의 이슬람교와 기독교 사이에서도, 그리고 팔레스타인과 이스라엘의 종교들에서도 평화와 상생을 위해서는 대화로 해결책을 모색하는 길밖에 없다.

세계화 과정의 심화가 가져온 문명 간의 갈등과 충돌을 경험하면서 유엔이 문명 간의 대화를 부르짖고 나선 것은 참으로 다행스러운 일이었고, 매우 선견지명이 있었다. 냉전체제 종식 이후 세계화 과정을 '문명 간의 충돌(Clash of Civilizations)'이라는 개념으로 경고하여 세계화의 문화갈등적 차원을 지적해 준 것은 헌팅턴의 공로로 인정해야 할 것 같다.6) 세계화로 인해 국가와 블록권의 초강대국의 통제력이 약화되자, 봇물처럼 터져 나온 인종, 종족, 지역, 종교 간의 갈등과 충돌이 더 심각하게 번지는 것을 막기 위해, 1998년에 유엔총회는 이란이 제안한 '문명 간의 대화의 해 2001년'을 189개 국가의 동의로 가결했다. 그러나 학술적, 종교적 담론의 차원에 머물렀던 문명 간의 대화가 어떤 국제정치적 문제의 해결에 기여한 것은 아니다. 1995년을 '관용(tolerance)의 해'로 선포했고, 2000년을 '평화의 문화의 해'로 선포했지만, 세계정세는 평화와 관용과는 상관없이, 코소보 전쟁과 체첸 전쟁, 팔레스타인, 카슈미르 분쟁의 격화로 치달았다. 이제 뉴욕의 테러 참사로 초강대국 미국이 커다란 타격을 받게 되자, 그 보복전으로 세

---

6) Albert Spiegel, "Kulturen in Dialog-Dialog der Kulturen", in *UNESCO heute*, Nr. 4. 2001, S.11.

계 문명 간의 대전이 일어날지도 모른다는 최악의 시나리오를 가상하면서, 지금 전 세계는 어떻게 문명 간의 충돌을 피하고 모든 종교와 문화, 인종들이 함께 살 수 있는 상생의 세계를 구현할 것인가에 관심을 갖게 되었다.

그러면 이러한 배경과 사명을 가진 문명 간의 대화는 어떻게 진행되어야 하며, 어떠한 원칙을 지켜야 할 것인가? 그동안에도 종교 간 대화나 문화 간 교류는 수없이 있어 왔으며, 지금도 세계 도처에서 많은 교류와 대화의 행사들이 이어지고 있다. 그러나 이들이 과연 평화와 상생의 세계를 만드는 데 기여하고 있는가? 때로는 자기 종교와 문화의 우수성을 자랑하고, 다른 종교와 문화의 약점과 허점을 발견하기 위해 대화에 임하는 경우도 많이 있다. "역시 내 종교가 옳고 최고구만", "저건 역시 미신이고 우상이야"라는 논리를 펴기 위해 하는 학술회의, 종교회의도 많이 있다. 그러나 이런 만남과 대화는 진정한 의사소통적 담론(kommunikative Diskurs)이 될 수 없다.7) 대화에 임하는 자세와 입장에 어떤 윤리적 태도와 원칙이 있어야 한다. 상대방을 무시하고 공격하기 위해서가 아니라, 상대방의 좋은 점과 긍정적인 면을 찾아 이해하고 배우겠다는 자세, 그리고 모든 종교와 문화의 가치관에는 나름대로 그 집단이 오랫동안 지녀 온 긍정적이며 건설적인 요소가 있다는 인정과 믿음 위에서 출발해야 하리라고 본다. 필자는 이것을 '상생(相生)의 윤리'라고 부르고자 한다. 서로 대립하고 인정하지 않으며 못살게 구는 상극(相剋)이 아니라, 서로를 인정해 주고, 서로를 살리는 상생(相生)의 윤리가 그 바탕에 깔려 있어야 한다는 말이다.

세상에 나 홀로 존재하는 문화란 없다. 내 종교와 문화는 마치 나의 고유한 것처럼 보이지만, 이미 많은 다른 나라의 영향과 자극을 받아

---

7) Jürgen Habermas, *Theorie des Kommunikativen Handel*, Frankfurt, 1981.

서 생성된 것이다. 아랍인들의 선구적인 연구와 개척이 없었더라면 현대 수학이나 건축이 발전하기 어려웠고, 인도인들이 힌두교의 세계관과 자연관을 일찍이 개발해 놓지 않았더라면 현대의 철학이나 종교가 이만큼 발전하지 못했을 것이다. 아프리카 원주민들의 놀라운 감성과 예술이 없이 어떻게 현대의 미술과 음악을 상상할 수 있으며, 유럽의 근세 사상과 계몽주의 없이 현대인들이 어떻게 인권과 자유를 누릴 수 있었겠는가?8) 고로 자기 문화의 정체성을 바로 이해하기 위해서도 타 문화, 이웃나라의 문화를 뿌리부터 이해하는 것은 필수적인 일이다. 다른 문화나 종교 전통을 일단 나의 것과 동등하게 인정하고 존중하면서 대화하는 것이 상생의 윤리의 첫 덕목이라고 할 수 있다.

문명 간 대화는 타 문화를 인정하고 존중할 뿐 아니라, 타 문화의 장점과 긍정적 요소에 대하여 열린 자세여야 한다. 즉, 타 문화의 장점을 수용할 수 있는 자세여야 한다는 말이다. "죽어도 다른 종교나 문화에서는 배우지 못하겠다. 그것은 나의 종교와 문화에 대한 부정이요 모독이다"라는 자세를 가지고는 진정한 대화를 이룰 수 없다. 그래서 올더스 헉슬리(Aldous Huxley)는 일찍이 "문화가 타 문화나 민족, 풍습에 대하여 열려 있으면 인간의 능력을 발전시키는 동력의 역할을 할 수 있지만, 그렇지 못하면 그 능력을 잡아 가두는 감옥의 역할을 할 뿐"이라고 하였다.9) 결국 문명 간의 대화는 문화와 문명의 다양성(diversity)과 다원성(pluralism)을 인정하는 전제하에서라야 성립될 수가 있다.

여기서 문화다원주의(cultural pluralism)에 관한 논쟁들을 설명할 필

---

8) UNESCO 31차 총회 시 프랑스 시라크 대통령의 개회연설 참조(2001년 10월 15일).

9) Monika Griefahn, "Dialog der Kulturen in Deutschland", in *UNESCO heute*, Nr. 4. 2001, S.12.

요는 없겠지만, 문화란 애초부터 다원적 뿌리에서 복합적으로 생성되었고, 항상 다른 문화와 다른 특수성과 차별성을 전제로 하였으며, 다른 문화와 접합되고 융화함으로써 발전하였다. 프랑스의 문화인류학자 클로드 레비스트로스(Claude Lévi-Strauss)는 1971년 유네스코(UNESCO)에서 행한 강연에서, 문화란 타 문화와 협동(collaboration)하고 서로 영향을 주고받을 때 가장 잘 발전한다고 역설했다. 가령 유럽의 문화가 가장 발전했던 르네상스는, 가장 다양한 문화들, 즉 그리스 문화, 로마, 독일, 앵글로색슨의 전통들이 만나서 용해되는 과정(melting pot)이었으며, 심지어 아랍 문화와 중국의 영향까지 수용해서 융합했다고 했다.10)

타 문화에 대해 열려 있고 타 문화의 장점들을 수용할 수 있는 문화는 자기 문화의 정체성을 확실히 이해하고 파악할 수 있음을 전제로 한다. 타 문화를 무조건적으로 모방하는 것이 아니라, 창조적으로 대화하며 수용한다는 것은 이미 자기 문화의 장단점을 깊이 파악하고, 한계가 무엇인가를 이해하는 바탕 위에서만 가능하기 때문이다. 고로 문명 간의 대화는 자기 문화의 올바른 인식에서 출발해야 하며, 자기 문화도 타 문화와 함께 발전시켜 살리자는 것이 상생의 윤리요 규범이다. 또한 자기 문화라고 무조건 고집하며, 자기 문명과 역사가 저지른 과오와 잘못을 비판할 줄 모르는 문화나 민족은 진정한 상생의 대화를 할 자격이 없다.

따라서 문명 간 대화의 전제조건은 확실한 자기 인식과 자아비판이다. 오만과 독선은 시라크 대통령의 말처럼 문명 간 대화에 있어서 최악의 적(worst enemy)이다. 문명 간의 대화는 바로 그 역사적인 책무 때문에 결코 철학적, 추상적 논쟁에만 머물러서는 안 된다. 바로 문명

---

10) Claude Lévi-Strauss, "Race and Culture", in *The Courier UNESCO*, December 2001, Dialogue among Civilizations in the Courier, p.6.

간의 갈등과 충돌이 담고 있는 현실적이며 정치적인 문제들을 종교적, 가치관적 문화풍습의 차원에서 해결하려는 실천적 의지를 가진 대화일 때에만, 상생의 세계를 만드는 데 기여할 수 있게 된다. 따라서 이 문명 간의 대화는 국제기구를 통해서 뿐만 아니라, 이웃나라, 정부, 시민사회, 학교와 언론, 문화의 각 분야에서 입체적으로 추진될 필요가 있다. 무엇보다 중요한 것은 갈등관계 속에 있는 나라와 민족들, 종교와 문화들 사이에서 일어나는 것이다. 한국, 일본, 중국과 같이 많은 것을 공유하면서도 이질적이고 적대적인 이웃나라에서 더욱 절실하다. 또한 남북한의 상생을 위해서도 문명 간의 대화, 철학의 대화는 필수적이다.

동아시아의 공존과 평화의 철학

1. 서언

평화 연구는 게오르그 피히트(Georg Picht)가 지적한 것처럼 평화의 가능성과 조건을 연구하는 학문이기 때문에 사회과학과 철학이 함께 다루어야 할 과제이다.

잠정적인 평화가 아니라 영구한 평화를 탐구했던 칸트는 자연의 상태를 홉스처럼 전쟁의 상태로 보았으며, 평화는 이성이 가진 이념이며 모든 인간이 세계시민으로서 모든 다른 사람이나 국가를 적대관계가 아닌 동지나 동료의 관계로 받아들이는 제도가 수립될 때 평화의 상태가 보장될 수 있는 것이라고 보았다.

칸트는 1795년에 쓴 『영구평화론』에서 "공적인 평화의 가능성에 대

* 이 글은 제18회 한국철학자대회 「동아시아 시대, 공존과 평화의 철학」(2005년 10월 28-29일, 전북대 진수당) 기조 강연인 「한반도와 동북아시아의 평화체제」를 수정 보완한 것이다.

한 조건에 관해서 철학자들이 제시하는 원칙들(Maximen)을, 전쟁을 위해 무장하고 있는 국가들이 참고와 조언으로 받아들여야 한다"고 주장했다.

보다 공고한 평화의 상태를 탐구하는 철학적 평화 연구는 전쟁의 상태나 불안정한 평화의 상태인 현실 속의 갈등구조를 비판하면서, 보다 안정되고 지속 가능한 평화의 조건과 실천의 가능성을 모색하는 데 있다고 할 수 있다. 따라서 동아시아의 평화를 모색하는 철학적 탐구는, 동아시아의 반평화적인 현실과 구조를 분석해 내면서 보다 공고하며 영구적인 평화의 가능성을 모색하는 데 있다고 하겠다. 필자는 이를 동북아시아의 평화체제를 탐구하는 과제라고 생각하며 이 글을 썼다.

2. 한반도의 평화와 동북아시아의 갈등구조

일제 식민지 36년의 질곡에서 벗어난 지 60년, 해방둥이가 환갑을 맞는 2005년의 한반도에서 우리는 왜 아직도 평화를 누리지 못하고 분단체제를 청산하지 못하고 있는가? 그동안 민주정치와 경제산업은 엄청나게 발전했고, 교육, 과학기술, 문화예술, 사회복지 면에서도 비약적 성장과 전진을 해왔지만, 해방과 동시에 일어난 남북의 분단과 갈등은 지금까지 변하지 않았고, 55년 전의 6·25 전쟁은 아직도 평화적 종결을 보지 못한 채, 비무장지대(DMZ)는 세계에서 가장 심각하게 무장되고 긴장된 대결장의 모습을 그대로 간직하고 있다.

해방과 독립이 우리 민족의 손으로 쟁취된 것이었다면 아직까지 이런 모습으로 있지는 않았겠지만, 냉전시대 강대국들의 이해관계에 따라 분단된 한반도는, 이미 냉전체제가 세계적으로 청산된 21세기에 와서도, 아직 분단의 장벽을 헐지 못하고 전쟁의 위험과 공포에서 벗어나지 못한 채 냉전의 그늘에 갇혀 있는 신세가 되었다.

냉전으로 분단되었던 독일과 베트남은 벌써 통일이 되었고, 냉전의 한 축이었던 소련과 공산권은 이미 붕괴된 지 오래되었는데, 유독 한 반도에서는 분단의 장벽이 더 두터워지고 핵전쟁과 같은 뜨거운 열전의 위협마저 도사리고 있는 이유는 어디에 있는 것일까?

물론 지난 1992년 남북기본합의서가 채택된 이후에는 적대적인 분단체제는 크게 완화되었고, 남북 간의 교류와 협력사업이 대폭 증대되어, 화해와 공존의 시대가 열린 듯이 보였다. 특히 2000년 6월 분단 이후 처음으로 남북 정상이 만나고 통일을 향한 6·15 공동선언을 발표하자, 이제는 곧 통일의 시대가 올 것 같은 환상마저 갖게 되었다. 수백 명 단위지만 반세기 동안 헤어졌던 이산가족의 재회 상봉은 감격적이었고, 금강산 관광객 1백만 명, 개성공단의 합영생산 개시, 남북의 철도와 도로의 연결 등은 분단의 장벽을 허무는 상징적 쾌거였다.

그러나 그렇게 좋은 남북합의서를 채택해 놓고도 13년이나 되도록 그 합의된 내용들은 실천되지 않았고, 더구나 남북 정상들이 만나 낮은 단계의 연방제까지 합의했는데, 남북 교류협력사업들은 자꾸 중단되고 교착상태에 빠지곤 하는 원인은 어디에 있는 것일까? 남과 북은 서로 체제를 인정하고 불가침을 약속했고, 조속히 공고한 평화의 상태를 만들기로 합의했는데, 왜 간첩선이 내려오고, 서해교전 사태가 벌어지며, 선군정치와 핵무기 개발이 일어나는 것일까?

그것은 남북관계가 많이 개선되었음에도 불구하고 남북의 공존과 교류협력을 위해서 반드시 전제조건으로 있어야 할 평화체제가 이루어지지 못했기 때문이라고 할 수 있다. 평화체제는 적어도 소극적 의미의 평화, 즉 전쟁과 폭력이 제거된 상태가 보장되어야 하는데, 그러기 위해서는 한반도에서 적대적 대결 상태나 무력충돌의 가능성이 제거되어야 한다. 1953년 휴전협정 상태가 아직도 지속되고 있고 여러 번 제기되었던 평화협정으로의 대체가 이루어지지 않은 상태에서는 평화체제가 이루어졌다고 볼 수가 없다.

1991년 12월에 체결된 남북기본합의서 제5조는 정전 상태를 공고한 평화 상태로 전환시키기 위해 공동으로 노력하며 그때까지 군사정전협정을 준수한다고 되어 있다. 이로써 남북한은 제9조의 불가침 약속과 함께 평화협정을 맺기로 약속을 한 상태이다. 그러나 평화협정은 남북한 간에만 체결할 수 있는 것이 아니고 휴전협정 당사자인 미국이 함께 체결해 주어야 하기 때문에 아직까지 진전시키지 못하고 있다. 더구나 북한은 미국과 남북기본합의서 수준의 협정을 맺지도 않았다.

흔히 남북관계의 개선과 동서독 관계의 개선의 과정을 비교하는데, 여러 가지 공통점에도 불구하고 분명한 차이점은, 1972년의 동서독 기본조약은 확실한 평화체제 위에서 성립된 것이었는데 1992년의 남북한 기본합의서는 평화체제가 불확실한 가운데 맺어져 그 내용이 실천되기가 어려운 조건이었다는 점이다.

특히 독일의 경우는 1973년부터 1975년 사이에 이루어진 헬싱키 회의를 통해 '유럽안보협력회의(CSCE)'가 상설화되어, 동서의 35개 국가가 보장하는 유럽의 공동안보체제가 밑받침되어 공고한 평화체제를 확보할 수 있었다. 그러나 한반도는 1950-1953년에 전쟁을 치렀던 미국과 남한, 북한, 중국 사이에 평화협정이 체결되지 않았을 뿐 아니라, 주변 강대국인 일본, 소련 등과도 어떤 식의 안보협력이나 공동체가 이루어지지 못한 상태에 있었다.

1992년 남북합의서 이후에 진행된 남북대화의 과정을 보면, 남한 측에서는 계속 교류협력의 확대와 이산가족 재회를 요구해 왔고, 북한 측에서는 평화협정 체결과 군사적 문제 해결을 우선적으로 해야 교류협력을 증대할 수 있다는 입장이었다.

특히 1990년대 초 동서독의 흡수통일과 소련 및 동구 공산권의 해체, 경제난과 고립으로 체제유지의 불안을 느낀 북한이 무엇보다 자국의 안보에 관심을 가지며 평화협정을 강력히 요구해 온 것은 이해할 만하다. 체제안보의 보장이 없이는 군비증강과 교류개방의 억제를 풀지 않겠다는 태도다. 서해안의 도발 사건이나 미사일 발사, 핵개발 등으로 남북 화해와 협력에 찬물을 끼얹는 사태가 연발하는 것은 이런 정황에서 파악되어야 한다.

따라서 평화체제가 이루어지지 못한 한반도의 분단체제 60년은 불완전한 평화공존, 긴장과 대결, 적대감이 사라지지 않는 위험한 반평화적 구조가 지배해 온 60년이었다고 할 수 있다. 많은 노력과 개선에도 불구하고 냉전과 반평화적 대결구조를 해소하지 못한 분단시대였다고 할 수 있다.

한반도에서 냉전의 잔재를 완전히 청산하고 공고한 평화체제를 이룩하기 위해서는 어떤 방식으로든지 휴전협정체제를 대체하는 구조를 만들어야 하며, 여기에는 갈등의 당사자인 북한과 미국이 화해와 협력관계를 이루어야 하는 것이 필수조건이 된다. 그런데 미국과 북한의 갈등의 핵심에는 주한미군의 철수 문제가 있다. 평화협정이 체결되고 한반도의 안보와 평화가 보장되면 모든 외국 군대가 물러나야 한다는 것이 1953년 휴전협정이 체결된 이래 북한의 일관된 주장이었다.

미국이 평화협정을 꺼리고 휴전협정체제를 고수하려고 하는 데는, 주한미군 2개 사단을 계속 주둔시키며 소련과 중국을 겨냥한 한미 군사동맹관계를 계속 유지하려는 의도가 있다고 북한은 보고 있으며, 미국과 남한은 주한미군이 철수하면 공격적인 북한의 무력이 남침을 감행할 수 있기 때문에, 견제세력으로 계속 주둔해야 한다고 보고 있는 것이 갈등의 핵심이다.

북한은 사실상 주한미군의 주둔 때문에만 안보의 위협을 느끼고 있는 것이 아니며, 공산권의 붕괴 이후 소련으로부터 받던 군사적, 경제

510

적 원조를 받을 수 없게 되자, 기름이나 에너지의 결핍으로 산업경제가 곤경에 빠지고 식량난이 심각해져서 체제의 위협을 느끼고 있다. 냉전체제가 무너진 현실에서 과거의 사상교육만으로 국민을 단합시키기 어려운 상황이기 때문에, 외세에 맞서는 민족의 단합과 통일이라는 명분으로 국민통합을 해나가려고 노력하고 있는데, 미국의 대북 강경정책은 오히려 군사력 강화나 핵무기 미사일 개발, 선군정치 등의 좋은 구실을 던져 주고 있는 셈이다.

1992년 남북합의서 이후 한반도에서 평화체제를 수립하려는 노력이 좌절되고 남북관계 개선에 장애를 일으킨 요인들을 살펴보면, 미국과 북한 사이의 상호 불신과 한반도와 동북아시아에서의 이해관계의 충돌이 그 핵심임을 알 수 있다. 1992년 합의서 정신에 따라 평화협정체결을 강하게 요구하던 북한은, 미국과의 갈등으로 일이 쉽게 풀리지 않자, 1993년에 영변 핵시설을 공개하며 핵확산금지조약(NPT) 탈퇴를 선포했다. 결국 이 위기는 카터의 방북과 제네바회담을 통한 합의, 즉 경수로 건설과 중유 지원을 대가로 영변 원자로 가동을 중단시키는 조치로 넘길 수 있게 되었다.

그러나 1994년의 제네바협약(agreed framework) 이후에도 북한은 대포동 미사일 발사라든지 금창리 핵개발 장소 공개 등을 통해 미국으로부터 체제인정과 안보공약을 받아 내려는 압박전술을 여러 번 구사했다. 정전협정체제를 무력화시키기 위해 군사정전위원회 대표단을 판문점에서 철수시킨다든지, 1996년 4월에는 비무장지대를 인정하지 않겠다는 성명을 발표하고, 무장병력을 판문점에 투입한다든지, 긴장을 고조시켜서 마침내 미국과 중국, 남북한 4자가 참여하는 평화회담을 열도록 만들기도 했다. 1999년까지 6차례나 모인 4자회담에서는 평화협정을 맺는 여러 가지 방식에 대해 의논했고, 주한미군을 평화유지군으로 변경해 계속 주둔케 하자는 안도 논의되었다.

클린턴 대통령이 페리(William J. Perry) 특사를 북한에 보내 포괄적인 협상안을 만들고, 북한이 미사일 발사를 중단하고, 의심받던 지하 핵시설의 사찰을 허용함으로써, 2000년에는 한반도의 평화체제 수립에 상당한 진전이 있게 되었다. 6월에 김대중 대통령의 방북과 남북정상회담이 있었고, 하반기에는 북한의 최고위 군 간부인 조명록 차수가 군복을 입은 채로 워싱턴을 방문했고, 10월에는 올브라이트 미 국무장관이 북한을 방문해 북미공동콤뮤니케를 발표했다. 이 성명은 평화협정을 맺는 여러 가지 방도들에 대해 견해를 같이했다는 내용을 담기도 했다.

그러나 2001년 1월 부시 정권의 출범은 미국의 대 북한정책을 포용과 대화의 정책에서 배제와 대결의 정책으로 근본적으로 변질시켰다. 적어도 전략적으로는 당근에서 채찍으로 바꾼 셈이다. 북한을 불량국가(rogue state)나 악의 축(axis of evil)으로 규정하고, 미사일 방어체계(MD)를 강화하는 등, 신보수주의(neo-con)의 대북 강경노선이 채택되었으며, 9·11 사태 이후에는 더욱 노골적인 발언과 비난으로 북한 견제 내지는 징벌론까지 나오게 되었다.

2002년 4월에는 남북한이 휴전선을 넘어 끊어진 철도를 잇는 작업을 했으며, 개성공단을 개발해 1천여 개의 남한 기업이 생산라인을 구축하도록 했고, 도로 개통을 위해 휴전선 일대의 지뢰 제거 작업을 추진하려고 했다. 9월 17일에는 일본 총리 고이즈미가 북한을 방문해 국교 정상화 문제까지 의논하는 움직임이 있었다. 이러한 차제에 2002년 10월 4일 제임스 켈리(James Kelly) 미 국무부 차관보가 북한을 방문해, 북한이 우라늄 농축과 핵무기 개발을 추진한다는 정보를 가져와 폭로함으로써 북한 핵위기가 시작되게 되었다.

지난 3년 동안은 북한 핵문제로 인한 미국과 북한의 갈등이 최고조에 달했고, 비록 6자회담으로 해결의 명분을 찾기는 했지만, 양자 간의 험담과 비난은 냉전시대의 수준을 넘어 극히 감정적인 데까지 확대되었다. 북한의 핵개발을 막기 위해 영변의 핵시설을 선제공격해야 한다는 미국 강경파들의 주장이나, 미국과 남한에 보복공격을 하겠다는 북한의 엄포나, 모두 한반도를 다시금 전쟁의 불바다로 만들 것 같은 위기의식을 조성하고 있다.

1992년의 남북합의서나 1994년의 미국과 북한 간 합의문, 2000년의 남북 정상의 공동성명 등은 오늘의 핵위기 상황에서 보면 아무런 실효성도 타당성도 없는 것 같아 보인다. 북한의 핵개발을 막기 위해서는 주변국들이 북한의 체제와 안전을 보장해 주고, 외교적 고립과 경제봉쇄를 풀어 주는 등의 대가를 주지 않고서는 해결책이 없는 것 같다. 강경파의 주장대로 미국이 무력으로 선제공격을 하게 된다면, 한반도의 전쟁은 불가피하며 수십만 혹은 수백만의 동족살상은 뻔한 결과일 것이다.

이렇게 심각한 상황이 된 한반도의 위기, 북핵문제를 해결하기 위해, 미국, 중국, 일본, 러시아와 남북한 6자가 회담의 테이블에 앉게 된 것은 다행스러운 일이다. 어차피 한반도의 평화체제는 남북한만이 만들 수 있는 것이 아니며, 주변 강대국들의 참여와 보장이 있어야 하는 문제인 만큼, 6자회담이 성립되게 된 것은 북핵문제의 해결뿐 아니라 한반도와 동북아시아의 평화체제 수립을 위해서도 매우 좋은 기회를 제공한다고 볼 수 있다. 자연히 북한 핵문제의 해결이 한반도의 평화체제 구축은 물론 동북아시아의 평화체제를 만드는 데 기여할 수 있다는 기대가 생기게 되었다.

동서독의 화해와 교류협력의 과정에서 유럽안보협력체제가 필수적 요소였듯이, 한반도의 남북관계를 진정한 협력과 공존의 관계로 발전시키려면, 이를 보장해 줄 수 있는 미국과 중국 혹은 러시아와 일본까지 포함되는 안보협력공동체가 절실히 필요하기 때문이다.

3. 동북아시아의 평화와 공동체의 가능성

한반도의 평화뿐 아니라 동북아시아 여러 나라들의 안보와 협력을 보장해 줄 동북아시아 공동체는 과연 가능한 것인가? 바람직한 것이기는 하지만 현실적으로 어떻게 실현될 수 있을 것인가?

동북아시아는 세계경제와 무역 거래량의 22%를 차지하는 중요한 지역이면서도 다른 지역처럼 어떤 형태의 공동체(community)도 조직되어 있지 않다. 유럽은 물론 다른 지역에도 안보협력체나 경제협력체가 있는데 우리가 사는 동북아시아에는 그런 것이 없다. 냉전시대의 유산으로 동맹국 간의 유대관계는 있지만, 냉전시대가 지난 때인데도 유럽안보협력회의(CSCE)처럼 양 진영을 아우르는 협력공동체는 아직 없다. 동맹국 간에도 NATO 같은 지역공동체가 있는 것이 아니라, 미일 안보조약이라든지 한미 안보조약 등, 강대국을 중심으로 양자 간의 협력을 약속한 정도의 동맹관계가 있을 뿐이다. 북한은 냉전시대에 중국과 혈맹관계에 있었고, 소련과 동맹조약을 맺었지만, 지금은 해체된 상태이다. 남한이 미국의 핵우산의 보호를 받고 일본과 우호관계를 맺고 있으며, 한미일 3자 간의 동맹관계를 유지하고 있는 데 비해, 북한은 중국과의 동맹관계만 있을 뿐, 소련의 해체로 동맹관계가 훨씬 취약한 상태에 있다.

차라리 미소의 군사균형을 통한 소극적 평화유지가 관건이었던 냉전시대가 지속되었다면, 동북아시아에도 유럽을 모방하여 동북아 안보협력회의나 동북아 평화공동체 같은 것을 협상해 볼 가능성이 훨씬 농후했을지 모른다. 남한, 미국, 일본의 군사력과 북한, 소련, 중국의 군사력이 대등한(symmetrie) 관계에 있기 때문에 공동안보나 안보협력체의 구상이 훨씬 먹혀들어 갈 수 있었을 것이다. 그러나 냉전시대의 남북한의 대립과 갈등은 동서독의 그것과는 비교가 안 될 정도로 첨예한 긴장관계였기 때문에, 유럽에서와 같은 평화공존, 공동안보의 개념이나 발상이 나오지 못했다.

이제 소련과 공산권의 해체로 미국과 NATO의 적이 없어진 불균형의 상태에서 유럽안보협력회의와 같은 헬싱키 모델을 동북아시아에 심는다는 것은 현실성이 거의 없어 보인다. 세계 유일 초강대국이 된 미국이 중국이나 러시아를 향해 대등한 관계에서 공동안보조약을 맺자고 할 리는 없기 때문이다.

또 한 가지 어려운 점은 주변 강대국 일본과 중국의 미묘한 경쟁의식과 긴장관계이다. 경제대국 일본은 지금 평화헌법을 고쳐 군사대국으로 변모하려는 움직임을 보이고 있고, 일본의 군국주의(militarism)의 부활을 경계하는 중국은 지금 반일감정의 폭발로 일본의 유엔 안전보장이사회 상임이사국 진출을 반대하고 있다. 자칫 대만해협에서 중국과 대만의 충돌이 생길 경우 미국과 일본은 대만의 안보를 위해 무기를 제공하는 등 중국과의 갈등을 노골화하게 될지도 모른다.

이처럼 동북아시아의 오늘의 상황은 냉전체제가 해체되었지만, 냉전시대의 그늘이 걷히지 않은 채, 새로운 갈등과 대립이 움틀 수 있는 매우 불안한 정세에 놓여 있는 것이 사실이다. 한반도의 남북관계가 평화체제를 수립하지 못해 불안할 뿐 아니라, 제2차 세계대전 후 소련과 일본 사이에도 평화협정을 맺지 못했기 때문에 쿠릴열도의 반환 등 영토분쟁의 여지가 일본과 러시아 사이에 남아 있다. 미국과 중국 사이는 외형적으로는 평온한 것 같지만, 아시아에서의 패권과 영향력을 두고 경쟁하는 관계에 있기 때문에, 언젠가는 갈등관계에 빠질 잠재적 적대성이 상존하고 있다.

이런 상황에서 볼 때, 동북아시아의 평화체제와 안보협력체의 형성은 한반도의 평화정착을 위해서도 필요하며 바람직한 것이지만, 여러 나라 사이의 이해관계가 다르고 복잡하게 얽혀 현실성이 없어 보인다.

그래서 그런 제안이 나올 때마다, '소박한(naive) 생각이다', '소망 (wishful thinking)에 불과하다'는 이야기가 나왔다.

미국과 소련은 이미 여러 가지 지역공동체를 갖고 있고 자기들의 거주지도 아닌 동북아시아에서 공동체의 주역이 될 수도 없기 때문에 별 관심이 없는 것 같다. 남북한이든 일본이나 중국이든, 필요에 따라 따로따로 상대하는 것이 편하다고 생각하는 것 같다.

중국은 핵무기와 막강한 군사력을 가진 세계대국으로서 동북아시아 의 평화에만 관심을 가진 것이 아니라 동아시아 전체에서 영향력을 확 대시키려 하고 있다. 단지 한반도에서 전쟁이나 무력충돌이 생기면 미 국과 부딪칠 수밖에 없기 때문에 남북한의 평화공존 상태를 안전하게 묶어 두려는 데 관심이 있다. 따라서 북한의 핵개발이나 어떤 도발도 견제하면서 보호자의 역할을 다하려 할 것이다. 북핵 위기의 해소를 위해 6자회담을 주선하며 안간힘을 쓰는 것도 이런 목적 때문일 것이 다.

경제대국이면서 군사력이 약한 일본은 미국의 군사력과 핵우산의 보호를 받고 있기 때문에 미국의 영향력을 강화시키면서 아시아에서 의 역할 분담을 증대시키는 데 관심이 있다. 남북한이 접근하고 평화 통일을 향해 나아가는 모습을 보면서 일본은 내심으로 불안해하고 있 다. 일본 자위대의 간부들은 오래전부터 "만약 한국이 통일된다면 남 북한의 군사력은 일본의 열 배가 넘는다"고 하며 일본의 군사력 강화 를 주장해 왔다. 더구나 북한이 핵무장까지 한다면, 통일한국은 핵보 유국이 된다. 이에 따라 일본도 핵무기를 보유해야 한다는 여론마저 높아 가고 있다.[1]

일본은, 미국과 중국의 영향이 압도적이며, 통일한국이 또한 경쟁

---

1) Francis Fukuyama, "Re-Envisioning Asia", *Foreign Affairs*, 2005. Jan.-Feb.

대상이 될 동북아시아에서 주도적 역할을 할 수 없기 때문에, 동북아시아의 공동체 형성에 별 관심을 보이지 않고 있다. 오히려 동남아시아연합(ASEAN)과의 유대를 통해 동아시아 공동체를 이루는 것이 경제적으로나 국제정치적으로 실리가 있다고 보기 때문에, ASEAN+3에 더 많은 관심과 노력을 기울이는 것 같다.

이처럼 동북아시아의 안보협력체를 만드는 일은 현실적으로 가능성이 없어 보인다. 명분은 이상적이지만, 관련 당사국들(stakeholders)이 관심과 이해관계를 적게 갖고 있기 때문이다. 단지 일본과 중국은 경제적인 목적에서 동북아시아의 협의체나 공동체를 만드는 데는 상당한 관심이 있는 것 같다. 일본, 한국, 중국 등 동북아시아의 경제력과 교역량이 세계경제를 좌우할 만큼 증대하고 있기 때문에 경제협력과 무역관계를 원활하게 하는 지역경제협력체의 형성에는 이해관심을 갖고 있기 때문이다. 이미 한국의 교역 상대국 1순위는 미국을 제치고 중국이 차지하게 되었고, 중국의 교역 상대국으로서도 미국과 일본 다음으로 한국이 3위를 차지하게 되었다.

자유무역협정(FTA)은 도움이 되지만, 이것은 양국 간의 관계일 뿐 지역협의체는 못 된다. 따라서 동북아시아에서 경제협력과 교류를 발전시키려면 무엇보다 일본에서 한반도를 거쳐 중국과 러시아, 유럽까지 잇는 철도와 육지 교통로가 개발되는 것이 필요하다. 일본과 남한을 연결하는 해저터널의 구상도 이런 필요성 때문이다. 이런 일들은 여러 나라들이 함께 포함된 아시아태평양경제협력체(APEC)를 통해서도 생각해 볼 수 있지만, 범위가 너무 넓고 느슨한 협의체에 불과한 APEC에 이런 프로젝트를 맡길 수는 없다. 또한 동북아시아 경제협력체에는 북한과 러시아, 우크라이나가 포함되어야 하기 때문에 동북아시아의 경제협력체를 따로 만드는 것이 바람직할 것이다.

이런 점에서 본다면 동북아시아에서 북한의 핵개발을 저지하기 위한 여러 나라들의 공통된 이해관심과, 북한을 경제적으로 살리기 위해 지역경제협력체에 포함시키는 목적을 결합해서, 6자회담은 어떤 형태의 연결고리나 협의체를 만들 수 있을 것이며, 이를 토대로 동북아시아의 안보협력공동체를 점진적으로 추구해 갈 수 있을 것이다.

사실상 유럽의 안보협력체(OSCE)도 처음엔 헬싱키에 핀란드 정부가 소집한 유럽 여러 나라들의 회의에 불과했다. 1973년부터 3년간 회의를 계속하고 나서 결의문을 작성하면서 유럽안보협력회의(CSCE)가 정례화되었을 뿐이며, 그 뒤로 자주 모이면서 유럽의 공동안보와 협력을 주관하는 지역협의체로 발전하게 된 것이다.

지금은 꿈같은 이야기일지는 모르지만 이러한 비전을 갖고 동북아시아 여러 나라들이 원활한 대화와 협력의 길을 연다면 머지않아 한반도의 평화와 통일을 보장해 주는 동북아시아의 협력공동체가 태어날 수도 있을 것이다. 이를 위해 동북아시아의 여러 나라들은 정부 차원에서만이 아니고, 학계, 언론계, NGO 등 시민사회 각계의 교류와 협력, 대화를 통해 동북아시아의 공동체를 형성하기 위한 지속적이며 체계적인 노력을 기울여야 한다.

4. 공존과 평화를 위한 세계시민적 이성

남북한의 평화와 통일을 보장해 줄 수 있는 동북아시아의 평화체제 수립은 과연 가능할 것이며, 가능하다면 어떤 조건과 경로를 통해서 실현될 수 있을 것인가?

이제까지 이러한 문제들은 정치외교나 군사안보 면에서만 다루어 왔지만, 사실상 평화체제의 수립은 외교적, 군사적으로만 해결되는 것이 아니며, 국민 전체의 가슴속에서 평화공존의 마음(mind)이 생겨야 하는 것이기 때문에, 사회심리적인 의식의 변화와 가치관의 교육이 필요하다. 1945년 제2차 세계대전의 종전과 함께 유네스코(UNESCO)가 창립되었을 때, 그 창립 선언문에는 유명한 구절이 있었다. "전쟁은 인간의 마음에서 비롯되는 것이므로 평화를 지키는 방벽을 인간의 마음에 설치해야 한다." 그래서 교육과 과학, 문화의 영역 속에서 인류의 평화와 발전을 위한 국제적 협력과 연대의 활동을 유네스코는 오늘까지 계속해 오고 있다.

사실상 한반도와 동북아시아에서 평화체제를 수립하는 일은 남북한의 국민과 동북아시아 여러 나라들의 시민들의 가슴속에 공존과 평화의 마음을 심는 노력이 없이는 실현될 수 없다. 또한 정부나 정책 당국자들이 자국의 정치외교적 이해관계에만 매달려 평화와 공존의 길을 외면하고 있을 때, 이를 깨우치며 대결정책에서 평화정책으로 전환할 수 있게 하는 것도 시민사회와 학계, 종교계 등 시민운동이 활발하게 움직일 때 가능할 수 있다. 이것은 동서독의 평화통일 과정을 보아도 분명하다.

1969년 서독의 사민당 수상 빌리 브란트(Billy Brandt)가 동방정책(Ostpolitik)을 수행했을 때도 서독 국민들의 반동독, 반동유럽 의식을 전환시킬 수 있는 시민사회의 운동이 있었으며, 여기에는 서독 기독교연합회(EKD)의 1965년 동방각서(Ostdenkschrift)가 주요한 역할을 했다.

역사적인 적대국가들과 국민적인 차원에서 화해와 공존, 협력을 지향하는 의식의 변화가 없이는 적대정책에서 평화공존정책으로의 전환이 불가능하다. 남아프리카공화국의 백인 정권에서 흑인 정권으로 전환되는 과정에서도 그렇고, 남미의 군사독재정권에서 민주정부로 변혁되는 과정에서도 그렇고, 피 흘리지 않고 평화와 공존체제로 전환시킨 현대사의 드라마 가운데는 항상 지식인, 종교인, 여성, 노동자 등 시민사회의 활발한 참여와 운동이 전제되어 있었다.

동북아시아에서 공존과 협력, 공동안보와 평화의 공동체를 이루기 위해서는 국가 간의 연대뿐 아니라 시민사회의 연대가 필요하며, 이를 위해서는 '동북아시아 시민사회협의체' 같은 연대기구가 필요하다는 주장을 동경대 평화학 교수인 사카모토가 여러 해 전부터 역설했다.

　시민사회의 국제적 연대는 지역 내의 공동안보와 경제협력 등 평화체제를 만들기 위해서도 필요하지만, 오늘날 세계화의 모순과 역기능을 시정하기 위해서도 필수적으로 요구된다고 할 수 있다. 이미 신자유주의적 시장개방과 다국적 투기금융자본의 횡포에 맞서 경제적 세계화의 모순된 구조와 틀을 시정하려는 반세계화 운동이 1990년대 말부터 활발하게 전개되어, 시민사회의 세계적 연대를 대단한 힘과 영향력으로 강화시켰다.

　날로 심화되고 발전하는 정보통신과 인적 교류의 세계화는 다국적 기업이나 금융자본의 세계화뿐 아니라, 노동자, 농민 같은 서민층의 국제적 연대나 시민사회단체들의 글로벌 공동체 형성에도 크게 기여하고 있음을 우리는 목격하고 있다. 지금 미국의 대(對) 이란 전쟁이 어떻게 종결될지 세계가 주목하고 있지만, 미국 정부와 펜타곤이 분명히 주목해야 할 것은 테러 참사로 인한 미국인들의 분노뿐 아니라 전세계 각지에서 일어나고 있는 시민사회와 평화운동단체들의 반전 여론이다. 오늘날 세계 여론을 지배하고 좌우하는 것은 CNN만이 아니라 수억의 사람들에게 아무런 통제 없이 순식간에 전달되는 인터넷과 이메일이라는 점을 간과해서는 안 된다.

　이런 시민사회의 영향력과 역할을 철학자 칸트는 이미 2백 년 전에 내다보았다. 그는 1795년 『영구평화론』에서 "항구적으로 지속될 수 있는 세계평화는 결국 국경의 제약을 넘어서 세계시민적인 의도와 이성에 따른 공동체가 형성될 때 가능하다"고 예언했다. 오늘의 세계 각지에서 전개되는 종족과 문화, 종교와 집단들의 갈등과 유혈전쟁을 보면서 우리는 세계시민적 이성을 가진 시민사회의 세계화, 시민운동의 국제적 연대가 있어야 평화정착과 화해공존이 이루어질 수 있음을 더욱 절감하게 된다.

국경과 인종, 종교, 이데올로기를 넘어서는, 공존과 평화를 위한 세계시민적 이성이 가장 절실히 요구되는 곳이 바로 한반도와 동북아시아 지역이다. 오늘의 세계는 냉전체제 이후 세계화의 시대로 전환되었지만, 동북아시아와 한반도는 아직 냉전체제가 종결되지 않은 유일한 지역이다. 사회주의 체제는 중국과 북한, 베트남에서 큰 변화를 겪고 있지만 아직 지배이념으로 살아 있다. 사회주의와 자본주의의 이념적 공존의 문제는 동아시아의 장래와 평화를 좌우할 수 있는 결정적인 요소이다.

특히 동아시아의 중심국가인 중국, 일본, 한국은 강력한 민족국가(nation state)로 국경과 민족의 의미, 국가중심주의(nationalism)가 강하게 남아 있는 곳이다. 그러나 동북아시아의 여러 나라들은 무엇보다도 과거 식민지 제국주의 시대의 잔재인 적대감정과 갈등요소를 청산하지 못하고, 역사적 화해를 이루지 못하고 있다. 따라서 다른 지역에서 볼 수 있는 국가연합적인 지역공동체가 부재하는 곳이다. 경제협력과 공동안보를 위한 공동체, 즉 EU, NATO, ASEAN, OAU, NAFTA 같은 공동체가 존재하지 않는다.

문화적으로 볼 때 동북아시아는 유교적 문화권이라는 공통점과 유사점을 가지고 있지만, 그러나 뚜렷한 전통종교적 공통점이나 가치관적 동일성을 갖고 있지 못하다. 유럽과 같은 기독교적 전통이라는 공통분모도 없고, 아랍권의 이슬람교 같은 통일종교도 없고, 유교도 불교도 아닌 종교다원주의(pluralism)가 지배하고 있다고 볼 수 있다. 그러나 남의 종교나 다른 문화전통, 가치관과 이데올로기를 인정하고 존중하는 문화다양성(cultural diversity)의 의식은 대단히 희박하다.

V. 다문화 시대의 갈등과 평화의 철학 521

정치적으로도 동아시아는 이미 분석해 본 바와 같이, 냉전시대 이후 초강대국화한 미국의 패권이 강화되고 있으며, 일본의 국수주의와 군국주의는 부활을 음모하고 있고, 미일동맹에 의한 군사력 강화에 불만을 느낀 중국의 패권주의가 발동하고, 중국과 대만의 갈등과 불안, 남북한의 긴장과 대립 등 불안하고 반평화적인 요소들이 가득한 지역이다. 평화와 공존의 의식이 어느 곳보다 필요하며 절실히 요구되는 곳이라 하겠다.

칸트가 부르짖은 국경의 제약을 넘어서는 세계시민적인 의도와 이성(Weltbürgerliche Absicht und Vernunft)이 동아시아 여러 나라들의 시민사회의 가치관이 될 때, 정부의 정책도 변하고 평화체제도 이룩될 수 있기 때문에 철학의 역할은 세계시민적 이성의 개념과 내용을 구체화하고, 이를 보편화하는 과업에서 찾아야 할 것이다.

오늘날 세계화 시대 전쟁과 폭력, 테러와 분쟁이 난무하는 시대에 요구되는 세계시민적 이성은, 세계 모든 사람의 생명과 인권을 존중하고, 다른 종교와 이데올로기, 생활습관과 가치관을 인정하며, 그들과 함께 살 수 있는 공존의식을 함양하는 데 있다. 이를 한반도와 동북아시아의 현실 속에서 구현하는 것이 동아시아 시대 철학의 과제가 아닐까 생각해 본다.

평화운동의 철학과 역사적 전개

1. 평화의 윤리와 철학사상

평화문제를 생각하고 논해 온 역사는 아마도 인류의 역사만큼 오래되었을 것이다. 그것은 고대 문화의 흔적에서나, 고대의 언어, 예술, 종교의 내용 속에 평화에 관한 내용이나 형상이 포함되어 있는 것을 보아 알 수 있다. 어느 나라나 민족의 옛 언어 가운데 평화란 말이 없는 데는 없다. 그리스 신화에 나오는 평화의 여신(Eirene), 구약성서에 나오는 평화사상(shalom), 로마 시대의 정치적 평화(Pax Romana)는 고대사회에 있어서 중요한 역할을 하였던 신화나 종교, 정치가 평화의 문제를 심각히 다루고 있음을 의미한다. 동양에 있어서도 유교나 불교 속에 화(和)의 사상이 큰 흐름을 이루고 있는 것을 볼 수 있다.

* 이 글은 강돈구·이삼열·송영배 외, 『해석학과 사회철학의 제문제』, 일월서각, 1990에 실린 「평화문제의 사회철학적 이해」를 수정 보완하여 YMCA 등에서 강의 자료로 사용한 것이다.

그러나 신화나 종교, 예술 속에 나타나는 평화사상은 아직 막연한 평화에의 희구나 기도에 불과했고, 인간이 아니라 신이 다스리는 그 나라가 오게 된다면 누릴 수 있는 평화, 칼을 쳐서 보습을 만드는 환상적인 평화를 그리고 있을 뿐이다. 에우리피데스(Euripides)의 비극이나 아리스토파네스(Aristophanes)의 희극에 나오는 평화의 묘사들도 평화를 꿈꾸고 바라는 인간의 간절한 소망과 욕구를 잘 그리고 있지만, 현실적으로 가능한 평화는 아니었다.

　　평화는 이처럼 현실적으로 추구되지 못하고, 오랫동안 철학이나 종교, 문화, 예술 속에서 생각되고 희구되면서 사상이나 윤리적 가치로서만 보존되어 왔다고 할 수 있다. 물론 평화의 사상이나 윤리는 통치자들이나 시민들의 의식에 영향을 주어, 현실적인 역사발전에도 기여했다. 그러나 이것은 종교적인 설득이나 도덕적인 호소를 통해서 전쟁이나 폭력을 막아 보고 덜 잔인하게 하려는 윤리적 운동이었지, 평화를 사회구조나 국제관계 속에서 조직적으로 실천하려는 사회운동이나 정치운동은 되지 못했다. 대중적 조직을 통한 사회적 평화운동은 19세기에 와서야 일어나게 되고, 평화 연구나 평화정책은 20세기에 와서, 그것도 제2차 세계대전을 겪고 나서야 겨우 나타나게 된다.

　　인류의 역사는 전쟁과 적대관계의 연속이었고, 공격과 파괴의 기술과 무기를 가속적으로 발전시켜 온 역사였지, 평화를 추구하거나 증진시켜 온 역사는 아니었다. 그래서 전쟁에 관한 기술과 전략, 학문은 크게 발전하고, 전문가나 종사자들도 엄청나게 많지만, 평화에 관한 이론이나 기술은 보잘것없이 미약하고, 전문가나 종사자도 극히 적다. 이것은 평화를 추구할 수 있는 사회적, 정치적 조건이나, 평화운동을 밑받침할 정치적 세력과 힘이 없었기 때문이다.1) 침략과 수탈의 전쟁

---

1) Georg Picht, "Zum Begriff des Friedens", in Manfred Funke(hrsg.), *Friedensforschung*, Bonn-Bad Godesberg, 1975, S.24.

이 그치지 않는 한 자기 자신이나 자기 민족의 생명과 재산을 보호하기 위해 군비를 확충하고 전쟁에 대비하는 것은 당연한 요구였고 의무였다. 용맹과 힘은 항상 미덕으로 찬양되고, 장군과 무사들은 높은 칭송과 존경을 받았는데, 이것은 너무나 당연했다. 평화의 신봉자들이나 평화주의자들은 나약하고 비겁한 자들로 무시되고 억압될 수밖에 없었다.

엄격한 의미에서 전쟁이나 폭력을 죄악시하고 평화를 절대적으로 실현하려고 하는 평화주의(pacifism)는 인간에 대한 사랑과 존엄을 최고의 가치로 여기는 종교적 사상 속에서 비로소 나타난다고 하겠다. 플라톤이나 아리스토텔레스 등 그리스의 철학사상 속에서도 전쟁은 불가피한 것으로 인정되며, 단지 정당한 전쟁이냐, 정당한 목적을 가진 전쟁이며 폭력이냐를 이성적으로 판별하는 정도의 전쟁윤리가 언급되고 있을 뿐이다. 스토아학파의 내적인 평안이나 조화의 사상도 평화주의를 심는 데 기여했다고 볼 수 있으나, 민족이나 종족의 차이를 넘어서는 하나의 평화로운 세계를 지향하는 평화주의적 사상과 윤리는 유대교와 기독교 전통에서 크게 발전되었다고 하겠다.

구약성서는 호메로스의 서사시 못지않게 여호와 하나님을 전쟁의 신으로, 원수를 미워하고 대적하는 질투의 신으로 묘사하고 있으나, 선지자들의 예언서에는 하나님을 모든 인간의 아버지로, 평화의 주로 모시는 사상이 있다. 어원학에 의하면 예루살렘(Jerusalem)이란 말은 평화의 전망(Vision of Peace)이라는 뜻을 가졌다고 한다.2) 평화에 대한 높은 이상과 강한 반전윤리가 특히 이사야와 예레미야, 미가와 같은 예언자들의 글 속에 나타난다. 신약성서에 나오는 예수의 산상수훈과 가르침 속에 원수까지도 사랑하며 모든 사람과 이웃을 형제로 여기

---

2) Elizabeth Flower, "Ethics of Peace", in *Dictionary of the History of Ideas*, Vol. III, Charles Scribner's Sons, 1978, p.440.

라는 평화의 윤리는 지난 2천 년 동안의 평화사상과 윤리 가운데 가장 위대하고 강력한 것으로 작용했으며, 큰 영향을 미쳤다고 하겠다.

비록 4세기 이후 로마의 국교가 된 기독교는 국가와 타협을 해서 국가가 일으키는 전쟁을 정당화했고, 전쟁터로 나가는 병사들을 종군 목사를 통해 축복해 주는 일을 했지만, 기독교 사상과 윤리 가운데는 초대 교회의 교부 클레멘스나 오리겐처럼 강한 평화주의(무저항, 비폭력)를 표한 윤리사상들이 있었으며, 이러한 전통은 16세기의 재침례파(Anabaptists)나 17세기의 퀘이커(Quakers), 메노나이트(Mennonites) 등의 소종파 운동들을 통해 계속 이어져 왔다. 현대의 평화윤리사상가들이라 할 수 있는 톨스토이(Leo Tolstoy), 마리탱(Jacques Maritain), 간디의 사상 속에서도 예수 그리스도의 평화윤리와 무저항, 비폭력, 인간애의 사상이 한 중심을 이루고 있는 것을 알 수 있다.

물론 기독교의 평화윤리는 이러한 절대적 평화주의(absolute pacifism) 속에서만 이어져 온 것은 아니다. 강력한 중앙집권의 국가인 로마 속에서 로마의 평화(Pax Romana)와 타협해야 했던 역사적 기독교는 전쟁을 원천적으로 부정하는 절대적 평화주의가 아니라, 아우구스티누스(Augustinus)나 아퀴나스(Aquinas)에게서 보이는 것처럼, 정당한 전쟁(just war)과 정당하지 못한 전쟁을 구별하는 상대적 평화윤리를 강조했다. 아퀴나스는 영토를 확장하는 것 같은 공격적인 전쟁은 정의로울 수 없다고 했고, 전쟁을 통해서 달성하려는 정의나 선보다 그 전쟁이 만들어 내는 불의가 더 크다면, 그런 전쟁은 해서는 안 된다고 했다. 그러나 전쟁이 불가피하다고 보면서도 전쟁의 목적은 평화여야 한다고 보았다. 루터나 칼뱅의 전쟁관도 대체로는 비슷한 사상을 갖고 있다.

근세 합리주의나 경험주의 철학사상들이 보는 평화관은 대체로 인간의 이성적 사고와 행동이 발달하게 되면 전쟁이 감소되고 평화가 증진된다는 생각이었다. 홉스의 "만인의 만인에 대한 전쟁(bellum om-nium contra omnes)"론에서도 자연의 상태는 전쟁밖에 없으나 장기적인 이익을 볼 수 있는 이성이 발달할 때 평화의 질서를 추구하는 시민사회가 이루어진다고 했다. 국가와 민족 간의 자연상태도 전쟁일 수밖에 없는 것은 개인들의 자연상태나 마찬가지다. 국가 간에도 장기적이익을 볼 수 있는 이성이 발달해 계약을 맺거나 초국가적인 힘이 통제하지 않는 한, 국가 간의 전쟁은 자연스럽고 불가피한 것으로 여겼다. 칸트의 평화론도 결국은 같은 시민사회적 이성론에 근거하고 있다. 시민사회적인 계약관계가 국제간에 생길 때에 전쟁을 없애고 세계평화를 보장할 수 있다는 논리다. 세계시민적인 이성이 발달하고 보편화해서 국제적인 분쟁들을 조정할 만한 국가연맹기구나 세계정부 같은 것을 탄생시켜야 평화를 영구적으로 지속시킬 수 있다고 주장했다. 칸트는 국가연맹(federation) 같은 기구를 통해 평화문제를 해결하려 함으로써, 한편으로 사회구조적, 제도적 정책으로서의 평화 실현 방안을 강구했다고 볼 수 있다. 그러나 이 가능성은 세계시민적인 이성과 도덕성의 확립에만 있다고 봄으로써, 칸트 역시 윤리적 호소와 의식계몽을 통해 평화를 실현하려한 윤리적 평화운동가였다고 하겠다.

"최대다수의 최대행복"이라는 공리주의적 윤리설에서 출발한 벤담(Jeremy Bentham)도 법칙론자인 칸트와 마찬가지로 평화 실현의 방법으로 국가들의 연맹과 국제법적인 조정을 내세우고 있다. 이것이 모든국가들에게 최대의 이익을 가져올 수 있는 공동선이라는 것이다. 결국전쟁은 모든 국가들이 공리주의적 윤리의식과 이성을 갖게 될 때에나없어질 수 있는 것이다. 계몽철학자들이나 합리주의자들이 가진 평화이론의 한계는 전쟁이나 분쟁의 문제를 단순히 인간성이 가진 이기심과 욕망의 차원에서만 보며, 윤리적 이성을 갖게 함으로써만 해결하려했다는 것이다.

이러한 윤리주의적 평화관은 19세기에 들어와 역사주의적 관점과 이론이 발전하면서, 평화의 실현이 사회적 발전의 문제와 관련이 있는 것으로 인식되게 될 때에 역사철학적인 문제로 발전한다. 헤겔은 사회나 국가의 발전과정에 있어서 전쟁은 오히려 필수적으로 있어야 하는 것으로 보며, 인간의 보편적 자유와 절대정신이 실현되는 이성적인 세계의 단계에서나 평화는 기대될 수 있다고 보았다. 스펜서(Herbert Spencer)의 사회진화론에서도 평화는 더욱더 진화된 미래의 진보적 사회에서나 실현될 수 있다고 했다. 이들 모두가 현재와 같은 사회적 진보와 역사적 발전을 위해 몸부림치는 현실에서는 전쟁은 피할 수 없으며, 오히려 발전의 수단이 된다고 보았다. 이 점에서는 칼 마르크스도 마찬가지였다. 전쟁은 생산수단의 독점과 사유화로 인한 계급의 지배와 수탈이 있는 한 없어지지 않으며, 오히려 계급사회를 유지하는 한 수단이라고 보았다. 따라서 생산력의 발전과 생산관계의 진보로 억압과 수탈이 없어지는 사회주의적 세계가 실현될 때에만 참 평화가 보장될 수 있다고 생각한 것이다. 민족주의와 계급의 해방을 역사발전의 목표로 삼았던 19세기 사상가들에게 전쟁과 폭력은 오히려 정의와 해방을 실현해 가는 역사발전의 방법으로 생각되었으며, 평화는 완전한 자유와 정의가 실현되는 역사의 종말에서나 기대해 볼 수 있는 것으로 인식되었다.

역사발전을 위해서는 정의의 전쟁이나 혁명이 불가피하다고 본 역사철학에 대해서, 어떤 종류의 전쟁이나 폭력도 정당화될 수 없다는 평화주의적 윤리를 견지한 사상은 오히려 무정부주의(anarchism) 쪽에서 발전되었다. 초기 무정부주의자인 고드윈(William Godwin)은, 힘과 무력으로 해결해 보려는 태도는 설사 그것이 정의를 실현하기 위한 것이라 할지라도 비합리적이고 비도덕적이라고 보았다. 혁명적 폭력이란 그 말 자체에서 모순이라고 했다. 이러한 인도주의적 무정부사상이 19세기에 셸리(P. B. Shelly), 소로(H. D. Thoreau) 등의 시인, 문학가들에 의해 주장되었으며 이러한 평화주의적 윤리사상이 톨스토이에 와서 한 절정을 이루게 된다. 그는 예수의 산상수훈을 철저히 복종하면서 원수사랑, 비폭력의 원칙을 따르고, 물리적 힘의 사용이나 폭력을 비윤리적인 것으로 배격했다. 톨스토이의 평화주의적 윤리사상과 인도주의는 간디를 비롯한 20세기 평화운동가들에게 지대한 영향을 주었으며, 모든 종류의 폭력과 전쟁을 반대하는 철저한 비폭력운동에 위대한 정신적 힘을 부여했다.

2. 대중적 평화운동과 전쟁의 평화적 해결

인류 역사와 문화 속에서 평화사상과 윤리의식은 끊임없이 지속되어 왔으나 이것이 곧바로 정치적 현실에 변화를 일으키지는 못했다. 그것은 대체로 철학자나 사상가 개인의 생각이거나, 그를 따르는 몇몇 사람들의 사상이었을 뿐, 권력을 가진 정치가나 군인들은 전혀 다른 윤리의식과 힘의 논리에 의해 지배되고 있었기 때문이었다. 평화주의를 집단적으로 실천하려던 사람들은 17세기의 퀘이커 등 기독교의 소종파 그룹들이 있었으나, 정치적으로는 전혀 의미가 없었다. 18세기 말에 이르기까지, 평화문제는 사상가 개인의 윤리의식에 머물고 대중적인 실천운동의 내용이 되지 못한다. 그러다가 18세기 말, 19세기 초에 오면서 윤리적인 평화주의자들이 모여서 조직을 만들고 대중적인 평화운동을 일으키게 된다. 평화는 개인의 힘만으로는 실현할 수 없고, 조직된 힘과 여론을 통해서만 반평화적인 현실을 고칠 수 있다고 생각했기 때문이었다. 이러한 시민운동이 19세기 초에 일어날 수 있었던 것은, 봉건체제의 붕괴와 민주화가 유럽에서 이때 이루어진 것과 관계가 있는 것 같다.

최초로 생긴 평화주의자들의 조직은 1815년 뉴욕 평화협회(Peace Society)였다. 그 후로 런던과 파리 등지에서도 평화협회가 조직되었고, 20세기 초에 이르기까지 유럽과 미국에서 수많은 평화운동단체들이 생겼다. 그중에서도 크레머(William Randal Cremer)의 지도로 조직된 영국의 노동자평화협회(Workingmen's Peace Association, 1871), 파시(Frederic Passy)가 지도한 프랑스 평화연맹(League of Peace, 1867), 독일의 프리드(Alfred H Fried)와 오스트리아의 수트너(Bertha von Suttner)에 의해 조직된 평화협회(Deutsche Friedengsellschaft, 1891) 등은 19세기의 대중적 평화운동단체로 손꼽힐 만한 것이었다. 마침내 1889년에는 파리에서 세계평화대회(Peace Congress)가 열리게 되고 국제의원연맹(Interparliamentary Union)이 조직되며, 이러한 운동들이 여러 나라의 정부들을 움직이게 되어 1899년에는 유명한 만국평화회의가 네덜란드의 헤이그에서 정부 대표들이 참석하는 가운데 개최된다. 1907년에 2차 만국평화회의가 열리고 42개국의 대표들이 모임으로써, 평화운동은 크게 정치화하고 국제화하게 된다.

평화운동은 개인적이고 윤리적인 운동에서부터, 대중적이고 정치적인 운동으로 발전해 가는 모습을 볼 수 있다. 그러나 운동이 정치화하고 국제화하면서 차츰 평화주의적인 모습과 윤리적인 자세는 감퇴되고, 현실정치에 적응하며 타협하는 정치운동의 성격이 증가하게 된다. 그러나 제1차 세계대전이 일어나기 전까지, 즉 2차 헤이그 평화회의 때까지는 전쟁을 없애고 군비를 감축하며, 분쟁과 갈등을 평화적으로 해결해야 한다는 윤리적 정신이 강하게 지배하였다고 할 수 있다. 그래서 윤리성이 강한 결의문이나 협약을 맺어 놓고는 국제정치의 현실에 맞지 않아 결국은 휴지장이 되고 마는 결과가 나오게 되었다. 제1차 세계대전은 평화운동과 회의의 결의문들을 무의미하게 만들어 놓고 말았다.

제1차 세계대전 전까지의 윤리적 평화운동이 평화 실현을 위해 채용한 방법은 대체로 두 가지 차원의 것이었다 할 수 있다.3) 하나는 교육과 의식화를 통해 전쟁이 낳는 악과 파괴와 낭비를 계몽하여, 사람들이 무기나 폭력을 쓰지 않고 전쟁에 가담하지 않게 만드는 방법이다. 다른 하나는 전쟁의 원인이 되는 갈등과 분쟁을 평화적으로 조정하는 방법을 강구하는 것이다. 전자를 위해서는 전쟁 참가 반대, 무기의 감축, 또는 화학무기 등 사용 금지, 포로의 인도적 처리 등이 제안되고, 후자를 위해서는 국제연맹(League of Nations)의 창설, 국제사법재판소의 설치, 분쟁의 조정을 위한 국제적 조약 체결 등이 제시되었다. 실제로 많은 협약이 맺어지고 국제사법재판소도 설치되지만 강대국들이 이해관계에 따라 일으키는 분쟁과 전쟁을 막을 능력은 전혀 없었다. 힘이 밑받침되지 않고, 강제력이나 구속력이 없는 국제조약이나 재판소는 아무런 도움이 되지 않는다는 것이 드러나고 말았다. 국제재판소를 설치하기로 결의하고도 판사를 어떻게 채용하느냐를 정부 간에 합의하지 못해 무산되고 말았던 것을 보아도 짐작할 수 있다.

제1차 세계대전이 종료된 후 이제는 전쟁이 더 이상 일어나지 못하도록 국제연맹을 조직해야 한다는 여론과 운동이 크게 벌어졌다. 드디어 1919년에 국제연맹이 조직되었고 제네바에 본부를 둔 이 연맹은 세계평화를 위해 여러 가지 사업을 벌였다. 1945년까지 연맹에 가입한 나라는 65개국이 되었으며, 처음부터 회원국으로 가입한 나라는 31개국이었다. 연간 예산도 평균 6백만 달러 정도를 썼다. 영토분쟁을 해결하려고 조정 역할도 했고, 군비축소 문제, 피난민 문제, 경제적 궁핍의 해결이나 인도적 문제 해결을 위해 노력하기도 했다. 그러나 1931년 일본의 만주 침략과 1935년 이탈리아의 에티오피아 정복, 그리고

---

3) Warren F. Kuehl, "International Peace", in *Dictionary of the History of Ideas*, p.448.

1939년의 제2차 세계대전의 발발은, 국제연맹을 통한 평화유지라는 이상과 목표를 여지없이 깨고 말았다.

19세기에 시작된 대중적이며 윤리적인 평화운동은 20세기에 와서 국제연맹을 조직하게까지 했으나, 수천만의 살상과 폐허를 남긴 두 번의 세계대전을 막을 길이 없었다. 평화운동이 크게 일어났던 나라들이 오히려 큰 전쟁을 일으키는 아이러니가 생겼다. 윤리적 호소와 인도주의적 규범에 입각한 평화운동은 국가나 정부에 강제력이나 구속력을 갖지 못했기 때문이다. 국제조약이나 국제연맹도 갈등이나 분쟁을 해결할 힘이 없었으며, 무기 사용을 억제하게 하는 수단과 정책을 갖고 있지 못했다. 복잡한 국제적 이해관계와 사회의 갈등구조 속에서 배태되며 정치적 목적에 의해 준비되고 수행되는 전쟁을 막기 위해서는 윤리적 호소나 제재력이 없는 국제법이나 조약의 규범만으로는 부족하다는 것을 제2차 세계대전 이후 절실히 반성하게 되었다. 국제연합 (UN)의 탄생은 이런 약점을 보완하려는 의도에서였다.

국제연합이 안보이사회를 만들고 평화군을 설치하며, 군비를 축소하고 통제하는 감시체제를 확립하려 한 것은 평화의 실질적, 정치적 추구라는 면에서 큰 발전이라 하겠다. 더구나 1945년 원자폭탄의 투하로 전 인류에게 핵무기 공포증을 일으키게 됨으로써 핵무기를 제한하고 통제해야 한다는 여론과 의식이 높아지게 되었다.4) 어떻게 하면 핵무기의 개발과 배치를 제한하고 사용을 막을 수 있는가가 평화문제의 핵심적 과제가 되었다. 국제연합이 평화문제를 국제정치와 군사적 차원에서 정책적으로 다루고, 군비축소와 분쟁의 해결 등을 시도하게 되자, 민간 차원에서의 평화운동은 자연히 열기를 잃고 교육계몽운동에 머물게 되었다. 이제는 평화문제가 철학자나 윤리사상가들에게서 국

---

4) Gerta Scharffenorth und Wolfgang Huber(hrsg.), *Neue Bibliographie zur Friedensforschung. Studien zur Friedensforschung*, Bd. 12, S.16.

제정치와 군사전문가들에게로 이관된 것 같았다.

제2차 세계대전 이후의 평화문제가 국제화하고 정치화하는 과정 속에서 새롭게 나타난 분야가 평화 연구라는 학문이다. 평화문제가 윤리적 규범의 차원을 넘어서서 현실정치적으로 보장되기 위해서는 구체적인 평화보장의 정책이 있어야 하며, 이를 위해서는 평화를 위협하고 깨뜨리는 요소들에 대한 구체적이며 과학적인 연구가 있어야 한다는 것이 새로운 인식이었다. 우선 군비를 축소하고 통제하기 위해서도 객관적인 조사와 과학적인 통제와 감시의 방법이 있어야 하며, 무력을 가지고도 충돌이 생기지 않는 방안에 대한 정책 연구가 필요하게 되었다. 평화문제가 정치인들과 군사전략가들의 손에 맡겨지게 되자, 이들은 이제까지의 안보나 군사전략에 관한 연구를 평화문제의 연구로 전환시키지 않으면 안 되게 되었다.

한편 평화운동을 해오던 측에서도 이제는 평화문제를 과학적으로 연구해야만 하게 되었다. 민족, 종교, 이데올로기 등의 갈등과 대립으로 점점 더 복잡해져 가는 국제적 분쟁들과, 과학기술산업의 발달로 엄청나게 증대하는 대량살상무기와 군사력 문제들을 해결하는 데는 윤리적 호소나 평화주의적 원칙만을 가지고서는 불가능하다는 것이 인식되었다. 평화문제는 평화정책 편에서나 평화운동 편에서 모두 과학적인 연구를 지향할 수밖에 없게 되었다. 1950년대와 1960년대에 새롭게 등장하며 부각되는 평화연구소들은 이런 상황을 반영하는 현상이라 하겠다. 이때에 군비축소와 평화문제를 연구하는 기관들이 20여 개국에 백여 개나 생기게 되었다. 이런 현상을 갈퉁은 평화운동의 전문화(professionalization of the peace movement)5)라고 하였다.

---

5) Johan Galtung, "Peace Research", in *International Encyclopedia of the Social Sciences*, Vol. II, London: Collier-Macmillan, 1968, p.495.

3. 비판적 평화 연구와 적극적 평화

평화문제를 과학적으로 연구하기 시작한 제2차 세계대전 이후의 평화 연구는, 우선 비참한 대전을 치르고 난 뒤의 분위기 속에서, 엄청난 전쟁을 일으킨 원인으로서의 갈등의 성격이 무엇이며, 이러한 갈등을 해결하는 방법이 무엇인가에 대한 연구로 집중되었다. 아직도 1930, 1940년대의 인종과 계급 간의 갈등과 이 갈등으로 인한 전쟁의 체험이 생생한 전쟁 직후에, 평화 연구의 관심이 민족주의라든가 국수주의(chauvinism), 인종차별주의, 파시즘 같은 집단적 편견과 이데올로기의 성격 규명에 있었던 것은 당연한 추세였다. 유네스코(UNESCO)가 중심이 되어 주로 심리학자들을 동원해서 민족 간, 인종 간 갈등문제를 연구해 보고서를 낸 것이[6] 전후 평화 연구의 효시를 이룬다.

그러나 이것은 아직 평화 연구나 갈등 연구의 이름으로 수행된 것은 아니었고, 또 전후의 냉전질서 속에서 새롭게 나타난 이데올로기의 갈등에 대한 연구도 아니었다. 현존하는 정치적 갈등과 군사적 대결의 문제를 본격적으로 연구하는 평화 연구는 1955년경부터 미국에서 생겨나게 되었다. 동서의 냉전체제 속에서 미소 양대 진영 간에 존재하는 갈등과 대결구조를 연구해서, 대립을 완화시키고 핵전쟁의 파멸을 막는 정책을 연구 개발하려는 것이 목적이었다. 1950년대에 미시간 대학의 갈등해결연구소(Center for Conflict Resolution)가 출판한 학술지 *Journal of Conflict Resolution*이 주로 이러한 연구결과들을 발표하였다.

미국의 대외정책과 군사전략과도 깊이 관련된 이러한 갈등 연구들은 어떻게 하면 국방전략이나 무기체제를 개선해서 상대방이 무력도

---

6) UNESCO, *The Nature of Conflict*, Paris, 1968.

발을 하지 못하게 하며, 일어날 수 있는 위기를 잘 관리해서(Krisen-management) 일어나지 않도록 하는가가 연구의 주 과제였다. 동서 양대 진영이 가진 이데올로기적 갈등과 대결상황은 그대로 전제해 놓고 어떻게 하면 군사전략적으로 핵전쟁과 세계적 파멸을 막을 수 있을 것인가에만 관심을 가진 연구였다. 자연히 세계 전체를 신속히 방어할수 있는 방공망의 설치와 정보통신시설의 확대, 그리고 상대방의 도발에 대한 제한 보복전략과 같은 것이 위기관리의 수단으로 강구된 연구였다. 예를 들면, 칸(Herman Kahn)은 국제적인 분쟁이 일어났을때 무기를 사용하는 과정과 체계를 24단계로 나누어서 확대시키는(escalation) 전략을 개발함으로써, 확전에 의해 적을 협상 테이블에 나오도록 강요하는 안보전략을 연구하고 개발했다.7)

군사전문가들이나 안보전략가들이 주로 참여한 1950년대와 1960년대의 평화전략 및 갈등해소에 관한 미국의 연구들은, 위기를 방지하고 전쟁을 막기 위해서는 오히려 신속하고 우수한 무기를 개발해서 적이 도발을 못하도록 위협(Abschrechung)을 가해 저지시켜야 한다고 주장했다. 이를 위해서 대량살상의 핵무기를 더 많이 가짐으로써 군사적, 과학기술적 우위(superiority)를 통한 평화의 보장론을 제기했다. 여기에 따라 미국은 엄청난 파괴력을 가진 핵무기를 새롭게 대량으로 개발했으며, 우주탐험의 기술개발을 통해 신속하고 우주적인 전쟁수행능력과 보복체계를 갖추었다. 과학기술 및 군사력의 발전이 평화를 보장할 수 있다는 진보에 대한 믿음(Fortschrittsglaube)이 무비판적으로 수용되었던 것이다.8)

---

7) Herman Kahn, *Eskalation. Die Politik mit der Vernichtungsspirale*, New York, Berlin, 1965, S.131.
8) Gerta Scharffenorth und Wolfgang Huber(hrsg.), *Neue Bibliographie zur Friedensforschung. Studien zur Friedensforschung*, S.25.

이러한 식의 평화 연구, 즉 전략과 군사력의 개발 연구를 전쟁방지책이나 갈등의 해결책이라고 보는 평화 연구는 셍가스의 지적대로 동서 냉전시대의 산물이다.9) 이것은 핵전쟁의 위협을 받고 있는 인류를 생존시키자는 목적을 가진 연구이기는 하지만, 갈등의 해소가 아니라 갈등의 충돌이 없도록 완화(Konfliktdämpfung)하거나 매끄럽게 하자는(schlichtung) 의도를 가진 연구일 뿐이다. 동서 냉전의 이데올로기적, 군사적 대결구조가 가진 갈등 자체를 변화시키거나 해소하는 것이 아니라, 현상(status quo)을 유지시키면서 갈등을 조정(management)하고 통제(control)하기만 한다는 의미에서의 갈등 연구였다.10)

이러한 안보전략적인 평화 연구나 갈등의 조정이 평화의 보장책이 될 수 없고, 위협체제를 유지하며 위기로 몰아가는 전략일 뿐이라는 비판을 받게 된 것은 1960년대 후반에 베트남 전쟁을 경험하고 나서였다. 이러한 안보전략적 평화 연구에 비판적 깃발을 들고 나선 새로운 평화 연구자들은 이제까지의 평화 연구가 미국과 소련의 타협에 의해서만 유지되는 평화공존체제를 자기들의 이해관계에 따라 조용하게 지배하는 전략에 기여하는 연구라고 비난하였다. 스스로를 비판적 평화 연구자(kritisch Friedensforscher)라고 부르며 나선 사람들은 노르웨이의 갈퉁(Johan Galtung), 덴마크의 덴시크(Lars Dencik), 슈미트(Herman Schmid), 독일의 셍가스(Dieter Senghaas), 빌만(Fritz Vilman) 등 유럽의 평화 연구자들이었다. 이들은 국제평화연구협회(International Peace Research Society)의 세미나를 통해 안보전략적인 평화 연구를 비판하고 '비판적 평화 연구'를 비판적 사회과학의 일부로서 정착시키려는 노력을 기울였다.

---

9) Dieter Senghaas(hrsg.), *Kritische Friedensforschung*, Vorwort, Frankfurt, 1971, S.8.
10) 같은 책, S.9.

이들은 특히 1969년 8월 26-28일에 코펜하겐에서 모였던 국제평화 연구협회 6차 유럽회의에서 '코펜하겐 선언문'을 발표함으로써,11) 미국의 안보전략적 평화 연구를 제국주의적 학문이라고 비난하고, 비판적 평화 연구가 나아가야 할 해방적인 목표와 방향을 제시했다. 코펜하겐 회의는 특히 미국의 평화 연구가들이 베트남 전쟁에 관해서 쓴 논문들을 미국의 안보정책에 종속된 연구(Werkzeug der Amerikanischen Politik)라고 비판했다. 이 논문들은 모두 가능한 해결책(option) a, b, c를 제시함에 있어서, 이것이 미국의 이해관계에서 어떠한가의 관점에서만 문제 삼고 있다고 연구의 이데올로기성을 지적했다. 또한 많은 기술자와 학자, 지식인들을 제국주의와 신식민주의의 이익에 봉사하도록 만드는 정치풍토를 비난했다. 참된 평화 연구는 오히려 민족해방이나 사회정의를 위한 투쟁, 보수 반동적인 파쇼 세력들에 대한 투쟁을 지원하여 억압자의 이데올로기를 폭로하고, 억압적인 구조를 파헤치는 데 기여하는 연구가 되어야 한다고 주장했다.12) 오슬로의 평화 연구가인 미드가르드(Knut Midgaard)와 내스(Arne Naess)는 1958년에 쓴 책에서, 평화 연구는 "전쟁과 평화의 조건에 관한 연구"라고 했다. 그러나 미국의 안보전략적인 평화 연구는 평화는 빼놓은 전쟁의 조건에 관한 연구였을 뿐이라고 슈미트는 지적했다.13) 평화 연구가 정말 평화를 위한 연구가 되려면 군사력과 전쟁을 통해서 현재의 기득권을 유지시키려는 강대국의 이해관계에서 벗어나야 하며, 평화의 적극적 의미를 실현시키려는 가치관과 목적을 가진 연구가 되어야 한다고

---

11) "Kopenhagener Erklärung zur Lage der Friedinsforschung"(1969), in Dieter Senghass(hrsg.), *Kritische Friedensforschung*, S.271.

12) 같은 글, S.273.

13) Herman Schmid, "Friedensforschung und politik", in Dieter Senghaas (hrsg.), *Kritische Friedensforschung*, S.25.

주장했다. 그리고 미국의 평화 연구가 군사연구소나 군비재단으로부터 재정 지원을 받고 있는 한, 평화 연구의 독립성과 학문적 객관성을 누릴 수 없을 것이라고 꼬집었다.

그러면 비판적인 평화 연구가 밝히고자 하는 대상과 방법은 무엇인가? 보수적인 평화 연구, 안보전략적인 평화 연구를 비판하면서 비판적 평화 연구가 얻어 낸 중요한 내용은 평화에 관한 적극적 개념이다. 평화란 것을 단지 전쟁이 안 일어나는 상태(Abwesenheit des Krieges)로서 이해한다면, 그것은 조용한 상태나 표면적으로 평온한 상태를 의미하게 된다. 이것을 이들은 평화(peace, Friede)가 아니라 평정(平靜, pacification, Befriedung)이라고 개념적으로 구별했다.14) 평화 연구를 평정 상태를 이루는 조건에 관한 연구로만 생각한다면, 이것은 권력을 가진 지배자들의 이익에 봉사하는 보수적 이데올로기가 될 수밖에 없다고 한다. 진정한 평화 연구는 적극적인 평화의 개념을 얻음으로써만 수행될 수 있는데, 이것은 전쟁이 일어날 수 있는 모든 잠재적인 요인들이 없어진 상태를 말한다고 특히 갈퉁은 주장했다.15) 갈퉁에게 있어서 이 요인은 바로 폭력이다. 그래서 갈퉁은 평화 개념을 적극적으로 정의해서 폭력이 없는 상태(Zustand von Gewaltlosigkeit), 그리고 사회정의의 상태라고 규정했다.

이렇게 정의하고 보면 평화 연구란 곧, 폭력이 없어지는 조건과 과정에 관한 연구라고 할 수 있다. 결국, 어떻게 하면 폭력이 없는 사회를 만드느냐에 관건이 있게 된다. 그런데 갈퉁은 여기서 다시금 폭력의 개념을 두 가지로 나누어 생각한다. 폭력에는 물리적인 폭력도 있

---

14) Lars Dencik, "Plädoyer für eine revolutionäre Konfliktforschung", in Dieter Senghaas(hrsg.), *Kritische Friedensforschung*, S.252.

15) Johan Galtung, "Theorien des Friedens", in Dieter Senghaas(hrsg.), *Kritische Friedensforschung*, S.235.

지만, 구조적인(structural) 폭력도 있다는 것이다. 물리적인 폭력은 사람에게 가해지는 육체적인 가해나 고문, 살상감이 직접적으로 보이는 폭력이며, 구조적인 폭력이라는 것은 가해자가 잘 보이지 않고, 어떤 개인에 의해 가해지는 것이 아니라, 사회구조 자체가 가하고 있는 폭력을 말한다. 어떤 사회나 나라가 너무 가난해서 사람들이 배고파 죽는다면, 이것은 보이는 사람이 죽인 것은 아니지만, 그 사회구조가 죽였다고 할 수 있다. 평화의 문제를 바르게 이해하려면, 물리적, 직접적 폭력뿐만 아니라, 구조적 폭력을 철저하게 이해하고 제거하는 방법을 알아야 한다고 갈퉁은 주장한다.16)

다시 한 번 정리해 본다면, 갈퉁에 있어서 평화의 개념은 소극적 평화와 적극적 평화로 나눌 수 있는데, 소극적 평화는 단순히 보이는 전쟁이나 물리적인 폭력이 없는 상태를 말한다. 적극적 평화는 잠재적 폭력이나 구조적 폭력까지 없어진 상태가 되었을 때를 말한다. 그러면 평화를 적극적인 의미에서 실현한다는 것은 사회구조가 가진 모든 폭력을 제거하는 것을 말하며, 이것은 곧 사회정의의 실현을 의미하게 된다. 결국 평화는 인간을 억압하고 착취하며 죽게 하는 모든 구조적인 폭력들, 즉 정치적 독재, 경제적 착취, 사회적 차별과 소외, 인종탄압에서부터 해방되는 상태를 의미하게 된다.

비판적 평화 연구에 있어서 갈퉁이 세운 중요한 공헌은 바로 구조적 폭력의 개념을 발견한 데 있다. 이렇게 함으로써 평화와 정의를 동전의 앞뒤와 같은 것으로 일치시킬 수 있었던 것이다. 세상에는 전쟁과 살인, 고문으로 죽어 가는 사람들도 많지만 굶주림과 질병, 영양실조로 죽어 가는 사람이 더 많다. 제2차 세계대전이 끝난 뒤(1945)부터 1980년대까지 세계에서 일어난 전쟁은 130여 차례나 되고, 여기서 죽

---

16) Johan Galtung, "Gewalt, Frieden und Friedensforschung", in Dieter Senghaas(hrsg.), *Kritische Friedensforschung*, S.85.

은 사람은 3천 2백만 명이나 된다. 그런데 가난한 나라에서 기아와 영양실조로 죽은 사람은 유네스코의 통계에 의하면 매년 1천 5백만 명이나 된다. 이것을 보면 가난한 나라들, 제3세계의 평화문제는 전쟁을 없애는 것보다 가난과 질병, 억압과 착취 등 구조적 폭력을 없애는 것이 훨씬 더 심각한 문제라는 것을 쉽게 알 수 있다.

4. 1980년대 반핵평화운동의 철학

이제까지 우리는 평화의 문제가 종교적 기원이나 철학적 명상으로부터 윤리적 실천운동으로 발전했다가, 다시금 국제정치적인 전략의 문제로, 사회과학적인 연구의 대상으로 전개되어 간 자취를 대강 살펴보았다. 1950년대부터 시작된 과학적 평화 연구는 1960년대와 1970년대에 와서 비판적 연구로 발전하여 강대국들의 안보전략적인 평화 연구와 평화정책들을 통렬하게 비판하게 되었다. 평화문제를 부각시키고 실천하는 데 큰 기여를 해온 윤리적인 평화운동은 과학적인 평화연구와 평화정책들의 대거 등장으로 주춤하여 뒤로 물러서는 것 같았다. 그래서 제2차 세계대전이 끝난 후에는 오히려 제1차 세계대전을 전후로 한 시기보다 평화운동이 퇴조한 듯한 느낌을 주기도 했다. 평화문제는 양심적 인사들의 운동으로 되는 것이 아니라 과학이나 정책으로 해결되어야 할 문제라는 것이 전후 수십 년 동안 보편적 인식이 되었다.

그런데 1980년대에 와서 갑자기 서구를 중심으로 평화운동이 거세게 일어나고, 이 시민적 운동과 범세계적 운동이 정치적 상황을 크게 변화시키고 마침내 동서관계와 국제정치 역학관계에도 근원적인 변화를 크게 일으키는 것을 경험하게 되었다. 1980년대 초에 영국, 독일, 네덜란드와 스칸디나비아반도 국가 등 유럽에서 수십만, 수백만 명이

거리로 나와 평화운동의 시위에 참가하고 핵무기의 철거를 외친 일은 예전에는 없던 일이었으며, 평화운동의 역사에도 중대한 시점(時點)을 이룬 획기적인 것이었다 하겠다.

이러한 1980년대 대규모적인 평화운동에 직접적인 계기가 된 것은 1979년 브뤼셀에서 열린 나토 각료회의에서 중거리 핵미사일인 퍼싱 II와 크루즈 미사일 572기를 서유럽에 추가로 배치하겠다는 결의를 한 것이었다. 처음에는 몇몇 반핵운동단체들이 미국의 나토 군비강화정책과 내정간섭에 반대하며 군축의 원칙과 예산문제를 들어 비판하는 성명을 낸 데 불과했다. 그러나 이것은 곧 전 국민적인 공감을 얻어 중거리 핵미사일 추가 배치 반대운동으로 순식간에 유럽 전체로 퍼지게 되었다. 서독과 영국의 수도에 전국 각지에서 백만 명이 몰려들어 시위를 벌이는 시민운동이 벌어졌다. 마침내 국회의원들과 정부의 각료들까지도 평화시위에 참가하였다. 정치인들이 선거인들의 요구와 압력을 물리칠 수 없었기 때문이었다.

비록 이미 결정된 핵미사일 추가 배치를 저지하지는 못했으나, 이 운동은 1980년대 동서의 신(新)데탕트를 촉진하고 중거리 핵무기 폐기협정(INF)을 성사시키는 데 결정적인 역할을 했다. 고르바초프(Mikhail S. Gorbachev)의 페레스트로이카(perestroika, 開放) 정책이나 1980년대 말 동구권의 변혁 물결도 1980년대 초 서구 시민들에 의한 평화운동이 없었더라면 기대하기 어려웠을 것이다. 서구의 민중운동으로서의 평화운동은 단순한 중거리 핵무기 추가 배치를 반대하는 반핵시위에 그친 것이 아니다. 이를 계기로 학교와 교회, 노조, 정당, 여성단체 등 각계에서 핵전쟁, 동서 갈등, 환경과 생존, 군수산업과 자본주의 경제체제, 안보논리 등 광범위한 문제들에 대하여 열띤 토론이 벌어졌다. 이것은 냉전시대 30여 년을 지배해 온 군사력의 균형이나 우세에 의한 평화유지의 논리를 도전하고 비판하는 반체제적, 체제 변혁적인 성격을 띤 역사적 운동이었던 것이다.

이런 점에서 1980년대의 새로운 평화운동은 그 이전의 평화운동과는 성격과 의미를 달리한다고 볼 수 있다. 평화운동은 대체로 전쟁과 비인도적 폭력들을 반대하는 운동이었지만, 국가와 민족의 안보나 지배적 이데올로기에 대해서까지 근본적으로 도전하는 운동은 아니었다. 이처럼 체제 개혁적인 성격을 갖지는 못했으나 1980년대의 평화운동은 핵무기 증가나 동서 대결의 안보전략에 대한 반대운동을 넘어서 자본주의적 산업사회가 가진 구조적인 문제들, 즉 고도성장, 자본의 독점, 군수산업의 확대, 업적주의와 효율우선주의, 환경파괴, 사회계층적 분열 및 대립 등 체제와 이데올로기 문제에 대해 발상의 전환과 구조개혁을 요구하는 폭넓은 운동이었다고 하겠다.17) 이 운동이 이렇게 새로운 체제와 의식, 새로운 삶의 방식에 대한 운동으로 발전하게 된 데는 1970년대부터 나타난 새로운 가치관과 철학의 영향이 컸다고 할 수 있다. 로마클럽의 '성장의 한계'에 대한 보고서나 새로운 환경운동으로서의 녹색당의 출현이 큰 자극을 주었던 것도 사실이다.

1981년 10월 10일 서독의 수도 본에서 30만 명의 시민들이 평화시위를 벌이고 "핵미사일 대신에 애무를!(Petting statt Pershing!)", "동과 서에서 군비축소를!(Für Abrüstung in Ost und West!)"이라고 외치며 반핵시위를 벌였을 때만 해도, 서독의 정부나 정치가들은 이를 반체제적인 이적행위로 모는 입장을 보였다. 기독교사회당(CUS)의 짐머만(Friedrich Zimmermann)은 공산당의 작용이라고 했고, 기독교민주당(CDU)의 당수 콜(Helmut Kohl)은 독일 공산당의 핵심 세력이 작용하는 인민전선이라고 했으며, 집권당인 사회민주당(SPD)의 수상 슈미

---

17) Peter Schlotter, "Zur Zukunft der Friedensbewegung. Rahmenbedingungen alternativer Politik", in Reiner Steinweg(hrsg.), *Die Neue Friedensbewegung*, Frankfurt: Suhrkamp, 1982, S.17.

트(Helmut Schmidt)마저도 안보 현실을 무시한 비현실적 운동이라고 위험시했다. 평화운동이 평화의 위협이라고 주장하며,18) 핵무기의 배치와 군사력의 우세를 통해서 적의 도발을 막고 전쟁을 저지시킨다는 안보전략과 철학을 가진 서방측 정치가들은 평화운동이 체제유지에 위협이 된다고 본 것이다.

서구의 정치가들이나 안보전략가들이 평화운동을 체제의 위협으로 간주하고 이적행위로, 비현실적인 낭만주의로 몰아붙이는 그럴 만한 이유가 있었다. 그것은 동서 대결과 갈등의 체제 속에서 안보와 평화를 보장한다는 군사균형(balance of power)론과 핵공격 위협에 의한 전쟁억지(nuclear deterrance)론을 평화운동이 정면으로 공격하고 있었기 때문이다. 단순한 안보정책이나 군사전략에 대한 도전만이 아니라, 체제유지에 핵심이 되는 이데올로기와 철학을 비판하고 부정하였기 때문이다. 평화운동은 단순히 핵무기 추가 배치만 반대한 것이 아니라, 핵무기 자체를 없애고 군비를 대폭 축소하며 동서 진영을 화해시키고 통합시키자는 무기 없는 평화의 철학과 논리를 주장했다.

평화운동의 이러한 철학은 평화주의의 전통에 서는 것이며, 비판적 평화 연구의 태도와 이념을 받아들인 것이라 할 수 있다. 핵무기가 결코 안보의 수단이 될 수 없고 인류의 생존에 중대한 위협이 될 뿐이라는 경고는 독일에서도 이미 1950년대 후반부터 있었다. 독일의 전후 재무장과 나토 가입 및 핵무기 배치에 대해서 사민당원, 노동조합원, 지식인, 기독교인들이 중심이 된 평화운동 집회들이 많이 열렸다. "핵을 죽음으로 물리치자!(Kampf dem Atomtod!)"는 대중운동도 있었다.19) 당시에 반핵평화운동을 이끈 사상은 철학자나 과학자, 종교인들

---

18) Egbert Jahn, "Friedensforschung und Friedensbewegung", in Reiner Steinweg(hrsg.), *Die Neue Friedensbewegung*, S.154.

19) Hans Karl Rupp, *Außerparlamentarische Opposition in der Ära Adenauer.*

의 윤리적 호소였다.

야스퍼스(Karl Jaspers)는 1957년에 쓴 책에서,[20] 핵무기 시대에 인간이 살아남으려면 칸트의 도덕철학이 요구하는 바와 같이 사고방식의 전환이 필요하다고 했다. 핵무기를 반대하고 원자력의 평화적 사용만을 주장하는 과학자들의 성명서가 잇달아 나왔다[21] 특히 패전 독일에서는 노벨상을 받은 핵물리학자인 하이젠베르크(Werner Heisenberg), 한(Otto Hahn), 보른(Max Born), 바이츠체커(C. F. von Weizsäcker) 등 저명한 핵과학자 18명이 "우리는 결코 핵무기를 제조하거나 실험하고 배치하는 일에 협력하지 않을 것"이라는 유명한 괴팅겐 선언을 냈다[22] 이 선언은 핵무기에 대한 의식계몽과 평화교육에 커다란 영향을 미쳤다. 핵무기에 반대하는 대중들이 시위를 벌이고, 특히 매년 부활절마다 진행된 반핵시위에는 많은 군중들이 정파나 종교, 단체를 가리지 않고 참여했다.

그러나 당시의 냉엄한 동서 냉전의 현실 속에서 이런 평화운동과 윤리적 호소는 아무런 힘이 없었다. 당시 아데나워(Konrad Adenauer) 수상은 과학자들의 반핵선언이 나온 뒤 인터뷰에서 "이 선언문의 내용을 평가하는 데는 여기서 서명한 사람들(과학자)이 갖지 못한 지식을 갖는 것이 필요하다"며 일소에 부치고 말았다. 냉전시대의 대결과 안보정책이 정착되어 가면서 반핵평화운동은 소수의 평화주의 운동그룹이나 전쟁봉사(군복무) 반대자들, 평화협회 회원들에 국한된 운동으

Der Kampf gegen die Atombewaffnung in den fünfziger Jahren, Köln, 1970.

20) Karl Jaspers, *Die Atombombe und Die Zukunft des Menschen*, München, 1958.

21) Einstein-Russell Manifest am 9. Juli 1955; Mainauer Kundgebung der Nobelpreisträger, vom 15. Juli 1955.

22) Erklärung der 18 Atomwissenschaftler vom 12. April 1957.

로 군소화하고 말았으며, 1970년대 말까지 대중들로부터는 별 반응을 일으키지 못했다.23)

1980년대에 와서 반핵평화운동이 대규모적인 민중운동으로, 반냉전 체제 운동으로 성공하게 된 데는 여러 가지 원인이 있겠으나, 무엇보다 중요한 것은 야스퍼스가 지적했던 대로 사고방식의 전환, 즉 철학과 가치관의 전환이 대중의식 속에서 일어나게 되었기 때문이다. 여기에는 무엇보다도 1960년대 말 이후에 일어난 비판적 평화 연구가 일으킨 발상의 전환과 대중의식의 계몽이 커다란 역할을 하였다. 특히 비판적 평화 연구는, 군사력의 강화와 핵공격의 위협을 통해 유지되는 평화는 평화가 아니라 억압과 수탈의 사회구조를 유지시키면서 저항과 변혁을 억누르는 위협체제의 안보정책일 뿐이라고 비판했다.

그러면 1980년대의 대중적 평화운동이 냉전시대의 안보정책과 핵무기 보유를 통한 평화유지론에 대항해서 제시했던 새로운 철학과 대안적인 평화정책은 무엇인가? 세 가지로 요약해 살펴보자.

첫째로, 냉전시대 30여 년 동안 지배해 왔던 안보의 철학을 비판하고 부정한 새로운 의식이었다. 그동안 동서 냉전과 국제정치에는 '힘의 우세를 통한 평화'라는 것이 지배를 해왔다고 볼 수 있다. 군사력의 강화와 우수한 핵무기의 개발만이 평화를 보장할 수 있다는 논리이다. 그러나 이것은 군사력 강화를 위한 이데올로기일 뿐 평화의 보장책은 아니다. 한쪽이 힘의 우세를 유지했을 경우에 다른 쪽이 무력을 증강하지 않거나 열세로 있으면 평화가 보장될지 모르나, 상대방은 불안해서 반드시 좀 더 우수한 무기를 개발하고 군사력을 강화하게 된다는 것이다. 저쪽이 무력을 개발하거나 증대해서 비슷한 군사력이나 오히려 이쪽보다 어떤 면에서 우세한 군사력을 갖게 되면, 이번에는 이쪽

---

23) Andreas Buro, "Kann die neue von der alten Friedensbewegung lernen?", in Reiner Steinweg(hrsg.), *Die Neue Friedensbewegung*, S.402.

이 불안해서 다시금 새로운 무기를 개발하고 보다 우세한 군사력을 가지려 한다는 것이다. 이렇게 해서 군사력 우세에 의한 평화는 끊임없이 상대방에게 군사력 강화를 유도하게 되며, 아무리 강화해도 안보가 유지될 수 없다는 것이다. 평화의 철학자이며 물리학자인 바이츠체커는 이를 이렇게 표현했다. "두 개의 서로 불신하는 적대국가는 항상 상대방보다 강해야 안전을 느끼는 법인데, 양편이 모두 동시에 상대방보다 강해야 한다는 조건은 영원히 성립될 수 없다."[24]

둘째로, 평화운동가들이 반핵을 주장하거나 군비감축의 요구를 할 때 항상 부딪치는 문제는 군사균형의 이론이다. 적이 무장을 하고 핵무기를 가지고 있으니 우리도 그만큼은 가지고 있어야 한다는 것이다. 그래서 안보전략가들은 군사력이 균형을 이루어야 전쟁이 안 터진다는 논리를 가지고 핵무기도 화학무기도 개발하고 배치했다. 그러나 독일의 사민당 지도자이며 평화운동가인 에플러(Erhard Eppler)는 『위험에서 벗어난 길』이란 책에서 군사균형론을 비판했다.[25] 그는 군사전문가들의 발언을 인용하면서 "군사적, 무력적 균형이란 결국 군비증강을 합리화하는 이데올로기에 불과하다"고 주장했다. 미국의 브뤼셀 주재 나토 연락사무장이었던 겔프(Leslie Gelb)는 1979년에 "지난 30년 동안 미국과 소련은 군사균형이라는 원칙 위에 군비축소협상을 해왔지만, 결국은 이것이 군비의 엄청난 증강과 경쟁을 합리화시켜 준 결과만 초래했다"[26]고 주장했다. 군사전문가들은 말로는 군사균형을 주장하면서 실제로는 늘 군사력의 우세를 추구한다는 것이다. 가령 공군

24) C. F. v. Weizsäcker, "Zwölf Thesen zur Kernwafferüstung", in *Die Zeit*, 10, 11, 1979, S.14.

25) Erhard Eppler, *Wege aus der Gefahr*, Hamburg: Rowohlt, 1981.

26) *Aufrüsten, um abzurüsten?*, hrsg. von der Studiengruppe Militärpolitik, Reinbeck, 1980(roak. 4717), S.147.

력이 좀 우세하고 해군력이 좀 약하면 전체로서는 군사균형이 되었다고 할 수 있는데, 해군력도 상대방보다 우세하거나 같은 수준이 되어야 군사균형이 되었다고 한다는 것이다. 미국과 소련의 군사전문가들은 항상 자기들에게 불리한 경우를 가정하면서 계획을 세우고 군비를 갖추기 때문에 결과적으로는 군사균형이 아니라 우월성을 추구하게 되며, 이것은 상대방에게도 마찬가지로 작용해서 끊임없이 무력경쟁의 상승작용을 낳게 되고 만다는 것이다.[27]

셋째로, 이러한 끊임없는 군비경쟁의 체제 속에서 인류가 살아남을 수 있는 유일한 길은 이성을 회복하고 무기를 감축해서 없애는 방법밖에는 없다는 것이다. 아무리 안보전략과 평화 연구를 과학적으로 해도 결국은 구약성서의 이사야 선지자의 예언과 호소에 귀를 기울 수밖에 없다. "칼을 쳐서 보습을 만들고 창을 쳐서 쟁기를 만드는" 길만이 평화의 길이라는 것이다. 문제는 어떻게 현재의 불안하지만 억지로라도 유지되고 있는 전쟁 부재의 평화를 깨뜨리지 않으면서 군비를 감축하고 핵무기를 없앨 수 있느냐 하는 것이다. 여기에 대해 1980년대 평화운동이 만들어 준 대안적 정책은 계산된 일방적 감축이다. 즉, 핵무기의 감축을 상호 협상이 될 때까지 기다려서 한다면, SALT 회담의 경험에서처럼 무한정 시간을 끌고, 그동안 새로운 다른 무기를 개발해 놓고 구식 무기를 감축하는 형식적인 무기감축밖에 할 수 없게 된다. 일방적 감축론은 안보에 위협이 없을 만큼의 무기를 계산해서 이쪽에서 먼저 일방적으로 감축을 하자는 것이다. 그러고 나서 상대방에게 그만큼의 감축을 요구하는 방법이다. 가령 서독의 핵무기가 6천 기인데 여기서 1백 기쯤 감축했다고 당장 핵전쟁이 날 위험은 없다는 것이

---

27) Stephan Tiedke, "Wider den kurzen Atem. Thesen zur Sicherheitspolitischen Strategie der Friedensbewegung", in Reiner Steinweg(hrsg.), *Die Neue Friedensbewegung*, S.38.

V. 다문화 시대의 갈등과 평화의 철학 547

다. 그러면 동독과 소련 측이 자연히 1백 기를 감축하게 되고, 그 다음엔 이쪽에서 5백 기를 감축한 뒤 저쪽에서도 5백 기를 감축하면, 1천 기를 다시 감축하는 유도를 해서 핵무기를 완전 철거할 때까지 감축을 실현시킬 수 있다는 정책이다.

지구를 이미 열일곱 번이나 파괴하고도 남는 핵무기, 1만 5천 메가톤이 넘는 핵무기를 장비하고서도 안보의 위협 때문에 또 새로운 핵무기와 위성발사까지 고안하고 있는 오늘의 상황에서 인류를 구제하는 길은 이 길밖에 없는 것 같다. 더구나 핵무기 보유국가와 핵개발능력 보유국가가 점점 늘어나는 상황에서 지금 막지 못하면 핵무기 증대를 막는 것이 전혀 불가능해질지 모른다. 평화 연구가들에 의하면 역사상 만들어 놓은 무기는 다 쓰고야 말았다고 한다. 핵무기도 만들어 쌓아 놓으면 언젠가는 쓰게 되고 말 것이란 것이다. 그래서 라이트 밀즈(Wright Mills)는 일찍이 "제3차 세계대전과 핵전쟁의 원인은 그 준비 자체가 될 것이다"라고 경고한 바 있다. 핵전쟁의 준비 자체를 막지 못하면 핵전쟁을 막을 수 없다는 것이다.

무엇보다 핵무기 개발과 증대에 반대하는 이유는 이것이 엄청난 돈과 인력을 낭비하는 것이기 때문이다. 매년 6천억 달러에 달하는, 1분마다 1백만 달러 이상을 없애는 군비증강에 매달리면서 세계는 영양실조로 죽어 가는 1천 5백만의 사람을 구하지 못하고 있다. 군비 예산의 100분의 1만 들여도 이 모두를 살리고 남는데 인류는 아직 이만큼 생존과 인간애의 지혜와 윤리를 찾지 못하고 있는 것이다.

평화의 문제는 윤리의 문제일 뿐 아니라, 생존의 문제이다. 바이츠체커의 말대로 과학기술시대의 생존의 조건은 평화인 것이다.

5. 냉전 이후 유럽의 평화 연구 동향

냉전시대의 평화 연구는 긍정적으로, 규정하기 어려운 평화의 개념과 실현방법에 관한 연구보다는, 전쟁과 폭력의 부재(absence of war and violence)라는 부정적 개념 정의에 의거하여 전쟁과 폭력을 제거하는 방법, 전쟁과 폭력이 발생하지 않는 조건에 관한 연구로서 수행되어 왔으며, 갈등과 대립이 격화되어 폭력이나 전쟁의 상태로 확대되는 것을 방지하는 방법과 전략을 탐구하는 소극적인 연구가 주종을 이루어 왔다. 이념과 체제의 갈등과 대결이 심화되었던 동서 냉전의 시대에는, 전쟁이 일어나는 것을 예방하고, 혹 어느 지역에서 전쟁이 터지더라도 세계대전으로 확대되지 않고 국지전으로 머물게 하며, 인명 피해를 줄이도록 하는 방법과 전략, 그리고 핵무기를 쓰는 것을 억제시킨다든지, 생화학무기 같은 무차별적 살상무기를 사용하지 않게 하는 전략의 탐구에 중점을 두었다. 이데올로기적 갈등을 해소하며, 지배와 억압이 없는 공존과 협력을 모색하는 적극적 평화에 관한 연구는, 현실적 조건과 가능성이 너무나 희박하여 별로 성과 있는 연구나 노력이 드러나지 않았다.

그러나 1990년대에 와서 소련과 동구의 공산체제가 붕괴되어 동서 냉전체제가 해소되고, 이데올로기적 헤게모니가 무의미하게 되자, 자본주의 체제와 공산주의 체제의 기본적 모순과 갈등의 토대 위에서 전쟁과 폭력적 충돌의 방지와 공존의 가능성을 모색하던 평화 연구는 그 대상을 잃게 되었으며, 냉전의 해소와 함께 평화 연구도 소멸하는 것이 아니냐는 의구심을 낳기도 했다. 이런 의구심 팽배했던 1990년대 초의 유럽에서는 적어도 동서의 분단과 갈등의 틀 안에서 추구되던 평화 연구나 평화전략들, 예를 들며 '위험과 긴장완화'라든가 '상호 군비통제(arms control)', '중립화 방안', '비동맹전략', '공동안보'와 같은 주제들은 이론적으로나 실천적으로 대상과 의미를 잃어버리게 되었다.28) 적(enemy)의 개념이 없어진 유럽에서는 이제 유럽 전체의 연합과 공동체적인 노력을 통해 지속적인 평화의 구조를 보다 공고하게 만드는 것이 평화 연구나 평화정책의 목표가 되는 것처럼 보였다.

그러나 동서 갈등체제가 종식된 지 수년이 지나면서 평화 연구나 평화운동의 필요성은 결코 소멸하거나 감소되지 않았다. 오히려 냉전체제가 종식되면서 이념적 갈등과 대립은 사라졌으나, 대신 민족적, 지역적, 문화적, 종교적 갈등이 급격히 심화되었고, 피 흘리는 열전이 더 많이 나타나게 되었다. 걸프전쟁으로 중동대전이 터질 뻔하였고, 보스니아와 체첸, 소말리아, 르완다, 코소보에서 종족 간의 전쟁이 거칠게 터져 나왔으며, 사회 내적인 폭력과 갈등도 더욱 증가되고, 자주 나타났다.29) 냉전체제는 나름대로 양대 진영의 초강대국의 통제와 영향 속에 민족적, 지역적, 문화적, 종교적 갈등을 억제할 수 있었으나, 두 슈퍼 파워의 체제 수호를 위한 통제가 사라진 공간에서 크고 작은 갈등들은 고삐 풀린 말들처럼 날뛰게 되었다. 갈등과 폭력으로 인한 위기가 증대하는 상황에서, 평화 연구의 당위성과 요구는 더욱 커지게 된다고 볼 수 있다.

물론 동서 냉전체제가 사라진 이후의 평화 연구는 냉전시대의 연구와는 내용과 중점이 크게 달라졌다고 볼 수 있다. 더 이상 큰 전쟁의 위험이나 긴장이 없어진 상황에서 평화 연구는 무력충돌이나 전쟁을

28) Dieter Senghass, "Friedensforschung an der Schwelle der neunziger Jahre", in Jörg Calließ(hrsg.), *Weltsystem und Weltpolitik*, Evangelische Akademie Loccum, 1994, S.393-401

29) Wolfgang Vogt, "Den Frieden in Europa erforschen und gestalten. Herausforderungen an die Friedensforschung und Friedenspolitik nach 1989/90", in Österreichischen Studienzentrum für Frieden und Konflikt-lösung(ÖSFK)(hrsg.), *Frieden durch Zivilisierung?*, Münster, 1996, S.22.

예방하는 조건과 전략에 관해서만 중점적으로 매달릴 필요는 없으며, 폭력을 유발할 수 있는 갈등을 순화시키거나 평화적으로 처리하는 방법 등에 더 중요한 관심과 의미를 두게 된다. 다시 말하자면, 상황의 변화로 인해 평화 연구의 중점이 옮겨졌다고 할 수 있다. 즉, 평화는 전쟁이나 군사적 충돌의 방지라는 소극적 개념이 아니라, 보다 적극적으로 갈등이나 대립의 요소가 제거되고, 보다 더 긍정적인 평화의 구조가 갖추어지는 것으로 이해된다. 보다 더 적극적인 평화의 개념을 추구하는 탈냉전시대의 평화는 어떻게 하면 갈등과 폭력이 생기지 않는 사회적 평화의 상태를 지속적으로 유지할 것인가, 혹은 갈등이 생기더라도 이를 폭력이나 마찰이 없이 순조롭게 풀어 나가며, 합리적으로 처리해 나갈 것인가를 주로 연구하는 경향을 띠게 되었다.

여기서 평화 연구의 중심과제는 갈등 연구로 옮겨지게 되며, 갈등의 문명적(Zivilisierung, 개화적, 교양적) 처리가 중요한 과제로 등장하게 된다. 어느 사회나 지역, 국가에도 갈등은 있기 마련이며, 인간사회에는 계속 새로운 갈등이 발생하게 되는데, 평화로운 사회를 이루자면 갈등을 야만적으로가 아니라 보다 문명적으로 해결하는 사회를 만들어야 한다는 것이다. 평화 연구에 문명화(Zivilization)라는 긍정적 개념이 도입된 것이다. 문명적 사회를 만드는 것이 곧 평화를 만드는 길이므로 이제 유럽에서는 평화 연구가 마치 문명화의 과정이나 내용, 방법을 연구하는 것처럼 보이기도 한다.30) 그래서 예를 들면, 인권과 복지와 자유, 소득, 여가생활 등이 확장되면 보다 더 문명화된 상태로 규정되고, 독재와 억압, 지배, 빈곤, 과로, 강제성 등의 지수가 높아지면 문명의 저하나 상실로 평가될 수 있다는 것이며,31) 이것이 평화의

---

30) Wolfgang Vogt, "Zivilisierung und Frieden", in *Frieden durch Zivilisierung?*, S.91-135.
31) 같은 글, S.109.

구조와 밀접한 관련을 가진다는 것이다. 갈등의 문명적 해결책으로 셍 가스는 폭력의 사유화 금지, 법치국가, 상호 규제, 민주적 참여, 사회 정의, 건설적 갈등의 문화 등 여섯 가지를 제안하여, 평화체제 수립의 과제를 적극적으로 규정하려는 시도를 보이기도 했다.32)

이러한 연구 가운데, 요한 갈퉁은 최근에 문화적 폭력(Kuturelle Gewalt)이라는 새로운 개념을 만들어 평화 연구의 폭을 넓히려는 시 도를 보이고 있다.33) 평화 개념을 건강과 유사한 것으로 보고 있는 갈 퉁은, 건강이 질병이나 건강을 해치는 요소들을 하나씩 제거함으로써 유지되듯이, 평화도 평화를 해치는 요소들인 폭력과 갈등을 제거함으 로써 달성될 수 있다고 보았다. 이러한 요소들을 진단하고(Diagnose), 예방하며(Prognose), 치료하는 것(Therapie)이 바로 평화 연구의 과제 이며 과정이라고 주장한다. 그런데 그는 여러 가지 종류의 폭력을 진 단해 보는 과정에서 물리적 폭력이나 구조적 폭력 이외에 문화적 폭력 이 있음을 발견하고 폭력의 삼각구도를 밝혔는데, 문화적 폭력은 직접 적, 물리적 폭력과 구조적 폭력을 정당화해 주는(legitimieren) 문화와 의식 속에 있는 폭력적 요소로서, 특히 이데올로기와 종교, 언어, 예술, 학문, 법률, 교육의 체계 속에 숨어서 작용하고 있다는 것이다.

문화적 폭력의 내용들은 갈퉁이 개념화하기 전에도 이미 평화 연구 가들에 의해 중요한 요소로서 다루어져 왔다. 전쟁과 폭력을 야기하는 증오심, 공격성, 적개심 같은 심리적 요소들을 필자는 잠재적 폭력 (latent violence)이라고 불러 왔다.34) 평화 연구자들이나 평화교육가들

---

32) Dieter Senghaas, "Frieden als Zivilisierungsprojekt", in Wolfgang Vogt (hrsg.), *Frieden als Ziviliserungsprojekt*, Baden-Baden, 1994/95. (Vivilisa-torisches Hexagon)

33) Johan Galtung, "Frieden mit friedlichen Mitteln", *Friedens-und Konflikt-forschung*, Band 4, Opladen, 1998, S.17.

34) 이삼열, 『평화의 철학과 통일의 실천』, 햇빛, 1991, p.113.

은 오래전부터 전쟁은 마음속에서부터 시작된다고 하였다. 평화를 만들기 위해서는 마음속에 있는 갈등과 폭력의 요소들을 치유해야 한다고 생각했으며, 이를 위해 평화교육의 중요성을 강조해 왔다. 히틀러가 유대인을 6백만 명이나 학살한 것은 독일인들의 마음속에 오랫동안 잠재해 왔던 반유대주의, 즉 유대인들에 대한 편견과 증오심, 공격성들이 자라서 그렇게 된 것으로 보아야 한다. 이스라엘 사람과 아랍인들 사이에는 언제든지 전쟁을 할 수 있는 마음의 준비가 되어 있다. 적개심과 증오심이 오랫동안 쌓여 있기 때문이다. 아마도 미국의 백인과 흑인 사이, 스리랑카의 시크족과 타밀족 사이에는 유사한 심리적 전쟁과 폭력상태가 상존하고 있다고 볼 수 있으며, 필자는 남북한 사이에도 비슷한 심리적, 잠재적 폭력과 전쟁상태가 존재한다고 생각한다. 가끔 발생하는 유혈폭동 사태나 폭탄테러 사건은 이와 같은 심리적, 잠재적 요인들이 물리적으로 터져 나오는 것이라고 할 수 있다.

그런데 갈퉁은 이런 심리적 폭력의 요인들이 인간의 마음속에만 있다고 보지 않고, 이를 정당화하는 교육이나 법률, 종교와 같은 문화적, 제도적, 인습적 구조에 더 중요한 뿌리가 있다고 보면서, 평화를 위한 문화구조의 개혁을 주장하고 있는데, 바로 이것이 새로운 면이라고 하겠다. 물론 갈퉁의 개념과 분류에 따르면 전쟁이나 살상을 정당화하는 심리적 폭력의 요소들뿐 아니라, 정치경제적 구조에서 드러나는 억압이나 수탈, 차별이나 소외 같은 구조적 폭력들을 정당화하는 이데올로기나 가치관들도 문화적 폭력으로 분류되고 있다. 그렇게 보면 인종차별주의나 성차별주의, 외국인들을 차별하고 소외시키는 법률체제 등도 모두 문화적 폭력의 범주에 넣어야 한다. 그뿐만 아니라 대학입시에서 떨어지고 낙오된 학생들이 사회 속에서 발을 붙이지 못하고 절망감으로 자살을 하게 되는 경우, 이러한 사회 분위기는 구조적 폭력을 행사했다고 볼 수 있으며, "인간 구실을 못하겠으면 차라리 죽는 게

낫다"는 가정과 학교의 억압적 분위기는 문화적 폭력을 행사했다고 볼 수 있을 것이다.

　반평화적인 분단체제 속에서 반세기 동안 전쟁 준비와 적대의식에 사로잡혀 온 남북한에서 평화를 구축하는 길은, 평화협정을 맺고 화해와 교류와 협력의 민족공동체를 형성하는 것이 중요하지만, 이를 남북 간에 합의서나 협정을 통해 선언하기 전에, 남북의 국민들의 마음속에, 그리고 가치관과 의식 속에 있는 분단의식, 적대의식과 공격의식을 제거하는 일, 즉 문화적 폭력을 제거하는 일이 무엇보다 중요하다. 남북 합의서는 서로 상대방을 인정하며 비난하거나 적대시하지 않을 것을 선언했지만, 양측 국민의 마음속에, 그리고 양측의 법률, 교육, 종교, 이데올로기 속에 서로 인정하지 않을 뿐 아니라 증오하고 적대시하며 공격심을 조장하는 요소들이 그대로 있다면, 이런 남북관계는 이중성을 내포할 수밖에 없으며, 냉전체제는 평화체제로 전환될 수가 없게 된다. 즉, 문화적 폭력의 제거 없이는 전쟁이나 물리적 폭력의 가능성을 제거할 수 없으며, 분단체제는 냉전적 구조를 극복할 수가 없게 된다.

　이 점에서 오늘 한반도에서의 평화 연구는, 어떻게 하면 남북한의 국민들 마음속에 있는 적대적이며 공격적인 요소를 치료할 수 있을 것인가, 다시 말하면 양측의 교육, 이데올로기, 법률 구조 속에 있는 문화적 폭력의 구조를 제거할 수 있는가를 중요한 관심사로 탐구해야 한다.

　분단 50년간은 남북이 완전히 단절되고 고립되어 있어서 너무나 많은 이데올로기적 편견과 오해, 잘못된 원수 상을 뿌리 깊게 심어 왔으며, 이에 따른 적개심과 공격심을 조장해 왔다. 더구나 1950년 6 · 25 전쟁은 분단의 상처와 골을 깊게 파놓았으며, 공격적이며 배타적인 군사문화를 확산시켜 놓았다. 남쪽에서는 북의 공산주의나 주체사상을,

554

북쪽에서는 남의 자본주의나 미 제국주의를 타도하고 쳐 없애는 것만이 살 길이요 애국애족하는 길로 여겨 왔다. 그래서 멸공통일, 반공통일과 적화통일, 반제민족통일이 국가목표였을 뿐만 아니라, 모든 법률과 교육, 사회제도나 문화, 예술의 근본으로 국시로 공인되어 왔다. 아무도 여기에 반론이나 이의를 제기할 수 없었다. 그래서 남북한 사이에는 무찌르고, 쳐 없애고, 목을 자르고, 각을 뜨자는 구호만이 남발했고, 이것은 유치원에서 대학교육까지 반공교육, 반제교육이라는 명분으로 주입되었다. 남북한은 군사무기와 훈련의 면에서도 그렇지만, 적개심이나 공격성과 같은 의식의 면에서도 세계에서 가장 전쟁 준비가 잘되어 있는 곳이며, 그래서 전쟁 발생 가능성이 가장 높은 곳 중의 하나가 아직도 한반도로 여겨지고 있다.

1990년대 이후, 세계사적인 냉전 종언과 남북대화나 관계 개선으로, 이러한 적대의식과 공격성은 많이 제거되고 치유되었다고 보지만, 아직도 우리의 마음과 문화, 의식구조 속엔 너무나 많은 분단체제의 냉전적, 대결적인 요소가 남아 있고, 이 사회의 정치, 경제, 사회를 지배하고 있다. 비교적 민주화와 인권, 언론의 자유가 이루어진 남한에서도 반북적인 의식구조가 심각하게 뿌리박고 있는데, 민주화도 언론자유도 이루어지지 못한 북한에서는 얼마나 많은 편견과 오해, 잘못된 원수 상과 공격성이 팽배해 있을지는 짐작하기 어렵지 않다. 조선일보와 최장집 교수 사이에 6 · 25 전쟁을 평가하는 역사 기술적 표현 몇 마디 때문에 국기를 뒤흔드는 것 같은 색깔논쟁과 정쟁에 온 나라가 휘말리는 것을 보면서, 분단체제의 냉전적 구도가 우리의 의식구조 속에 얼마나 뿌리깊이 박혀 있는가를 절감하게 된다. 냉전적 분단의식을 극복하기 위해서는 냉전시대의 역사나 이데올로기, 가치관, 교육, 문화 전반에 대해서 편견 없는 토론과 자유로운 연구가 가능해야겠는데, 아직도 해방 전후사를 둘러싼 역사적 사실의 해명이나, 정치와 이데올로기를 둘러싼 평가에 객관적이며 자유로운 토론이 억제되어 있는 분위기를 절실히 느끼게 된다. 남북 간의 평화적인 분단체제와 분단의식을 바로잡을 수 있는 역사와 철학, 정치와 사회, 문화의 연구가 오늘의 한반도에서 평화 연구의 주요 과제가 되어야 하는 이유가 여기에 있다.[35]

한반도에서 평화를 생각할 때, 우리는 물론 남북 간의 대결과 전쟁위험을 극복하는 과제뿐 아니라, 오늘날 점차 심각해지고 있는 지역간의 갈등과 대립, 노사 간의 갈등과 대결, 가족 간의 살해와 폭력, 일탈 청소년들의 범죄와 학원폭력, 빈민계층과 소외계층의 증대 및 북한동포의 기아와 궁핍 등, 해결하고 연구해야 할 과제들이 너무나 많다. 심지어 초등학교 어린이와 중학생들이 '왕따'로 따돌림을 받아 자살로 항거하는 현상마저 빚어져, 평화문제는 학교와 가정, 직장에서도 심각한 문제로 등장하고 있다. 그러나 이러한 문제들은 세계 여러 나라에서 공통적으로 있는 문제이며, 세계에서 유일하게 민족분단국으로 남은 한반도에서는 남북의 분단과 대결을 화해와 공존, 통일로 전환시키는 과제가 가장 중요하며, 최우선적인 과제라고 할 수밖에 없다. 그리고 다른 사회 내의 미시적 제반 갈등이나 폭력들도, 한반도에서는 남북분단이라는 거시적인 갈등과 폭력적인 구조에 영향을 받고 있다는 사실을 간과할 수 없다.

분단체제의 적개심과 공격성을 정당화하고 조장하는 문화적 폭력을 치유하기 위해서도 그렇고, 우리 사회에 만연해 가는 지역 간, 계급간, 가정이나 학원에서의 갈등과 폭력을 합리적으로 해결하기 위해서도 우리는 평화의 문화(Culture of Peace)를 형성하고 확산시키는 방법을 연구하고 교육할 필요가 있다. 이 점에서 유네스코가 대규모적으로

---

35) 강만길, 『분단시대의 역사인식』, 창작과비평사, 1978.

추진하고 있는 '평화의 문화' 프로그램을 각 분야에서 연구하고 교육하며 운동화하는 것이 좋은 대안이 될 수 있지 않을까 생각된다.36) '평화의 문화' 운동은 우리의 심성과 가치관을 평화적인 것으로 전환시킬 뿐 아니라, 인종, 종교, 이데올로기, 지역문화의 이질성과 갈등관계 속에 서로 이해하며 관용하고 공존하며 연대하는 사고방식과 행위양식을 창출해 내는 것을 목표로 하고 있기 때문에, 특히 한반도에서 분단체제와 분단의식을 극복하는 데 커다란 공헌을 할 수 있으리라 생각한다. 우리의 반평화적 분단체제가 갖는 문화적 폭력들을 제거하고 치유하는 데도 평화의 문화를 확산시키는 것이 가장 효율적인 방법이 되지 않을까 생각한다. 그래서 한반도에서의 평화 연구는 평화의 문화 연구를 심각한 과제로 삼아야 하리라고 믿는다.

---

36) *UNESCO and a Culture of Peace, Promoting a Global Movement*, Paris: UNESCO Publishing, 1995; *From a Culture of Violence to a Culture of Peace*, Paris: UNESCO Publishing, 1996.

인권운동의 철학과 실천과제

1. 인권사상의 철학적 근거

인권을 논할 때 가장 먼저 부닥치는 어려운 문제는, 인권은 누가 준 권리이며 어디에 근거하는가라는 것이다. 이것은 인권을 가르칠 때뿐 아니라, 인권을 주장하고 인권을 찾기 위해 투쟁하고 나서려고 할 때도 스스로 묻게 되는 질문이다. 도대체 인권이란 무엇이기에 그렇게 애써 지켜야 하는 것이며, 누가 주었기에 모든 사람은 날 때부터 그 권리를 타고났다고 주장할 수 있는 것일까?

더구나 인권 개념이 과거처럼 자유권, 평등권같이 추상적이며 보편적인 권리를 말했을 때는 태생적이며 천부적인 권리로 인정하기가 쉬웠으나, 요즘처럼 인권 개념이 발달해서 환경권, 행복권, 자아실현권으

---

* 이 글은 필자가 유네스코 아시아 태평양 국제이해교육원장(2000-2004)으로 재직했을 때 교사 교육과정의 강의 자료로 쓴 것으로, 이삼열 외, 『세계화 시대의 국제이해교육』, 한울, 2003에 수록된 글을 수정 보완한 것이다.

로 나아가다 보면, 이런 권리를 도대체 누가 주었으며, 누가 보장한단 말인가라는 질문이 나오지 않을 수 없다. 이런 건 사람이 누려야 할 권리라기보다는 오히려 누리기 위해서 노력해야 할 의무이며 책임이 아닌가라는 생각도 든다.

그러면 인권이라는 개념 속에 포함되고 있는 여러 가지 권리들은 어떻게 해서 의무나 책임이 아니라 권리라는 영역에 들어오게 되었는가를 묻지 않을 수 없게 된다. 사람은 누구나 인권의 내용을 향유하고 싶어 하며, 권리로 보장받기를 원한다. 그러나 이러한 권리가 지켜지거나 보장되지 않을 때는 어디에 호소하거나 요구할 데가 있어야 권리로서 주장할 수 있는 것이지, 그렇지 않으면 단순한 요구이거나 희망 사항에 그치게 된다.

그래서 이 글에서는, 인권이란 것이 어떻게 권리일 수 있는가, 어떤 과정을 거쳐서 권리로 인식될 수 있는가, 도대체 오늘날 우리가 인권이라고 인정하는 내용들은 어떤 근거 위에서 모든 사람에게 타당한 보편적 권리로 개념화되었는가를 살펴서 인권에 대한 문제의식과 교육 방법을 심화시켜 보고자 한다.

인간의 존엄과 사람의 존귀함에 대한 생각은 우선 종교적 믿음에서 왔다. 고대로 올라갈수록 사람의 권리, 인간으로 대접받아야 할 타고난 권리에 대한 주장은 여러 종교들의 신앙의 체계 안에서 근거를 갖게 된다. 사람을 함부로 죽이거나, 때리거나, 다치게 할 수 없는 것은 사람이 목숨이 하늘에 달려 있기 때문이라는 것이다. 인명재천(人命在天)이라고 했다. 하늘을 높이 섬겨야 한다고 믿은 고대 동양인들은 바로 사람의 권리의 근거가 하늘에 있다고 믿었다. 그 권리는 무엇보다도 살 권리, 태어날 때부터 살아야 할 권리를 사람에게서가 아니라 하늘에서부터 부여받았다고 믿어 왔다. 우리나라 동학사상과 천도교가 인내천(人乃天)을 주장하며 사람이 곧 하늘이라고, 어린아이든 여성이든 모든 사람을 하늘처럼 섬기라고 강한 인권사상을 주장했던 것도 이러한 믿음에서였다고 볼 수 있다.

서양의 기독교에서는 이 하늘의 사상을 보다 인격을 갖춘 하나님(God)으로 믿어 왔고, 인격신인 하나님께서 천지만물을 창조하시고 또한 사람을 창조하셨다고 믿었다. 그런데 사람이 특히 존귀하고 다른 생물이나 동물보다 구별되는 특별한 권리를 갖게 되는 것은 사람만이 하나님의 형상대로(imago dei) 창조되었기 때문이라는 것이었다.1) 이것은 인간을 신과 동격으로 놓는 사고방식이었다. 인간과 신은 무한히 다른데도 본질적으로는 큰 차별을 두지 않고, 인간은 하나님의 형상 혹은 모습, 근본적 형태를 띠고 태어났다고 믿어 왔다. 이러한 믿음 속에서는 사람의 권리는 하나님에게서 왔다고 분명히 주장할 수가 있다.

이것이 천부인권설의 근거였다. 이러한 믿음, 곧 인간이 하나님의 형상을 닮고 태어났기 때문에 모든 사람은 다 똑같은 존귀함과 권리를 누려야 한다는 것이 평등권의 유래였으며 자유권의 근거였다. 즉, 인간은 스스로 자기 운명을 결정할 자율성(autonomy)을 갖는데 이를 다른 사람이 규제하거나 간섭할 수 없기 때문에 인간은 자유권을 갖는다고 했다.

그러면 왜 인간은 지상에서 사는 동안 하나님으로부터 받은 존엄과 권리를 제대로 누리지 못하는 것인가? 초기 기독교는 스토아학파의 영향 속에서 인간의 범죄와 타락, 즉 신의 명령에 대한 거역 때문에 사람이 타고난 권리를 제대로 누릴 수 없다고 믿었다.2) 인간의 불평등과 인권의 탄압이 불가피한 것으로 인식되었다. 그러나 예수 그리스도

---

1) Axel Herrmann, "Idee der Menschenrechte", in *Informationen zur politischen Bildung*, hrsg. von Bundeszentrale für politische Bildung, Bonn, 1998, S.5.
2) 같은 글.

의 구원의 행위로, 믿음 안에서 이 세상에서의 불평등과 부자유가 어느 정도 회복될 수 있다고 보았다. 그래서 중세의 기독교는 철저히 하나님의 나라와 지상의 나라, 선의 세계와 악의 세계라는 이원론을 믿었으며, 악이 지배하는 지상의 나라에서는 인권이 지켜지거나 보장될 수 없으므로 가난이나 질병, 고통은 어느 정도 불가피하다고 보았다. 어떻게 보면 사람의 권리를 당위적인 것으로 인정하면서, 현실적으로는 권리의 침해를 불가피한 것으로 받아들여야 하는 것으로 인식했다. 인간의 존엄과 권리는 다시금 하늘나라에 가서나, 혹은 지상천국을 이루어야 누릴 수 있는 것으로 믿어 왔다. 단지 하늘나라를 땅에 실현하려는 기독교 왕국에서만 사람의 권리와 존엄이 지켜질 수 있다고 믿었다.

그러나 중세의 기독교가 기독교 왕국을 부르짖으며 교황의 권리와 이에 종속된 국가의 왕권을 높이고, 사람의 권리, 모든 백성의 기본적 인권을 억압하는 것이 드러나면서 인권에 대한 새로운 발상이 생기게 된다. 15세기부터 인문주의(humanism) 등이 발전하면서 인간의 존엄의 근거를, 신이나 교회가 부여한 것이라기보다, 인간이 자연적으로 타고난 이성의 능력에다 두려는 시도가 나타났다. 고대 그리스의 철학자 플라톤이나 아리스토텔레스가 주장한 인간의 위대함은 그 이성적 존재임에 있다고 한 데서 자연법적인 근거를 찾으려고 했다.3) 중세의 교회와 신의 권위가 무너진 뒤 근세 합리주의 철학이 영향력을 넓혀가게 되자, 인권사상의 근거와 토대도 자연법이나 이성의 법칙 같은 데서 찾게 되었다.

특히 인류 역사상 인권의 의식화와 실천에 커다란 진보를 가져온 영국의 청교도 혁명이나 프랑스 시민혁명에는 합리주의와 계몽주의

---

3) 물론 플라톤이나 아리스토텔레스가 이성적 존재인 인간이라 했을 때, 남자만을 뜻했고 여성은 포함되지 않았다.

철학에 기반을 둔 인권사상이 커다란 역할을 하였다.4) 신앙의 자유, 양심의 자유, 의사 표현과 언론 출판의 자유는 인간의 본성상 자연법적으로 타고난 권리이기 때문에 국가의 권력이 감히 침범할 수 없다는 사상이 인권의 근거로서 정당성을 얻게 되었다. 이러한 토대 위에서 국가가 침범할 수 없는 사람의 권리는 신체의 자유권, 거주 이전의 자유권, 투표와 결사의 자유권, 참정권, 수익권으로 점차 확대되어 나갔다.

그러나 과연 오늘날에도 인권운동을 하면서, 인권의 근거가 자연법이나 이성에 있으니 사람의 권리를 존중하고 지켜야 한다고 주장할 수 있을까? 그러기에는 자연법이나 이성의 법칙이 너무도 다양하게 해석이 되어서 실효성을 기대하기가 어렵게 되었다. 더구나 오늘날처럼 모든 진리는 과학적으로 검증되고 객관적으로 인식되어야 하는 시대에는 철학적, 이성적 법칙이라고만 해서는 보편타당성을 얻기가 힘들게 되었다. 그 이성의 법칙도 누가 파악한 것이냐에 따라 다르기 때문이다. 루소가 파악한 자연법과, 칸트가 파악한 이성의 법칙과, 홉스나 로크가 주장하는 자연법이 서로 대단히 다르게 나타나기 때문이다.

더구나 오늘날 전 세계에 유행하는 포스트모던 사상은 이성과 합리성의 권위를 부정하고 그의 해체를 선포하며, 다원주의와 상대주의를 옹호해 가고 있다.5) 자연법이나 이성의 법칙이라고 믿었던 많은 가치나 규범들이 시대가 바뀌면서 달라지고 부정되는 모습을 보면서, 사람의 권리 인식이 이렇게 불신을 당하는 이성에 근거되어서는 별 효력이 없게 된다는 것이 드러난다.

그러면 이렇게 종교적인 신앙도, 철학적인 이성도, 자연법사상도 인

---

4) 특히 칸트의 『계몽이란 무엇인가』, 로크의 『정부에 관한 두 논문』, 루소의 『사회계약설』 등이 이성에 기반을 둔 인권사상 발전에 크게 기여했다.
5) 이성의 해체를 주장하는 포스트모던 철학자들, 데리다, 리오타르 등.

권의 보편적 근거가 되기에 불확실하며 허약해진 현대에 와서 우리는 인권의 근거를 어디에서 찾아야 하는가? 인권은 하나님에게서 왔다든가, 하늘이 준 권리라든가, 태생적으로 자연이 허락해 준 권리라든가, 혹은 인간의 본성 속에 타고난 이성에 근거하는 것이 아니라면, 도대체 사람의 권리는 어디에서 온 것인가?

오늘날 인권의 근거와 유래를 찾는 사람들은 더 이상 철학적, 종교적, 혹은 윤리적 근거를 묻는 것이 아니라, 법적인 근거 내지는 도덕적 규범의 근거가 될 만한 토대를 찾게 된다. 그런데 거의 모든 사람들이 인권 하면 1948년의 유엔 인권선언을 들먹이고 있고, 1966년의 인권협약과 계속해서 나온 인권헌장들을 근거로 들기 때문에, 어떤 학자는 농담 삼아 "인권은 하나님이 주신 것이 아니라 유엔총회가 주었다"고 했다.6) 사실 사람의 권리는 법적인 보장을 받아야 권리로서의 자격을 갖지, 도덕적인 요구나 주장만으로는 권리라고 하기가 힘들다. 그리고 그 권리의 내용은 모든 사람들이 지키고 따라야 하므로 합법성을 가져야 하는데, 국제적으로 통용될 수 있는 합법성은 유엔총회 같은 데서 합의 과정을 거치는 길 외에는 획득되기가 어렵다.

결국 인권의 규범적, 법적 근거는 이를 규범이나 법으로 받아들이기로 합의한 사람들의 결의에서 찾을 수밖에 없다는 것이다. 이것은 인권의 구체적 내용으로 들어가 보면 더욱 분명해진다. 사람이 태어나면 살아야 하니까 살 권리(生存權)가 있다고 한다. 인간은 자율성을 가져야 하니까 스스로 결정할 권리(自決權)를 갖는다고 한다. 남과 똑같은 대접을 받아야 하고 차별을 당하지 않아야 하니까 평등권(平等權)이 있어야 한다.

그러나 살기 위해서는 깨끗한 물을 마셔야 하는데, 깨끗한 물을 마

---

6) Johan Galtung, *Die Zukunft der Menschenrechte*, Frankfurt, 2000, S.9.

실 권리를 인권으로 상정하는 경우, 이것은 누가 인정해 주고 보장해 주어야 하는 것인가? 깨끗한 물이 없는 곳에서, 먹고살 식량이 없는 곳에서 이 권리는 누가 책임져야 하는가? 이 권리를 말할 때는 책임도 따라야 하지 않을까? 권리만 있고 의무와 책임이 따르지 않는 인권이 무슨 의미가 있겠는가? 한 사회에서 깨끗한 물을 마실 권리를 법적으로 인정하려면, 어느 정도로 깨끗한 물을 공급할 수 있는지 검토되고 이를 보장할 책임과 의무를 구성원들이 모두 지도록 합의가 이루어져야만 권리로서의 타당성을 갖게 될 것이다.

남녀평등권은 오늘날 당연히 인정되는 것이지만, 여성이 가사노동에 종사해도 남성과 똑같은 임금을 받아야 한다고 주장할 때, 이것은 과연 누가 보장해 줄 수 있는 권리인가? 아마도 지금은 어렵지만 인권의 내용이 사회적 여건과 책임의 정도가 높아지면 달라질 수도 있다. 여성의 가사노동도 남성의 직장노동과 마찬가지로 임금을 받는 것이 평등권의 내용으로 규정될 수 있는 날이 올지도 모른다. 지금은 모든 사람은 초등학교까지의 교육을 받을 권리가 있다고 많은 나라의 법률들이 규정하고 있지만, 언젠가는 대학교육까지 받는 것을 기본인권으로 규정할 날이 오지 않는다고 할 수 없다. 그렇다면 인권의 내용은 그 사회의 여건과 구성원들의 합의에 의해 달라질 수 있는 것이다.

세상의 모든 민족과 종족 혹은 문화나 종교의 공동체가 스스로 결정할 자결권을 갖는다면, 그것을 인권으로 규정할 경우 많은 혼란과 무질서, 폭력, 전쟁이 생길 것이다. 그곳 주민들의 투표로만 모든 것이 결정되는 자결권이라면, 인도네시아의 섬 6천 개에는 수백 개의 독립국가가 생길 수 있다. 동티모르의 독립, 유고슬라비아나 소련의 해체에서 보듯이, 민족, 인종 자결권이 인정된다면 미래의 세계지도는 엄청나게 변하게 될 것이다.

사람의 권리라고 하지만, 이런 권리들, 즉 생존권, 평등권, 자결권의 내용을 규정하려면, 결국 이를 인정해 주면서 책임을 질 수 있는 구성원들의 합의가 있어야 한다. 인권은 결국 모든 사람에게 똑같이 부여된다고 인정되는 권리를 말한다. 그래서 인권은 특권과는 다르다. 노동자들의 최저임금을 높이려는 운동을 인권운동이라 하지만, 국회의원의 세비를 높이려는 운동을 인권운동이라 하지 않는다. 누가 보아도 타당한 인간의 보편적 요구를 그 사회가 인간의 권리로 합의하고 인정해 주었을 때 인권이 된다. 따라서 인권의 개념은 인간의 기본적 요구에 대해 인류가 보편적으로 인식하고 합의하는 과정을 통해 만들어지는 것이라고 할 수 있다.

인권의 근거와 개념의 도출 과정을 이렇게 사회적 합의 과정과 의사소통 속에서 찾으려는 시도는 위르겐 하버마스(Jürgen Habermas)나 요한 갈퉁(Johann Galtung)과 같은 학자들에 의해 주장되고 있다.7) 오늘날 인권문제를 논하면서 유엔의 인권선언과 인권협약이 중요한 근거와 규범이 되는 것은 바로 유엔을 통해 보편적인 인식과 합의 과정이 이루어졌다고 보기 때문이다. 유엔 인권협약은 시민권(B규약), 사회권(A규약) 모두 140여 개국 이상이 비준했기 때문에 그만큼 법적 타당성과 의무가 높아진 것이다.

2. 사회발전과 인권 개념의 확대

인권의 개념과 내용은 시대와 상황에 따라 다르게 발전해 왔다. 즉, 인권을 규정하는 내용이 고정되어 있지 않고, 인간의 보편적 요구의

---

7) 갈퉁은 인권의 근거로 유엔총회의 결의와 같은 법적 정당성(de jure)과 인간의 근본 욕구를 만족시키려는 사실적인 규범(de facto)을 들고 있다. 여기에 대해 하버마스는 의사소통적 합리성에 근거를 둔 인권의 보편타당성을 주장한다.

발전과 이를 수용하고 정당한 것으로 인정해 주는 사회적 여건의 변화에 따라 발전해 왔음을 볼 수 있다.

오늘날엔 지극히 당연한 신체의 자유만 해도 중세 때까지는 특정한 계층이나 신분의 사람들에게만 허락된 권리였다. 노예나 서민들은 누릴 수 없는 권리였다. 자연법사상, 인권사상이 발전하고 시민사회가 나타나면서부터 모든 인간들의 신체적인 자유가 인간의 기본권으로 인정되고 보장되기 시작했다. 그러나 아직까지도 인도의 달리트(Dalit) 같은 신분 계층의 사람들은 이 자유를 누리지 못한다.8) 옛날 우리나라의 백정들이나 일본의 부락민들처럼 달리트촌에만 거주할 수 있고, 귀족이나 평시민들이 사는 곳에 나타나면 때려죽이거나, 돌멩이를 맞아도 아무런 처벌을 받지 않는 것으로 되어 있다. 이런 달리트 계층이 인도에 아직 2억 5천만이나 있다는 것은 신체의 자유나 인간의 평등권이 보편적인 권리로 인정되는 세계가 아직도 얼마나 요원한가를 말해 주고 있다.

인권 개념의 발전사에서 초기부터 중요한 골간이 되어 온 것이 신앙의 자유, 양심의 자유였다. 이것은 종교와 정치가 일체였던 국가교회의 시대에는 곧 정치적 자유와 밀접히 연관되었다. 국가의 왕이나 국민 대부분이 믿는 종교나 종파를 자기 신앙과 양심에 따라 믿지 않을 수 있는 자유는 오랫동안 보장되지 못했다. 국교가 아닌 다른 종교를 믿을 수 있는 자유뿐만 아니라, 다른 종교를 전파할 수 있는 자유, 특정 종교를 믿는 신자를 다른 종교를 믿도록 개종시킬 수 있는 자유, 종교를 비판하거나 반대할 수 있는 자유, 심지어는 이단(sekt)이라고 생각되는 종파를 전파할 자유 등 신앙과 종교의 자유권은 점차 확대되어 왔다. 그러나 아직도 이슬람교 국가나 기타 종교를 국교로 가진 나

---

8) 인도의 천민 계층인 달리트들은 아직도 사람의 가치나 인권을 전혀 인정받지 못하며, 백정이나 부락민(일본)처럼 성 밖 외딴 곳에서만 거주할 수 있다.

라에서는 타 종교를 믿을 수 있는 자유가 극도로 제한된 경우가 많다. 아무리 민주국가라 하더라도 신앙의 자유를 보장하는 수준은 인권의 식과 사회발전의 정도에 따라 다른 모습을 보인다.

민주주의 발달사에서 선거권이나 참정권 같은 인권의 쟁취는 핵심적 근간을 이루었다. 그러나 오늘날엔 국민의 기본권으로 보편화된 선거권이지만 이것은 하루아침에 얻어진 것이 아니며, 장구한 세월 동안 정치와 역사가 발전하면서 획득된 권리이다. 프랑스 혁명 이후에 처음으로 실시된 국민의 투표권은 국민 모두에게 주어진 것이 아니었고, 일정한 재산을 가지고 세금을 내는 시민계층의 남성 어른들에게만 부여된 권리였다. 심지어 독일에서는 19세기의 한때 세 가지 계급의 투표권이라는 차등선거제도가 있었다.9) 즉, 재산과 교육 정도 및 신분 여하에 따라, 한 사람에게 투표권 3장을 주는 계층과, 2장을 주는 계층, 1장만 주는 계층으로 나누는 차등선거제였다. 1850년대 영국의 차티스트 운동이 일어나고, 독일과 프랑스에서 노동운동이 크게 일어나기까지, 노동자와 농민 계층에겐 선거권과 참정권이 없었다. 사회주의 운동의 최초 목표는 노동자들에게도 일반 선거권을 얻게 하는 일이었다. 여성들이 투표할 수 있게 된 것은 대부분 20세기에 들어와서이며, 스위스 같은 나라에서도 여성의 투표권은 제2차 세계대전 후 1948년에야 실시될 수 있었다. 아직까지도 차별선거의 여러 가지 행태가 여러 나라에 남아 있는 것을 볼 수 있다.

이처럼 인권 개념의 발전 역사를 보면 인권은 어느 날 하루아침에 뚝 떨어진 것이 아니라, 역사의 발전과 함께 점차로 그 내용이 확대되며, 심화된 것이라고 하겠다. 인권은 누가 준 것이며, 어디에서 왔는가라는 물음을 이러한 관점에서 본다면, 역사의 발전에서 온 것이라 할

---

9) 1850, 1860년대 독일 민주화와 인권운동의 목표는 이 3계급 차별선거권 (Dreiklassen Wahlrecht)의 폐기였다.

수 있다. 물론 사회적 합의가 중요하지만, 이 합의 과정이 역사의 발전에 따라 변천하는 것이라면, 인권의 개념이 형성되는 원천은 사회적 합의와 함께 역사의 발전에 있다고 해야 할 것이다.

사람의 권리가 이러한 역사의 발전과 함께 성장하며 확대되었다는 사실은 지난 한 백 년 동안의 역사의 발전과정을 살펴보아도 잘 알 수 있다. 사람이라고 하지만 서양의 백인 사회에서 흑인이나 원주민들은 사람이 아니었다. 미국에 노예로 잡혀 온 흑인들은 사람이 아니었고, 동물과 같은 잔혹한 취급을 받았다. 백여 년 전까지 미국의 버지니아 법정에서는 "노예는 물건이다"라는 판결이 나왔다. 링컨이 흑인해방을 선포했어도 학대와 차별은 여전해서 1960년대 민권법(Civil Rights)이 통과되기까지는 흑인이 백인의 식당이나 화장실에 들어가면 얻어맞고 경찰에 잡혀가는 신세였다. 호주의 원주민(aborigine)은 19세기까지는 사람이 아닌 동물로 취급되었고, 그 뒤에 겨우 '어린이'처럼 취급되다가, 완전히 인간의 지위로 격상된 것은 얼마 되지 않는다.[10]

인류의 역사는 동서양을 막론하고 오랫동안 어린이에게는 미성년이라고 해서 사람의 권리를 부여하지 않았다. 어린이를 부모의 소유물처럼 여겼고, 학대와 고역, 중노동에 시달리는 어린이가 수없이 많았다. 아직도 후진국에서는 매 맞고 팔려 가며, 굶어 죽는 어린이들이 부지기수이다. 가난한 부모들이 열 살 전후의 딸을 매춘 소굴에 팔아넘기는 예들이 동남아시아에도 널려 있다. 어린이에게도 사람의 권리를 인정해 주어야 한다는 선언이 1959년 '유엔 아동권리선언(Declaration of the Rights of the Child)'이었고, 1989년에 '아동의 권리에 관한 협약(Convention on the Rights of the Child)'이 발효됨으로써 아동의 신체적 자유권, 보호권, 교육발전권 등이 주장될 수 있게 되었다.[11] 어린

---

10) 유네스코한국위원회 편역, 『아시아의 인권 교육: 호주, 인도, 홍콩편』, 인권총서 5, 서울, 1999.

이는 설사 교육목적에서라도, 때리거나 고통을 주어서는 안 된다고 하지만, 아직까지 문명이 발전된 서구에서도 매일 수백만의 어린이가 부모나 형제들에게 얻어맞고 있다고 한다.

아직도 사회의 구석구석을 들여다보면 보편적으로 인정되고 있는 사람의 권리를 인정받거나 누리지 못하는 사람의 종류가 많이 있다. 차츰 흑인과 원주민이 사람의 권리를 찾아가고 있고, 어린이와 여성이 여러 가지 권리들을 찾아 가는 과정에 있다. 인권의 사각지대에 있던 장애인, 피난민, 외국인 노동자, 정치적 망명자, 동성애자, 정신박약자들, 그리고 감옥에 있는 죄수들에게까지 차츰 사람의 기본적 권리와 인격적 존엄성을 회복해 주려는 의식과 노력이 자라고 있다. 언젠가는 이들에게도 사람의 권리가 보장되는 날이 올 수 있겠지만, 그러기까지는 인간의 역사와 사회구조가 많이 진보하고 발전해야 한다.

그러나 인권의 사각지대가 조명을 받아 인권의 혜택이 돌아간다고 해도, 여러 가지 권리들이 한꺼번에 부여되는 법이 없다. 가령 일본에 있는 한국인 동포들은 제2차 세계대전 전에 강제로 일본에 징용된 자들이었지만, 오랫동안 시민으로서도, 영주권자로서도 법적 지위를 부여하지 않았다. 겨우 재일 조선인으로 등록하고 거주할 수 있었지만, 자녀교육, 취업 등에서 심한 차별을 받았다. 우수한 성적으로 대학을 졸업해도 일본의 공직은 말할 것 없고, 일반 기업체에도 채용이 되지 못했다. 히다치 회사의 입사시험에 합격한 박종석 군이 재일 조선인으로 밝혀지자 탈락이 되어, 이에 항거하는 인권운동가들의 시위가 일본에서 거세게 일어났던 것은 1970년대의 유명한 사건이었다. 이제는 형식적으로는 취업에 제한이 없는 것처럼 되었지만, 실질적으로는 엄청

---

11) 아동의 권리에 관한 협약과 함께, 아동의 무력분쟁이나 전쟁참여를 금지시키는 의정서와 어린이 매춘과 포르노를 금지하는 의정서가 채택되었다. 정인섭 편역, 『국제 인권 조약집』, 유네스코한국위원회, 2000, pp.219-275.

난 제한과 차별이 엄연히 존재하고 있다.

전 세계적으로 이주 노동자들의 수가 급증하고 있는데도 아직 외국인 노동자의 인권, 기본권을 보장하고 있는 나라는 별로 없다. 그 나라의 국민이 아니니까 체류권이나 직업선택권, 자녀교육권을 보장할 필요가 없다고 생각할지 모르나, 그 나라에 와서 5년, 10년 동안 일하고 세금을 내는 경우 그들은 노동력으로서만 있지 않고 사람으로서 살아가야 하기 때문에 인권을 누리게 해야 한다는 것이 차츰 인정되어 가고 있다. 선진국에서는 10년 이상 일하고 산 외국인 노동자에게 영주권이나 시민권을 부여하며 선거권까지 주고 있는 추세이다.[12)

사회구조와 역사가 발전함에 따라 사람의 권리에 대한 인식이 바뀌고, 인권을 적용시키는 대상과 범위가 자연히 넓어지게 된다. 과거에는 감히 생각하기 어려웠지만, 오늘날엔 당연한 것으로 인식되는 경우들이 많다. 장애인의 권리는 처음에는 생계유지가 문제였다. 그래서 기초생활보장권의 획득에 열을 올렸다. 그러나 차츰 생계비 보조만으로는 장애인의 인권이 유지되지 못한다고 인식되었다. 사람으로서 살아가도록 하기 위해 그들의 신체적 조건에 맞는 일자리를 부여해야 하고, 거기에 적합한 교육을 받을 기회와 여건을 마련해야 했다. 그리고 불편한 몸을 이끌고 거리에서 다닐 수 있는 권리, 높은 건물을 계단을 걷지 않고 올라갈 수 있는 권리, 지하철이나 버스에 오르내릴 수 있는 권리로 확대되었다.

결국 사람의 권리는, 사람이 살아가기 위해서 필요한 것으로 인정되는 요구들 가운데 이러한 것은 기본적인 권리로서 인정해 주어야겠다

12) 유엔은 1990년대 '이주 노동자와 그 가족의 권리 보호에 관한 협약(International Convention on the Protection of the Rights of All Migrant Workers and Members of Their Families)'을 채택했지만 한국은 아직 여기에 가입하지 않고 있다.

고 사회 구성원 모두가 합의했을 때, 그리고 그런 합의를 실천할 만큼 사회구조와 역사가 발전했을 때 생겨날 수 있는 것이다. 사람의 권리는 역사발전에서 유래하며 확대되어 왔다고 할 수 있다.

3. 인권의 발전을 위한 실천운동

그러면 사람의 권리를 부여하고 확대시키는 역사의 발전은 어떻게 일어나게 되는가? 또한 모든 역사는 전부 보다 나은 역사로 발전하게 되어 있고, 동시에 사람의 권리를 확대하며 질을 높이는 역사인가라는 의문이 생긴다. 이것은 깊은 역사철학적 논쟁거리이지만, 인권이 발전되어 온 역사를 돌이켜 볼 때, 사람의 권리는 이를 의식하고 쟁취하려는 사람들의 노력과 실천운동이 있을 때에만 지켜지고 확대되었음을 알게 된다.

신앙의 자유 같은 인권의 초보적 단계마저도 그냥 생긴 것은 아니며, 엄청난 희생과 대가를 치르고서야 획득되었다. 서양사에서 역사발전의 큰 획을 그은 종교개혁이나 청교도 혁명 등이 모두 신앙의 자유를 얻기 위한 투쟁의 역사였다는 것이 이를 잘 증명해 주고 있다. 종교개혁이 일어난 후 가톨릭 국가에서 개신교를 믿을 수 있는 신앙의 자유를 얻기 위한 투쟁은 마침내 30년 전쟁(1618-1648)으로 이어지기도 했다. 프랑스의 가톨릭교회의 지배에서 신앙의 자유를 찾으려는 위그노들의 피어린 투쟁, 영국의 국교에서 자유를 쟁취한 퓨리턴들의 결사적 항전 등 서양 근세사에서도 신앙의 자유는 엄청난 혁명과 전쟁을 치르고서야 확보될 수 있었다.

사람의 권리는 애초부터 누가 가져다준 것이 아니며 모진 투쟁과 운동을 통해서 쟁취된 것이다. 자연히 사람의 권리를 제약하고 억압하는 권력자들에 대한 저항과 대결이 필수적으로 요구되었다. 신앙의 자유를 쟁취하기 위한 저항운동과 전쟁은 바로 이를 허용하지 않고 억압한 교황이나 국가교회의 세력과의 대결이었다. 신체의 자유나 언론 출판의 자유를 얻기 위한 인권운동은 이를 억압하는 국가권력과의 대결, 투쟁을 전제해야만 했다. 영국의 대헌장(Magna Carta, 1215)이 인권운동사에 중요한 금자탑이 되는 것은 절대왕권으로부터 개인의 자유권을 쟁취하는 데 크게 기여했기 때문이다. 법적 판결에 의하지 않고는 개인이 체포되거나 추방되거나 재산을 빼앗기지 않는다는 조항이 대헌장에 들어갈 만큼 왕권은 양보를 해야만 했다.13)

우리는 오늘날 인권운동이나 인권사상에서 개인의 자유권 확보가 더 중요하냐 사회경제권이 더 우선적이냐 하는 논쟁을 하고 있지만, 권력자들에게서 인권을 쟁취해 온 운동의 역사에서 보면, 국가권력의 억압과 침해로부터 개인의 자유를 보호하고 지키려는 인권운동이 우선적으로 전개되었음을 알 수 있다. 그것은 사람이 인권의 존엄과 가치를 누리며 사람답게 살기 위해서는 무엇보다 자율성(autonomy)이 필요한데, 이 자율성의 침해나 구속은 대부분 국가권력에 의해 행해지고 있었기 때문이다. 스스로 판단해서 신앙과 종교를 선택할 자유, 자기가 옳다고 생각하고 양심적으로 판단한 것을 그대로 지킬 수 있는 자유, 자기의 생각과 의견을 발표할 수 있는 자유, 이것이 가장 먼저 요구된 신앙과 양심의 자유, 사상의 자유, 의사 표현의 자유였다.

이러한 신앙과 사상 같은 정신적 자율성과 함께 필요한 것이 신체의 자유이며 자율성이었다. 정신은 자율성을 누리는데 육체는 타율적으로 움직인다면 말이 안 된다. 내 몸은 내가 주인이어야 하며, 내가 살고 싶은 곳에서 옮겨 가며 살고, 하고 싶은 일을 하며, 강제로 끌려다니는 일은 없어야 한다. 함부로 구속되거나 체포되지 않고, 행동의

13) 왕의 명령이면 삼족(三族)을 멸할 수 있었던 우리나라 조선시대를 생각해 보면 인권의식의 낙후성을 짐작할 수 있다.

제한이나 감시를 받지 않을 자유, 이것도 대부분 국가권력에 의해 침해되었던 권리였다.

국가권력으로부터 개인의 자유권을 쟁취하는 인권운동은, 국가의 통치권이라는 것이 개인의 권리를 지키기 위해서 위탁해 준 권리이며 이는 보편의지의 구현에 근거해서만 정당성을 가질 수 있다는 사회계약설 등에 의해 힘을 얻게 된다. 그러나 이 자유권이 법률적으로 보장을 받게 되기까지는, 인권사상가들과 실천운동가들이 많은 탄압과 고통을 당하며, 정치사회적인 변혁을 일으키고 나서야 가능하게 된다. 영국의 권리청원(1628)과 권리장전(1689), 미국의 버지니아 권리헌장(Virginia Bill of Rights, 1776)과 독립선언, 프랑스의 인권선언과 시민혁명(1789)에 이르는 역사적 사건들은 바로 시민의 자유권, 평등권과 같은 인권을 쟁취하기 위한, 줄기찬 시민운동과 정치혁명 과정의 소산이었다. 여기에서 희생된 많은 사람들의 헌신적 노력과 행동을 보면, 인권은 바로 이들에 의해 쟁취된 것이나 다름없다.

프랑스 혁명의 성공과 시민계층의 승리로 인해 인권의 기본요건인 자유권이 보편적으로 인정되고 획득되게 되었다. 물론 이것은 시민혁명이 성공한 나라에 국한되었고, 왕권이나 절대군주의 지배를 청산하지 못한 유럽의 다른 나라에서는 소망사항이었을 뿐이다. 시민혁명의 불길이 유럽 여러 나라에 옮겨 번지는 19세기 중엽에, 인권운동은 모든 계층의 평등한 참여의 권리라는 평등권 쟁취를 향해 제2단계의 운동으로 넘어간다. 즉, 프랑스 혁명으로 쟁취된 자유권은 일단 제3계급인 시민계급(Bourgeois)에 국한되었기 때문에 이 계급에 속하지 못한 제4계급, 즉 농민, 노동자, 서민들이 시민과 동일한 권리를 요구하며 격렬한 대중운동을 전개하였다.

모든 인간은 평등하다고 하였지만, 실제로는 프랑스 혁명이 성공한 이후에도 시민계층에 속하지 못한 사람들에게는 선거권도 참정권도 허락되지 않았다. 가난한 농민들과 노동자들은 배우지 못하고 재산도 없었기 때문에 당연히 선거권이나 피선거권을 누리지 못했다. 1830년 대부터 유럽 각처에서 맹렬하게 일어난 노동자교육운동, 노동조합운동, 농민운동, 시민민주화운동들은 바로 모든 국민들이 계급이나 신분, 성의 차별 없이 같은 자유권과 참정권을 얻게 하려는 인권운동이었다. 인권운동은 항상 상대적으로 차별과 소외를 당하는 사람들이, 그렇지 않은 사람들과 동등한 권리를 요구하며 쟁취하려는 운동이다. 자유권이 시민계층의 집요한 투쟁과 혁명적 노력에 의해 쟁취되었듯이, 평등권, 참여의 권리도 소외된 계층의 피나는 노력과 불굴의 투쟁에 의해서 쟁취된다.

오늘날 지극히 당연한 것으로 인식되고 있는 남녀평등권도 하루아침에 거저 떨어진 소득은 아니었다.[14] 동서양을 막론하고 여성은 남성보다 열등하다는 관념과, 따라서 남성에게 복종하며 보호를 받아야 한다는 가부장적 제도가 가정, 사회, 국가에 확고하게 자리하고 있었다. 그래서 여성은 교육을 받지 못했고, 사회적 활동을 하지 못했으며, 노동을 해도 정당한 대우를 받지 못했다. 여성들이 이러한 제도와 대접을 감수하며 순종하기만 했다면 오늘날의 여성의 지위도 수백 년 전 봉건시대나 다름없이 굴종을 면할 수 없었을 것이다. 그러나 일찍부터 여성운동가와 계몽사상가들이 있어서 여성평등권을 부르짖고 나섰으며, 이들은 사회적인 학대와 무시, 혹은 형벌을 두려워하지 않고 투쟁을 계속했다.

프랑스 혁명 당시 "여성도 인간이다"라는 여성 인권선언을 한 올랭

---

14) 여성의 평등권을 규정한 유엔의 규범은, 1979년에 채택된 '여성에 대한 모든 형태의 차별 철폐에 관한 협약(Convention on the Elimination of All forms of Discrimination against Women)'과 1953년에 채택된 '여성의 정치적 권리에 관한 협약(Convention on the Political Rights of Women)'이 있다.

프 드 구즈(Olympe de Gouges) 여사는 결국 사형을 당해야 했고, 여성도 같은 시민이니까 투표할 권리를 달라고 길거리에 나가서 데모하고 단식하던 여성투표권 운동가들(suffragette)은 경찰에게 곤봉으로 매 맞고 짓밟히고 감옥에 가는 수난을 수없이 당했다. 오늘날 전 세계 각지에서 여성 노동자들이 남성 노동자들의 임금의 절반도 못 받던 데서 비슷한 임금을 받게 되기까지, 노동운동, 여권운동을 하면서 당한 고난과 핍박, 굴욕과 희생은, 그 역사를 들추어 보지 않은 사람들은 잘 모른다. 아직도 성차별이나 성희롱, 성폭력에서 벗어나지 못한 여성들이 많고, 취업, 고용, 승진에서 평등을 누리지 못하는 여성들이 대부분이기 때문에, 여성의 평등권을 쟁취하려는 여성운동은 앞으로 더욱 세차게 일어나야 할 것이다.

특히 우리나라에서 심각한 인권문제 중 하나는 남아선호사상 때문에 여성 태아를 낙태시키는 경우가 1년에도 수십만 건이 있다는 사실이다. 이것은 여성 태아의 생존권, 즉 여성의 생명권을 짓밟는 최악의 인권유린인 것이다. 남녀차별을 근본적으로 해결하려면 가족제도 속에 있는 가부장제, 즉 호주제나 상속제 자체가 변혁되어야 한다는 주장이 여권운동 쪽에서 강하게 일어나고 있다. 이런 문제들도 항상 당하는 사람들 쪽에서 권익운동, 평등운동에 나서야만 조금씩 개선이 되는 것이 역사의 철칙이었다.

인권운동이 자유권과 평등권을 쟁취하는 단계를 어느 정도 넘어서면, 제3단계인 수익권을 요구하는 단계로 발전하게 된다. 사실 개인의 자유나 평등한 참여의 권리는 결국 인간의 삶을 인간답게, 보람되고 풍요하게 누리기 위해 필요한 권리였다. 그래서 인권운동은 차츰 인간의 삶을 위한 경제적, 사회적, 문화적 혜택과 보장을 국가나 사회 공동체로부터 요구하게 된다. 건강과 안전을 보장받을 권리, 교육을 받을 권리, 직업과 노동에 관한 권리, 사회적 약자들이 생존의 보장을 받을 권리 등으로 인권운동은 확장되게 된다.15) 결국 인권은 권력으로부터 간섭과 침해를 받지 않는 소극적 권리에서, 권력에 평등하게 참여하는 권리를 거쳐서, 권력으로부터 혜택과 이익을 얻게 되는 적극적인 권리로 발전하게 된다. 사람의 권리는 곧 사람의 보편적 요구를 사회가 합의한 것이기 때문에, 이 요구가 소극적인 데서 적극적인 데로 나아가는 것은 지극히 당연한 일이다.

서구의 인권운동사에서 보면, 사회경제적 혜택을 요구하는 인권운동은, 정치적 민주화가 어느 정도 이루어진 19세기 후반부터 일어나게 된다. 정치적 자유권, 언론, 출판, 결사, 정치활동의 자유가 획득되고, 계층 간 차별이 없는 평등권과 참여권이 보장된다면, 다음으로는 이 권리를 가지고 모든 사람들의 삶에 필요한 경제적, 사회적 요건들을 요구하게 되는 것이 자연스러운 순서이다. 그래서 정치적 민주화는, 사회경제적 민주화의 요구를 수반하게 되어 있다. 사회주의 운동이 오랫동안 집요하게 요구한 부의 공정한 분배나 사회적 약자들에 대한 사회보장의 요구는 이런 관점에서 혜택과 수익을 요구하는 인권운동이었다고 할 수 있다.16)

이미 프랑스 인권선언에는 이 수익권에 해당하는 개념이 있었다. 자유(Liberté), 평등(Eqalité), 박애(Fraternité) 가운데, 박애가 바로 그것이었다. 자유와 평등이 보장되어도, 건강이 좋지 못한 사람이나 노인, 장애인은 경쟁에 밀리게 됨으로써 생존권을 보장하기가 어렵다. 결국 인권사상가들이 생각한 방안은 박애의 정신으로 서로 돌봄으로써 문

---

15) 기본적인 경제사회적 권리는 1966년에 유엔이 채택한 일명 A규약(International Convention on Economic, Social and Cultural Rights)에 규정되어 있다.

16) 후버 교수는 자유권을 방어의 권리(Abwehrrechte), 참정권을 참여의 권리(Mitwirkungsrechte), 수익권을 요구의 권리(Anspruchsrechte)라고 표현했다. Wolfgang Huber, *Menschenrechte*, Heidelberg, 1976.

제를 해결하자는 것이었다. 아직 사회적 연대가 책임져야 한다는 생각에는 이르지 못했고, 사랑의 정신으로 가족처럼 돌보는 데 기대할 수밖에 없었다. 그러나 현실적으로는 사랑과 친절은 도덕적인 요청일 뿐이지 법적으로 강요할 수가 없었다. 그래서 1793년 프랑스공화국의 헌법에는 기본권 속에 자유, 평등, 안정, 소유의 네 가지를 규정해 박애를 안정과 소유로 대체시켰다. 나중에 독일에서는 오랜 노동운동의 결과로 '공동체의 부와 혜택에 참여할 수 있는 권리', 즉 참여권(Teilhabe)의 개념이 나오게 된다. 사회적 공동책임을 의미하는 연대성(Solidarität)의 개념으로 발전하게도 되었다.17)

가난한 사람이나 병든 사람, 노인, 고아와 같은 사회적인 약자들이 사회로부터 보살핌을 받을 수 있는 권리를 인권 조항에 넣게 되기까지는 오랜 세월이 더 걸리며, 많은 사회운동들이 일어나 이를 요구하며 설득시키는 과정이 필요하게 된다. 특히 19세기 후반부터 유럽 전역에서 격렬하게 일어난 노동조합운동과 국제적 노동자연대운동은 노동자들의 사회보장과 복지를 실현시키는 데 크게 기여하였다. 1880년대에 이르면 노동자와 농민, 서민들을 위한 사회보장법이 생기며, 질병보험, 실업보험, 퇴직 후 연금제도가 도입되게 된다. 이로써 약자들의 사회적 보살핌의 요구는 사회보장권, 복지권, 수익권, 참여권으로 인권의 내용이 된다. 오늘날 유엔이 공인하는 인권협약 가운데 사회경제문화적인 권리(A규약) 안에 규정되는 내용들이 거의 다 이러한 사회운동 과정을 거쳐서 보태어진 것들이다.

결론적으로 보면 오늘날까지 인권 개념의 발전에는 각기 그에 해당하는 사회운동이 있었다는 것이다. 사람의 권리가 확장되기 위해서는 노동운동, 여성운동, 장애인운동, 외국노동자운동, 어린이인권운동, 소

---

17) 같은 책.

수민족운동, 원주민운동 등 인권운동이 전제되어야 함을 역사는 보여
주고 있다.

4. 세계화 시대의 새로운 실천과제

1989년 베를린 장벽이 무너지고 동서 냉전체제가 종식되면서 세계
화의 시대가 강도 높게 펼쳐지며, 인권문제는 새로운 도전과 국면을
맞게 된다. 냉전시대 40여 년 동안 인권문제는 개인의 자유권을 우선
시하는 자유주의 진영과, 사회경제적 권리를 중심으로 보는 사회주의
진영의 이데올로기적 대립과 갈등으로 점철되어 왔다. 그래서 언론,
출판, 신앙, 양심의 자유를 중심으로 인권을 논하면 사회주의 쪽에서
자본주의적, 부르주아적 가치관이라고 비난했고, 노동권, 주택권, 사회
보장권을 주장하면 자유 진영에서 공산주의나 집단주의의 이데올로기
라고 비난했다. 인권은 분명히 양쪽을 포괄하는 전체적(holistic)인 것
인데도 편을 갈라 반쪽의 인권만 강조하는 것이 냉전시대, 분단시대의
어려운 문제였다. 그러나 이제 냉전체제가 무너지고 세계는 하나의 시
장경제체제와 민주화 과정으로 변모하면서 엄청나게 많은 새로운 문
제들을 양산하게 되고, 인권문제는 새로운 차원의 문제들로부터 도전
을 받게 된다.[18]

동서 갈등의 블록권이 해체되면서, 많은 독재국가와 전체주의 국가
들이 무너지게 되고, 새로이 일어나는 민주화의 열기들이 온갖 정치,
경제, 사회체제들을 혁명적으로 바꾸어 나갔다. 민주주의(democracy)
라는 것이 하나의 보편적 가치로서 강력히 부각되면서, 인권의 신장은
반드시 민주주의 체제를 필수로 동반해야 한다는 이론이 힘을 얻게 된

---

18) Janusz Symonides, *Human Rights: New Dimensions and Challenges*,
   UNESCO, 1998.

다. 즉, 인권은 곧 민주주의라는 등식이 성립된 것이다. 민주주의가 없이는 인권의 기본적 내용들이 보장될 수 없다는 역사적 경험을 통해서, 인권의 개념을 민주주의에의 권리(right to democracy)라고 표현하게까지 된다. 민주주의만이 인간의 기본 권리를 가장 자유롭게 행사할 수 있는 정치제도라는 것을 1993년에 열린 빈 세계인권대회가 특히 강조하게 된다.19) 대회 선언문에서는 자유와 인권의 존중이 민주주의와 사회발전과 밀접히 연관되어 있으며, 상호 의존적이며 서로 강화시켜 주는 관계라고 주장했다. 인권을 보장하려면 민주주의가 확립되어야 하기 때문에 민주주의가 곧 보편적 가치요 목표가 되어야 한다고 주장되기도 했다.20) 민주주의는 시민의 기본권(basic right of citizenship)이 되어야 한다는 것이다(the emerging right to democratic governance).

세계화의 파도가 경제자유화 쪽으로 거세게 몰아치자, 인간의 존엄과 인권의 문제가 다른 한편에서 사회경제적인 권리와 연계되어야 한다는 주장이 높아지게 되었다. 인간의 존엄과 권리는 그 기본적 욕구(basic needs)를 충족시키는 데 있는데, 그것은 이제 단순히 먹고 입고 자는 의식주 생활에서, 교육을 받고 사람다운 대접을 받는 사회와 환경에서 살 수 있는 권리까지 확대되어야 한다고 주장되었다. 특히 1990년대에 와서 심각해진 환경파괴와 극도의 빈부격차는 세계의 최대 관심사가 되었으며, 전 세계의 주목을 끈 1992년 리우데자네이루의 유엔 환경개발회의와, 1995년 코펜하겐의 사회발전세계정상회의는 인권의 문제를 환경과 사회발전과 밀접히 연관해서 파악해야 한다는 새

---

19) 1993년 8월 빈 세계인권대회에서의 갈리(Boutros Ghali) 사무총장의 개회 연설문 참조.

20) 1997년 12월 16일 카이로에서 열린 IPU(국제의원연맹)가 채택한 연설문, "Universal Declaration on Democracy".

로운 틀(framework)을 만들어 내었다.

공기와 물의 오염, 오존층의 파괴로 인간의 생명이 파괴된다면, 인간의 존엄과 권리라는 것은 너무나 무의미한 것이 된다. 따라서 사람다운 삶은 깨끗한 물을 마시고, 맑은 공기를 호흡하며, 건강한 식품을 먹을 수 있는 권리를 보유해야 하며, 이것은 쾌적한 환경에 대한 권리(right to environment)로서 보장되어야 한다는 것이다. 또한 하루에 1달러 이하의 수입으로 육체적 생존이 어려운 13억의 세계 인구와 교육을 받지 못한 문맹인, 그리고 수많은 실업자와 소외계층의 인간들에게 최소한의 경제적 혜택을 누리게 하는 사회발전이 인간의 기본적 욕구와 권리인 생존권을 누리는 데 기본이 된다. 여기서 사회발전이 인권의 내용이 되어야 한다는 주장(right to social development)이 나오게 되었다.21) 빈 세계인권대회나 코펜하겐 사회발전세계정상회의에서도, 리우데자네이루 환경개발회의에서도 모두 발전에의 권리는 인권의 기본적 요소라고 선언되었다.

유엔 인권위원회는 1993년에 특별 작업반을 조직해서 발전권(right to development)의 내용과 장애가 무엇인지를 규명하고 실천 방안을 마련하는 임무를 부여했다. 그러나 1995년까지 여러 문서들을 만들어 냈지만 충분히 체계화된 전략을 세우지 못하다가, 1996년에 국제전문가위원회가 작업해서 발전에의 권리의 개념과 실천 전략을 만들어 내는 데 성공했다.22) 유엔의 결의문에 따른 내용을 보면, 발전권이란 기존의 인권선언이나 인권협약의 연장선에서 자결권(right of self-deter-

---

21) 발전에의 권리(right to development)가 처음 등장한 것은 1986년 12월 4일 유엔총회 결의문(resolution 41/128)에서였다.

22) 1996년 유엔 인권위원회가 채택하고 총회가 각국 정부에게 발전권을 실현하는 데 장애가 되는 요소를 제거하는 데 온갖 노력을 해달라는 권고문을 결의했다.

mination)이나 평등권, 수익권을 확대하여 얻은 개념으로 볼 수 있다. 즉, 자결권을 확대해서 스스로 정치적 위상이나 사회경제적, 문화적 발전을 추구할 수 있는 권리가 발전에의 권리라는 것이다. 그리고 모든 사회경제적 발전의 주체는 사람(human person)이어야 한다는 것이다. 따라서 사람이 발전에 주인으로서 참여하여 혜택을 입게 하는 것이 발전권의 핵심 내용이 되어야 한다는 것이다.23)

냉전체제 후 1990년대의 세계화의 흐름은 인권문제를 또 다른 차원에서 확장시키는 결과를 가져왔는데, 그것이 곧 평화에의 권리(right to peace)라는 것이다. 동서 냉전체제가 붕괴된 후 평화의 시대가 올 것으로 기대했으나, 사실은 1990년대에 와서 냉전시대보다 더 많은 전쟁과 폭력적 갈등(violent conflict)이 일어났다. 걸프전쟁을 비롯해서 보스니아, 체첸, 소말리아, 르완다, 코소보, 카슈미르 등 인종, 문화, 종교의 갈등과 대립이 격화되면서, 세계 각지에서 피 흘리는 전투들이 벌어지게 되었다. 혹자는 이를 문명충돌론으로 설명하기도 했지만, 서로 다른 이익집단 간의 갈등과 대립, 몰이해로 인한 폭력과 전쟁은 많은 사람들의 인명과 재산을 파괴시키고 생존을 불가능하게 하는 요인으로 인식되었으며, 곧 인권의 박탈로 해석되게 되었다. 즉, 평화가 유지되지 않고는 인간의 생명과 안전이 위협을 당하며, 결국 인간의 존엄과 삶의 권리가 빼앗기게 된다는 것이다. 이것은 미소 강대국의 세력 하에서 소극적인 안보와 평화를 유지해 오던 냉전시대에는 자각하지 못했던 일이었다.

특히 이러한 문제의식을 가지고 평화의 권리를 주장하게 된 국제기구가 유네스코(UNESCO)였다. 유네스코는 1989년 야무스크로 국제평화대회 이후, 평화는 인간의 마음속에서부터 지켜야 한다는 교훈을

---

23) Upendra Baxi, "The Development of the Right to Development", in Janusz Symonides, *Human Rights: New Dimensions and Challenges*, p.100.

'평화의 문화(culture of peace)'를 건설해야 한다는 프로그램으로 발전시켜, 이를 위한 교육운동에 나섰다. 1995년 유네스코 총회는 바로 평화를 위한 교육, 인권교육, 민주주의 교육, 국제이해 교육을 전 세계 국가와 정부들에게 대대적으로 추진할 것을 권고하는 결의문과 실행계획서를 채택하였다. 그 후 관용(tolerance)과 비폭력(non-violence)에 대한 교육, 문명 간의 대화(dialogue among civilization), 평화의 문화 증진을 위한 실천행동 등 여러 가지 프로그램을 만들어 평화운동을 일으켰다. 이러한 배경과 관점에서 평화는 곧 인권의 내용이 되어야 한다는 주장이 나오게 되었다.24) 1997년 6월에는 오슬로의 노르웨이 인권연구소에서 전문가들이 모여 '평화를 향한 인권선언(Declaration of Human Rights to Peace)' 초안을 만들었고 이것이 1997년 10월 유네스코 29차 총회에서 채택되었다.

'평화에의 권리'가 논의되면서 문제가 된 것은 이 권리를 어떻게 법률적으로 규정하느냐의 문제였다. 평화의 권리는 이미 최초의 유엔 인권선언(1948)의 3조가 규정한 "모든 사람은 개인의 생명(life)과 자유(liberty)와 안전(security)에의 권리를 가진다"는 생명과 안전의 권리의 발전으로 볼 수 있다. 그러나 이러한 권리는 도덕적으로 요청할 수는 있지만 법률적으로 보장해 줄 수는 없기 때문에, 평화에의 권리가 추상적 규범으로 머물 수밖에 없다는 주장이 나오기도 했다. 그럼에도 불구하고 평화의 권리는, 평화가 내포하는 넓은 의미를 포괄적으로 이해해야 하기 때문에, 신체의 자유나 사상의 자유, 또한 교육이나 직업에의 권리 및 생존과 안전 및 발전에의 권리 등을 통체적으로 파악하는 방식으로 규정될 수 있다고 주장되고 있다.25)

---

24) 유네스코 사무총장은 1997년 1월 '평화를 향한 인권선언(Declaration of Human Rights to Peace)'을 발표했다.

25) J. Symonides, "The Long Journey to a Culture of Peace", *Dialogo*, 21,

이와 같이 세계화의 흐름은 인권의 내용을 민주주의, 발전, 환경, 평화에의 권리로 확장하며 구체화해야 하는 상황을 가져왔지만, 또 한편에서 과연 모든 나라, 문화, 지역에서 보편적인 타당성을 가질 수 있느냐라는 새로운 도전을 불러오기도 했다. 특히 오늘날처럼 자유주의적 시장경제체제가 전 세계를 지배하게 되면, 자본이나 기술이 국경을 넘어 자유롭게 이동할 뿐 아니라, 경영자나 노동자, 소비자들이, 그리고 지식인, 학생, 공무원들이 전 세계의 국경을 자유롭게 넘나들며, 거주하고 활동하는 일들이 빈번해진다. 고향과 고국을 떠나 타향, 타국에서 살며 일하는 이주민들(immigrants)의 숫자가 날로 증가하고 있다.

여러 국적과 문화적 배경을 가진 인간들이 함께 사는 곳에서는 항시 여러 가지 문제가 생기며, 인권의 개념과 이해가 서로 충돌하기 때문에 생기는 문제도 많게 된다. 가령 독일에 이주한 4백만 터키인들이 이슬람교적 문화를 배경으로 살아갈 때, 서구인의 자유주의적 가치관과 충돌되어, 학교나 거리, 동네에서 많은 문제가 생긴다. 이때 독일의 국법에서 규정하는 인권 내용과 터키인들의 문화의식 속에 있는 인권 내용이 충돌을 일으키고 갈등을 빚게 된다. 인도네시아의 이슬람교적 국법과 외지에서 온 선교사들의 종교의 자유에 관한 이해의 충돌, 외국인 노동자에 대한 거주권, 망명권, 사회복지권에 대한 이해의 차이 등은 여러 나라에서 사회적, 정치적 문제가 되어 있다.

또한 오늘날 인권이나 인권탄압에 대한 개념과 규정이 달라서, 서구 중심의 국제연합이나 국제기구들과 특정 국가 사이의 인권에 관한 논쟁이 정치적 문제로 비화하는 경우들이 흔히 있다. 사회주의권의 집단주의적 인권 개념과 서구 자본주의 국가들의 개인주의적 인권 개념이 부딪치는 경우는 과거에도 많이 있었으며, 오늘날 미국 정부가 중국을

June 1997, pp.8-9.

향해 인권의 개선을 요구할 때, 중국 정부가 "우리에게는 개인의 자유보다 공동체의 안보와 집단의 이익이 보다 중요하며 우선하는 권익이다"라고 답했는데, 이것은 오늘날 인권 개념에 많은 논쟁거리를 제공해 주고 있어 체계적인 연구와 논의가 필요하게 되었다.

특히 지난번 발칸반도에서 코소보에 있는 다수인종 알바니아계의 인권을 수호하기 위해, 나토가 파병을 하고 공습을 하면서 인도주의적 간섭과 무력의 사용 혹은 전쟁을 감행했을 때, 인권을 지키기 위한 국가주권의 침해, 공동체의 안전 파괴가 어디까지 얼마만큼 허용될 수 있는가라는 심각한 문제를 제기하였다. 앞으로 세계는 이 자유주의적 인권과 공동체주의적 인권의 결합이나 상호 보완 및 문화적, 종교적 배경이 다른 국가 민족들의 인권 개념이 갈등을 일으킬 때 해결할 수 있는 방법 등에 관해 굉장히 많은 논쟁과 타협, 실험과 연구를 해나가야 할 것 같다.

요한 갈퉁은 최근에 쓴 『인권문제의 미래』(2000)에서 개인문화 (I-culture) 중심의 서구의 인권 개념과 집단문화(We-culture) 중심의 아시아권의 인권 개념이 융합되고 조화되어야 한다고 주장하며, 이를 위해 양측의 시민사회가 새로운 세계시민의 인권운동을 전개해야 한다고 주장했다.26)

그러나 여기서 제기되는 중요한 문제는 인권의 개념과 실천 내용이 나라와 문화, 지역과 정치 상황에 따라 다양하게 적용된다면 어떻게 인권을 보편타당한 인류의 규범으로 볼 수 있겠는가의 딜레마이다. 인권의 보편성과 문화상대주의(cultural relativism)는 오늘날 중대한 철학적 문제가 되었다. 이 문제는 이미 1993년 빈 세계인권대회에서도 제기된 중대한 논쟁거리였다. 여기서 이 문제를 다 소개할 수는 없다.

---

26) Johan Galtung, *Die Zukunft der Menschenrechte*, Frankfurt, 2000, S.80.

그러나 대체로 여러 나라와 문화 상황 속에서 인권의 내용과 규정이 상대적으로 다르게 이해되고 있지만, 인간의 존엄이나 자유, 평등, 삶의 권리, 자결권과 발전권 등의 가치와 규범은 어느 곳에서나 보편타당성을 갖는다는 양립론으로 정리되고 있다. 이 권리들이 서구나 중국, 이슬람 문화권에서 서로 다르게 이해되고 실천된다 하더라도, 그 근본 가치와 규범이 부정되는 것이 아니기 때문에 인권의 보편성은 절대적으로 인정되고 존중되어야 한다는 것이다.

그러나 인권의 철학적 개념과 보편성 문제는 앞으로 세계화가 더욱 밀도 있게 추진되면서 더욱 많은 논쟁을 일으킬 것이며, 세계사의 발전과 함께 더욱 구체화하고 발전하게 되리라 본다.

이삼열(李三悅)

1941년 평북 철산 출생. 서울대 철학과와 대학원에서 철학을 전공하고 독일 괴팅겐 대학에서 사회과학 박사 학위를 받았다. 1982년부터 숭실대 철학과 교수로 사회철학, 역사철학 등을 강의했으며, 사회와 철학 연구회장, 철학연구회장을 역임했고, 2008년 한국철학회장 재직 시 서울에서 제22차 세계철학대회(WCP)를 주최했다. 국제철학회연맹(FISP)의 이사직도 맡았다.

유네스코 아태 국제이해교육원(APCEIU)의 초대 원장, 유네스코 아태 무형유산센터(ICHCAP)의 초대 사무총장, 유네스코 한국위원회(KNCU)의 17대 사무총장직을 맡아, 평화, 인권, 지속 가능 발전의 교육, 문화 사업을 국제협력을 통해 추진했다. 평화의 문화를 위한 교사훈련, 교재개발, 교류협력을 실시했다.

크리스찬 아카데미, 민주사회건설협의회, 기독자교수협의회, 참여연대, 에코피스 아시아, 역사 NGO 포럼, 기독교사회발전협회 등의 여러 책임을 맡아, 민주화와 정의, 평화, 통일을 위한 종교인, 지식인의 현실참여와 시민사회운동에 기여했다. 주요 저서로 『평화의 철학과 통일의 실천』, 『기독교와 사회이념』, 『하버마스의 사상』(공저), 『아펠 철학의 쟁점』(공저), 『세계화 시대의 국제이해교육』(공저) 등이 있다.

현실개조를 향한 사회철학의 모색

1판 1쇄 인쇄	2017년 8월 10일
1판 1쇄 발행	2017년 8월 15일

지은이	이 삼 열
발행인	전 춘 호
발행처	철학과현실사

등록번호	제1-583호
등록일자	1987년 12월 15일

서울특별시 종로구 동숭동 1-45
전화번호 579-5908
팩시밀리 572-2830

ISBN 978-89-7775-802-5 93190
값 28,000원